- 广东省高等学校教学质量与教学改革工程本科类项目“法学专业综合改革试点”（粤教高函〔2012〕204号）建设成果
- 广东省本科高校教学质量与教学改革工程建设项目“法学专业系列特色教材”（粤教高函〔2014〕97号）建设成果
- 广东教育教学成果奖（高等教育）培育项目“应用型法学人才培养系列精品教材”（粤教高函〔2015〕72号）成果

全国高等学校应用型法学人才培养系列规划精品教材

总主编／谈　萧

民事诉讼法

Civil Procedure Law

主　编◎宁教铭

参　编◎赵　雯　刘启良　马晓艳　许绍玉　刘　勇　王银杰　李　支　龙人榜　周光清　王嘎利　翁京才

華中科技大學出版社

http://www.hustp.com

中国·武汉

内 容 提 要

“民事诉讼法学”是我国法学本科专业中应用性极强的核心课程之一，本教材围绕高等学校应用型法学人才培养目标，注重法学基础知识的掌握和法律基本素养的培育，执行国家教育部委托高等学校法学类专业教学指导委员会研究制定的《高等法学教育贯彻十八届四中全会精神的教学指导意见》，对民事诉讼法学的基本原理和操作程序，共分 19 章进行了全面、系统的阐述。

本书的突出特点是：①内容更新及时。以我国新修正的《民事诉讼法》及其司法解释（法释〔2015〕5 号）和最新的相关法律法规、其他规范性文件为依据，紧密结合我国民事诉讼的最新司法实践，重点阐明我国民事诉讼法的基本理论和操作程序，内容体系完备，知识更新及时。②理论联系实践。参编作者可谓是“双师型”作者，多数既是具有法学教学经验的高校教师，又是具有法律实践经验的执业律师，还有一部分是资深的专职律师、法官、检察官，注重理论与实践的结合。③体例简洁，层次分明。除了全套教材所共有的知识目标、能力目标、案例引导、技能训练、练习思考等栏目以外，本教材每章还增加了“本章需要预习的主要法律、法规”“应用提示”“国家统一法律职业资格考试辅导专栏”等栏目，以及根据需要增加了“相关链接”“规律总结”等内容，层次清晰，方便实用。

本书主要适用于应用型法学本科专业的“民事诉讼法学”课程，也适合于法律实务工作人员、法律自学人员、参加国家统一法律职业资格考试人员等的学习参考。

图书在版编目(CIP)数据

民事诉讼法/宁教铭主编. —武汉：华中科技大学出版社，2017.2

ISBN 978-7-5680-2043-5

Ⅰ.①民…　Ⅱ.①宁…　Ⅲ.①民事诉讼法-研究-中国　Ⅳ.①D925.104

中国版本图书馆 CIP 数据核字(2016)第 155544 号

民事诉讼法　　宁教铭　主编

Minshi Susongfa

策划编辑：周小方

责任编辑：封力煊

封面设计：刘　卉

责任校对：张汇娟

责任监印：周治超

出版发行：华中科技大学出版社（中国·武汉）　电话：(027)81321913

武汉市东湖新技术开发区华工科技园　邮编：430223

录　排：华中科技大学惠友文印中心

印　刷：武汉科源印刷设计有限公司

开　本：787mm×1092mm　1/16

印　张：32.75　插页：2

字　数：793 千字

版　次：2017 年 2 月第 1 版第 1 次印刷

定　价：59.80 元

华中出版

本书若有印装质量问题，请向出版社营销中心调换

全国免费服务热线：400-6679-118　竭诚为您服务

总序

Introduction

近年来，随着法治事业的不断推进，我国各个层次的法学教育蓬勃发展。法学教材建设是法学教育的一个重要环节，当前我国法律实践日益丰富多彩，法学教育的内容更新、方法变化，以及交叉学科的涌现，都对法学教材的建设提出了新要求。

我国法制建设历经30余年，各个法律领域的大规模立法活动已基本完成，法制建设已开始向司法角度转型。在此背景下，法学教育也应实现面向司法实践的转型。自2002年开始实施国家统一司法考试，我国已建立起严格的司法职业准入制度。面向法律职业培养应用型法学专业人才，是我国绝大部分高校法学院系的核心任务；进入司法实践领域工作，也是绝大部分法学专业毕业生的首要选择。

针对法制建设和法学教育的转型，法学教材必须在理论与实践相结合方面做出更大的努力，以适应司法职业准入和司法实践的需要。为此，我利用我本人所承担的省级法学专业综合改革项目和省级系列法学精品教材建设项目的支持，组织了全国近50所高校100余名法学教师以及部分律师、法官、检察官，编写了这套“全国高等学校应用型法学人才培养系列规划精品教材”。全套教材约40部，包括法学专业主干课程和部分模块课程，统一编写体例，分批推进出版。

本套教材定位于法律职业教育，以法律思维训练和法律事务处理能力培养为导向，通过案例引导、法庭模拟、司考真题、技能训练、纠纷解决等模块和环节设计，配合系统法理和法律知识讲授，致力于打造最有影响力的法律职业教育教材品牌。总结来看，本套教材具有如下六个特点：

1. 注重应用性和时代性

本套教材从编写体例上要求有较强的解决实务问题的针对性，以法律技能培养为主旨。在编写过程中，各教材力争对当今社会生活中的主要法律现象有所反映，并引导学生用成熟、具有通说性的法学理论加以理解和解释，使教材更贴近现实法律生活，体现时代性，也便于学生理解与掌握。

2. 教学形式的多样化

当前，法学教学方式方法已呈现多样化的趋势，有案例教学法、模拟现场教学法、情景教学法、讲座式教学法等。本套教材在编写过程中充分融入这些教学方法，摈弃了传统教材较死板的叙述讲授式的教学方法。为了配合教师教学和学生自主学习的需要，本套教材还制作了电子课件(PPT)供教学者利用。

3. 教材体例的新颖性

本套教材内容以基本法律概念、法律程序和法律方法等体现实操性的知识、技能为主。教材中穿插体例新颖的多个栏目，如知识目标、能力目标、案例引导、典型判例、情景模拟、背景材料、文化长廊、技能训练、实践活动、练习思考等内容。

4. 教学内容的科学性

本套教材在知识内容编写方面特别注意科学性，概念表述严谨，选取无争议的法律概念和定义阐述相关知识点。每章节教学内容以目标任务为导向，目标任务以项目组或角色扮演的方式加以设计，引导学生完成。

5. 学理上的适当拓展

本套教材的教学内容除了严谨性要求外，在学理上也希冀能有所拓展。按法学理论和法律制度的逻辑顺序展开教材知识内容，同时也利用到其他学科知识、理论与方法作为分析工具，如社会学的田野调查方法，经济学的成本收益分析方法，心理学的需求、动机与行为分析方法等，但它们从属于教材整体法律科学逻辑的需要，避免大量分析性、研究性内容。

6. 适应法律职业资格考试和法律实务技能培养的需要

全套教材充分考虑国家统一法律职业资格考试(原国家司法考试)的内容和法律职业资格考试的科学化、标准化、信息化建设，遵循法律职业人才特殊的职业素养、职业能力要求，强调法律实务处理过程，强化技能培养与训练，侧重实操知识介绍，并强调技能与方法介绍的系统性、完整性与模块化。

高校教材及学术著作由于其专业性和学术性，一般很难通过销售来实现收支平衡。除了少量的政府资助项目，高校教材及学术著作在现行体制下缺乏充分的出版服务平台支持。而高校教材及学术著作的作者、读者和使用群体又具备较高的个人素质和良好的发展潜力，为此，我本人一直希望搭建一个高校教材及学术著作写作与民间出版资助的合作平台。希望在此平台上，将民间力量与高校及科研机构的智力资源有效地嫁接在一起，建立一个高校教材及学术著作的自助出版维持机制，改变目前学者及科研人员尤其是人文社会科学学者出版著作完全依赖政府资助的局面，同时利用优秀人文社会科学成果在“全民阅读计划”中的传媒价值，充分回馈民间支持者。

在上述愿景之下，利用我本人主持的有关教学改革项目经费的前期支持，近两年我花费了很多精力来搭建上述平台。本套教材的出版就是上述平台搭建的一个初步成果。

在我的出版平台思想的鼓舞下，全国近50所高校100余名法学教授、博士、讲师以及部分律师、法官、检察官，以自己宝贵的智力资源和对法学教育事业的热爱，加入了本套教材的编写团队；华中科技大学出版社和武汉大学出版社，不计一时的市场得失，为本套教材的出版提供了优质的出版服务；指南针、众合、万国等司法考试培训机构及部分教育服务机构，热心教育事业，为本套教材的出版提供了支援。

组织编写和搭建平台工作，其中辛苦与顿挫，自不待言。然而，正是有了前面同仁及机构的鼎力支持，让我感到这个事业是值得坚持下去的。在这里，我要深深感谢他们的付出，并向他们的热忱表达敬意！

2014年12月15日于广州工作室

前言

Preface

我国高等法学教育，担负着培养造就熟悉和坚持中国特色社会主义法治体系的法治人才和后备力量、为加快建设社会主义法治国家提供强有力人才保障和智力支撑的历史使命，因此，必须坚持以马克思主义法学思想和中国特色社会主义法治理论为指导，必须形成完善的中国特色社会主义法学理论体系、学科体系、课程体系。理论教学又是高等法学教育的核心环节，在法治人才的培养过程中，发挥着坚定理想信念、夯实理论基础、培养法治思维、训练法治方法的重要作用。

要完成高等法学教育的历史使命，发挥理论教学的重要作用，首先必须认真抓好法学教材的建设。

第一，法学教材是学生学习法律的向导，是教师传播法学知识的工具。初学法律，好的教材必不可少。一套好的教材，能够向学生科学地展示法律的体系，准确地阐明法律的逻辑，生动贴切地表述深奥的法理，深入浅出地叙述法律的精要。若入门之初，教材就有失偏颇，则不仅达不到预期的教学目标，反而可能误人子弟，使得学生日后需要花费相当的时间与精力来纠正已经形成的错误认识。

第二，法学教材是传播法律价值理念的载体。尤其本科阶段的青年学子，正值人生观、价值观形成的重要阶段，优秀的法学教材，对于其健全人格的形成和核心价值观的培养具有重要意义。因此，好的法学教材不仅要传授法律知识，更要传播社会主义核心价值观的理念，诸如对公平、正义的追求，对自由、平等的理解，要传播法律权威、法律信仰、社会主义法治精神和法治文化等理念，帮助学生树立法律信仰、养成法律思维，真正领会中国特色社会主义法治理论的科学内涵和精神实质，深入理解中国特色社会主义法治的基本属性和发展方向，形成对中国特色社会主义法治的内心拥护和真诚信仰。

第三，法学教材是建设高素质法治专门队伍的重要条件。建设社会主义法治国家，有赖于高素质法治专门队伍的建设。而一套好的法学教材，对于培养一个有着共同的价值理念、共同的法律思维、共同的法律素养的法律职业共同体，建设一支正规化、专业化、职业化的法治专门队伍，具有重要作用。

第四，法学教材是所有法律研习者的良师益友。建设法治社会，核心是要让守法成为民族精神，让法治成为全民信仰。全民法治观念是法治社会的重要基础，全民学法、守法、用法是形成全民法治观念的前提条件。没有优秀的法学教材，一个优秀的法学教师或可以弥补教材的缺陷，但对于更多的没有老师指导的法律研习者，法学教材自然就是老师，其重要作用不言而喻。

要完成高等法学教育的历史使命，发挥理论教学的重要作用，还必须改革法学教学的方法。在法学教学过程中，首先，要落实学生的主体地位，积极采用参与式、讨论式、交互式的教学方法，避免单纯的理论灌输与说教；其次，要注重推广案例教学法，将社会主义法治国家建设实践中的鲜活案例转化为教学素材，融入理论教学；最后，要充分利用现代信息技术，注重推广多样化的教学模式与教学方法。

同时，法学教育培养对象的不同，产生了法学教材和教学方法的差异化要求。法学教材的权威性与普适性，并不总是当然的统一。多年的法律实践和教学经历提示我们，法学本科阶段的学习，主要是法学基础知识的掌握和法律基本素养的培育，相较于法学前沿的理论论述，基本概念和法学原理的简明阐述与理解应用，显得更为重要。

“民事诉讼法学”是我国法学本科专业中应用性极强的核心课程之一，其教材的编写和选用，应当严格遵循上述的要求和标准。

正是基于以上的认识和因材施教的考虑，结合应用型法律人才的培养目标和国家统一法律职业资格考试的知识要求，我们在遵循教育教学规律和法治人才培养规律，借鉴前辈研究成果的基础上，尝试着编写了这本《民事诉讼法》本科教材，以契合应用型本科院校师生的实际需要。

本书的突出特点是：第一，内容更新及时。本书以我国 2012 年新修正的《民事诉讼法》和现行最新的相关法律法规、司法解释以及其他规范性文件为依据，紧密结合我国民事诉讼的司法实践，参照民事诉讼的运作程序，以通俗易懂的朴实语言，重点阐明我国民事诉讼法的基本理论和操作程序，力求达到内容体系完备、知识更新及时的编写目标。第二，理论联系实践。参与编写本书的作者，多数既是具有丰富的法律教学经验的高校教师，又是具有丰富的法律实践经验的兼职律师，还有一部分是资深的专职律师、法官、检察官，这与普通教材的参编作者全部为高校教师不同，虽然在教材的发行推广上有一定的不利因素，但为本书在编写过程中注重理论与实践的结合创造了优势：“双师型”的作者，注重理论与实践的结合。第三，体例简洁，层次分明。除了本套教材所共有的知识目标、能力目标、案例引导、技能训练、练习思考等栏目以外，本书每章还增加了“本章需要预习的主要法律、法规”“应用提示”“国家统一法律职业资格考试辅导专栏”等栏目，以及根据需要增加了“相关链接”“规律总结”等内容，层次清晰，方便实用。第四，本书的“真题实训”，全部引用历年国家司法考试的真题，这不仅是为国家统一法律职业资格考试准备，而且因为真题都是国家级法律专家的成果，其命题水准是普通习题不可比拟的；每节的引例、真题及其解析，都是按照先提出问题、再阐述相关知识、接着进行问题解答的顺序布局，遵循法律逻辑思维规律，力求获得水到渠成的效果；在真题的解析上，严格依据现行的法律规范，进行旧题新做，力求对本课程的学习和应试人员在研习历年真题时提供正确、有益的指导。

本书主要适用于应用型法学本科专业的"民事诉讼法学"课程，也适合于法律实务工作人员、法律自学人员、参加国家统一法律职业资格考试人员等的学习参考。

本书的参编人员及其分工如下（以撰写的章节先后为序）：

宁教铭（法学博士，广东金融学院专职教师、北京德和衡（广州）律师事务所兼职律师）：第一、二、三、六、七、八、十、十一、十二章，以及除第十六章至第十八章以外其他各章的"国家统一法律职业资格考试辅导专栏"等内容。

赵雯（法学学士，贵州省贵阳市乌当区人民检察院副检察长）：第四章。

刘启良（法学硕士，北京德和衡（广州）律师事务所主任、合伙人）：第五章第一、二节。

马晓艳（法学硕士，北京德和衡（广州）律师事务所副主任、合伙人，广东省律师协会律师事务所建设指导委员会委员、广州市律师协会民事法律专业委员会副主任）：第五章第三、四节。

许绍玉（法学学士，广东金融学院专职教师、广东创杰律师事务所兼职律师）：第九章。

刘勇（法学硕士，湖南省衡阳市中级人民法院审判监督庭法官）：第十三章。

王银杰（法学学士，政府法制部门退休干部、广东富荣律师事务所执业律师）：第十四章第一、二、三节。

李支（法学博士，广东金融学院专职教师、法律系副主任）：第十四章第四、五、六节。

龙人榜（法学、经济学双学士，广东科岸律师事务所主任、合伙人）：第十四章第七、八节。

周光清（法学硕士，湖南省高级人民法院审判监督第一庭法官）：第十五章。

王嘎利（法学博士，昆明理工大学法学院专职教师、硕士研究生导师）：第十六、十七、十八章。

翁京才（法学博士，上海锦天城（福州）律师事务所合伙人、专职律师）：第十九章。

全书由宁教铭审改定稿。

本书在编写过程中，参考引用了法学前辈们的专著、教材和期刊论文的精髓，借鉴吸收了理论与实务界同仁的观点，囿于篇幅，无法一一注明，我们在此一并表示衷心的感谢！

由于时间仓促，加之编写人员的水平有限，本书在内容阐述和文字表述上的缺陷甚至错误在所难免，竭诚欢迎读者批评指正。有关建议和意见，请发送到本人邮箱：lawyer21cn668@163.com。

宁教铭

2016 年 12 月于南航碧 · 五溪别墅

本书涉及的法律、法规、司法解释及其缩略语

法律、法规、司法解释 全称(通过或修正/修订日期,或司法解释文号)	缩略语
法律、行政法规	
《中华人民共和国宪法》(2004 年 3 月 14 日修正)	《宪法》
《中华人民共和国民事诉讼法(试行)》(1982)(已废止)	《民诉法(试行)》
《中华人民共和国民事诉讼法》(2012 年 8 月 31 日修正)	《民诉法》
《中华人民共和国海事诉讼特别程序法》(1999 年 12 月 25 日)	《海诉法》
《中华人民共和国仲裁法》(2009 年 8 月 27 日修正)	《仲裁法》
《中华人民共和国劳动争议调解仲裁法》(2007 年 12 月 29 日)	《劳动争议调解仲裁法》
《中华人民共和国农村土地承包经营纠纷调解仲裁法》(2009 年 6 月 27 日)	《土地承包调解仲裁法》
《中华人民共和国公证法》(2005 年 8 月 28 日)	《公证法》
《中华人民共和国企业破产法》(2006 年 8 月 27 日)	《破产法》
《中华人民共和国法官法》(2001 年 6 月 30 日修正)	《法官法》
《中华人民共和国人民法院组织法》(2006 年 10 月 31 日修正)	《法院组织法》
《中华人民共和国国家赔偿法》(2012 年 10 月 26 日修正)	《国家赔偿法》
《中华人民共和国人民调解法》(2010 年 8 月 28 日)	《人民调解法》
《中华人民共和国刑法》(2015 年 8 月 29 日修正)	《刑法》
《中华人民共和国刑事诉讼法》(2012 年 3 月 14 日修正)	《刑诉法》
《中华人民共和国行政诉讼法》(2014 年 11 月 1 日修正)	《行诉法》
《各级人民代表大会常务委员会监督法》(2006 年 8 月 27 日)	《人大常委会监督法》
《中华人民共和国侵权责任法》(2009 年 12 月 26 日)	《侵权责任法》
《中华人民共和国电子签名法》(2015 年 4 月 24 日修正)	《电子签名法》
《中华人民共和国民法通则》(2009 年 8 月 27 日修正)	《民法通则》
《中华人民共和国合同法》(1999 年 3 月 15 日)	《合同法》
《中华人民共和国专利法》(2008 年 12 月 27 日修正)	《专利法》
《中华人民共和国著作权法》(2010 年 2 月 26 日修正)	《著作权法》

《中华人民共和国海商法》(1992 年 11 月 7 日) 《海商法》
《中华人民共和国婚姻法》(2001 年 4 月 28 日修正) 《婚姻法》
《中华人民共和国全国人民代表大会和地方各级人民代表大会选举法》(2015 年 8 月 29 日修正) 《选举法》
《中华人民共和国票据法》(2004 年 8 月 28 日修正) 《票据法》

中共中央规范性文件

《中共中央关于全面推进依法治国若干重大问题的决定》(2014 年 10 月 23 日) 《依法治国决定》
中共中央组织部、人力资源和社会保障部、中国人民解放军总政治部《人事争议处理规定》(人社部发〔2011〕88 号) 中组部、人社部、总政治部《人事争议处理规定》

国务院规范性文件

《诉讼费用交纳办法》(国务院令第 481 号) 《诉讼费办法》

全国人大常委会立法解释

《全国人大常委会关于完善人民陪审员制度的决定》(2005 年 5 月 1 日) 《陪审制度决定》
《全国人大常委会关于司法鉴定管理的决定(2005 年 10 月 1 日)》 《司法鉴定管理决定》
《全国人大常委会〈关于在北京、上海、广州设立知识产权法院的决定〉》(2014 年 8 月 31 日) 《北、上、广设知产法院决定》

最高人民法院司法解释及其他规范性文件(文号)

《关于适用〈中华人民共和国民事诉讼法〉若干问题的意见》(法发〔1992〕22 号)(已废止) 《民诉法意见》
《关于适用〈中华人民共和国民事诉讼法〉的解释》(法释〔2015〕5 号) 《民诉法解释》
《关于适用〈中华人民共和国海事诉讼特别程序法〉若干问题的解释》(法释〔2003〕3 号) 《海诉法解释》
《关于适用〈中华人民共和国仲裁法〉若干问题的解释》(法释〔2006〕7 号) 《仲裁法解释》
《关于适用〈中华人民共和国担保法〉若干问题的解释》(法释〔2000〕44 号) 《担保法解释》
《关于贯彻执行〈中华人民共和国民法通则〉若干问题的意见(试行)》(法〈办〉发〔1988〕6 号) 《民通意见》
《关于建立健全诉讼与非诉讼相衔接的矛盾纠纷解决机制的若干意见》(法发〔2009〕45 号) 《诉讼与非诉讼衔接意见》
《人民法院审判人员违法审判责任追究办法(试行)》(1998 年 9 月 4 日) 《审判责任追究办法(试行)》
《人民法院工作人员处分条例》(法发〔2009〕61 号) 《法院工作人员处分条例》
《关于民事诉讼证据的若干规定》(法释〔2001〕33 号) 《证据规定》
《民事案件案由规定》(法〔2011〕41 号) 《民事案由规定》
《关于人民法院民事调解工作若干问题的规定》(法释〔2004〕12 号) 《法院调解规定》
《关于对诉前停止侵犯专利权行为适用法律问题的若干规定》(法释〔2001〕20 号) 《诉前停止专利侵权的规定》

《关于诉前停止侵犯注册商标专用权和保全证据适用法律问题的解释》(法释〔2002〕2 号) 《诉前停止商标侵权和保全证据的解释》
《关于对经济确有困难的当事人提供司法救助的规定》(法发〔2005〕6 号) 《司法救助规定》
《关于适用〈中华人民共和国合同法〉若干问题的解释(一)》(法释〔1999〕19 号) 《合同法解释(一)》
《关于适用〈中华人民共和国合同法〉若干问题的解释(二)》(法释〔2009〕5 号) 《合同法解释(二)》
《关于人民法院合议庭工作的若干规定》(法释〔2002〕25 号) 《合议庭工作规定》
《关于改革和完善人民法院审判委员会制度的实施意见》(法发〔2010〕3 号) 《审委会实施意见》
《中华人民共和国法官职业道德基本准则》(法发〔2010〕53 号) 《法官职业道德基本准则》
《关于适用〈中华人民共和国婚姻法〉若干问题的解释(一)》(法释〔2001〕30 号) 《婚姻法解释(一)》
《关于审理民事级别管辖异议案件若干问题的规定》(法释〔2009〕17 号) 《民事级别管辖异议规定》
《关于审理涉及人民调解协议的民事案件的若干规定》(法释〔2002〕29 号) 《调解协议审理规定》
《关于人民法院审理事业单位人事争议案件若干问题的规定》(法释〔2003〕13 号) 《事业单位人事争议审理规定》
《关于北京、上海、广州知识产权法院案件管辖的规定》(法释〔2014〕12 号) 《知产法院管辖规定》
《关于调整高级人民法院和中级人民法院管辖第一审民商事案件标准的通知》(法发〔2008〕10 号) 《调整高、中级法院一审管辖标准的通知》
《关于调整地方各级人民法院管辖第一审知识产权民事案件标准的通知》(法发〔2010〕5 号) 《调整第一审知产案件管辖标准的通知》
《关于审理专利纠纷案件适用法律问题的若干规定》(法释〔2001〕21 号) 《审理专利案件规定》
《关于海事法院受理案件范围的若干规定》(法释〔2001〕27 号) 《海事法院受案范围规定》
《关于受理证券市场因虚假陈述引发的民事侵权纠纷案件有关问题的通知》(2002 年 1 月 15 日) 《受理虚假陈述侵权案件的通知》
《关于审理证券市场因虚假陈述引发的民事赔偿案件的若干规定》(法释〔2003〕2 号) 《虚假陈述赔偿规定》
《关于对于证券交易所监管职能相关的诉讼案件管辖与受理问题的规定》(法释〔2005〕1 号) 《对证交所监管职能相关案件的规定》
《关于审理期货纠纷案件若干问题的规定》(法释〔2003〕10 号) 《期货案件规定(一)》
《关于审理期货纠纷案件若干问题的规定(二)》(法释〔2011〕1 号) 《期货案件规定(二)》
《关于审理不正当竞争民事案件应用法律若干问题的解释》(法释〔2007〕2 号) 《不正当竞争案件解释》

《关于审理因垄断行为引发的民事纠纷案件应用法律若干问题的规定》(法释〔2012〕5号)
《垄断行为案件规定》

《关于审理民事级别管辖异议案件若干问题的规定》(法释〔2009〕17号)
《民事级别管辖异议规定》

《关于在经济审判工作中严格执行〈中华人民共和国民事诉讼法〉的若干规定》(法发〔1994〕29号)
《经济审判规定》

《关于第一审经济纠纷案件适用普通程序开庭审理的若干规定》(法发〔1993〕34号)
《经济案件适用普通程序的规定》

《关于审理人身损害赔偿案件适用法律若干问题的解释》(法释〔2003〕20号)
《人身损害赔偿解释》

《关于审理名誉权案件若干问题的解答》(19930807) 《名誉权案件解答》

《关于审理劳动争议案件适用法律若干问题的解释》(法释〔2001〕14号)
《劳动争议案件解释》

《关于民事经济审判方式改革若干问题的规定》(法释〔1998〕14号) 《审判方式改革规定》

《关于适用〈关于民事诉讼证据的若干规定〉中有关举证时限规定的通知》(法发〔2008〕42号)
《举证时限通知》

《关于适用〈中华人民共和国民事诉讼法〉审判监督程序若干问题的解释》(法释〔2008〕14号)
《审监程序解释》

《关于审理民事案件适用诉讼时效制度若干问题的规定》(法释〔2008〕11号)
《诉讼时效规定》

《关于严格执行公开审判制度的若干规定》(1999年3月8日) 《公开审判规定》

《关于严格执行案件审理期限制度的若干规定》(法释〔2000〕29号) 《审理期限规定》

《关于审理民间借贷案件适用法律若干问题的规定》(法释〔2015〕18号) 《民间借贷规定》

《关于人民法院登记立案若干问题的规定》(法释〔2015〕8号) 《登记立案规定》

《关于适用简易程序审理民事案件的若干规定》(法释〔2003〕15号) 《简易程序规定》

《关于人民调解协议司法确认程序的若干规定》(法释〔2011〕5号)《人民调解司法确认规定》

《关于受理审查民事申请再审案件的若干意见》(法发〔2009〕26号) 《再审审查意见》

《关于民事审判监督程序严格依法适用指令再审和发回重审若干问题的规定》(法释〔2015〕7号)
《指令再审和发回重审规定》

《关于适用督促程序若干问题的规定》(法释〔2001〕2号) 《督促程序规定》

《关于适用〈中华人民共和国民事诉讼法〉执行程序若干问题的解释》(法释〔2008〕13号)
《执行解释》

《关于人民法院执行工作若干问题的规定(试行)》(法释〔1998〕15号) 《执行规定》

《关于委托执行若干问题的规定》(法释〔2011〕11号) 《委托执行规定》

《关于正确适用暂缓执行措施若干问题的规定》(法发〔2002〕16号) 《暂缓执行规定》

《关于人民法院民事执行中查封、扣押、冻结财产的规定》(法释〔2004〕15号)
《查封、扣押、冻结规定》

《关于人民法院民事执行中拍卖、变卖财产的规定》(法释〔2004〕16号) 《拍卖、变卖规定》

《关于限制被执行人高消费的若干规定》(法释〔2010〕8 号) 《限制高消费规定》

《关于公布失信被执行人名单信息的若干规定》(法释〔2013〕17 号) 《公布失信被执行人信息规定》

《关于人民法院办理执行异议和复议案件若干问题的规定》(法释〔2015〕10 号) 《办理执行异议和复议案件规定》

《关于实施〈中华人民共和国仲裁法〉几个问题的通知》(法发〔1997〕4 号) 《实施仲裁法的通知》

《关于高级人民法院统一管理执行工作若干问题的规定》(2000 年 1 月 14 日) 《高院统管执行规定》

《关于适用〈中华人民共和国涉外民事关系法律适用法〉若干问题的解释(一)》(法释〔2012〕24 号) 《〈涉外民事关系法律适用法〉解释》

《关于涉外民商事案件诉讼管辖若干问题的规定》(法释〔2002〕5 号) 《涉外民商案件管辖规定》

《关于认真学习贯彻〈关于涉外民商事案件诉讼管辖若干问题的规定〉的通知》(法〔2002〕22 号) 《贯彻〈涉外民商案件管辖规定〉通知》

《关于指定广东省东莞市等五个中级人民法院管辖一审涉外民商事案件的批复》(法〔2002〕103 号) 《指定东莞等五中院管辖一审涉外案件的批复》

最高人民检察院司法解释及其他规范性文件

《人民检察院民事诉讼监督规则(试行)》(2013 年 9 月 23 日) 《民诉检察监督规则》

国际公约

《关于向国外送达民事或商事司法文书和司法外文书公约》(1991 年加入) 《海牙送达公约》

目录

Contents

第一章 民事诉讼与民事诉讼法

【学习目标】

■ 知识目标：

了解民事纠纷、民事诉讼与民事诉讼法的概念，以及我国民事诉讼法的效力范围；理解民事诉讼的特点、民事诉讼法的属性。

■ 能力目标：

掌握民事纠纷的解决方式、民事纠纷解决机制的相关原理。

【本章需要预习的主要法律、法规】

1.《民诉法》第1～4条，《仲裁法》第1～7条及第19、28、32、33、39条；
2.《人民调解法》；
3.《消费者权益保护法》第39条；
4. 最高法院《诉讼与非诉讼衔接意见》(法发〔2009〕45号)。

第一节 民事纠纷与民事诉讼

【引例1-1】

深圳××花园延期交房纠纷案解决始末①

深圳××花园是××房地产公司(以下简称房地产公司)开发的有600余户业

① 案例来源：本章作者宁教铭(担任深圳某房地产关联企业总法律顾问期间)所承办的案件之一。

主的商品房小区。因延期交房，房地产公司作出补偿决定：按每100平方米购房面积1.5万元的标准计付延期交房违约金，并免6个月物管费。但没有业主愿意按此受偿。经1个多月协商，房地产公司提出和解方案：按每100平方米购房面积3万元计付违约金。后有25户业主接受了补偿款项，并签字表示不再追究延期交房责任。其余业主遂向房地产主管部门投诉，要求开发商赔偿。主管部门调解无效后，90余户业主向深圳市N区法院起诉；房地产公司以该案属F区管辖为由提出管辖异议。异议被驳回，房地产公司上诉。二审法院撤销一审裁定，并裁定案件由F区法院管辖。但首次开庭前，房地产公司又提出双方在购房补充协议中有仲裁条款，而立案时原告未予声明，故请求法院驳回起诉。F区法院经审查仲裁条款，遂裁定驳回原告起诉。业主不服而上诉，二审法院裁定维持一审裁定。业主遂依仲裁条款向××仲裁委员会申请仲裁。仲裁委审理后作出裁决，由房地产公司承担延期交房违约金。因房地产公司未主动履行仲裁裁决，业主遂依仲裁裁决向法院申请强制执行。房地产公司向法院提出证据证明有法定情形而请求不予执行仲裁裁决。

请问：此案民事纠纷的解决方式有哪几种？各自有何特征？

一、民事纠纷

（一）民事纠纷的概念及其特征

所谓纠纷，就是指争执的事情①，是社会冲突的一种。社会冲突并不一定表现为公开的暴力冲突，还包括紧张、敌意、竞争以及在目标和价值上的分歧。② 社会冲突最终可以归结为利益（物质利益或精神利益甚或二者结合）的冲突。法律对社会冲突的控制，致使社会冲突被转化为法律纠纷。而法律对社会冲突的控制又是利益法律化的方式，即把意义重大的利益以权利义务的形式将其规定到行为规范之中，并以国家强制力保障其实现，从而以利益分配的合法化来实现利益分配的合理化和公平化。

法律纠纷大致可以分为三类：民事纠纷、行政纠纷、刑事纠纷。民事纠纷，或称民事争议，就是指民事法律关系主体之间即平等主体的公民、法人、其他组织之间以及他们相互之间，因财产关系或人身关系所引起的法律纠纷。

与其他社会纠纷、法律纠纷相比，民事纠纷具有如下主要特征：

1. 纠纷主体的平权性

法律关系可分为两类：一类是隶属的或称纵向的法律关系，即不平等主体之间的权力服

① 中国社会科学院语言研究所词典编辑室.现代汉语词典[M].北京：商务印书馆，1991：605.

② [美]伊恩·罗伯逊.社会学（上册）[M].北京：商务印书馆，1994：25.

从关系,诸如行政纠纷和刑事纠纷所体现的法律关系;另一类是平权的或称横向的法律关系,即平等主体之间的权利义务关系,如民事纠纷所体现的法律关系就是一种典型的平权法律关系,其主体之间的地位是平等的,权利义务的内容具有一定程度的任意性。

2. 纠纷内容的私权性

民事纠纷的内容所涉及的财产关系和人身关系都具有私权性,这些私人权利与每个民事主体的切身利益直接相关。

3. 纠纷解决的可处分性

民事纠纷是主体之间民事权利义务的争议,其内容属于民事实体法的调整范围;基于民事实体法上的私法自治原则,民事纠纷主体对其民事权利义务有自由处分的权利,可以协商变更、放弃、变通其民事权利义务的具体内容。

根据民事纠纷内容和特点的不同,可将民事纠纷分为两大类:一是财产关系的民事纠纷,包括财产所有关系的民事纠纷和财产流转关系的民事纠纷,如损害赔偿纠纷、合同纠纷等;二是人身关系的民事纠纷,包括人格权关系的民事纠纷和身份关系的民事纠纷,如姓名权纠纷、继承权纠纷等。

(二)民事纠纷的解决机制

和谐社会并非人们梦境中的"太平"盛世,亦非没有纠纷的世外桃源。社会资源的稀缺有限和人类利益的趋同属性,使得利益冲突成了人类社会一个永久的话题。经济的发展、改革的推进和利益格局的调整,总是伴随着社会的深刻变迁和利益的矛盾冲突;改革开放的过程,也是一个利益重新分配的过程,是一个矛盾、纠纷不断涌现的过程。社会学从历史发展的动态过程,考察利益冲突对社会发展的积极作用,从而充分肯定利益冲突对推动社会进步的积极功能;马克思主义的一个基本原理就是,矛盾运动是社会发展的基本动力,和谐社会的发展也不例外。而法学则从维护既有的社会秩序和现存的社会制度出发,指出利益冲突具有反社会性,从而将社会冲突视为一种消极存在。① 但笔者认为,一个和谐的社会虽也避免不了社会的纠纷和利益的冲突,却应当能够及时、有效地解决纠纷、缓解冲突。如果利益的冲突采用不和谐甚至非理性的方式去解决,将不仅会给政府、法院以及其他国家机关造成不应有的麻烦,妨碍其在市场经济建设中职能作用的正常发挥,而且还会给社会民众带来痛苦,即便社会财富增加了,人民的幸福感却不能相应地增长。②

因此,从法学视角,认识人类社会的利益冲突,并以抑制、缓和、解决利益冲突为价值目标的诉讼、仲裁等冲突解决机制,不能不说是一种现实存在的特殊生产力,对其进行研究,并使其对促进社会和谐的机能发挥达到最佳状态,具有现实的实践和社会价值。

然而,纠纷解决方法与各类纠纷之间的关系,如同法律调整方法与其调整对象(社会关系)之间的关系,一种法律调整方法并不只能适用于一种社会关系,一种社会关系也不会只有一种法律调整方法。同理,一种纠纷解决方法,不是只能千古不变地适用于解决某一类型的纠纷;某一类型社会冲突的解决,也不会是只有一种解决方法。民事纠纷的解决也是如

① 顾培东.社会冲突与诉讼机制[M].北京:法律出版社,2004:17.

② 宁教铭.发挥仲裁积极作用,促进和谐社会构建[J].厦门特区党校学报,2009(4):78-80.

此，民事纠纷一旦发生，就可以有不同的解决方法和途径。

系统论创始人贝塔朗菲，把生命机体作为一个整体或系统来考虑，主张任何系统都须具有一定的目的参数，系统内部的结构和功能形态必须服从于系统的目的参数。价值论是关于系统价值的哲学学说，主要“从主体的需要和客体能否满足及如何满足主体需要的角度”①，考察和评价各种系统之物质的、信息的现象，以及人们的行为对个人、社会的意义。因此，借用贝塔朗菲的上述系统论观点，可以认为，解决民事纠纷的这些方法和制度，也是一个有机的整体，各以其特定的功能和特点，结成一种互补的、满足民事纠纷主体多种需求的程序体系和动态的运作调整系统，即多元化的民事纠纷解决机制。

在我国社会主义市场经济条件下，纠纷解决机制的合理性基础及其应当追求的价值目标，在于缓解和消除各类法律纠纷、维护市场经济的有序状态。关于纠纷也即争议的解决，我国《消费者权益保护法》第39条规定了下列途径：①与经营者协商和解；②请求消费者协会或者依法成立的其他调解组织调解；③向有关行政部门投诉；④根据与经营者达成的仲裁协议提请仲裁机构仲裁；⑤向法院起诉。对于社会纠纷的解决机制，不同的研究者常从不同的角度进行类别的划分和研究。我国学者多从自力救济、社会救济和公力救济的角度，阐述社会纠纷的解决机制。一般来说，解决纠纷的自力机制包括自决与和解，公力机制包括行政处理与诉讼，社会机制包括诉讼外调解与仲裁。

下面我们不妨借鉴这种一般法律纠纷解决机制的研究方法，并结合民事纠纷的特征和我国解决各类民事纠纷的实践，来探讨我国民事纠纷的解决机制。

1. 解决民事纠纷的自力机制——自决与和解

作为解决社会冲突的自力方法，主要有自决与和解，也是最原始、最简单的纠纷解决机制。其显著特点表现在：①依靠纠纷主体的自身力量解决纠纷，无第三者的介入。②不受也无须规范的严格制约，即纠纷的解决既不依程序规范，也不依实体规范。③虽不受明文规范的制约，但并非不含规范的因素，只因其规范一般是不成文的习惯抑或习俗；且就和解而言，纠纷的平等协商及和解结果的合意性，本身就体现了规范的制约作用。

自决有别于和解的是，自决常常是强者凭其某种优势强行解决纠纷，弱者因此很可能得到不公正结果，因而自决一般是以纠纷主体强弱有别为前提。如果势力均衡，以强力解决纠纷可能两败俱伤，那么纠纷就会转以平等协商、互相妥协的方式和平解决，此即和解。

和解优越于自决的是，和解能带来心理上的缓和与情感上的愉悦，而自决却往往造成心理上的伤害与情感上的愤懑，正因为此，即使在纠纷主体强弱有别的情形下，也不排除强者因其善心而谋求与弱者的和解。所以，和解比自决更有利于纠纷的彻底解决并预防其复发，也有助于社会的和谐。在文明社会，强力性的自决受到严格限制，而和解却始终受到垂青；于法制时代，公力救济虽能带来公正结果，运用起来也并不困难，但就心理和情感而言，均不如和解。

对自决与和解作如此分析，旨在探析其在民事纠纷解决实践中的地位和价值，引导纠纷主体正确运用和解方式解决纠纷，促进社会的和谐与稳定。以我国房地产纠纷的解决为例，自决与和解机制在实践中均有适用，尤其在商品房买卖纠纷中，由于开发商与购房小业主之

① 乌杰. 系统辩证学[M]. 北京：中国财政经济出版社，2005：278.

间存在着悬殊的力量对比，无论在经济实力、专业知识方面，还是在时间、精力方面，小业主无疑是无法与开发商抗衡的，所以，实践中，相当部分的开发商一旦与小业主发生纠纷，往往凭借其各方面优势自行决定纠纷解决的方案，而这些方案显然对小业主是不太公平的；因此，有一部分小业主就不愿接受这种不公平，从而未能以自决方式终结纠纷，要么去找开发商协商，要么去房地产主管部门投诉，甚至申请仲裁或提起诉讼。而在除自决以外的这些解决方式中，又以和解方式最为有利于纠纷的解决。虽然，和解方式中因无第三者介入而“公说公有理、婆说婆有理”，以及因无明文规范的制约而有时无所适从，使和解陷入僵局，但只要纠纷双方能以诚相待，迟早还是可以达成和解协议，通过和平方式解决纠纷的；而且，越是经过周折达成的和解协议，往往越能更充分地反映双方意见，甚至在平等协商的过程中能够加强相互之间的理解。

2. 解决民事纠纷的社会机制——诉讼外调解与仲裁

解决民事纠纷的社会救济，是指基于纠纷主体的合意，并依靠社会力量来解决纠纷的机制，其方法主要有诉讼外调解和仲裁等，其特点主要是：①主体的合意，即无论纠纷解决的过程还是结果，都是基于纠纷主体的合意。②第三者的介入，即第三者的说服、协调，是纠纷主体达成最终合意不可或缺的因素。③社会规范的作用，即与自力救济的自决与和解相比，诉讼外调解尤其是仲裁，蕴涵着丰富的规范因素。一方面，社会规范引导、促进调解与仲裁的顺利进行，另一方面，社会规范的内容经过纠纷主体的认同而被融入到纠纷的解决结果之中。

诉讼外调解，是指第三者依据一定的社会规范（包括习惯、道德规范，也不排除法律规范），在纠纷主体之间进行信息沟通，摆事实、讲道理，促成双方谅解、妥协，从而最终达成解决纠纷的合意。其显著特征有：①非强力性，即诉讼外调解虽有第三者介入，但并不依靠国家或社会的强制力，而是凭借其高尚、正直的人品和较强的沟通能力及较高的社会声望，以引导、协调等方式，促成纠纷主体达成最终解决纠纷的合意。②合意性，即纠纷的解决最终取决于主体的合意，第三者的介入仅仅起着引导、协调、促进的作用。③并不严格的规范性，即诉讼外调解既内涵规范因素，又并不严谨。首先，纠纷主体各自为获得第三者支持，往往有必要就其主张的正当性向第三者予以说服，而第三者为了出于公正或利于纠纷解决，又常常依据正当的社会规范来协调纠纷双方的利益冲突；其次，即便纠纷主体完全可能选择仲裁或诉讼方式，却有一方或双方又不愿仲裁或诉讼时，则仲裁和诉讼所依据的主要是法律规范也极有可能得到纠纷双方的认同并在调解中予以运用。所以，同自决与和解相比，诉讼外调解内涵的规范因素较多；但与仲裁和诉讼比较，其制度、规范因素较少，调解的进行并不依据严谨的程序和实体规范，其步骤和结局也往往随着纠纷主体的意志而变动和确定，具有很大程度的随意性。

诉讼外调解方法在解决民事纠纷中的利弊也是显而易见的。其优越性主要有：①相对于自决、和解的自力方式，调解由于有第三者的主持，从而有助于加速纠纷的解决进程，在一定程度上避免时间的拖延；且因内涵较多的规范因素，一定程度上能降低自决与和解可能背离统一的社会规范导致的不利影响，尤其民事纠纷解决机制的规范与否，直接影响到经济的健康发展。②相对于国家公权力的公力方式，诉讼外调解适用于因违反私法性质的实体规范而发生的民事纠纷，能够体现纠纷主体自我解决纠纷的社会整合能力，从而避免引发过大的社会动荡，不利于和谐社会的构建。③较仲裁和诉讼而言，诉讼外调解因其合意性而更有利于纠纷的彻底解决并预防其反复；因其非严谨的规范性而更为简捷，从而节约个人的时间、精力和社会资源以及国家的司法资源，有利于资源节约型社会的构建。

对应地，诉讼外调解的局限性主要表现在：①调解的合意性，决定了纠纷的最终解决有赖于纠纷主体的合意；若主体不愿或难以达成合意，则调解将归于失败，第三者往往无能为力。②调解的非强力性，决定了第三者因不能凭借国家强制力而难以确保纠纷主体之间的公平，尤其民事纠纷中双方势力不均的现象更为突出。③调解的非严格规范性，一是导致第三者没有规范的严格制约，难保其公平、公正；二是导致调解的经过及结果极易与社会规范特别是法律规范发生冲突。

诉讼外调解主要有人民调解、行业调解和行政调解等。根据 2011 年 1 月 1 日起施行的《人民调解法》，村民委员会、居民委员会设立人民调解委员会，企业事业单位根据需要设立人民调解委员会。人民调解委员会是依法设立的调解民间纠纷的群众性组织，通过说服、疏导等方法，促使当事人在平等协商基础上自愿达成调解协议，解决民间纠纷。经人民调解委员会调解达成的调解协议，具有法律约束力，其效力相当于民事合同，“可诉可确”。所谓“可诉”，指的是当事人就调解协议的履行或内容发生争议，任何一方可以就调解协议向法院起诉，但不能针对原来纠纷提起诉讼；所谓“可确”，指的是双方当事人认为有必要的，可以自调解协议生效之日起 30 日内共同向人民法院申请司法确认。只有经过人民法院确认有效的人民调解协议，才具有强制执行力；但即便如此，人民调解协议本身不是强制执行的依据，只有人民法院的司法确认裁定书才是强制执行的依据。未经司法确认有效的人民调解协议，不能对其申请强制执行。

【真题实训 1-1】

张某与李某产生邻里纠纷，张某将李某打伤。为解决赔偿问题，双方同意由人民调解委员会进行调解。经调解员黄某调解，双方达成赔偿协议。关于该纠纷的处理，下列哪一说法是正确的？（2010，卷三，35）

A. 张某如反悔不履行协议，李某可就协议向法院起诉

B. 张某如反悔不履行协议，李某可向法院提起人身损害赔偿诉讼

C. 张某如反悔不履行协议，李某可向法院申请强制执行调解协议

D. 张某可以调解委员会未组成合议庭为由，向法院申请撤销调解协议①

仲裁作为解决民事纠纷的社会救济方式，是指由仲裁机构对纠纷进行审理并作出裁决的方式。目前在我国的仲裁法律体系中，有《仲裁法》和《劳动争议调解仲裁法》，以及《土地承包纠纷调解仲裁法》，即仲裁主要包括民商事仲裁、劳动争议仲裁和农村土地承包经营纠纷仲裁。作为民事纠纷解决机制的民商事仲裁，实行或裁或审、一裁终局的制度。

---

① ［真题实训 1-1］(2010，卷三，35)答案：A。考点：人民调解协议的效力。解析：理由如正文。法律依据：《人民调解法》第 32、33、19 条，即依第 32 条，A 说法正确、B 错误；依第 33 条，C 错误；依第 19 条，D 错误。

3. 解决民事纠纷的公力机制——民事诉讼

解决民事纠纷的公力机制也称公力救济机制，是指运用国家公权力来解决民事纠纷的方法和制度。在法律社会，公力救济是解决各类纠纷的典型机制，而民事诉讼又处于其正统的地位。

[引例1-1：解析]本节引例"深圳××花园延期交房纠纷案解决始末"中之民事纠纷的解决方式主要有：①自决，即房地产公司自行作出的赔偿决定；②和解，即房地产公司与业主在没有第三者介入的情形下达成的和解协议；③调解，即房地产主管部门主持的调解；④诉讼，即业主向深圳市N区、F区法院的起诉；⑤仲裁，即业主因起诉被驳回后向仲裁委员会申请仲裁。

这些纠纷解决方式的各自特征已如以上正文所述。其中，除诉讼以外的纠纷解决方式，均被称为替代诉讼方式或非诉讼(ADR)机制。

二、民事诉讼

(一) 民事诉讼的概念与特征

民事诉讼，是指法院在双方当事人和其他诉讼参与人的参加下，在审理民事诉讼案件的过程中所进行的各种诉讼活动，以及由这些活动所产生的各种诉讼法律关系的总和。

【真题实训 1-2】

关于民事仲裁与民事诉讼的区别，下列哪一选项是正确的？(2011，卷三，36)

A. 具有给付内容的生效判决书都具有执行力，具有给付内容的生效裁决书没有执行力

B. 诉讼中当事人可以申请财产保全，在仲裁中不可以申请财产保全

C. 仲裁不需对案件进行开庭审理，诉讼原则上要对案件进行开庭审理

D. 仲裁机构是民间组织，法院是国家机关

民事诉讼与其他民事纠纷解决方式相比，具有以下特征：

1. 民事诉讼具有公权性

法院是国家司法机关，民事诉讼是法院代表国家行使审判权，强制解决民事纠纷。审判权是国家公权力的一部分，因此，民事诉讼具有国家公权性质。

2. 民事诉讼具有程序性

民事诉讼是有目的、有组织并产生一定法律后果的活动，法律规定了严格的程序和方式，法院、当事人及其他诉讼参与人在诉讼过程中都必须严格遵守法定的程序和方式，否则将不产生法律上的效力或者将产生一定的程序制裁。

3. 民事诉讼具有强制性

如上所述，民事诉讼属于解决民事纠纷的公力机制，是以国家公权力解决纠纷的方式，其解决纠纷的过程与结果都具有强制性，以国家强制力为后盾，其生效裁决终局性地确定了当事人之间的权利义务关系，当事人必须履行生效的法律文书。即与其他纠纷解决方式相

比，民事诉讼具有纠纷解决的强制性、终局性和权威性。

［真题实训 1-2］（2011，卷三，36）答案：D。考点：民事诉讼与仲裁的区别。解析：依我国《仲裁法》第 62 条，当事人应当履行裁决。一方不履行的，另一方可依民事诉讼法的有关规定向法院申请执行。受申请的法院应当执行。据此，具有给付内容的仲裁裁决书也具有执行力，故 A 选项错误。依《仲裁法》第 28 条，当事人一方因另一方的行为或其他原因，可能使裁决不能或难以执行的，可申请财产保全。当事人申请财产保全的，仲裁委应将申请依《民诉法》的有关规定提交人民法院。据此，仲裁中也可申请财产保全，故 B 选项错误。依《仲裁法》第 39 条，仲裁应当开庭进行，除非当事人协议不开庭，故 C 选项错误。仲裁机构是民间裁判组织，而法院是司法审判机构，是国家机关，故 D 选项正确。

（二）民事诉讼与刑事诉讼、行政诉讼的关系

我国现行诉讼体制包括刑事诉讼、民事诉讼和行政诉讼，三者之间具有共通之处，但由于性质不同，因此也存在诸多差异。

1. 当事人双方的诉讼地位不同

民事诉讼中，原告、被告双方诉讼地位完全平等，诉讼权利义务对等；刑事公诉案件中，检察机关是公诉人，代表国家提起公诉，并进行法律监督，刑事诉讼的被告人和公诉人法律地位根本不同；行政诉讼中，行政相对人享有的诉讼权利和承担的诉讼义务不完全对等。与民事诉讼不同，为保护处于弱势的刑事被告人和行政相对人的权益，现代法律往往限制了国家公诉机关和行政机关的诉讼权利，而让其承担更多的诉讼义务。比如，三大诉讼中有关举证责任负担的不同规定即典型地反映了这一差异。又如，民事诉讼中当事人可自行起诉，一方当事人提起了诉讼，另一方当事人有权提出反诉与之对抗；而刑事诉讼中，除自诉案件由自诉人自行提起外，其余案件均由检察机关提起公诉，被告人不得向公诉机关提出反诉；行政诉讼中，作出具体行政行为的行政主体被起诉后，也不得向行政相对人提出反诉。

2. 诉讼的对象不同

民事诉讼解决的争议是民事权利义务争议，若不是民事主体之间民事权益发生争议，则不能纳入民事诉讼程序处理，如伦理上的冲突、政治上的争议等均不能成为民事诉讼解决的对象；刑事诉讼所要解决的是被追诉人的刑事责任问题；行政诉讼解决的争议是行政争议，即因行政机关行使职权、实施公务活动而发生的纠纷。

3. 当事人的处分权不同

民事诉讼解决当事人双方的民事权利义务争议，双方不论在实体上还是在程序上，都有依法处分其权利的自由。正因为此，民事诉讼形成了自己特有的机制，诉讼中的和解与调解制度，对当事人处分其权利具有独特的作用和意义。对法院发生法律效力的裁决，胜诉的一方可以申请执行，也可以不申请执行。但刑事诉讼和行政诉讼中，不适用调解，作为当事人一方的行政机关胜诉后无权放弃自己的权利。

4. 结案的方式不同

民事诉讼结案的方式包括调解和裁决两种，即法院审理民事案件，应依自愿和合法原则进行调解，调解不成的应及时判决结案；刑事诉讼除自诉案件外，只能用裁决的方式结案，不

能用调解的方式结案；行政诉讼的被告是行政主体，除赔偿诉讼可以调解外，也不能以调解的方式结案，只能判决结案。

第二节 民事诉讼法

【引例 1-2】

中国甲公司与加拿大乙公司签订了一份医疗器械买卖合同，由加方乙公司向中方甲公司提供 5 台医疗器械，合同约定在中方甲公司住所地履行。后因加方乙公司仅按约定提供了 3 台医疗器械设备，剩余 2 台迟迟未予供货，双方发生纠纷。

请问：如果本纠纷在中国法院进行诉讼，应适用哪个国家的民事诉讼法？

一、民事诉讼法的概念

民事诉讼法，是指国家制定或认可的，调整民事诉讼法律关系主体的行为和相互关系的法律规范的总和，也即民事诉讼法是调整民事诉讼的各种法律规范的总和。

民事诉讼法有狭义和广义之分。狭义的民事诉讼法，也即形式意义上的民事诉讼法，是指国家最高权力机关制定颁行的关于民事诉讼的专门法律，在我国目前是指 1991 年 4 月 9 日通过，经 2007 年 10 月 28 日、2012 年 8 月 31 日两次修正后的《中华人民共和国民事诉讼法》。广义的民事诉讼法，也即实质意义上的民事诉讼法，是指除上述民事诉讼法典以外，还包括宪法和其他实体法与程序法中有关民事诉讼的规定，最高法院及其与其他有关机关联合发布的关于民事诉讼方面的司法解释。

二、民事诉讼法的性质

【真题实训 1-3】

关于民事诉讼法的性质，下列哪一说法是正确的？（2011，卷三，35）

A. 根据其调整的社会关系，民事诉讼法是程序法

B. 根据其在法律体系中的地位，民事诉讼法是程序法

C. 根据其规定的内容，民事诉讼法是程序法

D. 根据公法与私法的划分标准，民事诉讼法是程序法

民事诉讼法的性质，是指民事诉讼法的社会属性。就其社会性质而言，民事诉讼法属于社会主义法，是社会主义国家上层建筑的组成部分之一。就其法律性质而言，可从以下几个方面加以理解：

1. 民事诉讼法是基本法

在一个国家的法律体系中，依各个法律地位和作用的不同，可将其分为根本法、基本法和一般法。宪法是根本法，法律效力和地位最高；民事诉讼法与民法、刑法、刑事诉讼法、行政诉讼法等属于基本法，效力低于宪法但高于一般法。民事诉讼法是由国家最高权力机关全国人民代表大会制定与修改的，作为基本法，与仲裁法等共同构成完整的民事程序法律体系。

2. 民事诉讼法是部门法

民事诉讼法调整的社会关系是人民法院与一切诉讼参与人之间的民事诉讼法律关系，民事诉讼法律关系是具有自身特点的一类独立的社会关系。因此，民事诉讼法调整的社会关系，决定了它是一个独立的部门法。

3. 民事诉讼法是程序法

以法律所规定的内容为标准，可将其分为实体法和程序法。实体法规定主体的实体权利和义务，程序法规定因实体权利义务发生争议的解决办法和程序。民事诉讼法是以民事诉讼程序和制度为其规定内容，是民事程序法的主要组成部分，和刑事诉讼法、行政诉讼法一样，都属于规定诉讼法律关系主体的诉讼权利义务的程序法。

4. 民事诉讼法是公法

公法与私法的划分，最早由古罗马法学家乌尔比安提出："公法是关于罗马国家的法律，私法是关于个人利益的法律。"依此标准，私法遵循当事人意思自治原则，确立财产所有权，保障自身利益的追求，如民法、商法；公法是利用国家权力，调整国家与公民关系的法律，如刑法、行政法、诉讼法。民事诉讼法是规范法院行使审判权，解决民事纠纷的程序的法律，与规范平等主体之间的民事权利义务关系的私法不同，性质上属于公法。

但由于民事诉讼所解决的纠纷是平等主体之间的私权纠纷，作为公法的民事诉讼法与纯粹公法性质的刑法、刑事诉讼法又有所不同，其主要体现以私法的自治原则为基础，民事诉讼法中也有一些以程序选择权为基础的任意规范，从而确立了赋予当事人处分其诉讼权利与民事权利的处分原则。

综上所述，民事诉讼法的属性，根据其在法律体系中的地位，民事诉讼法是基本法；根据其调整的社会关系，民事诉讼法是部门法；根据其规定的内容，民事诉讼法是程序法；根据公法与私法的划分，民事诉讼法属于公法。①

三、民事诉讼法的任务

我国《民诉法》第 2 条规定了民事诉讼法的任务，即：①保护当事人行使诉讼权利；②保

① 据此，[真题实训 1-3](2011，卷三，35)的答案为 C。

证人民法院查明事实、分清是非，正确适用法律，及时审理民事案件；③确认民事权利义务关系，制裁民事违法行为，保护当事人的合法权益；④教育公民自觉遵守法律，维护社会秩序、经济秩序，保障社会主义建设事业顺利进行。

四、民事诉讼法的适用范围

民事诉讼法的适用范围，即指民事诉讼法的效力范围。法的效力范围包括对人效力、对事效力、时间效力和空间效力，其要解决的是法对什么人、对什么事、在什么地域和什么时间有效的问题。

（一）民事诉讼法对人的效力范围

民事诉讼法对人的效力，是指民事诉讼法对哪些人具有约束力。根据我国《民诉法》第 4 条的规定，凡在中华人民共和国领域内进行民事诉讼的当事人都应适用我国的民事诉讼程序。因此，只要是在我国人民法院进行民事诉讼的当事人，都应受到民事诉讼法的约束，换言之，民事诉讼法适用于在我国领域内进行民事诉讼的一切人，具体包括：①中国的公民、法人和其他组织；②居住在我国境内的外国人、无国籍人，以及在中国营业的外国企业和外国组织；③不在我国境内居住或营业，但在我国人民法院通过应诉与应诉行为进行民事诉讼的外国人、无国籍人及外国法人或组织；④在我国享有外交豁免权，但根据国际条约、惯例以及我国法律的规定，放弃其外交豁免权的外国人。

（二）民事诉讼法对事的效力范围

民事诉讼法对事的效力范围，是指适用民事诉讼法审理与解决民事案件的范围，其实质上解决的是法院主管的问题。根据我国《民诉法》第 3 条和其他有关法律、法规的规定，人民法院受理的民事案件包括：①平等民事主体之间因财产关系和人身关系发生的纠纷，即因民事法律关系发生争议而引起的纠纷；②法律规定应当适用民事诉讼法审理的其他非讼案件，如选民资格案件，宣告失踪、宣告死亡案件，认定公民无民事行为能力、限制行为能力案件，认定财产无主案件。

（三）民事诉讼法的时间效力

民事诉讼法的时间效力，是指民事诉讼法发生法律效力的期间，具体包括民事诉讼法的生效、失效以及有无溯及力的问题。

我国 1991 年 4 月 9 日第七届全国人大第四次会议通过并公布的《民诉法》规定“本法自公布之日起施行”，即自该日起，在中国领域内进行的民事诉讼都应适用该法规定，原《民事诉讼法（试行）》同时废止；该法根据 2007 年 10 月 28 日通过的全国人大常委会的决定进行了第一次修正，修正后的《民诉法》自 2008 年 4 月 1 日起施行；在 2012 年 8 月 31 日根据全国人大常委会的决定进行了第二次修正，自 2013 年 1 月 1 日起施行，即现行《民诉法》在 2013 年 1 月 1 日起生效。

其他与现行《民诉法》相冲突的法律、法规、单行法以及司法解释，均停止执行。需要注意的是，不同于民事实体法，《民诉法》作为程序法，具有溯及既往的效力，即对于现行《民诉法》生效以前已经进入民事诉讼程序尚未审理完毕的案件仍然有效，即应当适用新法。相关的司法解释是《最高人民法院关于修改后的民事诉讼法施行时未结案件适用法律若干问题的规定》(法释〔2012〕23号)。

(四)民事诉讼法的空间效力

民事诉讼法的空间效力,是指民事诉讼法在哪些地域范围内适用的问题,其解决的是民事诉讼法的地域效力范围。根据我国《民诉法》第4条的规定,在我国领域内进行的民事诉讼都应适用我国民事诉讼法。我国领域包括我国的领土、领海、领空,以及领土的自然延伸部分。此外,当事人虽不在我国人民法院起诉,但根据国际私法冲突规范的指引,应当适用我国诉讼法律的,也应适用我国民事诉讼法。

[引例1-2:解析]本案中,如果该纠纷在中国法院进行诉讼,则应当适用中国的民事诉讼法。理由如上所述。

五、民事诉讼法与相邻部门法的关系

【案例分析1-1】

多极公司与青阳公司签订了电子产品买卖合同。多极公司依约定向青阳公司提供了电子产品,但因产品质量和货款支付等问题,双方发生争议,协商未果。①

请问:多极公司可以通过何种方式解决双方纠纷?

(一)民事诉讼法与民法等民事实体法的关系

在法律体系上,民事诉讼法与民事实体法为各自独立的法律,但因其均以民事问题为规范对象,使得二者之间呈现出既密切联系又相互独立的关系。

1. 民事实体法与民事诉讼法的联系

(1)二者在目的、原则等方面有重合之处。

在目的方面,民事诉讼法中有私权保护说、维护私法秩序说、纠纷解决说等多种学说,民事实体法同样也有。因为实体法不仅直接调整私权权利义务关系,且为纠纷解决、维护私法秩序提供了法律依据。在原则方面,二者均属民事法律范畴,在诸多原则上具有相同内容,如民法以尊重当事人意思自治为基本原则,而民事诉讼法中处分原则及辩论原则的确立,实际上是以当事人自治原则为基础的。

(2)二者相互依赖。

民事诉讼法保障民事实体法的实现,民事实体法为民事诉讼提供裁判依据。民事实体权利的实现固然有自愿履行、和解等众多途径,然而民事诉讼无疑是解决民事争议、实现民

① 案例来源:本章作者宁教铭兼任深圳市多极技术开发公司总法律顾问期间经办的仲裁代理案件之一。

事权利的最基本、最主要的途径;如果没有民事诉讼法的相关规定,则民事实体法规定的权利便没有强有力的保障。同时,在民事诉讼过程中,法院必须依据民事实体法的规定作出裁判,脱离了实体法,民事诉讼也将无法进行。

(3) 民事诉讼法具有补充、丰富、发展民事实体法内容的功能。

由于法律的滞后性,大量新型民事纠纷的出现仍然需要通过诉讼解决,在没有相关的实体规范而人民法院又不能拒绝裁判的前提下,人民法院往往会依据法律原则给予当事人司法保护,由此这些新型的实体权利就能被法院判决所确认。就此而言,民事诉讼法具有创制和促进民事实体法的功能,纠正实体法的滞后性和不周延性。

2. 民事诉讼法与民事实体法相互独立,并呈分离态势

(1) 民事诉讼法具有独立的价值。

民事诉讼法不仅具有实现民事实体法的工具价值,而且有其自身的内在价值,换言之,它并不从属于民事实体法,而是具有完全独立于民事实体法的自身价值。

(2) 民事诉讼当事人与民事主体可以分离。

现代社会,随着社会关系的日益复杂化及纠纷的多样性,为实现民事诉讼所承担的解决民事纠纷的职能,民事诉讼当事人并不一定就是民事主体。民事主体因其与案件有直接的利害关系当然有权成为民事诉讼当事人。此外,还有基于诉讼担当而具有诉讼当事人资格的人。

(3) 诉权与民事实体权利的分离。

诉讼是当事人在其民事权利或由其管理、支配的权利受到侵害或与他人发生争执时,请求法院审判解决的基本权利。诉权行使的前提是当事人之间发生了纠纷,至于当事人的实体权利是否受到侵害,在起诉时法院并不予以审查。诉权的行使不必依赖于实体权利的肯定存在。

在我国,长期受"重实体、轻程序"法律传统的影响,民事诉讼法不受重视,其独立的程序价值也未引起广泛关注,致使在相当长时间里民事诉讼法被视为实体法的辅助和工具。随着市场经济的发展,程序的价值不断凸显,学者们对于民事诉讼法同民事实体法的关系有了新的定位和认识,最终认识到民事诉讼法与民事实体法同样重要的地位。

(二) 民事诉讼法与刑事诉讼法、行政诉讼法的关系

三大诉讼法是审理三类不同性质案件所遵守的诉讼程序规则。同为程序法,三大诉讼法在审判的原则和制度以及具体程序规定等方面都有很多共通之处。如双方对立、法官居中裁判的基本结构、人民法院独立行使审判权、实行两审终审、回避制度等。但因承担着不同的任务,故三大诉讼法在具体程序制度、诉讼原则等方面都存在差异,主要表现在以下几个方面。

1. 三大诉讼的任务不同

三大诉讼所审理案件性质的不同,必然决定了三大诉讼有其不同的任务。民事诉讼的任务是解决当事人之间私法上的权利义务关系纠纷,保护民事合法权益;刑事诉讼作为国家对犯罪行为进行追诉的制度,其任务在于查明犯罪事实、正确适用法律,用刑罚方法惩治犯罪,保护无罪的人不受刑事追究;而行政诉讼的任务则是维护和监督行政机关依法行使职

权，保护公民、法人和其他组织的合法权益。

2. 某些诉讼原则不同

虽然三大诉讼存在一些共同的原则，但在基本原则上仍然存在一定的区别。民事诉讼以当事人处分原则和辩论原则为其基本原则；刑事诉讼则实行辩护原则、无罪推定原则以及公、检、法三机关相互监督、相互配合原则；而行政诉讼则有对具体行政行为合法性审查的原则。

3. 提起诉讼的主体不同

民事诉讼基于处分原则，实行不告不理制度，这就必然决定了提起民事诉讼的主体是民事权利受到侵犯或是发生争执的公民、法人或其他组织；刑事诉讼实行国家干预原则，决定了刑事诉讼主要由检察院提起公诉，而对一些轻微案件，由自诉人自诉；而行政诉讼的职能，为解决国家行政管理权行使过程中出现的问题，因此提起行政诉讼的主体肯定是行政管理的相对人，也即被管理者。

4. 举证责任不同

三大诉讼所解决的案件性质的不同，也最终决定举证责任的分配不同。在民事诉讼中，一般民事案件按"谁主张，谁举证"的原则分配举证责任，在特殊情况下实行举证责任倒置与法院裁量举证责任的分配；在刑事诉讼中，则由执行控诉职能的检察院与自诉人对被告人有罪负担举证责任，由于实行无罪推定原则，只要控方无法证明有罪，那么就是无罪；而行政诉讼的目的在于解决行政行为是否依法进行，因此就需要由被告行政机关对具体行政行为的合法性承担举证责任。

除了上述不同点之外，三大诉讼中还存在着相互交叉的领域。如刑事诉讼中的附带民事诉讼，其解决的就是因犯罪行为造成的民事侵权赔偿问题，应适用民事诉讼法的规定；行政诉讼法与民事诉讼法更有"一衣带水"的关系，在行政诉讼法颁布以前，行政纠纷就是适用民事诉讼法来解决的；行政诉讼法颁布以后，对于行政诉讼法没有规定的，仍然适用民事诉讼法的规定。

（三）民事诉讼法与人民法院组织法的关系

人民法院组织法是规范人民法院组织和活动的法律规范，而民事诉讼法是规定民事诉讼原则、制度、程序的法律。由于人民法院是民事诉讼中的裁判主体，因此，在针对人民法院的原则制度规范方面，民事诉讼法与人民法院组织法具有很多的相同之处。如两审终审、合议、回避、公开审判等制度，以及独立审判、对当事人平等适用法律等原则，在民事诉讼法和人民法院组织法中均作了规定。

虽然民事诉讼法与人民法院组织法有很多相同之处，但两者的区别也是根本性的。由于民事诉讼是为了解决民事纠纷，人民法院、当事人以及其他诉讼参与人共同参与进行的程序，其不仅将人民法院作为调整对象，而且当事人、其他诉讼参与人同样是其调整的对象。况且，即便二者都以人民法院为调整对象，但侧重点不同。民事诉讼法是从民事纠纷的解决过程中法院和当事人相对应的视角来规范人民法院的行为，而法院组织法则是侧重于法院内部的组织活动，其如何规定法院的组织行为方式，决定了诉讼法上法院可运用的职权范围。因此，民事诉讼法与法院组织法在调整对象范围上的差异是根本性的。但需注意的是，法院组织法对法院内部组织及其职权的安排，能在很大程度上影响诉讼的实际效率和效果。如审判委员会制度是由人民法院组织法首先作出规定的，其在诉讼中的作用和影响，都是目前理论界正在探讨的问题。

（四）民事诉讼法与其他民事程序法的关系

民事诉讼与其他民事程序都是解决民事纠纷的办法。民事纠纷的多样性，决定了纠纷解决方式的多样性。诉讼虽然是最有国家权威性的纠纷解决方式，但未必能适应各种纠纷的解决。而且，从当今各国的司法潮流来看，各种 ADR 的盛行，正说明社会对纠纷解决方式多元化的需求还是很大的。

1. 民事诉讼法与仲裁法的关系

仲裁是民商事纠纷的解决方式之一，由于当事人通过选择非司法机构的第三方作为处理纠纷的裁判者并且裁决具有终局效力，这使得仲裁成为一种独立的裁决制度。我国《仲裁法》对仲裁机构、仲裁性质、仲裁任务、仲裁活动的原则和程序都作了具体规定。

仲裁以当事人意思自治为基础，决定了仲裁具有相当的灵活性和机动性，从协议选择仲裁、仲裁庭的组成到仲裁程序的运作过程，都体现出当事人契约自治的精神。因此，当事人对仲裁活动的影响力比其对民事诉讼程序的影响力要大得多。

不过，仲裁也离不开民事诉讼。也就是说，仲裁与诉讼在某些方面必然存在着密切的关联，如二者在证据规则、财产保全、证据保全以及执行等诸多方面是相互融通的，在民事诉讼法中设有专章规定涉外仲裁，也是二者密切关联的表现。

[案例分析 1-1：解析]多极公司既可直接向法院起诉解决双方合同纠纷，也可双方自愿达成仲裁协议，向仲裁机构申请仲裁解决。

2. 民事诉讼法与人民调解法的关系

【真题实训 1-4】

近年来，随着社会转型的深入，社会管理领域面临许多挑战，通过人民调解、行政调解、司法调解和民事诉讼等多种渠道化解社会矛盾纠纷成为社会治理的必然选择；同时，司法改革以满足人民群众的司法需求为根本出发点，让有理有据的人打得赢官司，让公平正义通过司法渠道得到彰显。请结合本案和社会发展情况，试述调解和审判在转型时期的关系。（2013，卷四，第七题第 4 小题）

调解制度因植根于我国传统文化之中而具有非常大的发展前景。我国传统的以和为贵的观念深入人心，本族长老调解乡里纠纷自古就是一种重要的纠纷解决方式。人民调解正是这样一种体现我国优良传统的解纷方式，且对于化解纠纷、平息积怨具有重要的作用。

社会实践也证明，人民调解是化解纠纷的第一道防线，是诉讼外解决纠纷的重要手段。人民调解制度能非常快速高效的解决纠纷，节省司法资源。《人民调解法》是关于调解组织的建立、性质、原则、任务、活动原则、调解程序的法律规范。虽然，《人民调解法》与《民诉法》

就其性质、原则、程序以及效力有很大的不同，但二者关系十分紧密，主要体现在人民法院对人民调解协议的司法确认方面，即根据《人民调解法》第33条，经人民调解委员会调解达成调解协议后，双方当事人认为有必要的，可自调解协议生效之日起30日内共同向人民法院申请司法确认，法院应当及时对调解协议进行审查，依法确认调解协议的效力。人民法院依法确认调解协议有效，当事人一方拒绝履行或未全部履行的，对方可向法院申请强制执行。人民法院依法确认调解协议无效的，当事人可以通过人民调解方式变更原调解协议或者达成新的调解协议，也可向法院起诉。2012年新修正的现行《民诉法》，在特别程序中增加了对人民调解协议的司法确认程序。

[真题实训1-4]（2013，卷四，第七题第4小题）考点：人民调解与民事诉讼的关系。解析：第一，我国已初步建立起了多元化纠纷解决机制。在民事诉讼之外，调解机制的地位也有了长足发展。人民调解、行政调解与司法调解呈现三足鼎立态势，相互协调配合衔接，形成了相对科学与完善的大调解体系。多元化纠纷解决机制的建立，为妥善化解社会矛盾、实现公平正义打下了坚实的基础。第二，近年来，相关立法的出台或修改为大调解体系的完善奠定了基础。《人民调解法》的出台便是这方面的一个标志。另外，2012年修改的《民诉法》也专门设置了法院确认调解协议案件的特别程序，进一步明确了司法外调解与法院的对接，强化了司法外调解的法律意义，实质性地巩固了大调解体系。第三，绝对不能因为大调解的治理方式而歪曲了民事审判应有的位置，解决民事纠纷要贯彻司法最终解决原则，即民事纠纷都可以诉诸公正审判予以最终解决。调解能实现正义，但我们应当保证公民接近审判的道路仍旧畅通，并且更加有效。我国的民事司法改革也以公平正义的实现为最终目标，2012年修正的《民诉法》对小额诉讼制度、公益诉讼制度的确立及对举证时限制度的改革等，都是这一目标的具体体现。

【本节小结】

民事纠纷是人类社会的常态，为妥善解决民事纠纷、维护社会秩序，人类社会构建了一套多元化的民事纠纷解决机制。民事诉讼是国家强制解决民事纠纷的方式之一，是权利主体凭借国家公权力实现民事权利的司法救济方式，是具有公权性、程序性、强制性的纠纷解决方式。本章阐述了民事纠纷及其解决机制、民事诉讼的概念与特征，在分析民事诉讼法属性的基础上，还重点介绍了民事诉讼法的适用范围。

注意理解民事诉讼的特征，民事诉讼与仲裁区别的基础在于民事诉讼的公权性和仲裁的自愿性；从不同角度理解民事诉讼法的属性；此外，还要对《民诉法》2012年修正的内容有个全面的了解。

【技能训练】

全面了解我国民事司法程序类型

目的：全面了解我国2012年修正后的《民诉法》规定的民事司法程序类型。

内容：

1. 2012 年修正后的我国《民诉法》规定的三大民事司法程序：

(1) 诉讼程序：一审普通程序、简易程序、二审程序、审判监督程序。

(2) 非讼程序：特别程序、督促程序、公示催告程序。

(3) 执行程序。

2. 民事司法程序、民事审理程序和民事执行程序的比较与识别。

问题：

(1) 下列哪些是 2012 年修正后的《民诉法》规定的民事诉讼程序？

(2) 下列哪些是 2012 年修正后的《民诉法》新增的民事诉讼程序？

(3) 下列哪些是 2012 年修正后的《民诉法》规定的民事审理程序？

(4) 下列哪些是 2012 年修正后的《民诉法》新增的非讼案件审理程序？

A. 一审普通程序　　B. 小额诉讼程序

C. 确认调解协议案件　　D. 实现担保物权案件

提示：

(1) 民事司法程序＝诉讼程序＋非讼程序＋执行程序。

(2) 民事审理程序＝诉讼案件的审判程序＋非讼案件的审判程序。

(3) 民事诉讼程序≠民事审理程序。

【本章小结】

民事诉讼和民事诉讼法是民事诉讼法学的基本内容。民事诉讼由民事诉讼法予以规范，民事诉讼法通过民事诉讼得以实现。本章对民事诉讼及其解决机制、民事诉讼法的概念、性质、任务、效力及其与相邻部门法的关系进行了阐述。

【国家统一法律职业资格考试辅导专栏】

(1) 从历年考试来看，本章虽不属考试重点且分值不高，但近年来对本章内容的考查力度和难度有上升趋势，且不再局限于围绕单一知识点进行客观题考查，而是采用串联相关知识点、开放性命题等方式综合考查。如 2013 年卷四部分就考了"调解与审判在社会转型时期的关系"。

(2) 历年考点：①民事诉讼法的属性；②人民调解协议的效力；③司法确认制度；④民事纠纷的解决方式；⑤民事诉讼与仲裁受案范围的差异。

(3) 历年真题：2014 卷三 36；2013 卷四第七题第 4 小题；2011 卷三 35、36；2010 卷三 35。

(4) 备考重点：①民事诉讼与其他解纷机制的关系，尤其是诉讼与调解、诉讼与仲裁的关系；②民事司法程序的主要类型和相互关系；③民事诉讼法的属性和效力，不同的标准对应不同属性的判定；④民事诉讼法的对人、对事效力。

【本章练习】

一、判断题(请在题后括号内,正确的打"√",错误的打"×")(共10小题)

1. 民事纠纷所体现的法律关系的主体之间的地位是平等的,权利义务的内容具有一定程度的任意性。 ( )

2. 民事纠纷是主体之间民事权利义务的争议,其内容属于民事实体法的调整范围。 ( )

3. 人民调解委员会是依法设立的调解民间纠纷的群众性组织。 ( )

4. 经人民调解委员会调解达成的调解协议,不具有法律约束力,当事人就调解协议的履行或内容发生争议,任何一方可就调解协议向法院起诉。 ( )

5. 经人民法院确认有效的人民调解协议,具有执行力,是强制执行的依据之一。 ( )

6. 民事诉讼具有纠纷解决的强制性、终局性和权威性。 ( )

7. 民事诉讼主体必然是民事诉讼法律关系主体,但民事诉讼法律关系主体并不一定是民事诉讼主体。 ( )

8. 我国现行《民诉法》经过2007年10月28日、2012年8月31日的两次修正。( )

9. 关于民事诉讼法的属性,根据其在法律体系中的地位,是基本法;根据其调整的社会关系,是程序法;根据其规定的内容,是部门法;根据公法与私法的划分,属于公法。 ( )

10. 我国2012年8月31日第二次修正的《民诉法》在证据种类中增加了电子数据,即证据包括当事人陈述、书证、物证、视听资料、电子数据、证人证言、鉴定结论、勘验笔录。 ( )

二、单项选择题(共5小题)

1. 下列民事纠纷的解决方式中,属于公力救济机制的是( )。

A. 民事诉讼　B. 仲裁　C. 人民调解　D. 和解、私人调解

2. 下列表述中,错误的有( )。

A. 民事司法程序包括民事诉讼程序、非讼程序和执行程序。

B. 民事诉讼程序即民事审理程序。

C. 民事案件的审理程序包括诉讼案件的审理程序、非讼案件的审理程序。

D. 民事非讼程序包括特别程序、督促程序、公示催告程序。

3. 我国2012年修正的《民诉法》中新增的民事诉讼程序是( )。

A. 确认调解协议案件的审理程序　B. 实现担保物权案件的审理程序

C. 小额诉讼程序　D. 公示催告程序

4. 下列选项中,属于民事诉讼行为的是( )。

A. 法院内部的案情汇报

B. 当事人聘请律师

C. 审判委员会讨论张三诉李四人身损害赔偿赔偿纠纷一案

D. 法院向被告王五送达应诉通知书

5. 2015 年国庆假期，刘某外出旅游住在 H 区芙蓉酒店，在使用客房内热水器时，不慎被坠落的淋浴器配件砸伤，刘某遂向 H 区法院起诉，要求芙蓉酒店赔偿其所受损失 3 万元。酒店法定代表人郭某对刘某伤情有异议，申请法医学鉴定，鉴定人为朱某。在本案诉讼过程中，属于民事诉讼法律关系的是(　　)。

A. 鉴定人朱某与法院间的法律关系　B. 刘某与芙蓉酒店间的法律关系

C. 刘某与鉴定人朱某间的法律关系　D. 刘某与法定代表人郭某间的法律关系

三、多项选择题(5 小题)

1. 民事诉讼法的适用范围，指的是民事诉讼法的效力范围，具体包括(　　)。

A. 对人效力　　B. 对事效力　　C. 空间效力　　D. 时间效力

2. 民事诉讼法的对人效力，指的是对哪些人具有约束力。下列表述中，正确的是(　　)。

A. 无论是谁，只要是在我国领域内进行民事诉讼，就得适用我国《民诉法》

B. 在民事诉讼中，当事人可以约定适用外国的民事实体法，但民事诉讼法只能是中国法

C. 在中国的仲裁机构进行仲裁，当事人既可选择适用外国的实体法，也可选择适用外国的程序法

D. 在中国的仲裁机构进行仲裁，当事人可以选择适用外国的实体法，但不可以选择适用外国的程序法

3. 下列哪些是我国 2012 年修正的《民诉法》中新增的民事非讼案件的审理程序？(　　)

A. 确认调解协议案件的审理程序　　B. 实现担保物权案件的审理程序

C. 小额诉讼程序　　D. 公示催告程序

4. 下列哪些是我国 2012 年修正的《民诉法》中规定的民事诉讼程序？(　　)

A. 确认调解协议案件的审理程序　　B. 实现担保物权案件的审理程序

C. 小额诉讼程序　　D. 公示催告程序

5. 下列各种对民事纠纷解决方式的理解中，哪些是错误的？(　　)

A. 凡是有第三方介入的纠纷解决方式，当事人的自治性都受到较大的限制与约束

B. 人民调解不收任何费用，但向法院申请对人民调解协议进行确认需缴纳一定费用

C. 民事诉讼属于公力救济机制，除此以外的其他纠纷解决方式均属于社会救济机制

D. 我国 2012 年修正后的《民诉法》中规定了人民调解原则，这体现了该项解纷机制的中国特色和悠久历史

四、问答题(共 3 小题)

1. 民事诉讼与其他民事纠纷解决方式相比，有哪些特征？

2. 我国 1991 年 4 月 9 日通过的《民诉法》施行至今，共经过了哪几次修改？

3. 如何理解民事诉讼法对人的适用范围？

五、案例分析题(共 4 小题)

日本留学生大野静横与美国留学生史密斯(Smith)相邻而居，但素来不和。一日，大野静横醉酒后与史密斯发生口角，并将史密斯打伤。二人虑及邻居关系和学业，同意由当地居

民委员会设立的人民调解委员会进行调解，以解决赔偿纠纷。调解员刘某考虑到当事人都是外国人和自己的外语水平，于是邀请了熟练日语、英语的英国人爱丽丝（Alice）参与调解，双方达成赔偿协议后，又向人民法院申请确认该赔偿协议。后人民法院依法确认调解协议无效，大野静横与史密斯又达成协议，约定由当地人民法院管辖。

问题：

1. 根据本案情况，下列说法中正确的是（　　）。

A. 大野静横与史密斯可以共同向人民法院申请确认该有关赔偿的调解协议

B. 人民法院若受理了大野静横与史密斯的司法确认申请，则应当指定一名审判人员或人民陪审员对调解协议进行审查

C. 若人民法院依法作出了该调解协议有效的司法决定，则该调解协议具有强制执行力；若大野静横拒绝或未完全履行调解协议，则史密斯可向法院申请强制执行该调解协议

D. 人民调解员刘某可以自行决定邀请英国人爱丽丝参与调解

2. 法院依法确认赔偿协议无效后，大野静横与史密斯还有哪些解决他们之间纠纷的途径可以选择？（　　）

A. 通过人民调解方式变更原调解协议

B. 通过人民调解方式达成新的调解协议

C. 向人民法院提起诉讼

D. 双方达成仲裁协议向中国的仲裁机构申请仲裁

3. 若大野静横与史密斯双方达成仲裁协议向中国的仲裁机构申请仲裁，则下列哪些说法是正确的？（　　）

A. 双方可以约定适用日本的民事实体法和仲裁法或仲裁规则

B. 双方可以约定适用美国的民事实体法和仲裁法或仲裁规则

C. 双方可以约定适用中国的民事实体法和仲裁法或仲裁规则

D. 双方可以约定适用中国或美国或日本的民事实体法，但只能约定适用中国的仲裁法或仲裁规则

4. 若大野静横与史密斯双方约定由当地人民法院适用美国联邦民事诉讼法对案件进行审理，则下列哪些说法是正确的？（　　）

A. 双方可以约定适用美国的民事实体法和民事诉讼法

B. 双方可以约定适用日本的民事实体法和民事诉讼法

C. 双方可以约定适用中国的民事实体法和民事诉讼法

D. 双方可约定适用中国或美国或日本的民事实体法，但只能约定适用中国的民事诉讼法

第二章 民事诉讼法律关系

【学习目标】

■ 知识目标：

了解民事诉讼法律关系的两大基本问题，即法律关系的构成要素和法律事实；

理解民事诉讼法律关系的概念和特征，民事诉讼法律关系的主体、内容和客体。

■ 能力目标：

掌握民事诉讼法律关系作为民事诉讼法学的重要分析工具。

【本章需要预习的主要法律、法规】

1. 《民诉法》第14、44条，第49～51条，第208～213条；
2. 《法官法》；
3. 《国家赔偿法》第31条；《刑法》第399条；
4. 最高法院《审判责任追究办法(试行)》(1998年8月26日颁布)；
5. 最高法院《法院工作人员处分条例》(法发〔2009〕61号)。

第一节 民事诉讼法律关系概述

【引例 2-1】

S市L县法院受理原告××大米厂请求解除与被告雷××的承包合同关系一案后，向被告送达了应诉通知书等法律文书。因原告、被告之间就原承包合同到期后是否继续承包没有书面约定，被告遂收买了知悉案情的大米厂职工黄某作伪证。L县法院经开庭审理，依黄某提供的证言，判决驳回了原告请求。原告不服，遂向S市中级人民法院上诉。[①]

请问：此案中，各主体的行为哪些属于民事诉讼行为？原告、被告、证人、法院相互之间，哪些构成民事诉讼法律关系？证人黄某与原告大米厂之间，是否构成民事诉讼法律关系？

一、民事诉讼法律关系的概念

民事诉讼法律关系，是指受民事诉讼法调整的，存在于法院、当事人及其他诉讼参与人之间的诉讼权利和诉讼义务关系。

民事诉讼法律关系不同于民事法律关系。民事诉讼法律关系是民事诉讼参加者之间的诉讼上的权利义务关系；民事法律关系是民事主体之间的实体上的权利义务关系。

[引例 2-1：解析]本案中，原告向法院起诉的行为，属于民事诉讼行为，原告与法院之间形成民事诉讼法律关系；法院向被告送达法律文书的行为，属于民事诉讼行为，二者之间形成民事诉讼法律关系；证人出庭向法院作证，证人与法院之间形成民事诉讼法律关系。但证人黄某与原告大米厂之间的关系，不是民事诉讼法律关系；原告、被告之间的承包合同关系，也非民事诉讼法律关系，而是属于民事(实体)法律关系。

二、民事诉讼法律关系的意义

民事诉讼法律关系作为民事诉讼法学的重要分析工具，具有下列意义：

1. 检视与指引立法活动

民事诉讼法律规范体系以《民诉法》为基础与核心，同时包容了立法、司法乃至行政部门

---

① 案例来源：本章作者宁教铭曾在法院工作期间，于案件质量检查工作中收集、整理的案例。

制定的相关法律规范。最高法院作出的司法解释、全国人大常委会制定的立法解释、国务院制定的与民事诉讼相关的行政法规(如《诉讼费用交纳办法》),都是民事诉讼法律规范的表现形式。各部门在制定民事诉讼性质的法律规范时,仅从《民诉法》本身出发,可能难以发现法律规范内部的关系状态,也意识不到潜在的问题与隐忧。通过民事诉讼法律关系这一分析工具,立法者可以对民事诉讼活动中错综复杂的关系进行归纳,检视已经进行的立法活动,并指引未来的立法活动。

2. 指引民事审判活动有序进行

审判人员在进行民事审判活动时,不仅要准确把握审理案件所涉的实体法律规范,同时也需要对民事诉讼法律规范体系有全面的把握。民事诉讼法律关系理论,有助于审判人员从诉讼中的权利与义务、权力与责任角度,来全面把握审理案件所涉及的民事诉讼法律规范,从而从容应对日益复杂的审判实践。

3. 指引当事人有效进行民事诉讼活动

当事人或者律师如果在民事诉讼法律关系理论的指导下,形成正确的民事诉讼法律关系理念,则可以在民事诉讼中对民事诉讼进行的方式与步骤作出快速、准确的反应,对诉讼相对方的选择、自己诉讼行为的选择和相应的法律后果,以及人民法院审判行为的妥当性、诉讼协助人行为的合法性保持清醒的判断,从而有效地进行民事诉讼活动。

第二节 民事诉讼法律关系的要素

【引例 2-2】

人民法院判决李艳与唐育离婚,婚生儿子唐桂随父唐育生活,其母李艳每月给付抚养费 700 元。3 年后,李艳以另已再婚且收入减少为由,不再给付抚养费。唐育遂以唐桂法定代理人身份起诉李艳,请求法院判令李艳一次性给付抚养费 10 万元。①

请问:本案中,唐桂享有怎样的诉讼权利?承担怎样的诉讼义务?

法律关系是分析纷繁复杂的法律现象的重要工具,要分析民事诉讼法律现象,也只有利用民事诉讼法律关系这一重要的分析工具,进一步研究民事诉讼法律关系的构成要素。

民事诉讼法律关系的要素,是指构成民事法律关系的必要因素。与其他法律关系一样,

---

① 案例来源:本章作者宁教铭(北京德和衡(广州)律师事务所兼职律师)经办的诉讼代理案件,当事人姓名系化名。

民事诉讼法律关系也是由主体、内容和客体三要素构成的。

一、民事诉讼法律关系的主体

民事诉讼法律关系的主体，是依据民事诉讼法的规定参加民事诉讼，并享有诉讼权利和承担诉讼义务的自然人、法人或其他组织。

不同的民事诉讼法律关系，有不同的主体：

(1) 争讼法律关系的主体，严格而言就是当事人。在原型民事诉讼中，当事人就是指原告和被告，在民事诉讼中平等行使诉讼权利、履行诉讼义务；在较为复杂的民事诉讼中，当事人还包括有独立请求权和无独立请求权的第三人。我国民事诉讼法规定，这两种第三人在民事诉讼中享有各自的权利，履行各自的义务；群体性诉讼中的诉讼代表人，是原告或被告的特殊形态，基于其特殊性，诉讼代表人的诉讼权利和义务，与一般的原告或被告有一定的差异。

(2) 审判法律关系的主体，包括审判权的行使者、当事人、诉讼协助人。审判法律关系以审判权的行使者为中心。在我国，审判权的行使者分为机构、组织、个人三个层次。人民法院是行使审判权的审判机构；合议庭与独任庭是行使审判权的审判组织；审判人员(包括审判员与人民陪审员)是行使审判权的个人。形式而言，人民法院是审判法律关系的主体；实质来说，直接行使审判权的审判人员是审判法律关系的主体。在一些复杂、疑难案件中，判决的作出是人民法院、审判组织、审判人员三方合力的结果。从权力与责任相统一的原理出发，人民法院和审判人员从不同层次上为审判权的行使承担审判责任。

(3) 诉讼协助法律关系的主体。诉讼代理人、证人、鉴定人、翻译人员，依据民事诉讼法律规范在民事诉讼中进行协助，履行相应义务，享有相应权利，是诉讼协助法律关系的中心，与当事人和法院共同形成诉讼协助法律关系。

(4) 民事诉讼法律监督关系的主体。存在法定的监督方式，是我国民事诉讼的特色之一。根据《民诉法》第 14 条、第 208～213 条的规定，人民检察院通过抗诉、检察建议的方式对民事诉讼实施法律监督。民事诉讼法律监督关系主体中的监督者是人民检察院，而被监督者不再仅限于人民法院。① 这个问题将在本书第四章中予以详细阐述。

民事诉讼法律关系主体不同于民事诉讼主体。民事诉讼主体，是指在民事诉讼中占有重要诉讼地位的主体，其诉讼行为对诉讼的发生、变更、终结发挥着重要甚至决定性的作用。民事诉讼主体包括：人民法院、当事人、共同诉讼人、诉讼代表人、诉讼第三人。民事诉讼主体必然是民事法律关系主体，但民事法律关系主体不一定就是民事诉讼主体，如：其他诉讼参与人如证人、翻译人员、鉴定人和勘验人等，他们与法院和当事人形成诉讼协助法律关系，自然是民事诉讼法律关系主体，但不是民事诉讼主体。

二、民事诉讼法律关系的内容

民事诉讼法律关系的内容，是指民事诉讼法律关系主体根据民事诉讼法律规范在民事

① 有专著认为：民事诉讼中法律监督关系主体中的监督者是人检察院，被监督者是人民法院。参见：宋朝武. 民事诉讼法学[M]. 3 版. 北京：中国政法大学出版社，2012：52.

诉讼中享有的诉讼权利和应当承担的诉讼义务，以及所拥有的权力和承担的责任。

不同的民事诉讼法律关系，具有不同的内容：

（一）诉讼权利与诉讼义务

《民诉法》第 49～51 条一方面规定了当事人享有一系列的诉讼权利，包括：有权委托代理人，提出回避申请，收集、提供证据，进行辩论，请求调解，提起上诉，申请执行；可以查阅本案相关材料，复制本案有关材料和法律文书；双方当事人可以自行和解；原告可以放弃或变更诉讼请求，被告可以承认或反驳诉讼请求，有权提起反诉。另一方面也规定了当事人承担相应的诉讼义务，包括：依法行使诉讼权利，遵守诉讼程序，履行发生法律效力的判决书、调解书和裁定书。

（二）审判权力与审判责任

审判主体行使审判权力，并承担相应的审判责任。审判权包括审理权和裁判权。审理权包括程序控制权、询问权（向证人询问、向当事人询问）、释明权、证据审查权、事实认定权；裁判权包括程序事项裁决权与实体争议裁决权。

审判主体的审判责任分为纪律责任与刑事责任两个层次：第一，《法官法》、最高法院颁布的《审判责任追究办法（试行）》（1998）、《法院工作人员处分条例》（法发〔2009〕61 号），对法官的审判责任作出了明确的规定；第二，根据《民诉法》第 44 条，审判人员应当依法秉公办案，不得接受当事人及其诉讼代理人请客送礼，不得违反规定会见当事人、诉讼代理人，否则，应当依法追究法律责任。《刑法》第 399 条规定，在民事审判活动中故意违背事实和法律作枉法裁判，情节严重的，处 5 年以下有期徒刑或者拘役；情节特别严重的，处 5 年以上 10 年以下有期徒刑。根据《国家赔偿法》第 31 条，人民法院在民事诉讼过程中，违法采取对妨害诉讼的强制措施、保全措施或者对判决、裁定及其他生效法律文书执行错误，造成损害的，赔偿请求人可以要求赔偿。

（三）法律监督的权力与责任

《民诉法》对检察监督权及其行使方式，作出了明确、具体的规定。值得注意的是，我国立法并没有明确规定与法律监督权相对应的监督责任。监督无制约、监督无责任可能导致监督权的滥用；是否给予被监督者相应的抗辩机会，也值得考虑。

（四）诉讼协助人的权利与义务

诉讼代理人、证人等诉讼协助人，在诉讼协助法律关系中享有权利，履行一定义务。如诉讼代理人有权代理当事人进行诉讼，若获特别授权，可在诉讼中承认、放弃、变更诉讼请求，进行和解，提出反诉，提起上诉；诉讼代理人也有忠实履行代理事项、不得进行双方代理等义务。再如《民诉法》第 72 条规定，凡是知道案件情况的单位和个人，都有义务出庭作证。证人是很重要的诉讼协助主体，证人的权利保障问题近年来引起广泛关注。

三、民事诉讼法律关系的客体

民事诉讼法律关系的客体，是指民事诉讼法律关系主体的权利与义务、权力与责任所指向的对象。民事诉讼法律关系与民事实体法律法关系不同，诉讼程序事项是民事诉讼法律关系必然的客体。民事诉讼法律关系就是围绕诉讼程序事项展开的。

在民事诉讼法律关系中，不同结构层次的子法律关系的客体不尽相同：

(1) 审判法律关系的客体，是法官对案件事实的认定与民事实体法的适用，因此，事实的认定、法律的适用是否准确，是衡量审判法律关系的基本指标。

(2) 争讼法律关系的客体，是案件事实的证明和法律的适用。诉讼中的调解与和解，是争讼的特殊形态，在此形态下，对事实证明和法律适用的严格程度有所降低。

(3) 2012 年我国对《民诉法》进行了第二次修正，根据修正后的该法第 14 条，人民检察院有权对民事诉讼而不仅仅是民事审判活动实行法律监督；修正后的第 208～213 条，也是有关检察监督的条文。据此，检查监督法律关系的客体，不仅包括审判程序，还包括执行程序；不仅包括生效的裁判，还包括生效的调解书。

(4) 诉讼协助法律关系的客体，因诉讼协助内容的不同而不同。如证人、鉴定人参加诉讼，目的是协助查明案件事实，其诉讼协助法律关系的客体就是案件；再如诉讼代理人参加诉讼，除代理当事人进行各程序事项外，其主要任务是证明当事人所主张的案件事实和选择并主张对当事人有利的法律根据，故其诉讼协助法律关系的客体，就是案件事实的证明和法律的选择与主张。

第三节 民事诉讼中的法律事实

【引例 2-3】

在唐桂诉与唐育解除收养关系纠纷一案的审理过程中，唐某桂突发脑溢血死亡，受诉法院裁定终结本案诉讼。①

请问：从民事诉讼法律关系角度分析，当事人死亡是否必然导致民事诉讼法律关系的消灭？

一、民事诉讼中的法律事实的概念

民事诉讼产生、变动的规律是民事诉讼法学研究的重要内容，而要把握民事诉讼产生、变动的规律，就必须研究民事诉讼法律关系的变动原因。如同引起民事法律关系产生、变更、终止的客观原因是法律事实，引起民事诉讼法律关系运行的客观情况，就是民事诉讼法律事实。

① 案例来源：本章作者宁教铭(北京德和衡(广州)律师事务所兼职律师)经办的诉讼代理案件之一。

二、民事诉讼中的法律事实的种类

众所周知，民事法律事实包括法律事件和法律行为，以此类推，民事诉讼法律事实也可分为民事诉讼法律事件与民事诉讼法律行为。

（一）民事诉讼法律事件

民事诉讼法律事件，是不以主体意志为转移、能够引起民事诉讼法律关系发生、变更或消灭的客观情况。根据《民诉法》第 150、151 条规定，一方当事人死亡或丧失诉讼行为能力、作为一方当事人的法人或其他组织终止、一方当事人因不可抗拒的事由不能参加诉讼等等，都属于民事诉讼法上的法律事件。民事诉讼案件的性质不同，法律事件产生的法律效果也不相同。如在人身关系案件中，当事人的死亡，会使人身关系自然终结，诉讼的继续进行丧失实际意义，从而导致终结诉讼的法律后果；而在在财产关系案件中，当事人的死亡并不必然导致诉讼终结，如果死亡当事人的继承人愿意参加诉讼，诉讼可以继续进行，在等待其继承人表态的过程中处于诉讼中止状态。又如不可抗拒的事件，既可能引起诉讼中止的法律后果，也可能成为期间顺延的有效事由。

[引例 2-3：解析]当事人死亡并不必然导致民事诉讼法律关系的消灭。本案受诉法院裁定终结本案诉讼，符合法律规定，因本案的性质属于人身关系案件，而非财产关系案件。

（二）民事诉讼法律行为

【案例分析 2-1 】

在唐桂诉与唐育解除收养关系纠纷一案的审理过程中，主审法官王某发现，被告唐育是本院常务副院长的女婿，遂向上一级法院汇报了这一情况。①

请问：(1)主审法官王某向上一级法院汇报案情的行为，是否属于民事诉讼法律行为？

(2)受理案件的法院与其上一级法院之间，是否构成民事诉讼法律关系？

民事诉讼法律行为，是指民事诉讼法律关系主体进行的有目的、具有民事诉讼法律意义或能引起民事诉讼法律效果的活动。民事诉讼法律行为是引起民事诉讼法律关系发生、变更或消灭的主要原因。根据民事诉讼法的规定，民事诉讼法律行为主要包括四种：①人民法院的审判行为；②诉讼参加人的诉讼行为；③人民检察院的法律监督行为；④证人等其他诉讼参与人的诉讼协助行为。

---

① 案例来源：本章作者宁教铭(北京德和衡(广州)律师事务所兼职律师)经办的诉讼代理案件，当事人姓名系化名。

需要强调的是，民事诉讼法律行为必须是民事诉讼法律关系主体在诉讼过程中所进行的能够发生民事诉讼关系的行为，法院的内部行为，诸如合议庭评议案件、审判委员会讨论案件等等，都不属于民事诉讼法律行为。

[案例分析 2-1：解析]（1）主审法官王某向上一级法院汇报案情的行为，属于法院的内部行为，不是民事诉讼法律行为。（2）上下级法院之间的关系，也不是民事诉讼法律关系。

【本章小结】

民事诉讼法律关系是民事诉讼法学中重要的分析工具。民事诉讼法律关系理论分为两大部分：第一，民事诉讼法律关系的构成；第二，民事诉讼法律关系的运行。民事诉讼法律关系由主体、内容、客体构成。对民事诉讼法律关系构成要素的分析，可以对民事诉讼立法、民事审判、民事诉讼行为的选择发挥评判、指引功能。引起民事诉讼法律关系的产生、发展与消灭的客观情况就是民事诉讼法律事实，包括民事诉讼法律事件与民事诉讼法律行为。

【国家统一法律职业资格考试辅导专栏】

（1）历年的国家司法考试大纲之《民事诉讼法与仲裁制度》部分，都没有单列“民事诉讼法律关系”的内容。但民事诉讼法律关系是分析民事诉讼中纷繁复杂的法律现象的重要工具，因此，笔者认为，本章内容的学习，是学习民事诉讼法必不可少的环节，况且，近年来的考试越来越重视法律理论素养的提高，如经常利用容易混淆的概念来设计“术语陷阱”，考生一定要在理解各类基本概念和术语的基础上，细心读题后作答；今后的国家统一法律职业资格考试，也并非完全没有可能涉及民事诉讼法律关系的内容，事实上，历年司法考试大纲和个别考题中涉及的延期审理、诉讼中止、诉讼终结的情形，本身就是不容置喙的民事诉讼法律事件，只不过并没有单独作为考点，而是结合不同类别法律文书的适用进行考查。所以，本章的内容并非可有可无，尤其对应用型法学人才培养，从学习的角度和知识的系统性而言，本章的内容也不容忽视。

（2）历年考点：①诉讼中止；②诉讼终结。

（3）历年真题：2008 全国卷三 37、40。本书将在后面的普通诉讼程序中解析。

（4）备考重点：①不同类型民事诉讼法律关系中不同主体、客体、内容的识别；②引起民事诉讼法律关系发生、变更、消灭的民事诉讼法律行为和法律事件。

【本章练习】

一、判断题（请在题后括号内，正确的打“√”，错误的打“×”）（共 10 小题）

1. 民事诉讼法律关系就是民事诉讼法律规范在指引民事诉讼活动、调整民事诉讼参与者各种关系的过程中形成的、参与者之间的权利与义务、权力与责任的联系。（　　）

2. 民事诉讼法律关系是由法律规范调整的社会关系，不是原生态的社会关系，是原生态的社会关系与法律规范的结合，是思想社会关系。（　　）

3. 民事诉讼法律关系作为重要的分析工具，通过权利与义务、权力与责任的概念框架，全景显示民事诉讼法律规范的系统特征。（　　）

4. 审判人员在进行民事审判活动时，只要准确把握本案审理所涉及的实体法律规范，而对民事诉讼法律规范体系只需要有个大概的了解。（　　）

5. 在我国，审判权的行使者分为机构、组织、个人三个层次。人民法院是行使审判权的审判机构；合议庭是行使审判权的审判组织；独任庭与审判人员（包括审判员和人民陪审员）是行使审判权的个人。（　　）

6. 民事诉讼中法律监督关系主体中的监督者是人民检察院，被监督者是人民法院。（　　）

7. 人民检察院对民事诉讼的法律监督并不仅限于民事审判活动。（　　）

8. 我国《民诉法》明确、具体地规定了检察监督权及其行使方式，但我国立法并没有明文规定与法律监督权相对应的监督责任。（　　）

9. 对于人民检察院的抗诉，人民法院无权审查，更无权不予受理，检察监督行为具有明显的单向性。（　　）

10. 随着民事诉讼专业性、复杂性的增强，涉外民诉案件的增多，诉讼协助人的作用日益明显和重要，这使得诉讼协助行为也对民事诉讼法律关系的发展与变化产生重要影响。（　　）

二、单项选择题（共 5 小题）

1. 民事诉讼法律规范体系以（　　）为基础与核心，同时包容了立法、司法乃至行政部门制定的相关法律规范。

A.《宪法》　B.《民法通则》　C.《民诉法》　D.《诉讼费用交纳办法》

2. 国务院制定的下列行政法规，也是民事诉讼法律规范的表现形式（　　）。

A.《个人所得税法实施条例》　B.《个体工商户条例》

C.《诉讼费用交纳办法》　D.《资源税暂行条例》

3. 下列哪个不属于审判法律关系的主体？（　　）

A. 人民法院　B. 合议庭或独任庭的审判员、人民陪审员

C. 跟案书记员　D. 当事人

4. 下列有关民事诉讼法律关系主体的表述中，哪一个是错误的？（　　）

A. 严格而言，争讼法律关系的主体就是当事人。当事人是民事诉讼活动中最基本的权利、义务主体

B. 在原型民事诉讼中，当事人就是指原告和被告

C. 在较为复杂的民事诉讼中，当事人还包括有独立请求权第三人，但不包括无独立请求权的第三人

D. 群体性诉讼中的诉讼代表人是原告或被告的特殊形态

5. 在财产关系案件中，当事人死亡的法律事件对民事诉讼法律关系的法律后果是（　　）。

A. 必然导致诉讼中止　B. 大多导致诉讼中止

C. 必然导致诉讼终结　D. 并不必然导致诉讼终结

三、多项选择题(共 5 小题)

1. 在一些复杂、疑难案件中,判决的做出是下列哪些方面合力的结果?(　　)

A. 审判委员会　B. 合议庭　C. 审判人员　D. 书记员

2. 诉讼协助法律关系中的主体包括(　　)。

A. 诉讼代理人　B. 证人

C. 鉴定人、翻译人员　D. 法院传达室工作人员

3. 检察监督法律关系的客体包括(　　)。

A. 生效的裁判文书　B. 生效的民事调解书

C. 人民法院的执行行为　D. 律师的民事诉讼代理行为

4. 民事诉讼中的审判行为包括(　　)。

A. 审前行为　B. 审理行为

C. 裁判行为　D. 审判员王某向民一庭汇报案情的行为

5. 根据民事诉讼法的规定,民事诉讼法律行为主要有(　　)。

A. 民事审判行为　B. 当事人的诉讼行为

C. 检察监督行为　D. 诉讼协助行为

四、问答题(共 3 小题)

1. 简述民事诉讼法律关系的构成要素。

2. 试析民事诉讼行为对民事诉讼法律关系产生、变更、消灭的影响。

3. 试问哪些民事诉讼法律事件能导致民事诉讼法律关系的中止?

五、案例分析题(共 3 小题)

张三与李四在排队购买火车票时发生口角,李四一怒之下将张三打伤。张三遂向 T 区法院起诉,要求李四赔礼道歉并赔偿医疗、误工等损失共计 9000 元。张三为证明其主张,向法院提供了一同排队购票的自己的弟弟和同事作为证人。法院受理后,向李四送达了应诉通知书和起诉状副本。审理该案的王法官发现,被告李四是本院常务副院长的外甥,遂向上级法院汇报了此情。

根据本案情况,请回答下列问题:

1. 各主体的上述行为中,哪些属于民事诉讼行为?(　　)

A. 原告张三向 T 区法院起诉的行为　B. 被告李四打伤原告张三的行为

C. T 区法院向李四送达的行为　D. 张三的弟弟和同事作证的行为

2. 各主体的上述行为中,不属于民事诉讼行为的是(　　)。

A. 张三与李四排队购买火车票的行为

B. 被告李四打伤原告张三的行为

C. 王法官向上级法院汇报案情的行为

D. 张三的弟弟和同事作证的行为

3. 各主体相互之间,哪些构成民事诉讼法律关系?(　　)

A. 张三因起诉李四而发生的相互关系

B. 李四因打伤张三而形成的相互关系

C. 张三因起诉而与法院发生的相互关系

D. 两位证人因作证而与法院发生的关系

第三章 诉与诉权

【学习目标】

■ 知识目标：

了解诉的概念与特征；

理解诉的要求、诉的种类、诉的合并与分离。

■ 能力目标：

掌握划分诉的种类的标准、反诉的特征、反诉的条件，结合实际确定反诉的构成。

【本章需要预习的主要法律、法规】

1.《民诉法》第 51、119、126 条；

2. 最高法院《民诉法解释》(法释〔2015〕5 号)第 232、328 条；

3. 最高法院《民诉证据规定》(法释〔2001〕33 号)第 34 条。

第一节 诉

【引例 3-1】

欧某与某开发商签订商品房买卖合同，欧某购买该开发商海景洋房一套，价款人民币 220 万元。因开发商未按期交房，欧某遂将其诉至法院，请求法院判令开发商向其交付合同约定的商品房，并承担延期交房的违约金人民币 9 万元以及逾期利息。[1]

请问：本案中，何为诉的主体、诉讼主体？又何为诉讼标的、诉讼标的额、诉讼标的物？

一、诉的概念与特征

从民事诉讼角度而言，诉，是指民事争议发生时，当事人一方针对另一方向法院提出的、确认或改变某一法律关系以及维护其合法权益的请求。诉是民事审判活动的基础和前提，也是法院行使审判权针对的对象。任何公民、法人或其他组织发生民事纠纷时，都可以依照民事诉讼法的规定，向人民法院提出保护其权利的请求。

对诉的概念，可从两个方面加以理解：①程序意义上的诉，是指当事人根据民事诉讼法的规定，向法院提出的对民事纠纷进行审判的请求。这种请求使民事诉讼程序得以启动，是法院开始民事审判活动的前提和基础。②实体意义上的诉，是指当事人关于保护民事权益或解决民事纠纷的请求。当事人进行民事诉讼活动，首先考虑的是保护民事权益或解决民事纠纷。舍弃这一目的来考察诉的含义，认为诉仅仅具有程序意义上的内涵和功能，而不具有实体意义上的内涵和功能，则意味着当事人为诉讼而诉讼，显然不符合当事人起诉的目的。

程序意义上的诉和实体意义上的诉，虽然具有不同的内涵和功能，但二者紧密联系、相互依存。程序意义上的诉，必须以实体意义上的诉为基础；而实体意义上的诉，则是程序意义上的诉的目的和内容。如果没有程序意义上的诉，实体意义上的诉就无法实现和得到保障；若无实体意义上的诉，则程序意义上的诉也会变成既无目的，又无内容的活动。简言之，程序意义上的诉，是实体意义上的诉的实现方式和途径；实体意义上的诉，是程序意义上的诉的目的和意义所在。

民事诉讼中的“诉”，具有以下特征：

(1) 诉的主体，即纠纷的当事人。诉的起因，是当事人之间发生了民事纠纷。任何公民、法人或其他组织在发生民事纠纷时，都可请求法院给予司法保护。因此，纠纷的当事人是诉的主体。

(2) 诉的内容，是当事人请求法院解决的民事权益争议。当事人起诉的目的，是要求法院对自己受到侵犯的民事权益进行保护。因而，民事权益争议就成为诉的内容。

(3) 诉是当事人向法院提出的请求。对于民事纠纷的解决，国家建立了人民调解、民商事仲裁、民事诉讼等多元化纠纷解决机制，当事人对这些纠纷解决方式具有程序上的选择权，但只有向法院提出的解决纠纷的请求，才能称之为诉。

(4) 诉的对象具有特定性，它是当事人向法院提出的一种解决特定民事纠纷的请求，而

---

[1] 案例来源：本章作者宁教铭（北京德和衡（广州）律师事务所兼职律师）经办的咨询案件之一。

不是针对另一方当事人行使实体请求权的行为。

二、诉的要素

诉的要素，即构成一个诉所必须具备的因素。按我国学界的通说观点，一个完整的诉，由诉的主体(当事人)、诉的标的和诉的理由三个因素构成。

(一) 诉的主体

诉的主体，即诉讼当事人，包括原告和被告。任何一个诉，都必须有提出请求的一方当事人和与其相对的另一方当事人，法院才能对案件进行审理。如果诉的要素中，只有诉讼标的和诉讼理由，不知道是谁与谁之间发生了民事争议，那么，诉讼标的与诉讼理由也就失去了目标和意义，因此，诉的主体必然是诉的构成要素之一。

"诉的主体"并不等于"诉讼主体"。诉的主体，是纠纷主体，是诉讼当事人；而诉讼主体是诉讼法律关系主体，不仅包括诉讼当事人，还包括法院等主体。因此，法院是诉讼主体，但却不是诉的主体，自然也就不是诉的要素。

(二) 诉的标的

【真题实训 3-1】

甲因乙久拖房租不付，向法院起诉，要求乙支付半年房租 6000 元。在案件开庭审理前，甲提出书面材料，表示时间已过去 1 个月，乙应将房租增至 7000 元。关于法院对甲增加房租的要求的处理，下列哪一选项是正确的？(2011，卷三，37)

A. 作为新的诉讼受理，合并审理　　B. 作为诉讼标的变更，另案审理

C. 作为诉讼请求增加，继续审理　　D. 不予受理，告知甲可以另行起诉

1. 诉的标的的概念

诉的标的，也称诉讼标的，是指当事人之间发生争议，并请求人民法院作出裁判的实体上的法律关系，即争议的民事实体法律关系。民事权利义务关系在未发生争议时，法律关系主体之间只存在民事法律关系，是民法学研究的内容；发生争议而未提请人民法院裁判的，也只是民事权利义务的争议，仍不能成为诉讼标的；民事权利义务关系发生争议并诉诸法院，要求法院对争议作出裁判时，民事法律关系才成为诉的标的。

诉的标的，是构成诉所必不可少的要素，是任何一个民事案件都必须具有的。大多数民事案件只有一个诉讼标的，但有些民事案件也可能有两个以上的诉讼标的，如有些离婚案件，不仅涉及当事人之间的婚姻法律关系，还涉及共有财产分割及子女抚养等法律关系问题。具体到某一民事案件，以何种民事法律关系为诉讼标的，应以当事人起诉所表明的意思来定，即应以请求法院裁判的民事法律关系作为诉的标的。

[应用提示]司法实践中，通常根据诉讼标的来区分诉讼类型。比如，最高法院《民事案由规定》(法〔2011〕41 号)中规定的诉讼类型包括：不动产登记纠纷包括异议登记不当损害责任纠纷、虚假登记损害责任纠纷，侵权责任纠纷中有见义勇为人受害责任纠纷、公证损害

责任纠纷、防卫过当损害责任纠纷、紧急避险损害责任纠纷,等等。

2. 诉的标的(又称诉讼标的)与相关概念的关系

1)诉讼标的与诉讼请求

如上所述,诉是当事人向法院提出的请求,是抽象的请求,诉的标的(又称诉讼标的),是争议的民事实体法律关系。而诉讼请求,是当事人通过法院向对方当事人所提出的具体诉讼主张,是具体的权利要求,因此,诉讼标的不同于诉讼请求。

诉讼请求与诉讼标的,也有联系。诉讼请求以诉讼标的为基础,是基于诉讼标的而提出的具体诉讼主张,如果法律关系不存在,或者虽有法律关系,但对该法律关系并未发生争议,或虽发生争议但纠纷主体并未向法院请求解决纠纷,即没有形成诉讼标的,诉讼请求自然就不存在。

民事诉讼中,诉讼标的是诉的质的规定性,一个诉只有一个诉讼标的。若同一个诉讼程序中存在两个或两个以上的诉讼标的,则为两个以上的诉。若诉讼标的发生变更,则诉也发生了质的变更,即变更为另一个诉。当事人变更后的诉,实际上是一个新的诉讼案件,如原告将房屋租赁合同纠纷变更为买卖合同纠纷,就不能允许。但对诉讼请求则允许变更,如原告要求被告交付房租的请求,可以变更为请求腾出房屋。诉讼请求还可以放弃,对诉讼请求的数额,也可以增加或者减少。

因此,诉讼标的在原告起诉时就已经特定,在诉讼过程中不允许随意变更;而基于同一个诉讼标的,当事人在诉讼过程中可以变更(增加或减少)诉讼请求。

[真题实训 3-1](2011,卷三,37)答案:C。考点:诉讼请求与诉讼标的的区别、诉讼请求的变更。解析:如正文所述,诉讼标的不同于诉讼请求。本题中,诉讼标的是房屋租赁关系,而诉讼请求是甲要求乙支付拖欠的房租。甲在诉讼过程中将之前索要的房租金额从6000元增至7000元,仅是诉讼请求的增加,当事人争议的民事权利义务关系即诉讼标的没有变更,故B选项错误。诉讼仍然是原来的诉讼,不是新的诉讼,不能作为新的诉讼来审理,故A选项错误。另据《民诉法》第126条,原告增加诉讼请求的,可以合并审理,故C选项正确、D选项错误。

2)诉讼标的与诉讼标的物

诉讼标的物,是当事人争议法律关系中的权利、义务所指向的具体对象。例如,本节[引例 3-1]中,原告的诉讼请求是交付商品房并承担延期交房违约金,诉讼标的是房屋买卖合同法律关系,要求交付的商品房和支付的违约金是诉讼标的物。

诉讼标的与诉讼标的物虽有联系,但又有明显区别。诉讼标的是诉的必备要素,而诉讼标的物并不是诉的构成要素。民事诉讼中,任何一个诉都有诉讼标的,但并不一定都有诉讼标的物。人民法院审理民事案件,审理的是诉讼标的,而不是诉讼标的物。诉讼标的变更会导致诉的变更,但如果仅仅是诉讼标的物的变更,则不会导致诉的变更。

在单纯的确认之诉或变更之诉中,不存在诉讼标的物。例如:在确认是否存在亲子关系案件、确认股东大会决议无效案件中,应属单纯的确认之诉,故不存在诉讼标的物;在仅仅请求解除婚姻关系而不涉及共同财产分割的案件,因属单纯的变更之诉,同样不存在诉讼标的物。

3）诉讼标的与诉讼标的额

诉讼标的额，是指民事诉讼中所争议的诉讼标的物的金额。例如[引例 3-1]中，诉讼标的是房屋买卖合同法律关系，诉讼标的物是要求交付的商品房和支付的违约金（9 万元），而诉讼标的额是 229 万元。诉讼标的额不是诉的构成要素，因此也不是所有的案件中都存在诉讼标的额。

（三）诉的理由

【案例分析 3-1】

卢女士请某搬家公司搬家，搬运过程中卢的进口彩电被搬运工王某不慎摔坏。卢女士指责王某粗手粗脚，王某坚持认为不是故意。双方争执，卢女士骂王某“粗大傻子”，王某骂卢女士“小三”，并在同事中散播卢女士隐私。卢女士遂将王某及其所在搬家公司诉至法院，请求赔偿损失 5000 元，并要求王某停止散播隐私、赔礼道歉。①

试分析：本案中诉的理由。

诉的理由，是指当事人提出诉这一请求所依据的事实根据与法律依据。作为事实根据的诉的理由，通常包括两个方面事实：①引起当事人之间民事法律关系发生、变更或消灭的事实；②当事人民事权益受到侵犯或发生争议的事实。作为法律依据的诉的理由，是指当事人提出诉讼请求所依据的法律规定。

[案例分析 3-1：解析]本案中，诉的理由中包含了事实根据和法律依据。其中，事实根据就是搬运工人王某摔坏彩电，并骂“小三”和散播隐私；而法律依据则是《侵权责任法》《民法通则》等相关法律规定。

诉的理由，是任何一个诉都必须具备的要素之一。当事人向法院提出保护自己合法权益或确认、变更民事法律关系的诉讼请求，如果没有理由，就不能得到法院的支持。根据《民诉法》第 119 条关于起诉实质条件的规定，当事人提起诉讼的条件之一就是要有具体的诉讼请求和事实、理由。没有诉讼理由的诉，是不完整的诉，法院不能受理。

三、诉的种类

诉讼法学理论上，根据当事人提出的诉讼请求的性质与内容，将诉分为确认之诉、变更之诉、给付之诉三种类型。

---

① 案例来源：本章作者宁教铭（北京德和衡（广州）律师事务所兼职律师）接受咨询的案件之一，当事人姓氏已更改。

（一）确认之诉

确认之诉，是指原告请求法院确认其与被告之间存在或者不存在某种民事法律关系的诉。又可以进一步细分为以下几类：

(1) 积极确认之诉，又称为肯定的确认之诉，即请求法院确认其与被告之间存在某种民事法律关系存在的诉。例如，原告请求法院确认其与被告之间的合同关系成立、原告请求法院确认其与被告之间存在亲子关系。

(2) 消极确认之诉，又称为否定的确认之诉，即请求法院确认其与被告之间不存在某种民事法律关系的诉。例如，请求法院确认公司股东大会的决议无效、请求法院确认不存在亲子关系、请求法院确认没有侵犯对方的专利权。

一般认为，只能对"现存的法律关系"提起确认之诉。因为过去的法律关系可能已经合理地发生了变动，已无作出确认判决的必要；而对将来的法律关系作出确认判决，可能会阻碍将来法律关系的合理变动。

确认之诉是围绕民事法律关系本身进行的，并不涉及当事人之间的实体权利与义务，因此，确认之诉具有如下特点：①当事人的民事法律关系具有现实意义；②当事人就该法律关系存在与否发生争议；③当事人起诉的目的，在于请求法院确认民事法律关系存在或者不存在，因此人民法院在作出判决时，仅需确认当事人之间是否存在某一民事法律关系，无须判令当事人履行一定的义务，也无须改变法律关系存在或者不存在的现状。

（二）变更之诉

变更之诉，也称形成之诉，是指原告请求法院变更或者消灭其与被告之间的某种民事法律关系的诉。例如，离婚之诉、变更共有关系之诉、变更监护人之诉等等。原告提起变更之诉的目的，是请求法院以判决的方式改变其与被告之间现存的法律关系。若原告的请求得到法院的支持，则在判决生效之时，无须强制执行就自动发生法律关系变动的效果。比如，解除婚姻关系的判决，在生效时无须当事人履行或法院强制执行即可发生终止婚姻关系的法律效力。

1. 变更之诉的两种主要情形

(1) 是否变更，即当事人对现存的法律关系没有争议，但对于是否变更这一法律关系存在争议。例如，离婚诉讼中，原告、被告对双方之间存在婚姻关系没有争议，但原告要求离婚，被告不同意离婚。

(2) 如何变更，即当事人对现存的法律关系没有争议，对要求变更这一法律关系也没有争议，但对于如何变更这一法律关系却存在争议。例如，共有财产分割之诉，原告、被告对财产的共有关系没有争议，对要求变更这一共有关系也没有争议，但对如何变更却持不同看法，原告要求平均分配共有财产，而被告则主张原告只能分配共有财产20％的份额。

2. 变更之诉的特点及其与确认之诉的区分

变更之诉与确认之诉一样，也是围绕民事法律关系本身进行的，但具有与确认之诉不同的特点：

(1) 二者在起诉目的和方向上刚好相反，变更之诉对于某种法律关系的存在并无争议，只是对于是否维持或解除、是否变更或如何变更发生了争议；而确认之诉则是对某种法律关系本身是否存在发生了争议。

（2）在变更之诉中，法院需要对当事人之间现存的法律关系是否变更或如何变更作出判决，且在判决生效以前，当事人之间的原有民事法律关系仍然保持现状，但在判决生效以后，原来的民事法律关系就发生了变更或者消灭；而在确认之诉中，法院在作判决时，仅仅需要确认当事人之间是否存在某一民事法律关系，而无须改变法律关系存在或者不存在的现状。

[应用提示]实践中，变更之诉与消极确认之诉极易混淆，需特别注意。例如，当事人起诉请求法院判决其与被告离婚，属变更之诉；而当事人起诉请求法院确认婚姻关系无效，则属消极确认之诉。

（三）给付之诉

给付之诉，是指原告请求法院判令被告履行一定民事义务的诉。例如，原告要求被告偿还借款；原告请求被告拆除遮挡其房屋阳光的违章建筑等。在实体法领域，原告对被告享有特定的实体给付请求权，是给付之诉成立的前提。被告不履行给付义务，原告就可以根据民法上的给付请求权提起给付之诉。原告胜诉的判决是给付判决，给付判决判令被告履行一定的民事义务，因而具有执行力。

给付之诉，依不同的标准可以进行不同的分类。下面分别依给付内容和时间的不同，对其进行分类。

1. 依给付内容的不同，常将给付之诉分为物的给付之诉和行为给付之诉

（1）物的给付之诉，即以物作为给付请求对象的诉。在物的给付之诉中，还可依据物的不同而分为：①种类物给付之诉，即给付请求的对象是种类物，可以用同种类的物替代，这是最常见的给付之诉。例如，原告请求被告按合同约定交付标准面粉1000斤之诉。②特定物给付之诉，即给付请求的对象是特定物，不能以其他物品替代。例如，原告请求被告返还祖传的翡翠玉器一只。

（2）行为给付之诉，即原告请求被告为一定行为或不为一定行为的诉。其中，还可依据给付行为的不同而分为：①积极行为给付之诉，即请求对方为一定行为的诉，也即要求对方的作为行为。例如，要求对方按照合同约定进行演出；再如本节[案例分析3-1]中，原告卢女士要求搬运工人王某赔礼道歉，等等。②消极行为给付之诉，请求对方不为一定行为的诉，也即要求对方的不作为行为。例如，请求对方停止排放污水；再如本节[案例分析3-1]中，原告卢女士要求搬运工人王某停止散播有关自己隐私的行为，等等。

2. 依给付时间的不同，常将给付之诉分为现在给付之诉和将来给付之诉

（1）现在给付之诉，即请求法院责令被告就已经到期义务为给付的诉。判决生效后，被告应当立即履行义务。理论上，现在给付之诉是在法庭辩论终结时原告请求的履行期已到的给付之诉；实践中，现在给付之诉提起之时，常常是履行期已到；对于履行期未到的，通常以将来给付之诉对待，若在法庭辩论终结时履行期已到，则此时作出原告胜诉的判决，就是现在给付之诉判决。

（2）将来给付之诉，即请求法院责令被告就尚未到期义务为给付的诉。判决生效后，被告应在履行期到来之时或者履行条件具备时履行义务。理论上，将来给付之诉是在法庭辩

论终结时原告请求的履行期未到的给付之诉；现实中，对于将来给付之诉的提起，法律往往作出限制，如有的国家和地区以“债务人有到期不履行之虞”为限制条件，有的国家则以“有预先剔除请求必要”为限制条件。①

综上，无论何种类型的给付之诉，都具有如下特点：①当事人之间存在实体权利义务关系；②双方当事人之间就该实体权利义务关系发生争议；③要求义务人履行实体义务，以实现权利人的实体权利。因此，对于给付之诉，法院不仅需要确认当事人之间存在一定的民事法律关系，而且还要根据这一民事法律关系，判令被告履行一定的义务，所以，给付之诉具有可执行性。

四、诉的不同种类之间的关系

从以上对诉的种类以及不同种类诉的特点的阐述中，可以看出，确认之诉是诉的基础，在变更之诉与给付之诉中，都有可能因当事人提起变更之诉或给付之诉所依据的民事法律关系本身存在与否发生争议，而提起确认之诉。如果当事人在变更之诉或给付之诉中一并提起确认之诉，此时，必须先审理确认之诉；只有双方当事人之间存在一定的民事法律关系，才能在此基础上进一步审理变更之诉或给付之诉。但是，如果在变更之诉或给付之诉中，当事人对提起变更之诉或给付之诉所依据的民事法律关系本身是否存在，并未提出确认请求，则该变更之诉或给付之诉中，并不包含确认之诉。据此，可以得出如下结论：

（1）判断诉的种类的标准，是原告的诉讼请求，而与被告的答辩意见无关。

（2）变更之诉和给付之诉中，可能包含确认之诉的内容，但并非必然。例如，甲起诉乙按合同约定履行交付钢材的义务，法院在决定是否支持甲的请求时，需要首先确认甲乙之间是否存在有效的钢材买卖合同关系。但这一确认内容的存在，并不影响对诉的性质和类型的判定，其仍然属于给付之诉。

（3）诉的三种类型之间相互排斥，一个确定的诉不可能同时属于两种诉的类型。

【真题实训 3-2】

关于诉的分类的表述，下列哪一选项是正确的？（2013，卷三，37）

A. 孙某向法院申请确认其妻无民事行为能力，属于确认之诉

B. 周某向法院申请宣告自己与吴某的婚姻无效，属于变更之诉

C. 张某在与王某协议离婚后，又向法院起诉，主张离婚损害赔偿，属于给付之诉

D. 赵某代女儿向法院诉请前妻将抚养费从每月1000元增加为2000元，属于给付之诉

［真题实训 3-2］（2013，卷三，37）答案：CD（司法部答案为C）。考点：诉的类型及其识别。解析：确认之诉、变更之诉的定义及其区别，已如正文所述。A选项属于认定公民无行为能力的特别程序案件，即非讼案件，并不存在原告、被告双方当事人之间的争议，不存在诉。B选项中的申请宣告婚姻无效案件，是请求确认婚姻关系自始无效，属于确认之诉。C

① 宋朝武. 民事诉讼法学［M］. 3版. 北京：中国政法大学出版社，2012：61-62.

选项中，原告张某向被告王某主张离婚损害赔偿，即要求被告履行一定的义务，属于给付之诉，故 C 选项正确。赵某代理女儿向法院诉请前妻将抚养费从每月 1000 元增加为 2000 元，该案需要被告履行抚养义务，属于典型的给付之诉。所以，D 选项也是正确的。

但在司法部提供的答案中，D 选项是错的。可能是命题人认为，抚养费的增加属于变更之诉。笔者以为，这种认识是不正确的。变更之诉的主旨，在于变更某种既存的法律关系，如解除婚姻关系、变更抚养关系、解除收养关系等等。而在 D 选项中，是在抚养关系不变的前提下，增加抚养费；再者，对单纯的变更之诉所作的判决，不具有强制执行力，而 D 选项所述案件的判决，显然存在执行力，属于典型的对给付之诉的给付判决。

第二节 反 诉

【引例 3-2】

甲建筑工程公司与乙装修材料公司签订一份建筑工程承包合同，约定由甲公司包工包料建筑一座三层的装修材料仓库。竣工后，乙公司一直拖欠工程款。甲公司遂诉请法院判令乙公司支付工程尾款 96 万元。乙公司收到应诉通知书后提出，在仓库建筑过程中，甲公司准备的建筑材料不足，为防工程进度拖延，乙公司借给了甲公司价值 30 万元建筑材料，但甲公司尚未归还，故请求法院判令甲公司向其支付原材料款 20 万元。①

请问：本案中，乙公司要求甲公司支付原材料款 20 万元的请求，能否构成反诉？

一、反诉的概念与特征

（一）反诉的概念

反诉，是指在已经提起的诉讼（称为本诉）中，本诉的被告为了维护自己的权益，以本诉的原告为被告，向法院提出与本诉有牵连关系的、旨在抵消或吞并本诉原告之诉讼请求的、能够独立存在的反请求。依《民诉法》第 51 条，被告有权提起反诉。

民事诉讼法规定反诉制度的目的，在于通过反诉与本诉的合并审理，既可以减轻当事人的讼累，也可以降低司法成本、节约司法资源。

---

① 案例来源：本章作者宁教铭（北京德和衡（广州）律师事务所兼职律师）经办的案件之一。

（二）反诉的特征

【真题实训 3-3】

关于反诉，下列哪些表述是正确的？（2013，卷三，80）

A. 反诉的原告只能是本诉的被告

B. 反诉与本诉必须适用同一种诉讼程序

C. 反诉必须在答辩期届满前提出

D. 反诉与本诉之间须存在牵连关系，因此必须源于同一法律关系

提起反诉是被告享有的维护自身合法权益的一项特殊的重要诉讼权利，具有以下特征：

1. 反诉的主体具有特定性

反诉是本诉的被告针对原告所提出的请求，也即反诉的原告同时是本诉的被告，反诉的被告同时是本诉的原告，反诉使得双方当事人的诉讼地位具有双重性；本诉与反诉的当事人数量不变，但诉讼地位互换。

2. 反诉的目的具有对抗性

被告提起反诉，旨在通过反诉与本诉的合并审理，以抵消或吞并本诉原告的全部或部分诉讼请求，具有明显的对抗本诉的目的。

3. 反诉的请求具有独立性

本诉被告提出的反诉，与本诉一样，具有诉的三个要素，是一个独立的诉，可以独立于本诉而存在。换言之，被告可以选择提起反诉，也可以选择不提起反诉，而是向有管辖权的法院以独立的诉讼请求的方式另行起诉。因此，即使本诉的原告撤回了本诉，也不影响反诉的效力。

4. 反诉的时间具有特定性

反诉应当在本诉中提起，且依最高法院《证据规定》第 34 条第 3 款，当事人提起反诉，应当在举证期限届满之前提出。但在某些情况下，当事人没有约定举证期限、法院也没有指定举证期限，此时根据最高法院《民诉法解释》（法释〔2015〕5 号）第 232 条，反诉应当在案件受理后、法庭辩论结束前提出。

【案例分析 3-2】

甲建筑材料公司与乙装饰公司签订一油漆买卖合同，乙公司购买甲公司装饰用油漆一批，约定 3 个月后付款。3 个月后，乙公司仍未付款。甲公司遂诉至法院，要求乙公司支付油漆价款 23 万元。乙公司在诉讼中提出，甲公司卖给乙公司的油漆质量严重不合格，乙公司用该批油漆给客户装修后全部因质量不合格而另行购买油漆返工，给乙公司造成极大的材料、人工和对客户的违约损失，故要求甲公司赔偿其损失共计 36 万元。

请问：(1) 本案中，乙公司可以通过哪些方式救济自己所遭受的损失？

(2) 若乙公司选择向法院提出反诉后，甲公司自觉局势不利，便申请撤回本诉并经法院准许，此时如何处理乙公司提出的反诉？

[案例分析 3-2：解析](1)乙公司有两种选择：①向有管辖权的法院提起一个独立的诉讼，要求甲公司赔偿损失；②向受理本诉的法院提出反诉，由法院将其与本诉合并审理。(2)若甲公司撤回本诉，则不会影响反诉的存在，法院应对反诉继续审理。若甲公司无正当理由拒不到庭，法院有权依法缺席审理。

二、反诉的构成条件

本诉的被告在已经提起的诉讼(本诉)中向法院提出的反请求，要构成反诉，必须具备一定的条件，具体包括如下 6 个方面：

1. 反诉是本诉的被告针对本诉的原告提出的反请求

被告提起反诉的目的，在于抵消或吞并本诉原告的全部或部分诉讼请求，因此，反诉只能是本诉的被告针对本诉的原告提起。如果针对原告之外的人提起，则不能构成反诉。

2. 反诉只能在本诉进行过程中向受理本诉的法院提起

被告提起反诉应当在本诉进行过程中，如果本诉尚未开始，自然不存在反诉的问题；而且，被告只能向受理本诉的法院提出，否则无法形成反诉与本诉的合并审理。

3. 反诉应当与本诉具有牵连关系

我国民事诉讼法对于反诉与本诉之间的关系，并没有作出明确规定。理论上而言，为了实现通过反诉与本诉的合并审理来降低诉讼成本、节约司法资源、一次性解决纠纷的目的，反诉必须与本诉具有一定的牵连关系。具体包括以下两种情形：

1) 基于同一法律关系而产生的、目的对抗的不同诉讼请求

例如，在本节[案例分析 3-2]中，反诉与本诉均基于油漆买卖合同这一法律关系，只是诉讼请求不同且相对抗，甲公司本诉的诉讼请求是要求支付油漆价款，乙公司反诉的诉讼请求是要求本诉原告赔偿因油漆不合格而给乙公司造成的损失。

2) 基于相互牵连的不同法律关系而产生的、目的对抗的不同诉讼请求

例如，在本节[引例 3-2]中，存在两个不同的法律关系：一是甲公司与乙公司之间的建筑工程承包合同关系，二是甲公司与乙公司之间的建筑材料借用合同关系。但这两个法律关系之间具有相互牵连关系，且能产生目的对抗的不同诉讼请求，符合反诉对牵连关系的要求，所以能够构成反诉。

4. 反诉与本诉适用同一程序

民事诉讼法规定的第一审程序包括普通程序和简易程序两种，为实现将反诉与本诉合并审理的目的，要求反诉与本诉应当适用的程序属于同一种类，例如，反诉与本诉均属适用

普通程序审理的案件，或者均属适用简易程序审理的案件，否则不能实现诉的合并审理。

不符合程序同一要求的情形，包括：①一个适用普通程序，一个适用简易程序；②一个适用普通程序，一个适用小额诉讼程序；③一个适用普通程序，一个适用特别程序；④一个适用一审程序，一个适用二审程序。在这些情形下，即使符合主体同一、目的对抗、请求独立的要求，仍然不能构成反诉。

5. 反诉应当在法定期间内提出

为了防止因被告提出反诉而拖延诉讼程序，导致反诉与本诉合并审理以降低诉讼成本、节约司法资源的目的落空，《民诉法》及其司法解释对反诉的提出时间作出了具体规定，即反诉应当在一审中提出。依最高法院《证据规定》（法释〔2001〕33 号）第 34 条和《民诉法解释》（法释〔2015〕5 号）第 232 条，反诉应当在案件受理后、法庭辩论结束前提出。

对于当事人在二审程序中提出反诉的如何处理，《民诉法解释》（法释〔2015〕5 号）第 328 条第 1 款有明确规定，即在第二审程序中，原审被告提出反诉的，第二审法院可以根据当事人自愿的原则就反诉进行调解，调解不成的，告知当事人另行起诉。该条相较原《民诉法意见》（法发〔1992〕22 号）第 184 条，增加了一款即第 328 条第 2 款。依该款规定，在第二审程序中，原审被告提出反诉，“双方当事人同意由第二审人民法院一并审理的，第二审人民法院可以一并裁判”。即针对二审中提出的反诉，只可调、不能判，除非双方当事人同意由第二审法院一并审理。

对于当事人在再审程序中提出反诉的如何处理，《民诉法》及其司法解释均无明确规定。根据程序的基本原理，此时应当根据具体情形区别对待：

（1）若再审适用的是一审程序，则此时反请求可以构成反诉，可以与本诉合并审理。

（2）若再审适用二审程序，则此时不能合并审理，只能在自愿的基础上进行调解；调解不成的，告知另行起诉。

6. 反诉应当向受理本诉的法院提出

反诉应当向受理本诉的法院提出，如果反请求专属于其他法院管辖，或者双方当事人订立有仲裁协议，则不得向本诉法院提出反请求，不能构成反诉。

综上，反诉的特征和要件是：主体同一、目的对抗、请求独立、时间特定、牵连关系、程序同一、管辖同一。此外，反诉的案件受理费减半收取。

[真题实训 3-3]（2013，卷三，80）答案：AB。考点：反诉的特征及条件。解析：反诉与本诉的当事人是诉讼地位互换，即由本诉的被告反诉本诉的原告，故选项 A 表述正确。反诉属于诉的合并，将反诉与本诉合并审理，提高诉讼效率，这也是反诉的意义所在。因此，反诉与本诉必须合并在同一种诉讼程序中进行审理，故选项 B 表述正确。2013 年依《民诉证据规定》第 34 条第 3 款规定，反诉应当在举证期限届满前提出；现依《民诉法解释》（法释〔2015〕5 号）第 232 条规定，反诉也应在法庭辩论结束前提出，故选项 C 表述错误。反诉与本诉之间须存在牵连关系，但这种牵连关系既可以是法律上的，也可以是事实上的；存在牵连即可，而不必源于同一法律关系，故选项 D 表述错误。

三、反诉与反驳、事实主张

【真题实训 3-4】

甲公司起诉要求乙公司交付货物。被告乙公司向法院主张合同无效，应由原告甲公司承担合同无效的法律责任。关于本案被告乙公司主张的性质，下列哪一项说法是正确的？(2009，卷三，36)

A. 该主张构成了反诉　　B. 该主张是一种反驳

C. 该主张仅仅是一种事实主张　　D. 该主张是一种证据

(一) 反驳的概念

《民诉法》第 51 条规定，原告可以放弃或变更诉讼请求，被告可以承认或反驳诉讼请求。但反驳作为一项重要的诉讼权利，并非专属于被告，而是所有的当事人都可以反驳对方的诉讼请求或者事实主张。因此，所谓反驳，是指当事人一方对另一方所提出的诉讼请求或事实主张做出不同意的意思表示，即一方针对另一方提出的诉讼请求、事实与理由，从实体和程序上、事实和法律上予以辩驳。

虽然反驳的目的也是阻碍对方诉讼请求的实现，但反驳不是一个独立的诉讼请求，并不构成一个独立的诉，而反诉则构成一个独立的诉。这是反驳与反诉的根本区别所在。

例如，甲诉乙返还借款 5 万元，并提供有乙签名的借据。若乙声称借据上的签名并非其本人签名，则乙属于反驳；若乙称其之所以不还甲借款，是因甲也借了乙 3 万元至今未还，则乙属于反诉。反诉具有独立性，即使甲撤回了本诉，法院仍应继续审理乙的反诉；而反驳则不构成独立的诉讼请求，若甲撤回本诉，则乙的反驳失去了意义，程序终结。

(二) 反驳与反诉的比较

为更好地理解反驳与反诉，下面从主体、性质、目的等方面对其逐一进行比较。

1. 主体不同

反驳的主体是所有当事人，而反诉的主体仅限于本诉的被告。

2. 性质不同

反驳是当事人一方对抗对方诉讼主张的一种手段，并不具备诉的要素，不能构成一个独立的诉；而反诉则具备诉的要素，是被告针对原告的本诉提出的一个独立的诉。

3. 目的不同

反驳仅仅是否定对方提出的诉讼主张，并未提出独立的诉讼请求，而反诉是被告对原告的本诉提出了独立的反请求，主张独立的实体权利，同时抵消或吞并本诉原告的全部或部分诉讼请求。

(三) 事实主张

事实主张，是指当事人提出的、发生在过去的、某一事实存在或者不存在的主张。事实主张不同于法律主张。

反驳或反诉的成立，均离不开事实主张的支持。而事实主张要获得法院的认可，转换为定案的依据，又要有相应的证据支撑，并经过举证、质证、认证等环节。

[真题实训 3-4]（2009，卷三，36）答案：A。考点：反诉及其与反驳、事实主张的识别。解析：反诉、反驳的定义及其与事实主张的区别，已如正文所述。本题中，被告乙公司向法院提出合同无效的同时，提出了独立的诉讼请求，即要求原告承担合同无效的法律责任，且该请求与原告的本诉请求是基于同一个合同关系而产生的，与本诉具有牵连性。因此，本题中乙公司的主张是反诉，而非反驳，更非事实主张或证据。故本题正确答案为A。

四、对反诉的审理

被告提出反诉后，法院应审查是否符合起诉的一般条件和构成反诉的特别条件。对符合条件的反诉，应予受理，并与本诉一并审理，将两个诉讼合并调查与辩论，且一并判决。

特殊情形下，法院也可将反诉与本诉分开调查与辩论，并在其中一诉已经达到可以作出判决的程度时，先行作出部分判决。

【真题实训 3-5】

刘某与曹某签订房屋租赁合同，后刘某向法院起诉，要求曹某依约支付租金。曹某向法院提出的下列哪一主张可能构成反诉？（2014，卷三，43）

A. 刘某的支付租金请求权已经超过诉讼时效

B. 租赁合同无效

C. 自己无支付能力

D. 自己已经支付了租金

[真题实训 3-5]（2014，卷三，43）答案：B。解析：反诉，是指本诉被告针对本诉原告向法院提出的独立的反请求，故B项当选；选项A、D属于抗辩；选项C“无支付能力”既不构成反请求，也不构成抗辩。

第三节 诉的合并与分离

一、诉的合并

诉的合并，是指法院将彼此之间有牵连关系的两个或两个以上的诉，合并到一个诉讼程序之中进行审理和裁判。有广义和狭义之分，狭义的诉的合并，仅指诉的客体的合并；广义的诉的合并，除诉的客体合并以外，还包括诉的主体的合并。诉的主体的合并，通常是由共同诉讼引起的。

诉的合并的条件，是彼此独立的几个诉在主体或者客体上具有关联性。诉的合并的意义，在于提高诉讼效率，并防止在相互关联的问题上作出相互矛盾的裁判。

1. 诉的主体的合并

诉的主体的合并，是将数个当事人合并到同一个诉讼程序中进行审理和裁判。在一个原告针对数个被告，或者数个原告针对一个或数个被告提起诉讼时，都会发生诉的主体的合并。引起诉的主体的合并的原因，主要包括：①必要共同诉讼或普通共同诉讼；②原告或被告在诉讼中死亡，数个继承人承受诉讼。

2. 诉的客体的合并

诉的客体的合并，是指将同一原告对同一被告提起的两个或两个以上的诉，合并到同一诉讼程序中审理和裁判。被合并的各个诉之间，可能并不存在牵连关系，如原告既诉请被告偿还借款，又诉请被告交付买卖标的物，还诉请被告返还租用房屋；也可能具有牵连关系，如原告既起诉离婚，又起诉分割共同财产。

对无牵连关系的数个诉，法院应当在同一诉讼程序中分别审理并作出裁判；而对有牵连关系的数个诉，如果其中一诉是其他诉的先决条件，那么应当先审理先决诉，然后再进一步审理其他各诉。

3. 诉的混合合并

诉的混合合并，是指案件和当事人的合并，即法院把两个以上独立而彼此有联系的案件以及多个当事人，合并于同一诉讼程序进行审理所形成的诉的合并。常见的诉的混合合并，诸如：有独立请求权的第三人提起的参加之诉，与原告对被告提起的本诉的合并；本诉的被告对原告提出的反诉，与本诉的合并。

二、诉的分离

诉的分离，是指法院将原先合并审理的几个诉，分成两个以上的诉进行审理。

诉讼进行中，原本已经合并的几个诉，因情况变化，若继续合并审理，则会增加审理的难度，使诉讼复杂化并导致诉讼迟延，此时法院就应当将已合并之诉分开审理。

司法实践中，诉的分离通常有下列情形：①将普通共同诉讼分为若干案件审理；②同一原告对同一被告提起的几个诉的分离；③被告对原告提出的反诉，与原告本诉的分离。

民事诉讼中，如果出现几个诉先合并、后分离的，当事人和人民法院在分离前已经实施的诉讼行为，在诉讼分离后的审理中仍然有效。

第四节 诉 权

诉权，是指当事人请求人民法院对其民事纠纷进行审理和裁判的权利。诉权是当事人进行民事诉讼的基本权利，当事人有了诉权，才能向人民法院提出对其财产权利和人身权利进行司法保护的请求，才能有诉。

诉权，既不同于诉讼权利，也不同于实体权利。诉权的表现形式是诉讼权利，但诉讼权利仅仅是诉权的形式内容的具体化，诉讼权利舍弃了诉权所隐含的实体内容。所有诉讼权利都是形式性权利，诉讼权利不存在于实体意义之上。诉讼必须通过诉讼权利才能得到体现，但诉讼权利的总和，并不等于诉权，原因有以下几个方面：

(1) 诉权是诉的一种抽象可能性，诉权要转化为诉讼权利，必须有诉讼法的具体规定。而任何国家在任何时代所实际保护的诉权，总是小于本国法律所可能提供的抽象诉权，因此，诉讼权利的总量，总是小于诉权的。诉权的潜在可能性，给诉权保护的不断扩大，提供了逻辑和事实上的可能性。

(2) 诉讼权利，仅仅是诉权的形式内容的具体化，它仅仅能够发动和运行诉讼程序，却不能决定诉讼的结果，诉讼的结果是由诉权中的实体内容决定的。因此，诉权也不同于实体权利，它与实体权利存在以下关系：①诉权是实体权利的保障和前提。保障即是前提，因为没有保障就没有权利。没有诉权，一切权利都不能称之为权利。②实体权利是诉权的基础。没有实体权利，诉权便没有真实内容，便是空的权利。③诉权是实体权利的组成部分。任何权利都包含对义务人的要求和请求司法保护的权利两个方面。

如同诉的双重性，有程序意义上的诉与实体意义上的诉之分，诉权也具有双重含义，有程序意义上的诉权与实体意义上的诉权之别。这就是理论界基于诉权双重含义的“二元诉权说”。

一、程序意义上的诉权

程序意义上的诉权，是指当事人在程序上向法院请求行使审判权，启动民事纠纷解决程序，以保护自己合法民事权益的一种权利。正是因为程序意义上的诉权的存在，当事人才有权利提起诉讼，民事诉讼程序的启动也才成为可能。程序意义上的诉权，主要包括起诉权(含被告的反诉权)以及应诉权。

二、实体意义上的诉权

实体意义上的诉权，是指当事人请求法院通过审判强制实现其民事实体权益的权利。实体意义上的诉权，是基于民事实体法的规定而产生的。当事人行使诉权的最终目的，是为了保护自己的民事实体权益，因此，一般认为，实体意义上的诉权，主要包括胜诉权和申请强制执行权。

三、双重诉权的关系

程序意义上的诉权与实体意义上的诉权，同程序意义上的诉与实体意义上的诉一样，既互相关联，又各自独立。

二者的关联性，主要表现在以下几个方面：

(1) 二者是形式和内容、手段和目的的关系，程序意义上的诉权是形式和手段，实体意义上的诉权是内容和目的。

(2) 如果没有程序意义上的诉权，就不具有起诉的资格，就不能引起诉讼程序的发生；如果没有实体意义上的诉权，也就不具有胜诉的资格，诉讼的结果只能是败诉。

(3) 如果没有程序意义上的诉权，实体意义上的诉权无法实现；如果没有实体意义上的诉权，单纯行使程序意义上的诉权，同样成了既无目的又无意义的活动。

二者的独立性，主要表现在以下几个方面：

(1) 产生的时间不同。实体意义上的诉权，在实体法律关系产生时，权利主体就具备了，只是在一定条件下才表现出来；而程序意义上的诉权，则是在某种民事权益受到侵害或者发生争议时才会产生。因此，实体意义上的诉权总是早于程序意义上的诉权产生。

（2）二者的作用不同。程序意义上的诉权，是由民事诉讼法规定的，在起诉时可以独立存在，原告只要具备《民诉法》规定的起诉条件，就具有了程序意义上的诉权，法院对其起诉就应予以受理；相反，如果法院在审查原告起诉时发现，原告没有程序意义上的诉权，则不应予以受理，也就是程序意义上的诉权直接决定了诉讼程序的启动。而当事人是否具有实体意义上的诉权，不是在诉讼程序启动之前审查，而是在实体审理过程中审查，如果原告欠缺实体意义上的诉权，则会导致败诉的法律后果，也即实体意义上的诉权决定诉讼结果的胜败。

区分程序意义上的诉权和实体意义上的诉权，对审判实践具有以下重要意义：

（1）有利于法院正确受理民事案件。在审查起诉时应当查明，当事人有没有程序意义上的诉权。如果查明原告有程序意义上的诉权，符合《民诉法》规定的起诉条件，就应立案受理，开始诉讼程序；如果查明原告不具有程序意义上的诉权，不符合《民诉法》规定的起诉条件，就应驳回原告起诉，或者告知原告到其他机关申请解决。

（2）有利于人民法院正确审判民事案件。人民法院在案件审理过程中，应当在查清事实、分清是非的基础上，依据实体法的规定查明，原告有没有实体意义上的诉权。如果有实体意义上的诉权，就应作出原告胜诉的判决；如果原告没有实体意义上的诉权，就应作出原告败诉的判决。

【本章小结】

诉与诉权是民事诉讼理论的重要内容。民事诉讼的全部诉讼活动，都是围绕着当事人的诉展开的。诉权则是由宪法予以保障，并由具体法律关系主体依据有关诉讼法律规范享有的基本权利。现代诉与诉权理论，指导着民事诉讼更好地服务于当事人，充分发挥当事人的主导作用，体现了当事人的主体地位。本章主要阐述了诉的概念与特征、诉的要素和种类、反诉及其与反驳的区别、诉的合并与分离、诉权等内容。本章内容在理论上有较大的难度与深度，且需重点掌握诉的要素与分类、诉权的含义。

【国家统一法律职业资格考试辅导专栏】

（1）本章主要涉及诉的构成要素、诉的种类以及反诉等内容，从历年考试的情况来看，都是常见的考点。就考查方式而言，主要是：结合具体案例，判断诉讼标的、诉的种类等；区分反诉与反驳；二审和再审中对反诉的处理方式。

（2）历年考点：①诉的要素；②诉讼标的；③诉的种类；④二审反诉的处理方式。

（3）历年真题：2015 卷三 82；2014 卷三 43；2013 卷三 37、77、80；2012 卷三 80；2011 卷三 37；2009 卷三 36、37；2008 全国卷三 86。

（4）备考重点：①诉、诉讼标的、诉讼请求、诉讼标的物、诉讼标的额的区别；②诉的三种类型(确认之诉、变更之诉、给付之诉)及其具体判定;③反诉的构成要件及其与反驳的区别;④二审和再审中提出反诉时的处理方式。

【本章练习】

一、判断题(请在题后括号内,正确的打"√",错误的打"×")(共10小题)

1. 当事人对民事纠纷的解决方式具有程序上的选择权,只有向法院提出的解决纠纷的请求,才能称之为诉。( )

2. 诉的主体即诉讼主体。( )

3. 民事权利义务关系发生争议并要求法院作出裁判时,才成为诉的标的。( )

4. 诉讼标的在原告起诉时就已特定,在诉讼过程中不允许随意变更诉讼标的;而基于同一个诉讼标的,当事人在诉讼过程中可以变更(增加或减少)诉讼请求。( )

5. 在民事诉讼中,任何一个诉都有诉讼标的,但并不一定都有标的物。( )

6. 人民法院审理民事案件,审理的是诉讼标的物,而不是诉讼标的。( )

7 确认之诉围绕民事法律关系本身进行,并不涉及当事人之间的实体权利与义务。( )

8. 变更之诉中,若原告的请求得到法院支持,则在判决生效之时,无须强制执行就自动发生法律关系变动的效果。( )

9. 当事人起诉请求法院判决其与被告离婚,属于变更之诉;而当事人起诉请求法院确认婚姻关系无效,则属于确认之诉。( )

10. 变更之诉和给付之诉中,可能包含确认之诉的内容,但并非必然。( )

二、单项选择题(共5小题)

1. 下列有关诉的表述中,错误的是( )。

A. 诉的主体,是纠纷的当事人

B. 诉的内容,是当事人请求人民法院解决的民事权益争议

C. 诉是当事人向人民法院提出的解决民事纠纷的请求

D. 诉是当事人向法院或仲裁机构提出的解决民事纠纷的请求

2. 下列情形中,不属于反诉的是( )。

A. 原告提出要求交付买卖标的物,被告请求确认买卖合同关系无效

B. 原告基于所有权请求被告交付所占动产,被告要求确认其对该动产享有质权

C. 原告提出依借款合同被告应偿还借款,被告提出借款合同系原告伪造

D. 原告请求被告缴纳房租,被告要求原告赔偿因房屋失修而造成其损失

3. 下列情形中,属于给付之诉的是( )。

A. 甲公司请求法院判令乙公司停止损害甲公司商誉的行为

B. 丙诉至法院,要求判令公司股东大会的决议无效

C. 甲男起诉前妻乙女,请求将甲乙婚生儿子判归前妻乙女扶养

D. 王某起诉李某,请求解除收养关系

4. 2016年1月9日,张某与李某签订一份买卖合同,后李某未在约定期限内交付货物。

张某遂诉至法院，要求李某按合同约定交付标的物。下列诸项行为中，构成反诉的是(　　)。

A. 李某请求确认该买卖合同无效

B. 李某主张该买卖合同上的签字系张某伪造

C. 李某主张张某虚构事实侵犯其名誉权

D. 李某向另一法院起诉，要求张某返还两年前拖欠款项 8000 元

5. 下列选项中，不属于诉的主体合并的原因的有(　　)。

A. 必要共同诉讼

B. 普通共同诉讼

C. 原告或被告在诉讼中死亡，数个继承人承受诉讼

D. 同一原告对同一被告提起两个或两个以上的诉，合并到同一程序中审理和裁判

三、多项选择题(共 5 小题)

1. 2016 年 2 月 18 日，甲、乙签订一份汤圆买卖合同，甲付款后，乙一直未交货，甲遂诉至 H 区法院，请求判令解除合同。下列哪些选项构成本案的诉的要素(　　)。

A. 甲和乙

B. H 区法院

C. 甲乙之间的买卖合同关系

D. 为了支持自己的诉讼请求，甲向法院主张的诉讼理由

2. 关于诉的类型，下列判断中正确的有(　　)。

A. 甲厂在某居民区附近建一排污水库，附近居民王某将甲厂诉至法院，要求甲厂停止排污并赔偿损失 1 万元，该诉讼属于给付之诉

B. 王女通过某大型相亲节目与刘男结识并闪婚，婚后王女发现刘男特别喜欢拈花惹草，遂诉至法院要求与刘男离婚，该诉讼属于变更之诉

C. 甲公司与乙公司签订了一份布料买卖合同，后甲公司长期不履行合同，乙公司以违约为由将甲公司诉至法院，要求甲公司继续履行合同，该诉讼属于给付之诉

D. 甲将乙诉至法院，请求法院判令乙履行赡养义务，该诉讼属于确认之诉

3. 下列情形中，构成反诉的有(　　)。

A. 张某将李某诉至法院，要求李某返还借款 2 万元。李某向受案法院提出张某所持欠条系张某伪造，二人之间根本不存在借款关系

B. 何某向法院诉称，A 食品公司所生产的果汁农药超标，导致何某在喝了 A 公司饮品后中毒，请求判令 A 公司赔偿医疗等损失 6300 元。庭审中，A 公司法定代表人王某主张，何某实为其竞争对手的女友，因嫉妒 A 公司良好业绩而虚构事实，企图诋毁 A 公司商誉

C. 小李与小王在超市购物时因买单顺序而发生口角，并引发肢体冲突。小李遂诉至法院，要求小王赔偿其医疗费等损失共计 4500 元；小王则向受案法院提出，小李也将其打伤并致其高级眼镜破碎，要求小李赔偿其眼镜损失等共计 5000 元

D. 原告基于所有权要求被告返还所占动产，被告要求确认自己对该动产享有留置权

4. 下列有关反诉的表述中，正确的有(　　)。

A. 反诉具有主体特定、目的对抗、请求独立等的特点

B. 反诉只能在一审法庭辩论结束前提出

C. 反诉案件减半收取案件受理费

D. 反诉和本诉，运用的程序具有同一性

5. 下列情形中，属于诉的变更的有（　　）。

A. 甲因服用乙公司生产的减肥药导致肝功能衰竭，遂向法院起诉要求乙公司承担侵权损害赔偿责任 6 万元。诉讼过程中，又将赔偿金额增加为 10 万元

B. 甲诉至法院，要求与乙离婚，后又诉请法院将婚后共同购买的汽车判归自己

C. 甲乘乙公司出租车郊游，因司机紧急刹车致甲头部受伤。甲遂以乙公司违约为由要求赔偿医药费 1 万元；开庭前，甲变更请求，以乙公司侵权为由要求赔偿医药费 1 万元

D. 甲诉至法院，要求乙按合同约定支付价款。法院经庭审后发现，该合同无效，甲遂基于所有权而请求乙返还所占用的标的物

四、问答题（共 3 小题）

1. 试述对于当事人在二审和再审程序中提出的反诉，应当如何处理？

2. 试对反诉与反驳进行比较。

3. 简述程序意义的诉权与实体意义的诉权的关系。

五、案例分析题（共 5 小题）

刘燕硕士研究生毕业后，考上了某一线城市 S 市的公务员。因刚毕业且 S 市房价太高，只能租房生活，刘燕遂与该市 F 区居民欧伟签订了房屋租赁合同。后又因工资较低而房租、物价等生活开支太高，刘燕连续 2 个月未向欧伟交付房租。欧伟遂诉至 F 区法院，请求判令刘燕支付所拖欠的两个月房租 8600 元以及迟延履行利息。诉讼进行中，刘燕向 F 区法院提出，因租住房屋下水管曾经堵塞，刘燕报告欧伟及其管家欧东请求及时疏通未果，遂自行找人疏通，因此花去费用 200 元，并导致其部分衣物和冰箱等家电受损，价值 9000 元。[①]

据此案情，请回答下列问题：

1. 本案中的诉讼主体，包括下列哪几项？（　　）

A. F 区法院　　　　B. 原告欧伟

C. 被告刘燕　　　　D. 欧伟管家欧东

2. 本案中的诉的主体，包括下列哪几项？（　　）

A. F 区法院　　　　B. 原告欧伟

C. 被告刘燕　　　　D. 欧伟管家欧东

3. 本案中，刘燕可以采取哪些方式救济自己所遭受的损失？（　　）

A. 向有管辖权的法院提出一个独立的诉讼，追究欧伟的违约责任并要求赔偿损失

B. 向受理本诉的 F 区法院提出对欧伟的反诉，由法院将本诉与反诉合并审理

C. 向 F 区法院提出对欧伟及其管家欧东的反诉，由其将本诉与反诉合并审理

D. 向仲裁委员会申请仲裁

4. 若刘燕提出反诉，欧伟自觉局势不利，遂申请撤回本诉并经法院准许，则此时如何处理刘燕所提反诉？（　　）

---

① 案例来源：命题人宁教铭（北京德和衡（广州）律师事务所兼职律师）所经办的案件，当事人姓名系化名。

A. 继续审理反诉

B. 驳回反诉

C. 继续审理反诉，若欧伟无正当理由拒不到庭，则F区法院有权依法缺席审理和裁判

D. 裁定终结诉讼，告知刘燕另行起诉

5. 诉讼中，欧伟了解到刘燕远在四川老家的母亲因病卧床一年有余，依靠刘燕每月工资支付医药费，遂决定放弃追偿刘燕拖欠房租，而是请求法院判令解除双方之间的房屋租赁合同，下列说法准确的是(　　)。

A. 原告变更的是诉讼请求　　B. 原告变更的是诉讼标的

C. 原告变更的是诉讼标的物　　D. 原告变更的是诉讼标的额

第四章　民事诉讼法的基本原则

【学习目标】

■ **知识目标：**

了解民事诉讼法基本原则的含义与作用；

理解民事诉讼法各项基本原则的内容、识别与适用。

■ **能力目标：**

掌握民事诉讼法各项基本原则在民事诉讼中的体现，并能具体举例说明。

【本章需要预习的主要法律、法规】

1.《宪法》第 4 条、第 134 条；
2.《民诉法》第 5～9 条，第 11～15 条，第 56、65 条，第 208～213 条；
3.《刑诉法》第 5、6、8 条，《行诉法》第 3、4、8 条；
4. 最高法院《法院调解规定》（法释〔2004〕12 号）；
5. 最高法院《证据规定》（法释〔2001〕33 号）第 3 条第 1 款、第 8 条第 4 款；
6. 最高检察院《民诉检察监督规则》（2013 年 9 月 23 日颁布）。

第一节 民事诉讼法的基本原则概述

【引例 4-1】

李明起诉王华，请求人民法院判令王华立即偿还借款人民币 5 万元。法院经审理查明，王华向李明借款人民币 5 万元，逾期 1 年 6 个月未还，遂根据银行同期的定期存款利率，判决王华偿还李明借款本金 5 万元及逾期还款利息 1620 元。[①]

请问：人民法院的判决是否合法？

一、民事诉讼法基本原则的概念

民事诉讼法的基本原则，是指在整个民事诉讼的过程中或者在重要的诉讼阶段，起着根本性指导作用的行为准则。它集中体现民事诉讼法的立法思想和精神实质，为法院的审判活动和诉讼参与人的诉讼活动指明方向，对整个《民诉法》的适用具有普遍的指导意义。

民事诉讼法的基本原则是集中体现立法目的、具有本源性的、指引整部《民诉法》的基础性规则，是对民事诉讼法的最基本问题作出的高度抽象的规定，是对如何进行民事诉讼提出的最基本要求。因此，民事诉讼法的基本原则，是构建民事诉讼制度的直接依据，是民事诉讼制度发生冲突时的解释依据，还是民事诉讼制度缺失时的补缺性规则。

二、民事诉讼法基本原则的特征

与民事诉讼法的具体规则和具体制度相比，民事诉讼法的基本原则具有如下特征：

（一）基础性

从内容上来说，民事诉讼法的基本原则具有基础性。它直接体现了民事诉讼法的立法目的，最集中、最直接地体现了民事诉讼法制定者对民事诉讼法立法目的的实现路径的综合考虑，也体现了民事诉讼法制定者在程序正义与实体正义，以及程序的公平性、效益型、民主性等诸项价值取向之间的选择与平衡。

（二）概括性

在语言表述上，相比具体规则和具体制度，民事诉讼法的基本原则具有概括性和抽象

---

① 案例来源：本书作者根据司考真题(2008，全国卷三，38)题干编撰，当事人姓名、案情、问题等均有更改。该题的考点是民事诉讼法基本原则中的处分原则、辩论原则、平等原则的识别。

性。如果制度性规则充分完善、制度性规则不存在冲突、制度性规则对民事诉讼基本原则全面具体化，那么民事诉讼法的基本原则不具有直接操作性。由于这三个假设条件很难完全实现，因此，概括性的民事诉讼法基本原则在民事诉讼实践中也可以作为法律依据予以适用。因其内容的概括性，法官在适用民事诉讼法基本原则时有较大的解释和裁量权力，还会受到法官对其理解程度的制约。

（三）至上性

从法律效力角度而言，民事诉讼法基本原则的效力具有至上性。在民事诉讼法律规范体系中，民事诉讼法的基本原则具有最高的法律效力。民事诉讼法具体规则的制定，应当严格按照基本原则的要求进行，不得与其相抵触，否则无效；若同等效力的具体规则之间存在冲突，则应根据基本原则的要求来选择具体规则的适用；在没有具体规则可依据的情况下，应根据基本原则的要求处理司法实践中的问题。

三、民事诉讼法基本原则的框架

我国《民诉法》第一章的标题是“任务、适用范围和基本原则”，这是确定我国民事诉讼法基本原则框架的法律依据。《民诉法》在第一章的第 5～9 条、第 11～15 条，共规定了 10 项基本原则，依次是：①同等原则和对等原则（第 5 条）；②审判独立原则（第 6 条）；③以事实为根据，以法律为准绳原则（第 7 条）；④当事人诉讼权利平等原则（第 8 条）；⑤法院调解原则（第 9 条）；⑥民族语言文字原则（第 11 条）；⑦辩论原则（第 12 条）；⑧处分原则（第 13 条）；⑨民事检察监督原则（第 14 条）；⑩支持起诉原则（第 15 条）。

2012 年 8 月在对《民诉法》进行第二次修正时，对民事诉讼法的基本原则也进行了“增 1 改 1 删 1”的修正，即：在第 13 条增加一款作为第 1 款，规定民事诉讼应当遵循诚实信用原则；将第 14 条“人民检察院有权对民事审判活动实行法律监督”修正为“人民检察院有权对民事诉讼实行法律监督”；鉴于已经另行制定、施行《人民调解法》，故对原第 16 条规定的人民法院指导、监督人民调解原则予以删除。因此，根据修正后的《民诉法》，我国民事诉讼法共有 11 项基本原则。

民事诉讼法的这 11 项基本原则，在性质上不尽相同，总体而言，可分为两类：一类是宪法性规则、法院组织法规则在民事诉讼法中的延伸，是与各诉讼法共有的原则；另一类是民事诉讼法特有的原则。因此，民事诉讼法基本原则的框架由以下两个部分构成：

一是与各诉讼法共有的基本原则，包括：①审判独立原则；②以事实为根据，以法律为准绳原则；③民事检察监督原则；④民族语言文字原则。

二是民事诉讼法特有的基本原则，包括：①同等原则和对等原则；②当事人诉讼权利平等原则；③法院调解原则；④辩论原则；⑤诚实信用原则；⑥处分原则；⑦支持起诉原则。

[引例 4-1：解析]虽然法院经审理查明王华向李明借款 5 万元逾期未还的事实，原告李明依法享有要求被告王华偿付逾期还款利息的民事权利和诉讼权利，但依《民诉法》第 13 条的规定“当事人有权在法律规定的范围内处分自己的民事权利和诉讼权利”，原告李明有权就逾期还款利息放弃其民事权利和诉讼权利，且并不损害国家、集体和他人的合法权益，而法院对原告李明并未请求的利息事项作出判决，显然违反了《民诉法》规定的处分原则，故该

案中法院的判决是违法的。

关于《民诉法》第 15 条规定的支持起诉，是不是民事诉讼法的一项基本原则，值得商榷。支持起诉，是指机关、社会团体、企业事业单位对损害国家、集体、个人之民事权益的行为，可以支持受损害的单位或个人向人民法院起诉。有专家认为，支持起诉不是民事诉讼法的一项基本原则，理由是：首先，从适用对象的范围来看，支持起诉针对的是弱势群体，即那些没有意识到通过民事诉讼维护权益的单位与个人，或者无力通过民事诉讼来维护自己权益的单位与个人；其次，从适用的阶段来看，支持起诉仅发生在起诉与受理阶段；再次，从影响的范围来看，支持起诉并不具有普遍性；最后，从规范的性质来看，是可以支持起诉而非应当支持起诉。民事诉讼法的基本原则，应当是对民事诉讼的所有参与者都发生指引作用，对民事诉讼整个过程或重要阶段产生普遍性影响的基础性规则。而支持起诉并不具备这一特征，因此只能作为我国民事诉讼中的一项重要制度。[①]

尽管笔者赞同上述观点，但是作为教材，不能不考虑到相当部分专家学者都将支持起诉列为民事诉讼基本原则的做法[②]，更主要的是，近年来的国家司法考试真题中有“支持起诉原则”的表述，如本章第三节所引真题(2013，卷三，45)[③]。因此，本教材还是将支持起诉列为民事诉讼基本原则的框架之内，并且还将在本章第三节中予以阐述。

本节对民事诉讼法的基本原则进行框架分析，不仅有助于我们更好地学习、掌握这些基本原则，还能了解这些原则的性质和渊源，以及民事诉讼法基本原则与刑事诉讼法、行政诉讼法基本原则的相互联系。

第二节 与各诉讼法共有的基本原则

【引例 4-2】

张某向甲市 A 区法院起诉，诉称李某向其借款 5 万元至今未还，并提供李某亲笔借据一张。李某在答辩状中辩称自己向张某借款 5 万元属实，但已偿还，且还款时有另外数位证人在场。举证期限内，李某没有提供借款已还的任何证据，也没有申请法院调查收集证据。A 区法院经审理后判决李某偿还张某借款 5 万元。判决生效后，李某申请再审被驳回，遂向 A 区人民检察院申请抗诉。A 区检察院经调查证人核实：李某向张某所借 5 万元确已偿还，遂提请甲市检察院对本案提起抗诉。

---

① 宋朝武. 民事诉讼法学[M]. 3 版. 北京：中国政法大学出版社，2012：68.

② 杨秀清. 民事诉讼法[M]. 2 版. 北京：中国人民大学出版社，2013：10-11.

③ 此题参见：本章第三节“民事诉讼法特有的基本原则”所引用的[真题实训 4-2]。

甲市中级人民法院经审查后对本案进行再审，后判决驳回张某诉讼请求。

请问：本案一审中，(1)A 区法院对案件事实的认定是否合法？

(2)A 区检察院的做法有何法律依据？

第一节已阐明，我国民事诉讼法中有 4 项基本原则，同时也是我国三大诉讼法共有的基本原则，包括：①审判独立原则；②以事实为根据，以法律为准绳原则；③检察监督原则；④民族语言文字原则，下面逐一进行阐述。

一、审判独立原则

(一) 审判独立原则的要素和内涵

审判独立原则包括两个要素，即审判权的排他性和自主性。审判权的排他性，是指审判权由人民法院行使，任何其他国家机关、社会团体或者个人，都不能行使审判权；审判权的自主性，是指人民法院行使审判权不受任何国家机关、社会团体、个人以及舆论的不当干预。我国《民诉法》第 6 条第 1、2 款分别规定审判权的排他性和自主性。[①]《民诉法》第 6 条的规定，是宪法规定的审判独立原则在民事诉讼领域中的具体体现。

审判权的独立，包括具有递进性的三个层次的内涵：

1. 权力形态上的独立

在我国，审判权独立行使受宪法保障。审判权是与立法权、行政权、军事权相区分的独立权力形态，既不依附于立法权，也不从属于行政权、军事权。同时，审判权也独立于舆论监督权。

2. 审判组织的独立

广义的审判组织，包括形式上行使审判权的人民法院和实质上行使审判权的独任庭与合议庭。就法院而言，其独立行使审判权是指人民法院与行政机关有明确的职能划分，人民法院在行使审判权的过程中不受立法、行政机关的法外干预；就独任庭与合议庭来说，其独立行使审判权是指独任庭与合议庭依法享有独立审理与裁判的权力，不受法院内部行政领导的法外干涉。

3. 法官独立

法官独立是指行使审判权的法官对案件有独立思考和判断的权力，只能根据事实、服从法律，而不受其他法官甚至法院内部行政领导的影响和法外干预，表现为法官在心理和行为两方面的独立。法官独立是审判独立的最高境界，也是具有实质意义的审判独立。

① 《刑诉法》第 5 条、《行诉法》第 3 条，也规定了审判独立原则。

（二）我国审判独立原则的特征

1．我国的审判独立原则不包含违宪审查权

我国的违宪审查权由全国人民代表大会的常设机构（即全国人民代表大会常务委员会）行使。

2．我国的审判独立是人民代表大会制度下的审判独立

根据宪法，国家权力统一由人民代表大会行使。审判权由人民法院行使，但人民法院由人民代表大会产生，并受人民代表大会监督，具体包括三个方面的监督，即会议监督、常设机构监督、人大代表监督。

2006 年 8 月 27 日通过的《各级人民代表大会常务委员会监督法》，为人大依法监督人民法院及其工作人员正确行使权力提供了法律依据。另外，我们也需要注意到，人大常委会以及人大代表进行审判监督的权力如果无度扩张，那么审判独立原则的实现也必然会受到影响，其监督方式的合理性和监督范围的适当性应当受到重视。

3．我国的审判独立是中国共产党领导下的审判独立

中国共产党是我国的执政党。党的领导是全面推进依法治国、加快建设社会主义法治国家最根本的保证。① 只有坚持党的领导，才能确保社会主义法治正确的政治方向。② 社会主义建设的各项事业都应当在党的领导下进行，审判活动也不例外。执政党对审判工作保持强有力的领导是我国审判工作不同于西方国家的一大特色。如果各级党委及其政法委，能尊重并遵循审判活动的特有规律，对人民法院进行政治领导而非业务领导，变个案干预为对法院整体工作的支持，为人民法院营造良好的审判环境，为人民法院克服困难提供政策支持，党的领导就会成为审判独立最强大的坚实后盾。党的十八大报告强调，深化司法体制改革，优化司法职权配置，规范司法行为，建设公正、高效、权威的社会主义司法制度，确保审判机关、检察机关依法独立公正地行使审判权、检察权。必须加强和改进党对法治工作的领导，各级党组织和全体党员要自觉在宪法和法律范围内活动，带头维护宪法和法律的权威。③在十八大报告的指引下，各级党组织将成为审判独立最重要的推动力量。

此外，我国在贯彻审判独立原则的实践中也还存在一些问题，诸如：行政干预仍然存在；审判独立与媒体监督存在紧张关系；独立审判与科层制法院权力结构存在一定冲突。信法为真、奉法为公、清廉坦荡的法官人格也是审判独立的伦理保障，而法官职业伦理的养成并非朝夕之功，这也决定了我国审判独立原则的彻底贯彻还需要经历较长时间。④

最高法院在《人民法院第四个五年改革纲要（2014—2018）》提出，到 2018 年初步建成具有中国特色的社会主义审判权力运行体系。对于完善审判权运行机制，《中共中央关于全面推进依法治国若干重大问题的决定》提出了三大改革举措：①改革法院受案制度，变立案审

---

① 《中共中央关于全面推进依法治国若干重大问题的决定》辅导读本[M].北京：人民出版社，2014：71-72.

② 参见国家教育部办公厅教高厅[2015]3 号《关于转发〈高等法学教育贯彻十八届四中全会精神的教学指导意见〉的通知》。

③ 习近平.关于《中共中央关于全面推进依法治国若干重大问题的决定》的说明[M]//《中共中央关于全面推进依法治国若干重大问题的决定》辅导读本.北京：人民出版社，2014：53.

④ 宋朝武.民事诉讼法学[M].3 版.北京：中国政法大学出版社，2012：71-72.

查制为立案登记制；②完善审级制度，一审重在解决事实认定和法律适用，二审重在解决事实法律争议、实现二审终审，再审重在依法纠错、维护裁判权威；③推进以审判为中心的诉讼制度改革，全面贯彻证据裁判规则，完善证人、鉴定人出庭制度，保证庭审在查明事实、认定证据、保护诉权、公正裁判中发挥决定性作用。

二、以事实为根据，以法律为准绳原则

《民诉法》第 7 条规定，人民法院审理民事案件，必须以事实为根据，以法律为准绳。[①] 这条原则规定的是民事审判的依据问题。审判的依据可能多种多样，而民事诉讼法规定的民事案件审判依据只有两项：一是事实，二是法律。任何与事实和法律相违背、相冲突的因素，都不能作为民事审判的依据。

（一）“以事实为根据”的内涵

以事实为根据是指在民事诉讼中，审判主体要在查明事实真相的基础上作出裁判。在民事诉讼中的事实包括两个层次：一是客观事实，二是法律事实。从应然层面出发，法官在作出民事裁判时，应当以客观事实为根据，识破事实真相，作出事实判断。但在所有案件中，要求完全按照客观情况作出事实判断并不现实。民事审判所能根据的事实，只能是经过法定的证明程序证实的事实，即法律事实。这也是案件事实查明的实然状态。

[引例 4-2：解析(1)]本案一审中，A 区法院对案件事实的认定合法。从哲学上的可知论出发，人类是可以探明客观世界的真相的，当然可以探明案件争议发生过程中的客观真实情况。从应然层面出发，法官在作出民事裁判时，应当以客观事实为依据，作出事实判断。但如果将案件事实的查明，置于特定的时间、空间和技术条件和认识能力下，我们不得不承认可知论是存在局限性的。在所有案件中，要求完全按照客观真实情况作出事实判断是不现实的。民事审判所能依据的事实，只能是经过法定的证明程序证实的事实，即法律事实。本案中，李某虽在答辩状中辩称借款 5 万元已经偿还，且还款时有另外数位证人在场。但在举证期限内，并未提供借款已还的任何证据，也未申请法院调查收集证据。A 区法院进行判决所能依据的事实，只能是经过法定证明程序证实的法律事实。

（二）“以法律为准绳”的内涵

以法律为准绳是指在民事诉讼中，审判主体要严格依据民事诉讼法的程序性规定进行受理、审理和裁判，同时严格依据民事实体法来确定当事人的实体权利与义务、权力与责任。事实判断是合法性判断的基础，而法律是合法性判断的依据。

法律与事实并不存在简单的对应关系，法律只有经过解释和选择才能适用，法律解释是法律选择的前提。法律适用过程中，需要对法律规范的内涵、适用范围、适用要件进行解释，需要对不同效力等级法律规范的冲突进行解释，需要对同一法律效力等级法律规范的冲突进行解释。审判主体（合议庭或独任庭），拥有法律解释的权力。而在当前的法律解释体制下，审判主体的法律解释权是有限的。审判主体对法律的解释权，主要限于对法律规范的内

---

① 《刑诉法》第 6 条、《行诉法》第 4 条，也规定了以事实为根据，以法律为准绳原则。

涵、适用范围、适用要件的解释。而在行政法规、地方性法规、部门规章与法律发生冲突时，解释权则在于全国人大常委会。通过最高法院提请全国人大常委会审议，是解决法律规范效力冲突的正常途径，却也是效率比较低下的途径。

民事诉讼实践中，审判主体直接选择效力等级较高的法律规范，在判决中宣布效力等级低的法律规范无效的决疑方式经历了风暴似的挫折。[①] 最高法院 2004 年 3 月 30 日在《关于河南省汝阳县种子公司与河南省伊川县种子公司玉米种子代繁合同纠纷一案请示的答复》中答复，《立法法》第 79 条规定：法律的效力高于行政法规、地方性法规、规章；行政法规的效力高于地方性法规、规章。最高法院《合同法解释（一）》第 4 条规定：合同法实施以后，人民法院确认合同无效，应当以全国人大及其常委会制定的法律和国务院制定的行政法规为依据，不得以地方性法规、行政规章为依据。依上述规定，人民法院在审理案件过程中，认为地方性法规与法律、行政法规的规定不一致时，应当适用法律、行政法规的规定。该司法解释承认了审判主体直接选择效力等级高的法律规范作出判决的权力。

另外，值得注意的是，当司法解释与法律发生冲突时，民事诉讼实践中，审判主体往往按照司法解释作出判决。严格而言，这种做法同样有悖法制统一的宪法精神。总之，在我国民事诉讼过程中，以法律为准绳这一原则性规范的贯彻，还有诸多体制性与法律技术层面的问题亟待解决。

三、检察监督原则

【真题实训 4-1】

关于检察监督，下列哪一选项是正确的？（2013，卷三，49）

A. 甲县检察院认为乙县法院的生效判决适用法律错误，对其提出检察建议

B. 丙市检察院就合同纠纷向仲裁委员会提出检察建议，要求重新仲裁

C. 丁县检察院认为丁县法院某法官在制作除权判决时受贿，向该法院提出检察建议

D. 戊县检察院认为戊县法院认定某公民为无民事行为能力人的判决存在程序错误，报请上级检察院提起抗诉

（一）检察监督原则的内涵

我国《民诉法》第 14 条规定的检察监督原则，即是指检察院有权对民事诉讼实行法律监督的原则。《宪法》第 129 条明确规定：中华人民共和国人民检察院是国家的法律监督机关。《刑诉法》第 8 条也规定：人民检察院依法对刑事诉讼实行法律监督。

与西方国家的检察机关不同，我国的检察机关不仅是公诉机关，而且是法律监督机关，负有推进法制统一的职责。掌握审判权的审判人员，可能由于职业素养与职业伦理方面的欠缺而错用甚至滥用审判权。发生法律效力的判决，有可能是错误的判决。尤其在社会转型过程中，存在各种复杂情况，法官群体的职业化水平仍有待大幅提升。在这样的社会背景

---

① 河南李慧娟事件再起波澜[N]. 中国青年报，2004-02-06.

下，通过检察监督对审判权的行使加以制约，使裁判失误率最小化，具有现实的意义。

（二）民事检察监督范围的变化

我国《民诉法》2012 年修正前后，民事检察监督的范围有较大的变化。

2012 年修正前，《民诉法》第 14 条的规定：人民检察院有权对民事审判活动实行法律监督。民事诉讼活动包括：①当事人的诉讼活动；②证人等诉讼参与人的诉讼活动；③人民法院的审判活动。检察监督的对象仅限于民事审判活动（具体指审理和裁判活动），当事人与诉讼协助人的诉讼活动不在检察监督的范围之内；人民法院的执行工作，也不属于检察监督的对象。既然检察院只针对审判活动实行检察监督，检察监督所针对的主体也就仅限于审判人员（审判员与人民陪审员）。检察监督的内容，包括事实认定、法律适用、法律程序和审判人员行为操守四个方面。

2012 年修正后，《民诉法》第 14 条被修改为：人民检察院有权对民事诉讼实行法律监督。即用“民事诉讼”替代了“民事审判活动”，并新增了第 235 条：人民检察院有权对民事执行活动实行法律监督。据此，民事检察监督的范围，不仅涉及整个民事诉讼活动，还扩展至民事执行活动；而且民事检察监督所针对的主体，不再仅限于审判人员，还包括证人、鉴定人等诉讼参与人，以及人民法院专事执行工作的执行人员。不过，从以往民事诉讼检察监督的实践推断，人民检察院对民事诉讼的监督重心，仍然会集中于对审判人员审判活动的监督。

（三）民事检察监督的方式

根据 2012 年修正后的《民诉法》第 208～210、212 条的规定，人民检察院对民事诉讼实行检察监督的方式，是提起民事抗诉与提出检察建议。

《民诉法》第 208 条第 1 款，是对原第 187 条第 1 款的修正，增加了针对民事调解书的抗诉，即最高检察院对各级法院已经发生法律效力的判决、裁定，上级检察院对下级法院已经发生法律效力的判决、裁定，发现有《民诉法》第 200 条规定情形之一的，或者发现调解书损害国家利益、社会公共利益的，应当提出抗诉。

《民诉法》第 208 条第 2 款，是对原第 187 条第 2 款的修正，增加了检察建议的监督方式，即地方各级检察院对同级法院已经发生法律效力的裁决、裁定，发现有《民诉法》第 200 条规定情形之一的，或者发现调解书损害国家利益、社会公共利益的，可向同级法院提出检察建议，并报上级检察院备案；也可提请上级检察院向同级法院提出抗诉。即在传统的“抗诉”监督方式的基础上，还增加了新型的“检察建议”监督方式。

《民诉法》第 208 条第 3 款，是新增加的一款，即各级人民检察院对审判监督程序以外的其他审判程序中审判人员的违法行为，有权向同级人民法院提出检察建议。

根据《民诉法》新增的第 209 条规定，当事人有再审申请被人民法院驳回等法定情形之一的，可以向人民检察院申请检察建议或者抗诉。

《民诉法》新增第 210 条规定，人民检察院因履行检察监督职责提出检察建议或者抗诉的需要，可以向当事人或者案外人调查核实有关情况。

[引例 4-2：解析(2)]本案一审中，A 区检察院的做法于法有据，其法律依据是 2012 年修正后的《民诉法》第 209 条和第 210 条，具体内容如上所述。

[应用提示]通过 2012 年的修法，可以实施检察监督的法律文书中，新增了生效的民事

调解书；检察监督的方式，也从报上级检察院抗诉的单一方式，发展为报上级检察院抗诉与向同级法院提出检察建议两种方式的组合。在“申诉难”的问题日益受到社会关注的背景下，民事抗诉与检察建议形成的“组合式”监督方式必将进一步发挥发其应有功能。

综上，根据2012年全面修正后的《民诉法》，以及2013年9月23日颁布的《人民检察院民事诉讼监督规则（试行）》（简称《民诉检察监督规则》）的相关规定，可将民事检察监督的对象分为三类：①对生效的民事判决书、裁定书、调解书的监督；②对审判程序（包括审监程序以外的审判程序）中审判人员违法行为的监督；③对执行活动的监督。

[真题实训4-1]（2013，卷三，49）答案：C。考点：民事诉讼检察监督的方式。解析：依《民诉法》第208条第2、3款，检察建议只能由检察院向同级法院提出，且不能向仲裁委员会提出，故A、B选项均错；公示催告程序中的除权判决，不能适用审判监督程序，但C选项属于“审判监督程序以外的其他审判程序中审判人员的违法行为”，是可以提出检察建议的，故C项正确；D项中认定某公民为无民事行为能力人的判决，属于适用特别程序的案件，不能适用再审程序，故人民检察院也不能提起抗诉，因此D项错误。

（四）检察监督原则的局限

检察监督原则在贯彻实施中存在一定的局限性，具体表现有如下几个方面：

1. 检察监督原则与审判独立原则的冲突

裁判的权威性和稳定性，是审判独立的重要标志之一，而检察监督的出发点是改变已经发生法律效力的判决或裁定。检察院对民事诉讼实行检察监督，尽管对于促进审判公正有一定的积极意义，但其对法院审判独立的负面影响也不容忽视。

2. 检察监督原则与“两审终审制”的冲突

两审终审制是我国民事诉讼法的基本制度之一。而对经过两级法院审理的案件，如果有法定事由，检察院可以通过民事抗诉启动再审程序，改变已经发生法律效力的判决或裁定，显然会产生“终审不终”的客观效果。

3. 检察监督原则与当事人意思自治原则的冲突

充分尊重当事人的意思表示，是民事审判所针对的民商事争议的一大特点。而依《民诉法》第208条第1款，检察监督的启动并不以当事人的申请为前提，而是只要检察院发现有《民诉法》第200条规定的事由，就“应当提出抗诉”，实行检察监督。以致在有些情形下，检察院的检察监督活动，可能会与当事人的意思自治原则形成冲突。

根据2012年修正《民诉法》时新增的第209条，有下列情形之一的，当事人可以向人民检察院申请监察建议或者抗诉：①人民法院驳回再审申请的；②人民法院逾期未对再审申请作出裁定的；③再审判决、裁定有明显错误的。这是具有进步意义的变化，体现了检察监督中对当事人意思的尊重。

4. 检察监督原则与诉讼经济性价值取向的冲突

民事诉讼中，当事人和国家都需要支出成本。用最小成本解决纠纷、使诉讼具有经济性，是当代诉讼应有的价值取向。当事人对一审判决、裁定不服的可以上诉，但要缴纳上诉案件受理费。这在一定程度上对“缠诉”的当事人有某些抑制作用。而检察监督的存在，却使部分“缠诉”的当事人可以“借道”人民检察院实现其缠诉目的，降低其个人的诉讼成本，却增加了国家的司法运行成本。这在一定程度上又有悖于诉讼经济的价值取向。

针对检察监督原则现实存在的局限性，在贯彻实施中有必要对检察监督的启动时间、针对的案件类型，以及人民法院对检察院抗诉的立案审查权、启动机制中对当事人意思的探明与尊重等方面，给予综合考虑。

四、民族语言文字原则

我国《宪法》在序言中明确规定：国家尽一切努力，促进全国各民族的共同繁荣。其第 4 条规定，我国各民族一律平等，各民族都有使用和发展自己的语言文字的自由；第 134 条规定，各民族公民都有用本民族语言文字进行诉讼的权利。人民法院和人民检察院对于不通晓当地通用的语言文字的诉讼参与人，应当为他们翻译。在少数民族聚居或者多民族共同居住的地区，应当用当地通用的语言进行审理；起诉书、判决书、布告和其他文书应当根据实际需要使用当地通用的一种或者几种文字。可见，尊重少数民族用本民族语言文字进行诉讼的权利，是我国民族政策的有机组成部分。

《民诉法》第 11 条的规定，是民族语言文字原则这一宪法原则在民事诉讼中的直接体现，即各民族公民都有用本民族语言、文字进行民事诉讼的权利。[①] 在少数民族聚居或者多民族共同居住的地区，人民法院应当用当地民族通用的语言、文字进行审理和发布法律文书；应当对不通晓当地民族通用的语言、文字的诉讼参与人提供翻译。

民族语言文字原则这一宪法和诉讼法原则，具有重要意义：①有利于排除少数民族当事人因语言、文字差异而不能充分行使诉讼权利的障碍；②有利于体现民族平等；③有利于增强民族团结。

第三节 民事诉讼法特有的基本原则

【引例 4-3】

胡大宝向法院诉称，金巧真借他 1 万元到期未还，要求还钱，并提供借据一张。本案法官王某打电话给金巧真：“你是不是借过胡大宝 1 万元，还写过借条？”金巧真也不知咋回事，想想是有过这事，就说“是的”。于是，王某就没有给金巧真送达起诉状副本。开庭当日，金巧真面对借据张口结舌、不知所措。王某据此认定胡大宝的主张成立，判令金巧真在判决生效后 10 日内偿还胡大宝 1 万元及其利息。

请问：本案中法官王某的行为侵犯了金巧真的哪项诉讼权利？[②]

① 《刑诉法》第 9 条、《行诉法》第 8 条，也明确规定了民族语言文字原则。

② 宋朝武. 民事诉讼法学[M]. 3 版. 北京：中国政法大学出版社，2012：75-76.

本节将对我国民事诉讼法特有的如下 7 项基本原则进行逐一的阐述：①同等原则和对等原则；②当事人诉讼权利平等原则；③法院调解原则；④辩论原则；⑤诚实信用原则；⑥处分原则；⑦支持起诉原则。

【真题实训 4-2 】

关于民事诉讼基本原则的表述，下列哪一项是正确的？（2013，卷三，45）

A. 外国人在我国进行民事诉讼时，与中国人享有同等的诉讼权利义务，体现了当事人诉讼权利平等原则

B. 法院未根据当事人的自认进行事实认定，违背了处分原则

C. 当事人主张的法律关系与法院根据案件事实作出的认定不一致时，根据处分原则，当事人可以变更诉讼请求

D. 环保组织向法院提起公益诉讼，体现了支持起诉原则

一、同等原则与对等原则

同等原则，是指民事诉讼中，外国的当事人（包括外国人、无国籍人、外国企业和组织）在我国人民法院起诉和应诉时，与我国的当事人（包括公民、法人和其他组织）具有同等的诉讼地位和同等的诉讼权利义务，不因当事人是外国人，而限制或扩大其诉讼权利、减轻或加重其诉讼义务。同等原则的法律依据，是《民诉法》第 5 条第 1 款。

实行同等原则，不仅有利于解决各类涉外民事纠纷，也有利于发展我国与世界各国人民之间的友好关系，还符合当代民事诉讼立法的总趋势。

对等原则，是指民事诉讼中，遇到外国法院对中国的公民、法人和其他组织的民事诉讼权利加以限制的，我国人民法院也相应地限制该国的公民、企业或组织的民事诉讼权利。对等原则的法律依据，是《民诉法》第 5 条第 2 款。对等原则是我国基于主权国家之间在司法上应当平等对待原则而确立、为各国所公认的一项基本原则。

实行对等原则的目的，是为了维护我国的尊严和我国公民、法人和其他组织的正当权利。如果外国法院对我国的公民、法人和其他组织在该国的民事诉讼权利加以限制，我国人民法院也对该国的公民、企业和组织的民事诉讼权利采取相对应的限制措施，这就在我国司法制度上体现了国家之间的平等对待原则。

二、当事人诉讼权利平等原则

【真题实训 4-3 】

关于民事诉讼基本原则在民事诉讼中的具体体现，下列哪一说法是正确的？（2011，卷三，38）

A. 事人有权决定是否委托代理人代为进行诉讼，是诉讼权利平等原则的体现

B. 当事人均有权委托代理人代为进行诉讼，是处分原则的体现

C. 原告与被告在诉讼中有一些不同但相对等的权利，是同等原则的体现

D. 当事人达成调解协议不仅要自愿，内容也不得违法，是法院调解自愿和合法原则的体现

当事人诉讼权利平等原则，是指民事诉讼中，当事人平等地享有诉讼权利，平等地承担诉讼义务。这一原则是法律面前人人平等的基本法治观念在民事诉讼中的直接体现。《民诉法》第 8 条规定，民事诉讼当事人有平等的诉讼权利。法院审理民事案件，应当保障和便利当事人行使诉讼权利，对当事人在适用法律上一律平等。

具体而言，当事人诉讼权利平等原则具有三层内涵：

(1) 超脱于当事人诉讼地位的平等。从诉讼地位出发，当事人有原告、被告、第三人之分。不同诉讼地位的当事人平等地享有诉讼权利。平等并不意味着绝对等同。平等的前提下，不同诉讼地位的当事人行使的诉讼权利具有一定的差异性。比如，原告、被告之间，既有同样的权利，也有基于其诉讼地位所特有的权利。委托代理人、证据交换、陈述、举证、质证、辩论和反驳、和解、上诉、申请再审等权利，就属于原告、被告都享有的诉讼权利；有些诉讼权利则专属于特定诉讼地位的当事人，比如起诉权以及变更、放弃诉讼请求的权利，只有原告才享有，而答辩和反诉的权利，只有被告才享有。

(2) 超脱于当事人经济、文化条件与社会地位的平等。民事诉讼中无特权、无差别待遇。国家机关、企事业单位与公民个人平等享有诉讼权利；不同性质的企事业单位平等享有诉讼权利；名人与普通人平等享有诉讼权利。相对"弱势"的当事人，因经济、文化条件制约，可能在实际行使诉讼权利时存在障碍，客观上不能与对方当事人平等地行使诉讼权利。对此，应有相应的"援助"措施。

(3) 超脱于案件争议大小、事项轻重的平等。当事人的诉讼权利，不因案件争议标的金额小、社会影响小而被减损。

民事诉讼中，当事人各方平等地享有诉讼权利，平等地承担诉讼义务。但这并不表示当事人的诉讼权利义务相同。各方当事人的诉讼权利有些相同，有些不相同但相对应，即存在诉讼权利与诉讼义务的相同性与对应性：①诉讼权利义务的相同性，如双方当事人均有权委托诉讼代理人、提交证据、申请保全、参加庭审、申请回避等等。②诉讼权利义务的对应性，也称区别性，如原告享有起诉权，被告享有应诉、答辩权；原告有权选择管辖法院，被告有权提出管辖权异议；原告有权提出、变更、放弃诉讼请求，被告有权承认、反驳诉讼请求等等。

当事人诉讼权利平等原则，是保障当事人诉权、实现程序正义和公正审判的基本要求。当事人诉讼权利平等原则能否实现，关键在于人民法院能否给予充分的保障，能否创造必要的条件。我国民事诉讼法的程序设计中力求体现人民法院对当事人平等行使诉讼权利的保障。在民事诉讼中，当事人诉讼地位平等，享有平等的诉讼权利是对当事人平等行使诉讼权利的保障。比如，人民法院对决定受理的案件应当在受理案件通知书和应诉通知书中向当事人告知有关诉讼权利，或者口头告知；合议庭组成人员确定后，应当在 3 日内告知当事人，以便于当事人行使申请回避的权利；当事人因客观原因不能自行收集的证据，可申请人民法院调查收集；经济上确实很困难的当事人，可以向人民法院申请诉讼费用的缓、减、免交，不能使贫困的当事人因交不起诉讼费用而丧失起诉的权利。

[真题实训 4-3](2011,卷三,38)答案:D。考点:民事诉讼法的基本原则。解析:《民诉法》第 13 条规定,当事人有权在法律规定的范围内处分自己的民事权利和诉讼权利。当事人决定是否委托代理人,或者委托谁为代理人是其对自己权利的一种行使和处分,此是处分原则的体现,而非诉讼权利平等原则的体现,故选项 A 说法错误。《民诉法》第 8 条规定,民事诉讼当事人有平等的诉讼权利。法院审理民事案件,应当保障和便利当事人行使诉讼权利,对当事人在适用法律上一律平等。当事人在适用法律上一律平等,均有权委托诉讼代理人,此是诉讼权利平等原则的体现,而非处分原则的体现,故选项 B 说法错误。依《民诉法》第 5 条,外国人、无国籍人、外国企业和组织在人民法院起诉、应诉,同我国公民、法人和其他组织有同等的诉讼权利义务。外国法院对我国公民、法人和其他组织的民事诉讼权利加以限制的,人民法院对该国公民、企业和组织的民事诉讼权利,实行对等原则。据此可知,原告与被告在诉讼中有一些不同但相对等的权利,是对等原则的体现,而非同等原则的体现。另外,同等原则与对等原则仅适用于"外国人、无国籍人、外国企业和组织在人民法院起诉、应诉",而本题没有给出这一前提,故选项 C 说法错误。《民诉法》第 9 条规定,人民法院审理民事案件,应当根据自愿和合法的原则进行调解;调解不成的,应当及时判决。此规定是法院调解自愿和合法原则的体现,故选项 D 说法正确。

[应用提示]"平等原则"不同于"同等原则""对等原则":平等原则针对的是诉讼当事人各方之间的关系,适用于民事诉讼的所有程序之中;而"同等原则""对等原则",针对的是国内与涉外、中国当事人与外国当事人之间的关系,适用于涉外民事诉讼程序。

三、应当调解原则

【真题实训 4-4】

村民甲、乙因相邻关系发生纠纷,甲诉至法院,要求判决乙准许其从乙承包的土地上通过。审理中,法院主动了解和分析甲通过乙土地的合理性,听取其他村民的意见,并请村委会主任做双方工作,最终促成双方同意调解。调解时邀请了村中有声望的老人及当事人的共同朋友参加,双方互相让步达成协议,恢复和睦关系。关于法院的做法,下列哪一说法是正确的?(2012,卷三,35)

A. 法院突破审判程序,违反了依法裁判原则

B. 他人参与调解,影响当事人意思表达,违反了辩论原则

C. 双方让步放弃诉求和权益,违反了处分原则

D. 体现了司法运用法律手段,发挥调解功能,能动履职的要求

《民诉法》第 9 条规定,法院审理民事案件,应当根自愿和合法的原则进行调解;调解不成的,应当及时判决。应当调解原则,是指民事诉讼中,人民法院对民事案件只要当事人自愿,就应进行调解;调解应遵循自愿、合法原则;若调解不成,则应及时判决。

2004 年 9 月 16 日最高法院公布了《法院调解规定》(法释〔2004〕12 号),进一步增强了法院调解在民事诉讼中的地位和作用,被认为开创了法院调解工作的新春天。

民事诉讼中应当坚持调解原则，调解原则贯穿于民事诉讼程序的全过程，但调解并不是民事诉讼的必经阶段。因为如果当事人一方或者双方坚持不愿调解的，人民法院就不能进行调解，而应当及时判决；少数特定案件因其案件性质也不能适用调解，如请求确认婚姻关系、收养关系效力的案件就不能调解。

《民诉法》除了在其第一章第9条规定了应当调解的原则以外，还在其第八章第93～99条专门对法院调解的原则、调解的组织形式、调解协议与民事调解书等作了具体规定，本书也还将在此后的第十一章予以进一步阐述。

如第一章所述，调解作为民事纠纷解决机制之一，除了诉讼中的调解，还包括诉讼外的调解。诉讼外调解包括人民调解、仲裁中的调解，以及其他行政性调解。鉴于另行制定、施行了《人民调解法》①，依特别法优先普通法的适用规则，2012年修正《民诉法》时，将其原第16条有关人民法院指导人民调解的规定予以删去。据此，2012年《民诉法》修正后，以《民诉法》原第16条为依据的人民调解原则，已经不再是民事诉讼法的基本原则之一。这也是准备参加国家统一法律职业资格考试的读者应当引起注意的一个问题。

[真题实训 4-4](2012，卷三，35)答案：D。考点：民事诉讼法基本原则和社会主义法治理念。解析：依《民诉法》第9条，调解原则是与依法裁判原则并行的民事诉讼法的基本原则，故普通程序中适用调解并不违反依法裁判原则，故说法A错误。依《法院民事调解规定》(法释〔2004〕12号)第3条第1款，法院邀请村中有声望的老人及当事人双方的朋友促成调解，并不影响当事人的意思表达，不违反辩论原则，故说法B错误。从《民诉法》第13条第2款的规定可知，当事人双方在诉讼中通过调解让步而放弃诉求和权益正是当事人行使处分权的表现，并非对处分原则的违反，故说法C错误。我国正在建设一套人民调解、行政调解、司法调解相结合的“三位一体”综合性纠纷调解机制，“能调则调、当判则判、调判结合、案结事了”是“大调解”机制下人民法院各项审判工作的理念、方法和目标，它要求法院注重发挥司法能动作用促进调解及和解。法院在调解中能动履职并不违反“不告不理”原则。本案正是法院发挥调解功能、能动履职的体现，故说法D正确。

四、辩论原则

【真题实训 4-5】

关于辩论原则的表述，下列哪些选项是正确的？(2009，卷三，82)

A. 当事人辩论权的行使仅局限于一审程序中开庭审理的法庭调查和法庭辩论阶段

B. 当事人向法院提出起诉状和答辩状是其行使辩论权的一种表现

C. 证人出庭陈述证言是证人行使辩论权的一种表现

D. 督促程序不适用辩论原则

---

① 该法于2010年8月28日第十一届全国人大常委会第十六次会议通过，2011年1月1日起施行。

辩论原则，是指民事诉讼中，双方当事人在法院的主持下，有权就争议的案件事实、法律适用以及程序问题，各自陈述自己的意见和主张，互相进行答辩和反驳，以争取对自己有利的诉讼结果。《民诉法》第 12 条规定，人民法院审理民事案件时，当事人有权进行辩论。这是辩论原则的法律依据。辩论原则需要从以下几个方面来理解和把握：

1. 辩论原则贯穿诉讼程序的全程性

在民事诉讼的整个程序中，当事人都可以行使辩论权。从原告向法院起诉至法院作出裁判前，双方当事人都可以通过法定形式，展开辩论。法庭辩论仅仅是当事人以口头方式行使辩论权的一个集中体现。但辩论原则不适用于特别程序、督促程序、公示催告程序等非讼程序以及执行程序。

2. 辩论方式的全面性

当事人进行辩论的方式具有全面性，既可通过口头方式辩论，也可通过书面方式辩论。当事人在法庭上口头辩论是辩论的主要方式，被告提交答辩状，是典型的书面辩论方式。

3. 辩论内容的广泛性

在民事诉讼过程中，当事人既可就争议的实体问题进行辩论，也可就争议的程序问题进行辩论。在实体问题上，当事人既可就争议的事实问题进行辩论(如争议的法律关系是否存在，证据的形式和证据的取得方式是否合法)，也可就法律适用问题进行辩论(如案件的请求权基础究竟是《物权法》还是《侵权责任法》)；在程序问题上，诸如当事人是否适格、受诉法院对案件是否具有管辖权、法官应不应当回避、诉讼代理人是否有权放弃诉讼请求等等，当事人都可以行使辩论权。

4. 辩论权的专属性

辩论权是当事人的专属权利，只有当事人才能享有，其他诉讼参与人以及人民法院都不享有辩论权。当事人的诉讼代理人包括律师，同样不享有辩论权，代理人发表辩论意见，是基于当事人的委托或者法律的规定而以当事人名义进行辩论，其本身并不享有辩论权。

5. 辩论权对审判权的约束性

辩论权对审判权的约束性，是指当事人的辩论权对法院的审判权具有约束力，人民法院审理与裁判的对象以当事人的诉讼请求为限，未经当事人主张和辩论的对象，不得成为法院审理与裁判的对象。当事人辩论权对法院审判权的约束性，是程序正义和审判权性质的要求。审判权的性质是居中裁判，这也是程序正义的基本要求。

如果当事人的辩论对法官的裁判不具有约束性，法官可以超越当事人在诉讼中提出的权利主张与事实主张作出裁判，辩论原则就毫无任何实质意义，当事人辩论权的行使极有可能“走过场”。人民法院的事实调查超出当事人事实主张的范围，法官的判决超出当事人权利主张的范围，法官就有可能偏离居中立场，最终使审判权威受到损害。

约束性辩论原则的基本内涵包括：①直接决定法律效果发生或者消灭的必要事实，必须在当事人的辩论中出现，没有在当事人辩论中出现的事实不能作为法院裁判的依据；②当事人一方提出的事实，对方当事人无争议的，人民法院应将其作为裁判的依据；③人民法院对案件证据的调查，只限于对方当事人在辩论中所提出的证据。

[应用提示] 辩论原则要求：①人民法院在作出判决时，应当限于当事人诉讼请求的范

围;②人民法院只能对当事人在诉讼中指明的诉讼标的进行裁判,即法院裁判的诉讼标,应与当事人主张的诉讼标的具有同一性;③法院裁判的依据来自于当事人的主张,这其中包括当事人向法院提出的证据线索在内。

[真题实训 4-5](2009,卷三,82)答案:BD。考点:民事诉讼辩论原则。解析:辩论权之行使贯穿于当事人起诉到诉讼终结的整个诉讼过程,并不限于一审程序中开庭审理的法庭调查和法庭辩论阶段,故选项A表述错误。辩论的表现形式及方式多种多样,辩论既可通过口头形式进行,也可运用书面形式表达,当事人向法院提出起诉状和答辩状就是在行使其辩论权,故选项B表述正确。《民诉法》第12条规定,人民法院审理民事案件时,当事人有权进行辩论。可知,辩论权行使的主体是当事人,证人不是当事人,证人出庭陈述证言是履行其作证义务,而非行使辩论权,故选项C表述错误。辩论原则是当事人就案件事实和争议的问题进行对质和辩论,而督促程序是一种非讼程序,它不解决当事人之间债权债务关系的争议,在整个程序中,没有双方当事人对质,不存在对债权债务关系本身的争议问题,也就没有辩论原则适用的余地,督促程序不适用辩论原则,故选项D表述正确。

五、诚实信用原则

2012年《民诉法》修正时,在其第13条增加了一款规定:民事诉讼应当遵循诚实信用原则。这就确立了我国民事诉讼的诚实信用原则,它是指民事诉讼中,民事诉讼法律关系的主体应当基于诚信的心态,遵守有关诚实信用的法律规定。

民事诉讼诚实信用原则在我国的确立,有其必要性和立法背景,近年来我国各地的民事诉讼中,都不同程度地出现诉讼欺诈现象:①恶意诉讼、虚假诉讼,如当事人之间恶意串通,企图通过诉讼、调解等方式侵害他人合法权益的案件时有发生;②当事人、诉讼参与人的不诚信行为频发,假证、伪证在当事人提交的证据中层出不穷;③执行难问题严重,如被执行人与他人恶意串通,通过诉讼、仲裁、调解等方式逃避履行法律文书确定的义务,等等。2012年《民诉法》修正时,高度重视诚实信用的行为准则,并将其确立为民事诉讼的基本原则之一。这对于促进民事诉讼中诚信风气的形成,遏制和减少各种形式的诉讼欺诈行为具有积极的意义。

在东南亚国家,韩国是较早确立诚信原则的国家。1990年韩国修改民事诉讼法时,参考了《意大利民事诉讼法典》及瑞士部分州民事诉讼立法的相关规定,在其第1条明确规定:当事人与诉讼关系人应当本着信义诚实地进行诉讼。此后,日本1996年修改民事诉讼法时也规定了内容相同的原则。①

为了防止诚实信用基本原则的虚设,真正发挥其对滥用诉权甚至恶意诉讼的规制功能,我国2012年《民诉法》修正时,对诚实信用原则在民事诉讼法律制度中的具体落实新增了相应规定,结合原来已有的相关规定,主要表现如下方面:

1. 当事人及时提供证据的义务与证据失权制度

(1) 新增的《民诉法》第65条规定,当事人对自己提出的主张应当及时提供证据,必要

① 宋朝武.民事诉讼法学[M].3版.北京:中国政法大学出版社,2012:81.

时可向法院申请延期举证。未申请延期举证而逾期提供证据的，法院应当责令其说明理由；拒不说明理由或理由不成立的，法院根据不同情形，可以不予采纳该证据，或者虽采纳该证据但予以训诫、罚款。

(2)《证据规定》(法释〔2001〕33号)第3条第1款规定：人民法院应当向当事人说明举证的要求及法律后果，促使当事人在合理期限内积极、全面、正确、诚实地完成举证。

2. 新增对恶意诉讼、恶意调解等行为的规制措施

(1)《民诉法》新增第112条，规定了对恶意串通侵害他人合法权益行为的处理，即当事人之间恶意串通，企图通过诉讼、调解等方式侵害他人合法权益的，人民法院应当驳回其请求，并根据情节轻重予以罚款、拘留；构成犯罪的，依法追究刑事责任。

(2)《民诉法》新增第113条，规定了对恶意串通逃避履行义务行为的处理，即被执行人与他人恶意串通，通过诉讼、仲裁、调解等方式逃避履行法律文书确定的义务的，人民法院应当根据情节轻重予以罚款、拘留；构成犯罪的，依法追究刑事责任。

3. 新增第三人撤销之诉制度

《民诉法》新增第56条第3款，新设规定了第三人撤销之诉制度，即前两款规定的第三人，因不能归责于本人的事由未参加诉讼，但有证据证明发生法律效力的判决、裁定、调解书的部分或者全部内容错误，损害其民事权益的，可以自知道或应当知道其民事权益受到损害之日起6个月内，向作出该判决、裁定、调解书的人民法院提起诉讼。法院经审理，诉讼请求成立的，应当改变或者撤销原判决、裁定、调解书；诉讼请求不成立的，驳回诉讼请求。

4. 对当事人撤回自认的严格限制

《证据规定》第8条第4款规定，当事人在法庭辩论终结前撤回承认并经对方当事人同意，或有充分证据证明其承认行为是在受胁迫或重大误解情形下作出且与事实不符的，不能免除对方当事人的举证责任。

5. 法院和法官在各类诉讼或非讼程序中应当遵循诚信原则的规定

(1)《民诉法》第149、161、176、180、226条，规定了人民法院应当遵守各类案件的审限：适用普通、简易程序审理的案件，应当分别在立案之日起6个月内、3个月内审结；审理对判决、裁定的上诉案件，应当分别在第二审立案之日起3个月内审结、30日内作出终审裁定；适用特别程序审理的案件，应当在立案之日起30日内或公告期满后30日内审结；法院自收到申请书之日起超过6个月未执行的，申请执行人可向上一级法院申请执行。

(2) 法院应当保障当事人依法行使申请调取证据的权利；在符合法定情形时，法院应当主动采取诉前财产保全或行为保全措施。

(3) 审判人员遇有应当回避的法定情形，应当主动自行回避；法院应依自愿和合法原则对民事案件进行调解，不得为了追求调解结案率而强迫当事人达成调解协议，等等。

6. 检察机关行使检察监督权时的诚信义务

2013年9月23日颁布的《人民检察院民事诉讼监督规则(试行)》第4条规定：人民检察院办理民事诉讼监督案件，应当坚持公开、公平、公正和诚实信用原则。

但我国目前对当事人虚假陈述、恶意反悔等背离诚信原则的行为，《民诉法》尚无明确规定，需要在诉讼实践中总结经验予以明确。

至于民事诉讼诚实信用原则的适用主体，究竟是否包括人民法院及其审判人员，专家学者们存在争议。有的人认为，民事诉讼诚信原则约束的主体不包含法院和法官，仅涉及当事人与其他诉讼参与人。[①] 也有人认为，该原则不仅是当事人和其他诉讼参与人应当遵守的原则，也是人民法院行使审判权时应当遵守的原则。[②] 笔者认为，所有的民事诉讼法律关系主体，均应受到诚实信用原则的约束，即人民法院及其法官在民事诉讼中同样需要遵守诚实信用原则。尽管实践中很难判断法官的言辞哪些是在说谎，哪些甚至是在欺骗当事人，但诚实信用是人民法院及其法官与当事人之间最起码的道德要求，也是人民法院及其法官的职责决定的。因此，2012 年《民诉法》修正时，新增的第 13 条第 1 款对这一原则的表述："民事诉讼应当遵循诚实信用原则"，也没有像该法第 5 条、第 8 条、第 12 条以及第 13 条第 2 款分别对外国当事人诉讼地位同等、当事人诉讼权利平等、当事人辩论权、当事人处分权的表述，对原则的适用范围予以明确限制。笔者正是在如此认识的基础上，对民事诉讼诚实信用原则的定义及其在民事诉讼制度中的具体体现，作以上阐述。

六、处分原则

处分原则又称处分权原则，是指民事诉讼中，当事人有权对自己的民事实体权利和民事诉讼权利依法予以支配，有权决定是否行使以及如何行使。该原则的法律依据是《民诉法》第 13 条第 2 款，即当事人有权在法律规定的范围内处分自己的民事权利和诉讼权利。

【真题实训 4-6】

甲向法院起诉，要求判决乙返还借款本金 2 万元。在案件审理中，借款事实得以认定，同时，法院还查明乙逾期履行还款义务近一年，法院遂根据银行同期定期存款利息，判决乙还甲借款本金 2 万元，利息 520 元。关于法院对该案判决的评论，下列哪一选项是正确的？(2008，全国卷三，38)

A. 该判决符合法律规定，实事求是，全面保护了权利人的合法权益

B. 该判决不符合法律规定，违反了民事诉讼的处分原则

C. 该判决不符合法律规定，违反了民事诉讼的辩论原则

D. 该判决不符合法律规定，违反了民事诉讼的平等原则

处分原则作为我国民事诉讼法的基本原则之一，是民事诉讼的核心，也是我们正确理解民事诉讼法并得以使民事诉讼区别于刑事诉讼、行政诉讼的核心。民事诉讼法的主要功能之一是实现民事实体法的立法宗旨，民事诉讼法中的处分权原则是民法中当事人意思自治原则的体现和延伸。

民事诉讼处分原则主要从以下几个方面予以理解和把握：

1. 处分权的专属性

处分权是当事人的专属权利，诉讼代理人、证人等其他诉讼参与人均不享有处分权。

---

① 宋朝武.民事诉讼法学[M].3 版.北京：中国政法大学出版社，2012：81.

② 杨秀清.民事诉讼法[M].2 版.北京：中国人民大学出版社，2013：9.

2. 处分原则的适用范围

(1) 当事人在整个诉讼程序中都可依法行使处分权，当事人行使处分权贯穿于整个民事诉讼程序之中。具体表现为：①是否起诉，由合法权益受到侵害或者发生争议的当事人自行决定；②法院受理案件后，对案件进行调解，以当事人自愿为前提；③一审裁判作出后，是否上诉、是否启动二审程序，由当事人自行决定；④法律文书生效后，若当事人认为该生效法律文书确有错误，则是否向有管辖权的法院申请再审或者向检察院申请检察建议或抗诉，均由当事人自行决定；⑤法律文书生效后，若义务人拒绝履行，则权利人是否申请有管辖权的法院强制执行，也由当事人自行决定。

(2) 处分原则的适用范围，不仅包括诉讼程序，还包括非讼和执行程序，这也是它和辩论原则的一大区别。处分权和辩论权，都是当事人的专属权利，但辩论权原则仅仅适用于诉讼程序，不适用于非讼和执行程序，而处分权原则却适用于诉讼、非讼以及执行程序。

3. 处分权的内容

处分权的内容包括民事实体权利和民事诉讼权利，即实体性处分和程序性处分。二者的相互关系是：①实体性处分一般通过程序性处分来实现，即对民事权利的处分，一般通过处分诉讼权利来实现，如当事人可以通过行使诉讼权利（放弃、变更诉讼请求）来处分其民事权利；②程序性处分并不一定涉及实体性处分，即处分程序权利不一定导致对实体权利的处分，如当事人放弃委托代理人的诉讼权利，并不是对实体权利的处分。

4. 处分权的行使方式

处分权的行使，既包括明示方式，也包括默示方式（如默示自认等）。

5. 处分权的相对性

由于我国并未实行当事人完全自由处分的制度，当事人处分自己的民事权利和诉讼权利必须在法律规定的范围之内，不能危害国家、集体和他人的合法利益，即依法处分。如果当事人的处分行为超出了法律规定的范围，则处分无效。

处分权与审判权（或称诉权与审判权），构成了民事诉讼程序的核心，二者之间相互制约：一方面，法院裁判不能超出当事人的请求范围，体现了处分权对审判权的制约；另一方面，当事人行使处分权必须遵循依法处分的要求，人民法院代表国家对当事人行使处分权的行为进行监督，体现了审判权对处分权的制约。审判权约束处分权的具体表现有：①对于确认身份关系的案件，不适用自认。②原告申请撤诉，是否准许由法院裁定。法院审查后认为撤诉将损害国家利益、社会公共利益的，不予准许。

需要注意的一个例外情形是，法院进行诉讼调解时，在遵循自愿、合法原则的前提下，调解协议的内容可以不受当事人诉讼请求范围的限制，这体现的是当事人合意解决民事纠纷时对自己民事实体权利的意思自治权。

[真题实训 4-6]（2008，全国卷三，38）答案：B。考点：民事诉讼处分原则及其与辩论原则、平等原则的识别。解析：依《民诉法》第 13 条第 2 款，人民法院只能就当事人请求裁判的事项进行裁判，对于当事人没有请求的事项，不能作出裁判，这是司法被动性、当事人处分权的体现。本题中，法院就当事人未提出的事项（利息问题）进行裁判，实际上是违反了民事诉讼的处分原则。

七、支持起诉原则

支持起诉，是指机关、社会团体、企业事业单位对损害国家、集体或者个人民事权益的行为，可以支持受损害的单位或者个人向人民法院起诉。这是我国《民诉法》第15条的规定。

支持起诉原则，主要从以下几个方面予以理解和把握：

(1) 支持起诉的前提：①发生了损害国家、集体或者个人民事权益的行为；②受害主体没有向法院起诉，即受害主体限于自身能力或者出于某种顾虑，没有向法院请求司法保护。可见，支持起诉原则体现了国家保护弱势群体的理念，因此，通常适用于家庭暴力、劳动纠纷、儿童和老人权益保护等类型的案件中。

(2) 支持起诉的主体：仅限于机关、社会团体、企业事业单位，不能是公民个人，即公民个人不能支持他人起诉。因此，支持起诉的具体情形包括：共青团组织支持受害青年起诉；妇联支持遭受家庭暴力的妇女起诉；工会支持劳动权益受到损害的职工起诉；消费者协会支持权益受损的消费者起诉，等等。

(3) 支持起诉者的名义：支持起诉者不能以自己的名义提起诉讼，在诉讼中不具有诉讼地位，享有原告主体资格的仍然是受支持的主体，即权益受到损害的主体。

[应用提示]支持起诉原则与民事公益诉讼之间并无联系。公益诉讼中法定的机关、社会团体等非民事实体权利义务关系的直接主体，享有原告的诉讼主体资格；而支持起诉的主体，并不享有原告的诉讼主体资格。此外，支持起诉的主要功能，在于保障弱势群体有效行使诉权；而公益诉讼制度的主要功能，在于维护国家利益和社会公共利益。

(4) 支持起诉的方式，通常包括道义上的支持、物质上的援助及法律知识上的帮助。

[真题实训4-2](2013，卷三，45)答案：C。考点：民事诉讼基本原则的识别。解析：《民诉法》第5条规定：外国人、无国籍人、外国企业和组织在人民法院起诉、应诉，同中华人民共和国公民、法人和其他组织有同等的诉讼权利义务。这是同等原则的法律规定。而诉讼权利平等原则，则是指当事人之间享有平等的诉讼权利。所以选项A表述错误。《证据规定》(法释〔2001〕33号)第8条第1款规定：诉讼过程中，一方当事人对另一方当事人陈述的案件事实明确表示承认的，另一方当事人无须举证；但涉及身份关系的案件除外。可见，并非所有民事案件事实都能适用自认，法院未必一定要根据自认进行事实认定，故选项B表述错误。《证据规定》第35条规定：诉讼过程中，当事人主张的法律关系的性质或者民事行为的效力与人民法院根据案件事实作出的认定不一致的，不受本规定第34条规定的限制，人民法院应当告知当事人可以变更诉讼请求。此时，法院在履行告知义务之后，当事人可以变更诉讼请求，也可以不变更诉讼请求，当事人对此仍然存在选择权。因此，变更诉讼请求确系处分原则的体现，故选项C表述正确。《民诉法》第15条规定：机关、社会团体、企业事业单位对损害国家、集体或者个人民事权益的行为，可以支持受损害的单位或者个人向人民法院起诉。这是支持起诉原则的规定。在支持起诉原则中，支持起诉的主体并不是当事人。而环保组织向法院提起公益诉讼，环保组织本身即作为原告，这不是支持起诉原则的体现，故选项D表述错误。

这是2012年《民诉法》第二次修正后对基本原则的第一次考查，体现了考查方式的综合性，除了围绕处分原则与相关制度的关系，以及平等原则与同等、对等原则的差异等两大经典考点进行考查以外，还结合最新确立的公益诉讼制度，考查了其与支持起诉原则的本质差异。考生透过本真题实训，应能对近年来尤其是修法后的司考命题趋势有所洞察。

【本章小结】

民事诉讼法基本原则是民事诉讼法的本源与基础，是一定时期民事诉讼法学理论与立法目的的集中体现。民事诉讼法的基本原则既奠定了民事诉讼法的基调，也具有法律适用上的解释与补缺功能。民事诉讼法基本原则的框架是由两部分基本原则构成的，一部分是各诉讼法共通性原则，另一部分是民事诉讼法特有的原则。本章在对民事诉讼法基本原则进行框架梳理的基础上，分别对民事诉讼法与各诉讼法共有的基本原则，以及民事诉讼法特有的基本原则进行了系统阐述，注重对各项基本原则的理解、识别与应用。

【国家统一法律职业资格考试辅导专栏】

1. 随着相关考试对理论性、系统性考查的加强，民事诉讼基本原则部分的内容自然是备考的重点之一。除了处分原则、辩论原则这两大经典原则外，还需关注《民诉法》2012年修正时在基本原则部分的“加1改1减1”，即增加了诚实信用原则，修改了检察监督原则、删去了人民调解原则。近年来的主要考查方式是结合案例，将多项基本原则进行多知识点的综合考查。

2. 历年真题：2014卷三35、37、79；2013卷三45；2012卷三35、36、39；2011卷三38；2010卷三37、88；2009卷三82；2008全国卷三38、83，四川卷三36、49。

3. 备考重点

(1) 当事人诉讼地位平等原则与同等、对等原则的判别。

(2) 辩论原则的内涵、适用范围；辩论权的享有主体及辩论形式、内容和效力。

(3) 处分原则的适用范围、处分权的对象和效力。

(4) 民事诉讼诚实信用原则的立法背景、适用对象、具体体现、与处分原则的关系。

(5) 民事检察监督原则的适用对象、具体体现、主要手段。

【本章练习】

一、判断题(共10小题)

1. 我国的审判独立原则，不包含违宪审查权。 (　　)

2. 民事审判所能依据的事实，只能是经法定证明程序证实的事实，即法律事实。 (　　)

3. 检察院对民事诉讼实行检察监督的方式，是提起民事抗诉与提出检察建议。 (　　)

4. 当事人诉讼地位平等原则，要求当事人双方享有同样的诉讼权利并承担同样的诉讼

义务。 (　　)

5. 平等原则，适用于涉外民事诉讼程序；而同等原则、对等原则，则适用于民事诉讼的所有程序之中。 (　　)

6. 民事诉讼中应当坚持调解原则，调解是民事诉讼的必经阶段。 (　　)

7. 民事诉讼中，当事人可就案件争议的实体问题和程序问题进行辩论。 (　　)

8. 处分权是当事人的专属权利，特别授权的全权诉讼代理人，也不享有处分权。 (　　)

9. 支持起诉的主体仅限于机关、社会团体、企业事业单位，不能是公民个人。 (　　)

10. 支持起诉和公益诉讼中的机关、社会团体，都以自己的名义提起诉讼，在诉讼中都享有原告主体资格。 (　　)

二、单项选择题(共 5 小题)

1. 关于民事诉讼法基本原则的内涵和具体表现，下列哪一说法是正确的？(　　)

A. 法院裁判对象的范围应当与当事人诉讼请求的范围相一致，这是辩论原则的体现

B. 未经质证的证据，不得作为法院定案的依据，这体现了民事诉讼以事实为依据，以法律为准绳的原则

C. 当事人双方均有权申请回避、决定是否委托诉讼代理人，这是当事人诉讼权利平等原则的体现

D. 当事人均享有申请回避的权利，但只有被告才有权提出管辖权异议，这在一定程度上违背了诉讼权利平等原则的内在要求

2. 下列选项中不属于民事诉讼检察监督对象的是(　　)。

A. 生效的民事判决书、裁定书、调解书

B. 审判程序(包括审监程序以外的审判程序)中审判人员的违法行为

C. 民事执行活动

D. 律师的民事诉讼代理活动

3. 民事诉讼中，辩论权的行使主体包括(　　)。

A. 当事人　　B. 其他诉讼参与人

C. 当事人的诉讼代理律师　　D. 本案的主审法官

4. 关于处分原则的适用范围，下列表述中错误的是(　　)。

A. 诉讼程序　　B. 非讼程序

C. 执行程序　　D. 仅仅适用于诉讼程序

5. 下列哪项不属于支持起诉的主体(　　)。

A. 共青团组织、妇联、工会　　B. 机关、社会团体、企业事业单位

C. 消费者协会　　D. 在某律师事务所执业的兼职律师王教授

三、多项选择题(共 5 小题)

1. 关于我国民事诉讼法的基本原则，下列表述中，哪些是正确的？(　　)

A. 人民调解原则具有悠久的历史传统，是我国民事诉讼的基本原则之一

B. 执行检察监督制度，是民事检察监督原则的具体体现之一

C. 民事诉讼诚实信用原则的适用对象，是当事人和其他诉讼参与人

D. 当事人诉讼地位平等原则，体现了当事人之间诉讼权利义务的同等性与对等性

2. 2012 年修正《民诉法》时，对基本原则部分的下列表述中，正确的是（　　）。

A. 增加了民事诉讼诚实信用原则　　B. 修改完善了检察监督原则

C. 删去了人民调解原则　　D. 增加了支持起诉原则

3. 关于民事诉讼基本原则的下列说法中，哪些是错误的？（　　）

A. 当事人诉讼权利平等原则，意味着当事人拥有相同的诉讼权利

B. 处分原则，意味着法院无权干涉当事人诉讼权利的行使

C. 原告提起诉讼与被告进行答辩，是辩论原则的具体体现

D. 消费者协会鼓励消费者起诉经销商，追究其违约责任，是支持起诉原则的体现

4. 下列选项中，哪些体现了民事诉讼诚实信用原则的基本要求？（　　）

A. 某民间借贷案件中，承办法官刘某发现原告、被告恶意串通、虚构纠纷，企图侵害案外人王某合法权益，遂判决驳回原告诉讼请求，并对其处以罚款人民币 2000 元

B. 某离婚案中，被告黄某未申请延期而逾期提供证据，承办法官何某要求其说明逾期举证理由，黄某称其因工作太忙而忘了，何法官认为理由不成立，遂对黄某训诫，并处罚款

C. 当事人对鉴定意见有异议或法院认为鉴定人有必要出庭的，鉴定人应当出庭作证

D. 法官在审理民事案件时，必须严格遵守《民诉法》中有关审限的规定

5. 支持起诉原则体现了保护弱势群体的理念，通常适用于下列哪些案件？（　　）

A. 家庭暴力案件　　B. 劳动纠纷案件

C. 公益诉讼案件　　D. 儿童和老人权益保护案件

四、问答题（共 3 小题）

1. 试述 2012 年《民诉法》修正以后，对诚实信用原则在民事诉讼法律制度中的贯彻落实和具体表现有哪些？

2. 试述 2012 年《民诉法》修正前后，民事检察监督范围有何变化？

3. 民事诉讼诚实信用原则的适用主体，是否包括人民法院及其审判人员？请谈谈你自己的意见。

五、案例分析题（共 4 小题）

王某多年从事公益事业，是当地颇有名气的社会活动家，也曾为 A 省教育发展提供了诸多物质帮助。唐某系王某大学同学，十分嫉妒王某在当地的声望，遂编造了许多有损王某名誉的新闻，并借助网络大肆传播，对王某造成了极为不良的影响。气愤之下，王某遂诉至法院，要求判令唐某停止名誉侵权，并赔偿精神损失 1 万元。审理过程中，唐某名誉侵权的事实得以认定，法院同时还查明唐某编造的假新闻，对王某的事业发展造成了极大的损害，遂判决唐某赔偿王某精神损失和物质损失共计 2 万元，并在 A 省的核心报刊上公开赔礼道歉。据此案情，请回答下列问题：

1. 关于王某提起的诉讼类型，下列表述中正确的是（　　）。

A. 确认之诉　　B. 变更之诉

C. 给付之诉　　D. 种类物给付之诉与积极行为给付之诉

2. 对该案判决的评论中，下列哪些是正确的？（　　）

A. 该判决符合法律规定，实事求是，全面有效地保护了权利人的合法权益

B. 该判决不符合法律规定，有违司法被动性和不告不理的基本理念

C. 该判决不符合法律规定，违反了民事诉讼的处分原则

D. 该判决不符合法律规定，违反了民事诉讼的辩论原则

3. 关于当事人处分权与法院审判权二者的关系，下列表述中正确的是（　　）。

A. 处分权与审判权，二者之间相互制约

B. 法院裁判不能超出当事人的请求范围，体现了处分权对审判权的制约

C. 原告申请撤诉，是否准许由法院裁定，体现了审判权对处分权的约束

D. 当事人必须依法处分，法院代表国家对当事人行使处分权的行为进行监督

4. 如果本案经法院主持调解，原告、被告达成协议：由唐某赔偿王某精神损失和物质损失共计 2 万元，并在 A 省的核心报刊上公开赔礼道歉。法院据此制作《民事调解书》，对原被告的上述协议予以确认。下列表述中，正确的是（　　）。

A.《民事调解书》的内容，与原告诉讼请求的范围不符，有超、漏情形，故不合法

B. 诉讼调解协议的内容，可以不受当事人诉讼请求范围的限制

C. 诉讼调解协议的内容，不符合当事人诉讼请求的范围，违反处分原则

D. 诉讼调解协议的内容，超出原告诉讼请求的范围，是当事人行使处分权的体现

第五章 民事诉讼法的基本制度

【学习目标】

■ **知识目标：**

了解民事诉讼法基本制度的含义与作用；

理解民事诉讼法各项基本制度的内容、识别与适用。

■ **能力目标：**

掌握民事诉讼法各项基本制度在民事诉讼中的体现，并能具体举例说明。

【本章需要预习的主要法律、法规】

1.《民诉法》第10条，第39～47条，第152、154、178条；
2.《刑诉法》第30、180条，《行诉法》第47、64条；
3.《民诉法解释》(法释〔2015〕5号)第43～49条；
4. 最高法院《合议庭工作规定》(法释〔2002〕25号)；
5. 最高法院《审委会实施意见》(法发〔2010〕3号)；
6. 最高检察院《民诉检察监督规则》(2013年9月23日颁布)第9、18条。

民事诉讼法的基本制度，是指在民事诉讼活动过程中的某个或者某几个阶段，对人民法院的民事审判活动起着重要作用的行为准则。

我国《民诉法》第一章的标题是"任务、适用范围和基本原则"。当初制定《民诉法》时，对民事诉讼法的基本原则与基本制度没有加以明确区分，因此，民事诉讼法的基本制度以及民事诉讼中的一些重要制度，也被纳入到第一章的范围之内。《民诉法》第一章第10条规定，人民法院审理民事案件，依照法律规定实行合议、回避、公开审判和两审终审制度。这就是我国民事诉讼法的四项基本制度。本章将分四节分别予以阐述。

第一节 合议制度

【引例5-1】

中国甲公司诉美国乙公司侵犯其商标权和专利权案件，因属重大涉外案件，其第一审由某中级人民法院审理。关于本案合议庭的组成，有如下3种意见：①因本案属涉外案件，故中外双方当事人可以与法院协商，从而确定合议庭中是否应有陪审员参与；②因本案属重大涉外案件且专业性较强，故不得吸收人民陪审员参与组庭；③审理本案的合议庭，可以由本院副院长（熟练英、法两门外语）和两名人民陪审员组成。

请问：有关本案合议庭组成的上列3种意见，是否合法？

一、合议制度

合议制度，作为我国民事诉讼法的基本制度之一，是指由3名以上单数的审判员、人民陪审员组成，或者由3名以上单数的审判员组成的审判庭，代表人民法院行使审判权，并对民事案件进行集体审理和评议裁判的制度。

由合议制形式的审判组织对民事案件进行审理和裁判，不仅可以充分发挥审判人员的集体智慧，弥补单个审判人员法律知识上的局限性与认识不足，还可以尽可能避免与防止个人专断和错误裁判，有利于提高民事案件的审判质量。

人民陪审员制度与人民监督员制度是保证人民群众参与司法、监督司法的两项重要制度。中共中央《依法治国决定》提出，完善人民陪审员和人民监督员制度。完善人民陪审员制度，主要是保障公民陪审权利，扩大参审范围，完善随机抽选方式，提高人民陪审员制度的公信度，逐步实行人民陪审员不再审理法律适用问题，只参与审理事实认定问题。

二、合议庭的组织形式

【真题实训5-1】

根据我国《民诉法》和相关司法解释的规定，下列关于审判组织的哪些表述是正确的？（2008，全国卷三，83）

A. 再审程序中只能由审判员组成合议庭

B. 二审法院裁定发回重审的案件，原审法院应当组成合议庭进行审理

C. 法院适用特别程序审理案件，陪审员不参加案件的合议庭

D. 中级法院作为一审法院时，合议庭可以由审判员与陪审员共同组成；作为二审法院时，合议庭则一律由审判员组成

合议庭，就是按合议制组成的审判庭。根据我国民事诉讼合议制度的内涵，合议庭有两种组织形式：①混合式合议庭，即由3名以上单数的审判员、人民陪审员组成的审判庭；②单一式合议庭，即由3名以上单数的审判员组成、而没有人民陪审员参与的审判庭。

普通程序中存在混合式合议庭与单一式合议庭两种组成形式。依《民诉法》第39、40条，我国民事案件合议庭的组成形式，因案件审理程序的不同而不同，具体情形如下：

(1) 一审合议庭，由审判员组成，或者由审判员与人民陪审员共同组成。换句话说，一审程序的合议庭，既可以是单一式合议庭，也可以是混合式合议庭，可以吸收陪审员参与。

(2) 二审合议庭，由审判员组成，不得吸收人民陪审员参与。换句话说，二审程序的合议庭，只能是单一式合议庭，不可以吸收陪审员参与。

(3) 重审合议庭，按照第一审程序另行组成合议庭。换句话说，重审案件的合议庭，既可以是单一式合议庭，也可以是混合式合议庭，可以吸收陪审员参与；但必须另行组成新的合议庭，原审合议庭的成员均不得参与到新的合议庭。

(4) 再审合议庭，原来是第一审的，按第一审程序另行组成合议庭；原来是第二审或者上级法院提审的，按第二审程序另行组成合议庭。

[引例5-1：解析]合议庭中能否有陪审员参与，由法律规定，并非由当事人协商；对涉外案件合议庭的组成，法律也没有规定由当事人协商，故第①种意见于法无据；适用第一审普通程序审理的争讼性案件，都可适用陪审制，与案件的专业性程度、审理法院的级别以及是否重大涉外都无关系，故第②种意见也不合法；本案属第一审诉讼案件，可以适用单一式合议制，也可适用混合式合议制，因此，只有第③种意见是合法的。

无论采取何种形式组成合议庭，合议庭的组成人数都必须是单数，并且采取混合式合议庭时，一是不能全部由陪审员组成，二是陪审员不能担任审判长。至于具体采用何种形式的合议庭，由人民法院视民事案件的情况和需要来决定。例如，对于涉及某些专业性、技术性比较强的民事案件，可以邀请有专门知识的人民陪审员参加合议庭。

特别程序中，应当组成合议庭审理的案件，即选民资格案件或者重大、疑难的案件，只能由审判员组成合议庭审理。也即特别程序中的合议庭，只能是单一式合议庭，不得吸收人民陪审员参与。这在《民诉法》第178条中有明确规定。

[真题实训5-1] (2008，全国卷三，83)答案：BCD。考点：合议庭的组织形式。解析：法律依据是《民诉法》第39、40、178条。该法第39条规定[①]，人民法院审理第一审民事案件，由审判员、陪审员共同组成合议庭或由审判员组成合议庭。第40条第3款规定，审理再审案

① 本书引用的《民诉法》条文，均是2012年第二次修正后的条文序号，故与2012年以前的真题实训的答案、解析中引用法律条文的序号有异，有些甚至是根据修正后的《民诉法》规定进行的旧题新解。

件，原来是第一审的，按第一审程序另行组成合议庭；原来是第二审的，或是上级法院提审的，按第二审程序另行组成合议庭。所以，再审若按一审组成合议庭，则可由陪审员参与合议庭，故选项A说法错误。第40条第2款规定，发回重审的案件，原审法院应按第一审程序另行组成合议庭，故选项B说法正确。第178条规定，依照本章程序审理的案件，实行一审终审；选民资格案件或重大、疑难的案件，由审判员组成合议庭审理；其他案件由审判员一人独任审理，故选项C说法正确。依第39条，各级法院审理第一审民事案件，可以由审判员与陪审员共同组成合议庭；依第40条第1款，各级法院审理第二审民事案件，只能由审判员组成合议庭，故选项D说法正确。综上，本题答案是B、C、D。

三、合议庭的职责

根据最高法院《合议庭工作规定》(法释〔2002〕25号)，合议庭的审判长由符合审判长任职条件的法官担任。院长或者庭长参加合议庭审判案件的时候，自己担任审判长。合议庭的审判活动由审判长主持，全体成员平等参与案件的审理、评议、裁判，共同对案件认定事实和适用法律负责。

依《合议庭工作规定》第5条，合议庭承担下列职责：①根据当事人的申请或者案件的具体情况，作出财产保全、证据保全、先予执行等裁定；②确定案件委托评估、委托鉴定等事项；③依法开庭审理第一、二审和再审案件；④评议案件；⑤提请院长决定将案件提交审判委员会讨论决定；⑥按照权限对案件及其有关程序性事项作出裁判或者提出裁判意见；⑦制作裁判文书；⑧执行审判委员会决定；⑨办理有关审判的其他事项。

2014年7月9日，最高法院通报了《人民法院第四个五年改革纲要(2014—2018)》(简称“四五改革纲要”)，其主要改革措施中就有：科学界定合议庭成员的责任，既要确保其独立发表意见，也要明确其个人意见、履职行为在案件处理结果中的责任。为确保司法公正，“四五改革纲要”还提出了要加强专业化合议庭的建设。

四、合议庭的评议规则

【真题实训 5-2】

关于合议庭评议案件，下列哪一表述是正确的？(2010，卷三，38)

A. 审判长意见与多数意见不同的，以其意见为准判决

B. 陪审员意见得到支持、形成多数意见的，可按该意见判决

C. 合议庭意见存在分歧的，也可提交院长审查决定

D. 审判人员的不同意见均须写入笔录

根据《民诉法》第42条的规定，合议庭评议案件，实行少数服从多数的原则。评议应当制作笔录，由合议庭成员签名。评议中的不同意见，必须如实记入笔录。

[真题实训5-2](2010，卷三，38)答案：D。考点：合议庭评议案件时不同意见的处理。解析：法律依据为《民诉法》第42条。依该条规定，合议庭评议案件实行少数服从多数的原

则，审判长也不例外，故选项A表述错误。陪审员也属审判人员，若陪审员的意见形成多数，则“应当”而非“可以”按其意见判决，故选项B表述错误。选项C表述，于法无据。选项D表述符合该条规定，正确。

根据《民诉法》第152条第2款、第154条第3款的规定，判决书、裁定书由审判人员和书记员署名，也即对裁判持不同意见的审判人员，也必须在裁判文书上署名。

【相关链接】

民事诉讼中合议庭的评议规则，与民商事仲裁中仲裁庭的评议规则，既有相同之处，即都实行少数服从多数原则，也有不同之点：①合议庭不能形成多数意见时，报请审判委员会讨论，而不能按审判长的意见裁判；仲裁庭不能形成多数意见时，应当按照首席仲裁员的意见裁决，而不存在报请仲裁委员会讨论一说。②合议庭中即便是对裁判持有不同意见的审判人员，也必须在裁判文书上署名；仲裁庭中对裁决持有不同意见的仲裁员，则可拒绝在仲裁裁决书上签名。

五、合议庭与审判委员会的关系

有专家认为，“审判委员会是人民法院内部的最高审判组织”[①]。对此，我们认为有必要进行讨论。

首先，至今所有涉及“审判委员会”的法律、法规中，都没有明文规定“审判委员会是人民法院内部的最高审判组织”。

(1) 1979年7月1日第五届全国人大第二次会议通过，经全国人大常委会先后于1983年9月2日、1986年12月2日、2006年10月31日三次修正的《人民法院组织法》第10条规定，各级法院设立审判委员会，实行民主集中制。该条规定了审判委员会的任务有三：总结审判经验；讨论重大、疑难案件；讨论其他有关审判工作的问题。

(2) 我国三大诉讼法中涉及“审判委员会”的条文，主要是两个：一是院长担任审判长时的回避，由审判委员会决定；二是各级法院院长对本院已发生法律效力的判决、裁定、调解书，发现确有错误，认为需要再审的，应当提交审判委员会讨论决定。[②]

其次，持此理论观点的学者，其依据是“最高法院《人民法院五年改革纲要》第22条明确规定，审判委员会是人民法院内部的最高审判组织”[③]，而最高法院《人民法院五年改革纲要(1999—2003)》(法发〔1999〕28号)第22条的具体规定是“规范审判委员会的工作职责。审判委员会作为法院内部最高审判组织，在强化合议庭职责，不断提高审理案件质量的基础上，逐步做到只讨论合议庭提请院长提交的少数重大、疑难、复杂案件的法律适用问题，总结审判经验，以充分发挥其对审判工作中带有根本性、全局性问题进行研究和作出权威性指导

---

① 宋朝武.民事诉讼法学[M].3版.北京:中国政法大学出版社,2012:98.

② 参见:《民诉法》第46、198条,《刑诉法》第30、180条,《行诉法》第47、64条。

③ 宋朝武.民事诉讼法学[M].3版.北京:中国政法大学出版社,2012:98.

的作用”①。可见,一是《人民法院五年改革纲要(1999—2003)》是最高法院的司法文件,而《宪法》第124条第3款规定:“人民法院的组织由法律规定”;二是该条规定的主旨,是通过司法改革,强化合议庭职责,不断提高审理案件质量,逐步做到审判委员会只讨论合议庭提请院长提交的少数重大、疑难、复杂案件的法律适用问题。

最后,三大诉讼法中,只有《刑诉法》第180条规定:合议庭开庭审理并且评议后,应当作出判决;对于疑难、复杂、重大的案件,合议庭认为难以作出决定的,由合议庭提请院长决定提交审判委员会讨论决定;审判委员会的决定,合议庭应当执行。《民诉法》和《行诉法》中均无此规定。虽然,1982年颁布的《民事诉讼法(试行)》第39条也规定:重大、疑难的民事案件的处理,由院长提交审判委员会讨论决定;审判委员会的决定,合议庭必须执行。但是,1991年正式颁布的《民诉法》,以及2007年、2012年两次修正后的《民诉法》,都未再保留这一条文的规定。

综上,根据《人民法院组织法》和三大诉讼法的规定,我们认为,审判委员会是我国各级人民法院内设的审判业务的指导和监督机构,其主要任务是:总结审判经验,对审判工作中带有根本性、全局性的问题进行研究,并作出权威性指导;其审判职权是:讨论重大、疑难、复杂案件的法律适用问题,讨论决定本院已经发生法律效力的判决、裁定、调解书②是否再审的问题。

因此,审判委员会与合议庭之间的关系是:指导与被指导、监督与被监督的关系。但是,审判委员会并不直接审理案件,不能作为“最高审判组织”替代合议庭行使对争议案件的裁判权。

实践中,审判委员会与合议庭的关系协调问题,困扰着各级法院的审判工作,最高法院主要是通过发布相关司法文件对此予以指导。例如,最高法院发布的《合议庭工作规定》(法释〔2002〕25号)对二者关系从两个方面加以明确:一是在其第12条明确规定了合议庭应当提请院长决定提交审判委员会讨论决定的案件范围;二是在其第13条明确规定了合议庭的复议权,即合议庭对审判委员会的决定有异议的,可以提请院长决定提交审判委员会复议一次。最高法院2010年1月11日发布的《审委会实施意见》(法发〔2010〕3号)第11条规定,人民法院审理下列案件时,合议庭可以提请院长决定提交审判委员会讨论:①合议庭意见有重大分歧、难以作出决定的案件;②法律规定不明确,存在法律适用疑难问题的案件;③案件处理结果可能产生重大社会影响的案件;④对审判工作具有指导意义的新类型案件;⑤其他需要提交审判委员会讨论的疑难、复杂、重大案件。合议庭没有建议提请审判委员会讨论的案件,院长、主管副院长或者庭长认为有必要的,得提请审判委员会讨论。第12条规定,需要提交审判委员会讨论的案件,由合议庭层报庭长、主管副院长提请院长决定。院长、主管副院长或者庭长认为不需要提交审判委员会的,可以要求合议庭复议。审判委员会讨论案件,合议庭应当提交案件审理报告。案件审理报告应当符合规范要求,客观、全面反映案件

① 最高法院《审委会制度实施意见》(法发〔2010〕3号)第3条也有类似规定:审判委员会是人民法院的最高审判组织,在总结审判经验,审理疑难、复杂、重大案件中具有重要的作用

② 2012年《民诉法》修正后的第198条,将再审范围由修正前第177条规定的“判决、裁定”增加为“判决、裁定、调解书”。

事实、证据以及双方当事人或控辩双方的意见，说明合议庭争议的焦点、分歧意见和拟作出裁判的内容。案件审理报告应当提前发送审判委员会委员。第13条规定，审判委员会讨论案件时，合议庭全体成员及审判业务部门负责人应当列席会议。对本院审结的已经发生法律效力的案件提起再审的，原审合议庭成员及审判业务部门负责人也应当列席会议。院长或者受院长委托主持会议的副院长可以决定其他有必要列席的人员。审判委员会讨论案件，同级人民检察院检察长或者受检察长委托的副检察长可以列席。第17条规定，审判委员会以会议决议的方式履行对审判工作的监督、管理、指导职责。

第二节 回避制度

【引例5-2】

S市L县法院受理刘一诉邻居陈二财产损害赔偿纠纷一案。刘一委托在某律师所执业的张三律师担任自己的诉讼代理人；陈二则向法院申请当时在案发现场的李四出庭作证。开庭审理时，原告刘一申请证人李四回避，理由是李四是被告陈二的姐夫，肯定不会客观地提供证言；被告陈二则申请回避原告代理律师张三和合议庭中的人民陪审员王五，理由为张三律师是原告刘一的女婿，陪审员王五又是张三的初中同学。[1]

请问：本案中，(1)原告、被告的回避申请能否得到法院的支持？

(2)若L县法院院长决定人民陪审员刘某不回避，则被告李某能否向S市中级人民法院申请复议？

一、回避制度的概念

回避制度，作为我国民事诉讼法的一项基本制度，是指民事诉讼中，审判人员及其他有关人员遇有法律规定的情形时，退出对某一具体案件的审理或者其他诉讼活动的制度。

回避制度是程序正义对诉讼制度基本要求的直接体现。2012年修正《民诉法》时，对回避制度也进行了完善。

① 案例来源：本书主编宁教铭曾在法院工作期间承办的案件。

二、回避的适用对象与法定事由

依《民诉法》第 44 条和《民诉检察监督规则》第 9、18 条的规定，民事诉讼中回避制度的适用对象包括审判员、人民陪审员、书记员、翻译人员、鉴定人、勘验人、检察员。

关于回避的适用对象与法定事由，现行《民诉法》在 2012 年作了如下方面的修正：

(1) 对原第 45 条第 1 款进行了修正，作为第 44 条第 1 款规定，审判人员有下列情形之一的，应当自行回避，当事人有权用口头或者书面方式申请他们回避：①是本案当事人或当事人、诉讼代理人近亲属的；②与本案有利害关系的；③与本案当事人、诉讼代理人有其他关系，可能影响对案件公正审理的。即增加规定了审判人员遇有这些法定事由时，应当自行回避。

(2) 同时增加第 2 款规定，审判人员接受当事人、诉讼代理人请客送礼，或者违反规定会见当事人、诉讼代理人的，当事人有权要求他们回避。

(3) 增加第 3 款规定，审判人员有前款规定的行为的，应当依法追究法律责任。这样，一方面将最高法院发布的《法官职业道德基本准则》(法发〔2010〕53 号)第 13 条规定的“不私自单独会见当事人及其代理人、辩护人”等对法官的职业道德规范，上升为法律规定，另一方面也与《仲裁法》规定的仲裁员回避的法定事由相一致。

(4) 原第 45 条第 2 款，相应地修正为第 44 条第 4 款：“前三款规定，适用于书记员、翻译人员、鉴定人、勘验人。”显然，2012 年修正后的《民诉法》对回避制度的规定，相比修正之前有了进一步的完善。

根据《民诉检察监督规则》第 9、18 条的规定，人民检察院办理民事诉讼监督案件，实行回避制度，其回避的事由，同样是上述《民讼法》第 44 条规定的法定情形。

从上述规定可知：

(1) 审判人员的回避，不仅包括审判员，还包括人民陪审员，因为“审判人员”并不等同于“审判员”，人民陪审员虽然不是审判员，但属于审判人员。

(2) 证人并不属于回避制度的适用范围，因为证人具有不可替代性和稀缺性，能否作为证人的标准是其是否知道案件情况，法律也并没有规定与一方当事人具有某种利害关系的人就不能作为证人。

(3) 诉讼代理人也不适用回避制度，因为诉讼代理人参加诉讼的目的，本身就是为了维护自己所代理的一方当事人的合法利益，自然具有偏向性。

[引例 5-2：解析(1)] 我们在分析此类案例时，不要急于去寻找是否存在法定的回避事由，而是应当首先判断被申请回避的人员是否属于回避制度的适用范围。本案中，原告刘一申请回避的李四是本案的证人，而证人不适用回避制度；被告申请回避的张三律师，是原告的诉讼代理人，而诉讼代理人也是回避制度的适用对象。因此，本案中，原告刘一对证人李四、被告陈二对原告诉讼代理人张三律师的回避申请，因申请对象不属于回避制度的适用范围，而均不能得到法院的支持。但被告陈二申请回避的合议庭成员王五，则属于回避制度的适用范围，至于该申请能否得到法院支持，取决于其申请理由是否充足。

三、回避的方式与程序

【真题实训 5-3】

关于回避，下列哪一说法是正确的？(2010，卷三，37)

A. 当事人申请担任审判长的审判人员回避的，应由审委会决定

B. 当事人申请陪审员回避的，应由审判长决定

C. 法院驳回当事人的回避申请，当事人不服而申请复议，复议期间被申请回避人不停止参与本案的审理工作

D. 如当事人申请法院翻译人员回避，可由合议庭决定

(一) 回避的方式

从修正后的《民诉法》第 44 条的规定可知，回避的方式包括以下两种：

1. 自行回避

也有人称之为“积极回避”，是指民事诉讼中，回避对象遇有法律规定的回避情形时，应当自行主动提出回避申请，要求退出案件的审理或其他诉讼活动。

2. 申请回避

也有人称之为“消极回避”，是指当事人[1]认为回避对象具有法律规定的回避事由，而以口头或书面方式提出申请，要求回避对象退出案件的审理或其他诉讼活动。

(二) 回避的程序

1. 回避申请的提出

自行回避的，回避对象应当在知道有应当回避的法定情形时主动提出申请，并停止参与本案的审理或其他诉讼活动；当事人提出回避申请的，在案件开始审理时提出；回避事由在案件开始审理后才知道的，也可以在法庭辩论终结前提出。当事人申请回避时，还应当提出事实，并说明理由。

2. 回避申请的处理

无论是自行回避，还是申请回避，都由法院作出决定。但不同的回避对象，对应于不同的决定主体。根据《民诉法》第 46 条以及《检察监督规则》的规定，在民事诉讼中，不同回避对象的决定主体，分别如下：

(1) 法院院长担任审判长时的回避，由审判委员会决定。

(2) 审判人员的回避，由法院院长决定。

(3) 其他人员的回避，由审判长决定。

---

① 有教材认为：申请回避的主体是“当事人及其诉讼代理人”。笔者认为，如此表述并不严谨。因为《民诉法》第 44、45、47 条均规定，只有当事人才有回避的申请权和复议权；“当事人及其法定代理人”的回避之申请和复议权，只是在《刑诉法》第 28、29、30 条中才有规定，且“诉讼代理人”不同于“法定代理人”。

(4) 检察人员的回避:在民事诉讼检察监督案件中,检察长的回避,由检察委员会讨论决定;检察人员和其他人员的回避,由检察长决定。检察委员会讨论检察长的回避问题时,由副检察长主持,检察长不得参加。

[真题实训 5-3](2010,卷三,37)答案:C。考点:回避的决定主体。法律依据:《民诉法》第 46、47 条。解析:民事诉讼中,院长以外的审判人员的回避,均由院长决定,故 A、B 两项说法错误;翻译人员属审判人员外的其他人员,其回避由审判长决定,故 D 项说法错误;回避决定复议期间,被申请回避的人员,不停止参与本案的工作,故 C 项说法正确。

【相关链接】

民事诉讼中的回避决定权与刑事诉讼、民商事仲裁中的回避决定权的差异。

(1) 民事诉讼与刑事诉讼中,法院院长或检察院检察长的回避,均由审判委员会或检察委员会决定;审判人员或检察人员的回避,均由法院院长或检察院检察长决定。二者差异在于对其他人员的回避决定权,即民事诉讼中,法院审判人员以外的其他人员的回避,由审判长决定;民事诉讼检察监督案件中,检察人员和其他人员的回避,均由检察长决定;而刑事诉讼中,其他人员的回避,属于哪个机关或由哪个机关指派或聘请,就由哪个机关的正职负责人决定,而不是由审判长决定。例如:刑事诉讼中,公安机关侦查人员以及鉴定人员等的回避,均由公安机关负责人决定;检察机关的检察人员及其翻译人员等,均由检察长决定;法院书记员、鉴定人员等的回避,均由法院院长决定,而不能由审判长决定。简言之,审判长的回避决定权,只能适用于民事诉讼中对审判人员以外的其他人员的回避。

(2) 民商事仲裁中,仲裁员的回避,由仲裁委员会主任决定;仲裁委员会主任担任仲裁员时的回避,由仲裁委员会决定。与合议庭的审判长的回避决定权不同,仲裁庭的首席仲裁员并没有回避决定权。

3. 作出回避决定的时限及补救

根据《民诉法》第 47 条,人民法院对当事人提出的回避申请,应当在申请提出的 3 日内,以口头或者书面形式作出决定。

申请人对回避申请被驳回的决定不服的,可以在接到决定时申请复议一次。人民法院对复议申请,应当在 3 日内作出复议决定,并通知复议申请人。值得注意的是,只有当事人有申请复议的权利,而被决定回避的人员无权申请复议。

[引例 5-2:解析(2)] 本案中,若 L 县法院院长决定人民陪审员刘某不回避,则被告李某不能向 S 市中级法院申请复议。因为对回避决定不服的,只能向作出决定的法院申请复议一次,即同级复议,而不能向作出复议决定的法院的上一级法院申请复议。

四、回避的法律效力

(1) 被申请回避的人员,在人民法院作出是否回避的决定之前,应当暂停参与本案的工作,但案件需要采取紧急措施的除外。

(2) 复议期间,被申请回避的人员,不停止参与本案的工作。

(3) 法院作出回避的决定后,不影响已经进行的诉讼程序的效力。

【相关链接】

此处民事诉讼不同于民商事仲裁。在民商事仲裁中,因回避而重新选定仲裁员后,当事人可以申请重新进行已经进行过的仲裁程序。是否准许,由仲裁庭决定。仲裁庭也可以未经当事人申请而自行决定已经进行过的仲裁程序是否重新进行。此外,《仲裁法》中也并没有规定仲裁当事人可以对仲裁庭的回避决定申请复议。

【真题实训 5-4】

某区法院审理原告许某与被告某饭店食物中毒纠纷一案。审前,法院书面告知许某合议庭由审判员甲、乙和人民陪审员丙组成时,许某未提出回避申请。开庭后,许某始知人民陪审员丙与被告法定代表人是亲兄弟,遂提出回避申请。关于本案的回避,下列哪一说法是正确的?(2015,卷三,36)

A. 许某可在知道丙与被告法定代表人是亲兄弟时提出回避申请

B. 法院对回避申请作出决定前,丙不停止参与本案审理

C. 应由审判长决定丙是否应回避

D. 法院作出回避决定后,许某可对此提出上诉①

第三节 公开审判制度

【引例 5-3】

甲科研所与乙公司针对某减肥产品的配方专利发生争议并诉至法院。开庭审理前,乙公司以该案涉及公司商誉和商业秘密为由,申请不公开审理。法院经审查后认为该案可以公开审理,遂未准许被告请求而是决定公开审理。

请问:法院决定公开审理本案的做法是否合法?

① [真题实训 5-4](2015,卷三,36)答案:A。法律依据:《民诉法》第 44 条第 1 款,第 45 条第 1、2 款,第 46 条。

一、公开审判制度的概念

公开审判制度，作为我国民事诉讼法的一项基本制度是指人民法院审判民事案件，除法律规定的情形以外，审判过程应当向群众公开、向社会公开的制度。

完整的审判过程，包括：审前准备、开庭审理、裁判形成、宣告判决等 4 个主要阶段。公开审判所公开的对象，是案件的开庭审理和宣告判决两个阶段的活动。

原告起诉并被法院受理以后，案件进入审前准备阶段。在此阶段，当事人双方通过法官的沟通与平等协商，争议很有可能调解或和解解决。若一旦如此，则并不需要进入审理阶段。案件处在审前准备阶段，将案件的信息传播控制在较小范围之内，能防止不必要地激化当事人双方的对立情绪，更有利于在较为缓和的气氛中使案件得以和解或者调解解决，因此，审前准备活动是不公开的。

裁判形成，即审判人员对案件的事实认定与法律适用形成判断的活动，分为心理判断的形成与裁判文书的形成两个阶段。审判人员心理判断形成的活动，是民事诉讼过程中最具有实质意义的活动。在宁静的心态之下，远比在众目睽睽之下，更有利于理性心理判断的形成。因此，为避免审判人员受到不必要的干扰，避开常人难以抵御的心理困扰，审判人员心理判断的形成过程是不公开的。作为心理判断形成过程纸面化的裁判文书的形成，就是裁判文书的写作。基于同样的理由，裁判文书的形成过程也是不公开的。

裁判是审判过程的最终“产品”，裁判要具有说服力，就必须具有说理性。尽管裁判人员心理判断的形成过程是不公开的，但心理判断形成以后，心理判断形成的逻辑线索与依据却有必要清楚地体现在裁判文书之中，以便体现裁判人员心理判断过程的合法性与合理性。与审前准备、裁判形成的阶段不同，案件的开庭审理与宣告判决阶段具有较强的“可视性”。开庭审理、宣告判决的过程向公众公开，有其内在的合理性与独特的功能。

具体而言，公开审判包括公开开庭、公开举证和质证、公开辩论、公开宣判。

审判过程向群众公开、向社会公开，具有两个层面的内涵：一是对一定范围内的群众公开，允许群众旁听法院对民事案件的审理活动；二是向新闻媒体公开，允许新闻媒体对民事案件的审理进行采访和报道，以使社会知悉审判过程。

【真题实训 5-5】

唐某作为技术人员参与了甲公司一项新产品研发，并与该公司签订了为期 2 年的服务与保密合同。合同履行 1 年后，唐某被甲公司的竞争对手乙公司高薪挖走，负责开发类似的产品。甲公司起诉至法院，要求唐某承担违约责任并保守其原知晓的产品。关于该案的审判，下列哪一说法是正确的？(2012，卷三，36)

A. 只有在唐某与甲公司共同提出申请不公开审理此案情况下，法院才可不公开审理

B. 根据法律的规定，该案不应当公开审理，但应当公开宣判

C. 法院可以根据当事人的申请不公开审理此案，但应当公开宣判

D. 法院应当公开审理此案并公开宣判

公开审判是程序正义的首要要素，以此而言，所有案件都应公开审理。但在一些个案当中，公开审判可能导致一些秘密信息的泄露，致使国家、企业利益或个人生活遭受损害。此类情形下的公开审判，以牺牲过高的实体正义为代价，显然弊大于利，故从寻求程序正义与实体正义矛盾最小化的整体正义观考虑，设置公开审判的例外情形也是必要的。

我国《民诉法》规定的不公开审理的情形，包括两类：一是法律规定应当不公开审理的情形，二是依当事人申请可以不公开审理的情形。

（一）法律规定应当不公开审理的三类案件

根据《民诉法》第 134 条第 1 款，下列三类民事案件应当不公开审理：①涉及国家秘密的案件；②涉及个人隐私的案件；③法律另有规定的案件。

依《保守国家秘密法》第 2 条以及第 8、9 条的规定，国家秘密是关系国家的安全利益，依照法定程序确定，在一定时间内只限一定范围的人员知悉的事项。政党的秘密事项中符合规定的，也属于国家秘密。国家秘密的密级，分为“绝密”“机密”“秘密”三级。国家秘密，与国民的公共信息知情权相对，只有国家秘密之外的公共信息，国民才享有知情权。人民法院审理民事案件，如果涉及国家秘密，就不应当公开进行。

个人隐私，是指当事人不愿为社会公众所知的隐秘性信息。隐私的特定性很强，同样的信息，如财产与收入状况，对一类主体是隐私，而对另一类主体可能就不是隐私。我国现行《民诉法》将涉及个人隐私的案件，列为应当不公开审理的案件。

（二）依当事人申请可以不公开审理的两类案件

《民诉法》第 134 条第 2 款规定，离婚案件、涉及商业秘密的案件，当事人申请不公开审理的，可以不公开审理。此即依当事人申请可以不公开审理的两类案件。

一般而言，离婚案件中的当事人都有不愿让外人知晓的一些情感挫折、心理体验，如果公开审判，一方面有可能导致当事人不能如实表达自己的真实意思，不能使婚姻纠纷得以真正解决；另一方面还可能会使一些当事人不愿让外人知悉的秘密信息泄露，从而造成不必要的伤害。因此，为避免上述后果的出现，离婚案件当事人可以申请不公开审理。

商业秘密，是指不为公众所知悉、能为权利人带来经济利益、具有实用性并经权利人采取保密措施的技术信息和经营信息。最高法院《民诉法解释》（法释〔2015〕5 号）第 220 条明确，《民诉法》第 68、134、156 条规定的商业秘密，是指生产工艺、配方、贸易联系、购销渠道等当事人不愿公开的技术秘密、商业情报及信息。商业秘密是企业在市场竞争中的关键要素，它能使一个企业在市场竞争中起死回生或陷入绝境，为避免这种情况的出现，当事人可以申请对涉及商业秘密的案件不公开审理。

对离婚案件和涉及商业秘密的案件，法律之所以采取“可以申请不公开审理”的态度，主要是对当事人意思自治的尊重。因为有些离婚案件的当事人，并不在意自己的婚姻内幕公之于众；有些企业也不认为商业秘密的泄露会给企业发展带来不利影响。在此类情形下，违背当事人意愿进行不公开审理，并不具有合理性。

[应用提示]①既然是依当事人申请可以不公开审理，那么，当事人仅有程序上的申请权，最终是否不公开审理，法院有最终的决定权；②当事人一方申请不公开审理，无须另一方的同意，只要有一方申请不公开审理且法院认为符合法律规定，就可以不公开审理。

［真题实训 5-5］（2012，卷三，36）答案：C。考点：公开审判制度。解析：依《民诉法》第134条，不公开审理包括依法律规定应当不公开审理和依当事人申请可以不公开审理两种情形。依当事人申请可以不公开审理的案件，只要有一方当事人申请而无须对方同意，选项A说法要求双方共同申请，所以错。本案属依当事人申请可以不公开审理而非法律规定应当不公开审理的案件，故选项B、D说法均错。依《民诉法》第148条第1款，法院对公开或不公开审理的案件，一律公开宣告判决，故选项C说法正确。

（三）两种情形竞合时的处理

【案例分析 5-1】

王燕与李军在一次"驴友"会上相识并闪婚。婚后，因李军贪玩网游且好与异性接触，夫妻俩经常争吵，矛盾不断激化。王燕遂决定"闪离"而诉至法院，并向法院提交了用以证明被告李军有婚外情的照片和录音带的复制件。承办法官认为，离婚案件本属依当事人申请可以不公开审理的案件，但原告、被告均未向法院提出不公开审理申请，因此决定公开审理此案。①

请问：本案承办法官的想法和决定是否合法？

民事诉讼实践中的案件情形，并不如上所述的情形这么简单。比如，当离婚案件与涉及个人隐私的案件竞合时，如何处理？

如上所述，离婚案件属于依当事人申请可以不公开审理的案件。但离婚案件不公开审理的前提，是当事人提出不公开审理的申请。若当事人并不申请不公开审理，则法院无权决定离婚案件不公开审理，由此可见，离婚案件是否不公开审理，属于当事人行使处分权的范围。但当事人处分自己的民事权利和诉讼权利，应当在法律规定的范围之内，如果离婚案件涉及个人隐私，那么当事人行使处分权时，必须遵从涉及个人隐私的案件属于应当不公开审理的法律规定。因此，当离婚案件涉及个人隐私时，按照涉及个人隐私的案件处理，即依法应当不公开审理。

［案例分析 5-1：解析］本案承办法官的想法和决定不合法。本案的特殊性在于，本案属离婚案件与涉及个人隐私案件的竞合。二者竞合时，应当按涉及个人隐私案件对待，依《民诉法》第134条第1款规定不公开审理，而无须当事人提出不公开审理申请。

不过，离婚案件并不必然都涉及个人隐私，我们不应当对离婚案件作过于扩大化的解释。换言之，有的离婚案件可能涉及个人隐私，因而成为法定不公开审理的案件，此时该类

① 案例来源：本书主编宁教铭（北京德和衡（广州）律师事务所兼职律师）承办的诉讼代理案件，当事人姓名有改。

案件应被界定为涉及个人隐私的案件，而不应当仅仅视为离婚案件对待；而依当事人申请不公开审理的离婚案件，仅仅是指那些并不涉及个人隐私的离婚案件。

【相关链接】

民事诉讼中，当事人为未成年人的案件，既不属于法定不公开审理的案件，也不属于依当事人申请可以不公开审理的案件。而刑事诉讼中，依《刑法》第 274 条，审判的时候被告人不满 18 周岁的案件，不公开审理。但经未成年被告人及其法定代理人同意，未成年被告人的所在学校和未成年人的保护组织，可派代表到场。

二、公开审判与具体制度的关系

（一）公开审理与开庭审理

开庭审理，是指在人民法院审判人员的主持下，在双方当事人和其他诉讼参与人的参加下，依照法定的程序与形式，于确定的期日在法庭上对争议案件进行审理的诉讼活动，是民事诉讼的重要阶段。

开庭审理是人民法院适用第一审程序审理民事案件的必经程序。“开庭审理”不等于“公开审理”，因为开庭审理包括公开开庭审理和不公开开庭审理；“不公开审理”也不等于“不开庭审理”，因为一审程序中，不公开审理的案件，也是需要开庭审理的。

【相关链接】

民事诉讼，以公开开庭审理为原则，以不公开开庭审理为例外；而民商事仲裁，以不公开开庭审理为原则，以公开开庭审理和书面审理为例外。

（二）法定不公开审理与法定不公开质证

依《证据规定》第 48 条，涉及国家秘密、商业秘密、个人隐私或者法律规定应当保密的证据，不公开质证。

在学习和应用中，不能混淆了法定不公开审理的情形与法定不公开质证的情形：

（1）《证据规定》第 48 条规定的法定不公开质证的情形，与《民诉法》第 134 条第 1 款规定的法定不公开审理的情形，并不完全等同：涉及商业秘密，是法定不公开质证的情形，但并不是法定不公开审理的情形，而仅仅是依当事人申请可以不公开审理的情形。

（2）不公开审理，自然也不公开质证；但公开审理的案件，并不必然都公开质证。如公开审理涉及商业秘密的案件时，对涉及商业秘密的相关证据进行质证，依法应当采用不公开质证的方式。

［引例 5-3：解析］本案中，损害商誉并非依申请不公开审理的法定事由，涉及商业秘密也仅属依申请“可以”不公开审理的情形，法院对是否公开审理享有最终决定权，因此，法院决定公开审理此案的做法并不违法。但在公开审理本案的过程中，若对涉及该减肥产品配

方等商业秘密的相关证据进行质证时，则法院应当对这一部分证据进行不公开质证。

（三）公开审判与裁判文书的说理制度

《民诉法》第152条第1款规定：判决书应当写明判决结果和作出该判决的理由。第154条第3款规定：裁定书应当写明裁定结果和作出该裁定的理由。这两处规定，是2012年修正《民诉法》时新增的内容，也都是公开审判基本制度的具体体现，即基本制度与具体制度之间的关系。

（四）公开审判与公众的裁判文书查阅权

2012年修正《民诉法》时，还专门规定了公众的裁判文书查阅权，即新增了第156条规定：公众可以查阅发生法律效力的判决书、裁定书，但涉及国家秘密、商业秘密和个人隐私的内容除外。这同样也是公开审判制度的具体体现。

[规律总结]依《民诉法》第156条，公众查阅裁判文书受到三个方面限制（也称查阅裁判文书“三不能”）：①未生效，不能查；②调解书，不能查；③涉密涉私，不能查（涉密，包括涉及国家秘密、商业秘密；涉私，是指涉及个人隐私）。

司法公开，是全社会监督司法活动的前提条件。审判公开是司法公开的重要内容。按照中共中央《依法治国决定》提出的构建开放、动态、透明、便民的阳光司法机制的要求，推进审判公开，要依法及时公开审判依据、程序、流程、结果和生效法律文书，杜绝暗箱操作。加强法律文书释法说理，建立生效法律文书统一上网和公开查询制度。

第四节　两审终审制度

【引例5-4】

王某以夫妻感情不和起诉离婚，一审法院经审理判决不准予离婚。王某上诉，二审法院经审理认为应当判决离婚，并对财产分割与子女抚养一并作出判决。[①]

请问：本案中，二审法院的判决是否符合两审终审制度的要求？

一、两审终审制度的概念

两审终审制度，作为我国民事诉讼法的一项基本制度，是指一个民事案件经过两级人民

① 案例来源：根据真题（2010，卷三，88）的题干改编，参见本节[真题实训5-6]。

法院的审理，即宣告终结的制度。

根据《法院组织法》的规定，人民法院的组织系统共分为 4 级，即最高人民法院、高级人民法院、中级人民法院和基层人民法院。各级人民法院都可以受理第一审民事案件，但权限与分工不同。除最高法院对第一审民事案件所作出的裁判，属于终审裁判，不准上诉以外，其他各级法院所作出的第一审裁判，当事人不服，可以上诉至上一级法院（即第二审法院），第二审法院所作出的裁判，为终审裁判，当事人不得再次提起上诉。

我国目前对民事案件的审判实行两审终审制度，比较符合我国国情。我国地域辽阔、交通不便，若审级过多，则不仅不利于人民群众进行民事诉讼，且也不利于正常的生产经营和工作生活。同时，为保证错案得以纠正，2007 年 10 月 28 日第十届全国人大常委会第 30 次会议对《民诉法》中的审判监督制度作了较大修改，如果人民法院作出的终审裁判确有错误，当事人还可通过审判监督程序予以纠正。

二、两审终审制度的例外

我国 1982 年通过的《民诉法（试行）》和 1991 年通过的《民诉法》，将两审终审作为民事诉讼的一项基本制度确定下来，并根据《法院组织法》的规定对案件的级别管辖、上诉程序作了具体规定，在特殊审理程序中规定了一审终审制。自此，我国民事诉讼中形成了两审终审制为原则、一审终审制为例外的审级制度。

为了更准确地理解两审终审为原则、一审终审为例外的审级制度，首先需要对民事案件进行分类。人民法院依法受理的民事案件，可以分为两大类，即诉讼案件与非诉讼案件。所谓诉讼案件，是指因民事法律关系而引起的具体民事权利义务的争议案件，或者因民事法律关系本身的存在与否，以及是否变更、消灭而引起的民事争议案件；所谓非诉讼案件（也可简称为“非讼案件”），是指并不因民事法律关系而发生具体的争议，而只是请求人民法院确认一定事实状态的民事案件，也称“非民事权益争议案件”。例如，适用特别程序、督促程序、公示催告程序审理的案件，都属于非讼案件。

另外，在学习两审终审制度时，要着重把握两审终审制度的例外，即实行一审终审制度的特殊情形。在我国目前，实行一审终审制度的情形具体包括：

（1）非讼案件，即适用特别程序、督促程序、公示催告程序的案件，实行一审终审。

（2）最高法院审理的诉讼案件，以及基层法院及其派出法庭适用小额诉讼程序审理的诉讼案件，实行一审终审。

（3）确认婚姻效力的诉讼案件，实行一审终审制度。《婚姻法解释（一）》（法释〔2001〕30号）第 9 条规定：人民法院审理宣告婚姻无效案件，对婚姻效力的审理不适用调解，应当依法作出判决；有关婚姻效力的判决一经作出，即发生法律效力。

（4）以调解方式结案的诉讼案件，实行一审终审。依《民诉法》第 97 条，调解达成协议，法院应当制作调解书。调解书经双方当事人签收后，即具有法律效力，不得上诉。

（5）大多数的民事裁定，实行一审终审。根据《民诉法》第 154 条第 2 款和最高法院《民事级别管辖异议规定》（法释〔2009〕17 号）第 4 条的规定，只有下列裁定，才实行两审终审，才能上诉：①不予受理的裁定；②对管辖权有异议的裁定；③驳回起诉的裁定；④管辖权转移的裁定。①

【真题实训 5-6】

王某与钱某系夫妻，因感情不和王某提起离婚诉讼，一审法院经审理判决不准予离婚。王某不服提出上诉，二审法院经审理认为应当判决离婚，并对财产分割与子女抚养一并作出判决。关于二审法院的判决，下列哪些选项违反了《民诉法》的原则或制度？（2010，卷三，88）②

A. 处分原则　　B. 辩论原则　　C. 两审终审制度　D. 回避制度

［真题实训 5-6］（2010，卷三，88）答案：ABC。考点：民事诉讼法的基本原则与制度。解析：二审法院对于离婚案件的处理，《民诉法解释》第 329 条③有明确规定。依该条规定，一审判决不准离婚的案件，当事人上诉后，第二审法院认为应当判决离婚的，可以根据当事人自愿的原则，与子女抚养、财产问题一并调解；调解不成的，发回重审。

本题中，二审法院直接一并作出判决，其做法不仅违反了上述司法解释的直接规定，也违反了民事诉讼法的下列基本原则和制度：①处分原则。依《民诉法》第 13 条，当事人有权在法律规定的范围内处分自己的民事权利和诉讼权利。题干显示，对于“财产分割与子女抚养问题”，当事人并没有提出诉讼请求，而二审法院却对其直接作出判决，剥夺了当事人的处分权，故 A 当选。②辩论原则，是指在人民法院主持下，当事人有权就案件事实和争议问题，各自陈述自己的主张和根据，互相进行反驳和答辩，以维护自己的合法权益。本题中，二审法院直接在判决中对财产与子女抚养问题作出判决，剥夺了王某对财产与子女抚养问题发表看法、陈述自己的主张和根据、进行反驳和答辩的权利，产生的判决结果自然违反辩论原则，故 B 当选。③两审终审制度，即一个民事案件经过两级法院的审理即宣告终结的制度，当事人不服第一审的判决或裁定，可以向上一级法院上诉。本题中，二审法院对“财产分割与子女抚养问题”直接作出判决，剥夺了当事人的上诉权，损害当事人的审级利益，违反了两审终审制度，故 C 当选。④本题中并没有涉及回避制度，故 D 不当选。

［引例 5-4：解析］本案中，二审法院的判决不符合两审终审制度的要求。理由如上述［真题实训 5-4］解析之③。

【本章小结】

若将民事诉讼法比作一座大厦，则基本原则是这座大厦的规划蓝图，基本制度就是大厦

① 最高法院法释〔2009〕17 号第 4 条规定：上级人民法院根据民事诉讼法第 39 条第 1 款的规定，将其管辖的第一审民事案件交由下级人民法院审理的，应当作出裁定。当事人对裁定不服提起上诉的，第二审人民法院应当依法审理并作出裁定。经作者对照，此司法解释中所指的“民事诉讼法第 39 条第 1 款”，对应于 2012 年第二次修正后的现行《民诉法》第 38 条第 1 款，该条款规定的是管辖权转移。

② 本书作者均认为，此真题的问题表述很成问题。我们认为：原题中的问题表述“关于二审法院的判决，下列哪些选项违反了《民诉法》的原则或制度？”似应表述为：“二审法院的判决，违反了《民诉法》的下列哪些原则或制度？”

③ 原《民诉法意见》（法发〔1992〕22 号）第 185 条。

的框架结构。框架结构的合理性、稳定性、时代性，奠定了大厦的功能基础，塑造了大厦的风格。我国民事诉讼法的基本制度具有合理性、稳定性、时代性，坚实地支撑着民事诉讼活动的顺利开展，民诉活动正是通过这些具体制度的贯彻实施得以正常进行。本章系统阐述了合议、回避、公开审判、两审终审制度的基本内容及其在民事诉讼中的具体体现。

【国家统一法律职业资格考试辅导专栏】

（1）从历年考试的情况来看，民事诉讼四项基本制度是常考领域，主要考查方式是结合案例，将某项基本制度和具体规则相连接，进行综合性、多知识点的考查。

（2）历年考点：合议制度；回避制度；公开审判制度；两审终审制度。

（3）历年真题：2015 卷三 36（回避制度）；2014 卷三 47（重审合议庭的组成）；2012 卷三 36（公开审判制度）；2010 卷三 37、88（回避、两审终审制度）；2008 全国卷三 83，四川卷三 36、49（合议庭的组成形式）。

（4）备考重点：①法定不公开审理与依申请不公开审理情形的区分；不公开审理与不公开质证情形的区别；公开审理与公众的裁判文书查阅权；②回避的适用对象、事由、方式、决定机关与救济机制，与仲裁回避制度的异同；③陪审制的适用范围，合议庭的组织形式及其与审理程序类型的对应关系，民事诉讼与民商事仲裁中合议庭的比较；④两审终审制度的例外情形。

【本章练习】

一、判断题（共 10 小题）

1. 我国民事诉讼法的四项基本制度是合议、回避、公开审判和两审终审制度。（　　）

2. 混合式合议庭，是指由 3 名以上单数的审判员、人民陪审员组成的审判庭；单一式合议庭，是指由 3 名以上单数的审判员组成而没有人民陪审员参与的审判庭。（　　）

3. 我国民事案件合议庭的组成形式，因案件审理程序的不同而不同。（　　）

4. 一审程序的合议庭，既可以是单一式合议庭，也可以是混合式合议庭，可以吸收陪审员参与；二审程序的合议庭，只能是单一式合议庭，只能由审判员组成，不得吸收人民陪审员参与。（　　）

5. 重审案件的合议庭，既可以是单一式合议庭，也可以是混合式合议庭，可以吸收陪审员参与。（　　）

6. 特别程序中的合议庭，只能是单一式合议庭，由审判员组成，不得吸收人民陪审员参与。（　　）

7. 人民检察院办理民事诉讼监督案件，实行回避制度。（　　）

8. 在民事诉讼中，法院审判人员以外的其他人员的回避，由审判长决定；民商事仲裁中，仲裁庭的首席仲裁员并没有回避决定权。（　　）

9. 民事诉讼中，被申请回避的人员，在作出是否回避的决定前，不停止参与本案的工

作;对回避决定申请复议期间,被申请回避的人员,应当暂停参与本案的工作,但案件需要采取紧急措施的除外。（　　）

10. 离婚案件、涉及商业秘密的案件,只要当事人申请不公开审理,法院就应当不公开审理。（　　）

二、单项选择题(共5小题)

1. 下列关于审判组织的说法中,正确的是(　　)。

A. 再审程序中只能由审判员组成合议庭

B. 在一部分社会影响较大案件的第二审程序中,可以吸收人民陪审员参加合议庭

C. 只要是第一审普通程序,均可以吸收人民陪审员参加合议庭

D. 在特别程序中,仅选民资格案件适用合议制

2. 关于民事诉讼中合议庭的表决方式,下列说法中,正确的是(　　)。

A. 合议庭表决实行少数服从多数原则,但判决书中可以注明少数意见

B. 合议庭无法形成多数意见时,按照审判长的意见作出判决

C. 不同于仲裁合议庭中的首席仲裁员,审判长在表决过程中并没有特权

D. 若人民陪审员参与合议庭,则在表决前,法官应当对人民陪审员进行法律适用方面的指导

3. 下列关于回避制度的表述中,错误的是(　　)。

A. 回避制度的适用对象,包括审判人员以及审判辅助人员,但不包括证人

B. 审判人员违反规定会见诉讼代理人的,当事人有权以口头或书面方式要求其回避

C. 当事人对回避决定申请复议的,复议期间,被申请回避的人员应当暂停职务,但紧急情况除外

D. 如果被告张某在法庭调查阶段才发现审判员是原告的未婚夫,则此时张某仍有权提出回避申请

4. 有关审判组织的形式,下列说法正确的是(　　)。

A. 只有在第一审案件中,才允许人民陪审员参与合议庭

B. 二审程序的审判组织形式,一律为合议制

C. 公示催告程序应当适用合议制

D. 适用第一审程序审理的再审案件,可以适用简易程序,由审判员一人独任审理

5. 有关民事诉讼的审判公开制度,下列表述中正确的是(　　)。

A. 案件的审理、合议庭的评议、判决的宣告,均应当公开

B. 所有不公开审判的一审案件,均须开庭审理

C. 对于涉及个人隐私的案件,人民法院应当根据当事人的申请进行不公开审理

D. 离婚案件只有在当事人提出申请的情况下,才不公开审理

三、多项选择题(共5小题)

1. 下列案件中,应当适用合议制的有(　　)。

A. 公示催告程序的除权判决　　B. 重大、疑难的认定财产无主案件

C. 适用特别程序的案件　　D. 选民资格案件

2. 对当事人临时提出回避申请的处理方法,以下哪些是错误的?(　　)

A. 裁定撤销案件　　B. 裁定延期审理
C. 裁定中止诉讼　　D. 裁定终结诉讼

3. 以下有关我国民事诉讼基本制度的理解中，正确的有（　　）。

A. 我国对诉讼争议案件一律实行两审终审制，对非讼案件则一律采用一审终审制

B. 适用简易程序审理案件可以适用独任制，但适用独任制审理的案件不一定都是简易程序案件

C. 合议庭评议案件实行少数服从多数的原则，不能形成多数意见时，由审判长决定

D. 涉及个人隐私的离婚案件，属于法定不公开审理的案件

4. 下列关于我国民事诉讼审级制度的表述中，错误的有（　　）。

A. 一审法院适用简易程序审理的案件，当事人都可以上诉

B. 法院适用公示催告程序审理的案件，当事人可以上诉

C. 民事公益诉讼案件实行一审终审

D. 最高法院审理的第一审民事案件，原则上一审终审

5. 关于公众有权查阅的范围，下列表述中，错误的有（　　）。

A. 所有发生法律效力的判决书、裁定书

B. 所有发生法律效力的裁定书

C. 发生法律效力的判决书、裁定书、调解书，但涉及国家秘密、商业秘密和个人隐私的内容除外

D. 合议庭的评议笔录

四、问答题（共 4 小题）

1. 比较民事诉讼中的合议庭与民商事仲裁中的合议制仲裁庭各自的评议规则，二者有何异同？

2. 试比较《民诉法》与《仲裁法》中的回避制度。

3. 试述我国民事诉讼中，公开审判制度的例外情形有哪些？

4. 我国民事诉讼中，两审终审制度的例外情形有哪些？

五、案例分析题（共 3 小题）

中国甲公司诉美国乙公司侵犯其商标权和专利权案件，因属重大涉外案件，其第一审由某中级人民法院审理。① 据此案情，请回答下列问题：

1. 本案的合议庭由院长张三、审判员李四和人民陪审员王五组成，赵六为书记员，孙七为翻译人员。下列有关回避相关事项的说法中，正确的有（　　）。

A. 若院长张三的妻子是甲公司的法定代表人，则应由上一级法院决定张三是否回避

B. 若书记员赵六是乙公司代理律师周八的同胞兄弟，则应由院长张三决定书记员赵六是否回避

C. 若审判员李四是甲公司代理律师（兼职律师）徐教授指导的研究生，张三担任审判长，则审判员李四是否回避的决定应当由本院审判委员会作出

D. 若翻译人员孙七的妻子是甲公司的员工，则应由张三决定翻译人员孙七是否回避

---

① 案例来源：本案例即本书第五章“民事诉讼法的基本制度”之[引例 5-1]。

2. 在本案第二次开庭前，乙公司发现院长张三的妻子是甲公司的法定代表人，经乙公司申请，张三被决定回避，法院安排吴九替代张三参加合议庭。在此情形下，本案已经经过的诉讼程序效力如何？（　　）

A. 由审判长决定是否重新进行

B. 若当事人申请重新进行，则应重新进行

C. 已经过的诉讼程序全部无效，应重新进行

D. 已经经过的诉讼程序有效，诉讼程序继续进行

3. 在本案第二次开庭之前，甲公司发现审判员李四接受了乙公司诉讼代理律师的请客送礼，遂向法院提出回避申请。在此情形下，下列说法中错误的有（　　）。

A. 在法院作出是否同意回避的决定之前，李四原则上不停止执行与本案有关的职务

B. 对甲公司提出的回避申请，法院应当在申请提出的七日之内，以口头或书面形式作出决定

C. 若法院决定李四不回避，甲公司不服，则甲公司可以在接到决定时向上一级法院申请复议一次

D. 若法院决定李四不回避，甲公司不服而申请复议，则在复议期间，李四原则上应当停止执行与本案有关的职务，但有紧急情况的除外

第六章 主管与管辖

【学习目标】

■ 知识目标：

了解民事诉讼主管、民事诉讼各类管辖的概念；

理解确定民事诉讼管辖的原则、民事诉讼法所规定的民事诉讼各类管辖的具体内容、不同类别管辖之间的关系、管辖权异议和管辖恒定制度。

■ 能力目标：

掌握各类管辖适用的条件。

【本章需要预习的主要法律、法规】

1.《民诉法》第17～38条、第194～195条，《刑诉法》第25条、《行诉法》第22条；

2. 最高法院《民诉法解释》(法释〔2015〕5号)第1～42条；

3.《人民调解法》第3、7、19条，最高法院《调解协议审理规定》(法释〔2002〕29号)；

4.《仲裁法》第2～5条；

5.《劳动争议调解仲裁法》第3、5、19、47、49条；

6.《土地承包调解仲裁法》第2～4条，第12～13条，第18、48条；

7. 中组部、人社部、总政治部《人事争议处理规定》(人社部发〔2011〕88号)第2、32、36条，最高法院《事业单位人事争议审理规定》(法释〔2003〕13号)第2条；

8. 全国人大常委会《北、上、广设知产法院决定》，最高法院《知产法院案件管辖规定》(法释〔2014〕12号)。

第一节 民事诉讼主管

【引例 6-1】

何某 2014 年 7 月博士毕业后被聘为某公立本科院校法律系专职教师。2015 年 5 月因履行聘用合同与单位发生争议，双方协商未果，何某欲起诉该院校。

请问：何某若向该校所在的 G 市 T 区人民法院起诉，能否得到该法院立案受理？并简述理由。[①]

一、民事诉讼主管的概念

民事诉讼中的主管，是指人民法院依照法律、法规规定，受理一定范围内民事纠纷的权限，也即确定人民法院与其他国家机关、社会组织之间解决民事纠纷的权限与分工。

就实质而论，主管所要解决的是审判权的问题。凡是属于人民法院主管的民事纠纷，当事人起诉符合条件的，人民法院都应当受理，适用民事诉讼法规定的程序进行审理和裁判；凡不属人民法院主管的民事纠纷，即使当事人起诉的，人民法院也不应当受理。

二、民事诉讼主管的标准

《民诉法》第 3 条规定："人民法院受理公民之间、法人之间、其他组织之间以及他们相互之间因财产关系和人身关系提起的民事诉讼，适用本法的规定。"这条规定，为我们确定了民事诉讼主管的标准，即以发生争议的实体法律关系是否属于民事法律关系为标准，来划定民事诉讼主管的范围。民事诉讼法，是保证民事实体法律实施的程序法，因此民事诉讼法将因民事法律关系发生的争议作为法院民事诉讼主管的对象。

人民法院主管的民事纠纷，具有以下特征：

(1) 主体的平等性，即人民法院受理的是平等主体的公民、法人、其他组织相互之间发生的民事纠纷。一是如果纠纷是发生在不平等主体之间的管理与被管理的过程之中，则不属人民法院受理民事诉讼的范围；二是作为平等诉讼主体的，并不仅限于我国的公民、法人或其他组织，还包括平等主体的外国人、无国籍人、外国企业或组织。

(2) 内容的特定性，即人民法院受理的是平等主体之间因财产关系和人身关系引起的民事纠纷，而不是因其他社会关系引起的纠纷。这是从民事诉讼所解决的实体问题上，确定

① 案例来源：本章作者宁教铭(北京德和衡(广州)律师事务所)兼职律师工作期间接受的咨询案件之一。

了人民法院主管的标准。也就是说，公民之间、法人之间、其他组织之间以及他们相互之间因财产关系和人身关系提起的民事诉讼，才由人民法院受理。

所谓财产关系，是指人们在生产、交换、分配、消费物质财富的过程中所发生的社会关系；所谓人身关系，是指人们在社会生活中基于人格和身份所发生的或基于创造发明而支配一定精神财富发生的社会关系，如名誉权关系、著作权关系、发明关系等等。

(3) 程序的法定性，即只有人民法院受理的民事纠纷的处理，才适用民事诉讼法的程序规定，由其他组织主管的民事纠纷的处理，则不适用民事诉讼法的程序规定。这是从民事诉讼所解决的程序问题上，确定了人民法院主管的标准。

《民诉法》第 3 条关于适用范围（主管）的上述内容，是原则性的概括规定。该法第十五章关于选民资格案件和非诉讼案件的列举性规定，也是属于民事诉讼主管的内容。

三、民事诉讼主管的范围

在我国，财产关系和人身关系又有许多法律部门从不同的角度予以调整。如平等主体的公民之间、法人之间、公民和法人之间的财产关系和人身关系，由民法调整；国家行政机关在行政管理活动中所发生的财产关系和人身关系，由行政法调整；劳动报酬、社会保险、福利、劳动保护、劳动合同等有关的财产关系和人身关系，由劳动法调整；与婚姻家庭有关的财产关系和人身关系，则由婚姻法调整。其中，由民法、商法、婚姻法调整的平等主体之间因财产关系和人身关系所发生的纠纷，是民事诉讼主管的主要对象。

我国民事讼诉主管的范围，具体包括下列各项：

(1) 因民法、婚姻法、继承法、收养法等民事实体法所调整的平等主体之间的财产关系和人身关系所发生的民事纠纷，如生命权、健康权、身体权纠纷、夫妻财产约定纠纷、探望权纠纷、被继承人债务清偿纠纷、确认收养关系纠纷等等。

(2) 因商事法、经济法调整的平等主体之间的财产关系和人身关系所发生的纠纷，如票据纠纷、股权转让纠纷等等。

(3) 因劳动法调整的劳动关系所发生的纠纷。劳动纠纷的解决主要有 4 种方式，即和解、劳动争议调解、劳动争议仲裁、诉讼。其中，和解与劳动争议调解是基于当事人自愿的解纷机制；劳动争议仲裁是诉讼的前置性程序；当事人对劳动争议仲裁裁决不服的，可以在法定期间内向有管辖权的人民法院起诉。

(4) 其他法律规定，应当由人民法院受理的案件。如《企业破产法》规定，破产案件由人民法院主管。破产案件的审理程序，该法没有规定的，适用《民诉法》的有关规定。

四、法院主管与其他组织主管民事纠纷的关系

(一) 法院主管与人民调解委员会调解

【真题实训 6-1】

张某与李某产生邻里纠纷，张某将李某打伤。为解决赔偿问题，双方同意由人民调解委

员会进行调解。经调解员黄某调解，双方达成赔偿协议。关于该纠纷的处理，下列哪一说法是正确的？(2010，卷三，35)

A. 张某如反悔不履行协议，李某可就协议向法院起诉

B. 张某如反悔不履行协议，李某可向法院提起人身损害赔偿诉讼

C. 张某如反悔不履行协议，李某可向法院申请强制执行调解协议

D. 张某可以调解委员会未组成合议庭为由，向法院申请撤销调解协议

全国人大常委会于2010年8月28日通过了《人民调解法》，自2011年1月1日起施行。依该法第7条，人民调解委员会是依法设立的调解民间纠纷的群众性组织；第5条规定，国务院司法部负责指导全国的人民调解工作，县级以上地方政府司法行政部门负责指导本行政区域的人民调解工作，基层法院对人民调解委员会调解民间纠纷进行业务指导。

《人民调解法》第3条规定，人民调解委员会调解民间纠纷，应当遵循下列原则：①自愿原则，即在当事人自愿、平等基础上进行调解；②合法原则，即人民调解不得违背法律、法规和国家政策；③尊重当事人权利原则，即人民调解应尊重当事人权利，不得因调解而阻止当事人依法通过仲裁、行政、司法等途径维护自身权益。可见，人民调解并非民事诉讼的必经阶段，民事纠纷是否通过人民调解方式解决，完全取决于当事人的自愿选择。

为强化调解协议对当事人的约束力，就调解协议的约束力问题，2002年9月16日最高法院专门公布了《人民调解协议审理规定》(法释〔2002〕29号)，自2002年11月1日起施行。其第1条明确规定，经人民调解委员会调解达成的，有民事权利义务内容，并由双方当事人签字或盖章的调解协议，具有民事合同性质，当事人应当按照约定履行自己的义务，不得擅自变更或者解除调解协议。

《人民调解法》第19条规定，人民调解委员会根据调解纠纷的需要，可以指定一名或数名人民调解员进行调解，也可由当事人选择一名或数名人民调解员进行调解。第31条规定，经人民调解委员会调解达成的调解协议，具有法律约束力，当事人应按约定履行。第32条规定，经人民调解委员会调解达成调解协议后，当事人之间就调解协议的履行或调解协议的内容发生争议的，一方当事人可向人民法院起诉。第33条规定，经人民调解委员会调解达成调解协议后，双方当事人认为有必要的，可自调解协议生效之日起30日内共同向人民法院申请司法确认，人民法院应当及时对调解协议进行审查，依法确认调解协议的效力。人民法院依法确认调解协议有效，当事人一方拒绝履行或未全部履行的，对方可向人民法院申请强制执行。人民法院依法确认调解协议无效的，当事人可以通过人民调解方式变更原调解协议或者达成新的调解协议，也可以向人民法院提起诉讼。

2012年修正《民诉法》时，在其第十五章“特别程序”第六节规定了“确认调解协议案件”，即新增第194、195条，专门规定了经人民调解达成的调解协议，当事人共同申请司法确认的管辖法院及其裁定与执行。

[真题实训6-1](2010，卷三，35)答案：A。考点：人民调解协议的效力、民事诉讼与人民调解的联系。解析：理由如上。法律依据为：《人民调解法》第32、33、19条，即依第32条，A正确、B错误；依第33条，C错误；依第19条，D错误。

（二）法院主管与仲裁机构仲裁

如前所述，仲裁是解决纠纷的一种重要方式。根据我国的相关法律、法规的规定，仲裁主要有民商事仲裁、劳动争议仲裁、农村土地承包经营纠纷仲裁、人事争议仲裁等。[①]

1. 民商事仲裁

全国人大常委会于1994年8月31日通过的《仲裁法》，自1995年9月1日起施行。该法第2条规定，平等主体的公民、法人和其他组织之间发生的合同纠纷和其他财产权益纠纷，可以仲裁；第3条规定，下列纠纷不能仲裁：①婚姻、收养、监护、扶养、继承纠纷；②依法应当由行政机关处理的行政争议。

民事诉讼与民商事仲裁，是两种并列的具有法律效力的纠纷解决方式，二者是或裁或审的关系，即当事人一旦以仲裁协议选择仲裁方式解决纠纷，则应当申请仲裁，法院不应当受理。《仲裁法》第5条规定，当事人达成仲裁协议，一方向人民法院起诉的，法院不予受理，但仲裁协议无效的除外。第4条规定，当事人采用仲裁方式解决纠纷，应当达成仲裁协议。没有仲裁协议，一方申请仲裁的，仲裁委员会不予受理。相对于民事诉讼实行两审终审制度，民商事仲裁则实行一裁终局制度。仲裁裁决一经作出，即具法律效力。当事人就同一纠纷再申请仲裁或向人民法院起诉的，仲裁委员会或者人民法院均不予受理。

2. 劳动争议仲裁

2007年12月29日全国人大常委会通过了《劳动争议调解仲裁法》，自2008年5月1日起施行。根据该法第19条，劳动争议仲裁委员会，由劳动行政部门代表、工会代表和企业方面代表组成，组成人员应当是单数。

《劳动争议调解仲裁法》第3条规定，劳动争议仲裁，解决我国境内的用人单位与劳动者发生的下列劳动争议：①因确认劳动关系发生的争议；②因订立、履行、变更、解除和终止劳动合同发生的争议；③因除名、辞退和辞职、离职发生的争议；④因工作时间、休息休假、社会保险、福利、培训以及劳动保护发生的争议；⑤因劳动报酬、工伤医疗费、经济补偿或赔偿金等发生的争议；⑥法律、法规规定的其他劳动争议。依该法第27条，劳动争议申请仲裁的时效期间为1年，从当事人知道或应当知道其权利被侵害之日起计算。

在劳动争议仲裁与法院主管的关系上，依《劳动争议调解仲裁法》第5条，发生劳动争议，当事人可向劳动争议仲裁委员会申请仲裁；只有对仲裁裁决不服的，才可向法院起诉，即劳动争议仲裁是劳动争议民事诉讼的前置程序。劳动争议实行先裁后审，导致事实上大多数劳动争议经过一裁两审（一次劳动仲裁、两级法院审理）才得以解决。

与民商事仲裁实行一裁终局不同，劳动争议仲裁实行有限制、有条件的终局裁决制度，即根据该法第47条的规定，下列劳动争议，除本法另有规定的外，仲裁裁决为终局裁决，裁决书自作出之日起发生法律效力：①追索劳动报酬、工伤医疗费、经济补偿或者赔偿金，不超过当地月最低工资标准12个月金额的争议；②因执行国家的劳动标准在工作时间、休息休假、社会保险等方面发生的争议。

所谓"本法另有规定"，一是指依该法第48条规定，劳动者对本法第47条规定的仲裁裁

① 宁教铭，杨云其. 我国现行仲裁规范的体系结构及其重构[J]. 理论界，2009(8)：111-112.

决不服的，可以自收到仲裁裁决书之日起15日内向人民法院起诉，即上列劳动争议，即便是对劳动者也不是一裁终局；二是指依该法第49条规定，用人单位有证据证明本法第47条规定的仲裁裁决有“适用法律、法规确有错误”等6种法定情形之一[①]，可以自收到仲裁裁决书之日起30日内向劳动争议仲裁委员会所在地的中级人民法院申请撤销裁决。仲裁裁决被法院裁定撤销的，当事人双方可以自收到裁定书之日起15日内就该劳动争议事项向人民法院提起诉讼。也即第47条所列案件的终局裁决，只是对用人单位而言，用人单位只有在依法撤销该类劳动争议的仲裁裁决以后，才有权在法定期限内向人民法院提起劳动争议民事诉讼。

《劳动争议调解仲裁法》第47条规定以外的其他大多数劳动争议仲裁案件，都不实行终局裁决制度，即双方当事人对第47条规定以外的其他劳动争议的仲裁裁决不服的，可自收到裁决书之日起，15日内向法院起诉；期满不起诉的，裁决书发生法律效力。

3. 农村土地承包经营纠纷仲裁

全国人大常委会于2009年6月27日通过了《土地承包调解仲裁法》，自2010年1月1日起施行。这是我国迄今为止的第3部冠名“仲裁法”的法律。

根据该法第12条，农村土地承包仲裁委员会，根据解决农村土地承包经营纠纷的实际需要，在当地政府指导下设立；可在县和不设区的市设立，也可在设区的市或其市辖区设立；第13条规定，农村土地承包仲裁委员会，由当地政府及其有关部门代表、有关人民团体代表、农村集体经济组织代表、农民代表和法律、经济等相关专业人员兼任组成，其中农民代表和法律、经济等相关专业人员不得少于组成人员的二分之一。

《土地承包调解仲裁法》第2条规定了农村土地承包经营纠纷，包括以下6种：①因订立、履行、变更、解除和终止农村土地承包合同发生的纠纷；②因农村土地承包经营权转包、出租、互换、转让、入股等流转发生的纠纷；③因收回、调整承包地发生的纠纷；④因确认农村土地承包经营权发生的纠纷；⑤因侵害农村土地承包经营权发生的纠纷；⑥法律、法规规定的其他农村土地承包经营纠纷。因征收集体所有的土地及其补偿发生的纠纷，不属于农村土地承包仲裁委员会的受理范围，可以通过行政复议或者诉讼等方式解决。第18条规定，农村土地承包经营纠纷申请仲裁的时效期间为2年，自当事人知道或者应当知道其权利被侵害之日起计算。

根据《土地承包调解仲裁法》第3、4条的规定，发生农村土地承包经营纠纷的，当事人可以自行和解，也可请求村民委员会、乡(镇)政府等调解；和解、调解不成或不愿和解、调解的，可向农村土地承包仲裁委员会申请仲裁，也可直接向法院起诉。第48条规定，当事人不服仲裁裁决的，可自收到裁决书之日起30日内向法院起诉。逾期不起诉的，裁决书即发生法律效力。可见，农村土地承包经营纠纷的仲裁与诉讼，既不同于民商事仲裁与诉讼的或裁或审、一裁终局的关系，也不同于劳动争议的仲裁与诉讼的仲裁前置、一裁二审的关系，而是可裁可诉、一裁二审。换言之，发生农村土地承包经营纠纷的，当事人既可向农村土地承包仲裁委员会申请仲裁，也可向人民法院起诉；且农村土地承包的仲裁裁决不具有终局裁决效力，当事人不服，可在法定期间(30日)内向法院起诉。

① 参见《劳动争议调解仲裁法》第49条规定。

4. 人事争议仲裁

2007年8月9日中共中央组织部、人事部、总政治部联合印发了《人事争议处理规定》，自2007年10月1日起实施。该规定于2011年8月15日根据中共中央组织部、人力资源和社会保障部、总政治部《关于修改人事争议处理规定的通知》作了修正。

根据《人事争议处理规定》第2条规定，适用该规定处理的人事争议，具体包括：①实施公务员法的机关与聘任制公务员之间、参照《公务员法》管理的机关（单位）与聘任工作人员之间，因履行聘任合同发生的争议；②事业单位与工作人员之间，因解除人事关系、履行聘用合同发生的争议；③社团组织与工作人员之间，因解除人事关系、履行聘用合同发生的争议；④军队聘用单位与文职人员之间，因履行聘用合同发生的争议；⑤依照法律、法规规定，可以仲裁的其他人事争议。根据该规定第36条，因考核、职务任免、职称评审等发生的人事争议，按照有关规定处理，而不适用该规定。

根据该规定第32条，当事人对仲裁裁决不服的，可按《公务员法》《中国人民解放军文职人员条例》，及最高法院相关司法解释的规定，自收到裁决书之日起15日内向法院起诉；逾期不起诉的，裁决书即发生法律效力。可见，对人事争议的解决，我国实行的是仲裁前置、一裁两审的制度，即人事争议仲裁是诉讼的前置程序，仲裁裁决不具有终局效力。

根据最高法院《事业单位人事争议案件审理规定》（法释〔2003〕13号）第2条，当事人对依照国家有关规定设立的人事争议仲裁机构所作的人事争议仲裁裁决不服，自收到仲裁裁决之日起15日内向法院起诉的，法院应当依法受理。

[引例6-1：解析]何某若向该校所在的G市T区法院起诉，不能得到该法院的立案受理。理由如下：根据《人事争议处理规定》第2条，事业单位与工作人员之间，因解除人事关系、履行聘用合同发生的争议，属于适用该规定处理的人事争议。故本案中何某与某公立本科院校因履行聘用合同而发生的争议，应适用《人事争议处理规定》处理。而依该《规定》第32条，对人事争议的解决，我国实行仲裁前置、一裁二审的制度，即人事争议仲裁是诉讼的前置程序，人事争议仲裁裁决不具有终局效力。因此，何某只有先申请人事争议仲裁；若对仲裁裁决不服，才可以在收到仲裁裁决之日起15日内向法院起诉。

从近年考试的情况来看，越来越注重相关知识点的综合考查，如本节所引[真题实训6-1]（2010，卷三，35）的考点，就是民事诉讼与人民调解的联系、人民调解协议的效力。因此，考生在复习备考时，一定要有主动联系多个知识点的自觉意识。

综上，相对于民商事仲裁，劳动争议仲裁、土地承包纠纷仲裁、人事争议仲裁均属于特殊的仲裁制度，法律和相关规定并没有要求以当事人达成仲裁协议为仲裁的前提，但这类特殊仲裁的裁决，通常不具有终局效力，当事人对仲裁裁决不服的，可以在法定期间内①向法院提起诉讼；逾期不起诉的，裁决书即发生法律效力。

（三）法院主管与行政机关解决民事纠纷

解决民事纠纷，本应是人民法院的职责和社会组织的职能，但现代社会的发展使得解决

---

① 《劳动争议调解仲裁法》第48条规定的是15日内；《农村土地承包经营纠纷调解仲裁法》第48条规定的是30日内；《人事争议处理规定》第32条规定的是15日内。

纠纷的技术性、专业性增强，数量日益激增，使传统的解纷组织难以应付。而行政机关不但拥有各类专业人才，且在处理行政问题时附带处理民事争议，程序相对简略，又不收费，有利于节省解决纠纷的成本，因此也受到欢迎。在我国，随着社会事务的复杂化，许多法律、法规都规定了行政机关可以对民事纠纷作出调解或裁决。这种调解或裁决是解决民事纠纷的方式之一，但不是最终的方式，当事人不服的，还可向人民法院提起诉讼。

1. 行政调解

行政调解，是指行政机关主持的，以自愿为原则，以法律、法规为依据，通过说服教育，促使民事纠纷主体互谅互让，达成协议的纠纷解决机制之一。

行政调解，与民间调解和诉讼调解一起，构成具有中国特色的调解制度，对解决民事纠纷、维护社会稳定等方面发挥着重要作用。因此，中共中央《依法治国决定》提出要完善司法调解与人民调解、行政调解的联动工作体系。关于行政调解，目前没有统一的法律规定，实践中出现较多的行政调解有：①基层行政机关对民事纠纷的调解，如农村乡（镇）政府、城镇街道办事处的司法助理员、民政助理员等主持的调解。②行政主管机关在处理民事纠纷时主持的调解，如依《道路交通安全法》第 74 条，对交通事故损害赔偿争议，当事人可请求公安机关交通管理部门调解，也可直接向法院起诉；经公安机关调解，当事人没有达成协议或调解书生效后不履行的，当事人可向法院起诉。行政调解并非严格意义上的行政行为，对调解协议不服的，当事人可以另一方为被告，向法院提起民事诉讼。

2. 行政裁决

行政裁决，是指行政机关作为解决纠纷的居中人，对与特定行政行为相关的民事纠纷作出裁决的一种纠纷解决机制。因此，一些法律、法规赋予了某些行政机关对与行政管理有关的民事纠纷先行处理的权力，但同时又确定了司法最终裁判的原则，即当事人不服行政机关对民事纠纷的裁决，可向法院提起诉讼，由法院作出最终裁判。

根据我国现行法律、法规的规定，实行行政裁决制度的领域，主要包括：①权属纠纷的裁决，即对自然资源的确权裁决，如对土地、矿藏、水流、森林、山岭、草原、荒地、滩涂、海域等自然资源的所有权、使用权的裁决。②侵权纠纷的裁决，诸如专利法、商标法、治安管理处罚法有关民事侵权赔偿的裁决。如依《专利法》第 57 条，专利侵权纠纷，由当事人协商解决；不愿协商或协商不成的，专利权人或利害关系人可向法院起诉，也可请求管理专利工作的部门处理。管理专利工作的部门处理时，认定侵权行为成立的，可以责令侵权人立即停止侵权行为，当事人不服的，可自收到处理通知之日起 15 日内依《行政诉讼法》向法院起诉；侵权人期满不起诉又不停止侵权行为的，管理专利工作的部门，可申请法院强制执行。进行处理的管理专利工作的部门，应当事人的请求，可以就侵犯专利权的赔偿数额进行调解；调解不成的，当事人可依《民诉法》向法院起诉。③补偿纠纷的裁决。如《城市房屋拆迁管理条例》第 16 条规定，拆迁人与被拆迁人，或者拆迁人、被拆迁人与房屋承租人达不成拆迁补偿安置协议的，经当事人申请，由房屋拆迁管理部门裁决。房屋拆迁管理部门是被拆迁人的，由同级政府裁决。

上述行政机关对平等主体之间的民事争议作出的行政裁决，当事人不服而提起诉讼的案件，具有以下特点：①同一案件中，既有行政争议又有民事争议；②这类争议发生在平等主体之间，不由行政行为而引起，因此本质上属于民事争议；③这类民事争议，与具有国家行政职权的机关和组织履行职务的行为相关，其中的民事行为往往同时受到行政法律规范的调整；④这类行政裁决，是行政机关单方作出的具有确定力和执行力的具体行政行为；⑤这类案件可以分开审理，但民事案件的解决，一般须以行政案件的解决为前提条件。对行政裁决不服的，还可以向人民法院提起诉讼。

第二节 管辖概述

【引例 6-2】

S 市 F 区法院受理了两起案件：①欧某诉黄某房屋产权纠纷，按原告欧某起诉时争议房屋的市值，第一审管辖法院为 F 区法院；诉讼过程中，争议房屋所属小区门口附近增开地铁出入口，且有著名连锁超市和数家银行营业厅入驻小区，争议房屋市值因此骤然增加，超过了 F 区法院的管辖范围。②甲公司诉乙开发商建筑工程合同纠纷，原告起诉时要求被告支付所拖欠的工程款，按原告起诉时的诉讼标的额，第一审管辖法院为 F 区法院。诉讼过程中，原告甲公司增加了要求被告乙开发商支付所拖欠工程款的延付利息和违约金，导致诉讼标的额也超过了 F 区法院的管辖范围。两案中，被告方均提出了管辖权异议，要求由 F 区法院的上一级法院即 S 市中级人民法院管辖。[①]

请问：两案中，被告黄某和被告乙开发商的管辖权异议，是否成立？

一、管辖的概念和意义

（一）管辖的概念

管辖，是指人民法院系统内，确定各级人民法院之间和同级人民法院之间受理第一审民事案件的分工和权限。所谓分工，是指人民法院主管的第一审民事案件，分别由不同的法院受理；所谓权限，是指一定的法院有权受理哪些第一审民事案件。

管辖，对法院而言，是在人民法院内部落实民事审判权的一项具体制度；对当事人来说，当民事权益发生争议或受到侵害时，应当向哪一级的哪一个法院去起诉或应诉，法律应当予以明确规定，以免当事人告状无门或者滥诉、乱诉。

---

① 案例来源：本章作者宁教铭（北京德和衡（广州）律师事务所兼职律师）所承办案件：①在欧某诉黄某房屋产权纠纷案中，担任原告欧某的诉讼代理人；②在甲公司诉乙开发商建筑工程合同纠纷案中，为被告乙开发商的常年法律顾问。两案均系公开审理的案件。

管辖与主管，既相区别又有联系。主管解决的是法院同有关组织之间处理民事纠纷或其他纠纷的分工和权限问题，而管辖解决的是法院系统内部处理第一审民事案件的分工和权限问题。此乃两者的区别。二者的联系在于，主管是确定管辖的前提和基础，管辖是主管的体现和落实。

管辖权与审判权的关系也是如此。审判权，是国家赋予人民法院审理民事案件的权力；管辖权，则是法院系统内部某一级人民法院或者某一个人民法院所具有的审理具体民事案件的权限。审判权是确定管辖权的前提，凡不属人民法院审判权行使范围内的事项，人民法院都无权管辖；管辖权则是审判权的进一步落实，审判权要通过行使管辖权来体现。因此，凡是确定了某个具体法院有管辖权的案件，这个法院对该案件就有审判的权力，同时也有审判的义务；不属于自己管辖的案件，则无权处理。

（二）管辖的意义

民事纠纷的最终解决是司法解决，即法院对民事纠纷的审理和裁判。而法院的审判所面临的首要问题则是管辖问题。因此，合理确定第一审案件的管辖权，无论理论上还是实践中，都具有非常重要的意义：

(1) 有利于各个法院明确自己的管辖范围，正确行使审判权，及时、合法地审理民事案件。管辖不明，容易造成法院之间互相推诿或者争执，影响案件的及时审理。

(2) 有利于当事人行使诉权，及时起诉，避免因管辖不明而投诉无门、四处奔波、费时耗资，致使合法权益得不到及时保护。

(3) 有利于维护国家主权。对于涉外民事案件，人民法院依照我国法律规定行使管辖权，保护当事人合法权益，实际上与维护国家主权密切相关。

(4) 有利于发挥各级各地法院的积极性。合理确定法院内部的管辖权，注重各级各地法院的职能，便于明确责任、排除干扰，提高办案的质量和效率。

二、管辖的确定原则

确定管辖的原则是指确定管辖所依据的准则。我国《民诉法》关于管辖的规定，主要考虑了以下原则：

（一）便于当事人依法行使诉权

为便于公民、法人和其他组织依法行使诉讼权利，我国《民诉法》规定，绝大部分的第一审民事案件，都由基层法院管辖。

（二）便于人民法院行使审判权

《民诉法》根据各类民事案件的不同情况以及各级法院的辖区和不同的诉讼关系，合理规定了不同的管辖，以利于各级、各个人民法院依法行使审判权。

（三）便于人民法院裁判的执行

人民法院的民事判决和裁定，往往都涉及执行的问题。判决和裁定不能依法执行，不仅影响了人民法院在群众中的威信，而且有损法律的尊严。因此，确定管辖时，必须考虑到裁判的执行问题。例如，因不动产引起的民事诉讼，由不动产所在地法院管辖，就有利于不动产案件裁判的执行。

（四）有利于法院公正审判，维护当事人合法权益

《民诉法》在确定管辖时，为避免地方保护主义，规定了对合同纠纷案件的协议管辖；考虑到各级法院的办案能力，规定了案件的级别管辖，以利法院及时、公正审判。

（五）原则性和灵活性相结合

为适应各种特殊情况，有必要赋予上级法院处理管辖问题的机动权，因此，《民诉法》在确定法定管辖的同时，又规定了机动灵活的裁定管辖制度。

三、管辖的分类及其层次体系

我国《民诉法》第二章“管辖”第一节“级别管辖”，从第17条至第20条，共4个条文；第二节“地域管辖”，从第21条至第35条，共15个条文；第三节的标题是“移送管辖和指定管辖”，从第36条至第38条，共3个条文，依次分别规定了移送管辖、指定管辖，以及管辖权转移。这是我国《民诉法》对民事诉讼管辖所作的法定分类，即级别管辖、地域管辖、裁定管辖（包括移送管辖、指定管辖、管辖权转移）。

同时，我们还可从不同层次，依不同标准，从理论上对民事诉讼管辖进行分类。

第一，民事诉讼管辖从整体而言，按照确定管辖的依据是立法者的法律规定，还是法院的依法裁定或者是当事人的自由协商，分为法定管辖、裁定管辖、协议管辖。法定管辖，是指由立法者通过法律明文规定第一审民事案件的管辖法院；裁定管辖，是指由人民法院依法裁定的方式决定案件的管辖法院；协议管辖，是指由当事人依照法律的规定以协议的方式约定其案件的管辖法院。这是第一个层次的分类。

第二，第二个层次的分类，即法定管辖又分为级别管辖、地域管辖、专属管辖；裁定管辖，又分为指定管辖、移送管辖、管辖权转移。

第三，第三个层次的分类。级别管辖，按照法院的四级设置，分为基层法院、中级法院、高级法院、最高法院的管辖；地域管辖，又分为一般地域管辖和特殊地域管辖；专属管辖，又包括因不动产纠纷、港口作业纠纷、遗产继承纠纷等提起的三类诉讼的管辖。

第四，第四个层次的分类。一般地域管辖，又包括通常规定的被告住所地（或经常居住地）法院管辖，和例外规定的原告住所地（或经常居住地）法院管辖；特殊地域管辖，又分为合同纠纷案件的管辖、侵权纠纷案件的管辖，以及其他纠纷（包括公司诉讼、保险合同纠纷、票据纠纷、运输合同纠纷、海难救助、共同海损）案件的管辖。

四、管辖的恒定[①]

管辖的恒定，是指民事案件管辖权的确定以原告起诉时为准，起诉时对案件享有管辖权的法院，不因确定管辖的相关因素在诉讼过程中发生变化而影响其对案件的管辖权。管辖恒定，包括下列三种类型：

---

① 2013年、2014年、2015年、2016年的国家司法考试大纲，都将管辖恒定以及最高法院关于管辖恒定的有关司法解释，列入“民事诉讼法与仲裁制度”部分的考试内容。参见中华人民共和国司法部.2016年国家司法考试大纲[M].北京：法律出版社，2016.

1. 级别管辖恒定

级别管辖恒定，是指按起诉时的诉讼标的额确定级别管辖后，不因诉讼过程中诉讼标的额的增加或者减少（如股票股价涨跌、房屋市值升降等）而变动。但当事人变更诉讼请求、增加诉讼标的额或提起反诉的标的额超出受诉法院管辖范围的除外，以防止规避管辖的情形发生。1996 年 5 月 7 日，最高法院在给山东省高级法院《关于执行级别管辖规定几个问题的批复》（简称《级别管辖批复》）第 2 条规定：当事人在诉讼中增加诉讼请求从而加大诉讼标的额，致使诉讼标的额超过受诉法院级别管辖权限的，一般不再予以变动；但是当事人故意规避有关级别管辖等规定的除外。这一规定，体现了管辖恒定的原则要求和滥用管辖恒定规避管辖的除外。

级别管辖恒定的适用情形，主要是诉讼过程中，诉讼标的额的自然增加或减少。我们认为，对于诉讼过程中诉讼标的额的增加或减少，需要区分引起诉讼标的额变化的原因，是自然因素还是人为因素。如果是自然因素引起，则适用管辖恒定；如果是人为因素引起，则不能适用管辖恒定。最高法院《级别管辖异议规定》（法释〔2009〕17 号）第 3 条规定，提交答辩状期间届满后，原告增加诉讼请求金额致使案件标的额超过受诉法院级别管辖标准，被告提出管辖权异议，请求由上级法院管辖的，人民法院应当依法审查并作出裁定。

[引例 6-2：解析]在①欧某诉黄某房屋产权纠纷案件中，导致诉讼标的额增加的，是市场变化这一自然因素，因而适用管辖恒定，故被告黄某的管辖权异议不能成立，该案仍由 F 区法院管辖。而在②甲公司诉乙开发商建筑工程合同纠纷案件中，导致诉讼标的额增加的，是原告甲公司增加诉讼请求这一人为因素，因而不适用管辖恒定。故被告乙开发商的管辖权异议成立，该案应由 S 市中级法院管辖，而不再由 S 市 F 区法院管辖。法律依据为上述司法解释，即 1996 年《级别管辖批复》第 2 条和 2010 年《级别管辖异议规定》第 3 条。

2. 地域管辖恒定

地域管辖恒定，是指按起诉时的标准确定地域管辖以后，不因诉讼过程中确定地域管辖因素的变动而改变。地域管辖恒定的适用情形，主要包括以下几个方面：

(1) 诉讼过程中，当事人的住所地、经常居住地发生变化的，适用管辖恒定。最高法院《民诉法解释》（法释〔2015〕5 号）第 37 条规定，案件受理后，受诉法院的管辖权不受当事人住所地、经常居住地变更的影响。

(2) 诉讼过程中，因行政区划变化而导致法院辖区变化的，适用管辖恒定。《民诉法解释》第 38 条规定，有管辖权的法院受理案件后，不得以行政区域变更为由，将案件移送给变更后有管辖权的法院；判决后的上诉案件和依审监程序提审的案件，由原审法院的上级法院审判；上级法院指令再审、发回重审的案件，由原审法院再审或者重审。

3. 反诉管辖恒定

诉讼过程中，被告依法提起反诉并被法院受理的，审理本诉案件的法院因此取得了反诉案件的管辖权；即使本诉原告撤回了本诉，也不影响受诉法院对反诉案件的管辖权。

管辖恒定制度，有利于维护程序安定，避免管辖确定后，因相关因素的变化导致受诉法院丧失管辖权而引起诉讼程序的不安定；有利于提高司法效率，避免管辖的不确定导致司法资源的浪费和当事人的讼累，保证案件的及时处理、防止诉讼的延误。

【真题实训 6-2】

2008年7月，家住A省的陈大因赡养费纠纷，将家住B省甲县的儿子陈小诉至甲县法院，该法院受理了此案。2008年8月，经政府正式批准，陈小居住的甲县所属区域划归乙县管辖。甲县法院以管辖区域变化对该案不再具有管辖权为由，将该案移送至乙县法院。乙县法院则根据管辖恒定原则，将案件送还至甲县法院。下列哪些说法是正确的？(2009，卷三，80)

A. 乙县法院对该案没有管辖权　　　B. 甲县法院的移送管辖是错误的

C. 乙县法院不得将该案送还甲县法院　　　D. 甲县法院对该案没有管辖权

[真题实训 6-2](2009，卷三，80)答案：ABC。考点：管辖恒定、移送管辖。解析：依《民诉法解释》第38条，有管辖权的法院受理案件后，不得以行政区域变更为由，将案件移送给变更后有管辖权的法院。故本题中陈小居住的甲县所属区域虽在案件受理后划归乙县管辖，但该案仍由甲县法院管辖，乙县法院无管辖权，甲县法院将案件移送给乙县法院的做法错误，故A、B项说法正确，D项说法错误。依《民诉法》第36条，人民法院发现受理的案件不属本院管辖的，应当移送有管辖权的法院。受移送法院认为受移送案件不属本院管辖的，应当报请上级法院指定管辖，不得再自行移送。故本案中乙县法院虽无管辖权，但收到移送的案件后不得再自行移送，故C项说法正确。

第三节　级别管辖

【引例 6-3】

有一运输合同纠纷案件，原告方为15名居住在广州的日本人。

郭、林两位同学司考复习级别管辖时，对上列案件是否属于“重大涉外案件”而由中级法院管辖发生分歧：郭同学认为，该案属最高法院司法解释规定的一方当事人人数众多的涉外案件，依《民诉法》第18条第(1)项规定，应由中级法院管辖；林同学则认为，该案不属于最高法院司法解释规定的“居住在国外的当事人人数众多的涉外案件”，故不应由中级法院管辖。两位同学所持意见的理由，都是《民诉法》第18条第(1)项“重大涉外案件”由中级法院管辖及最高法院司法解释对“重大涉外案件”的解释。①

请问：郭、林两位同学对上列案件所做的判断，是否正确？并简要说明理由。

① 案例来源：本章作者宁教铭(广东金融学院专职教师)工作中解答本院学生疑问的案例之一。

一、级别管辖的概念与确定依据

级别管辖，是指按照人民法院组织系统划分的上下级人民法院之间受理第一审民事案件的分工和权限。确定级别管辖，是明确案件管辖权的先决条件。根据《法院组织法》的规定，人民法院的设置分为四级：基层法院、中级法院、高级法院、最高法院。这四级法院都有权管辖一定范围的第一审民事案件。级别管辖，就是从纵向上解决：哪些第一审民事案件应由哪一级法院受理的问题。

我国级别管辖的确定，除了要坚持便于当事人参加诉讼、便于人民法院办理案件的原则以外，主要依据以下三个方面的因素：

(1) 案件的类别性质。由于案件的性质不同，其审理的难易程度和社会影响也就不同。某些特殊类型案件，本身就表明具有一定的审理难度和社会影响，此类案件应由较高级别的法院作为第一审法院。此处级别管辖确定依据的案件性质，主要是指案件的类别和有无涉外因素。①根据《民诉法解释》第 2 条，依据案件类别确定级别管辖的案件主要是两类：一是专利纠纷案件，由知识产权法院、最高法院确定的中级法院和基层法院进行一审；二是海事、海商案件，由相当于地方中级法院的海事法院进行一审。②根据《民诉法》第 18 条第(1)项，重大涉外案件，由中级法院进行一审。

(2) 案件影响的大小。《民诉法》第 19～21 条在确定中级、高级和最高法院管辖的第一审民事案件时，都有“在本辖区或全国有重大影响”的类似规定，即都采用了案件影响的大小这一标准。

(3) 诉讼标的额的大小。最高法院于 1995 年 7 月 3 日在给山东省高院的复函《关于当事人就级别管辖提出异议应如何处理问题的函》中指出：级别管辖是上下级法院之间就一审案件审理方面的分工；各高级人民法院根据经济纠纷案件诉讼标的金额分级确定管辖法院的规定，虽不是法律规定和司法解释，但一经最高法院批准，即应当认真执行。2007 年 10 月 28 日《民诉法》进行了第一次修正。为贯彻执行修改后的《民诉法》，进一步加强最高法院和高级法院的审判监督和指导职能，2008 年 2 月 3 日最高法院下发了《调整高、中级法院管辖一审民商案件标准的通知》(法发〔2008〕10 号)，主要依据诉讼标的额，并结合案件类型，调整了第一审普通民商事案件的级别管辖标准。按诉讼标的额划分级别管辖的优势显而易见，无论当事人还是人民法院，都很容易判断某一具体案件应由哪一级法院管辖，避免了认识和理解上的差异，减少了管辖权争议的发生。

二、各级法院管辖的第一审民事案件

【真题实训 6-3】

关于民事案件的级别管辖，下列哪一选项正确？(2009，卷三，35)

A. 第一审民事案件原则上由基层法院管辖

B. 涉外案件的管辖权全部属于中级法院

C. 高级法院管辖的一审民事案件包括在本辖区内有重大影响的民事案件和它认为应

当由自己审理的案件

D. 最高法院仅管辖在全国有重大影响的民事案件

（一）基层法院管辖的第一审民事案件

《民诉法》第17条规定：基层人民法院管辖第一审民事案件，但本法另有规定的除外。据此，除《民诉法》规定由中级、高级和最高法院管辖的第一审民事案件以外，其余第一审民事案件，一律由基层法院管辖。基层法院数量众多、分布广泛，是我国法院体系中的最基层单位，案件发生地、当事人住所地或争议财产所在地，都与基层法院辖区相联系，因此，绝大多数的第一审民事案件，由基层法院管辖，既便于当事人诉讼和法院就地办案，又能使纠纷得到及时解决。

最高法院《调整高、中级法院一审管辖标准的通知》（法发〔2008〕10号）第3条规定，婚姻、继承、家庭、物业服务、人身损害赔偿、交通事故、劳动争议等案件，以及群体性纠纷案件，一般由基层法院管辖。这8类案件，有的属于没有诉讼标的额的人身关系案件，有的是既有人身关系又有财产关系的案件，还有的是只涉及财产关系的案件。对此8类案件，原则上由基层法院管辖，而不论其诉讼标的额大小，也体现了将纠纷解决在基层、解决在当地的司法政策。

（二）中级法院管辖的第一审民事案件

根据《民诉法》第18条规定，中级法院管辖下列第一审民事案件：

1. 重大涉外案件

所谓涉外案件，是指在当事人（国籍）、法律事实、诉讼标的三个方面之一具有涉外因素的案件，即要么是诉讼当事人一方或双方是外国人、无国籍人、外国企业或组织的民事案件，要么是当事人之间设立、变更、消灭民事关系的法律事实发生在外国的民事案件，要么是诉讼标的物在外国的民事案件。所谓"重大涉外案件"，根据最高法院《民诉法解释》第1条的规定，包括如下三类案件：①争议标的额大的案件；②案情复杂的案件；③一方当事人人数众多等具有重大影响的案件。

为准确理解上述法律和司法解释的规定，在此特做如下几点提醒：

(1) 并非所有涉外案件都由中级法院管辖，必须同时具备"重大""涉外"的要件。

(2) "重大"的认定依据，是最高法院《民诉法解释》第1条的规定，即若属三种情形之一，则为重大：①争议标的额大；②案情复杂；③一方当事人人数众多等具有重大影响。尤其是第三种情形，极易混淆和出错。最高法院原《民诉法意见》（法发〔1992〕22号）第1条规定的是"居住在国外的当事人人数众多的涉外案件"，虽无国籍的要求（即没有规定居住在国外的必须是外国人），但有居住地的要求（即人数众多的当事人必须是居住在国外）。可见，新《民诉法解释》（法释〔2015〕5号）第1条取消了原来的居住地标准，但增加规定了"具有重大影响"的要求。这里是以"一方人数众多等具有重大影响"而不是以"居住在国外的当事人人数众多"为判断的标准。

[引例6-3：解析]郭同学的判断正确，林同学的错误。原因在于：两位同学依据的最高法院关于"重大涉外案件"的解释，分别是法释〔2015〕5号第1条和法发〔1992〕22号第1条。

在法释〔2015〕5号公布施行前，林同学的判断才是正确的；但法释〔2015〕5号施行后，法发〔1992〕22号同时废止，对重大涉外案件的判断依据，自然是法释〔2015〕5号第1条。可见，针对同样的问题，分析问题的法律依据不同，结论自然不同，故在复习法律职业资格考试时尤其应当注意旧题新作，否则研习历年真题不仅不会事半功倍，而且还可能适得其反。

(3) 重大的涉港澳台案件，也由中级法院管辖。

【案例分析 6-1】

中国香港地区居民冼先生与深圳市福田区居民欧先生因房屋租赁发生纠纷。冼先生起诉要求欧先生赔偿不及时维修租赁房屋的违约损失人民币9600元。[①]

请问：冼先生应向深圳市中级法院还是向福田区法院起诉，才能被受理？

[案例分析 6-1：解析]冼先生应向福田区法院起诉，才能被受理。理由是，只有重大的涉港澳台案件，才由中级法院管辖。本案虽属涉港澳台案件，但并不满足"重大"的要求。务必注意：只有同时满足"重大"和"涉港澳台"两个条件，才能由中级法院管辖。

(4) 中国公民在外国定居的案件，不属于涉外案件。在当事人方面具有涉外因素，是以当事人的国籍而不是以其居住地为准。

【案例分析 6-2】

中国公民肖某定居美国多年，其夫刘某仍一直留京工作。若肖某向北京市海淀区法院起诉离婚。

请问：刘某以属涉外案件为由提出级别管辖异议，是否成立？

[案例分析 6-2：解析]刘某的级别管辖异议不能成立。因为涉外因素中的当事人涉外，是以"当事人的国籍"而不是以"当事人的居住地"为判断标准，因此，原告肖某虽在美国定居多年，但仍属中国国籍，故肖某诉与刘某离婚，不属于涉外案件。且如前所述，即便涉外案件，也只有重大的涉外案件才由中级法院管辖。

---

① 案例来源：本章作者宁教铭(北京德和衡(广州)律师所兼职律师)工作期间接受咨询的案件之一，当事人姓氏有改。

[应用提示]此处判断何为“涉外”案件的标准，是“当事人的国籍”而不是以“当事人的居住地”，应用中二者极易混淆，也是考试命题的“陷阱”，务必注意。

2. 在本辖区有重大影响的案件

“有重大影响的案件”，具体表现可能是或案情复杂，或涉案范围广，或诉讼标的额大，甚或处理结果对社会产生的影响较大。此处的“本辖区”，是指中级法院辖区。在本辖区有重大影响的案件，是指原本可由基层法院管辖，因其影响超出了基层法院辖区，而在中级法院辖区产生了重大影响的案件。至于具体哪些案件属于“在本辖区有重大影响的案件”，可能因地区不同而有所不同，不宜由法律明文规定，只宜由法院具体案情具体掌握。

3. 最高法院确定由中级法院管辖的案件

依最高法院《民诉法解释》(法释〔2015〕5 号)第 2 条的规定，下列第 1)～2)两类案件由中级法院管辖：

1) 专利纠纷案件

专利纠纷案件，包括专利行政案件和专利民事案件，专利行政案件属行政诉讼受案范围。最高法院《审理专利案件规定》(法释〔2001〕21 号)第 1 条，规定了专利民事案件主要包括：专利申请权纠纷案件，专利权权属纠纷案件等 16 类；第 2 条规定，专利纠纷第一审案件，由各省、自治区、直辖市政府所在地的中级法院[①]和最高法院指定的中级法院管辖。考虑到某些地区专利纠纷案件的数量，以及当地是否设有专利管理机关等因素，截至目前，最高法院指定省、自治区、直辖市政府所在地以外的下列城市的中级法院管辖第一审专利纠纷案件：厦门、泉州、温州、金华、宁波、台州、苏州、南通、镇江、盐城、无锡、常州、青岛、烟台、潍坊、淄博、东营、株洲、绵阳、景德镇、宜春、大连、葫芦岛、包头等。最高法院《知产法院管辖规定》(法释〔2014〕12 号)第 3 条第 1 款规定，北京市、上海市各中级人民法院和广州市中级人民法院不再受理知识产权民事和行政案件。该条第 2 款规定，广东省其他中级法院不再受理本规定第 1 条第(1)项和第(3)项规定的案件。因此，北京、上海各中级法院和广东省内的广州、深圳、珠海、汕头、佛山、东莞、江门等中级法院，不再管辖第一审专利纠纷案件。

最高法院法释〔2013〕9 号司法解释，对上述法释〔2001〕21 号司法解释作了修改，即在法释〔2001〕21 号第 2 条后增加一款作为第 2 条第 2 款规定：最高人民法院根据实际情况，可以指定基层人民法院管辖第一审专利纠纷案件。因此，专利纠纷案件的级别管辖，不再是一律要求由中级法院管辖。

最高法院法释〔2014〕12 号第 1 条第(1)项规定，北京、上海、广州知识产权法院管辖所在市辖区内的第一审专利案件。《民诉法解释》(法释〔2015〕5 号)第 2 条，又增加规定了知识产权法院为专利案件的管辖法院。至此，专利案件的第一审管辖法院为知识产权法院、最高法院确定的中级法院和基层法院。

2) 海事、海商案件

在我国，海事法院在级别上与地方中级法院平级。目前，我国分别在广州、上海、青岛、

---

① 最高法院《知识产权法院案件管辖的规定》(法释〔2014〕12 号)第 3 条第 1 款规定：北京市、上海市各中级人民法院和广州市中级人民法院不再受理知识产权民事和行政案件。依该司法解释的规定，北京、上海、广州知识产权法院管辖所在市辖区内的专利等第一审知识产权案件。

天津、大连、武汉、厦门、海口、宁波、北海等口岸城市设立了海事法院。依最高法院《海事法院受案范围规定》(法释〔2001〕27 号),海事法院受理下列海事、海商案件:①海事侵权纠纷案件(1~10 类);②海商合同纠纷案件(11~32 类);③其他海事、海商纠纷案件(33~58 类);④海事执行案件(59~63 类)。

最高法院确定由中级法院管辖的案件,除了《民诉法解释》第 2 条规定的上述两类第一审案件以外,根据其他司法解释的规定,还有下列第 3)~7)共 5 类案件。

3) 知识产权案件

关于知识产权民事案件的管辖,最高法院颁布了一些列的司法解释,诸如法释〔2001〕5 号《关于审理植物新品种纠纷案件若干问题的解释》、法释〔2001〕24 号《关于审理涉及计算机网络域名民事纠纷案件适用法律若干问题的解释》、法发〔2001〕24 号《关于开展涉及集成电路布图设计案件审判工作的通知》、法释〔2002〕1 号《关于审理商标案件有关管辖和法律适用范围问题的解释》、法释〔2002〕31 号《关于审理著作权民事纠纷案件适用法律若干问题的解释》、法〔2009〕1 号《关于涉及驰名商标认定的民事纠纷案件管辖问题的通知》。

值得特别注意的是,2014 年 8 月 31 日,第十二届全国人大常委会第 10 次会议通过《关于在北京、上海、广州设立知识产权法院的决定》,以立法形式宣布在北京、上海、广州设立知识产权法院,并对并对知识产权法院的机构设置、案件管辖、法官任命等作了规定。该《决定》颁布后,最高法院于 2014 年 10 月 31 日公布、自 2014 年 11 月 3 日施行《关于北京、上海、广州知识产权法院案件管辖的规定》(法释〔2014〕12 号)。该《规定》共 8 条,主要涉及知识产权法院的案件管辖及审级关系,包括一审管辖、跨区域管辖、专属管辖、二审管辖、上诉管辖及未结案件处理等。

知识产权案件的一审管辖是指北京、上海、广州知识产权法院管辖所在市辖区内的下列第一审案件:①专利、植物新品种、集成电路布图设计、技术秘密、计算机软件民事和行政案件;②对国务院部门或县级以上地方政府所作的涉及著作权、商标、不正当竞争等行政行为提起诉讼的行政案件;③涉及驰名商标认定的民事案件。北京市、上海市各中级法院和广州市中级法院不再受理知识产权民事和行政案件。

知识产权案件的跨区域管辖,是指广州知识产权法院对广东省内的下列案件实行跨区域管辖:①专利、植物新品种、集成电路布图设计、技术秘密、计算机软件民事和行政案件;②涉及驰名商标认定的民事案件。广东省其他中级法院,以及北京市、上海市、广东省各基层法院不再受理此两类案件。

知识产权案件的专属管辖,是指下列第一审行政案件由北京知识产权法院管辖:①不服国务院部门作出的有关专利、商标、植物新品种、集成电路布图设计等知识产权的授权确权裁定或决定的;②不服国务院部门作出的有关专利、植物新品种、集成电路布图设计的强制许可决定以及强制许可使用费或报酬的裁决的;③ 不服国务院部门作出的涉及知识产权授权确权的其他行政行为的。

知识产权案件的二审管辖,是指当事人对知识产权法院所在市的基层法院作出的第一审著作权、商标、技术合同、不正当竞争等知识产权民事和行政判决、裁定提起的上诉案件,由知识产权法院审理;当事人对知识产权法院作出的第一审判决、裁定提起的上诉案件和依法申请上一级法院复议的案件,由知识产权法院所在地的高级法院知识产权审判庭审理。

《知产法院管辖规定》的最大亮点是根据全国人大常委会《决定》的精神，彻底实现了知识产权法院及其所在地高级法院民事和行政审判"二合一"，即由知识产权法院及其所在地高级法院知识产权审判庭统一管辖和审理涉及知识产权的全部民事和行政案件。该司法解释的出台，也是全面落实全国人大常委会关于设立知识产权法院部署，保障知识产权法院充分发挥职能作用，深入贯彻党的十八届三中全会和四中全会精神的重要举措。中共中央《依法治国决定》对于建立与行政区划适当分离的司法管辖制度，提出了两项重要改革措施：一是最高法院设立巡回法庭，审理跨行政区域重大行政和民商事案件；二是探索设立跨行政区划的人民法院和检察院，办理跨地区案件，形成普通案件在行政区划法院审理、特殊案件在跨行政区划法院审理的新型诉讼格局。

[相关知识点链接，兼极易混淆的考点]在知识产权案件的级别管辖中，应注意以下几点：①各高级法院可以确定若干基层法院管辖第一审著作权民事纠纷案件（法释〔2002〕31号第2条第2款）；②商标纠纷案件，若由基层法院管辖，则须由高级法院报请最高法院批准，且限报较大城市的1～2个基层法院（法释〔2002〕1号第2条第4款）；③专利纠纷案件，若由基层法院管辖，则须由最高法院指定（法释〔2013〕9号），高级法院既无权指定，也不能报请；④尤其注意全国人大常委会《北、上、广设知产法院的决定》、最高法院《知产法院管辖规定》，及其与此前相关司法解释的不同规定与法律适用。

4）证券纠纷案件

根据最高法院《虚假陈述赔偿规定》（法释〔2003〕2号）第8条，虚假陈述证券民事赔偿案件，由省、直辖市、自治区政府所在的市、计划单列市和经济特区的中级法院管辖；第9条还规定了投资人对多个被告提起证券民事赔偿诉讼案件的管辖确定原则。最高法院《对证交所监管职能相关案件的规定》（法释〔2005〕1号）第1条，指定上海证交所和深圳证交所所在地的中级法院，分别管辖以上海证券交易所和深圳证券交易所为被告或第三人的与证券交易所监管职能相关的第一审民事和行政案件。

5）期货纠纷案件

根据最高法院《期货案件规定（一）》（法释〔2003〕10号）第7条，期货纠纷案件由中级法院管辖。高级法院根据需要可以确定部分基层法院受理期货纠纷案件。根据《期货案件规定（二）》（法释〔2011〕1号）第1条，以期货交易所为被告或第三人的因期货交易所履行职责引起的商事案件，由期货交易所所在地的中级法院管辖。

6）不正当竞争民事案件

最高法院《不正当竞争案件解释》（法释〔2007〕2号）第18条规定，反不正当竞争法第5、9、10、14条规定的不正当竞争民事第一审案件，一般由中级法院管辖。各高级法院根据本辖区实际情况，经最高法院批准，可以确定若干基层法院受理不正当竞争民事第一审案件，已经批准可以审理知识产权民事案件的基层法院，可以继续受理。

7）垄断纠纷民事案件

最高法院《垄断行为案件规定》（法释〔2012〕5号）第3条规定，第一审垄断民事纠纷案件，由省、自治区、直辖市政府所在地的市、计划单列市中级法院，以及最高法院指定的中级法院管辖。经最高法院批准，基层法院可以管辖第一审垄断民事纠纷案件。

除《民诉法》第18条及上述系列司法解释规定的重大涉外案件、在本辖区有重大影响的案件、最高法院确定由中级法院管辖的案件，第一审民事案件由中级法院管辖外，根据其他法律和相关司法解释，中级法院还管辖下列案件：

4. 与仲裁相关的案件

(1) 依《仲裁法》第58条，申请撤销仲裁裁决的，由仲裁机构所在地中级法院管辖。

(2) 最高法院《仲裁法解释》(法释〔2006〕7号)第12条规定，申请确认仲裁协议效力案件，由相关中级法院管辖(包括仲裁协议约定的仲裁机构所在地、仲裁协议签订地、申请人或被申请人住所地的中级法院)；涉及海事海商纠纷仲裁协议效力的案件，由相关的或就近的海事法院管辖。第29条规定，申请执行仲裁裁决案件，由被执行人住所地或被执行财产所在地的中级法院管辖。[①]

(3) 依《劳动争议调解仲裁法》第49条，用人单位有证据证明该法第47条规定的仲裁裁决有符合本条规定情形的，可向劳动争议仲裁委所在地的中级法院申请撤销仲裁裁决。

(4)《民诉法》第272条规定，当事人申请保全的，涉外仲裁机构应当将当事人申请提交被申请人住所地或者财产所在地的中级法院裁定；第273条规定，当事人申请执行涉外仲裁裁决的，由被申请人住所地或者财产所在地的中级人民法院管辖。

[规律总结]除国内仲裁的财产保全、证据保全案件由基层法院管辖外，其他与仲裁相关的案件，包括：①申请确认仲裁协议效力，②申请执行仲裁裁决，③不予执行仲裁裁决，④申请撤销仲裁裁决，⑤涉外仲裁财产保全或证据保全等5类案件，都由中级法院管辖。

(三) 高级法院管辖的第一审民事案件

《民诉法》第19条规定：高级人民法院管辖在本辖区有重大影响的第一审民事案件。高级法院的主要任务，是指导和监督本辖区内下级法院的审判工作，审理不服辖区内中级法院裁判的上诉案件。因此，高级法院管辖的第一审民事案件，仅仅是在高级法院辖区内有重大影响的案件。

鉴于"重大影响"难以量化，而作为标准则须有高度的确定性，故司法实践中常以诉讼标的额或者争议金额作为确定依据。如最高法院下发了《调整高、中级法院一审管辖标准的通知》(法发〔2008〕10号)，主要依据诉讼标的额，并结合案件类型和当事人住所地，调整了第一审普通民商事案件的级别管辖标准。其第1条根据诉讼标的额2亿元、1亿元、5000万元、2000万元，将全国各高级法院分为4档地区，保证每档地区的高级法院都能受理一定数量的一审案件；再如，最高法院《调整一审知产案件管辖标准的通知》(法发〔2010〕5号)第1项规定，高级法院管辖诉讼标的额在2亿元以上的，以及诉讼标的额在1亿元以上且当事人一方住所地不在其辖区或者涉外、涉港澳台的第一审知识产权民事案件。

[应用提示]根据《民诉法》第19条的规定，高级法院管辖的第一审民事案件中，并没有"认为应当由本院审理的案件"。这一点非常值得注意，真题实训(2005，卷三，36)考过，后来又在(2009，卷三，35)中对此进行了考查。

---

① 在《仲裁法解释》发布以前，仲裁裁决的执行，曾经大多由基层法院管辖。依此司法解释，凡申请执行仲裁裁决的案件，不论标的额大小，都一律由中级法院管辖，而依法不能再由基层法院管辖。

（四）最高法院管辖的第一审民事案件

《民诉法》第20条规定，最高人民法院管辖下列第一审民事案件。

1. 在全国有重大影响的案件

全国范围内有重大影响的案件，由最高法院管辖，便于其从全局出发，作出正确裁判。

2. 认为应当由本院审理的案件

最高法院有权审判地方各级法院和专门法院管辖的第一审民事案件。它认为地方各级法院或专门法院受理的第一审民事案件，应当由自己审理时，有权把案件提上来审理。

有两点需要注意：①"认为应当由本院审理的案件"，不仅包括已经由地方各级法院或专门法院受理的案件，最高法院如果认为应当由本院审理，就可以随时提上来自行审理；而且还包括本属地方各级法院或专门法院管辖但尚未受理的案件，最高法院如果认为应当由本院审理，也可以依法受理，并进行审理；②在全国四级法院中，只有最高人民法院有权管辖"认为应当由本院审理的案件"，其他任何级别的法院以及专门法院，都没有权力管辖"认为应当由本院审理的案件"。

[真题实训 6-3]（2009，卷三，35）答案：A。考点：民事案件的级别管辖。解析：理由如上，法律依据为《民诉法》第17～20条，即依第17条，A选项正确。依第18条第(1)项，并非所有涉外案件都由中院管辖，须同时满足"重大"要件，故B选项错误。依第19条，高级法院管辖在本辖区有重大影响的第一审民事案件，但并不包括"认为应当由自己审理的案件"，故C选项错误。依第20条，最高法院管辖的第一审民事案件并不仅限于"在全国有重大影响的民事案件"，还包括"认为应当由本院审理的案件"，故D选项错误。

第四节 地域管辖

【引例 6-4】

某杂志刊登了一篇有关著名小说家李某生活不检点的文章，对李某声誉造成了不良影响，并导致其新书销量大幅下降。李某决定起诉该杂志社。已知李某的住所地在北京市H区；该杂志社的住所地在杭州市B区，且在北京、上海、广州三市大量发行销售。

请问：对于李某的起诉，哪些地方的法院拥有管辖权？

一、地域管辖的概念与确定依据

民事诉讼中的地域管辖，是指同级法院之间在各自的辖区内受理第一审民事案件的分工和权限，是以法院的管辖区域和案件的隶属关系确定的诉讼管辖。

地域管辖与级别管辖不同，二者是从纵、横两个方向确定的案件管辖，级别管辖是从纵向确定各级法院对第一审民事案件的管辖权限，解决的是第一审案件由哪一级法院管辖的问题；而地域管辖，则是从横向确定同级法院之间对案件管辖的分工权限，解决的是第一审案件具体由同级的哪个地方法院管辖的问题。

总结各国民事诉讼法设置地域管辖的规律可以看出，地域管辖的确定依据主要是两个方面：一是当事人的所在地与法院的辖区存在联系；二是诉讼标的，或诉讼标的物，或法律事实与法院辖区存在联系。据此，当事人的所在地位于某地法院的辖区之内时，或者诉讼标的等发生于某地法院的辖区之内时，该诉讼就由该地法院管辖。

地域管辖的这种设置规律，体现了诉讼便利的管辖原则：既便利于当事人就近进行诉讼，又便利于法院查明案件事实、及时解决纠纷。我国民事诉讼法关于地域管辖的规定，同样遵循了这一规律，仅仅是在不同地域管辖中的具体体现有所不同而已。

二、地域管辖的种类与体系

根据上述地域管辖的确定依据，依当事人所在地(住所地或经常居住地)与法院辖区的联系，确定管辖法院的，称为一般地域管辖或普通管辖；依诉讼标的、诉讼标的物、法律事实与法院辖区的联系，确定管辖法院的，称为特殊地域管辖；根据案件的特定性质，法律规定须由一定地区的法院管辖的，称为专属管辖，显然，专属管辖是特殊地域管辖的一种。在此基础上，才有了共同管辖与选择管辖、协议管辖与合并管辖。

我国《民诉法》第二章第二节“地域管辖”，从第21条至第35条，正是按照上述种类对地域管辖进行具体规定的，并形成了我国民事诉讼地域管辖的科学体系。下面将对这些地域管辖的种类，按照这一体系逐一地进行阐述。

三、一般地域管辖

一般地域管辖，是以“当事人所在地”(“住所地”或“经常居住地”)与法院辖区的联系为标准确定管辖法院，又称普通管辖。因此，掌握一般地域管辖的关键，在于掌握一般地域管辖的确定标准，也即判定“当事人所在地”。依《民诉法》及相关司法解释，对公民来说，判定当事人所在地有两个标准：一是住所地；二是经常居住地；二者不一致时，经常居住地优先适用；于法人而言，当事人所在地的判定标准只有一个，即法人的住所地。

我国民事诉讼法在确定一般地域管辖时，作出了以被告所在地为原则、原告所在地为例外的规定。也就是，通常情形实行“原告就被告”的原则、特殊情形按照“被告就原告”的规则，来确定案件的管辖法院。

(一) 一般地域管辖的原则规定：“原告就被告”(“被告所在地”标准)

通常情形下，以“被告所在地”来确定案件的管辖法院，即实行“原告就被告”的原则。《民诉法》第21条第1、2款，根据诉讼主体的不同，又将其细分为如下2种：

(1) 被告是公民的：由被告住所地法院管辖；住所地与经常居住地不一致的，由经常居住地法院管辖。这是《民诉法》第21条第1款的规定。

【案例分析 6-3 】

户籍所在地为深圳市福田区的张三，于 2014 年 2 月前往广州市花都区开了一家电子游戏店，并自 2 月 25 日开张后，就长期居住在该店的顶层阁楼里。2015 年 3 月，因市容改造，该店被划入拆迁范围，3 月 7 日张三遂将该店关闭，并于 3 月 8 日前往广州市天河区的南方厨师学校，住校学习烹饪 3 个月。2015 年 4 月 19 日，居住在深圳市福田区的张三的老邻居李四，向法院起诉，要求张三返还借款 5 万元。①

请问：李四诉张三借款一案，应由哪一法院管辖？

A. 深圳市福田区法院

B. 广州市花都区法院

C. 广州市天河区法院

D. 深圳市福田区法院或者广州市天河区法院

虽然，《民诉法》第 21 条第 1 款的上述规定非常清楚，而且《民诉法解释》第 3 条、第 4 条也分别规定了“住所地”和“经常居住地”的界定，但遇到这种时间和地点较多的情形时，我们往往会产生内心的畏惧和排斥，无从下手，最终费尽心思却还常常出错。为帮助大家准确理解和正确运用上述法律规定，下面笔者在区分相关术语的基础上，介绍一个判定当事人所在地的“小窍门”。

[相关术语区分]住所地、居住地、经常居住地

①住所地＝公民的户籍所在地；②经常居住地＝公民离开住所地至起诉时，已经连续居住 1 年以上的地方，但住院就医的地方除外；③居住地，仅为一种事实状态，“居住地”并不一定与“住所地”或“经常居住地”重合。

[实用小窍门]判定当事人所在地的“三步法”

因“经常居住地”优先，故第一步：看起诉时是否形成有“经常居住地”。若有，则以“经常居住地”为公民所在地，管辖法院即为此经常居住地法院。第二步：看有无“住所地”即“户籍所在地”。在没有形成“经常居住地”的情况下，再看有无“住所地”。若有，则以“住所地”为公民所在地，至此，管辖法院即为住所地法院。第三步：看户籍迁出时间的长短。在既无“经常居住地”又无“住所地”，即户籍已经迁出但尚未落户的情形下，就看户籍迁出时间的长短：迁出超过 1 年，且未形成“经常居住地”的，以起诉时该公民的“居住地”为其所在地，该居住地法院就是管辖法院；户籍迁出未满 1 年的，以其“原户籍所在地”为该公民所在地，其“原户籍所在地”法院就是管辖法院。

---

① 案例来源：本章作者宁教铭(北京德和衡(广州)律师事务所兼职律师)接受咨询的案件，当事人姓名已做处理。

"小窍门"使用说明：判断是否构成"经常居住地"时，务必同时满足两个积极条件和一个消极条件。两个积极条件是：①已经连续居住了1年以上；②起诉时，还住在这里。消极条件是：住院就医的地方除外。这就是《民诉法解释》第4条的规定，虽然表述的文字不多，但在理解上，尤其在运用时，却是经常、极易出错的。

[案例分析6-3：解析]运用上述"三步法"。第一步：看起诉时是否形成"经常居住地"？先定位在李四起诉时，张三的居住地在哪？可知，李四起诉时，张三居住在广州市天河区南方厨校，且在该地仅居住了不足2个月(自2015年3月8日至4月19日)，显然没有形成"经常居住地"。不少同学在此就出错了：以张三在广州市花都区居住了1年以上(自2014年2月25日至2015年3月7日)为由，而认为形成了"经常居住地"广州市花都区，故选B("广州市花都区法院"管辖)。务必注意的是，李四起诉时，张三早已经不在广州市花都区居住了，故不符合形成"经常居住地"的两个积极条件之一"起诉时，还住在这里"。第二步：看有无"住所地"，即"户籍所在地"。显然，张三在起诉时虽未形成"经常居住地"，但其还是有"住所地"的，即"户籍所在地"深圳市福田区。在起诉时张三没有形成"经常居住地"的情况下，以其"住所地"深圳市福田区为其所在地。至此，只需进行到第二步，问题就得到了解决：深圳市福田区法院为此案的管辖法院，故当选A。

(2) 被告是法人或其他组织的：由被告住所地法院管辖。这是《民诉法》第21条第2款的规定。

依《民诉法解释》第3条，法人或其他组织的住所地，是指法人或其他组织的主要办事机构所在地；法人或其他组织的主要办事机构所在地不能确定的，其注册地或者登记地为住所地。依《民诉法解释》第5条，若被告是不具有法人资格的其他组织(个人合伙、合伙型联营体)，又无办事机构，则应由被告注册登记地法院管辖；未注册登记，几个被告又不在同一辖区的，被告住所地法院都有管辖权。

除《民诉法》第21条规定的实行"原告就被告"原则的上述2种情形外，根据《民诉法解释》(以下简称《解释》)第6、8、10、12、23条的规定，在下列第(3)～(7)共5种情形下，也实行"原告就被告"原则，即以"被告所在地"为标准来确定管辖法院：

(3) 双方当事人都被注销户籍的，由"被告居住地"法院管辖(《解释》第6条第2句)。

(4) 双方当事人都被监禁或被采取强制性教育措施的，由"被告原住所地"法院管辖；被告被监禁或被采取强制性教育措施1年以上的，由"被告被监禁地或被采取强制性教育措施地"法院管辖(《解释》第8条)。

(5) 不服指定监护或变更监护关系的，由"被监护人住所地"法院管辖(《解释》第10条)。

(6) 夫妻双方离开住所地超过1年，一方起诉离婚的案件，由"被告经常居住地"法院管辖；没有经常居住地的，由原告起诉时被告居住地法院管辖(《解释》第12条第2款)。

[应用提示]①离开住所地≠迁出户籍地。离开住所地，是指有住所地，但实际居住却不在住所地，即"居住地"与"户籍所在地"并不重合的情形。而迁出户籍地，则有两种情形：一是户籍从一地迁出后，已在其他地方"落户"；二是户籍从一地迁出后，尚未在其他地方落户，此属没有住所地的状态，迁出前的户籍所在地就是"原住所地"。②对于夫妻双方离开住所

地超过1年、一方起诉离婚的案件，依《民诉法解释》第12条第2款，不论被告是否形成有“经常居住地”，都一律实行“原告就被告”原则，由“被告经常居住地”或“原告起诉时被告居住地”法院管辖；而现已废止的原《民诉法意见》第12条规定：“夫妻双方离开住所地超过一年，一方起诉离婚的案件，由被告经常居住地人民法院管辖；没有经常居住地的，由原告起诉时居住地的人民法院管辖”，即以被告是否形成有“经常居住地”而适用“原告就被告”或“被告就原告”规则确定管辖法院。《民诉法解释》第12条将原《民诉法意见》第12条中的“由原告起诉时居住地的人民法院管辖”修正为“由原告起诉时被告居住地人民法院管辖”。故学习《民诉法解释》时，务必比较研究、深入思考。

(7) 债权人申请支付令，由债务人住所地基层法院管辖(《解释》第23条)。

(二) 一般地域管辖的例外规定：“被告就原告”(“原告所在地”标准)

在某些特殊情形下，若由被告住所地法院管辖，不仅不便于原告行使诉权，而且还不便于受案法院行使审判权。因此，《民诉法》第22条规定了一般地域管辖的例外情形，即某些民事诉讼，按“被告就原告”规则，以“原告所在地”为标准，来确定管辖法院。

《民诉法》第22条第(1)～(4)项规定了下列民事诉讼，由“原告住所地”法院管辖；原告住所地与经常居住地不一致的，由“原告经常居住地”法院管辖：

(1) 对不在中国领域内居住的人，提起的有关身份关系的诉讼——被告就原告。

[应用提示] 此类诉讼适用“原告所在地”标准，须同时满足两个条件：①被告的居住地不在我国领域之内，即以“居住地”而非“国籍地”为判断标准。换言之，被告只要是不在我国领域居住，而不论其是否外国人；或者说，居住在国外的被告，不仅包括外国人、无国籍人，还包括中国人。②提起的是有关身份关系的诉讼。所谓身份关系，包括婚姻关系、继承关系、亲子关系、收养关系等等。

[示例]情形1：张三因借贷纠纷，起诉居住在美国的中国公民李四——原告就被告。

情形2：张三因继承纠纷，起诉居住在广州的日本人伊藤博文——原告就被告。

情形3：张三因借贷纠纷，起诉居住在广州的日本人伊藤博文——原告就被告。

情形4：张三因继承纠纷，起诉居住在美国的中国公民李四——被告就原告。

(2) 对下落不明或宣告失踪的人，提起的有关身份关系的诉讼——被告就原告。

既然被告下落不明或者被宣告失踪，如果再固守“原告就被告”原则，由原告到“被告所在地”法院起诉，就成了无稽之谈。值得注意的，也是两个方面：①被告是下落不明或宣告失踪的人；②提起的是有关身份关系的诉讼。

[示例]2015年“七夕”，李总与“小三”去桂林旅游。后音讯全无，下落不明。

情形1：2016年1月，其妻刘某诉至法院，要求与李总离婚——被告就原告。

情形2：2016年2月，债权人林某起诉李总要求还款9万元——原告就被告。

(3) 对被采取强制性教育措施的人提起的诉讼——被告就原告。

强制性教育措施，是指依相关法律的规定，对违反行政法律、法规的尚未构成犯罪的行为人，所采取的限制其一定人身自由的措施。被采取强制性教育措施的人，离开了自己的住所地或经常居住地，集中在一定场所接收强制性教育，人身自由受到一定限制，因此，法律规定，由原告所在地（住所地或经常居住地）法院管辖。

（4）对被监禁的人提起的诉讼——被告就原告。

所谓被监禁的人，包括正在服刑的已决犯和正被关押的未决犯。被监禁的人，在被监禁期间丧失了人身自由，且监禁场所一般离原告、被告的住所地或经常居住地较远，因此，法律规定，由原告所在地（住所地或经常居住地）法院管辖。

[应用提示] 上列第（3）、（4）种情形，都是指的被告一方为被采取强制性教育措施的人或被监禁的人，如果是原告、被告双方均为被采取强制性教育措施或被监禁的人，则属上述《民诉法解释》第 8 条规定的情形，仍然适用“原告就被告”原则。例如：

情形 1：黄某起诉被采取强制性教育措施的李某偿还借款——被告就原告。

情形 2：分别被监禁在甲、乙两市的黄某与李某之间的借款纠纷——原告就被告。

除依《民诉法》第 22 条规定的“被告就原告”规则确定地域管辖的上述 4 种情形外，依《民诉法解释》（简称《解释》）第 6、9、12、15 条的规定，在下列第（5）～（8）共 4 种情形下，也适用“被告就原告”规则，以“原告所在地”为标准确定管辖法院：

（5）被告一方被注销户籍的，依《民诉法》第 22 条的规定确定管辖，即由“原告住所地”法院管辖；原告住所地与经常居住地不一致的，由“原告经常居住地”法院管辖（《解释》第 6 条第 1 句）。

【相关链接】

若原告、被告双方均被注销户籍，则仍适用“原告就被告”原则，由“被告居住地”法院管辖，即前面“（一）一般地域管辖的原则规定：原告就被告”的第 3 种情形（法律依据：《民诉法解释》第 6 条）。

（6）追索赡养费、抚育费、扶养费案件的几个被告住所地不在同一辖区的，可以由“原告住所地”法院管辖（《解释》第 9 条）。

[应用提示]①有数个被告；②数被告的住所地，在不同辖区；③既然“可以”（而不是“应当”）由“原告住所地”法院管辖，则“被告住所地”法院也有管辖权；④《民诉法解释》第 9 条将原《民诉法意见》第 9 条的“追索赡养费案件”修正为“追索赡养费、抚育费、扶养费案件”。

（7）夫妻一方离开住所地超过 1 年，另一方起诉离婚的案件，可以由“原告住所地”法院管辖（《解释》第 12 条第 1 款）。

[应用提示]对于夫妻一方离开住所地超过 1 年、另一方起诉离婚的案件，现已废止的原《民诉法意见》第 12 条规定为“由原告住所地人民法院管辖”，而现行《民诉法解释》第 12 条第 1 款则规定为“可以由原告住所地人民法院管辖”。同上，既然是“可以”（而不是“应当”）由“原告住所地”法院管辖，那么“被告住所地”法院也有管辖权。如此规定，显然更加合理。这也是学习和适用《民诉法解释》时值得特别注意的地方和考试命题的题眼。

【相关链接】

夫妻双方离开住所地超过1年，一方起诉离婚的案件，仍然实行“原告就被告”原则，即由“被告经常居住地”或者“原告起诉时被告居住地”法院管辖，如前“(一)一般地域管辖的原则规定：原告就被告”之第6种情形(法律依据：《民诉法解释》第12条)。

(8) 中国公民一方居住在国外、一方居住在国内，不论哪一方向人民法院提起离婚诉讼，国内一方住所地人民法院都有权管辖。国外一方在居住国法院起诉，国内一方向人民法院起诉的，受诉人民法院有权管辖(《解释》第15条)。

四、特殊地域管辖

特殊地域管辖，是指以诉讼标的、诉讼标的物所在地，或者引起法律关系发生、变更或消灭的法律事实所在地与法院辖区之间的联系为标准确定的管辖，与一般地域管辖相对应并与之共同构成地域管辖的有机体系。

一般地域管辖与特殊地域管辖的区别标准，并不在于是否适用“原告就被告”抑或“被告就原告”，而是要看是否根据当事人所在地与法院之间的联系来确定管辖，只要是，就属一般地域管辖；若不是，则属特殊地域管辖。如上已述，一般地域管辖又细分为一般地域管辖的原则规定(适用于通常情形的“原告就被告”原则)和一般地域管辖的例外规定(适用于特殊情形的“被告就原告”规则)，因此，千万不能将“一般地域管辖的特殊(例外)规定”与“特殊地域管辖”相混淆。

相较一般地域管辖，特殊地域管辖要复杂得多，《民诉法》第23～32条，共10项条文，规定了适用特殊地域管辖的10种情形。为了更好地理解和把握其规律，我们将这10种特殊地域管辖，分为三大类：①合同纠纷的特殊地域管辖；②侵权纠纷的特殊地域管辖；③其他纠纷的特殊地域管辖(包括公司诉讼、保险合同纠纷、票据纠纷、运输合同纠纷、运输侵权纠纷、海难救助、共同海损)。下面对这三类特殊地域管辖，逐类进行阐述：

(一) 合同纠纷的特殊地域管辖

依《民诉法》第23条，因合同纠纷提起的诉讼，由被告住所地或者合同履行地法院管辖。此处的“被告住所地”取广义，包括“被告住所地或经常居住地”；合同履行地，是指合同中约定的履行义务和接受义务的地点，主要是指合同标的物的交货地点。

《民诉法解释》第18条，对合同履行地作出了解释：

(1) 合同约定履行地点的，以约定的履行地点为合同履行地。

(2) 合同对履行地点没有约定或约定不明确，争议标的为给付货币的，接收货币一方所在地为合同履行地；交付不动产的，不动产所在地为合同履行地；其他标的，履行义务一方所在地为合同履行地。即时结清的合同，交易行为地为合同履行地。

(3) 合同没有实际履行，当事人双方住所地都不在合同约定的履行地的，由被告住所地法院管辖。

合同的种类不同，合同履行地也不相同，《民诉法解释》第19～21条，对不同种类的合同纠纷作出了相应的规定。

(1) 财产租赁合同、融资租赁合同，以租赁物使用地为合同履行地。合同对履行地有约定的，从其约定。

(2) 以信息网络方式订立的买卖合同，通过信息网络交付标的的，以买受人住所地为合同履行地；通过其他方式交付标的的，收货地为合同履行地。合同对履行地有约定的，从其约定。

(3) 因财产保险合同纠纷提起的诉讼，如果保险标的物是运输工具或者运输中的货物，可以由运输工具登记注册地、运输目的地、保险事故发生地法院管辖。因人身保险合同纠纷提起的诉讼，可以由被保险人住所地法院管辖。

[应用技巧] 确定合同纠纷特殊地域管辖的“三步看”法。

根据相关法律和司法解释，将有关民事诉讼管辖、合同法的理论，应用于确定合同纠纷特殊地域管辖实践，总结规律，归纳、整理了应用于确定合同纠纷特殊地域管辖的“三步看”：一看有无“专属管辖”；二看是否存在“有效的协议管辖”；三看“法定管辖”。

(1) 第一步：看有无“专属管辖”。若有专属管辖，则优先适用专属管辖，而无须再考虑协议管辖和法定管辖。如依《民诉法解释》第 28 条第 2 款，农村土地承包经营合同纠纷、房屋租赁合同纠纷、建设工程施工合同纠纷、政策性房屋买卖合同纠纷，按照不动产纠纷确定管辖，即依《民诉法》第 33 条第(1)项规定，由不动产所在地法院专属管辖，而不是按合同纠纷实行特殊地域管辖。

(2) 第二步：若无专属管辖，则看是否存在“有效的协议管辖”。若存在有效的协议管辖，则适用协议管辖来确定案件的管辖法院。

依《民诉法解释》第 29～30、32～34 条，①《民诉法》第 34 条规定的书面管辖协议，是指合同中的管辖协议条款或者诉讼前达成的选择管辖的协议；②根据管辖协议，起诉时能确定管辖法院的，从其约定；不能确定的，依《民诉法》的相关规定确定管辖。管辖协议约定两个以上与争议有实际联系的地点的法院管辖，原告可向其中一个法院起诉[①]；③管辖协议约定由一方当事人住所地法院管辖，协议签订后当事人住所地变更的，由签订管辖协议时的住所地法院管辖，但当事人另有约定的除外；④合同转让的，合同的管辖协议对合同受让人有效，但转让时受让人不知道有管辖协议，或者转让协议另有约定且原合同相对人同意的除外；⑤当事人因同居或在解除婚姻、收养关系后发生财产争议，约定管辖的，可适用《民诉法》第 34 条规定确定管辖。

(3) 第三步：若既无“专属管辖”，又无“有效的协议管辖”，则看“法定管辖”。合同纠纷案件的法定管辖中，“被告住所地”恒有，复杂之处在于合同履行地的确定。确定合同履行地的步骤，又分为如下两种具体情形：

---

① 现已废止的原《民诉法意见》第 24 条规定，选择两个以上法院管辖的，选择管辖的协议无效。现《民诉法解释》第 30 条第 2 款对此作出了修正：①并不要求管辖协议只能选择一个法院方为有效；②且起诉时，还可以在管辖协议中约定的两个以上与争议有实际联系地点的法院中再行选择一个作为管辖法院。但《民诉法解释》第 31 条也有规定管辖协议无效的情形，即经营者使用格式条款与消费者订立管辖协议，未采取合理方式提请消费者注意，消费者主张管辖协议无效的，法院应予支持。

①若合同已经实际履行，则由"被告住所地"或者"合同履行地"法院管辖。

②若合同并未实际履行，则看约定的合同履行地法院有无管辖权。

A. 合同并未实际履行，若有一方当事人的住所地在约定的合同履行地，即"合同履行地"法院有管辖权的，案件由"被告住所地"或者"合同履行地"法院管辖。

B. 合同并未实际履行，若当事人双方的住所地又不在约定的合同履行地，即"合同履行地"法院无管辖权的，案件由"被告住所地"法院管辖（《民诉法解释》第18条）。

[示例]：详见本章技能训练中的[案情和问题]。

由此可见，在确定合同纠纷的地域管辖时，"被告住所地"法院一定有法定管辖权（如上所述的"被告住所地"恒有的规律）。

还需注意的是，在确定合同纠纷的地域管辖时，要处理主合同和担保合同的关系问题。最高法院《担保法解释》（法释〔2000〕44号）第129条规定，主合同和担保合同发生纠纷提起诉讼的，应依主合同确定案件管辖。担保人承担连带责任的担保合同发生纠纷，债权人向担保人主张权利的，应由"担保人住所地"法院管辖。主合同和担保合同选择管辖的法院不一致的，应依主合同确定案件管辖。

（二）侵权纠纷的特殊地域管辖

【案例分析6-4】

户籍所在地为甲市A区的李燕，刚考到驾照，男友送她一辆QQ车作为相识周年礼物。李燕驾车新手上路，到甲市B区的拥挤路段时，将户籍所在地为乙市C区的王胖撞伤。经交警调解未果，王胖欲诉李燕。

请问：对本案有管辖权的法院是哪些？

依《民诉法》第28条，因侵权行为提起的诉讼，由"侵权行为地"或"被告住所地"法院管辖。

最高法院《民诉法解释》第24条规定，侵权行为地包括侵权行为实施地和侵权结果发生地；第25条规定，信息网络侵权行为实施地包括实施被诉侵权行为的计算机等信息设备所在地，侵权结果发生地包括被侵权人住所地。

[案例分析6-4：解析]对本案有管辖权的法院是甲市B区（侵权行为实施地兼侵权结果发生地）法院和甲市A区（被告住所地）法院。

【真题实训6-4】

某品牌手机生产商在手机出厂前预装众多程序，大幅侵占标明内存，某省消费者保护协

会以侵害消费者知情权为由提起公益诉讼，法院受理了该案。下列哪一说法是正确的？（2015，卷三，35）

A. 本案应当由侵权行为地或者被告住所地中级法院管辖

B. 本案原告没有撤诉权

C. 本案当事人不可以和解，法院也不可以调解

D. 因该案已受理，购买该品牌手机的消费者甲若以前述理由诉请赔偿，法院不予受理

依相关法律和司法解释，下列几类特殊侵权纠纷的地域管辖规定是：

（1）公益诉讼案件由侵权行为地或被告住所地中级法院管辖（《民诉法》第285条）。

[真题实训6-4]（2015，卷三，35）答案：A。《民诉法》第285条规定，公益诉讼案件由侵权行为地或被告住所地中级法院管辖，但法律、司法解释另有规定的除外。

（2）因产品、服务质量不合格造成他人财产、人身损害提起的诉讼，产品制造地、产品销售地、服务提供地、侵权行为地和被告住所地法院，都有管辖权（《民诉法解释》第26条）。

【相关链接】

侵权纠纷与合同纠纷的竞合及其处理

侵权关系与合同关系，正因为是最为常见的两种民事法律关系，二者并存于同一纠纷之中也就不足为奇。如产品质量纠纷，就是侵权关系与合同关系竞合的典型，因此，当事人可以选择侵权之诉与合同之诉。若选择侵权之诉，则适用上述《民诉法》第28条及《民诉法解释》第26条关于侵权纠纷的管辖规定；若选择合同之诉，则遵循前述合同纠纷的管辖规定，由被告住所地或合同履行地法院管辖，且并不仅仅是合同履行地的确定要遵循有关规定，尤其是被告的确定还要遵循合同的相对性原理。

（3）侵犯名誉权的诉讼，侵权行为实施地、侵权结果发生地、被告住所地的法院，均有管辖权。其中，侵权产品的传播地，也属于侵权行为实施地；"侵权结果发生地"通常是指"原告住所地"。如本节[引例6-4]的案情及其解析。

[引例6-4：解析]本案属侵犯名誉权的新闻侵权案件。依上述规定，下列地点的法院，对本案都有管辖权：①侵权行为实施地（北京市、上海市、广州市等发行销售地，以及被告住所地杭州市B区）；②侵权结果发生地（原告住所地北京市H区、被告住所地杭州市B区）；③被告住所地（杭州市B区，同时兼有侵权行为实施地和侵权结果发生地属性）。换言之，本案除北京市H区法院和杭州市B区法院外，北京市、上海市、广州市等各市的其他区的法院（如北京市的H区法院以外的各区法院），也都有管辖权。

（4）侵犯知识产权（著作权、商标权）的诉讼：由侵权行为实施地，复制品的储藏地或查封、扣押地，被告住所地法院管辖。其中，储藏地可能有多个，储藏地法院均有管辖权。

（三）其他纠纷的特殊地域管辖

1. 公司诉讼的管辖

公司诉讼，由公司住所地法院管辖。这是2012年《民诉法》修正时新增的内容。依《民

诉法》第26条规定,公司诉讼类型有公司设立纠纷、确认股东资格纠纷、分配利润纠纷、公司解散纠纷等。《民诉法解释》第22条规定,因股东名册记载、请求变更公司登记、股东知情权、公司决议、公司合并、公司分立、公司减资、公司增资等纠纷提起的诉讼,依《民诉法》第26条规定确定管辖。

《民诉法》第二次修正时,之所以增加规定了公司诉讼的特殊地域管辖,其立法背景是:公司实践中,股东很可能来自不同的地方,若仍按"原告就被告"的一般规则,则不仅会导致管辖权太过分散,而且还可能造成当事人与法院陷于管辖权争议之漩涡。

[应用提示]

(1) 不论公司是原告还是被告甚或不是原告、被告,公司诉讼均由公司住所地法院管辖。

(2) 公司的住所地=公司的主要办事机构所在地。注册地与主要办事机构所在地不一致时,公司的主要办事机构所在地为公司的住所地。

(3) 公司的主要办事机构所在地≠公司的经营场所。若公司的注册地在境外,但主要营业地在中国,则该公司的住所地就在我国境内。

[示例] 刘一、陈二、张三、李四、王五、赵六、孙七、周八、吴九、郑十,均为淘宝店店主,住所地分别在广州市花都区、深圳市宝安区、上海市普陀区、南京市玄武区、无锡市E区、杭州市F区、北京市G区、宁波市H区、苏州市I区、佛山市J区。为扩大市场,10位店主在深圳市宝安区设立了"食佳"食品有限公司。运营2年多,因公司利润分配,陈二与张三、李四发生纠纷,陈二欲将张三、李四、王五等其他9股东都诉至法院。[1]

请问:对本案有管辖权的法院是(　　)?[2]

2. 保险合同纠纷的管辖

《民诉法》第24条规定,因保险合同纠纷提起的诉讼,由被告住所地或保险标的物所在地法院管辖。《民诉法解释》第21条规定,因财产保险合同纠纷提起的诉讼,如果保险标的物是运输工具或运输中的货物,可由运输工具登记注册地、运输目的地、保险事故发生地法院管辖;因人身保险合同纠纷提起的诉讼,可由被保险人住所地法院管辖。这是司法解释的新增条款。

3. 票据纠纷的管辖

依《民诉法》第25条,因票据纠纷提起的诉讼,由票据支付地或被告住所地法院管辖。

4. 运输合同纠纷的管辖

《民诉法》第27条规定,因铁路、公路、水上、航空运输和联合运输合同纠纷提起的诉讼,由运输始发地、目的地或被告住所地法院管辖。

5. 运输侵权纠纷的管辖

《民诉法》第29条规定,因铁路、公路、水上和航空事故请求损害赔偿提起的诉讼,由事

---

① 案例来源:本章作者宁教铭兼职法律顾问期间经办案件。当事人姓名、住所地等,均有改动。

② 该案属于因利润分配纠纷提起的公司诉讼,故依《民诉法》第26条,对该公司诉讼有管辖权的法院是公司住所地法院,即深圳市宝安区法院。

故发生地或车辆、船舶最先到达地、航空器最先降落地或者被告住所地法院管辖。

[应用提示]当某一纠纷发生请求权基础竞合的情形(如上列运输合同与运输侵权,即违约与侵权发生竞合)时,选择不同的请求权基础,将会对诉讼的管辖、当事人的确定、诉讼请求的类型,尤其证明责任的分配等诸多方面产生不同的影响。

【真题实训 6-5】

下列哪一类案件可由被告住所地法院管辖?(2008,四川卷三,39)

A. 专利侵权案件　　B. 海难救助费用案件

C. 共同海损案件　　D. 遗产继承案件

6. 海事损害诉讼的管辖

《民诉法》第 30 条规定,因船舶碰撞或其他海事损害事故请求损害赔偿提起的诉讼,由碰撞发生地、碰撞船舶最先到达地、加害船舶被扣留地或者被告住所地法院管辖。

7. 海难救助诉讼的管辖

《民诉法》第 31 条规定,因海难救助费用提起的诉讼,由救助地或者被救助船舶最先到达地的法院管辖。

8. 共同海损诉讼的管辖

《民诉法》第 32 条规定,因共同海损提起的诉讼,由船舶最先到达地、共同海损理算地或者航程终止地的法院管辖。

[真题实训 6-5](2008,四川卷三,39)答案:A。考点:被告住所地管辖的一般地域管辖,与非被告住所地管辖的特殊地域管辖和专属管辖。解析:依《民诉法》第 28 条,因侵权行为提起的诉讼,由侵权行为地或被告住所地法院管辖,故选项 A 当选。依《民诉法》第 31、32 条的上述规定,选项 B、C 属于特殊地域管辖;依该法第 34 条第(3)项,因继承遗产纠纷提起的诉讼,由被继承人死亡时住所地或者主要遗产所在地法院管辖,选项 D 属专属管辖。因此,选项 BCD 都不属于一般地域管辖的案件,被告住所地法院无管辖权,故选项 BCD 均不当选。综上,答案为 A。

[应用技巧:总结规律,化繁为简]特殊地域管辖的确定规律

(1)"被告住所地"恒有规律:除公司诉讼、海难救助诉讼、共同海损诉讼以外,其他各类特殊地域管辖的诉讼,被告住所地法院均有权管辖。

(2)普通法院与专门法院的权限分工:海事损害诉讼、海难救助诉讼、共同海损诉讼,由海事法院专属管辖;海事法院相当于地方中级法院,故其上诉法院为地方高级法院。

(3)密切联系原则,是确定特殊地域管辖的重要原则:与特殊地域管辖案件有密切联系地点的法院,对该案件有管辖权。

①《民诉法》第 25 条规定的票据纠纷,因除被告住所地外,最具有密切联系的地点显然是票据支付地,故除被告住所地法院外,票据支付地法院对票据纠纷也有管辖权。

②《民诉法》第 27 条规定的各类运输合同纠纷,因除被告住所地外,最具有密切联系的

地点是运输的始发地与目的地，故除被告住所地法院外，运输始发地、目的地的法院对运输合同纠纷也有管辖权。

③《民诉法》第 29 条规定的各类运输侵权纠纷，因除被告住所地外，最具有密切联系的地点包括事故发生地，车辆、船舶的最先到达地，航空器的最先降落地，故除被告住所地法院外，事故发生地，车辆、船舶最先到达地，航空器最先降落地的法院对运输侵权纠纷也有管辖权。

④《民诉法》第 31 条规定的海难救助诉讼，因与纠纷最具有密切联系的地点，是救助地和被救助船舶最先到达地，而不包括被告住所地，故因海难救助费用提起的诉讼，由救助地或者被救助船舶最先到达地的法院管辖，而不存在被告住所地法院管辖的问题。

五、专属管辖

【模拟考题 6-1 】

下列哪些适用不动产专属管辖？①房屋租赁合同纠纷；②建设工程施工合同纠纷；③农村土地承包经营合同纠纷；④房屋相邻纠纷；⑤房屋继承纠纷。

民事诉讼的专属管辖，是指某些特定类型的民事案件，法律规定必须由特定的法院专门管辖，其他法院无权管辖，也不允许当事人协议变更管辖。

专属管辖具有两大特征：①强制性。某些特定类型民事案件的管辖，由法律作出强制性规定。②排他性。不仅排除法律规定的一般地域管辖和特殊地域管辖的适用，而且排除当事人协议管辖的适用。

但专属管辖并不排除仲裁（包括国内和国外仲裁机构的仲裁），也就是说，对法律规定专属管辖的民事纠纷案件，当事人虽然不可以协议的方式选择诉讼管辖的法院，但完全可以自愿选择以仲裁的方式而不是诉讼的方式来解决纠纷，因为仲裁并不涉及国家审判权的行使，而诉讼则涉及一个国家的司法主权。

我国《民诉法》第 33 条和第 266 条分别规定了地域专属管辖和中国法院专属管辖。

（一）地域专属管辖

《民诉法》第 33 条第(1)、(2)、(3)项规定了下列 3 类诉讼的地域专属管辖：

(1) 因不动产纠纷提起的诉讼，由不动产所在地法院管辖。

《民诉法解释》第 28 条(新增条文)第 1 款规定，不动产纠纷是指因不动产的权利确认、分割、相邻关系等引起的物权纠纷；第 2 款规定，农村土地承包经营合同纠纷、房屋租赁合同纠纷、建设工程施工合同纠纷、政策性房屋买卖合同纠纷，按照不动产纠纷确定管辖；第 17 条规定，已经离婚的中国公民，双方均定居国外，仅就国内财产分割提起诉讼的，由主要财产所在地人民法院管辖。

[模拟考题 6-1]考点：不动产专属管辖。解析：依《民诉法解释》第 28 条第 2 款，题中第①②③项应按不动产纠纷确定管辖；第④项属于该条第 1 款规定的不动产纠纷；而第⑤项房

屋继承纠纷，则属于另一类（以下第3类）专属管辖，即遗产继承纠纷，由被继承人死亡时住所地或者主要遗产所在地法院管辖，故不当选。综上，本题答案为①②③④。

《民诉法解释》第28条第3款规定，不动产已登记的，以不动产登记簿记载的所在地为不动产所在地；不动产未登记的，以不动产实际所在地为不动产所在地。

此外，有一些虽然与不动产相关，但并不适用不动产所在地法院专属管辖的所谓的“不动产纠纷”，如房屋装修合同纠纷、房屋火灾保险合同纠纷等，它们适用合同纠纷的特殊地域管辖，即由被告住所地、合同履行地法院管辖。

（2）因港口作业中发生纠纷提起的诉讼，由港口所在地法院管辖。

［应用提示］此项由港口所在地法院专属管辖的港口作业纠纷，并不仅限于港口作业侵权纠纷，还包括：①在港口进行货物装卸、搬运、保管等作业中发生的纠纷；②船舶在港口作业中违规操作造成他人人身、财产损害的侵权纠纷。

（3）因继承遗产纠纷提起的诉讼，由被继承人死亡时住所地或主要遗产所在地法院管辖。

此项规定，有利于扩大人民法院对涉外遗产继承纠纷的司法管辖。被继承人死亡时住所地与遗产所在地可能重合。如果遗产散在于不同地区，则依遗产的数量和价值来确定主要遗产所在地。如果继承中涉及不动产分割的，即形式上同时属于不动产纠纷和遗产继承纠纷，则按遗产继承纠纷来确定管辖。

［应用提示］①死亡时住所地≠死亡时经常居住地。在专属管辖领域，不适用经常居住地优先原则。即便死亡时住所地与死亡时经常居住地不一致的，也不由经常居住地法院管辖。②死亡时住所地≠死亡地。死亡时住所地，是指死亡时的户籍所在地。

［示例］邵某户籍所在地是广州市天河区，退休后已经长期居住在广州市海珠区3年有余。后在广东省中医院芳村医院住院期间不幸去世。此时，邵某的死亡时住所地为广州市天河区，而死亡时经常居住地为广州市海珠区，死亡地为广州市芳村区，三者互不相同。

上列适用专属管辖的3类诉讼之间，具有排他性，即如果遗产继承诉讼中，涉及不动产的分割，则适用遗产继承诉讼的管辖规则，由被继承人死亡时住所地或主要遗产所在地法院管辖，而并不适用不动产诉讼的管辖规则来确定管辖。

（二）中国法院专属管辖

《民诉法》在第四篇“涉外民事诉讼程序的特别规定”第四章“管辖”第266条规定了3类合同诉讼的中国法院专属管辖（也有的称为“法院国别专属”[①]管辖），即因在中国履行中外合资经营企业合同、中外合作经营企业合同、中外合作勘探开发自然资源合同发生纠纷提起的诉讼，由中国法院管辖。

由上可见，适用中国法院专属管辖的3类合同诉讼，不仅需要满足合同性质的特定要求（限于上列3类合同），且需同时满足合同履行地的要求（在中国境内履行）。

可见，地域专属管辖和中国法院专属管辖的原因不同，地域专属管辖是源于民事纠纷的

① 韩心怡.民事诉讼法与仲裁制度攻略[M].4版.北京：中国财政经济出版社，2014.

本质特性和两便原则的要求，而中国法院专属管辖是源于对一个国家司法主权的维护。

此外，最高法院《民诉法解释》第 11 条规定，双方当事人均为军人或军队单位的民事案件由军事法院管辖。这也属于民事诉讼专属管辖的一种特别情形：专门法院专属管辖。

［应用提示］现已废止的原《民诉法意见》（法发〔1992〕22 号）第 11 条第 2 款规定，离婚诉讼双方当事人都是军人的，由被告住所地或者被告所在的团级以上单位驻地的人民法院管辖。上引《民诉法解释》（法释〔2015〕5 号）第 11 条，是对原《民诉法意见》第 11 条的修正。注意比较前后规定的不同，有助于理解和应用，也许还能察觉到国家统一法律职业资格考试的“题眼”。

六、共同管辖与选择管辖

民事诉讼的共同管辖，是指根据法律的规定，对同一纠纷案件，两个以上的人民法院都有管辖权。选择管辖，是指当事人起诉时，可以在两个或两个以上的有管辖权的法院之间选择其一作为纠纷案件的管辖法院。

从定义可知，共同管辖与选择管辖，实质乃一个问题的两个侧面，是从法院和当事人两个不同角度而言。同一民事诉讼，就法院而言，有两个或两个以上的法院有管辖权，如运输合同纠纷中，运输始发地、目的地、被告住所地三个地方的法院都有管辖权；而对当事人来说，在两个或两个以上法院都有管辖权时，允许其选择其中之一作为管辖法院起诉，如在运输合同纠纷中，允许原告在三个有管辖权的法院中选择其一向其起诉。因此，共同管辖是选择管辖的基础，先有共同管辖，后才有选择管辖；而选择管辖则是对共同管辖的落实。

依《民诉法》第 21 条第 3 款，同一诉讼的几个被告住所地、经常居住地在两个以上法院辖区的，各该法院都有管辖权；依第 35 条，两个以上法院都有管辖权的诉讼，原告可向其中一个法院起诉；原告向两个以上有管辖权的法院起诉的，由最先立案的法院管辖。

连带债务纠纷中多个债务人住所地不在同一法院辖区，特殊侵权纠纷，追索赡养费、抚育费、扶养费纠纷，都是共同管辖的适例。

【相关链接】

我国三大《诉讼法》对共同管辖和选择管辖的不同规定：

(1)《民诉法》第 35 条规定，原告向两个以上有管辖权的法院起诉的，由最先立案的法院管辖。

(2)《刑诉法》第 25 条规定，几个同级法院都有权管辖的案件，由最初受理的法院审判。

(3)《行诉法》第 22 条规定，原告向两个以上有管辖权的法院起诉的，由最先收到起诉状的法院管辖。

第一，最先立案的法院≠最初受理的法院。立案，是法院的内部行为，表示法院对案件行使管辖权；受理，则是法院相对于当事人的外部行为，表示对当事人的起诉已经予以受理。第二，最先立案的法院≠最先收到起诉状的法院。先收到起诉状的法院，不一定就是先立案的法院。

此外，依《民诉法解释》第 36 条，两个以上法院都有管辖权的诉讼，先立案的法院不得将案件移送给另一个有管辖权的法院；立案前，法院发现其他有管辖权的法院已先立案的，不得重复立案；立案后，发现其他有管辖权的法院已先立案的，裁定将案件移送给先立案的法院。如果发生特殊情况，几个法院立案的时间先后无法区分，那么应由这几个法院共同协商，确定其中一个行使管辖权。若协商不成，则依《民诉法》第 37 条第 2 款，报请它们的共同上级法院指定管辖。值得注意的是，指定管辖属于裁定管辖的范畴，而选择管辖则属于法定管辖的范畴。

七、协议管辖

【模拟考题 6-2】

户籍所在地为潮州市湘桥区的刘一，与住所地在广州市花都区的陈二，在广州市天河区签订了一份厂房租赁合同，由刘一租赁陈二在花都区狮岭镇的厂房。合同约定，若因合同履行发生纠纷，则由广州市花都区法院或天河区法院管辖；如果任何一方不服一审裁判而上诉，则由广东省高级人民法院管辖。[①] 请评价该管辖协议的效力？

（一）协议管辖的概念及最新规定

民事诉讼的协议管辖，又称合意管辖或约定管辖，是指合同或者其他财产权益纠纷的当事人双方，在纠纷发生前或者发生后，以书面协议的方式约定他们之间纠纷的管辖法院。允许当事人双方在一定条件下的协议管辖，是意思自治原则在民事程序法中的体现，也是我国法律的法制性与民主性的结合。

我国《民诉法》2012 年修正时，对协议管辖作出了新的规定，即《民诉法》第 34 条对原第 25 条进行修正后规定，合同或者其他财产权益纠纷的当事人，可以书面协议选择被告住所地、合同履行地、合同签订地、原告住所地、标的物所在地等与争议有实际联系的地点的法院管辖，但不得违反本法对级别管辖和专属管辖的规定。

相较于原来的协议管辖规定，最新规定有下列大的变化：

(1) 统合了涉外民事诉讼与国内民事诉讼中有关协议管辖的规定，删除了第四篇“涉外民事诉讼特别程序的特别规定”中的原第 242、243 条。[②]

(2) 扩大了国内民事诉讼协议管辖的适用范围，为“合同或者其他财产权益纠纷”，即增加了“其他财产权益纠纷”，但仍然不包括人身权益纠纷。

(3) 扩大了可选择的法院地范围，增加了“等与争议有实际联系的地点”的规定，即在原来规定的“被告住所地、合同履行地、合同签订地、原告住所地、标的物所在地”以外，其他“与争议有实际联系的地点”的法院，也是可以选择的。

(4) 完善了协商选择管辖法院的协议形式，原第 25 条的规定是“在书面合同中协议选

---

① 案例来源：本章作者宁教铭（北京德和衡（广州）律师事务所兼职律师）曾接受咨询的案件之一。

② 部分历年真题的答案，也因此发生变化，读者对此务必引起注意，建议考生对历年真题“旧题新做”。

择”，现第34条修正为“书面协议选择”。鉴于原来规定的“书面合同”形式过窄，只好由司法解释作出补充规定，即原第25条的规定，需要结合相应的司法解释适用。而第34条的最新规定，不仅吸收了上述司法解释的内容，而且可以直接适用该条规定。

《民诉法解释》第29～34条，对当事人协议管辖进行了详细规定，尤其增加了一些新的内容，诸如第31条规定，经营者使用格式条款与消费者订立管辖协议，未采取合理方式提请消费者注意，消费者主张管辖协议无效的，人民法院应予支持；第33条规定，合同转让的，合同的管辖协议对合同受让人有效，但转让时受让人不知道有管辖协议，或者转让协议另有约定且原合同相对人同意的除外。

（二）协议管辖的成立条件

（1）协议管辖的适用范围，仅限于合同纠纷和其他财产权益纠纷（主要是财产侵权纠纷），而不包括人身权纠纷。

（2）协议针对的仅限于第一审法院的管辖，当事人不能以协议约定第二审法院的管辖。

（3）协议管辖不得违反级别管辖和专属管辖的法律规定，即管辖协议仅仅针对地域管辖，不得针对级别管辖和专属管辖；除此之外，协议管辖优于法定管辖。简言之，管辖协议的约定对象，仅限于第一审案件的非专属地域管辖。

（4）选择明确，但不必再遵循唯一性的要求。《民诉法解释》第30条第2款规定，管辖协议约定两个以上与争议有实际联系的地点的法院管辖，原告可向其中一个法院起诉。

[应用提示]原《民诉法意见》（法发〔1992〕22号）第24条规定，当事人选择管辖的协议不明确或选择两个以上法院的，选择管辖的协议无效。新的规定取消了唯一性的要求。[1]

[模拟考题6-2：解析]该管辖协议无效。理由：该管辖协议对纠纷的第一审和第二审都进行了约定，一方面，管辖协议只能约定第一审的管辖法院，另一方面还违反了级别管辖的规定，因我国不允许越级上诉，二审法院只能是一审法院的上一级法院，本案的二审法院只能是广州市中级法院，而不能是广东省高级法院。

[协议管辖小结]①协议管辖须符合合法性原则，类似于合同无效或可撤销的原理，即欺诈、胁迫、乘人之危、重大误解、恶意串通等情形，将导致管辖协议无效或可撤销；②管辖协议的独立性，即合同中的协议管辖条款具有独立性，合同无效并不影响该管辖协议条款的效力；③当事人双方订立有效的管辖协议后，还可以在双方协商一致的情况下，变更已经选择的管辖法院，选择其他与争议有实际联系地点的法院管辖，只要不违反有关级别管辖和专属管辖的规定即可。

八、合并管辖

民事诉讼的合并管辖，也称牵连管辖，是指对某一诉讼有管辖权的法院，因另一诉讼与该诉讼存在牵连关系，而对两个诉讼一并管辖、合并审理。合并管辖的实质，是对某诉讼有管辖权的法院基于牵连关系而将另一原本无管辖权的诉讼归并自己管辖。适用合并管辖的情形主要有：原告增加诉讼请求、被告提起反诉、第三人提出与本案有关的诉讼请求。

---

① 若当事人在管辖协议中既约定了仲裁又约定了诉讼，则此时仲裁协议无效，但管辖协议并不必然无效。

第五节 裁定管辖

【引例 6-5】

重庆市第一中级人民法院(简称一中院)受理了一起涉及30多名农民工的劳动争议诉讼。鉴于该案人数众多,且多居住在该市江北区,故重庆市一中院认为,由其下级法院即江北区法院审理,更有利于彻底化解矛盾。

请问:重庆市一中院,可否直接裁定将案件移送给其下级法院即江北区人民法院审理?①

级别管辖与地域管辖(专属管辖是一种特殊的地域管辖),构成了我国民事诉讼的法定管辖制度。民事诉讼确定管辖法院的主要依据是法定管辖,裁定管辖的功能在于补充法定管辖,以适应民事诉讼实践中某些特殊情况的需要,即我国民事诉讼的管辖以法定管辖为主,裁定管辖为必要补充。

【真题实训 6-6】

甲区基层法院因装修办公大楼,与所在区的向阳建筑公司签订了装修合同。工程竣工后,双方就工程款的决算产生了纠纷,在协商无果的情况下,向阳建筑公司就该纠纷向甲区基层法院提起了民事诉讼,要求甲区基层法院支付尚未支付的工程款。鉴于本案的特殊情况,下列哪一选项是正确的?(2008,四川卷三,47)

A. 本案为合同纠纷,应适用特殊地域管辖的规定

B. 本案情况特殊,应由上级法院指定管辖

C. 本案情况特殊,应适用移送管辖制度

D. 本案涉及不动产,应适用专属管辖的规定

《民诉法》在第36~38条,分别规定了移送管辖、指定管辖、管辖权转移等三种裁定管辖。下面进行逐一阐述。

一、移送管辖

移送管辖,是指人民法院受理民事案件后,发现自己对案件并没有管辖权,依法将案件

---

① 案例来源:韩心怡.民事诉讼法与仲裁制度攻略[M].4版.北京:中国财政经济出版社,2014.

移送给有管辖权的法院审理的制度。移送管辖制度的功能，在于纠正错误。移送管辖实质上是移送法院受理了自己并无管辖权的案件（受理了不该受理的案件）时所采取的一种纠错措施，因此，移送管辖所移送的，仅仅是案件，而不是案件的管辖权。

《民诉法》第 36 条规定，人民法院发现受理的案件不属于本院管辖的，应当移送有管辖权的法院，受移送的法院应当受理。受移送的法院认为受移送的案件依照规定不属于本院管辖的，应当报请上级法院指定管辖，不得再自行移送。据此规定，移送管辖必须同时具备下列 3 个条件：①移送的案件，必须是移送法院已经受理的案件；②移送法院，必须是对已经受理的案件没有管辖权；③受移送的法院，被认为对案件有管辖权，即移送法院应当将案件移送给自己认为有管辖权的法院。

人民法院对符合上列 3 个条件的案件，应当移送。但在下列情形下不得移送管辖：

(1) 接受移送的法院，即使认为接受移送的案件不属本院管辖，也不得再自行移送，而是应当报请自己的上级法院指定管辖，这也是《民诉法》第 36 条的规定。

(2) 属于管辖恒定的情形时，不适用移送管辖。即依《民诉法解释》第 37、38 条规定，有管辖权的法院受理案件后，不得以当事人住所地、经常居住地、行政区域变更为由，将案件移送给变更后有管辖权的法院；第 39 条规定，人民法院对管辖异议审查后确定有管辖权的，不因当事人提起反诉、增加或变更诉讼请求等改变管辖，但违反级别管辖、专属管辖规定的除外。人民法院发回重审或按第一审程序再审的案件，当事人提出管辖异议的，人民法院不予审查。

(3) 如前已在“共同管辖”部分所述，依《民诉法解释》第 36 条规定，两个以上法院都有管辖权的诉讼，先立案的法院，不得将案件移送给另一个有管辖权的法院。①

[容易混淆的相关知识点]①法院受理案件前，发现本院没有管辖权时：告知原告另行向有管辖权的法院起诉。②法院受理案件后，发现本院没有管辖权时：移送给有管辖权的法院。③法院受理案件后，发现案件不属于人民法院主管时：驳回原告起诉。

笔者以为，既然诉讼管辖有纵（级别管辖）和横（地域管辖）两个方向，管辖权也就有纵、横两个方面，即级别管辖权和地域管辖权。移送管辖发生在受理案件的法院对所受案件没有管辖权的情形之下，因此，移送管辖应当有两种情形：一是上下级法院之间，对所受理的案件没有级别管辖权的法院，将案件移送给有级别管辖权的法院，属级别管辖范畴；二是同级法院之间，对所受理的案件没有地域管辖权的法院，将案件移送给有地域管辖权的法院，属地域管辖范畴。

诉讼实践中，移送管辖通常发生在同级法院之间，用以纠正地域管辖的错误；但是，有时也可能发生在上下级法院之间，以便遵守级别管辖的规定。最高法院《民事级别管辖异议规定》（法释〔2009〕17 号）第 7 条规定，当事人未依法提出管辖权异议，但受诉法院发现其没有级别管辖权的，应将案件移送有管辖权的法院审理。

---

① 笔者以为，《民诉法解释》第 36 条的“移送”一词，本质上不同于“移送管辖”的“移送”，因为我国民事诉讼法规定的“移送管辖”制度，是针对法院对案件没有管辖权却予以了受理时的一种纠错措施，即移送法院受理了不该受理的案件时如何处理的问题，移送的仅仅是案件，而不存在移送管辖权的问题；而《民诉法解释》第 36 条规定的“移送”，是在有管辖权的法院之间移送，是对共同管辖的一种具体落实措施，移送的不只是案件，而主要是案件的管辖权。

关于移送管辖的具体程序,《民诉法》及其司法解释并无明文规定。诉讼实践中,一般的做法是:移送案件前,先由合议庭或者独任审判员进行审查、提出意见,报院长批准后,再以法院公函的形式发送受移送的法院。同时,及时通知原告、被告等当事人,以便他们及时与受移送法院取得联系,依法进行诉讼活动。

二、指定管辖

民事诉讼的指定管辖,是指上级法院以裁定方式将某一案件交由某个下级法院管辖的制度。《民诉法》第37条规定,有管辖权的法院由于特殊原因,不能行使管辖权的,由上级法院指定管辖。法院之间因管辖权发生争议,由争议双方协商解决;协商解决不了的,报请它们共同的上级法院指定管辖。此外,根据《民诉法》第36条关于移送管辖的规定,受移送的法院认为受移送的案件依照规定不属于本院管辖的,不得再自行移送,应当报请上级法院指定管辖。据此,民事诉讼法规定的指定管辖有下列3种情形:

1. 有管辖权的法院因特殊原因而不能行使管辖权时,由上级法院指定管辖

此处的"上级法院",是指因特殊原因而不能行使管辖权法院的上级法院。所谓"特殊原因",主要包括以下几点:

(1) 法律方面的原因,主要指法律规定的情形,如有管辖权法院的全体审判人员与本案有利害关系,需要回避,因而不能执行职务,本节[真题实训6-6](2008,四川卷三,47)中所述案情,正是适例,该案中具有管辖权的法院成了案件的一方当事人、该院全体法官需要集体回避的情形(我国《民诉法》没有规定集体回避制度),应由该院的上级法院指定管辖。

(2) 事实方面的原因,主要表现为:有管辖权的法院所在地发生了地震、台风等严重的自然灾害,致使该法院无法办案,当事人或其他诉讼参与人无法进行诉讼活动,等等。

若遇上述两方面原因之一,则由上级法院指定管辖,无管辖权的法院因上级法院的指定而取得了案件的管辖权。

2. 法院之间因管辖权发生争议,协商不成时,报请共同上级法院指定管辖

所谓"管辖权发生争议",是指两个或两个以上的法院对同一案件的管辖或相互推诿或相互争夺而发生的争议。

管辖权争议的发生原因,主要有:①因行政区划变更,导致法院辖区的争议;②对管辖权规定的不同理解,引起管辖法院的争议。管辖权争议的表现形式不外乎两种:①两个以上的法院对同一案件都认为本院有管辖权,有学者称之为"积极争议"[①];②两个以上的法院对同一案件都认为本院没有管辖权,对应地称之为"消极争议"。

两个或两个以上的法院发生的管辖权争议,无论是"积极争议"还是"消极争议",都应当按照《民诉法》第37条第2款的规定,由争议双方协商解决;协商解决不了的,报请它们共同的上级法院指定管辖。

《民诉法解释》第40条对不同情形下"共同的上级法院"作出了解释,并规定了逐级报请。即依该条规定,发生管辖权争议的两个法院因协商不成报请它们的共同上级法院指定管辖时,①双方为同属一个地、市辖区的基层法院,由该地、市的中级法院及时指定管辖;

① 江伟.民事诉讼法[M].5版.北京:中国人民大学出版社,2011:100.

②同属一个省、自治区、直辖市的两个法院，由该省、自治区、直辖市的高级法院及时指定管辖；③双方为跨省、自治区、直辖市的法院，高级法院协商不成的，由最高法院及时指定管辖。依前款规定报请上级法院指定管辖时，应当逐级进行。

[应用提示]报请上级法院指定管辖时，务必遵循：①协商前置；②逐级报请。

《民诉法解释》第41条，还对指定管辖的具体程序作了规定：①人民法院依民事诉讼法规定指定管辖的，应当作出裁定；②对报请上级法院指定管辖的案件，下级法院应当中止审理；③指定管辖裁定作出前，下级法院对案件作出判决、裁定的，上级法院应当在裁定指定管辖的同时，一并撤销下级法院的判决、裁定。

此条司法解释，是对原《民诉法意见》第37条的修正，并吸收了《经济审判规定》(法发〔1994〕29号)第4条的内容。

3. 受移送的法院认为受移送案件不属本院管辖时，应报请上级法院指定管辖

根据《民诉法》第36条有关移送管辖的规定，受移送法院认为受移送案件不属本院管辖的，不得再自行移送，应当报请上级法院指定管辖。据此，一个民事案件，移送管辖只能进行一次。如此规定，能提高诉讼效率，防止因多次进行移送管辖而拖延诉讼。

[真题实训6-6](2008，四川卷三，47)答案：B。考点：特殊地域管辖、专属管辖、指定管辖、移送管辖。解析：合同纠纷属于适用特殊地域管辖的案件之一，依《民诉法》第23条，应由被告住所地或合同履行地法院管辖，而本案中的被告住所地或合同履行地法院都是甲区基层法院，也即甲区基层法院是本案唯一有管辖权的法院；但依《民诉法》第37条，有管辖权的法院由于特殊原因，不能行使管辖权的，由上级法院指定管辖。本题中，甲区法院是本案的被告，是案件的直接利害关系人，因此包括审判人员在内的全院所有工作人员均须回避，故属于因特殊原因不能行使管辖权的情形，依法应由其上级法院指定管辖，因此选项A错误、选项B正确。移送管辖是指法院受理案件后，发现自己对案件并无管辖权，依法将案件移送到有管辖权的法院审理。而本题所述情形中，甲区法院本身是具有管辖权的法院，不存在无管辖权而移送的情况，所以不是移送管辖，故选项C错误。本题并不属于不动产纠纷，而是涉及装修工程款纠纷，所以不适用不动产专属管辖的规定，故选项D错误。综上，本题的正确答案是B。

三、管辖权转移

(一) 管辖权转移的概念与情形

管辖权转移，是指由上级法院将确有必要并报请其上级法院批准的某个案件的管辖权，转移给下级法院；或经上级法院的同意或决定，下级法院将某个案件的管辖权，转移给上级法院，也有的称之为“移转管辖”。管辖权转移在上、下级法院之间进行，通常在直接的上、下级法院之间进行，是对级别管辖的一种变通和个别调整。

根据《民诉法》第38条规定，管辖权转移包括下列两种情形：

1. 管辖权的下放性转移

根据《民诉法》第38条第1款规定，上级法院确有必要将本院管辖的第一审民事案件交

下级法院审理的,应当报请其上级法院批准。这就是管辖权的从上向下转移,称之为下放性转移[①]。

《民诉法解释》第 42 条第 1 款,规定了可以交下级法院审理的案件[②],即下列第一审民事案件,可以在开庭前交下级法院审理:①破产程序中有关债务人的诉讼案件;②当事人人数众多且不方便诉讼的案件;③最高法院确定的其他类型案件。该条第 2 款还规定了管辖权下放性转移的程序,即人民法院将案件交下级法院审理前,应当报请其上级法院批准。上级法院批准后,应当裁定将案件交下级法院审理。

可见,2012 年修正后的《民诉法》及其司法解释,对管辖权的“下放性转移”作出了如下严格的限制:①适用情形上,仅限于“确有必要”;②适用程序上,“应当报请其上级法院批准”。

[引例 6-5:解析]重庆市一中院应将案件情况,报请其上级重庆市高级人民法院审批;在获得批准的情况下,才能将案件交给其下级法院即江北区法院审理。理由如上。

《民诉法》2012 年作如此修正,有其特定的修法背景:一是避免终审法院级别过低;二是规制某些法院通过自行下移以控制案件终审法院的不当行为。

2. 管辖权的上调性转移

《民诉法》第 38 条第 1 款有规定,上级法院有权审理下级法院管辖的第一审民事案件;第 2 款规定,下级法院对它所管辖的第一审民事案件,认为需由上级法院审理的,可以报请上级法院审理。这就是管辖权的从下向上转移,称之为上调性转移。

据此,管辖权的上调性转移又细分为两种情形:①上级法院提审下级法院管辖的第一审案件,即对于下级法院管辖的第一审民事案件,上级法院认为自己审理更合适时,可以直接决定受理;②下级法院将其所管辖的第一审案件报请上级法院审理。

[应用提示]最高法院《民事级别管辖异议规定》(法释〔2009〕17 号)第 5 条规定,对于应由上级法院管辖的第一审民事案件,下级法院不得报请上级法院交其审理。

据此,下级法院只能将自己管辖的第一审案件,报请上级法院审理;而不得将上级法院管辖的第一审案件,报请自己审理。如前管辖权的下放性转移所述,上级法院管辖的第一审案件,只有在上级法院认为“确有必要”且“报请其上级法院批准”的情形下,才由下级法院审理。(注意:“报请其上级法院批准”中的“上级法院”,指的是上级法院的上级法院。)

依《民诉法》第 38 条第 2 款,即便下级法院认为它所管辖的第一审民事案件,需要由上级法院审理,但也只有报请权,最终的决定权仍然在于上级法院。

需要由上级法院审理的情形,主要包括:①案件本身的需要,如案情重大、特别复杂、涉及面很广,下级法院审理确有困难;②特殊原因的需要,如由于地震、台风等自然灾害,下级法院无法审理或确有困难。

(二)管辖权转移与移送管辖的关系

管辖权转移不同于移送管辖。移送管辖与管辖权转移二者既相联系,又相区别。

---

① 江伟.民事诉讼法[M].5 版.北京:中国人民大学出版社,2011:100-101.

② 笔者认为,这也可以理解为对《民诉法》第 38 条第 1 款规定的何为“确有必要”的解释。

相同点是:①移送管辖与管辖权转移,都属裁定管辖的具体类型;②都适用裁定书形式;③当事人不服移送管辖与管辖权转移的裁定时,都可以上诉。

区别在于:①性质不同。如前所述,移送管辖,是移送法院将自己已经受理却没有管辖权的案件,移送给它认为有管辖权的法院,即所移送的仅仅是案件,而不存在移送案件的管辖权问题(因移送法院对案件本来就没有管辖权);而管辖权转移,是有管辖权的法院,将案件的管辖权转移给原本没有管辖权的法院,所转移的不仅仅是案件,最主要的还是案件的管辖权。也正因为此,我们并不赞同将"管辖权转移"称之为"移转管辖"的做法[①],因为"移转管辖"与"移送管辖",不只是极易混淆,最为关键的是,这样的称呼不足以反映二者之间的本质区别。

②功能不同。移送管辖,是在法院受理了不该受理(没有管辖权)的案件而采取的一种纠错制度,尤其是纠正地域管辖方面的错误,目的是使民事诉讼的管辖规定得到严格执行;而管辖权转移,是根据案情在上下级法院之间所进行的一种级别管辖的变通和微调(个别调整),目的是使级别管辖有一定的柔性,更好地适应复杂的案情。

③主体不同。移送管辖,是移送法院受理了自己没有管辖权的案件,包括没有级别管辖权和没有地域管辖权,即移送管辖也有可能发生在上下级法院之间,但大多数情形下都是发生在同级法院之间;而管辖权转移,仅仅发生在上下级法院之间。

④程序不同。移送管辖,只要是受案法院发现自己没有管辖权,且认为受移送法院有管辖权,就可移送,既不需要报上级法院批准,也不需要受移送法院的同意;而在管辖权转移中,不同情形有不同的程序要求:提审下级法院管辖的第一审案件时,上级法院可以直接受理或提审;下级法院将自己管辖的第一审案件报请上级法院审理时,需要由上级法院决定;上级法院认为自己管辖的第一审案件确有必要由下级法院审理时,需要报请其上级法院批准。

⑤后果不同。依《民诉法》第 36 条,移送管辖后,受移送法院认为自己也没有管辖权时,只能报请自己的上级法院指定管辖;而最高法院《民事级别管辖异议规定》(法释〔2009〕17 号)第 9 条规定,对于将案件移送上级法院管辖的裁定,当事人未提出上诉,但受移送的上级法院认为确有错误的,可以依职权裁定撤销。

(三) 管辖权转移的相关司法解释

最高法院《调整高、中级法院一审管辖标准的通知》(法发〔2008〕10 号)第 4 条规定,对重大疑难、新类型和在适用法律上有普遍意义的案件,可依民事诉讼法的规定,由上级法院自行决定由其审理,或根据下级法院报请,决定由其审理。法院对上述三类案件的提级管辖具有裁量权,当事人不能以此为由主张法院管辖错误,并将其作为申请再审的事由。此外,最高法院《调整第一审知产案件管辖标准的通知》(法发〔2010〕5 号)第 4 条也规定,对重大疑难、新类型和在适用法律上有普遍意义的知识产权民事案件,可依《民诉法》的规定,由上级法院自行决定由其审理,或者根据下级法院的报请决定由其审理。

---

① 宋朝武.民事诉讼法学[M].3 版.北京:中国政法大学出版社,2012

第六节 管辖权异议

【引例 6-6】

吴刚在某商场购买了一台多功能跑步机，春节前顺便带回了老家，给其退休的父母平日在家锻炼。一日，吴刚父亲在使用过程中，跑步机上的皮带突然滑落，导致老人家摔伤。后经鉴定，该跑步机质量不合格。吴刚遂以违约为由诉至法院，要求该商场退还货款、赔偿医疗等费用共 19000 元。法院受理后，吴刚听朋友建议，将诉讼请求变更为追究该跑步机制造商的侵权责任。被告因此提出了管辖权异议。法院经审查后认为，原告变更诉讼请求后本院确无管辖权，遂裁定将该案移送了有管辖权的法院。①

请问：法院的裁定是否合法？并简要说明理由。

一、管辖权异议的概念和最新规定

管辖权异议，是指当事人向受理案件的法院提出的该院对案件无管辖权的意见或主张。

2012 年修正后的《民诉法》第 127 条规定，法院受理案件后，当事人对管辖权有异议的，应当在提交答辩状期间提出。法院对当事人提出的异议，应当审查。异议成立的，裁定将案件移送有管辖权的法院；异议不成立的，裁定驳回。当事人未提出管辖异议，并应诉答辩的，视为受诉法院有管辖权，但违反级别管辖和专属管辖规定的除外。

2012 年《民诉法》第二次修正时，对管辖权异议制度作出了如下修改。

(1) 将管辖权异议的规定，由原来的第一编“总则”第二章“管辖”第 38 条，移到了第二编第十二章“第一审普通程序”第二节“审理前的准备”(第 127 条)。

(2) 新增了国内民事诉讼的应诉管辖(默示协议管辖)制度。在本次修正之前，应诉管辖制度仅仅存在于涉外民事诉讼程序之中，本次修正时进行了统合。

新增的《民诉法》第 127 条第 2 款，是关于应诉管辖的规定。应诉管辖，也称默示协议管辖，即法院受理案件时只要不违反级别管辖和专属管辖的规定，被告在提交答辩状期间没有提出管辖权异议，且应诉答辩的，就视为原告、被告双方通过默示的方式达成了协议管辖，即便受案法院对案件没有地域管辖权，也就因此而取得了对案件的管辖权。因此，成立应诉管辖，须同时满足下列 3 个条件，其中 2 个消极条件和 1 个积极条件。2 个消极条件为：①受诉

① 案例来源：本章作者宁教铭(北京德和衡(广州)律师事务所兼职律师)曾接受本案被告咨询。

法院没有违反级别管辖和专属管辖的规定；②当事人未在答辩期内提出管辖异议。1个积极条件为：当事人应诉答辩。方式包括提交答辩状、出庭应诉等。

[应用提示]①若被告既在答辩期内向法院提出了管辖权异议，又应诉答辩的，则不能视为被告接受了受诉法院的管辖，不成立应诉管辖（理由是不符合上述消极条件之一：当事人未在答辩期内提出管辖异议）；②依修正后的《民诉法》，无论是否成立应诉管辖，管辖错误都不再是申请再审或抗诉的法定事由，因《民诉法》第200条规定的法定再审事由中，删去了原第179条第(7)项的“违反法律规定，管辖错误”一项。

二、当事人提出管辖权异议的条件

当事人提出管辖权异议，必须同时符合下列条件。

(1) 主体条件：须为本案的当事人。通常是本诉的被告；在反诉中，本诉的原告（反诉的被告），有权针对反诉的管辖权提出异议。

依《民诉法》第127条，提出管辖权异议的主体，必须是本案的当事人。此处的“当事人”，仅限于本诉中的被告，不包括原告和第三人。因为：①原告向受案法院自动起诉，就意味着选择了本诉的管辖法院。原告若认为起诉不当，可撤诉后另行起诉；若受案法院认为自己无管辖权而依职权移送管辖时，依《民诉法》第36条，受移送法院认为受移送案件不属本院管辖的，应当报请上级法院指定管辖，不得再自行移送。据此，受诉法院移送管辖的裁定即使有错误，原告也无权提出异议，只能由上级法院依职权指定管辖。

②有独立请求权的第三人，主动参加他人已经开始的诉讼，应视为承认和接受了受诉法院的管辖，故不存在提管辖权异议的问题；若是受诉法院依职权通知其参加诉讼，则其有权选择是以有独立请求权的第三人身份参加诉讼，还是以原告身份向其他有管辖权的法院另行起诉。

③无独立请求权的第三人，参加他人已经开始的诉讼，是通过支持一方当事人主张，维护自己利益，因他在诉讼中始终辅助一方当事人并以其主张为转移，故他也无权提管辖权异议。《民诉法解释》第82条有规定，无独立请求权的第三人无权提出管辖异议。

总之，不仅原告不能对自己的起诉提出管辖权异议，而且所有的第三人，也不论其有无独立请求权，都无权提出管辖权异议。

(2) 客体条件：须为第一审案件的管辖权。当事人只能对第一审案件的管辖权提出异议，异议的对象不仅包括地域管辖，而且包括级别管辖；但当事人不能对第二审案件提出管辖权异议，因为案件的第二审管辖，是依第一审的管辖确定的。

【法条链接】

依最高法院《民事级别管辖异议规定》(法释〔2009〕17号)第6条，被告以受诉法院同时违反级别和地域管辖规定为由提出管辖异议的，受诉法院应一并裁定。

(3) 时间条件：须为提交答辩状期间。《民诉法》第127条规定，当事人对管辖权有异议的，应当在提交答辩状期间提出，即在《民诉法》第125条规定的自被告收到起诉状副本之日起15日内提出。按期提出的，予以审查，并作出裁定；逾期提出的，不予审查，并对案件继续进行实体审理。

例外情形：①原告在举证期限届满前变更诉的原因，被告可以对地域管辖提出管辖权异议；②答辩期间届满后，原告增加诉讼标的额，被告可以对级别管辖提出管辖权异议。

【法条链接】

最高法院《民事级别管辖异议规定》(法释〔2009〕17号)第3条规定，答辩期间届满后，原告增加诉讼请求金额致使案件标的额超过受诉法院级别管辖标准，被告提出管辖权异议，请求由上级法院管辖的，法院应当审查并作出裁定。

[应用提示]当事人在答辩期内，有权以双方自愿达成书面仲裁协议，应向仲裁机构申请仲裁为由，向法院提出管辖权异议。此时，实际上是主管异议，即对法院与仲裁机构之间主管民事纠纷的分工与权限提出异议。

三、人民法院对管辖权异议的处理

鉴于《民诉法》没有专门规定管辖权异议的处理程序，最高法院的司法解释对此作出了相关规定。根据最高法院《民事级别管辖异议规定》(法释〔2009〕17号)以及《合同法解释〈一〉》(法释〔1999〕19号)第30条等的规定，受诉法院收到当事人(被告)提出的管辖权异议后，应当进行审查，并在受理异议之日起15日内作出裁定：异议不成立的，裁定驳回；异议成立的，裁定移送有管辖权的法院审理，或者驳回原告起诉。

【法条链接】

最高法院《民事级别管辖异议规定》(法释〔2009〕17号)第1条规定，被告在提交答辩状期间提出管辖权异议，认为受诉法院违反级别管辖规定，案件应由上级或者下级法院管辖的，受诉法院应当审查，并在受理异议之日起15日内作出裁定：①异议不成立的，裁定驳回；②异议成立的，裁定移送有管辖权的法院。第2条规定，在管辖权异议裁定作出前，原告申请撤诉，受诉法院作出准予撤诉裁定的，对管辖权异议不再审查，并在裁定书中一并写明。《合同法解释〈一〉》(法释〔1999〕19号)第30条规定，债权人依合同法第122条规定向法院起诉时作出选择后，又变更诉讼请求的，法院应当准许。对方当事人提出管辖权异议，经审查异议成立的，法院应当驳回起诉。

[引例6-6：解析]本案中，法院受理案件时有管辖权，之后没有管辖权是因原告变更了诉讼请求，因此不能适用移送管辖(理由详见本章第五节“一、移送管辖”的相关内容)。因此，法院将该案移送有管辖权法院的裁定，是不合法的。

因违约行为侵犯人身、财产权益的，权利人有权选择追究违约责任或者侵权责任。依《合同法解释〈一〉》(法释〔1999〕19号)第30条，债权人起诉时作出选择后，在一审开庭前又变更诉讼请求的，法院应当准许。对方当事人提出管辖权异议，经审查异议成立的，应当驳回起诉。本案即属该种情形，故法院正确的做法是：驳回原告吴刚起诉。

依《民诉法》第154、164条，对管辖权异议和驳回起诉的裁定，当事人有权在裁定书送达之日起10日内向上一级法院提起上诉。上一级法院应当依法审理并作出裁定。

《民事级别管辖异议规定》（法释〔2009〕17号）第4条规定，上级法院根据民事诉讼法规定，将其管辖的第一审民事案件交由下级法院审理的，应当作出裁定。当事人对裁定不服提起上诉的，第二审法院应当依法审理并作出裁定。

对管辖权异议和驳回起诉的裁定，当事人未提起上诉，或者上诉被驳回的，受诉法院应当通知当事人参加诉讼。无正当理由拒不参加诉讼的，依法缺席审理和判决。

总之，管辖异议制度，与此前所述的管辖恒定制度，从不同的侧面和角度，对法院行使管辖权进行了规制。正确运用管辖异议和管辖恒定两项制度，对于保障法院依法行使管辖权，依法、及时地解决民事纠纷，具有重要作用。

【技能训练】

如何确定合同纠纷案件的特殊地域管辖？

【目的】特殊地域管辖的法律规定和司法解释颇为复杂，准确理解已属不易，要准确无误地解决确定管辖的实际问题，更是谈何容易？通过本项技能训练，一是帮助同学们加强对合同纠纷特殊地域管辖的相关法律和司法解释的准确理解；二是在此基础上掌握本章作者介绍的实用技巧——确定合同纠纷特殊地域管辖的“三步看”法。

【案情和问题】A县甲公司与B县乙公司，在C县签订合同，约定甲购乙彩电360台，甲在D县乙的仓库内自提货物。后乙因仓库租期届满，故提前将彩电运至甲在E县的某超市销售部，并不顾销售部反对，将彩电卸在超市门口后径行离开。销售部员工为免货物受损，将该批彩电转移到F县的商场储存。后因货款支付发生纠纷，乙公司起诉甲公司。

请问：A、B、C、D、E、F等6县法院中，哪些（个）法院对本案有管辖权？

【步骤与要求】

1. 全班同学分组，分别讨论并解决下列问题：

（1）本案纠纷的管辖，属于民事诉讼管辖体系中的那哪一种管辖？为什么？

（2）要解决本案管辖问题，需要依据哪些具体的法律和司法解释的规定？

（3）确定合同纠纷的特殊地域管辖，有何特别技巧？

2. 全班同学，对上列分组讨论中每个组的结论性意见相互进行交流，相互发现问题并予以解决。在此基础上，全班同学回答并完成下列问题：

（1）本章第四节介绍的确定合同纠纷特殊地域管辖的“三步看”方法，是否掌握？

（2）能否运用此法来解决本案管辖问题？

3. 全班同学再分组，各组运用确定合同纠纷特殊地域管辖的“三步看”方法，对本纠纷管辖问题进行分析和解决，不仅要求所得出的结论正确，而且要求有具体的分析过程。

4. 全班同学在教师的主持下，对每组上一步骤的分析过程和结论进行评价和总结。

【教师指导意见】很多同学一遇到这种有很多地点的管辖问题时，就不知如何下手。但若运用本章介绍的确定合同纠纷特殊地域管辖的"三步看"方法，就用不着害怕了。

(1) 我们应当能判定，本案管辖属于合同纠纷的特殊地域管辖问题。

(2) 我们运用确定合同纠纷特殊地域管辖的"三步看"法来分析、解决问题。第一步：看是否属于专属管辖的案件。本案属于一般的买卖合同纠纷，不属专属管辖案件范围。第二步：看是否存在有效的协议管辖。题目中亦无此信息。第三步：看合同纠纷的法定地域管辖。在既不属专属管辖亦无协议管辖时，看合同纠纷的法定地域管辖，依此，被告住所地和合同履行地是合同纠纷的法定管辖地。本案合同已实际履行，但实际的履行地(E县)与约定的履行地(D县)二者并不一致，以实际的履行地点(E县)为"合同履行地"。至此可知，本合同纠纷的特殊地域管辖地为"被告住所地"(A县)和"合同履行地"(E县)，即在6个县法院中，只有A县法院和E县法院对本案有管辖权。

【本章小结】

民事诉讼中，主管和管辖问题，是比较复杂而又十分重要的问题。主管解决多元化解纷机制中人民法院与其他国家机关或社会团体在解决民事纠纷方面的职权分工；而管辖则是解决法院体系内上、下级法院之间以及同级法院之间受理第一审民事案件的分工与权限。因此，只有首先解决主管问题，明确哪些民事纠纷应由人民法院主管之后，才能进一步解决民事案件的管辖问题。本章对管辖的具体制度与规定进行了应用性的详细阐述。

【国家统一法律职业资格考试辅导专栏】

(1) 主管与管辖作为考试的重点之一，在历年真题中都占有非常重要的地位。其所涉内容广泛、细节繁杂、易混淆知识点颇多。备考中，需要首先掌握管辖制度整体的框架结构，在此基础上，围绕常考点和疑难点及《民诉法》2012年新增和修正的内容，进行复习。就考查方式而言，主要是单选题和多选题，有的年份还在卷四案例题中进行考查。本章除了针对核心考点和难点进行阐述以外，还介绍了一些答题的技巧。

(2) 历年考点：①管辖权异议；②管辖权转移与移送管辖；③级别管辖；④地域管辖；⑤协议管辖；⑥指定管辖；⑦专属管辖。

(3) 历年真题：2015卷三35、95；2014卷三39、78；2013卷三79；2012卷三78；2011卷三39；2010卷三35；2009卷三35、80；2008全国卷三82、97，四川卷三39、47。

(4) 备考重点：①比较法院的主管范围与仲裁、调解等其他解纷机制的受案范围(联系前面章节的相关内容)；②管辖恒定，中级法院管辖的第一审案件，知识产权案件的级别管辖；③一般地域管辖的特殊规定，确定合同纠纷地域管辖的"三步看法"，专属管辖(地域专属和国别专属)的适用范围，知产法院案件管辖规定；④裁定管辖，指定管辖的情形，移送管辖与管辖权转移的异同；⑤管辖权异议与应诉管辖；⑥《民诉法》2012年新增和修正的内容：协议管辖、应诉管辖的国内与涉外统合；新增的公司诉讼地域管辖；专利纠纷案件的级别管辖；管辖权转移（尤其下放性转移）的限制条件。

【本章练习】

一、判断题（共10小题）

1. 民事诉讼与民商事仲裁，二者是或裁或审的关系。（ ）

2. 劳动争议仲裁与法院主管的关系，是仲裁前置、先裁后审。（ ）

3. 行政调解并非严格意义上的行政行为，对调解协议不服的，当事人可将行政机关作为被告，向法院提起民事诉讼。（ ）

4. 因不动产提起的诉讼，由不动产所在地法院管辖，体现了确定管辖的便利裁判执行的原则。（ ）

5. 法定管辖包括级别管辖、地域管辖、专属管辖、管辖权转移；裁定管辖包括指定管辖、移送管辖。（ ）

6. 专属管辖，包括因不动产纠纷、海难救助纠纷、遗产继承纠纷等提起的三类诉讼的管辖。（ ）

7. 专利纠纷案件的级别管辖，一律由中级法院管辖。（ ）

8. 专利纠纷案件，若由基层法院管辖，则须由高级法院报请最高法院批准，且限报较大城市的1～2个基层法院。（ ）

9. 除国内仲裁的财产保全、证据保全案件由基层法院管辖外，其他与仲裁相关的案件，都由中级法院管辖。（ ）

10. 发生管辖权争议的两个法院因协商不成报请它们的共同上级法院指定管辖时，如双方为跨省、自治区、直辖市的法院，由最高法院及时指定管辖。（ ）

二、单项选择题（共7小题）

1. 有关民事诉讼管辖，下列表述中，正确的是（ ）。

A. 一般地域管辖的确定标准是当事人住所地与法院辖区之间的隶属关系

B. 确认股东资格的案件，由股东住所地法院管辖

C. 不属于专属管辖、协议管辖的案件，应当适用一般地域管辖

D. 当事人不服海事法院审理的第一审民事案件，可向中级法院上诉

2. 甲区居民王五与乙区铭鑫投资公司在丙区的售房处签订了商品房买卖合同，由王五购买铭鑫公司在丁区所建房屋一套。约定若因合同发生争议，则任何一方可向甲区或丙区法院起诉，后因房屋面积发生争议，王五欲向法院起诉。对本案有管辖权的法院是（ ）。

A. 甲区和丙区法院　　B. 仅丁区法院

C. 丙区和丁区法院　　D. 乙区法院

3. 下列关于管辖权异议的表述中，正确的是（ ）。

A. 应诉管辖又称默示协议管辖，是涉外民事诉讼程序中的一种特有制度

B. 法院针对管辖权异议作出的裁定，当事人可以上诉或者申请再审

C. 管辖权异议的对象包括地域管辖和级别管辖

D. 管辖权异议成立的，法院应当裁定将案件移送有管辖权的法院；异议不成立的，决定驳回

4. 关于民事诉讼协议管辖制度，下列说法中，符合《民诉法》规定的是（　　）。

A. 涉外民事诉讼程序中有关协议管辖的规定与国内民事诉讼有所不同

B. 协议管辖须以书面方式作出，且只能选择与争议有实际联系地点的法院

C. 协议管辖不得变更专属管辖，但可变更级别管辖

D. 国内民事诉讼中协议管辖的适用具有局限性，仅适用于合同纠纷

5. 关于管辖权转移与移送管辖，下列说法中，正确的是（　　）。

A. 法院在受理案件前发现本院无管辖权的，应将案件移送有管辖权的法院立案受理

B. 上级法院认为确有必要时，有权将本院管辖的第一审案件交给其下级法院审理

C. 上级法院有权审理下级法院管辖的第一审民事案件

D. 上级法院将本应由其审理的案件交下级法院审理时，应当向上级法院备案

6. 某诉讼标的额为1亿元的房地产纠纷，天津市第一中级法院和重庆市第一中级法院均认为本院对该案有管辖权，双方协商不成。应如何确定该案的管辖法院？（　　）

A. 由天津市高级人民法院指定管辖　B. 由四川省高级人民法院指定管辖

C. 由北京市高级人民法院指定管辖　D. 由最高人民法院指定管辖

7. 刘一、陈二、张三、李四，均为淘宝店店主，住所地分别在广州市花都区、深圳市宝安区、上海市普陀区、南京市玄武区。为扩大市场，4店主在深圳市宝安区设立了某食品有限公司。运营2年多，因公司利润分配，陈二与张三、李四发生纠纷。陈二欲将张三、李四诉至法院。请问：对本案有管辖权的法院是（　　）。

A. 被告张三住所地上海市普陀区法院

B. 被告李四住所地南京市玄武区

C. 原告陈二住所地深圳市宝安区法院

D. 公司住所地深圳市宝安区法院

三、多项选择题（共10小题）

1. 下列哪些案件的仲裁与诉讼解决机制中，实行仲裁前置、一裁二审的制度（　　）。

A. 民商事仲裁案件　　B. 劳动争议案件

C. 农村土地承包经营纠纷案件　　D. 人事争议案件

2. 当事人对不具有终局效力的仲裁裁决不服的，可以在法定期间内向法院起诉。关于提起诉讼的法定期间，下列表述中哪些是正确的？（　　）

A. 自收到劳动争议仲裁裁决书之日起15日内

B. 自收到农村土地承包仲裁裁决书之日起15日内

C. 自收到农村土地承包仲裁裁决书之日起30日内

D. 自人事争议仲裁裁决书之日起15日内

3. 邵某户籍所在地为广州市天河区，退休后一直居住在广州市海珠区的女儿家3年有余，直至去广东省中医院芳村分院住院，13个月后在该院去世。邵某数个继承人因继承邵某在广州市增城区的别墅发生纠纷。因该纠纷提起的诉讼，由下列哪些法院管辖？（　　）

A. 广州市天河区法院　　B. 广州市海珠区法院

C. 广州市芳村区法院　　　　　　　　　D. 广州市增城区法院

4. 下列各项表述中，正确的是（　　）。

A. 法院受理案件前，若发现本院没有管辖权，则移送管辖

B. 法院受理案件前，若发现本院没有管辖权，则告知原告另行起诉

C. 法院受理案件后，若发现本院没有管辖权，则移送管辖

D. 法院受理案件后，若发现案件不属法院主管，则驳回起诉

5. 居住在A地的刘一与居住在B地的陈二，在C地签订一份保温杯买卖合同。陈二按合同约定在D地交付了货物，但刘一迟迟未付款，陈二遂诉至C区法院，要求刘一履行支付货款义务。庭审中，刘一在法庭辩论环节提出C区法院对该案并无管辖权，要求法院驳回陈二的起诉。下列说法中，正确的是（　　）。

A. C区法院应将案件移送给有管辖权的法院

B. 本案成立应诉管辖，C区法院有权继续审理案件

C. 刘一未在法定期限内提出管辖权异议，构成权利失效

D. 刘一可在C区法院的裁判生效后，以管辖错误为由申请再审

6. 关于民事诉讼地域管辖，下列表述中，正确的是（　　）。

A. 因确认股东资格纠纷提起的诉讼，由公司住所地法院专属管辖

B. 因公司分配利润、解散等纠纷提起的诉讼，可由公司住所地或被告住所地法院管辖

C. 财产权益纠纷的当事人，可书面协议选择与争议有实际联系地点的法院管辖其案件

D. 仅合同纠纷的当事人，才可书面协议选择与争议有实际联系地点的法院管辖其案件

7. 邵某曾是某外企高管，长期居住在A市B区。其育有一儿一女，在A市C区有套400平方米的独栋别墅。邵某病逝后，其儿、女因别墅的继承问题发生纠纷而诉至法院。对本案有管辖权的法院是（　　）。

A. 本案属不动产纠纷，应由不动产所在地法院专属管辖

B. 本案应当由A市B区或A市C区法院管辖

C. 本案应当由A市B区法院专属管辖

D. 本案同时属于不动产纠纷和遗产继承纠纷，应按继承纠纷的管辖规则确定管辖

8. 根据我国民事诉讼法关于级别管辖的规定，下列表述中，哪些是错误的？（　　）

A. 涉外案件一律由中级法院管辖

B. 著作权案件和专利案件，都只能由中级以上法院管辖

C. 高级法院有权管辖它认为应当由自己管辖的案件

D. 最高法院是我国的最高审判机关，因此它不受理第一审民事案件

9. 下列做法中，符合民事诉讼法关于协议管辖规定的有（　　）。

A. 合同纠纷当事人可以书面协议约定二审管辖法院

B. 合同纠纷当事人可以口头约定管辖法院

C. 合同当事人共同选定了甲、乙两个与案件有实际联系地点的基层法院为管辖法院

D. 涉外合同案件的当事人书面约定由合同签订法院管辖

10. 下列关于提出管辖异议的主体的说法中，正确的是（　　）。

A. 提出管辖异议的主体，必须是本案的当事人

B. 通常是本诉的被告;反诉的被告,有权针对反诉的管辖提出异议

C. 有独立请求权的第三人,有权提出管辖异议

D. 无独立请求权的第三人,无权提出管辖异议

四、问答题(共 3 小题)

1. 简述各类仲裁与民事诉讼之间的关系。

2. 管辖恒定有哪几种类型?

3. 试述移送管辖与管辖权转移的关系。

五、案例分析题(共 3 小题)

2015 年 3 月,甲区 A 公司需特级布料 9000 匹,与乙区 B 公司达成协议,每匹 1900 元,由 B 公司组织货源并负责送货。2015 年 4 月,B 公司业务员刘某持盖有 B 公司公章的介绍信与丙区 C 公司签订合同,约定 C 公司向 B 公司提供特级布料 9000 匹,每匹 1600 元,货到付款。1 个月后,C 公司委托该区运输公司将 9000 匹布料运到 B 公司,但此时 B 公司已被撤销。这时丁区 D 公司声称与 C 公司有债权债务关系,而甲区 A 公司主张布料是为其提供的,应属其所有,于是运输公司在乙区将所运布料分送 D 公司和 A 公司,两公司各自收受布料 4500 匹。当 C 公司向两家公司索取货款时,两公司各持理由拒付。C 公司遂于 2015 年 6 月向法院起诉。一审法院以 D 公司和 A 公司为共同被告,以运输公司为第三人,依法组成合议庭审理此案,合议庭未经双方当事人同意便进行过两次调解,但因双方争执较大而未能达成协议。于是合议庭于 7 月 3 日开庭审理此案,判决 D 公司和 A 公司及第三人分别承担民事责任,D 公司、A 公司和运输公司分别于 7 月 13 日、7 月 16 日、7 月 17 日收到判决书。后运输公司以货已到位、不应由其承担责任为由而不服,并提出上诉。二审法院组成合议庭对此案进行了审查并开庭审理,判决 D 公司和 A 公司支付 C 公司货款及承担诉讼费用。根据案情,回答以下问题:

1. 本案中,哪些法院对案件管辖权?简要说明理由。

2. 如果 A 公司在一审调解中提出,原告法定代表人与本案审判人员是同窗好友,可能影响案件公正裁判,故不应由丁区法院受理,而应移送甲区法院审理。此异议能否成立?为什么?

3. 若 D 公司在一审调解中提出反诉,要求原告偿还欠款并赔偿经济损失,此反诉能否成立?为什么?

第七章 当事人与诉讼代理人

【学习目标】

■ 知识目标：

了解民事诉讼各类当事人的概念、特点；

理解司法解释中对当事人地位确定的相关内容。

■ 能力目标：

掌握各类当事人在诉讼中的地位，结合实践确定不同的民事主体在诉讼中的地位。

【本章需要预习的主要法律、法规】

1. 《民诉法》第 48～62 条；
2. 最高法院《民诉法解释》（法释〔2015〕5 号）第 50～89 条，第 284～303 条；
3. 最高法院《人身损害赔偿解释》（法释〔2003〕20 号）第 6 条，第 9～14 条；
4. 《著作权法》第 8 条，《侵权责任法》第 49、50、52 条；
5. 最高法院《经济审判规定》（法发〔1994〕29 号）第 9～11 条。

第一节 当事人概述

【引例 7-1】

一天，某高校法学院教授赵某在路过某菜市场时遇见城管人员罗某与街边卖烤红薯的王某发生了肢体冲突，城管人员罗某将王某打伤。①

请问：此事件中，赵教授有无民事诉讼权利能力和民事诉讼行为能力？赵教授是否是罗某与王某案件中的适格当事人？

一、当事人的概念与特征

民事诉讼中的当事人，是指因民事权利义务发生争议，以自己的名义进行诉讼，并受人民法院裁判约束的人。由定义可知，当事人具有三个特征：①以自己的名义进行诉讼；②因自己的合法权益或自己管理、支配的民事权益发生争议；③受法院生效裁判的约束。

民事诉讼中的当事人，有狭义和广义之分。狭义的当事人，仅指原告和被告；广义的当事人，除原告、被告以外，还有共同诉讼人、诉讼代表人、第三人。

民事诉讼中的当事人，包括形式上的当事人和实质上的当事人。形式上的当事人，是纯粹诉讼程序上的概念，与实体法律关系无必然联系；实质上的当事人，也称为正当当事人，是从实体法角度考察的结果，通常情况下，作为诉讼标的的民事实体法律关系的主体，就是正当当事人。引起民事诉讼程序开始的当事人，只能是形式上的当事人；对当事人的识别，也应从形式上而非实体上进行，即当事人必须是在诉状中明确列明的。没有形式上的当事人，便无法确定管辖法院，因为管辖的确定与当事人直接有关，一般地域管辖的“原告就被告”原则与“被告就原告”例外，其中的原告、被告正是形式意义上的当事人。

当事人的称谓，因诉讼程序和阶段的不同而有所不同：①第一审普通和简易程序中，起诉、应诉的主体，被称为原告、被告。②第二审程序中，当事人被称为上诉人、被上诉人。③审判监督程序中，若适用第一审程序，则原审的原告、被告，仍被称为原告、被告；若适用第二审程序，则原审的上诉人、被上诉人，仍被称为上诉人、被上诉人。④执行程序中，当事人被称为申请执行人、被申请执行人。⑤特别程序、督促程序、公示催告程序中，当事人被称为申请人、被申请人，且有的案件只有申请人，选民资格案件中被称为起诉人。当事人的不同称谓，表明其因所处的程序不同，而具有不同的诉讼地位以及诉讼权利与诉讼义务。

二、诉讼权利能力与诉讼行为能力

（一）民事诉讼权利能力

1. 民事诉讼权利能力的概念

民事诉讼权利能力，也被称为当事人诉讼权利能力或者当事人能力，是指可以作为民事诉讼当事人，享有诉讼权利、承担诉讼义务的资格。依我国相关法律规定，自然人的民事诉讼权利能力，始于出生，终于死亡；法人和其他组织的民事诉讼权利能力，始于依法成立，终

① 案例来源：本章作者宁教铭（北京德和衡（广州）律师事务所兼职律师）接受咨询的案件，人员姓氏有改动。

于解散或者撤销。

2. 民事诉讼权利能力与民事权利能力的关系

民事诉讼权利能力与民事权利能力，既有密切联系，又不完全一致。通常情况下，有民事权利能力的人，才有民事诉讼权利能力，如公民、法人；但特殊情况下，没有民事权利能力的人，也可能依法享有民事诉讼权利能力，如不具有民事权利能力的其他组织，在某些情况下也依法享有民事诉讼权利能力，成为民事诉讼的当事人。

民事权利能力与民事诉讼权利能力不一致的原因，在于民事实体法与民事诉讼法的立足点不同。民法为明确权利主体和责任主体，保障交易安全，坚持民事主体类型法定原则，认为只有公民和法人才是民事主体，才享有民事权利能力，而除此之外的其他组织，则不是民事主体，不享有民事权利能力。但在现实生活中，公民和法人以外的其他组织，虽然不享有民事权利能力，不是民事主体，却能以自己的名义开展活动，并由此产生各种民事争议。民事诉讼法为方便这些组织解决纠纷，也为了维护公民、法人的合法权益，通常在具备一定条件时，赋予其民事诉讼权利能力，使其能以自己的名义起诉、应诉，使这些没有民事主体资格的其他组织成为民事诉讼主体。

[小结与链接]有民事权利能力，必有民事诉讼权利能力；但有民事诉讼权利能力，未必有民事权利能力。即没有民事权利能力，并不必然没有民事诉讼权利能力，例外情形下，没有民事权利能力的主体，也可能依法享有民事诉讼权利能力，如《民诉法解释》第52条规定的"其他组织"，包括依法登记领取营业执照的个人独资企业等8种情形。

[应用技巧]自然人的民事诉讼权利能力，始于出生，终于死亡，与年龄、精神健康状况无关，未成年人、精神病人均有民事诉讼权利能力；法人的民事诉讼权利能力，始于成立，终于终止；某些非法人组织，虽无民事权利能力，但依法享有民事诉讼权利能力。

（二）民事诉讼行为能力

民事诉讼行为能力，又称民事诉讼能力，是指当事人以自己的行为亲自进行民事诉讼活动，行使民事诉讼权利、履行民事诉讼义务的法律上的资格。

有民事诉讼权利能力却没有民事诉讼行为能力的人，虽然也可成为民事诉讼中的当事人，但不能亲自实施诉讼行为，而只能由其法定代理人或由其法定代理人委托的诉讼代理人代为实施。有民事诉讼权利能力却没有民事诉讼行为能力的，实际上不可能是法人，而只能是自然人。因自然人的民事诉讼权利能力和民事诉讼行为能力在存续时间上可能会不一致，而法人及其他组织的民事诉讼权利能力和民事诉讼行为能力同时产生、同时消灭。

民事诉讼行为能力与民事行为能力密切联系，法人和有完全民事行为能力的自然人，有民事诉讼行为能力；但二者又有明显区别，在分类上并不完全一致。民事诉讼行为能力采用两分法，包括民事诉讼行为能力和无民事诉讼行为能力。自然人的民事行为能力采用三分法：18周岁以上且精神正常的自然人，享有完全民事行为能力；10周岁以上的未成年人，以及不能完全辨认自己行为的精神病人，是限制行为能力人；不满10周岁的未成年人，以及不能辨认自己行为的精神病人，是无民事行为能力人。16周岁以上不满18周岁，以自己的劳动收入为主要生活来源的，视为完全民事行为能力人。故在民事诉讼中，只有完全民事行为能力人，才有民事诉讼行为能力，限制民事行为能力和无民事行为能力的自然人，虽然有民事诉讼权利能力，却都无民事诉讼行为能力。

由于民事诉讼行为能力，是当事人可以亲自进行民事诉讼活动、享有民事诉讼权利、承担民事诉讼义务的资格，故若当事人没有民事诉讼行为能力，则其在民事诉讼中所为的行为或者针对其所为的行为，都是不具有法律效力的行为。

[小结与链接]①民事权利能力与民事行为能力：法人的民事权利能力与民事行为能力，同时产生，同时消灭；自然人从出生时起享有民事权利能力，但其民事行为能力，与年龄和精神健康状况相关联，分为无民事行为能力、限制民事行为能力、完全民事行为能力。因此，所有自然人从一出生就都有同等的民事权利能力，但并非都是完全民事行为能力人。

②民事权利能力与民事诉讼权利能力：有民事权利能力，就有民事诉讼权利能力，而不取决于有无民事行为能力。自然人和法人的民事诉讼权利能力的来源，在于其民事权利能力；不具有法人资格的其他组织的民事诉讼权利能力的来源，在于法律的规定。

③民事行为能力与民事诉讼行为能力：有完全民事行为能力，才有民事诉讼行为能力；无民事行为能力、限制民事行为能力的自然人，虽有民事诉讼权利能力，但都无民事诉讼行为能力。法人从成立至终止的整个期间，具有民事行为能力，也具有民事诉讼行为能力；其他组织的民事诉讼行为能力，因其来源也在于法律的规定，故其民事诉讼权利能力，同时产生，同时消灭。

④法人从成立时起，自然人从年满18周岁且精神正常时起，同时具有民事权利能力、民事行为能力、民事诉讼权利能力、民事诉讼行为能力。

三、当事人适格

【真题实训 7-1】

关于当事人能力和正当当事人的表述，下列哪一选项是正确的？（2013，卷三，38）

A. 一般而言，应以当事人是否对诉讼标的有确认利益作为判断当事人适格与否的标准

B. 一般而言，诉讼标的的主体即是本案的正当当事人

C. 未成年人均不具有诉讼行为能力

D. 破产企业清算组对破产企业财产享有管理权，可以该企业的名义起诉或应诉

（一）当事人适格的概念

当事人适格，是指在具体的诉讼中，有以自己的名义作为本案当事人起诉或应诉，并受法院裁判约束的资格。适格当事人，又称为正当当事人。

民事诉讼权利能力或民事诉讼行为能力，都是作为抽象的诉讼当事人资格，通常取决于有无民事权利能力，与具体的诉讼无关。当事人适格，是作为具体的诉讼当事人的资格，针对具体诉讼而言，当事人适格与否，只能将当事人与具体的诉讼联系起来，看当事人与特定的诉讼标的有无直接联系，是否是具体案件中实体法律关系的主体，或者属于法定的适格当事人。

（二）当事人适格的判断标准

当事人适格的意义在于，让凡是参加诉讼的当事人，都是基于实体权益或法律规定有资格作为具体个案诉讼当事人的人；而法院裁判的目的，是为了解决民事法律关系主体之间的争议，使发生纠纷并与纠纷有实质联系的当事人息讼服判。因此，一般来说，判断当事人是否适格，应当以当事人是否是案件诉讼标的即所争议的民事法律关系的主体为标准。依此标准，只要是民事法律关系或民事权利的主体，以该民事法律关系或民事权利为诉讼标的进行诉讼，一般就是适格的当事人。

[引例 7-1：解析]赵教授在路过菜市场时遇见城管人员罗某与街边卖烤红薯的王某发生肢体冲突，罗某将王某打伤。此事件中，赵教授虽有民事诉讼权利能力和民事诉讼行为能力，却不是罗某与王某案件中的适格当事人。赵教授有无民事诉讼权利能力和民事诉讼行为能力，是一种抽象的资格，取决于其民事权利能力和行为能力的自然状态；而赵教授能否成为适格当事人，必须结合具体个案，看其是否属于案件中实体法律关系的直接主体。该案中的实体法律关系是罗某与王某间的人身侵权关系，其直接主体是侵权人罗某和受害人王某。赵教授显然不是该法律关系的直接主体，故不是该案的适格当事人。

简言之，所有享有完全民事行为能力的主体，都具备民事诉讼权利能力和民事诉讼行为能力（抽象的诉讼当事人资格），但其通常只有在成为发生争议的实体法律关系之直接主体的情况下，才可能成为适格当事人。

但在某些例外情形下，非民事法律关系或民事权利的主体，也可作为适格当事人。这些例外情形主要包括：

（1）根据他人的意思或法律的规定，依法对他人的民事法律关系或民事权利享有管理权的人或组织，如失踪人财产代管人、遗嘱执行人、破产程序中的清算组等。当受其管理的民事法律关系或民事权利发生争议时，这些人或组织就可以自己的名义起诉或应诉。

（2）在消极确认之诉中，对诉讼标的有确认利益的人或组织。如原告要求法院确认其与被告之间不存在合同法律关系，在此类诉讼中，如果还要求原告是所争议的法律关系的主体，显然与此类诉讼的性质相悖。因此，通常认为，在消极确认之诉中，只要原告对该诉讼标的具有确认利益，就可成为适格的当事人，而被告只要与作为原告诉讼标的的法律关系有争议，就可成为适格的当事人。

（3）公益诉讼的原告。我国 2012 年修正的《民诉法》第 55 条规定，对污染环境、侵害众多消费者合法权益等损害社会公共利益的行为，法律规定的机关和有关组织可向法院提起诉讼。据此，经法律授权的机关和组织虽然不是“社会公共利益”的直接归属者，但可依法律授权提起公益诉讼，就属于非实体法律关系主体作为适格当事人的情况。

综上所述，当事人适格的判断标准，有如下三个：①是否为发生争议的民事法律关系的主体；②是否为根据他人的意思或法律的规定，依法对他人的民事权益享有管理权的人；③在消极确认之诉中，是否为对诉讼标的有确认利益的人。第一个标准是通常情形下最为经常适用的标准，后两个标准是例外情形下的判断标准。

（三）当事人适格的例外情形：诉讼担当

当事人适格的例外情形，体现了实体当事人与非实体当事人的分野。适格的当事人，就具体的案件作为原告或被告起诉或应诉的权能，称为诉讼实施权。由非实体当事人作为适格当事人的例外情形，统称为诉讼担当，主要包括以下几个方面：

(1) 法定的诉讼担当，是指基于实体法或诉讼法的规定，第三人对他人的民事权益可以以自己的名义进行诉讼。具体情形有：①为保护死者的人格权、著作权，死者的近亲属享有诉讼实施权。如根据最高法院《名誉权案件解答》(19930807)，死者名誉受到损害的，其近亲属有权向法院起诉。②因他人侵权而死亡的公民，其继承人享有诉讼实施权。例如，在2013年"韩亚空难"中不幸遇难的3名中国女孩，其父母虽非侵权法律关系的直接主体，但因法律赋予了其诉讼实施权，即非实体当事人的法定诉讼担当，故他们依法享有提起侵权损害赔偿的权利。③胎儿的母亲，对侵犯胎儿继承利益的行为，享有诉讼实施权。我国《继承法》规定了胎儿的继承利益，如果受到侵犯，胎儿的母亲可以作为原告起诉。④被宣告失踪的财产代管人，享有诉讼实施权。值得注意的是，被宣告失踪的人，不等于下落不明的人，只有经法定程序即特别程序中的宣告失踪后，才会出现具有诉讼实施权的财产代管人。⑤公民死亡后，遗产管理人、遗嘱执行人享有诉讼实施权。⑥企业破产程序中的破产管理人(清算组织)，享有诉讼实施权。

(2) 任意的诉讼担当，权利主体通过自己的意思表示，赋予他人诉讼实施权。如我国《著作权法》第8条第1款规定，著作权人和与著作权有关的权利人，可以授权著作权集体管理组织行使著作权或与著作权有关的权利。著作权集体管理组织被授权后，可以以自己的名义，为著作权人和与著作权有关的权利人主张权利，并可以作为当事人进行涉及著作权或与著作权有关的权利的诉讼、仲裁活动。

[真题实训7-1:解析](2013，卷三，38)答案:B。考点:当事人适格。解析:当事人能力，也叫诉讼权利能力，是指一定主体能享有诉讼权利、承担诉讼义务的能力，即能够成为民事诉讼当事人的法律资格。当事人能力是由法律设定的。而当事人适格，是指在具体案件中能以自己名义作为原告起诉或作为被告应诉的资格。当事人是否适格，是每一具体个案都要面对的问题，不能由法律进行统一设定。一般而言，应以当事人是否为所争议民事法律关系的主体，作为判断当事人适格与否的标准。当事人之间发生争议的民事法律关系，即为诉讼标的。故A选项错误、B选项正确。C选项中的诉讼行为能力，不属当事人权利能力范畴，该选项的考查超出了题干的提问范围，故有不对题之嫌。但是，完全民事行为能力人都属具有诉讼行为能力的主体。依《民法通则》第11条第2款，16周岁以上不满18周岁的公民，以自己的劳动收入为主要生活来源的，视为完全民事行为能力人，属有诉讼行为能力的主体，故C选项错误。D选项中的破产企业清算组，可自己的名义起诉或应诉，故D选项错误。

历年司考真题中，除此(2013，卷三，38)以外，还有(2012，卷三，81)等，也是考查当事人能力和当事人适格的知识点。

四、当事人的诉讼权利与诉讼义务

1. 当事人的诉讼权利

从民事诉讼理论而言，当事人的诉讼权利分为以下两类：

一类是仅产生程序作用的一般性诉讼权利，包括民事诉讼法规定的如下权利：①起诉和答辩、反驳和反诉；②委托代理人；③申请回避；④收集、提供证据；⑤进行陈述、质证和辩论；⑥选择调解；⑦申请财产、行为保全及先予执行；⑧申请顺延诉讼期间；⑨提起上诉、申请再审、申请执行；⑩查阅、复制本案有关材料等。

另一类是权利的行使将影响当事人的实体性利益的特殊性诉讼权利，包括民事诉讼法规定的：①自行和解的权利；②放弃、变更诉讼请求的权利；③承认对方诉讼请求的权利；④提出反诉的权利等。

2. 当事人的诉讼义务

依民事诉讼法相关规定，当事人应当履行的诉讼义务主要包括：①依法行使诉讼权利的义务；②遵守诉讼秩序的义务；③履行生效法律文书的义务。

五、当事人的变更

【真题实训 7-2】

2010 年 7 月，甲公司不服 A 市 B 区法院对其与乙公司买卖合同纠纷的判决，上诉至 A 市中级法院，A 市中级法院经审理维持原判决。2011 年 3 月，甲公司与丙公司合并为丁公司。之后，丁公司法律顾问在复查原甲公司的相关材料时，发现上述案件具备申请再审的法定事由。关于该案件的再审，下列哪一说法是正确的？（2012，卷三，45）

A. 应由甲公司向法院申请再审

B. 应由甲公司与丙公司共同向法院申请再审

C. 应由丁公司向法院申请再审

D. 应由丁公司以案外人身份向法院申请再审

当事人的变更，是指诉讼过程中，根据法律的规定或者基于当事人的意思，原诉讼当事人被变更或变动为新的当事人，由新的当事人承受原当事人的诉讼权利与义务而继续进行诉讼的一种诉讼现象。当事人的变更，包括任意的当事人变更和法定的当事人变更。

（一）任意的当事人变更

任意的当事人变更，相对于法定的当事人变更而言，是指在民事诉讼进程中，因出现了某种情况，根据原当事人的意思表示，由新的当事人承受原当事人的诉讼权利或诉讼义务，继续进行诉讼的一种制度。

我国 1982 年《民诉法（试行）》第 90 条有“更换不符合条件的当事人”的规定，最高法院也对此作出过司法解释。1991 年通过的《民诉法》取消了更换当事人的规定。但民事诉讼法教科书大都承认，司法实践也都认可任意的当事人变更。通常的处理方法是：①原告不符合当事人条件的，法院通知更换，原告不愿意退出诉讼的，裁定驳回起诉；②符合条件的原告，全部不愿参加诉讼的，终结案件的审理；③被告不符合当事人条件的，法院通知更换，原告不同意更换的，裁定驳回起诉；④更换被告后，符合条件的被告应当参加诉讼，如经两次传票传唤，无正当理由拒不到庭的，可以依法拘传或者缺席判决。

(二) 法定的当事人变更

法定的当事人变更,也称诉讼权利与义务的承担,是指在民事诉讼过程中由于法定的特殊原因出现,一方当事人的诉讼权利与义务转移给了原案外人,由案外人承受原当事人的诉讼权利与义务,作为当事人继续进行诉讼的制度。

1. 公民当事人的法定变更

民事诉讼中,可能发生公民法定变更即诉讼权利义务承担的情形,只能是公民的死亡。但并非公民死亡的所有民事诉讼都会发生诉讼权利义务的承担。因公民当事人所参加案件性质的不同而不同:

(1) 基于财产关系而产生的债权债务纠纷案件中,若作为一方当事人的公民死亡,则由其合法继承人作为当事人继续进行诉讼。如甲乙因房屋买卖合同纠纷案件中,若甲或乙死亡,则由其合法继承人接替。

(2) 基于身份关系而产生的纠纷案件中,由于身份的不可替代性,若出现作为一方当事人的公民死亡,则不能发生诉讼权利、义务的承担,因随着自然人的死亡,身份关系的自然消灭必然导致基于身份关系产生的纠纷的消灭,故应终结诉讼。如甲诉与乙离婚纠纷案件中,若甲或乙死亡,则应终结诉讼。

2. 法人当事人的法定变更

引起法人法定变更即诉讼权利与义务承担的原因,是法人的终止。主要包括以下情形:

(1) 法人分立。法人分立又分为:①新设式分立,即原法人分立为两个独立的新法人;②存续式分立,即原法人继续存在,其中一部分分立出来成为独立的新法人。法人分立,由分立后的法人作为共同诉讼人,接替原法人继续进行诉讼。

(2) 法人合并。法人合并也分为:①新设式合并,即原法人与另一个独立的法人合并为一个新的法人;②存续式合并,即原法人仍然存在,但吸收了另一个独立的法人。法人合并,由合并后的新法人接替原法人继续进行诉讼。

(3) 法人破产。法人被法院裁定宣告破产后,由破产管理人接替原法人继续进行诉讼。

(4) 法人被撤销。在法人被撤销的情形下,若有清算组,则由清算组接替,继续进行诉讼;若无清算组,则由决定法人撤销的机构接替,继续进行诉讼。

[真题实训 7-2:解析](2012,卷三,45)答案:C。考点:法人当事人的法定变更。解析:依最高法院《民诉法解释》第 63 条,法人合并的,由合并后的法人作为当事人参加诉讼,故 C 项正确,当选;其余选项均错。

不具备法人资格的其他组织,在发生分立、合并时,也会存在法定变更即诉讼权利、义务承担,其具体情形与法人相同。

法定的当事人变更的情形发生后,原已进行的诉讼程序并不重新开始,而是继续进行;原当事人所实施的一切诉讼行为,对变更后的当事人仍然有效。因此,这种情况在民事诉讼理论中,也被称为当事人诉讼权利义务的承担或当事人诉讼权利义务的继承。

第二节 原告与被告

【引例 7-2】

孙兵 3 岁,在幼儿园上小班。一天,为幼儿园送牛奶的周某因孙兵将其衣服弄脏,便打了孙兵一耳光,造成孙兵左耳失聪。孙兵家人为此欲向法院起诉。

请问:起诉状中应当列谁为被告?①

一、原告与被告的概念

原告,是指为维护自己的或自己所管理他人的民事权益,而以自己的名义向法院起诉,从而引起民事诉讼程序发生的人。

被告,是指被原告诉称与其发生民事权益争议或者侵犯其民事权益,而由法院通知应诉的人。

原告和被告是民事诉讼中最基本的当事人。当事人双方对立,是民事诉讼得以存续的前提,因此,民事诉讼不允许自己诉自己,或者没有对立的当事人。诉讼中,若因继承或法人合并而使原告、被告同属一人,或因一方当事人死亡而无继承人,导致只有原告或被告一方,诉讼便会因此而终结。

二、原告、被告的类别及其确定

《民诉法》第 48 条规定,公民、法人和其他组织可以作为民事诉讼的当事人。法人由其法定该表人进行诉讼。其他组织由其主要负责人进行诉讼。可见,公民、法人和其他组织,都可成为民事诉讼的当事人。作为民事诉讼中最基本的当事人,原告、被告的类型也不外乎公民、法人和其他组织三种。

(一) 公民

公民作为民事法律关系的主体,在与他人发生民事争议时,可以自己的名义起诉或应诉,从而成为原告或被告。外国人、无国籍人,虽不是我国公民,但根据我国《民诉法》规定的同等原则,也可依其规定享有民事诉讼权利能力,成为民事诉讼的当事人。

根据最高法院《民诉法解释》等司法解释,公民作为当事人的情形还包括以下几种:

---

① 案例来源:本章作者宁教铭(北京德和衡(广州)律师事务所兼职律师)接受咨询的案件,当事人姓名已改动。

1. 公民与其他组织竞合时当事人的确定

(1) 个体工商户，以营业执照上登记的经营者为当事人。《民诉法解释》(法释〔2015〕5号)第59条规定，在诉讼中，个体工商户以营业执照上登记的经营者为当事人。有字号的，以营业执照上登记的字号为当事人，但应同时注明该字号经营者的基本信息。营业执照上登记的经营者与实际经营者不一致的，以登记的经营者和实际经营者为共同诉讼人。

【真题实训7-3】

徐某开设打印设计中心并以自己名义登记领取了个体工商户营业执照，该中心未起字号。不久，徐某应征入伍，将该中心转让给同学李某经营，未办理工商变更登记。后该中心承接广告公司业务，款项已收却未能按期交货，遭广告公司起诉。下列哪一选项是本案的适格被告？(2015，卷三，39)

A. 李某　　　　B. 李某和徐某

C. 李某和该中心　　　　D. 李某、徐某和该中心[①]

(2) 个人合伙的全体合伙人，为共同诉讼人。依《民诉法解释》第60条，在诉讼中，未依法登记领取营业执照的个人合伙的全体合伙人为共同诉讼人。个人合伙有依法核准登记的字号的，应在法律文书中注明登记的字号。

(3) 以挂靠形式从事民事活动，当事人请求由挂靠人和被挂靠人依法承担民事责任的，该挂靠人和被挂靠人为共同诉讼人。这是《民诉法解释》第54条的规定。

2. 劳务关系中当事人的确定(《民诉法解释》的新增条文)

(1)《民诉法解释》第57条规定，提供劳务一方因劳务造成他人损害，受害人提起诉讼的，以接受劳务一方为被告。

(2)《民诉法解释》第58条规定，在劳务派遣期间，被派遣的工作人员因执行工作任务造成他人损害的，以接受劳务派遣的用工单位为当事人。当事人主张劳务派遣单位承担责任的，该劳务派遣单位为共同被告。

3. 雇主与雇员关系中当事人的确定

(1) 雇员从事雇佣工作致人损害的，雇主是当事人；雇员故意或有重大过失的，与雇主承担连带责任。《人身损害赔偿解释》(法释〔2003〕20号)第9条规定，雇员在从事雇佣活动中致人损害的，雇主应当承担赔偿责任；雇员因故意或者重大过失致人损害的，应当与雇主承担连带赔偿责任。雇主承担连带赔偿责任的，可以向雇员追偿。

(2) 雇员从事雇佣活动遭受人身损害时当事人的确定。依《人身损害赔偿解释》第11条的规定：①雇员在从事雇佣活动中遭受人身损害，雇主应当承担赔偿责任。②雇佣关系以外的第三人造成雇员人身损害的，赔偿权利人可请求第三人承担赔偿责任，也可请求雇主承担赔偿责任。雇主承担赔偿责任后，可向第三人追偿。③雇员在从事雇佣活动中因安全生产事故遭受人身损害，发包人、分包人知道或应当知道接受发包或分包业务的雇主没有相应

① [真题实训7-3](2015，卷三，39)答案：B。

资质或安全生产条件的，应当与雇主承担连带赔偿责任。

4. 帮工关系中当事人的确定与责任承担

(1) 帮工人在从事无偿帮工活动中致人损害的，被帮工人承担赔偿责任。《人身损害赔偿解释》第13条规定，为他人无偿提供劳务的帮工人，在从事帮工活动中致人损害的，被帮工人应当承担赔偿责任。被帮工人明确拒绝帮工的，不承担赔偿责任。帮工人存在故意或者重大过失，赔偿权利人请求帮工人和被帮工人承担连带责任的，人民法院应予支持。

(2) 帮工人因帮工活动遭受人身损害的，被帮工人承担赔偿责任。《人身损害赔偿解释》第14条规定：①帮工人因帮工活动遭受人身损害的，被帮工人应承担赔偿责任。②被帮工人明确拒绝帮工的，不承担赔偿责任；但可在受益范围内予以适当补偿。③帮工人因第三人侵权遭受人身损害的，由第三人承担赔偿责任。第三人不能确定或者没有赔偿能力的，可由被帮工人予以适当补偿。

5. 主体的承担

《民诉法解释》第55条规定，在诉讼中，一方当事人死亡，需要等待继承人表明是否参加诉讼的，裁定中止诉讼。人民法院应当及时通知继承人作为当事人承担诉讼，被继承人已经进行的诉讼行为对承担诉讼的继承人有效。

6. 机动车使用人的责任情形

(1) 因租赁、借用机动车，所有人与使用人分离，发生交通事故的，以使用人为被告；但若机动车所有人对损害的发生有过错，则使用人与所有人是共同被告。

【相关链接】

《侵权责任法》第49条规定，因租赁、借用等情形，机动车所有人与使用人不是同一人时，发生交通事故后，属于该机动车一方责任的，由保险公司在机动车强制保险责任限额范围内予以赔偿。不足部分，由机动车使用人承担赔偿责任；机动车所有人对损害的发生有过错的，承担相应的赔偿责任。

(2) 买卖、盗窃、抢劫、抢夺的机动车发生交通事故造成损害的，以侵权人为被告。

【相关链接】

《侵权责任法》第50条规定，当事人之间已经以买卖等方式转让并交付机动车但未办理所有权转移登记，发生交通事故后，属于该机动车一方责任的，由保险公司在机动车强制保险责任限额范围内予以赔偿。不足部分，由受让人承担赔偿责任。第52条规定，盗窃、抢劫或抢夺的机动车发生交通事故造成损害的，由盗窃人、抢劫人或抢夺人承担赔偿责任。保险公司在机动车强制保险责任限额范围内垫付抢救费用的，有权向交通事故责任人追偿。

(二) 法人

法人与他人发生争议时，可以以自己的名义起诉、应诉，从而成为原告或者被告。法人作为民事诉讼的当事人，应当由其法定代表人进行诉讼。法定代表人，一般是指法人的正职负责人，在没有正职负责人时，则由主持工作的副职负责人担任法定代表人。

根据《民诉法解释》等司法解释，法人作为当事人的情形，还包括以下几种：

1. 非因自己行为的情形

1）分支机构的行为

法人非依法设立的分支机构，或虽依法设立，但未领取营业执照的分支机构，以设立该分支机构的法人为当事人。这是《民诉法解释》第53条的规定。

若是依法设立并领取营业执照的法人分支机构，则可成为当事人。因为依法设立并领取营业执照的法人分支机构，虽不具备独立的法人资格，但属于具有民事诉讼权利能力的“其他组织”，依《民诉法》第48条及《民诉法解释》第52条第(5)项的规定，可以成为当事人。

2）执行任务行为

《民诉法解释》第55条规定，法人或者其他组织的工作人员执行工作任务造成他人损害的，该法人或者其他组织为当事人。

此处限于“执行工作任务”，如果不是因“执行工作任务”行为而引起的诉讼，则由法人或其他组织的工作人员自己作为当事人。

3）主体的承担

(1) 企业法人合并的，以合并后的企业为当事人；企业法人分立的，以分立后的企业为共同诉讼人。《民诉法解释》第63条规定，企业法人合并的，因合并前的民事活动发生的纠纷，以合并后的企业为当事人；企业法人分立的，因分立前的民事活动发生的纠纷，以分立后的企业为共同诉讼人。

(2)《民诉法解释》第64条规定，企业法人解散的，依法清算并注销前，以该企业法人为当事人；未依法清算即被注销的，以该企业法人的股东、发起人或出资人为当事人。

4）名称被冒用或借用时的情形

(1) 法人或者其他组织被冒用的，以直接责任人为当事人。《民诉法解释》第62条规定，下列情形，以行为人为当事人：①法人或者其他组织应登记而未登记，行为人即以该法人或者其他组织名义进行民事活动的；②行为人没有代理权、超越代理权或者代理权终止后以被代理人名义进行民事活动的，但相对人有理由相信行为人有代理权的除外；③法人或者其他组织依法终止后，行为人仍以其名义进行民事活动的。

(2) 借用业务介绍信、合同专用章、盖章的空白合同书或者银行账户的，出借单位和借用人为共同诉讼人。这是《民诉法解释》第65条的规定。

2. 承担安全保障义务的情形

1）教育机构的安保义务

(1) 过错推定责任：无民事行为能力人在幼儿园、学校或其他教育机构学习、生活期间，受到人身损害的，幼儿园、学校或其他教育机构应当承担责任，但能证明尽到管教职责的，不承担责任。

(2) 一般过错责任：限制民事行为能力人在学校或其他教育机构学习、生活期间，受到人身损害的，学校或其他教育机构未尽到管教职责的，应当承担责任。

(3) 补充责任:因第三人行为而致人身损害的,由第三人承担侵权责任;幼儿园、学校或其他教育机构未尽到管理职责的,承担相应的补充责任。

【相关链接】

《人身损害赔偿解释》(法释〔2003〕20号)第7条规定,对未成年人依法负有教育、管理、保护义务的学校、幼儿园或其他教育机构,未尽职责范围内的相关义务致使未成年人遭受人身损害,或未成年人致他人人身损害的,应当承担与其过错相应的赔偿责任。第三人侵权致未成年人遭受人身损害的,应当承担赔偿责任。学校、幼儿园等教育机构有过错的,应当承担相应的补充赔偿责任。

[应用提示]受教育主体的行为能力程度不同,教育机构应尽的管理职责、担责原则不同:对无民事行为人的受伤,学校承担的是过错推定责任;对限制民事行为人的受伤,学校承担的是过错责任。过错推定是过错归责原则的特殊形式,不是一种单独的归责原则。

[引例7-2:解析]应列周某和幼儿园为共同被告。本案属无民事行为能力人的教育机构责任中的第三人侵权,实际侵权人周某,需承担民事赔偿责任,当属被告;对孙兵负有安保义务的幼儿园因未尽责而致其人身受到侵害,故应承担补充赔偿责任,也是被告。

2) 公共场所或群众性活动的安保义务

(1) 宾馆、商场、银行、车站等公共场所的管理人或群众性活动的组织者,未尽到安保义务致人损害的,以管理人和组织者为被告。

(2) 因第三人侵权致人损害的,以第三人为被告;管理人或组织者未尽安保义务的,承担相应的补充责任。

【相关链接】

《人身损害赔偿解释》(法释〔2003〕20号)第6条规定,从事住宿、餐饮、娱乐等经营活动或其他社会活动的自然人、法人、其他组织,未尽合理限度范围内的安全保障义务致使他人遭受人身损害,赔偿权利人请求其承担相应赔偿责任的,人民法院应予支持。因第三人侵权导致损害结果发生的,由实施侵权行为的第三人承担赔偿责任。安全保障义务人有过错的,应当在其能够防止或制止损害的范围内承担相应的补充赔偿责任。安全保障义务人承担责任后,可向第三人追偿。赔偿权利人起诉安全保障义务人的,应当将第三人作为共同被告,但第三人不能确定的除外。

3. 在新闻报道侵权中的情形

对因新闻报道或其他作品引起的名誉权纠纷如何确定被告的问题,最高法院1993年8月7日发布了《名誉权案件解答》,因新闻报道或其他作品发生的名誉权纠纷,应当根据原告的起诉确定被告:①只诉作者的,列作者为被告;②只诉新闻出版单位的,列新闻出版单位为被告;③对作者和新闻出版单位都起诉的,将作者和新闻出版单位均列为被告,但作者与新闻出版单位为隶属关系，作品系作者履行职务所形成的，只列单位为被告。

据上可知，对因新闻报道或其他作品引起的名誉权纠纷，如果要将作者和新闻出版单位列为共同被告，必同时须满足下列两个条件：①作者与新闻出版单位不存在隶属关系，作品不是作者履行职务所形成；②原告对作者和新闻出版单位都提起诉讼。

（三）其他组织

根据《民诉法解释》第52条，《民诉法》第48条规定的可以作为民事诉讼当事人的其他组织，是指合法成立、有一定的组织机构和财产，但又不具备法人资格的组织。

我国《民法通则》对其他组织的法律地位没有明文规定，即没有赋予其民事主体地位。但现实中，不具备法人资格的其他组织，也从事民事交往，并发挥一定的社会功能，自然有解决纠纷的需求。因此，我国《民诉法》赋予其民事诉讼权利能力，准许其以自己的名义起诉、应诉，从而成为原告或被告。其他组织作为民事诉讼当事人时，由其主要负责人进行诉讼。

根据《民诉法解释》第52条的规定，能成为民事诉讼当事人的“其他组织”，具体包括：①依法设立并领取营业执照的法人的分支机构（注意：法人依法设立的分支机构，并非都具有民事诉讼权利能力，须同时满足“领取营业执照”这一条件，否则以设立该分支机构的法人为当事人）。②依法设立并领取营业执照的商业银行、政策性银行和非银行金融机构的分支机构。③依法成立的社会团体的分支机构、代表机构。④依法登记领取营业执照的个人独资企业、合伙企业。⑤依法登记领取我国营业执照的中外合作经营企业、外资企业。此处针对的是不具有法人资格的合营企业、外资企业；因为如果其具有法人资格，则不存在民事权利能力与民事行为能力分离、与民事诉讼权利能力不一致的问题。⑥经依法登记领取营业执照的乡镇企业、街道企业。⑦其他符合本条规定条件的组织。

其他组织虽然可以自己名义从事民事活动，但本身并非民事主体，不能独立承担民事责任，而只能由其成员承担民事责任。民事诉讼法之所以赋予其民事诉讼主体和当事人地位，是基于方便诉讼的目的。其他组织的诉讼权利能力，始于成立，终于撤销或解散。

【真题实训7-4】

根据民事诉讼理论和相关法律法规，关于当事人的表述，下列哪些选项是正确的？（2014，卷三，81）

A. 依法解散、依法被撤销的法人可以自己的名义作为当事人进行诉讼

B. 被宣告为无行为能力的成年人可以自己的名义作为当事人进行诉讼

C. 不是民事主体的非法人组织依法可以自己的名义作为当事人进行诉讼

D. 中国消费者协会可以自己的名义作为当事人，对侵害众多消费者权益的企业提起公益诉讼①

---

① ［真题实训7-4］（2014，卷三，81）答案：BCD。

第三节 共同诉讼人

【引例 7-3】

一国企老总的秘书廖某，某晚加班后回家途中路过一夜市，遭醉酒的甲、乙、丙围攻并殴打，眼镜被打碎且身受多处软组织挫伤，花去医药费用 2 万余元。廖某意欲起诉甲、乙、丙三人，但从朋友口中获知丙是该国企一副总的女婿，遂决定放弃起诉丙，而仅起诉甲、乙两人。

请问：受案法院是否应当追加丙为本案被告？

一、共同诉讼概述

（一）共同诉讼的概念

民事诉讼中的共同诉讼，是指当事人一方或双方为二人以上，诉讼标的共同或属同一种类，人民法院合并审理的一种诉讼形式。共同诉讼是诉讼主体的合并，设立共同诉讼制度的意义，一是防止法院就同一问题作出相互矛盾的判决，二是简化诉讼程序，节省司法资源，实现诉讼经济的目的。

民诉理论中，原告为二人以上的共同诉讼，称为积极的共同诉讼；被告为二人以上的共同诉讼，称为消极的共同诉讼；原被告均为二人以上的共同诉讼，称为混合的共同诉讼。

（二）共同诉讼的特征

（1）当事人一方或双方为二人以上。在共同诉讼中，可能原告一方为二人以上，也可能被告一方为二人以上，或者原告、被告双方均为二人以上。

（2）诉讼标的共同或属同一种类。共同诉讼必须遵循一定的标准，即只有诉讼标的共同或属同一种类，法院才能合并审理。

（3）人民法院合并审理。共同诉讼属于诉的主体合并，即人民法院将两个以上的当事人合并为一方进行审理，当事人在同一诉讼程序中进行诉讼。

（三）共同诉讼的种类

依《民诉法》第 53 条，共同诉讼可分为普通的共同诉讼与必要的共同诉讼两种。其区分依据，主要是共同诉讼人之间的诉讼标的的不同，必要共同诉讼的标的是共同或同一的，而普通共同诉讼的标的属同一种类。因此，必要共同诉讼的目的，主要在于防止法院对同一诉讼标的作出相互矛盾的判决，而普通共同诉讼的目的，主要在于实现诉讼经济。

二、共同诉讼人概述

（一）共同诉讼人的概念

民事诉讼的共同诉讼人，是指当事人一方或双方为二人以上，诉讼标的共同或属同一种类，法院对其进行合并审理，在同一程序中进行诉讼的当事人。原告一方为二人以上的，称为共同原告；被告为二人以上的，称为共同被告。共同原告和共同被告，在民事诉讼中统称为共同诉讼人。

（二）共同诉讼人与共同诉讼的关系

共同诉讼人与共同诉讼既相联系又有区别。联系在于：只有在共同诉讼中，才有可能产生共同诉讼人；也只有当事人一方或双方为二人以上，才能成立共同诉讼。区别在于：共同诉讼是诉讼主体的合并，是诉的合并形式之一，是从诉的角度而言的；而共同诉讼人是当事人制度的一种形式，是从诉讼主体资格的角度来说的。共同诉讼中，一定有共同诉讼人，但共同诉讼中的当事人，并不都是共同诉讼人，例如：在原告一方有三人，而被告一方只有一人的共同诉讼中，只有原告方是共同诉讼人，被告方仍然是单一被告。只有在原告、被告双方均为二人以上的共同诉讼即混合的共同诉讼中，当事人才都是共同诉讼人。

三、必要共同诉讼人

（一）必要共同诉讼人的概念和特征

必要共同诉讼，是指当事人一方或双方为二人以上，其诉讼标的是共同的，人民法院必须合并审理并合一裁判的诉讼形式。必要共同诉讼中的共同原告或共同被告，统称为必要共同诉讼人。当事人的诉讼标的共同，表明其在所争议的实体法律关系中存在共同的利害关系，必须一同起诉或应诉；同时也决定了这种诉讼是不可分之诉，法院不能分案审理，只能合并审理，且合一裁判。

必要共同诉讼人具有如下特征：

(1) 当事人一方或双方为二人以上，且二人以上有共同的诉讼标的。

(2) 共同诉讼人必须共同参加诉讼。正因为必要共同诉讼人的诉讼标的具有同一性，就要求必要共同诉讼人一同起诉或应诉；若遗漏部分共同诉讼人，则法院应予追加。

(3) 对共同诉讼人之间的诉讼标的，法院必须适用同一诉讼程序合并审理，并作出同一裁判，以防矛盾裁判的出现。

（二）必要共同诉讼的类型

理解必要共同诉讼人的类型，有利于准确确定诉讼中的必要共同诉讼人。

国外民事诉讼理论中，必要共同诉讼分为：①固有的必要共同诉讼，是指全体共同诉讼人对作为诉讼标的的法律关系必须合一确定，并且必须一同起诉或应诉，当事人方为适格的必要共同诉讼。②类似的必要共同诉讼，是指各个共同诉讼人对作为诉讼标的的法律关系既可一同起诉或应诉，又可分别起诉或应诉；但当事人一旦选择一同起诉或应诉，则法院必须对共同诉讼人的诉讼标的作出合一确定的必要共同诉讼判决。[①]

我国民事诉讼理论中，对必要共同诉讼并无上述区分；但按诉讼标的的权利义务本身是共同的，还是形成诉讼标的的权利义务的原因是共同的，将必要共同诉讼分为：

1. 权利义务共同型必要共同诉讼

在这类必要共同诉讼中，各个共同诉讼人之间对于诉讼标的，原本就存在共同的权利义务关系或连带关系，而这种关系并不是基于同一特定事实或法律原因引起的。

诉讼实务中，权利义务共同型必要共同诉讼通常包括两种情形：①共同诉讼人之间存在共同的权利义务关系，如基于婚姻家庭关系的夫妻，对婚姻存续期间共同财产的共有；基于法律上共有权关系的合伙人，对合伙财产的共有。②共同诉讼人之间存在连带债权或连带债务，如承担连带保证责任的保证人与被保证的主债务人之间存在连带清偿关系。

2. 原因共同型必要共同诉讼

在这类必要共同诉讼中，各个共同诉讼人之间原本没有共同的权利或义务，但后来基于同一特定事实或法律原因，才使共同诉讼人之间具有了共同的权利或义务。

诉讼实务中，原因共同型必要共同诉讼通常也包括两种情形：①共同诉讼人之间基于同一特定事实产生的共同权利或义务，如数人共同侵权行为引起的诉讼中，损害发生前，数人之间既无共同关系，也无连带关系，只是因为发生了加害的事实，才使共同诉讼人之间发生了连带关系。②共同诉讼人之间存在内部不可分的合同关系。存在内部合同关系的当事人是否应当作为必要共同诉讼人，取决于内部合同关系形成的是可分的还是不可分的权利义务关系，如果形成的是不可分的权利义务关系，则应当作为必要共同诉讼人。

（三）必要共同诉讼人的法定情形

根据《民诉法》《侵权责任法》等法律以及《民诉法解释》等司法解释的规定，必要共同诉讼人的法定情形包括：

1. 共同侵权案件中的必要共同诉讼人

《侵权责任法》第8条规定，二人以上共同实施侵权行为，造成他人损害的，应承担连带责任。据此，因共同侵权引起的诉讼中，所有侵权行为人是必要共同诉讼人。赔偿权利人只起诉部分共同侵权人的，法院应当追加其他共同侵权人为共同被告；诉讼中，权利人放弃对部分共同侵权人的诉讼请求的，其他共同侵权人对被放弃诉讼请求的被告应承担的赔偿份额不承担连带责任。责任范围难以确定的，推定各共同侵权人承担同等责任。

[引例7-3：解析]法院应当追加丙为被告。因本案属必要共同诉讼，甲、乙、丙为共同侵权人。诉讼中，廖某可以放弃对丙主张损害赔偿，此时法院应当告知廖某放弃诉讼请求的法律后果以及对于丙应当承担的赔偿份额不得要求甲、乙承担连带责任，并在法律文书中载明廖某放弃诉讼请求的情况。

2. 共同危险行为中的必要共同诉讼人

不同于共同侵权行为，共同危险行为是指二人以上的数人分别实施了可能会给他人造

① 江伟.民事诉讼法[M].3版.北京：高等教育出版社，2007：96.

成损害的侵权行为,但无法确定具体侵权人的,应将实施了可能给受害人造成损害的危险行为的数人,作为必要共同诉讼人进行诉讼。

3. 劳动共同侵权案件中的必要共同诉讼人

《劳动争议案件解释》(法释〔2001〕14号)第11条第3款规定,原用人单位以新的用人单位和劳动者共同侵权为由向法院起诉的,新的用人单位和劳动者列为共同被告。

4. 挂靠情形下的必要共同诉讼人

《民诉法解释》第54条规定,以挂靠形式从事民事活动,当事人请求由挂靠人和被挂靠人依法承担民事责任的,该挂靠人和被挂靠人为共同诉讼人。

5. 营业执照上登记的经营者与实际经营者不一致时的必要共同诉讼人

《民诉法解释》第59条第2款规定,营业执照上登记的经营者与实际经营者不一致的,以登记的经营者和实际经营者为共同诉讼人。

6. 个人合伙情形下的必要共同诉讼人

依《民诉法解释》第60条,在诉讼中,未依法登记领取营业执照的个人合伙的全体合伙人为共同诉讼人。个人合伙有依法核准登记的字号的,应在法律文书中注明登记的字号。

7. 企业法人分立时的必要共同诉讼人

依《民诉法解释》第63条,企业法人分立的,因分立前的民事活动发生的纠纷,以分立后的企业为共同诉讼人。

8. 借用关系中的必要共同诉讼人

《民诉法解释》第65条规定,借用业务介绍信、合同专用章、盖章的空白合同书或者银行账户的,出借单位和借用人为共同诉讼人。

9. 保证合同关系中的必要共同诉讼人

(1) 一般保证:①仅起诉债务人的,以债务人为被告;②仅起诉一般保证人的,法院应列债务人为共同被告;③同时起诉债务人和一般保证人的,为共同被告,但应当在判决书中明确对债务人的财产依法强制执行后仍不能履行义务的,由保证人承担保证责任。

(2) 连带保证:可以将债务人或者保证人作为单一被告起诉,也可以将债务人和保证人作为共同被告起诉。

[相关链接与应用提示]详见《担保法》第19条及《民诉法解释》第66条。连带保证中,完全依债权人起诉确定被告;而一般保证中,不能仅以保证人为被告,否则法院应当追加债务人为共同被告。当事人对保证责任形式未予明确约定的,应依《担保法》第19条规定,推定为连带责任保证。

10. 遗产继承诉讼中的必要共同诉讼人

《民诉法解释》第70条规定,在继承遗产的诉讼中,部分继承人起诉的,法院应通知其他继承人作为共同原告参加诉讼;被通知的继承人不愿意参加诉讼又未明确表示放弃实体权利的,法院仍应将其列为共同原告。

11. 承担连带责任的代理关系中的必要共同诉讼人

《民诉法解释》第71条规定,原告起诉被代理人和代理人,要求承担连带责任的,被代理人和代理人为共同被告。

12. 共有财产关系中的必要共同诉讼人

《民诉法解释》第72条规定，共有财产权受到他人侵害，部分共有权人起诉的，其他共有权人为共同诉讼人。

（四）必要共同诉讼人的关系

必要共同诉讼既涉及必要共同诉讼人与对方当事人之间的外部关系，又涉及必要共同诉讼人之间的内部关系。

(1) 外部关系：必要共同诉讼人存在着共同的权利义务关系，为维护其共同利益，故需一致对外，与对方当事人处于对立状态。

(2) 内部关系：必要共同诉讼人的内部关系，主要体现在其中一人的诉讼行为对其他人的效力问题。我国《民诉法》第52条第2款规定，共同诉讼的一方当事人对诉讼标的有共同权利义务的，其中一人的诉讼行为经其他共同诉讼人承认，对其他共同诉讼人发生效力；对诉讼标的没有共同权利义务的，其中一人的诉讼行为对其他共同诉讼人不发生效力。可见，我国《民诉法》所确立的处理必要共同诉讼人的内部关系的"承认原则"，实质上是建立在以意思自治为核心的私权处分原则基础之上。

[应用示例] 某化工厂排出的废水，污染了甲、乙、丙三村共有鱼塘。三村遂共同起诉，要求化工厂赔偿损失30万元。诉讼中，甲村单方与化工厂私自达成和解协议，并向法院申请撤诉，该撤诉行为若未经乙村和丙村的同意，就不能发生终结诉讼程序的法律效力。[①]

"承认原则"也有例外，体现在上诉权的行使方面，即共同诉讼人中的一人，对判决不服提起上诉的，如果上诉后为不可分之诉，那么上诉的效力就及于其他共同诉讼人。

（五）必要共同诉讼人的追加

根据《民诉法解释》第73条，法院追加必要共同诉讼人，既可依职权，也可依申请。若当事人申请追加，则法院应当进行审查，申请理由不成立的，裁定驳回；申请理由成立的，书面通知被追加的当事人参加诉讼。

[应用提示]连带保证中，债权人仅起诉被保证人的，法院不应依职权追加连带保证人。

【相关链接】

《民诉法解释》第74条规定，法院追加共同诉讼的当事人时，应当通知其他当事人。应当追加的原告，已明确表示放弃实体权利的，可不予追加；既不愿意参加诉讼，又不放弃实体权利的，仍应追加为共同原告，其不参加诉讼，不影响案件的审理和判决。第327条规定，必须参加诉讼的当事人或者有独立请求权的第三人，在第一审程序中未参加诉讼，第二审法院可依当事人自愿原则予以调解；调解不成的，发回重审。

---

① 司考真题(2010,卷三,99)的考点之一，也是处理必要共同诉讼人之间内部关系的"承认原则"。

四、普通共同诉讼人

(一) 普通共同诉讼的概念与形成条件

普通共同诉讼,是指当事人一方或双方为二人以上,诉讼标的属同一种类,法院认为可以合并审理,且当事人也同意合并审理的诉讼。所谓诉讼标的属同一种类,是指共同诉讼人与对方当事人争议的法律关系的性质相同,共同诉讼人各自享有的权利或承担的义务,属同一类型。普通共同诉讼中的共同原告与共同被告,统称为普通共同诉讼人。普通共同诉讼人之间不存在共同的权利义务关系,只是诉讼标的上有牵连,是可分之诉。

形成普通共同诉讼,除了“当事人一方或双方为二人以上”这一共同诉讼的条件以外,还须具备以下条件:

(1) 实质条件:两个以上属同一种类的诉讼标的。这不仅是形成普通共同诉讼的实质条件,而且是其与必要共同诉讼的本质区别。

(2) 管辖与程序同一:即几个诉讼必须属于同一法院管辖,且适用同一程序审理。普通共同诉讼的诉讼标的属同一种类,决定了普通共同诉讼是可分之诉,因此,只有同属一个法院管辖且适用同一程序审理的数个诉,才有可能由法院合并审理。

(3) 法院认为可以合并审理:普通共同诉讼制度的设立目的,在于减少诉讼成本、节约司法资源、提高诉讼效率、实现诉讼经济。若两个以上同一类型的案件,通过同一程序合并审理便能得到解决,法院就会认为可以合并审理;若几个诉讼标的同一种类案件的合并审理,并不能简化程序,不符合普通共同诉讼的设立目的,则法院不会认为可以合并审理。

(4) 当事人同意合并审理:普通共同诉讼是可分之诉,普通共同诉讼人之间不存在共同的权利义务关系,因此,既可单独起诉或应诉,也可共同起诉或应诉。这就决定了普通共同诉讼的形成,还须经过当事人的同意。若仅是法院认为可以合并审理,而当事人并不同意合并审理,则无法形成普通共同诉讼。

(二) 普通共同诉讼与必要共同诉讼的关系

普通共同诉讼与必要共同诉讼作为共同诉讼的两种形式,既相联系,又有区别。联系在于:都是当事人一方或双方为二人以上,且全体共同诉讼人都必须参加诉讼,是与一对一的原告、被告之间的单独诉讼相对应的复数诉讼形式。二者的区别主要体现在以下几个方面:

(1) 诉讼标的不同。普通共同诉讼的诉讼标的属同一种类,必要共同诉讼的诉讼标的同一。这是二者的本质区别。

(2) 诉的特征不同。普通共同诉讼属可分之诉,必要共同诉讼属不可分之诉。

(3) 诉讼请求数量不同。普通共同诉讼中有两个或两个以上同一种类的诉讼标的,有两个或两个以上的诉讼请求;而必要共同诉讼只有一个共同的诉讼标的,既可只有一个诉讼请求,也可存在两个或两个以上的诉讼请求。

(4) 合并审理条件不同。普通共同诉讼为可分之诉,普通共同诉讼人既可单独起诉或应诉,也可共同起诉或应诉;共同起诉或应诉,法院认为可以合并审理的,还须经当事人同意方能合并审理。而必要共同诉讼为不可分之诉,必要共同诉讼人必须共同起诉或应诉,法院对必要共同诉讼只能合并审理,且无须当事人同意。

(5) 裁判方式和结果不同。普通共同诉讼形成后，虽然也进行合并审理，但法院对各普通共同诉讼人应当分别作出裁判，且裁判结果可以相同，也可以不同；而必要共同诉讼不仅要合并审理，而且要合一裁判，法院对各必要共同诉讼人的裁判结果还必须相同。

(6) 共同诉讼人之间的内部关系不同。普通共同诉讼人一人的诉讼行为对其他共同诉讼人不发生法律效力，每个共同诉讼人的诉讼行为只对自己发生效力；必要共同诉讼人一人的诉讼行为经全体承认后，对全体共同诉讼人发生法律效力。

(三) 普通共同诉讼人的独立性

普通共同诉讼人之间不存在共同的权利义务关系，决定了普通共同诉讼人仍然是彼此独立的诉讼主体。普通共同诉讼人的独立性主要体现在如下方面：

(1) 各共同诉讼人的行为独立。普通共同诉讼人有权独立进行诉讼行为，不需经其他共同诉讼人同意，且其行为只对行为人本人发生法律效力，对其他共同诉讼人无效。

(2) 诉讼中特殊情形的适用独立。诉讼中，普通共同诉讼人一人出现诉讼中止、诉讼终结等特殊情形时，不影响其他共同诉讼人继续进行诉讼活动。

(3) 裁判方式与裁判结果独立。虽然法院对普通共同诉讼也进行合并审理，但对普通共同诉讼人的诉讼请求及其相应证据的审查应当分别进行，对普通共同诉讼人应当分别作出实体结果可以完全不同的裁判。

第四节 诉讼代表人

一、代表人诉讼概述

(一) 代表人诉讼的概念

代表人诉讼，是指在当事人一方或双方人数众多的情形下，由人数众多的一方或双方当事人推选出代表，代表众多当事人的利益，实施诉讼行为所形成的诉讼制度。

代表人诉讼制度，是我国民事诉讼法为了适应现代社会民事纠纷群体化的现实需要而设立的一种独特的诉讼制度，同时也完善了我国民事诉讼中当事人进行诉讼的机制。

(二) 代表人诉讼的特征

根据《民诉法》第 53、54 条规定，我国目前的代表人诉讼制度具有以下特征：

(1) 当事人的群体性。依《民诉法》第 53、54 条，当事人一方人数众多的共同诉讼，可以由当事人推选代表人进行诉讼。依《民诉法解释》第 75 条，当事人一方人数众多，一般指 10 人以上。

(2) 诉讼主体的代表性。代表人诉讼中，由于当事人一方或双方人数众多，当事人全部参加诉讼会使审判活动难于进行，因此，代表人诉讼制度并不要求众多的当事人都参加诉讼活动，而是由他们的代表人代为进行。

(3) 裁判效力的扩张性。在代表人诉讼中，法院作出的裁判，不仅对亲自参加诉讼的代表人有效，且对被代表的全体当事人有效；在人数不确定的代表人诉讼中，不仅对参加登记的全体权利人有效，而且还对未参加登记但在诉讼时效期间起诉的权利人同样适用。

由此可见，代表人诉讼制度虽然建立在共同诉讼制度的基础之上，以众多当事人之间具有共同的利害关系为内在联系，但二者之间仍然有着显著区别：

①当事人的人数不同。共同诉讼要求一方或双方为 2 人以上，而代表人诉讼则要求当事人一方或双方为 10 人以上。因此，并非所有的共同诉讼都可构成代表人诉讼。

②进行诉讼的主体不同。共同诉讼要求全体当事人共同进行诉讼，而代表人诉讼要求诉讼代表人代表全体当事人进行诉讼。

③诉讼行为的效力不同。共同诉讼人一人的诉讼行为，在必要共同诉讼中，原则上只有经过其他当事人的承认，才对其他当事人生效；在普通共同诉讼中，则对其他共同诉讼人不发生效力；而诉讼代表人实施的诉讼行为，除法律规定须经被代表的当事人同意才对其有效的以外，原则上对全体当事人都有效。

④法院裁判的效力不同。法院的裁判，在共同诉讼中，只对参加诉讼的当事人有效；而在代表人诉讼中，不仅对诉讼代表人本人有效，还对被代表的所有本方当事人有效；在不确定的代表人诉讼中，不仅对所有向法院登记的权利人有效，而且对那些虽未向法院登记但在诉讼时效期间内起诉的其他权利人也同样适用。

二、代表人诉讼的类型

《民诉法》第 53、54 条，分别规定了我国的代表人诉讼的两种类型：

（一）人数确定的代表人诉讼

1. 人数确定的代表人诉讼的概念

人数确定的代表人诉讼，对应于人数不确定的代表人诉讼，是指当事人一方或双方人数众多，且在起诉时人数已经确定，诉讼标的共同或属同一种类，由全体当事人推选共同的代表人或由部分当事人推选自己的代表人代为实施诉讼行为的代表人诉讼。

根据《民诉法解释》第 76 条，在人数确定的代表人诉讼中，可由全体当事人推选共同的代表人，也可由部分当事人推选自己的代表人；推选不出代表人的当事人，在必要（诉讼标的共同）的共同诉讼中可由自己参加诉讼，在普通（诉讼标的属同一种类）的共同诉讼中可以另行起诉。

2. 人数确定的代表人诉讼的特征

（1）当事人一方人数众多，在 10 人以上，且在起诉时人数已经确定。

（2）诉讼标的共同或属同一种类，即既可以是共同的，也可以是同一种类的。

（3）代表人由当事人推选，而不由法院指定。如《民诉法解释》第 76 条的规定。

（二）人数不确定的代表人诉讼

1. 人数不确定的代表人诉讼的概念及要件

人数不确定的代表人诉讼，与人数确定的代表人诉讼相对，是指当事人一方或双方人数众多，且在起诉时人数尚未确定，诉讼标的属于同一种类，由向法院登记的权利人推选出代表人，代为实施诉讼行为的代表人诉讼。

形成人数不确定的代表人诉讼，应当符合下列条件：

(1) 当事人一方人数众多，在 10 人以上，且在起诉时人数尚未确定。这是其与人数确定的代表人诉讼的根本区别。

(2) 诉讼标的属同一种类，也即只有普通共同诉讼，才能适用人数不确定的代表人诉讼制度。在必要共同诉讼中，如果人数不确定就不能适用代表人诉讼。

(3) 代表人由向法院登记的权利人推选。依《民诉法》第 54 条第 2 款及《民诉法解释》第 77 条的规定，人数不确定的代表人诉讼中，代表人的产生方式依次为以下 3 种：

①推选，即由向法院登记的权利人推选。

②商定，即在推选不出诉讼代表人时，由法院提出人选与当事人协商确定。

③指定，即协商不成时，也可由法院在起诉的当事人中指定代表人。

2. 人数不确定的代表人诉讼的特别程序

(1) 管辖法院。人数不确定的代表人诉讼中，当事人往往散居在数个法院辖区内，甚至可能遍布全国各地，难于确定案件的管辖法院，需由各有关法院根据具体案情，协商确定案件的管辖法院；若协商不成，则由共同上级法院指定管辖。

(2) 发布公告。依《民诉法解释》第 79 条，法院受理部分当事人的起诉后，应当发出公告，通知权利人向法院登记。公告期依具体案情确定，最少不得少于 30 日。

(3) 权利登记。登记的目的，在于确定当事人的人数，做好开庭审理前的准备。依《民诉法解释》第 80 条，向法院登记的当事人，应当证明其与对方当事人的法律关系和所受到的损害。证明不了的，不予登记，当事人可以另行起诉。

(4) 产生诉讼代表人。依《民诉法》第 54 条第 2 款及《民诉法解释》第 77 条的规定，人数不确定的代表人诉讼中，代表人的产生方式依次为以下 3 种：

①推选，即由向法院登记的权利人推选。

②商定，即在推选不出诉讼代表人时，由法院提出人选与当事人协商确定。

③指定，即协商不成时，也可由法院在起诉的当事人中指定代表人。

(5) 审理与裁判。人民法院审理人数不确定的代表人诉讼案件，应当公开开庭审理。被代表的当事人可以到庭旁听，有权监督诉讼代表人是否维护被代表人合法权益。人民法院的裁判在登记的范围内执行。未参加登记的权利人在诉讼时效期间内提起诉讼，人民法院认定其请求成立的，裁定适用人民法院已经作出的判决、裁定。

三、不宜适用代表人诉讼的情形

某些情形下，若适用代表人诉讼制度，可能反而不利于纠纷的解决，则不宜适用。最高法院 2002 年 1 月 15 日下发的《受理虚假陈述侵权案件的通知》指出，对于虚假陈述民事赔偿案件，法院应当采取单独或共同诉讼的形式受理，而不宜以集团诉讼的形式受理。

[应用提示]另需结合最高法院《虚假陈述赔偿规定》(法释〔2003〕2 号)第 12、13 条。

四、诉讼代表人

(一) 诉讼代表人的概念

诉讼代表人，是指在民事诉讼的当事人一方或双方人数众多的情形下，为方便诉讼，而从人数众多的一方或双方当事人中推选出来，作为本方众多当事人的代表，并代表本方众多当事人的利益实施诉讼行为的当事人。

诉讼代表人制度，吸收了诉讼代理人制度的机能，使众多当事人的诉讼行为通过诉讼代表人集中实施，扩大了诉讼容量，避免了因众多当事人直接参加诉讼引致的诸多问题。

（二）诉讼代表人的特征

诉讼代表人的特征，主要在与共同诉讼人、诉讼代理人的比较、区别中体现出来。

1. 诉讼代表人与共同诉讼人的区别

代表人诉讼是在共同诉讼的基础上发展而来，但诉讼代表人与共同诉讼人作为两种独立的当事人，二者存在显著区别。

（1）诉讼主体的内涵不同。代表人诉讼的当事人一方或双方为10人以上（实质上的诉讼主体），而仅由2人至5人作为代表进行诉讼（形式上的诉讼主体），故代表人诉讼中实质上的诉讼主体，大于形式上的诉讼主体；而在共同诉讼的当事人一方或双方为2人以上10人以下，多数当事人一方中的全体当事人都参加诉讼，行使诉讼权利、履行诉讼义务，故共同诉讼实质上的诉讼主体，等于形式上的诉讼主体。

（2）诉讼行为的效力不同。诉讼代表人实施的诉讼行为，除法律规定须经被代表的当事人同意才对其有效的以外，原则上对全体当事人都有效；而共同诉讼人一人的诉讼行为，在必要共同诉讼中，原则上只有经过其他当事人的承认，才对其他当事人生效；在普通共同诉讼中，则对其他共同诉讼人不发生效力。

（3）法院裁判的效力不同。法院的裁判，在共同诉讼中，只对参加诉讼的当事人有效；而在代表人诉讼中，不仅对诉讼代表人本人有效，还对被代表的所有本方当事人有效；在不确定的代表人诉讼中，不仅对所有向法院登记的权利人有效，而且对那些虽未向法院登记但在诉讼时效期间内起诉的其他权利人也同样适用。

2. 诉讼代表人与诉讼代理人的区别

诉讼代表人具有双重身份：一方面，本身就是诉讼当事人；另一方面，又是众多当事人一方的代表人。这是诉讼代表人与诉讼代理人的根本区别所在。具体表现在以下几个方面：

（1）诉讼地位不同。诉讼代表人是本案的当事人，故与本案的诉讼结果有法律上的利害关系；而诉讼代理人并非本案的当事人，故与本案的诉讼结果没有法律上的利害关系。

（2）实施诉讼行为的目的不同。诉讼代表人实施诉讼行为，不仅为了自己的利益，也是为了所代表的本方当事人利益；诉讼代理人为诉讼行为，仅仅是为了被代理人的利益。

（3）诉讼行为的效力不同。诉讼代表人实施的诉讼行为，除法律规定须经被代表的当事人同意才对其有效的以外，不仅对诉讼代表人本人有效，原则上还对所代表的所有当事人都有效，在人数不确定的代表人诉讼中，甚至还对在诉讼时效内起诉的利害关系人有效；而诉讼代理人在代理权限范围内实施诉讼行为，并且仅对被代理人有效。

（三）诉讼代表人的产生和条件

《民诉法解释》第76、77条规定的是诉讼代表人的产生方式，包括：①人数确定的代表人诉讼，可由全体当事人推选共同的代表人，也可由部分当事人推选自己的代表人；推选不出代表人的当事人，在必要共同诉讼中可由自己参加诉讼，在普通共同诉讼中可另行起诉。

②人数不确定的代表人诉讼，由当事人推选代表人，当事人推选不出的，可由法院提出人选与当事人协商，协商不成的，也可由法院在起诉的当事人中指定代表人。

［应用提示］不论人数确定还是人数不确定的代表人诉讼中，诉讼代表人的产生途径有：①由当事人推选；②推选不出时，由法院与当事人协商；③协商不成的，由法院指定。

要成为诉讼代表人，必须具备下列条件：①须为本案的当事人；②应当具有诉讼行为能力；③应当具备与代表本方当事人进行该诉讼相适应的诉讼知识和专业技能；④能够善意地履行诉讼代表人的职责。

依《民诉法解释》第 78 条，诉讼代表人为 2～5 人，每位代表人可以委托 1～2 人作为诉讼代理人。

（四）诉讼代表人的权限和更换

诉讼代表人具有双重身份，即一方面，本身就是诉讼当事人；另一方面，又是众多当事人一方的代表人。这就决定了诉讼代表人在民事诉讼中直接行使当事人的诉讼权利，履行当事人的诉讼义务。根据《民诉法》第 53 条及第 54 条第 3 款，代表人的诉讼行为对其所代表的当事人发生效力，但代表人变更、放弃诉讼请求或者承认对方当事人的诉讼请求，进行和解，必须经所代表的当事人的同意。

民事诉讼中，诉讼代表人若不能履行代表职责甚或滥用代表权时，则可以更换，由被代表人向法院提出更换申请。法院认为申请理由成立的，应当裁定中止诉讼，然后召集全体被代表人，重新确定诉讼代表人。新的代表人产生后，诉讼恢复。原诉讼代表人实施的诉讼行为，对更换后的诉讼代表人继续有效。

第五节 民事公益诉讼

【引例 7-4】

昆明市环保局诉昆明三农公司与羊甫公司环境公益民事侵权纠纷一案，是云南省首例环境公益诉讼，该案被最高法院评为 2011 年全国法院十大典型案例。该案的成功审结确定了环保局公益诉讼的原告主体资格，明确了检察院在环境公益诉讼中的地位。[①]

① 案例来源：谭柏平，马芸. 云南省首例环境民事公益诉讼案件审结的现实意义[J]. 中国环境法治，2011(2).

一、民事公益诉讼的概念与特征

民事公益诉讼，是指法律规定的机关和有关组织，根据法律的授权，以自己的名义，对损害社会公共利益的行为，向法院提起的诉讼。从国外的立法和实践来看，公益诉讼主要是针对污染环境、危害食品安全、侵害众多消费者合法权益等损害社会公共利益的公共性违法行为而设置的不同于行政监管的诉讼救济机制。公益诉讼制度的设立，有利于切实保障社会公共利益，有效避免为追求个体利益而损害社会公共利益行为的发生。

【真题实训 7-5 】

根据 2012 年修改的《民诉法》，关于公益诉讼的表述，下列哪一选项是错误的？（2013，卷三，35）

A. 公益诉讼规则的设立，体现了依法治国的法治理念

B. 公益诉讼的起诉主体只限于法律授权的机关或团体

C. 公益诉讼规则的设立，有利于保障我国经济社会全面协调发展

D. 公益诉讼的提起必须以存在实际损害为前提

与普通民事诉讼相比，公益诉讼具有如下特点：

(1) 诉讼目的不同。民事公益诉讼的目的是维护社会公共利益，具有重大的社会价值；普通民事诉讼的目的是解决私人民事纷争，因此也可以称为私益诉讼。

(2) 起诉主体不同。民事公益诉讼的原告，不能是公民个人，只能是获得法律授权的机关和组织，且非遭受违法行为侵害的直接利害关系人；而普通民事诉讼的原告，包括个人，且限于与案件有直接利害关系的公民、法人和其他组织。

(3) 起诉条件不同。民事公益诉讼的提起，并不以存在实际损害为前提条件，可以针对那些给社会公众或不特定多数人造成潜在危害的不法行为提起；而普通民事侵权诉讼，须以侵权行为实际发生，并对受害人造成损害为前提。

[相关链接与应用提示]民事公益诉讼并非支持起诉原则的具体体现。民事公益诉讼中，法定的机关和组织是以自己的名义起诉，享有原告的主体资格；而支持起诉的主体，并非案件的当事人，并不享有原告的主体资格，仍然只能以被支持的对象为当事人。

二、我国民事公益诉讼的法律规定

我国《民诉法》2012 年第二次修正时增设了民事公益诉讼制度，即新增第 55 条规定，对污染环境、侵害众多消费者合法权益等损害社会公共利益的行为，法律规定的机关和有关组织，可以向人民法院提起诉讼。

《民诉法》第 55 条的规定，主要解决了公益诉讼的适用范围和主体资格问题：

1. 公益诉讼的适用范围

公益诉讼，是针对污染环境、侵害众多消费者合法权益等损害社会公共利益的行为提起的诉讼。故其适用范围，一是案件类型有要求，即污染环境、侵害众多消费者合法权益等侵权行为案件；二是这些侵权行为损害了社会公共利益。此即公益诉讼与普通侵权诉讼的本质区别之一。

2. 公益诉讼的原告主体资格

这包含两层含义：一是有权提起公益诉讼的主体，仅限于“法律规定的机关和有关组织”，公民个人不能提起公益诉讼；二是“法律规定的机关和有关组织”，虽然不是污染环境、侵害众多消费者合法权益等侵权行为的直接受害人，但根据法律的授权，以自己的名义提起公益诉讼，换言之，即公益诉讼中的原告，并不是实体法律关系的主体，而是根据法律的规定而成为适格的当事人。

【相关链接】

(1) 依《环境保护法》第 58 条第 1、2 款，对污染环境、破坏生态，损害社会公共利益的行为，符合该条所列条件的社会组织，可向人民法院提起诉讼，人民法院应当依法受理。

(2)《海洋环境保护法》第 90 条第 2 款规定，对破坏海洋生态、海洋水产资源、海洋保护区，给国家造成重大损失的，由行使海洋环境监督管理权的部门代表国家对责任者提出损害赔偿要求。

(3) 依《消费者权益保护法》第 37 条第 7 项规定，消费者协会就损害消费者合法权益的行为，支持受损害的消费者起诉，或者依法以自己名义提起诉讼。

据此，我国目前有权提起公益诉讼的法定的机关和组织包括环保组织、海洋环境监管部门、消费者协会。

[真题实训 7-4：解析]（2013，卷三，35）答案：D。考点：公益诉讼。解析：选项 A 结合社会主义法治理念考查。依法治国是依体现人民意志和社会发展规律的法律治理国家，而不是依个人意志治理国家，故选项 A 正确。选项 B 正确，理由如上（法律依据：《民诉法》第 55 条）。公益诉讼规则的设立，有利于保障社会公共利益，可避免为追求个体利益而损害公益行为的发生，故选项 C 正确。提起公益诉讼须以社会公益受到损害为前提，但这种损害既可以是实际损害，也可以是必然会发生的损害，故选项 D 错误。

关于民事公益诉讼的程序设置、审理方式、裁判效力等具体问题，我国目前的法律尚未作出规定，最高法院《民诉法解释》（法释〔2015〕50 号）第 284～291 条共有 8 个条文，专门对公益诉讼的受理条件、管辖法院、审理方式、裁判效力等具体问题进行了规定。

第六节 第 三 人

【引例 7-5】

S市F区的张三,有两子张甲、张乙和一女张丙。张三死后在S市B区留有住房3间。张甲、张乙将3间房屋卖给李丁。后张甲、张乙因房款支付与李丁发生纠纷,遂诉至S市B区法院。诉讼中,张丙知此情况,要求参加诉讼。

请问:张丙在本案中的诉讼地位如何?她在诉讼中享有何种诉讼权利?

一、第三人的概念和特征

民事诉讼中的第三人,是指对他人之间的诉讼标的有独立请求权,或者虽无独立请求权,但与案件处理结果有法律上的利害关系,而参加他人之间正在进行的诉讼中去的第三方当事人。民事诉讼第三人制度的设立,给予利害关系人参加诉讼的机会,保障程序正义,防止法院作出矛盾判决,有利于维护利害关系人的合法权益,同时实现诉讼经济的目的。

民事诉讼中的第三人,具备下列特征:

(1) 第三人是与案件有利害关系的人。这种利害关系主要包括两种情形:①原告、被告争议的诉讼标的,使该第三人的利益受到侵害,第三人可对该诉讼标的提出独立的实体主张;②法院对本诉的处理结果,可能会对第三人产生有利或不利的影响,这是第三人与代理人、证人、鉴定人等其他诉讼参与人的根本区别。

(2) 参加到他人正在进行的诉讼。第三人参加的是原告、被告之间的诉讼即本诉,第三人参加诉讼是以本诉的存在为前提,即原告、被告之间的诉讼已经开始但尚未审结。

(3) 第三人在诉讼中具有独立的诉讼地位。第三人属于广义的当事人,在诉讼中具有独立的诉讼地位,对原告、被告之间的诉讼标的,既不与原告也不与被告具有相同的权利和义务,因此区别于共同诉讼人,后者对相同或者同类的诉讼标的具有共同的权利和义务;同时,第三人又与案件的处理结果有法律上的利害关系,以此区别于证人、鉴定人等其他诉讼参与人,后者与案件的处理结果并无直接的利害关系。

《民诉法》第56条规定,对当事人双方的诉讼标的,第三人认为有独立请求权的,有权提起诉讼;虽无独立请求权,但案件处理结果同他有法律上的利害关系的,可申请参加诉讼,或由法院通知他参加诉讼。因此,依照参加诉讼的根据不同,可将第三人分为有独立请求权的第三人和无独立请求权的第三人,前者对他人争议的诉讼标的有独立请求权,后者仅与他人案件的处理结果有法律上的利害关系。

二、有独立请求权的第三人

(一) 有独立请求权的第三人的概念与要件

有独立请求权的第三人,是指对原告、被告之间的诉讼标的主张独立的请求权,以实体权利人的资格提出独立的诉讼请求,从而参加原告、被告已经开始的诉讼的第三方当事人。

有独立请求权的第三人参加诉讼,应当符合下列条件:

(1) 参加诉讼的根据:对原告、被告之间的诉讼标的主张全部或者部分的独立请求权,也即第三人认为自己对原告、被告争议的诉讼标的享有全部的或者部分的实体利益。

(2) 参加诉讼的时间:原告、被告之间的本诉已经开始但尚未终结。有独立请求权的第三人参加诉讼的目的,在于通过参加之诉与本诉的合并审理,以维护自己的合法权益,因此,第三人的加入,以原告、被告之间的本诉已经开始但尚未审理终结为前提。

(3) 参加诉讼的方式:提起诉讼。有独立请求权的第三人,是对本诉的原告、被告提出独立的诉讼请求,因此,应当以起诉的方式参加诉讼。

(二) 有独立请求权的第三人的诉讼地位——参加之诉的原告

有独立请求权的第三人参加诉讼,既不同意原告的诉讼请求,也不同意被告的诉讼请求,因为无论原告胜诉还是被告胜诉,都将有损他的民事权益。有独立请求权的第三人以实体权利人的身份,以本诉的原告、被告为被告,向法院提起了一个新的诉讼。因此,他在诉讼中的地位相当于原告,是参加之诉的原告,享有原告的诉讼权利、承担原告的诉讼义务,本诉的原告与被告,即作为有独立请求权的第三人参加之诉的被告。

《民诉法解释》第 236 条规定,有独立请求权的第三人经法院传票传唤,无正当理由拒不到庭的,或者未经法庭许可中途退庭的,按撤诉处理。这也正是将有独立请求权第三人的诉讼地位等同于原告所作出的规定。

[引例 7-5:解析]张丙在本案中属于有独立请求权的第三人。她在诉讼中相当于原告,也即她是所参加之诉的原告,享有原告的诉讼权利,承担原告的诉讼义务。本诉的原告张甲、张乙与被告李丁,即作为第三人参加之诉张丙的共同被告。

(三) 本诉与有独立请求权的第三人参加之诉的关系

有独立请求权的第三人参加诉讼后,实际上形成了两个独立的诉,一是原告、被告之间的本诉,二是以有独立请求权的第三人为原告、以本诉原被告为被告[①]的参加之诉。法院将两个诉合并审理,一是能有效避免因将两个有关联的诉讼分别审理而可能作出相互矛盾的裁判,二是有利于法院查明案情,彻底解决纠纷,提高诉讼效率,实现诉讼经济的目的。

本诉与参加之诉的关系,体现在如下两个方面:

(1) 本诉原告撤诉,参加之诉继续进行。即《民诉法解释》第 237 条规定,有独立请求权的第三人参加诉讼后,原告申请撤诉,法院在准许原告撤诉后,有独立请求权的第三人作为另案原告,原案原告、被告作为另案被告,诉讼继续进行。

---

① 是复数被告,但不是共同被告,因为不符合共同诉讼人的要件。

(2) 有独立请求权的第三人撤诉，本诉继续进行。即有独立请求权的第三人参加诉讼后，又申请撤诉，法院在准许其撤诉后，原案继续审理，不受影响。

（四）有独立请求权的第三人与必要共同诉讼人的关系

有独立请求权的第三人与必要共同诉讼人的联系在于，都存在于当事人为多数的复数诉讼形式之中；二者的区别体现在如下诸多方面：

(1) 诉讼标的不同。必要共同诉讼人争议的诉讼标的是同一的或者共同的，即必要共同诉讼人作为争议的民事法律关系的一方主体，享有共同权利或承担共同义务；而有独立请求权的第三人提起的参加之诉的诉讼标的，与本诉的诉讼标的并不一致。

(2) 对方当事人不同。必要共同诉讼人或是共同原告，或是共同被告，与其争议的是对方当事人；而有独立请求权的第三人则是以自己为原告，以本诉的原告、被告为自己的被告提起的参加之诉，故其对方当事人是本诉的原告和被告。

(3) 参诉依据不同。必要共同诉讼人参加诉讼的依据，是共同诉讼人之间存在不可分的权利义务关系；而有独立请求权的第三人参加诉讼的依据，是对本诉原告、被告争议的诉讼标的主张独立的实体请求权。

(4) 参诉目的不同。必要共同诉讼人参加诉讼的目的，既要维护自己的民事权益，也要维护本方共同的民事权益；而有独立请求权第三人，只是为维护自己的民事权益。

(5) 参诉时间不同。必要共同诉讼人既可在起诉时因共同起诉或共同应诉而参加诉讼，又可在诉讼程序开始后自己申请参加，或由法院追加参加，且可在一审、二审、审判监督程序的各个阶段参加诉讼；而有独立请求权的第三人参加诉讼，只能在本诉已经开始但尚未审理终结时参加诉讼。

(6) 参诉方式不同。因共同原告或共同被告的诉讼地位的不同，必要共同诉讼人可以起诉的方式主动参加诉讼，也可以被诉的方式被动参加诉讼，既可以自己主动参诉，又可以由法院追加而被动参诉；而有独立请求权的第三人由于是对本诉原告、被告向法院提起新的诉讼，故只能以原告起诉的方式主动参加诉讼。

(7) 诉讼地位不同。必要共同诉讼人在诉讼中的地位，可能是共同原告，也可能是共同被告；而有独立请求权的第三人在诉讼中的地位只能是参加之诉的原告。

(8) 诉的合并类型不同。必要共同诉讼人存在于诉的主体合并，作为不可分之诉的一方当事人，必须共同参加诉讼，且法院只能合并审理、合一裁判；而有独立请求权的第三人提起的参加之诉与本诉，是两个独立的诉讼，属诉的混合合并，且属于可分之诉，有独立请求权的第三人提起参加之诉后，仍可撤诉后另行起诉，以维护自己的合法权益。

【真题实训 7-6】

赵某与刘某将共有商铺出租给陈某。刘某瞒着赵某，与陈某签订房屋买卖合同，将商铺转让给陈某，后因该合同履行发生纠纷，刘某将陈某诉至法院。赵某得知后，坚决不同意刘某将商铺让与陈某。关于本案相关人的诉讼地位，下列哪一说法是正确的？(2015，卷三，38)

A. 法院应依职权追加赵某为共同原告

B. 赵某应以刘某侵权起诉,陈某为无独立请求权第三人

C. 赵某应作为无独立请求权第三人

D. 赵某应作为有独立请求权第三人[①]

三、无独立请求权的第三人

(一) 无独立请求权第三人的概念与要件

无独立请求权的第三人,是指对原告、被告之间的诉讼标的虽无独立的请求权,但案件处理结果同他有法律上的利害关系,为了维护自己的利益,从而参加到原告、被告已经开始的诉讼中去的第三方当事人。

无独立请求权的第三人参加诉讼,应当具备下列条件:

(1) 参诉根据:与案件处理结果有法律上的利害关系。无独立请求权第三人参加诉讼的根据,不是对本案原告、被告争议的诉讼标的有独立的请求权,而是与案件处理结果有法律上的利害关系。所谓法律上的利害关系,是指作为当事人之间争议的法律关系,与第三人参加的另一法律关系有牵连,即另一法律关系权利的行使、义务的履行,对当事人争议法律关系权利的行使、义务的履行有直接或间接的影响。

[应用示例]甲因出国而将汽车委托邻居乙代管,后汽车被丙借用并损坏。甲回国后起诉乙,要求赔偿。甲、乙案件的处理结果就将影响丙的利益,因丙很可能在乙败诉后,被乙要求承担赔偿责任。故本案中,丙可以作为无独立请求权的第三人参加诉讼。

值得注意的是,法律上的利害关系与事实上的利害关系并非完全一致。有法律上的利害关系,必有事实上的利害关系;但有事实上的利害关系,并不都有法律上的利害关系。

[应用示例]张老伯因被李四汽车撞伤而将李四诉至法院。案件处理结果,与张老伯的妻子王氏及儿子张三,无疑有事实上的利害关系,但并无法律上的利害关系,对张老伯的妻子王氏及儿子张三,既不能判令他们承担义务,也不能让他们享有权利。因此,张老伯的妻子王氏及儿子张三,就不能以无独立请求权第三人身份参加张老伯与李四的诉讼。

(2) 参诉的时间:原告、被告之间的诉讼开始之后,尚未审结之前。与有独立请求权第三人参加诉讼的时间相同,无独立请求权的第三人也是在原告、被告之间的诉讼进行的过程之中,即诉讼已经开始但尚未审理终结。

(3) 参诉方式:自己申请参加或由法院通知参加。即无独立请求权第三人参加诉讼的方式有二:一是本人申请,经法院同意后参加诉讼;二是由法院依职权通知其参加诉讼。

(二) 无独立请求权第三人在诉讼中的地位

《民诉法》并未明确规定无独立请求权的第三人的诉讼地位。但《民诉法解释》第 82 条规定,在一审中,无独立请求权的第三人无权提出管辖异议,无权放弃、变更诉讼请求或者申

---

① [真题实训 7-6](2015,卷三,38)答案:D。

请撤诉，被判决承担民事责任的，有权提起上诉；第150条规定，人民法院调解民事案件，需由无独立请求权的第三人承担责任的，应当经其同意。该第三人在调解书送达前反悔的，应当及时裁判。

据此，我们认为，无独立请求权的第三人，是广义上的当事人，享有一定的诉讼权利，主要表现在以下方面：①以自己的名义参加诉讼；②可以独立地行使诉讼权利、承担诉讼义务，不受他人的制约；③一审判决中，承担实体义务时，享有上诉权；④在本诉原告、被告之间的调解中承担实体义务时，应经其同意，并有权在调解书送达前反悔。同时，无独立请求权的第三人，又有其特殊的诉讼地位，虽然其参加诉讼的目的，是为了维护自己的合法权益，避免法院作出的判决对其不利，但他不是完全独立的诉讼当事人，不具有与当事人完全相同的诉讼地位，因此在诉讼过程中，无权对案件的管辖提出异议，也无权放弃、变更诉讼请求或者申请撤诉。

（三）作为无独立请求权第三人的法定情形

依最高法院相关司法解释，无独立请求权的第三人参加诉讼的情形主要包括：

(1) 代位权诉讼（三角债）中的第三人。最高法院《合同法解释（一）》（法释〔1999〕19号）第16条规定，债权人以次债务人为被告向法院提起代位权诉讼，未将债务人列为第三人的，法院可以追加债务人为第三人。两个或两个以上债权人以同一次债务人为被告提起代位权诉讼的，可以合并审理。

(2) 撤销权诉讼中的第三人。《合同法解释（一）》第24条规定，债权人依照合同法第74条的规定提起撤销权诉讼时只以债务人为被告，未将受益人或者受让人列为第三人的，人民法院可以追加该受益人或者受让人为第三人。

(3) 合同转让中的第三人（因连环合同引发的诉讼）。依《合同法解释（一）》第27～29条，债权人转让合同权利后，债务人与受让人之间因履行合同发生纠纷诉至法院，债务人对债权人的权利提出抗辩的，可将债权人列为第三人；经债权人同意，债务人转移合同义务后，受让人与债权人之间因履行合同发生纠纷诉至法院，受让人就债务人对债权人的权利提出抗辩的，可将债务人列为第三人；合同当事人一方经对方同意将其在合同中的权利义务一并转让给受让人，对方与受让人因履行合同发生纠纷诉至法院，对方就合同权利义务提出抗辩的，可将出让方列为第三人。

(4) 保证合同中的第三人，即保证合同发生纠纷，引起保证人反诉的情形。最高法院《担保法解释》（法释〔2000〕44号）第127条规定，债务人对债权人提起诉讼，债权人提起反诉的，保证人可以作为第三人参加诉讼。

(5) 劳动争议案件中的第三人。最高法院《劳动争议案件解释》（法释〔2001〕14号）第11条第1款规定，用人单位招用尚未解除劳动合同的劳动者，原用人单位与劳动者发生的劳动争议，可以列新的用人单位为第三人；第2款规定，原用人单位以新的用人单位侵权为由向法院起诉的，可以列劳动者为第三人。

(6) 缺陷产品侵权诉讼中的第三人。依最高法院《民法通则意见（试行）》（法〈办〉发〔1988〕6号）第153条规定，因质量不合格的产品造成人身损害、财产损失，受害人向法院起诉制造者或销售者请求赔偿损失，运输者和仓储者对产品质量负有责任的，可以另案处理，也可以将运输者和仓储者列为第三人，一并处理。

（四）不得追加为无独立请求权第三人的情形

为维护与案件处理结果无利害关系人的合法权益，防止司法实践中不适当地扩大无独立请求权第三人的范围，最高法院《经济审判规定》（法发〔1994〕29号），对无独立请求权的第三人作出了明确限制。依该规定第9～11条，不得追加为无独立请求权的第三人的情形，主要包括以下几点：

（1）参加之诉专属于其他法院管辖的。

（2）参加之诉的双方当事人订有约定管辖的书面协议，将争议提交其他法案管辖的。

（3）参加之诉的双方当事人订有仲裁协议，将争议申请仲裁的。

（4）与原告、被告双方争议的诉讼标的无直接牵连和不负有返还或赔偿等义务的案外人。

（5）产品质量纠纷中，对原告、被告之间法律关系以外的人，有证据证明已经提供了合同约定或者符合法律规定的产品的，或者案件中的当事人未在规定的质量异议期内提出异议的，或者作为收货方已经认可该产品质量的。

（6）已经履行了义务，或依法取得了一方当事人的财产，并支付了相应对价的原被告之间法律关系以外的人。

上列第（1）～（4）种情形，是对上述最高法院《经济审判规定》第9条的归纳；第（5）种情形，是其第10条的规定；第（6）种情形，是其第11条的规定。

（五）与有独立请求权的第三人的区别

（1）参诉根据不同。无独立请求权的第三人参加诉讼是由于案件处理结果与其有法律上的利害关系；而有独立请求权的第三人参加诉讼的根据则是其对原告、被告的诉讼标的享有独立的请求权。

（2）参诉方式不同。无独立请求权的第三人，既可（主动）申请参加诉讼，也可（被动）由法院通知参加诉讼；而有独立请求权的第三人，则以起诉的方式（主动）参加诉讼。

（3）诉讼地位不同。无独立请求权的第三人不是完全独立的当事人；有独立请求权的第三人处于参加之诉的原告的诉讼地位。

（4）诉讼权利不同。无独立请求权的第三人，只享有为维护其自身民事权益而应有的权利，如参加庭审、提供证据等，只有在法院判决其承担实体义务时才享有上诉权；而有独立请求权的第三人，则自始至终享有原告的一切权利。

四、第三人撤销之诉（2012年《民诉法》新增）

【真题实训7-7】

关于第三人撤销之诉，下列哪一说法是正确的？（2014，卷三，41）

A. 法院受理第三人撤销之诉后，应中止原裁判的执行

B. 第三人撤销之诉是确认原审裁判错误的确认之诉

C. 第三人撤销之诉由原审法院的上一级法院管辖，但当事人一方人数众多或者双方当

事人为公民的案件,应由原审法院管辖

D. 第三人撤销之诉的客体包括生效的民事判决、裁定和调解书

为了规制恶意诉讼,保护自然人和法人的合法权益,我国《民诉法》2012 年第二次修正时新增了第三人撤销之诉制度,赋予了没有参加诉讼的第三人通过起诉的方式,撤销原生效法律文书。

(一) 新增第三人撤销之诉的背景

为更好地理解第三人撤销之诉,有必要了解新增此制度的背景:恶意诉讼、恶意利用调解,损害案外第三人权益且第三人无法通过参加之诉维护自己的权益。

根据此次修正前的民事诉讼法的规定,对第三人权益的保护,主要依靠诉讼中第三人参加诉讼和执行程序的异议制度。而这两个保护制度又各有其局限性。

(1) 第三人参加诉讼制度的局限性:该制度的适用前提是,第三人在本诉进行中知道该诉的存在,且可以参加该诉讼,或者审理本诉的法院明确有案外第三人的存在而通知其参加诉讼。而很多情形下,尤其是当事人以恶意串通、虚假自认等方式损害第三人合法权益的,第三人往往无从知道,自然就谈不上以第三人身份参加到诉讼中去,法院也常常并不明确存在哪些与案件有利害关系的第三人而通知其参加诉讼。

(2) 执行异议制度的局限性:如果案件处理结果是损害第三人权益的确认判决或形成判决,而非给付判决;或者虽为给付判决,但案件基于当事人自愿履行而根本不需进入执行程序的,执行异议制度则名存实亡,第三人通过该制度维护其合法权益也就成为空谈。

(二) 第三人撤销之诉的法律规定

我国《民诉法》2012 年第二次修正时,在原第 56 条后增加一款,作为第 56 条第 3 款规定:第三人因不能归责于本人的事由未参加诉讼,但有证据证明发生法律效力的判决、裁定、调解书的部分或全部内容错误,损害其民事权益的,可自知道或者应当知道其民事权益受到损害之日起 6 个月内,向作出该判决、裁定、调解书的法院提起诉讼。人民法院经审理,诉讼请求成立的,应当改变或者撤销原判决、裁定、调解书;诉讼请求不成立的,驳回诉讼请求。

(三) 第三人提起撤销之诉的条件

依《民诉法》第 56 条第 3 款,第三人提起撤销之诉应同时具备下列条件:

(1) 主体条件:既为第三人撤销之诉,则有权提起撤销之诉的主体自然是第三人,包括有独立请求权的第三人和无独立请求权的第三人。

(2) 程序条件:第三人提起撤销之诉的前提是,因不能归责于本人的事由未参加诉讼。若是能够参加本诉程序,因自身原因而未参加本诉的第三人,则不得提起撤销之诉。

[应用提示与相关链接]依《民诉法解释》第 295 条,“因不能归责于本人的事由未参加诉讼”是指没有被列为生效判决、裁定、调解书当事人,且无过错或者无明显过错的情形。包括:①不知道诉讼而未参加的;②申请参加未获准许的;③知道诉讼,但因客观原因无法参加的;④因其他不能归责于本人的事由未参加诉讼的。

(3) 实体条件:第三人提起撤销之诉,需要有证据证明发生法律效力的判决、裁定、调解书的部分或全部内容错误,损害其民事权益。这是为了防止第三人滥用提起撤销之诉,影响

生效判决、裁定、调解书的稳定性与权威性。

[应用提示与相关链接]依《民诉法解释》第296条,上述"判决、裁定、调解书的部分或全部内容",是指判决、裁定的主文,调解书中处理当事人民事权利义务的结果。

(4) 时间条件:为避免因第三人撤销之诉的无限期存在而对法律关系和交易秩序的安全与稳定构成长期潜在威胁,有必要督促第三人及时行使撤销权,因此,第三人提起撤销之诉,应当在知道或应当知道其民事权益受到损害之日起6个月内。

(5) 管辖法院:第三人的撤销之诉,应当向作出原生效判决、裁定、调解书的法院提起。这样既有利于案件的及时审理,也有利于原法院进行自我监督。

(四) 对第三人撤销之诉的处理

对第三人撤销之诉,人民法院应当及时审理。诉讼请求成立的,应当改变或者撤销原判决、裁定、调解书;诉讼请求不成立的,予以驳回。这也是第三人撤销之诉的法律效力。

最高法院《民诉法解释》(法释〔2015〕50号)第292～303条共有12个条文,专门对第三人撤销之诉进行了规定。

[真题实训7-7:解析](2014,卷三,41)答案:D。考点:第三人撤销之诉。解析:第三人撤销之诉是一个独立的诉,法院受理后,可能会改变或撤销原生效裁判,也可能会驳回当事人的诉讼请求,因此并不必然中止原裁判的执行,故选项A说法错误。第三人撤销之诉是原告请求法院改变或撤销已经存在的生效裁判所确立的法律关系,因此属于变更之诉而非确认之诉,故选项B说法错误。第三人撤销之诉是由第三人向作出生效法律文书的法院即原审法院提出,而不是由原审法院的上一级法院管辖,故选项C说法错误。依《民诉法》第56条第3款,选项D说法正确,故当选。

第七节 诉讼代理人概述

【引例7-6】

陈二诉张三人身损害赔偿诉讼中,张三委托某律所执业律师李四,并向法院送交了授权委托书,载明的代理权限为"特别全权代理"。后李四代理张三与陈二达成了调解协议,承办法官王五根据调解协议的内容,制作了民事调解书。在法院送达调解书时,张三以调解书中的"张三向陈二赔礼道歉"不属原告陈二的诉讼请求范围为由而拒绝签收。

请问:本案中,哪些人的哪些做法不符合法律规定?

一、诉讼代理人的概念

诉讼代理人，是指以当事人的名义，在法律的规定或当事人的授权范围内，为维护当事人利益而代为进行民事诉讼活动的人。对应地，被代理的当事人，称为被代理人。

在民事诉讼中，诉讼代理人代为当事人进行民事诉讼活动的权限，被称为诉讼代理权。诉讼代理人代当事人实施的诉讼行为，被称为诉讼代理行为，具体包括两类行为：①代为诉讼行为，如代为提出诉讼请求、代为陈述事实理由等；②代受诉讼行为，如代为接受诉讼文书、代为接受对方当事人提出的调解方案等。

二、民事诉讼代理制度的作用

诉讼代理制度，是民事诉讼中的一项重要制度，其作用主要体现在如下几个方面：

(1) 补充当事人的诉讼行为能力。民事诉讼中，只有完全民事行为能力的人才有诉讼行为能力，其实施的诉讼行为也才具有法律效力。若无法定诉讼代理制度，则所有的未成年人和精神病患者都无法通过民事诉讼维护自己的合法权益。因此，法定诉讼代理制度的设立，能补充非完全民事行为能力当事人的诉讼行为能力，使其合法权益得到应有保障。

(2) 扩张当事人的诉讼行为能力。虽然具有完全民事行为能力的当事人都有民事诉讼行为能力(资格)，但因法律知识的欠缺、社会经验的缺乏、时间精力的不足，而不能通过亲自实施诉讼行为的方式维护自身合法权益，故通过设立委托诉讼代理制度，由具有专业知识与技能的诉讼代理人代为实施诉讼行为，能更好地维护当事人合法权益。

(3) 有利于法院正确、及时地审理案件。诉讼实践中，由于诉讼代理人尤其是律师，大多具有专业的法律知识与诉讼技能，熟悉诉讼程序和实体法律规定，因而能帮助法院及时地查明案件事实，正确地适用法律，作出公正的裁判。

三、诉讼代理人的特点

(1) 具有诉讼行为能力。诉讼代理人的职责，在于代理被代理人实施诉讼行为，故在整个诉讼代理期间，必须具有诉讼行为能力。这是成为诉讼代理人最基本的前提条件。

(2) 以被代理人的名义进行诉讼活动。诉讼代理的目的，在于维护被代理人合法权益，故只能以被代理人而不能以自己名义进行诉讼。这是诉讼代理人与当事人的区别之一。

(3) 在代理权限内实施诉讼行为。诉讼代理人的代理权限，来源于法律的规定或当事人的授权。凡超越代理权限实施的诉讼行为，都属无效行为，不具有法律效力。

[引例 7-6：解析]依《民诉法解释》第 89 条，当事人向法院送交的授权委托书，仅写“全权代理”而无具体授权的，诉讼代理人无权代为承认、放弃、变更诉讼请求，进行和解。张三委托律师李四，向法院送交的授权委托书中载明的代理权限为“特别全权代理”，但无具体特别授权，故李四无权代为承认、放弃、变更诉讼请求，进行和解。故本案中：①律师李四代理张三与陈二达成调解协议的行为，不符合法律规定，属无效行为，其与陈二达成的调解协议也

因此不具法律效力;②承办法官王五根据无效的调解协议的内容制作民事调解书的行为,也不符合法律规定;③张三拒签调解书的理由成立,但不正当,其正当理由是:其代理律师李四无权代为达成调解协议,法院根据无效调解协议制作的民事调解书自然也就不具法律效力。当然,张三以调解书中的"赔礼道歉"不属原告诉讼请求范围为由拒签,也是成立的;但若本案代理律师李四有进行和解的具体授权,则在诉讼调解中,经双方自愿,调解协议的内容可以超出原诉讼请求的范围。此外,张三有权不提出任何理由而拒签调解书,因为法律规定,调解书送达前,当事人有权反悔。

(4) 诉讼代理的法律后果由被代理人承担。诉讼代理人为维护被代理人利益,以被代理人名义,在代理权限内实施的诉讼代理行为的法律后果,自然由被代理人承担。诉讼代理的法律后果,既可能因代理人的积极行为产生,也可能因代理人的消极行为产生;既包括程序性后果,又包括实体性后果。

(5) 在同一诉讼中不能代理双方当事人。同一诉讼中,双方当事人的利益是对立的,这就决定了一方的代理人,不可能同时为维护双方当事人的利益而实施诉讼代理行为。因此,诉讼代理人在同一诉讼中只能代理一方当事人,法律禁止双方代理。

[应用提示]虽然诉讼代理人以被代理人名义进行活动,且代理行为的法律后果由被代理人承担,但诉讼代理不是民事代理的一种具体类型。因为,诉讼代理的内容是在代理权限内实施一定的诉讼行为,而民事代理的内容则是代为实施一定的民事行为,二者之间并不存在种属关系。民事活动中,双方当事人的利益有时不一定截然对立,故存在双方代理的可能,但绝对不允许诉讼代理人在同一诉讼中进行双方代理。

根据诉讼代理权的产生原因的不同,我国民事诉讼法将诉讼代理人分为法定诉讼代理人和委托诉讼代理人两个大类。

第八节 法定诉讼代理人

【引例 7-7】

精神病人王某将邻居赵某砍伤,赵某将王某诉至法院。对王某有监护资格的相关人员对担任王某的监护人存在争议;直至诉讼开始时,王某的监护人仍然没有确定。

请问:本案中,如何确定精神病人王某的法定诉讼代理人?

一、法定诉讼代理人的概念与特征

【真题实训 7-8】

关于法定诉讼代理人,下列哪些认识是正确的?(2011,卷三,82)

A. 代理权的取得不是根据其所代理的当事人的委托授权

B. 在诉讼中可以按照自己的意志代理被代理人实施所有诉讼行为

C. 在诉讼中死亡的,产生与当事人死亡同样的法律后果

D. 所代理的当事人在诉讼中取得行为能力,法定诉讼代理人则自动转化为委托代理人

法定诉讼代理人,是指根据法律规定,代理无诉讼行为能力人实施诉讼行为的人。

法定诉讼代理人具有以下主要特征:

(1) 法定代理权的产生,基于法律的直接规定。法定诉讼代理人的代理权,产生于民事实体法规定的亲权和监护权,是基于法律的直接规定,而不是基于当事人的授权。因此,法定诉讼代理人参加诉讼,不需办理授权委托手续。

(2) 法定诉讼代理人的范围,仅限于被代理人的监护人。依《民诉法》第 57 条,无诉讼行为能力人的监护人,是他的法定诉讼代理人。可见,法定诉讼代理人的范围,仅限于被代理人的监护人,其他任何人都不能担任法定诉讼代理人。因此,法定诉讼代理人参加诉讼,需要证明自己的身份及其与被代理人具有监护关系。

(3) 法定诉讼代理人的代理对象,仅限于无诉讼行为能力人。限制民事行为能力人和无民事行为能力人均为无诉讼行为能力人,民事诉讼中,法律规定由他们的监护人代为实施诉讼行为;而完全民事行为能力人为有诉讼行为能力人,他们可以亲自实施诉讼行为,或者委托诉讼代理人实施诉讼行为。因此,只有无诉讼行为能力人,包括限制民事行为能力人和无民事行为能力人,才存在法定诉讼代理人的问题;而完全民事行为能力人,根本就不存在监护人的问题,自然也就不存在法定诉讼代理人的问题。

二、法定诉讼代理人的确定

在民事实体法中,限制民事行为能力人和无民事行为能力人的监护人,是他们的民事法律行为的法定代理人;在民事诉讼法中,限制民事行为能力人和无民事行为能力人的监护人,是他们的民事诉讼行为的法定代理人。

《民诉法》第 57 条规定,无诉讼行为能力人由他的监护人作为法定代理人代为诉讼。依《民诉法解释》第 83 条,诉讼中,无民事行为能力人、限制民事行为能力人的监护人是其法定代理人。[①] 事先没有确定监护人的,可由有监护资格的人协商确定;协商不成的,由人民法院在他们之中指定诉讼中的法定代理人。需要注意的是,法定代理人即便是经有关单位或组织的指定或者法院的裁决、指定而确定的,也还是法定代理人,而不能称之为"指定代

① 《民法通则》第 16、17 条对未成年人和精神病人的监护人范围作了明确规定。

理人”。

[引例 7-8:解析]《民法通则》第 17 条第 2 款规定,对担任监护人有争议的,由精神病人的所在单位或住所地的居民委员会、村民委员会在近亲属中指定。对指定不服提起诉讼的,由法院裁决。依《民诉法解释》第 83 条的上述规定,诉讼中没有事先确定的,则由有监护资格的人协商确定,协商不成的,由法院在他们之中指定法定诉讼代理人。

三、法定诉讼代理人的代理权限及诉讼地位

法定诉讼代理制度,是为补充无民事行为能力人、限制民事行为能力人在诉讼上所欠缺的诉讼行为能力而设置的,因此,法定诉讼代理权是全权代理权,也因此决定了法定诉讼代理人有权按照自己的意志,以有利于被代理人的方式,实施全部的诉讼行为,不仅有权行使一般性、程序性的诉讼权利,而且有权行使特殊性、处分性的诉讼权利,包括处分诉讼权利和实体权利,相应地履行当事人的全部诉讼义务。因此,法定诉讼代理人所实施的一切诉讼行为,都被视为当事人的行为,与有诉讼行为能力的当事人亲自实施的诉讼行为具有同等的法律效力;法院和对方当事人对无民事诉讼行为能力的当事人所为的诉讼行为,也只能向其法定代理人进行。

根据法定诉讼代理人的代理权限判断,法定诉讼代理人在民事诉讼中与被代理的当事人的诉讼权利义务大体相同,其法律地位相当于当事人。但“相当于”并非“等于”,法定诉讼代理人毕竟不是当事人,法律对当事人的规定,并不能全部适用于法定诉讼代理人,如确定案件管辖法院的依据是当事人的住所地,而不是法定诉讼代理人的住所地。

法定诉讼代理人与当事人的差异,主要表现在以下几个方面:

(1) 进行诉讼的名义方面。诉讼中,当事人是以自己的名义实施诉讼行为;而法定诉讼代理人只能以被代理的当事人的名义进行诉讼。

(2) 承担诉讼结果方面。生效裁判所确定的实体权利义务,是由当事人承担,而非由法定诉讼代理人承担。

(3) 对诉讼的影响不同。民事诉讼中,当事人死亡,导致债权债务纠纷诉讼中止、身份关系纠纷诉讼终结;而法定诉讼代理人不能行使代理权或者死亡,只能导致诉讼中止,法院可以指定其他监护人作为法定诉讼代理人继续进行诉讼。

[真题实训 7-8:解析](2011,卷三,82)答案:AB。考点:法定诉讼代理人。解析:《民诉法》第 57 条规定,无诉讼行为能力人由他的监护人作为法定代理人代为诉讼。据此,法定代理人代理权的取得,不是基于当事人的委托,而是根据法律的规定,故选项 A 正确。法定诉讼代理人可按自己的意志代理被代理人实施所有诉讼行为,如起诉、应诉、进行调解、提起反诉等,故选项 B 正确。诉讼中,法定诉讼代理人死亡的,产生其法定诉讼代理权消灭的法律后果,若当事人还活着,可依法律规定另行确定其他法定诉讼代理人,据此,诉讼中当事人死亡与法定诉讼代理人死亡的法律后果不同,故选项 C 错误。诉讼中,若无诉讼行为能力的被代理人取得了诉讼行为能力,则导致法定诉讼代理权消灭的法律后果;若无当事人授权委托,则其不能自动转化为委托代理人,故选项 D 错误。综上,AB 当选。

四、法定诉讼代理权的取得和消灭

法定诉讼代理权取得的依据，是法律的直接规定，而根据实体法律的规定，只有代理人与被代理人之间存在监护关系，才能依法取得法定诉讼代理权。

法定诉讼代理权的消灭，也与监护权的丧失同步。民事诉讼中，法定诉讼代理人的监护权丧失，必然导致法定诉讼代理权的消灭，具体包括下列几种情形：

(1) 被代理人取得或恢复民事诉讼行为能力。诉讼中，被代理的未成年人因成年或者精神病人因恢复健康而取得或恢复民事诉讼行为能力，法定诉讼代理人即丧失了监护权，也即丧失了法定诉讼代理权存在的基础。

(2) 法定诉讼代理人丧失民事诉讼行为能力。诉讼中，法定诉讼代理人若丧失民事诉讼行为能力则丧失了履行法定诉讼代理人职责的物质基础和前提。

(3) 婚姻关系或收养关系解除。基于婚姻关系或收养关系而产生的监护权，随着身份关系的解除而消灭，基于监护权产生的法定诉讼代理权随之消灭。

(4) 法定诉讼代理人或其代理的被代理人死亡。监护权因监护关系的一方主体死亡而消灭，基于监护权产生的法定诉讼代理权随之消灭。

诉讼中，如果法定诉讼代理人的监护权消灭，应当及时告知法院，原法定诉讼代理人因法定诉讼代理权的消灭，而丧失法定诉讼代理人的身份。

第九节 委托诉讼代理人

一、委托诉讼代理人的概念与特征

【真题实训 7-9】

某市法院受理了中国人郭某与外国人珍妮的离婚诉讼，郭某委托黄律师作为代理人，授权委托书中仅写明代理范围为“全权代理”。关于委托代理的表述，下列哪一选项是正确的？(2013，卷三，42)

A. 郭某已经委托了代理人，可以不出庭参加诉讼

B. 法院可以向黄律师送达诉讼文书，其签收行为有效

C. 黄律师可以代为放弃诉讼请求

D. 如果珍妮要委托代理人代为诉讼，必须委托中国公民

委托诉讼代理人，是指基于当事人、法定代表人或者法定代理人的授权委托，以被代理人的名义，在授权范围内代为实施诉讼行为的人。委托诉讼代理人由于是基于被代理人的授权而进行诉讼代理活动，因此也被称为授权诉讼代理人或者意定诉讼代理人。

委托诉讼代理人，具有如下特征：

（1）委托诉讼代理人的代理权来源于被代理人的授权。民事诉讼中，公民当事人以及法人当事人的法定代表人、其他组织当事人的代表人，以及无民事行为能力人、限制民事行为能力人的法定代理人，均可委托诉讼代理人代为实施诉讼行为，委托人的授权委托书就是委托诉讼代理人行使诉讼代理权的依据。

（2）委托诉讼代理人的代理权限和事项，除法律另有规定外，均由委托人自行决定。

（3）委托诉讼代理人必须具有民事诉讼行为能力。具有民事诉讼行为能力，是成为所有诉讼代理人的前提条件，委托诉讼代理人也不例外。

二、委托诉讼代理人的人数和范围

《民诉法》第 58 条第 1 款规定，当事人、法定代理人可以委托 1～2 人作为诉讼代理人。因此，如果是委托 2 人作为诉讼代理人，则应当在授权委托书中载明各自的代理权限和代理事项。

与《日本民事诉讼法》第 79 条和我国台湾地区“民事诉讼法”第 68 条规定“非律师不能担任诉讼代理人”不同，我国《民诉法》规定了律师代理和非律师代理两种情况。故对委托诉讼代理人的范围的规定，相对而言较为广泛。

根据《民诉法》第 58 条第 2 款，下列人员可以被委托为诉讼代理人。

（1）律师、基层法律服务工作者。基层法律服务工作者，是指符合《基层法律服务工作者管理办法》规定的执业条件，经核准执业登记，领取《基层法律服务工作者执业证》，在基层法律服务所中执业，为社会提供法律服务的人员。

（2）当事人的近亲属或者工作人员。依《民诉法解释》第 85、86 条，与当事人有夫妻关系、直系血亲关系、三代以内旁系血亲关系、近姻亲关系以及其他有抚养、赡养关系的亲属，可以当事人近亲属的名义作为诉讼代理人；与当事人有合法劳动人事关系的职工，可以当事人工作人员的名义作为诉讼代理人。

（3）当事人所在社区、单位以及有关社会团体推荐的公民。依《民诉法解释》第 87 条，有关社会团体推荐的公民担任诉讼代理人的，应当符合下列条件：①社会团体属依法登记设立或依法免予登记设立的非营利性法人组织；②被代理人属该社会团体的成员，或当事人一方住所地位于该社会团体的活动地域；③代理事务属该社会团体章程载明的业务范围；④被推荐的公民是该社会团体的负责人或与该社会团体有合法劳动人事关系的工作人员。专利代理人经中华全国专利代理人协会推荐，可在专利纠纷案件中担任诉讼代理人。

可见，《民诉法》在 2012 年第二次修正时，对委托诉讼代理人的范围进行了修正，一是删去了“经人民法院许可的其他公民”，即对公民代理进行了限制；二是增加规定了“基层法律服务工作者”。此外，对法人或其他组织当事人的“工作人员”，也明文规定可以被委托为诉讼代理人。

为充分维护被代理当事人的合法权益，有效防止缺乏诉讼技能、不能胜任代理职责的人充当诉讼代理人实施诉讼行为，《民诉法解释》第 84 条规定，无民事行为能力人、限制民事行为能力人及其他依法不能作为诉讼代理人的，当事人不得委托其作为诉讼代理人。

依《民诉法解释》第 88 条，委托诉讼代理人除提交授权委托书外，还应按下列规定向法院提交相关材料：①律师应提交律师执业证、律师事务所证明材料；②基层法律服务工作者应提交法律服务工作者执业证、基层法律服务所出具的介绍信及当事人一方位于本辖区内的证明材料；③当事人的近亲属应提交身份证件和与委托人有近亲属关系的证明材料；④当事人的工作人员应当提交身份证件和与当事人有合法劳动人事关系的证明材料；⑤当事人所在社区、单位推荐的公民应当提交身份证件、推荐材料以及当事人属于该社区、单位的证明材料；⑥有关社会团体推荐的公民应提交身份证件和符合规定条件的证明材料。

【真题实训 7-10】

律师作为委托诉讼代理人参加诉讼，应向法院提交下列哪些材料？（2015，卷三，78）

A. 律师所在的律师事务所与当事人签订的协议书

B. 当事人的授权委托书

C. 律师的执业证

D. 律师事务所的证明[①]

三、委托诉讼代理人的代理权限与诉讼地位

（一）委托诉讼代理人的代理权限

委托诉讼代理人的代理权限，来源于当事人、法定代表人或者法定代理人的委托授权，因此，委托诉讼代理人只能在被代理人授权的范围内实施诉讼行为，其行为的法律后果才能由被代理人承担；否则，代理行为无效，应由代理人承担由此引起的法律后果。

当事人在诉讼中的权利，可分为两类：一类是纯粹的诉讼权利或与实体权利关系并不密切的诉讼权利，如申请回避、提出管辖异议等；另一类是实体权利或与实体权利密切相关的诉讼权利，如承认、放弃、变更诉讼请求等。对前一类权利，因并不涉及被代理人的实体权利的处分权限，而无须被代理人的特别授权；对后一类权利，因与当事人的利益密切相关，故须有委托人的特别授权，代理人才能行使；且依《民诉法解释》第 89 条，特别授权必须明确具体，而不能仅在授权委托书中载明“全权代理”“特别代理”等，否则，视为一般代理，而无权代为承认、放弃、变更诉讼请求，进行和解，提起反诉或上诉。

《民诉法》第 61 条规定，代理诉讼的律师和其他诉讼代理人有权调查收集证据，可以查阅本案有关材料。查阅本案有关材料的范围和办法，由最高法院规定。

（二）授权委托书

《民诉法》第 59 条第 1 款规定，委托他人代为诉讼，必须向法院提交由委托人签名或盖章的授权委托书。授权委托书必须记明委托事项和权限。

鉴于授权委托书是委托诉讼代理人具有诉讼代理权的唯一书面凭证，为保证授权委托书的真实性，《民诉法》第 59 条第 3 款规定，侨居在国外的中国公民从国外寄交或托交的授权委托书，须经中国驻该国的使领馆证明；没有使领馆的，由与中国有外交关系的第三国驻

① ［真题实训 7-10］（2015，卷三，78）答案：BCD。

该国的使领馆证明，再转由中国驻该第三国使领馆证明，或者由当地的爱国华侨团体证明。第 264 条规定，在中国领域内没有住所的外国人、无国籍人、外国企业和组织，委托中国律师或者其他人代理诉讼，从中国领域外寄交或托交的授权委托书，应当经所在国公证机关证明，并经中国驻该国使领馆认证，或者履行中国与该所在国订立的有关条约中规定的证明手续后，才具有效力。

依《民诉法解释》第 89 条，当事人向法院提交的授权委托书，应在开庭审理前送交法院。适用简易程序审理的案件，双方当事人同时到庭并进行开庭审理的，可以当场口头委托诉讼代理人，由人民法院记入笔录。

授权委托书中没有写明代理人代为申请执行和参与强制执行的，则代理人的代理权限仅限于审判程序；代为申请和参与强制执行程序，须由委托人另行出具授权委托书。

（三）委托诉讼代理人的诉讼地位

委托诉讼代理人是具有独立诉讼地位的诉讼参加人，并不依附于对其进行授权委托的当事人、法定代表人或法定代理人。其独立性主要体现在：①在授权范围内，独立地实施诉讼行为，具有主观能动性，发表自己的观点和意见，而不是机械地转达委托人的意见；②对委托人的无理要求，有权拒绝，特定情形下，还可辞去委托；③法律赋予了包括委托诉讼代理人在内的诉讼代理人某些独立的诉讼权利，如《民诉法》第 61 条规定的调查收集证据、查阅本案有关材料的权利。

委托诉讼代理人以当事人的名义实施诉讼活动，与案件没有直接的利害关系，不是案件的处理结果和实体权利义务的承受者，因此，委托诉讼代理人虽然是诉讼法律关系的主体，却不是诉讼主体。

当事人、法定代表人或法定代理人委托诉讼代理人以后，可以与诉讼代理人共同出庭，也可以不再出庭，而由诉讼代理人单独出庭，但离婚案件除外，即《民诉法》第 62 条规定，离婚案件有诉讼代理人的，本人除不能表达意思的以外，仍应出庭；确因特殊情况无法出庭的，必须向法院提交书面意见。因为离婚案件的核心问题是，确认夫妻感情是否确已破裂、是否已经具备解除婚姻关系的条件，要求双方当事人都必须出庭，既有利于法院作出正确判断，又便于法院进行调解。

《民诉法解释》第 528 条规定，涉外民事诉讼中的外籍当事人，可以委托本国人为诉讼代理人，也可以委托本国律师以非律师身份担任诉讼代理人；外国驻华使领馆官员，受本国公民的委托，可以以个人名义担任诉讼代理人，但在诉讼中不享有外交或者领事特权和豁免。

[真题实训 7-9：解析]（2013，卷三，42）答案：B。考点：委托诉讼代理人。解析：根据《民诉法》第 62 条的上述规定，选项 A 错误。依该法第 85 条，送达诉讼文书，应当直接送交受送达人。受送达人有诉讼代理人的，可送交其代理人签收，故选项 B 正确。依《民诉法解释》第 89 条，授权委托书仅写“全权代理”而无具体授权的，诉讼代理人无权代为放弃诉讼请求，故选项 C 错误。依《民诉法解释》第 528 条的上述规定，本案中珍妮可以委托其本国人、本国律师（以非律师身份）、本国驻华使领馆官员（以个人名人）担任诉讼代理人，而并不必须委托中国公民，故选项 D 错误。

四、委托诉讼代理权的取得、变更和消灭

委托诉讼代理权，是基于当事人、法定代表人或法定代理人的委托授权而产生的。委托诉讼代理人的具体代理权限，是基于委托人的单方授权而产生的。换言之，委托诉讼代理人与被代理人之间的代理关系，是基于委托合同关系而产生的。

在诉讼存续期间，被代理人有权变更委托代理权限，包括更换委托诉讼代理人，扩大或缩小授权范围。由于委托诉讼代理权的变更，关系到诉讼行为的效力和对方当事人的利益，因此，《民诉法》第 60 条规定，诉讼代理人的权限如果变更或者解除，当事人应当书面告知法院，并由法院通知对方当事人。否则，委托诉讼代理权的变更或解除，并不能对法院和对方当事人发生法律效力。在委托诉讼代理权发生变更或解除之前，委托诉讼代理人已经实施的诉讼代理行为仍然有效。

委托诉讼代理权，因下列情形之一而消灭：

(1) 诉讼终结。委托代理人代理诉讼，限于特定案件的特定审级，该审级终结，诉讼代理任务履行完毕，委托诉讼代理权也随之消灭。案件经第一审审理终结，委托诉讼代理人的代理权即告消灭；如果案件进入第二审程序，若当事人还要继续委托原代理人代为诉讼，则还须另行授权委托。

(2) 委托人解除委托或者代理人辞去委托。委托人解除委托或者代理人辞去委托，均属单方行为，无须征得对方的同意；但为保障被代理人的合法权益，委托诉讼代理人辞去委托，应当及时通知被代理人，以便被代理人自行参加诉讼或重新另行委托。

(3) 委托诉讼代理人死亡或丧失诉讼行为能力。委托诉讼代理人死亡或丧失诉讼行为能力时，已经无法继续代为实施诉讼行为，必然导致委托诉讼代理权的消灭。

[应用提示] 被代理人死亡或丧失诉讼行为能力，不应成为委托诉讼代理权消灭的原因。这是因为，诉讼上的委托代理不同于民法上的委托代理，诉讼代理目的十分明确，且诉讼程序应当圆满、迅速地进行；同时还应顾及被代理人的继承人和对方当事人的利益。

【本章小结】

当事人与诉讼代理人制度是民诉理论中重要而复杂的问题，既涉及大量的民诉理论，又涉及相关的司法解释。本章主要对当事人的含义与资格以及共同诉讼人、诉讼代表人、第三人，法定代理人与委托代理人的范围、代理权限以及代理权的取得与消灭进行了阐述。

【国家统一法律职业资格考试辅导专栏】

(1) 本章“当事人与诉讼代理人”的内容，历来是考试的重点，且考查方式丰富多样，尤其对考生理解和应用相关知识的能力要求较高。在理解核心概念、明晰总体架构的基础上，重点注意[备考重点]所列内容；同时对 2012 年《民诉法》第二次修正所涉及的民事公益诉讼、第三人撤销之诉、委托诉讼代理人范围等内容，给予高度关注。

（2）历年考点：①诉讼权利能力与诉讼行为能力的区分；②当事人适格的例外；③共同诉讼及其类型判断；④诉讼代表人的权限；⑤诉讼代理人的权限；⑥第三人。

（3）历年真题：2015卷三38、39、78、97；2014卷三38、41、81；2013卷三35、38；2012卷三45、81；2011卷三80、82；2010卷三40、41；2009卷三38、39、44；2008全国卷三42、44、48、84，四川卷三40、48、80。

（4）备考重点：①民事诉讼权利能力、民事诉讼行为能力、当事人适格三者之间的关系（联系民事实体法中民事权利能力与民事行为能力的相关内容）；②不同类型案件中原告和被告的确定，尤其是对相关司法解释的理解与运用；③必要共同诉讼与普通共同诉讼的异同；司法解释规定的必要共同诉讼的主要情形；④代表人诉讼与共同诉讼的关系，诉讼代表人的确定及其权限；⑤有独立请求权的第三人与无独立权的第三人之间的异同及具体运用；⑥第三人撤销之诉的功能、构成以及与相关制度的关系；⑦法定诉讼代理人的权限；⑧委托诉讼代理人的范围、特别授权的事项与授权形式。

【本章练习】

一、判断题（请在题后括号内，正确的打"√"，错误的打"×"）（共10小题）

1. 共同诉讼中的当事人，都是共同诉讼人。（　）

2. 代表人诉讼建立在共同诉讼基础上，所有共同诉讼都可构成代表人诉讼。（　）

3. 只有普通共同诉讼，才能适用人数不确定的代表人诉讼制度。（　）

4. 有事实上的利害关系，就有法律上的利害关系。（　）

5. 代理人以被代理人名义活动，且后果由被代理人承担，诉讼代理是民事代理的一种具体类型。（　）

6. 根据代理权产生原因的不同，诉讼代理人分为三类：法定代理人、委托代理人和指定代理人。（　）

7. 法定诉讼代理人在民事诉讼中的法律地位等于当事人。（　）

8. 律师、当事人的近亲属、有关的社会团体或所在单位推荐的人、经人民法院许可的其他公民，都可以被委托为诉讼代理人。（　）

9. 委托诉讼代理人是诉讼参加人，是诉讼法律关系的主体，但不是诉讼主体。（　）

10. 离婚案件有诉讼代理人的，本人除因特殊情况无法出庭的以外，仍然应当出庭；本人不能当庭表达意思的，可以不必出庭，但应当向法院提交书面意见。（　）

二、单项选择题（共5小题）

1. 关于当事人制度，下列说法中正确的是（　）。

A. 民事诉讼当事人包括原告、被告、共同诉讼人和一部分被判决承担民事责任的第三人

B. 当事人诉讼权利能力与具体诉讼无直接联系；当事人适格则针对具体的诉讼而言

C. 根据民事检察监督原则和相关制度的规定，抗诉的检察院是适格的当事人

D. 是否为争议民事法律关系的主体，是判断当事人适格的主要标准，故非民事法律关系或民事权利的主体，就不能作为适格的当事人

2. 关于当事人适格的表述中，下列哪一选项是错误的？（　　）

A. 当事人诉讼权利能力是作为抽象的诉讼当事人资格，它与具体的诉讼没有直接联系；当事人适格是作为具体的诉讼当事人资格，是针对具体的诉讼而言的

B. 一般来讲，应以当事人是否是所争议的民事法律关系的主体，作为判断当事人适格的标准，但在某些例外情况下，非民事法律关系或民事权利的主体，也可作为适格当事人

C. 清算组织、遗产管理人、遗嘱执行人是适格的当事人，原因在于根据权利主体的意思或法律的规定对他人的民事法律关系享有管理权

D. 检察院就生效民事判决提起抗诉，抗诉的检察院是适格的当事人

3. 王丽因与小三遗产继承纠纷诉至法院。为最大限度地维护自己合法权益，王丽欲委托一名诉讼代理人。下列主体中，不能被委托为诉讼代理人的是（　　）。

A. 王丽的高中同学张三，现为某地司法所法律工作人员

B. 王丽的大学室友李四，现为某律师事务所执业律师

C. 法院认为有益于保护王丽权益的公民王五女士，现为退休人员

D. 某法学院教授赵六，是王丽所在社区推荐担任诉讼代理人的公民

4. 甲食品公司因产品质量问题被消费者诉至法院。诉讼中，甲公司董事会特别会议罢免了原董事长孙七的职务，并重新任命周八为董事长。根据案情，判断下列选项中符合法律规定的是（　　）。

A. 应由孙七和周八共同代表公司进行诉讼

B. 孙七的诉讼行为有效，周八提供法定代表人身份证明书后，诉讼继续进行

C. 孙七诉讼行为有效，周八无须向法院提供证明，直接接替孙七进行诉讼即可

D. 因被告更换了法定代表人，该诉应重新进行，原孙七代表公司进行的诉讼行为无效

5. 根据民事诉讼法及相关司法解释的规定，下列有关当事人的确定中，错误的是（　　）。

A. 刘一曾为甲公司策划部经理，后跳槽成乙公司设计总监，现甲公司以乙公司和刘一共同侵害其专利权为由向法院起诉，应将乙公司和刘一列为共同被告

B. 个人合伙有依法核准登记的字号的，以登记的合伙组织为当事人

C. 人身损害赔偿案件中，共同侵权人应列为必要共同诉讼人。赔偿权利人在诉讼中放弃对部分共同侵权人的诉讼请求的，其他共同侵权人对被放弃诉讼请求的被告应承担的赔偿份额不承担连带责任

D. 陈二是经营水果店的个体工商户，后因身体原因，将水果店交其内弟张三经营，李四在食用了该店水果后食物中毒。若李四欲提起侵权损害赔偿之诉，应将该水果店的实际经营者张三和营业执照上登记的业主陈二列为共同被告

三、多项选择题（共 6 小题）

1. 某自由撰稿人孙七，在某杂志上发表了一篇涉及某民营企业家周八私生活的文章。周八认为该文侵害了其名誉权，欲向法院起诉。周八可作下列哪些选择？（　　）

A. 只列孙七为被告　　B. 只列该杂志社为被告

C. 列孙七和该杂志社为共同被告　　D. 只列该文的责任编辑吴九

2. 下列有关民事诉讼当事人制度的表述中，正确的有（　　）。

A. 有民事权利能力，必有民事诉讼权利能力；但有民事诉讼权利能力，未必有民事权利能力

B. 诉讼权利能力是抽象的当事人资格，当事人适格则是具有作为具体案件当事人起诉或应诉的资格

C. 在某些例外情形下，非民事法律关系或民事权利的主体，也可作为适格的当事人

D. 为保护死者名誉权、著作权而提起诉讼的死者的近亲属，是适格的当事人

3. 关于民事诉讼权利义务的承担，下列表述中，正确的有(　　)。

A. 法定代表人更换，不一定产生权利义务承担的问题

B. 被继承人已经进行的诉讼行为对承担诉讼的继承人有效

C. 法人被法院宣告破产后，由清算组接替原法人继续进行诉讼

D. 在发生当事人权利义务承担后，诉讼是否重新进行由法院根据案件具体情况决定

4. 下列对当事人民事诉讼权利能力的理解中，符合我国现行法律规定及相关诉讼理论的有(　　)。

A. 民事诉讼权利能力的享有，并不必然以具备民事权利能力为基础

B. 今年九岁的李小，属无民事行为能力人，故不具备民事诉讼权利能力

C. 民事实体权利的享有主体与民事诉讼权利能力的享有主体，并非一一对应的关系

D. 破产管理人可以成为民事诉讼的当事人，因此其具有民事权利能力

5. 针对侵害众多消费者合法权益等有损社会公共利益的行为，下列哪些主体无权向法院起诉？(　　)

A. 具备丰富法律知识和律师执业资格的公民

B. 法律、行政法规规定的有关组织

C. 法律、行政法规规定的机关

D. 法律规定的国家机关

6. 有关第三人撤销之诉制度，下列说法中，正确的有(　　)。

A. 第三人撤销之诉制度是《民诉法》2012 年第二次修正时新增的制度

B. 第三人撤销之诉制度弥补了第三人参加诉讼制度和执行异议制度的不足

C. 提起第三人撤销之诉须在第三人知道或应当知道其民事权益受损之日起 1 年内

D. 第三人撤销之诉的受理法院为作出该判决、裁定、调解书的法院的上一级法院

四、问答题(共 3 小题)

1. 试述普通共同诉讼与必要共同诉讼的关系。

2. 请列举代表人诉讼制度与共同诉讼制度的区别。

3. 试述我国民事诉讼中的委托诉讼代理人的范围。

五、案例分析题(共 1 小题)

刘丽因食用了禧福食品厂的熟食而食物中毒，经住院抢救脱险。出院后，刘丽决定起诉禧福食品厂。但虑及自己不懂法律且工作较忙，遂打算委托诉讼代理人。

根据案情，回答以下问题。

1. 下列主体中，可以作为刘丽诉讼代理人的有(　　)。

A. 刘丽的父亲刘一

B. 刘丽住所地的基层法律工作者陈二

C. 刘丽所在单位推荐的法律顾问张三

D. 某法学院法律援助中心的学生李四

2. 选定诉讼代理人后，刘丽签了一份授权委托书。以下有关委托书的表述中，正确的是（　　）。

A. 授权委托书应当记明委托事项和权限

B. 授权委托书应当在法庭调查开始之前提交法院

C. 授权委托书的变更应以口头或书面形式告知法院

D. 授权委托书写明“全权代理”的，则代理人有权代为放弃或变更诉讼请求

3. 若刘丽请求法院判令食品厂赔偿其因食物中毒而支出的医疗费、误工费，则下列表述正确的有（　　）。

A. 刘丽可提起侵权之诉，也可提起违约之诉，但二者只能择一

B. 若刘丽主张精神损害赔偿，则须提起侵权之诉，此时案件的诉讼标的为侵权损害赔偿法律关系

C. 本案既是确认之诉，又是给付之诉

D. 法庭辩论终结前，刘丽均可变更诉讼请求

第八章　民事诉讼证据与证明

【学习目标】

■ 知识目标：

了解民事证据的概念与特征，证据保全的概念与适用的条件，证明对象的概念与范围，证明标准的概念和民事诉讼的证明标准；

理解民事诉讼法规定的各种证据、理论上对证据进行划分的标准，司法解释对证据交换的规定，质证的程序、证明责任的基本内容。

■ 能力目标：

掌握各种证据的特点，结合实践情况判断某一材料属于何种证据，司法解释对举证时限的规定、证明责任的分配，结合实践情况运用证明责任制度。

【本章需要预习的主要法律、法规】

1.《民诉法》第63～81条，《民法通则》第123～127条；

2. 最高法院《民诉法解释》(法释〔2015〕5号)第90～124条；

3. 最高法院《证据规定》(法释〔2001〕33号)；

4.《刑诉法》第五章第48、145、146、187、190、192条，《行诉法》第五章；

5.《电子签名法》第7、13、14、16条，《合同法》第68、152条，《专利法》第61条，《著作权法》第53条，《海商法》第51、52、59条，《侵权责任法》第10、38、39、41、42、58、60、66、70、71、73、78、81、85条以及第87～91条；

6. 最高法院《举证时限通知》(法发〔2008〕42号)第6条，《审监程序解释》(法释〔2008〕14号)第10条，《审判方式改革规定》(法释〔1998〕14号)第5条。

第一节 民事诉讼证据概述

【引例 8-1】

唐某贵为其在G市H区某派出所工作的老乡罗某军装修别墅。完工后，因工程质量等发生纠纷而一直未结工程款。某日晚上，另一老乡受唐某贵之托，将罗某军约出在某餐馆喝酒。确认罗某军已醉时，唐某贵出现，拿出事先拟好的欠条，要求罗某军重抄一遍；且说，罗某军也可不写，但唐某贵会去罗某军单位举报：罗某军曾在办理某刑事案件时收受唐某贵的老乡贿赂8万元。在此情况下，罗某军按唐某贵拟好的欠条重抄了一遍，并按上指纹。半月后，唐某贵据此欠条，向法院起诉罗某军，要求支付所欠装修工程款16万元。①

请问：罗某军亲笔出具并按上指纹的欠条，能否作为认定唐某贵主张的罗某军欠其装修工程款16万元的依据？

一、民事诉讼证据的概念

为准确理解民事诉讼证据，首先需要区分民事诉讼的证据材料与证据。所谓证据材料，是指民事诉讼中，当事人收集并向法院提供的或者法院依职权调查收集的用以证明案件真实情况的事实资料。所谓民事诉讼证据，是指能够证明民事案件真实情况的各种材料，也即法院依法定程序经审查判断，作为认定案件真实情况的事实材料。

证据材料与民事诉讼证据既相互联系又相互区别。主要联系在于：民事诉讼证据来源于证据材料，证据材料是民事诉讼证据的初始形态；没有证据材料，民事诉讼证据便成了无本之木、无源之水。主要区别表现在以下几个方面：

(1) 各自的作用不同。除非依职权调查收集的以外，证据材料主要是当事人基于完成证明责任的需要，而收集并向法院提供的各种材料，经法定程序由法院审查判断后，可能转化也可能无法转化为民事诉讼证据；而民事诉讼证据，则是作为法院认定案件真实情况的依据。

(2) 出现的诉讼阶段不同。证据材料通常出现于诉讼早期的起诉、应诉以及审理前的准备阶段，而民事诉讼证据，则通常形成于诉讼后期的开庭审理等阶段。如最高法院《证据

① 案例来源：本章作者宁教铭（广东金融学院专职教师、北京德和衡（广州）律师所兼职律师）指导实习的案件，当事人姓名已作改动。

规定》(法释〔2001〕33 号)第 1 条规定,原告向法院起诉或者被告提出反诉,应当附有符合起诉条件的相应的证据材料。

二、民事诉讼证据的特征

民事诉讼证据具有真实性、合法性、关联性三个特征。

1. 真实性

真实性,是指民事诉讼证据所反映的内容,必须是客观存在的事实,而不是虚构的或主观臆想的。证据的真实性,表现在以下两个方面:

(1) 证据内容的客观真实性,是指证据的内容必须是客观存在的事实,必须反映客观实际。强调证据内容的真实性,意义在于强调证据必须是真实的,只有是真实的证据才可能成为法院认定案件事实的依据。

(2) 证据形式的客观真实性,是指证据必须能够以某种方式为人所感知。证据只有以特定的物质载体表现出来,并以某种方式为人们所感知,才能对案件事实起到证明作用。

2. 关联性

我国三大诉讼法中都没有关于证据关联性的明确定义。学界一般认为,关联性是指民事诉讼证据与待证事实之间存在某种联系,或对证明案件事实具有某种意义。由于证据与案件事实之间的联系有直接联系、间接联系、偶然联系、必然联系。联系的方式不同,证据对证明案件事实的帮助也不相同。证据的关联性标准,要求每一个具体的证据必须对证明案件事实具有实质性意义,对法院认定当事人争议的案件事实有实质性帮助。

3. 合法性

证据的合法性,是指证据必须符合法律规定的要求,并以合法的程序收集和提供。证据的合法性,包括以下几个方面内容:

(1) 证据的形式合法,即证据必须具备法定的表现形式。我国《民诉法》第 63 条规定,证据有 8 种表现形式,只有属于这 8 种表现形式的证据才能在诉讼中使用。同时,如果实体法对某些法律事实或法律行为规定了特定形式的,还必须符合该特定形式的要求,如保证合同和抵押合同,必须用书面的合同形式才能予以证明。

(2) 证据的收集程序和手段合法,即证据须由法定人员依法律规定的程序和方法收集。无论当事人还是法院,收集证据的程序和手段必须合法。《证据规定》第 68 条规定,以侵害他人合法权益或者违反法律禁止性规定的方法取得的证据,不能作为认定案件事实的依据。实践中,以侵害他人合法权益的方法取得证据,通常表现为以侵害他人隐私权、用肉体折磨或精神虐待的方法取得证据;以违反法律禁止性规定的方法取得证据,通常表现为在他人住所私自安装窃听、摄像装置等方法取得证据。

(3) 证据的运用符合法定程序,当事人提供的证据材料,要最终成为定案的根据,必须经过法定的质证程序。《民诉法》第 68 条规定,证据应当在法庭上出示,并由当事人互相质证。《民诉法解释》第 103 条还规定,未经当事人质证的证据,不能作为认定案件事实的根据。当事人在审理前的准备阶段认可的证据,经审判人员在庭审中说明后,视为质证过的证据。

[引例 8-1:解析]罗某军亲笔出具并按上指纹的欠条,不能作为认定唐某贵主张的罗某军欠其装修工程款 16 万元案件事实的依据。《证据规定》第 68 条规定,以违反法律禁止性规定的方法取得的证据,不能作为认定案件事实的依据。本案中,罗某军在醉酒意识不清且受胁迫的情形下所写的欠条,因不具有合法性而不能作为认定案件事实的依据。

在证据的"三性"中,真实性是其自然属性,也是最本质的属性,是关联性和合法性的基础;证据的关联性,是在真实性的基础上对证据特征的进一步揭示,体现了证据对待证事实的作用和价值,其作用在于缩小收集、调查、审查证据的范围,提高诉讼证明的效率;证据的合法性,是在关联性的基础上对证据提出的法律要求,体现了诉讼证明与日常生活中普通形式证明的本质区别,体现了证据的法律属性。

三、民事诉讼证据的证明力

民事诉讼证据的证明力,也称证据力,是指证据在民事诉讼证明中的价值,是民事诉讼证据对案件事实认定的影响力。证明力的大小程度,取决于许多因素,如证人的年龄、可靠性、同一事情的几种可能的解释,等等。

证据的"证明力",不同于"证明能力"。"证据能力"的概念,主要见于英美法系国家的证据学理论及立法中,我国民事诉讼法中没有证据能力的概念,对它的理论研究也处于起步阶段。"证据能力",也称证据的可采性,是指证据符合法律的规定,因此具有在法庭审理过程中出示并成为证据调查对象的资格,是证据可以在法庭审理过程中出示并成为认定案件事实依据的基本条件。英美法系国家立法中设计了许多规则,对于当事人双方可将何种证据提交陪审团作出了严格限制,只有具有证据能力的证据才能在法庭上出示。从肯定的角度而言,具有证据能力的证据,是指与待证事实有关联的证据。因此,证据的关联性[①],是证据具有证明能力的基础和前提,没有关联性的证据不具有证明能力;从否定的角度来说,证据具有证据能力的另一个前提是,该证据没有被排除规则排除。事实上,对于证据能力的问题,英美法系国家法律主要是从否定的角度对某一类证据不具有证据能力作出明确的指示。

证据力与证明能力的显著区别表现在以下两个方面:

(1) 证明力的实质,是证据的可信程度,而这种可信程度靠案件审理者的内心来感知,立法大多无法事先作出硬性规定,只能交由审理者依经验与理性判断;证据能力则是立法者外加给证据的,关于证据能力的规则中蕴涵着立法者的价值判断,审理者被要求严格按照立法者所确定的规则对证据能力的有无进行识别。

(2) 证据力是对证据可信性的判断,不同证据的可信性有大小之别。而证据能力则无大小之别,只存在有无的问题,也即证据力是定量的概念,证据能力是定性的概念。

证据力与证明能力的联系,也表现在以下两个方面:

(1) 许多关于证据能力的规则,都是由证明力问题转化而来的。例如,正是由于传闻证据的可靠性较差,法律才将其排除于可采纳证据之外,就产生了传闻证据排除规则。

(2) 对证据力大小的判断,总是离不开经验规则,因此,如果某一证据的采信明显违背

① 我国台湾学者陈朴生先生将证据的关联性,区分为证据能力的关联性与证明力的关联性两层含义。

经验法则，立法一般不承认该种证据具有证据能力。

总之，在证据能力与证明力的关系上，应当坚持证据必须先具有证据能力才产生证明力的原则。

最高法院《民诉法解释》第104条规定，人民法院应当组织当事人围绕证据的真实性、合法性以及与待证事实的关联性进行质证，并针对证据有无证明力和证明力大小进行说明和辩论。能够反映案件真实情况、与待证事实相关联、来源和形式符合法律规定的证据，应当作为认定案件事实的根据。

第二节 民事诉讼证据的法定种类

【引例8-2】

G市H区某派出所民警罗某在追捕一犯罪嫌疑人时，因第三人唐某严重交通违章而发生车祸不幸殉职。第三人唐某逃逸后想到自己撞的是警车而害怕，遂在一小时后投案自首。该车祸现场遗留物中有罗某的一只宝珀腕表。罗某之妻王女士在对唐某提起交通事故损害赔偿诉讼中，将该手表作为证据提交法庭。①

请问：本案中，该车祸现场遗留的罗某的宝珀腕表，属于书证还是物证？

民事诉讼证据的法定种类，是指民事诉讼法根据证据的外在表现形式和对待证事实的证明作用，而对证据所划分的种类。依《民诉法》第63条第1款，证据包括如下8种：当事人的陈述、书证、物证、视听资料、电子数据、证人证言、鉴定意见、勘验笔录。

一、当事人的陈述

（一）当事人陈述的概念与特征

当事人的陈述，是指在民事诉讼中，当事人就案件情况向法院所做的叙述。当事人不仅是案件事实的亲身经历者，还是案件最终裁判结果的承受者，在民事诉讼过程中，当事人向法院作出的陈述，往往涉及诸如诉讼请求的陈述、案件事实的陈述等诸多方面，但作为民事诉讼证据的当事人陈述，自然只能是就案件事实情况所做的那部分陈述。

当事人的陈述，具有两面性：

(1) 真实性。当事人是案件事实的亲身经历者，他们对案件事实的了解自然也是最真

---

① 案例来源：本章作者宁教铭（北京德和衡（广州）律师事务所兼职律师）曾接受诉前咨询的案件。

实、最全面的，因此，当事人的陈述具有真实性的一面。

（2）虚假性。当事人是案件的直接利害关系人，案件的处理结果直接关乎其切身利益，基于趋利避害的心理，当事人在诉讼中对案件事实进行陈述时，对其有利的事实，可能夸大甚至虚构，而对其不利的地方则可能隐瞒，因此，当事人的陈述又具有虚假性的一面。

（二）当事人陈述的证据效力

作为民事诉讼证据的当事人陈述，因其具体内容的不同，而具有不同的证据效力。

（1）没有其他相关证据的陈述，不具有证据效力。《证据规定》第76条规定，当事人对自己的主张，只有本人陈述而不能提出其他相关证据的，其主张不予支持。但对方当事人认可的除外。

（2）有其他相关证据证明的陈述，具有证据效力。当事人对案件事实的陈述，虽然对自己有利，但是有其他相关证据证明为真实的，法院应当将其作为认定案件事实的根据之一。

（3）诉讼中承认对方陈述的案件事实，则具有免除对方举证的效力。《证据规定》第8条规定：①诉讼过程中，一方当事人对另一方当事人陈述的案件事实明确表示承认的，另一方当事人无须举证。但涉及身份关系的案件除外。② 对一方当事人陈述的事实，另一方当事人既未表示承认也未否认，经审判人员充分说明并询问后，其仍不明确表示肯定或否定的，视为对该项事实的承认。③当事人委托代理人参加诉讼的，代理人的承认视为当事人的承认。但未经特别授权的代理人，对事实的承认直接导致承认对方诉讼请求的除外；当事人在场但对其代理人的承认不作否认表示的，视为当事人的承认。④当事人在法庭辩论终结前撤回承认，并经对方当事人同意，或有充分证据证明其承认行为是在受胁迫或重大误解情况下作出，且与事实不符的，不能免除对方当事人的举证责任。

二、书证

（一）书证的概念与特征

书证，作为民事诉讼证据的法定种类之一，是指以文字、符号、图形等记载的内容或表达的思想来证明案件事实的证据。

书证的主要特征包括以下几个方面：

（1）书证以其所记载的思想内容，而不是以其外在表现形式，来证明案件的有关事实，这是书证的本质特征。因此，判断某一证据是否书证，不能以其外在表现形式作为判断标准，而是要看这些形式所记载的内容和表达的思想是否与案件的事实有关。

（2）书证存在于特定的物质载体（如纸张、竹木、石碑等）之上，特定物质载体上又具有一定的文字、符号、图形等，这些文字、符号、图形等又记载了一定的内容或结合起来表达一定的思想。

（3）书证具有较强的客观性和真实性。书证一般形成于发生争议之前，是在某一特定物质载体上对案件事实的记载，一般不易被更改，即便更改也容易被发现，因此书证具有较强的客观真实性。

（4）书证往往能够直接证明案件的主要事实。现实生活中，当事人进行民事法律行为时，通常都会在特定物质载体上进行相关记载（形成书证），一旦因该民事法律行为引起的民事法律关系发生争议，并进行诉讼，这些书证就可以起到直接证明案件主要事实的作用。

（二）书证的分类与提交

依据不同的标准，书证可作如下细分：

(1) 依文书制作主体身份的不同，可分为公文书和私文书。公文书一般是指国家公务人员在其职权范围内按一定程序和方式制作的文书，如公证文书；私文书一般是指个人制作的文书，如个人所写借据。区分意义在于，判断书证是否真实的方式不同：对公文书的判断，主要看制作的主体资格和程序；而对私文书的判断，主要看是否本人签名或盖章。

(2) 依文书内容的不同，可分为处分性书证与报道性书证。处分性书证，是指以设立、变更或消灭一定法律关系为目的的书证，如协议书；报道性书证，是指书证所记载的内容并不以产生特定法律后果为目的，而只是反映具有某种法律意义的事实，如对某案件事实进行报道的文章。区分的意义主要在于，二者的证明力不同：处分性书证一般具有较强的证明力，而报道性书证一般不具有直接的证明力。

(3) 依书证是否需要具备特定形式，可分为普通书证与特殊书证。普通书证，是指不需经过特定程序和手续即可制作的书证，如收据；特殊书证，是指依据法律规定，必须经过法定程序或履行某种特殊手续方可制作的书证，如《不动产权证》。

(4) 依制作方法的不同，书证可分为原本、正本、副本、复印件、节录本。原本（或称原件），是指书证制作人最初制作的原始文本；正本，是指按原本全文制作，对外具有与原本同等效力的书证；副本，是指按原本全文制作，对外具有与正本同等效力的书证；节录本（或称节本），是指摘抄原本、正本等文书部分内容的书证；复印件，是指采用复印方式复制而成的书证。区分的意义在于，不同制作方法的书证，具有不同的证据力。一般而言，原本、正本的证明力高于其他种类的书证。

（三）书证的提交与证据效力

《民诉法》第 70 条规定，书证应当提交原件。提交原件确有困难的[①]，可以提交复制品、照片、副本、节录本。提交外文书证，必须附有中文译本。《证据规定》第 10 条规定，当事人向法院提供证据，应当提供原件。如需自己保存证据原件或者提供原件确有困难的，可以提供经法院核对无异的复制件；第 69 条第(4)项规定，无法与原件、原物核对的复印件、复制品，不能单独作为认定案件事实的依据。

《民诉法解释》第 115 条对单位提出的证明材料规定了新的要求，即单位向法院提出的证明材料，应当由单位负责人及制作证明材料的人员签名或盖章，并加盖单位印章。人民法院就单位出具的证明材料，可向单位及制作证明材料的人员进行调查核实。必要时，可以要求制作证明材料的人员出庭作证。

[相关链接与应用提示]《证据规定》第 77 条第(1)项规定，国家机关、社会团体依职权制作的公文书证的证明力，一般大于其他书证。但对 2 份公文书证所记载的内容若不一致如何认定的问题，《证据规定》并未涉及。《物权法》第 17 条规定，不动产权属证书是权利人享有该不动产物权的证明。不动产权属证书记载的事项，应当与不动产登记簿一致；记载不一

---

① 最高法院《民诉法解释》(法释〔2015〕5 号)第 111 条列举规定了提交书证原件确有困难的 5 种情形。

致的，除有证据证明不动产登记簿确有错误的以外，应以不动产登记簿为准。

三、物证

（一）物证的概念与特征

物证，是指以物品本身的外形、数量、质量、痕迹等客观存在，来证明案件事实的物质实体或痕迹。如财产损害赔偿案件中的受损财物，定做加工纠纷中的定做物品等。

物证的主要特征有以下两点：

（1）物证具有较强的稳定性与客观真实性。物证本身表现为一定的客观存在，具有相对的稳定性，在没有受到外力改变或人为破坏、伪造的情况下，能不受当事人意志左右，较为客观地反映案件事实。

（2）物证与待证事实之间的关联性较差。物证本身不能反映任何的思想内容，其特征如何形成以及与待证事实之间的联系，通常需要借助物证提供者的说明才能被反映出来，其与案件事实之间的联系，必须通过一定的技术手段或其他证据才能展示出来。

（二）物证与书证的联系与区别

书证，虽以其记载的思想内容来证明案件事实，但书证的思想内容必须记载于一定的物质载体之上，才能为人所感知。因此，一方面，外观上书证与物证十分接近，且广义的物证包括书证；另一方面，诉讼实践中同一证据从不同角度考察，可能既是书证又是物证，如一张借据，若用来证明确由被告亲笔所写，则属物证；若用以证明借款的时间和金额，则属书证。

但书证和物证是我国民事诉讼法规定的相互独立的两种不同的证据，二者的区别主要有以下几点：

（1）书证具有一定的思想内容，并以此来证明案件事实；而物证本身并不具有思想内容，而是以其外形、状态及特征来证明案件事实。

（2）法律对某些书证的形式有特殊要求，只有符合法律要求的书证，才有证据作用；而对于物证，法律则没有规定特殊的要求。

（3）书证只要保存完好，在相当长一段时间内，都能起到证明作用；而物证则随着环境的变化、时间的推移，而有毁损、变质甚至灭失的可能。

［引例 8-2：解析］本案中，该车祸现场遗留的罗某的宝珀腕表，如果是以其损坏程度来证明损失大小，则该手表属于物证；如果在交通事故中被撞击后停止走动，用其停止走动时所显示的时间，来证明案件发生的时间，则该手表属于书证。

四、视听资料

（一）视听资料的概念与特征

视听资料，是指利用录音、录像及其他高科技手段储存信息，并借助特定设备反映所储存的信息来证明案件事实的证据。《民诉法解释》第 116 条第 1 款规定，视听资料包括录音资料和影像资料。

视听资料，是随着科学技术的发展而出现，并被广泛应用于诉讼中的证据种类之一。视听资料被英美法系国家纳入书证之列，我国《民诉法》鉴于其具有的特殊性，而将其列为与书证并列的一种独立的证据形式。与其他种类的证据相比，视听资料具有如下特征：

(1) 直观形象。视听资料由于综合利用了声音、图像等记录了民事法律关系发生、变更或消灭时的情况，或某些具有法律意义的事件发生时的情况，因而能直观、形象、连续地反映法律行为或法律事件，能较好地证明案件事实。

(2) 储存信息量大，易于保存和携带。其他证据无与伦比的是，视听资料在形成过程中利用了高科技手段，很小体积的载体中储存了大量的信息，故极大地便利了视听资料这一证据的保存和携带。

(3) 易被修改或伪造。视听资料是现代高科技的产物，现代高科技既然可以被用来制作视听资料，也就可以被用来对视听资料进行篡改甚至伪造，如通过消磁、移像、剪辑等方式，对视听资料的内容进行篡改；且经篡改、伪造的视听资料，如果不借助特殊的技术手段，一般很难被发现。

(二) 视听资料与书证、物证

视听资料与书证的相同点：二者都是以所记载的内容和思想来证明案件事实。但二者作为两种独立的证据，存在如下方面的重大区别：

(1) 是否利用高科技手段。视听资料需要利用录音、录像等高科技手段，而书证则不需要。

(2) 是否能直观感知。视听资料通过录音、录像等特殊设备存储的信息来证明待证事实，不具有直观性；而书证则是通过固定于纸张、石碑等普通载体上的文字、符号、图案等所反映的思想内容来证明案件事实，具有直观性。

(3) 是否需要借助特定的设备。视听资料需要借助于特定的设备才能感知，而书证则不需要借助特殊的设备就能感知。

视听资料与物证也有类似之处，如用视听资料所反映的物品的特征来证明案件事实。但视听资料有着与物证显著的区别，最主要的是，视听资料是以特殊设备存储的信息资料来证明案件事实，而物证则是以物品自身的内在属性或外部特征来证明案件事实。

[应用提示]并非所有的光盘、录像带等特殊设备都是视听资料，例如，吴法在书店购买考试辅导光盘时，问售货员："能否便宜一点？"售货员回答："你买不起好的，就买差的吧，差的便宜。"吴法一怒之下，一连砸了数排摆放光盘的货架。在书店与吴法财产损害赔偿诉讼中，书店向法庭提交了两份证据：一是书店里的监控录像，用来证明案件发生时的情景；二是被砸坏的光盘，用以证明所遭受的损失。本案中，书店里的监控录像是视听资料，而被砸坏的光盘则是物证，而非视听资料。

(三) 视听资料的证据效力

鉴于视听资料易被修改或伪造，因此，视听资料只有经过合法程序收集并审查后，才具有证据效力。对此，《证据规定》第 69 条第(3)项规定，存有疑点的视听资料，不能单独作为认定案件事实的依据。

五、电子数据(《民诉法》2012年修正时新增)

(一)电子数据的概念

随着通信和计算机技术的飞速发展,电子数据日益受到广泛关注,电子证据立法日益成为各国立法机关的重要课题。我国自2005年4月1日起施行的《电子签名法》(2015年修正)第7条规定,数据电文不得仅因为其是以电子、光学、磁或者类似手段生成、发送、接收或者储存的而被拒绝作为证据使用。《民诉法》2012年修正时,明确将电子数据规定为与视听资料并列的、一种独立的证据形式。立法上的这一变化,必将有利于电子数据在诉讼实践中的广泛运用。《民诉法解释》第116条规定,电子数据是指通过电子邮件、电子数据交换、网上聊天记录、博客、微博客、手机短信、电子签名、域名等形成或存储在电子介质中的信息。存储在电子介质中的录音资料和影像资料,适用电子数据的规定。

(二)电子数据的收集和保全

电子数据的收集,通常采取以下方法或措施:①对与案件有关的电脑中的数据和资料进行备份,并在备份上进行数字签名;②收集有关电子设备和系统软件的资料,搜查、扣押电脑等设备;③技术鉴定,如鉴定电子数据的形成过程,以确定其是否被解密、删改;④现场勘验,包括勘验单机现场以及网络现场。

电子数据的保全,主要采取"公证"方式。电子数据的公证,包括传统公证和网络公证。电子数据的网络公证,是指公证机构利用计算机和网络技术,对互联网上的电子身份、电子交易行为等进行公证。此外,还要注意收集其他证据,以便与电子数据相互印证。

(三)电子数据的质证和判断

电子数据质证和判断的内容,仍是其关联性、真实性、合法性的有无及证明力的大小。电子数据的关联性与其他证据并无明显不同,但其特点决定了对其真实性、合法性及证明力的质证与判断,有特殊之处。因此,尽管2012年《民诉法》确立了电子数据的法律地位,但要想在民诉实践中得到广泛运用,还需要法律的完善和司法解释的细化。

我国《电子签名法》第13条规定,电子签名同时符合下列条件的,视为可靠的电子签名:①电子签名制作数据用于电子签名时,属电子签名人专有;②签署时,电子签名制作数据仅由电子签名人控制;③签署后,对电子签名的任何改动能被发现;④签署后,对数据电文内容和形式的任何改动能被发现。当事人也可选择使用符合其约定的可靠条件的电子签名,第14条规定,可靠的电子签名与手写签名或盖章具有同等法律效力;第16条规定,电子签名需要第三方认证的,由依法设立的电子认证服务提供者提供认证服务。

六、证人证言

(一)证人证言的概念与特征

民事诉讼的证人,是指知道案件情况并向法院提供证言的单位和个人。证人证言,是指知道案件情况的单位和个人,向法院所作的有关案件事实情况的叙述。

作为民事诉讼证据的证人证言，具有如下特征：

（1）证人证言具有不可替代性。证人证言的形成，以证人对案件事实的感知为前提，而这种感知通常又产生于案件的发生、发展的不可逆的过程之中，因此决定了证人对案件事实的感知具有不可替代性；即便证人是通过间接而非直接方式对案件事实的感知，也是在特定的时间、场景之下的感知，具有不可重复性。

（2）证人证言的客观真实性具有两面性。一方面，证人证言的形成，通常要经过对案件事实的感知、记忆和叙述三个阶段。证人的感知、记忆和叙述能力，和证人与当事人之间是否存在利害关系，以及证人在感知案件事实时的外界环境等主客观因素，都能影响其证言的可靠性，虚假、失实的可能性较大。另一方面，证人的不可替代性，决定了证人证言对案件事实的不可替代的证明作用，尤其是属于直接证据的证人证言，能直接证明案件的主要事实；且与书证、物证等证据相比，证人证言对案件事实的反映更加形象、生动，有助于法官形成对案件事实的鲜明认知。

（二）证人的资格及其相关问题

《民诉法》第 72 条规定，凡是知道案件情况的单位和个人，都有义务出庭作证。不能正确表达意思的人，不能作证。因此，证人的资格是知道案件情况且能正确表达意思的单位和个人。需要注意与此相关的问题有以下几点：

（1）证人能力与民事行为能力。二者并无直接联系，判断有无证人能力的标准，是能否正确表达意思。《证据规定》第 53 条规定，不能正确表达意志的人，不能作为证人。待证事实与其年龄、智力状况或者精神健康状况相适应的无民事行为能力人和限制民事行为能力人，可以作为证人。据此，知道案件情况的人，能否成为诉讼案件的证人，取决于其年龄、智力状况或者精神健康状况是否与待证事实相适应。

[应用示例]王丽诉与赵帅离婚，理由是丈夫赵帅经常酗酒且实施家庭暴力。为证明酗酒且家暴的事实，王丽提供了两位证人：一是自己的 7 岁女儿赵芬芬，二是其邻居孙七。芬芬称，爸爸经常喝酒，且喝酒后常常会打骂妈妈，有时连芬芬也一起打；孙七称，曾经多次在隔壁听到赵帅打骂王丽和摔家具的声音，有时还半夜三更被吵醒。此案中，孙七和芬芬都具备证人能力。尤其芬芬虽为无民事行为能力人，但其证言所证明的事实，与其年龄、智力状况相适应，故仍然具有证人资格。

（2）证人类型。民事诉讼中的证人类型，包括单位和个人；而刑事诉讼中只有个人才能成为证人，单位不能成为刑事诉讼中的证人。

（3）证人不存在回避的问题。案件当事人之外的第三人，只要其知晓案件情况，就都可以作为证人提供证言，即便其与案件一方当事人存在利害关系，只是证人证言在此情况下可能带有倾向性。

（4）角色冲突时，证人地位优先。证人的不可替代性，决定了证人不适用回避制度，因此，在角色发生冲突时，证人地位优先。

①证人与诉讼代理人的冲突。在同一案件中，证人与诉讼代理人的身份是冲突的，不能既担任诉讼代理人又担任证人。诉讼代理人如果知道案件重要事实，确有必要提供证人证

言，应当在取消或辞去委托后，以证人身份提供证言。

②证人与办案人员身份的冲突。例如，张某是广州市天河区法院的审判人员。某日，张法官在下班途经华南植物园车站时，目睹了李奶奶下公交时不慎摔倒，以及等待上车的青年王某扶起李奶奶，并帮其联系家人的经过。半月后，李奶奶家人将见义勇为的王某诉至天河区法院，要求赔偿医疗费用等合计3万元。此时，张某完全有可能成为审理本案的法官，却又是本案的证人。若出现角色冲突，则证人地位优先，张法官应当作为证人，而不能担任本案的审判人员。

（三）证人作证的方式

依《民诉法》第73条，经法院通知，证人应当出庭作证。有法定情形之一的，经法院许可，可以通过书面证言、视听传输技术或者视听资料等方式作证。据此，证人以出庭作证为原则，以不出庭作证（替代性作证）为例外。

证人采取不出庭的替代性方式作证的条件：一是符合法定情形之一，二是经法院许可。依《民诉法》第73条，这些法定情形具体包括：①因健康原因不能出庭；②因路途遥远，交通不便不能出庭，若仅是路途遥远，尚不构成证人不出庭作证的法定情形，还须同时满足交通不便这一要素；③因自然灾害等不可抗力不能出庭；④其他有正当理由不能出庭。符合上列情形之一，还须经法院许可，才不要出庭，而以书面证言、视听传输技术或视听资料等替代性方式作证。

（四）证人作证费用的承担

根据《民诉法》第74条，证人作证费用的范围包括：因履行出庭作证义务而支出的交通、住宿、就餐等必要费用，以及误工损失。费用承担的方式是败诉方最终承担。但根据不同情况，由不同方面先行垫付：①当事人申请作证时，由申请方先行垫付，败诉方最终承担；②法院依职权通知作证的，由法院先行垫付，败诉方最终承担。

（五）证人证言的效力

根据《证据规定》第69条第（1）、（2）、（5）项的规定，①未成年人所作的与其年龄和智力状况不相当的证言；②与一方当事人或其代理人有利害关系的证人出具的证言；③无正当理由未出庭作证的证人证言，都不能单独作为认定案件事实的依据。

根据《证据规定》第77条第（2）、（5）项的规定，证人证言的证明力，一般小于物证、档案、鉴定意见、勘验笔录或者经过公证、登记的书证；证人提供的对与其有亲属或者其他密切关系的当事人有利的证言，其证明力一般小于其他证人证言。

【真题实训8-1】

根据证据理论和《民事诉讼法》以及相关司法解释，关于证人证言，下列哪些选项是正确的？（2011，卷三，83）

A. 限制行为能力的未成年人可以附条件地作为证人

B. 证人因出庭作证而支出的合理费用，由提供证人的一方当事人承担

C. 证人在法院组织双方当事人交换证据时出席陈述证言的，可视为出庭作证

D.“未成年人所作的与其年龄和智力状况不相当的证言不能单独作为认定案件事实的依据”，是关于证人证言证明力的规定

[真题实训 8-1](2011，卷三，83)答案：ACD。考点：证人证言。解析：依《证据规定》第 69 条第(1)项，选项 A、D 正确；依《证据规定》第 54 条第 3 款，选项 B 错误；依《证据规定》第 55 条第 2 款，选项 C 正确。

七、鉴定意见(2012 年修正)

【真题实训 8-2】

甲公司诉乙公司专利侵权，乙公司是否侵权成为焦点。经法院委托，丙鉴定中心出具了鉴定意见书，认定侵权。乙公司提出异议，并申请某大学燕教授出庭说明专业意见。关于鉴定的说法，下列哪一选项是正确的？(2013，卷三，50)

A. 丙鉴定中心在鉴定过程中可以询问当事人

B. 丙鉴定中心应当派员出庭，但有正当理由不能出庭的除外

C. 如果燕教授出庭，其诉讼地位是鉴定人

D. 燕教授出庭费用由乙公司垫付，最终由败诉方承担

(一) 鉴定意见的概念和特征

《民诉法》2012 年修正时，将原第 63 条第(6)项的“鉴定结论”修正为“鉴定意见”。作为民诉证据种类之一，鉴定意见是指鉴定人运用专业知识、专门技术，对民事案件中的专门性问题，经过分析、鉴别、研究后所出具的专业性意见。鉴定人，则是指具有专业知识，受法院指定或当事人聘请对专门性问题进行鉴定，提出鉴定意见的人。

相比其他证据种类，鉴定意见具有如下特征：

(1) 鉴定意见具有较强的科学性、可靠性。鉴定意见是经法定程序确定的鉴定人，运用专业知识，借助科学的设备仪器，对案件的专门性问题进行科学的分析、鉴别、研究后所出具的专业性判断，因此，鉴定意见本身具有较强的科学性、可靠性；但鉴定意见也是一种主观性很强的证据形式，鉴定机构和鉴定人员的资质以及鉴定的程序、方法都会对其科学性、可靠性产生一定的影响，因此，鉴定意见并不是最终的结论，是可以经法定程序推翻的。

(2) 鉴定意见针对的，是案件的事实问题，而非法律问题。鉴定意见这一证据形式之所以有存在的必要，是因为诉讼中有些事实的认定，必须依靠专业知识和专业技术。这里的专业知识和专业技术，是指解决专门性问题的科学技术知识，而非法律知识，法律问题只能由审理案件的法官来解决。

(二) 鉴定程序

依《民诉法》第 76 条第 1 款，当事人可就查明事实的专门性问题向法院申请鉴定。申请

鉴定的，由双方协商确定具备资格的鉴定人；协商不成的，由法院指定。当事人未申请鉴定，法院对专门性问题认为需要鉴定的，应当委托具备资格的鉴定人进行鉴定。

根据上述法律规定以及《民诉法解释》第121条，鉴定程序的启动以及鉴定人的选定方式有两种：①当事人申请鉴定获法院准许的，由双方协商确定具备资格的鉴定人，协商不成的，由法院指定；②符合依职权调查收集证据条件的，人民法院应依职权委托鉴定，在询问当事人的意见后，指定具备相应资格的鉴定人。

2012年《民诉法》修正时，对原第72条进行了修正。修正后的第77、78条对鉴定程序进行了较为详细的规定：①鉴定人应在全面了解与鉴定内容相关的案件材料的基础上进行鉴定；②必要时，鉴定人可以询问当事人、证人；③鉴定完毕后，鉴定人应当提出书面鉴定意见，并在鉴定书上签名或盖章；④当事人对鉴定意见有异议，或法院认为鉴定人有必要出庭的，鉴定人应当出庭作证。经法院通知，鉴定人拒不出庭作证的，鉴定意见不得作为认定事实的根据。

（三）鉴定人出庭作证的义务

《民诉法》2012年第二次修正时，增加规定了鉴定人出庭作证的义务，以及不出庭作证的法律后果，保证了当事人对鉴定意见的质证权利。

依《民诉法》第78条，鉴定人应当出庭的情形有两种：①当事人对鉴定意见有异议时；②法院认为鉴定人有必要出庭时。经法院通知，鉴定人拒不出庭，有双重法律后果：①鉴定意见不得作为认定事实的根据；②支付鉴定费用的当事人，有权要求返还鉴定费用。

（四）重新鉴定

为保证鉴定意见的科学性，法律赋予当事人申请重新鉴定的权利；同时，鉴于鉴定意见是一种证明力较高的证据，又对重新鉴定设定了一定条件。依《证据规定》第27条，当事人对法院委托的鉴定部门作出的鉴定意见有异议申请重新鉴定，提出证据证明存在下列情形之一的，应予准许：①鉴定机构或鉴定人员不具备相关鉴定资格的；②鉴定程序严重违法的；③鉴定意见明显依据不足的；④经过质证，认定不能作为证据使用的其他情形。

[应用提示]对有缺陷的鉴定意见，可以通过补充鉴定、重新质证或者补充质证等方法解决的，不予重新鉴定。

[应用示例]某诉讼案件中，被告以证明案件主要事实的鉴定意见没有载明出具时间为由，申请重新鉴定，未获法院准许。因鉴定意见没有载明出具时间，不属于鉴定程序严重违法，而属有缺陷的鉴定意见，可通过补充鉴定等方法解决，因而不应准许重新鉴定。

此外，依《证据规定》第28条，一方当事人自行委托有关部门作出的鉴定意见，另一方当事人有证据足以反驳，并申请重新鉴定的，法院应予准许。

（五）专家辅助人制度（《民诉法》2012年修正时新增）

《民诉法》2012年修正时新增第79条规定，当事人可以申请法院通知有专门知识的人出庭，就鉴定人作出的鉴定意见或专业问题提出意见。据此，专家辅助人是指民事诉讼中，由当事人申请，经法院通知出庭，对案件事实中的专门性问题，就鉴定意见或其他专业性问题提出意见的具有专门知识的人。专家辅助人参与诉讼的方式是：依当事人申请，由法院通知。成为专家辅助人的条件，是具有专门知识，而不要求具备鉴定人资质。专家辅助人的功能在于帮助当事人对鉴定意见进行质证，或对专业性问题向法庭提出意见。

【模拟考题 8-1 】

下列表述中符合相关法律和司法解释规定的有（　　）。

A. 视听资料包括录音资料和影像资料

B. 存储在电子介质中的录音资料和影像资料，适用视听资料的规定

C. 当事人可申请法院通知有专门知识的人出庭，就鉴定人作出的鉴定意见或专业性问题提出意见

D. 具有专门知识的人在法庭上就专业性问题提出的意见，视为鉴定意见

专家辅助人的意见，不是法定的证据种类。专家辅助人制度，是对鉴定意见的补充和完善。鉴定意见具有较高的专业性，如果没有专门的说明，当事人及其代理人，甚至法官，都很难对鉴定意见提出合理质疑，只能被动地接受，最终导致事实的认定权被鉴定人褫夺。专家辅助人出庭制度，就是为了确保对专业性问题也能在法庭审理中形成控辩对抗的审判结构，以促进事实真相的揭示。

［应用提示］专家辅助人的功能，不限于辅助当事人对鉴定意见进行质证，还在于补充鉴定制度的不足，对案件的专门性问题提出意见，如对某些无须鉴定、无法鉴定的专业性事实问题，从专业角度向法庭提出意见。

《民诉法解释》第 122 条对专家辅助人制度的具体适用作了明确规定，依该条解释：①当事人申请专家辅助人出庭，应在举证期限届满前提出；②可申请出庭的专家辅助人人数为 1～2 人；③专家辅助人出庭，一是代表当事人对鉴定意见进行质证，二是对案件事实所涉及的专业问题提出意见；④专家辅助人在法庭上就专业问题提出的意见，视为当事人的陈述；⑤法院准许当事人申请的，专家辅助人的相关费用由提出申请的当事人负担。

［模拟考题 8-1：解析］《民诉法解释》第 116 条第 1 款规定，视听资料包括录音资料和影像资料，故选项 A 表述正确；第 3 款规定，存储在电子介质中的录音资料和影像资料，适用电子数据的规定，而不是适用视听资料的规定，故选项 B 表述错误；选项 C 是《民诉法》第 79 条的规定，故正确；《民诉法解释》第 122 条第 3 款规定，具有专门知识的人在法庭上就专业问题提出的意见，视为当事人的陈述，而不是鉴定意见，故选项 D 表述错误。综上，A、C 两项表述符合相关法律和司法解释的规定，当选。

［真题实训 8-2］（2013，卷三，50）答案：A。考点：鉴定意见，专家辅助人。解析：依《民诉法》第 77 条第 1 款，选项 A 正确。本题中，当事人对鉴定意见存在异议，依《民诉法》第 78 条，鉴定中心须派员出庭作证，没有例外，故选项 B 错误。依《民诉法》第 79 条，本题中燕教授不是鉴定人，而是属于有专门知识的人，即专家辅助人，故选项 C 错误。本题中，燕教授不是证人，其出庭费用不适用《民诉法》第 74 条证人出庭费用的规定，而是依据《民诉法解释》

第 122 条，应由申请人即乙公司承担，故选项 D 错误。综上，本题答案为 A。

(六) 鉴定意见的效力

我国《刑诉法》2012 年 3 月 14 日第二次修正和《民诉法》2012 年 8 月 31 日第二次修正时，都将原来的“鉴定结论”修正为“鉴定意见”，旨在强调鉴定意见不再具有当然的证明力或者优先的证明力，而是与其他的法定证据种类一样，只有经过质证后，才能作为定案的根据。但法院就数个证据对同一事实的证明力，应当依照法定的原则认定。根据《证据规定》第 77 条第(2)项的规定，鉴定意见的证明力，一般大于其他书证、视听资料和证人证言。据此，民事诉讼中，鉴定意见是一种证明力较高的证据。

八、勘验笔录

(一) 勘验笔录的概念和特征

勘验笔录，是指法院的审判人员在诉讼过程中对与案件有关的现场或物品进行拍照、测量、查验后制作的笔录。民事诉讼中常见的勘验笔录，主要包括现场勘验笔录、物证勘验笔录和人身检查笔录。勘验笔录在我国民事诉讼中，既是一种独立的法定证据形式，也是一种重要的固定和保全证据的方法。

勘验笔录具有如下特征：①勘验笔录具有较强的客观性。勘验笔录是对与案件有关的现场或物品的客观记载，而不是记录人员的主观分析或判断，故具有较强的客观性。②勘验笔录具有综合的证明力。勘验笔录不是孤立地反映现场的情况，而是综合性地反映现场各种事实之间以及现场与周围环境之间的相互关系，是一种具有综合证明力的证据形式。

(二) 勘验笔录的制作

勘验笔录由法院的工作人员主持制作，法院在进行勘验的过程中可以根据需要，邀请具有专业知识的人员协助工作。[①] 勘验笔录对所需勘验的物证或现场情况的记载，必须客观、准确、全面。除了可以用文字方式记载外，还可以根据需要，辅助以录音、照相、绘图等方式。《民诉法》第 80 条，对勘验程序和勘验笔录进行了明文规定，即勘验物证或现场，勘验人必须出示法院的证件，并邀请当地基层组织或当事人所在单位派人参加。当事人或当事人的成年家属应当到场，拒不到场的，不影响勘验的进行。有关单位和个人，根据法院的通知，有义务保护现场，协助勘验工作。勘验人应当将勘验情况和结果制作笔录，由勘验人、当事人和被邀参加人签名或者盖章。

---

① 《民诉法解释》第 124 条第 2 款规定，人民法院可以要求鉴定人参与勘验。必要时，可以要求鉴定人在勘验中进行鉴定。

第三节 民事诉讼证据的理论分类

【引例 8-3】

刘一诉陈二返还借款 9 万元，并提交陈二亲笔出具的借据一张。诉讼中，陈二称该 9 万元已偿还，并提交刘一亲笔出具的收据一张。

请问：陈二提交的刘一亲笔出具的收据，是本证还是反证？

在诉讼法的语境中，证据的种类和证据的分类，是两个不同的概念。证据的种类，是根据证据的外在表现形式，从制定法的角度分析，证据应当包括哪几种；而证据的分类，是从法学理论研究的需要，从学术理论的角度，依特定的标准对证据所做的划分。

如前文所述，我国《民诉法》将证据规定为当事人陈述、书证、物证、视听资料、电子数据、证人证言、鉴定意见、勘验笔录等 8 种，具有法律效力。而对证据的分类，则由学者从不同角度进行划分，仅仅服务于理论研究的需要，而并不具有法律效力。

【真题实训 8-3】

关于证据理论分类的表述，下列哪一选项是正确的？(2009，卷三，40)

A. 传来证据有可能是直接证据

B. 诉讼中原告提出的证据都是本证，被告提出的证据都是反证

C. 证人转述他人所见的案件事实都属于间接证据

D. 一个客观与合法的间接证据可以单独作为认定案件事实的依据

按证据的作用、特征、来源等的不同标准，我们对民事诉讼证据作如下分类。

一、本证与反证

(一) 本证与反证的分类标准

根据证据对当事人所主张事实的证明作用，即证据与举证证明责任的关系，可将民事诉讼证据分为本证与反证。

本证，是指对待证事实负有举证证明责任的一方当事人提出的，用以支持自己所主张事实成立的证据。本证的主要作用，是对当事人所主张事实的真实性予以肯定。如[引例 8-3]中，刘一主张陈二借款 9 万元，其提交的陈二亲笔借据，即属于证明借款事实的本证。

反证，则是指对待证事实不负有举证证明责任的一方当事人提出的，用以推翻对方所主张事实的证据。反证的主要作用，是对当事人所主张的事实予以否定。如[引例 8-3]中，若陈二出具了一份双方共同签署的备忘录，该备忘录的内容说明刘一曾答应借款 9 万元给陈二，陈二也确曾出具过 9 万元的借据，双方约定在刘一收到第三人张三的还款后直接转账到陈二账户，后因张三没有偿还刘一借款，故刘一也一直未向陈二转账，但陈二提供给刘一的借据因一时未找着而没有退给陈二。则该备忘录，就是原告刘一主张的借款事实的反证，即陈二提供该备忘录，是用以证明刘一提供的陈二亲笔借据仅仅具有形式上的意义，双方之间并不存在实质的借贷关系，是对原告刘一所主张的借款事实的否定。

反证否定的对象，是针对本证所证明的事实，而不是直接针对对方当事人的诉讼请求，用以否定对方当事人诉讼请求的证据，并不一定都是反证。

反证不同于反驳。反驳，是指对于一方当事人所提出的事实与理由，另一方当事人提出证据加以反对、驳斥的诉讼活动。民事诉讼中的反驳与反证是两个不同的概念。主要区别有以下几个方面：

(1) 主体不同。反驳的主体可能是双方当事人，而提出反证的主体则是对待证事实不承担举证责任的一方当事人。

(2) 目的不同。反驳的目的在于，证明对方当事人提出的证据不具有真实性、关联性或合法性或证明价值微弱，而不能作为认定案件事实的依据；而反证的目的则在于，证明对方当事人所主张的事实不存在。

(3) 是否需要提出新的证据不同。一方当事人在对对方某一证据进行反驳时，不必提出新的证据或事实，而在进行反证时，必须提出新的证据。反证是通过提出证据，来否定对方的事实主张，即以事实主张为反对的对象，不是对诉讼请求的反对；而反驳则并非提出新的证据，其反对的对象，是对方当事人所提出的诉讼请求和理由。

[应用提示]①本证与反证的区分标准，并不在于证据的提出主体是原告还是被告，而是在于证据与举证证明责任之间的关系、究竟谁对待证事实负有举证证明责任。因为，民事诉讼中，原告与被告都有权提出事实主张，也都有权提出相反的证据，来证明对方所主张的事实不成立，也即原告、被告都有权提出本证与反证，并非原告提出的证据都是本证、被告提出的证据就是反证。如[引例 8-3]中，陈二主张该 9 万元借款已经偿还，双方间的借款关系已经消灭，陈二对此主张承担举证证明责任；而陈二提交的刘一亲笔收据，正是证明借款已还这一事实。因此，尽管陈二是本案被告，但陈二提供的刘一亲笔收据并不是反证，而是本证。②诉讼实践中，同一证据，可能既是本证同时又是反证。比如：张三诉称李四欠其借款 8 万元，并提供李四亲笔借据一张；诉讼中，李四主张只借张三 5 万元，并提交张三亲笔出具的书证一份，该书证内容为张三借给李四现金 5 万元、李四原 8 万元的借据作废。所以，李四提交的该书证，既是推翻张三所主张的借款 8 万元的反证，又是支持自己所主张的只借 5 万元的本证。

[实用技巧] 判断本证与反证的“三步法”：①分析、确定该证据的证明对象即待证事实；②分析、确定对该待证事实承担举证证明责任的主体；③根据举证证明责任的主体与证据提出的主体是否同一，以确定是本证还是反证，即若该证据是由举证证明责任主体提出，则是本证，若由不承担举证证明责任的一方提出，则属反证。

[规律总结]主张法律关系产生、变更、消灭的一方,应承担举证证明责任,就此所提证据是本证;主张法律关系不存在的一方,不承担举证证明责任,就此所提证据是反证。

(二) 划分本证与反证的法律意义

划分本证与反证的法律意义有以下几个方面:

(1) 有助于明确提供证据的顺序。当事人对自己所主张的事实,应先提出本证予以证明;而对方当事人对该主张事实是否必须提出反证予以推翻,则取决于本证的证明情况及自己收集证据的情况。

(2) 有助于法院作出裁判。对待证事实负有举证证明责任的一方当事人,必须提供足以证明该事实成立的本证,否则,法院可认定本证所证明的待证事实不成立或真伪不明,从而作出对该方不利的判决;而对待证事实不负举证证明责任的一方提出反证的目的,则在于动摇法官对本证所证明事实的内心确信,且反证无须达到使法官形成本证所证明事实不成立的内心确信,而只要达到使法官无法判断本证所证明的事实是否成立即可。

可见,对本证证明力的要求,要比对反证证明力的要求高;且本证的有无,直接影响到主张的成立与否;而反证的有无,并不产生这一影响。

二、直接证据与间接证据

【真题实训 8-4】

甲对乙提起的返还借款的诉讼,就乙向甲借款事实的证明,根据民事诉讼理论,下列哪一选项属于直接证据?(2008,四川卷三,41)

A. 甲向法院提交的乙向其借款时出具的借据的复印件

B. 甲向法院提交的其向乙的银行卡转款的银行凭条

C. 甲的朋友丙向法院提供的曾听甲说乙要向甲借钱的证词

D. 甲的同事丁向法院提供的曾见到甲交给过乙钱的证词

(一) 直接证据与间接证据的分类标准

按照单个证据与待证事实之间的关系,可以将证据分为直接证据与间接证据。直接证据,是指能够单独地、直接地证明全部或部分待证事实的证据;间接证据,是指单个证据无法直接证明而需要与其他证据结合在一起才能证明待证事实的证据。例如:王五诉赵六偿还借款人民币 6 万元,并提供证据两份:一是孙七的证言,内容是 2015 年 8 月 31 日赵六在支付孙七货款时说,自己虽然暂时资金紧张但为信守合同付款义务,而向王五借了 6 万元;二是银行转账凭证,内容是 2015 年 8 月 30 日王五向赵六账户现金转账人民币 6 万元。这两项证据中,孙七的证言,因其能直接证明王五与赵六之间借款关系的存在,故属于直接证据;而银行转账凭证并不能单独、直接地证明借款关系的成立,因王五向赵六账户转账的原因可能多样(如王五向赵六偿还借款等),故属于间接证据。

判断是直接证据还是间接证据的唯一标准,是看其能否直接证明待证事实,而不需考虑证据的形式、来源及证明力等等因素。尤其在考试中,极易被多余信息干扰,甚至掉入"陷阱"。例如,就证据来源而言,证人转述他人所见的案件事实属传来证据,但若能单独地、直接地证明待证事实,就是直接证据而非间接证据。因间接证据本身不能直接地证明待证事实,故无论什么形式和来源的间接证据,都不能单独作为认定案件事实的依据。

[真题实训 8-4](2008,四川卷三,41)答案:A。考点:直接证据。解析:选项 A 中"借据的复印件",证明力虽比原件的小一些,但却能单独、直接地证明借款事实,故属直接证据;选项 B 中的"银行卡转款凭条"、选项 C 中的"曾经听说的证人证言"、选项 D 中的"曾见到甲交给过乙钱的证词",都不足以证明乙向甲借钱的事实,故非直接证据,而属间接证据。

(二) 划分直接证据与间接证据的法律意义

划分直接证据与间接证据的法律意义在于,直接证据的证明力一般大于间接证据,因此,民事诉讼中,当事人及其诉讼代理人应当尽可能地收集直接证据。

而间接证据因其不能单独、直接地证明待证事实,故证明力相对较弱,故《证据规定》第 77 条第(4)项规定,直接证据的证明力一般大于间接证据。但间接证据在民事诉讼中也具有非常重要的作用,主要表现在:①可以为寻找直接证据提供线索;②用以鉴别、印证直接证据;③在无法收集到直接证据的情形下,若干个有效的间接证据结合在一起,形成证据链条,也能证明一定的待证事实。

三、原始证据与传来证据

(一) 原始证据与传来证据的分类标准

证据按其来源可分为原始证据与传来证据。

原始证据,是指直接来源于案件事实,而未经复制、转述等中间环节的证据,即所谓的第一手资料。例如,合同原件、遗嘱原件、证人就其亲眼看到的案件现场情况所提供的证言等。

传来证据,也称派生证据,是指并非直接来源于案件事实,而是经过复制、转述等中间环节的证据,即所谓的第二手资料。例如,合同复印件、证人转述他人看到的案件情况的证言等。

[应用提示]区分原始证据与传来证据的标准,是证据的来源,而非证据的制作方式,不应笼统地用复印件、复制品的概念来替代传来证据。例如,甲乙双方用先打印再复印的方式制作并签署了一式两份合同,虽然第二份合同在制作方式上是复制件,但因其直接来源于案件事实,故亦属原始证据。

(二) 划分原始证据与传来证据的法律意义

(1) 确立原始证据优先规则。《证据规定》第 77 条第(3)项规定,原始证据的证明力一般大于传来证据。因此,当事人提供证据应当提供原始证据,只有在提供原始证据有困难的情形下,才可以提供传来证据。《民诉法》第 70 条规定,书证应当提交原件。物证应当提交原物。提交原件或原物确有困难的,可以提交复制品、照片、副本、节录本。《证据规定》第 21 条规定,调查人员调查收集的物证应当是原物。被调查人提供原物确有困难的,可以提供复制品或者照片。提供复制品或者照片的，应当在调查笔录中说明取证情况。第 22 条规定，调查人员调查收集计算机数据或者录音、录像等视听资料的，应当要求被调查人提供有关资料的原始载体。提供原始载体确有困难的，可以提供复制件。提供复制件的，调查人员应当在调查笔录中说明其来源和制作经过。

（2）确立证据补强规则。因传来证据经过复制、转述等中间环节，可能导致信息失真，故传来证据须与原件、原物相互印证，才能作为认定案件事实的根据。最高法院《审判方式改革规定》（法释〔1998〕14 号）第 27 条第 3 款规定，原则上对只有传来证据证明的事实不予认定。根据《证据规定》第 69 条第（4）项的规定，无法与原件、原物核对的复印件、复制品，不能单独作为认定案件事实的依据。换言之，复印件、复制品等传来证据，需要经过其他证据补强后，才能作为认定案件事实的根据。

[真题实训 8-3]（2009，卷三，40）答案：A。考点：综合考查民事诉讼证据的理论分类。解析：依来源不同，将证据分为原始证据和传来证据；依与案件事实的关系，可将证据分为直接证据和间接证据。直接证据与原始证据、间接证据与传来证据之间没有必然联系，划分直接证据与间接证据的唯一标准是能否单独、直接地证明待证事实，若虽经中间环节辗转得来，但可单独、直接证明案件主要事实，则该证据虽是传来证据，却是直接证据，故选项 A 正确、选项 C 错误。划分本证与反证的唯一标准，是证据与证明责任承担者的关系，而不是证据提出主体的原告、被告诉讼地位，故选项 B 错误。根据间接证据的定义可知，间接证据本身就不能单独、直接地证明待证事实，因此，无论什么样的间接证据，都不能单独作为认定案件事实的依据，故选项 D 错误。此外，客观与合法是任何证据的必备因素，而不是间接证据单独成为认定案件事实根据的条件。

【真题实训 8-5】

周某与某书店因十几本工具书损毁发生纠纷，书店向法院起诉，并向法院提交了被损毁图书以证明遭受的损失。关于本案被损毁图书，属于下列哪些类型的证据？（2010，卷三，83）

A. 直接证据

B. 间接证据

C. 书证

D. 物证

[真题实训 8-5]（2010，卷三，83）答案：AD。考点：证据的分类与证据的种类。解析：本题是综合考查民事诉讼证据的理论分类和法定种类。被损毁的图书能够单独、直接证明书店所受损失的具体情况，故属直接证据而非间接证据；同时，图书是以其本身被损毁的状态及其价值证明书店的损失，而不是以图书所记载的内容证明案件事实，故属物证而非书证。因此，本案被损毁图书属于直接证据和物证，即选项 A、D 当选。

第四节 证据保全

【引例 8-4】

刘一与陈二因合同履行发生争议，双方事先已达成仲裁协议。若情况紧急，刘一想在申请仲裁前先保全证据。

请问：刘一应当向哪个机构申请证据保全？若获准，刘一应当在多长时间内申请仲裁？

一、证据保全的概念和意义

证据保全，是指在证据有可能毁损、灭失，或者以后难以取得的情形下，人民法院根据当事人的申请或者主动依职权对证据采取固定或保护措施，以保证其证明力。

证据保全的意义，在于保护证据的证明力，使与案件有关的事实材料不因有关情况的发生，而无法取得或丧失证明作用，以满足当事人证明和法院查明案件事实的需要。

二、证据保全的种类

2012 年《民诉法》对原第 74 条进行了修正，即增加两款作为第 81 条第 2、3 款，不仅区分了诉讼中的证据保全与起诉前的证据保全，而且增加了申请仲裁前的证据保全。根据《民诉法》第 81 条和《海诉法》及《证据规定》等法律、司法解释，我国民事诉讼的证据保全，包括诉讼证据保全和诉前（仲裁前）证据保全两种类型。

诉讼证据保全，是指诉讼过程中，在证据可能灭失或者以后难以取得的情况下，法院依当事人申请采取或者依职权主动采取固定和保护证据的措施。

诉前（仲裁前）证据保全，是指因情况紧急，在证据可能灭失或者以后难以取得的情况下，利害关系人在提起诉讼或者申请仲裁前向证据所在地、被申请人住所地或者对案件有管辖权的法院申请保全证据。

诉讼证据保全与诉前（仲裁前）证据保全的区别主要有以下几点：

（1）发生的时间不同。诉讼证据保全，发生在案件受理之后至判决生效之前的一段时间；而诉前（仲裁前）证据保全，发生在利害关系人提起诉讼或者申请仲裁之前。

（2）提起的主体不同。诉讼证据保全，一般由当事人申请，必要时也可由法院依职权采取；而诉前（仲裁前）证据保全，因尚未进入诉讼程序，故只能由利害关系人申请。

三、证据保全的条件

(一) 诉讼证据保全的条件

依《民诉法》第 81 条第 1 款,诉讼证据保全应当具备下列两个条件之一:

(1) 证据可能灭失,是指证据因自然或人为因素,以后再也无法取得。例如,证人年事已高或身患重症,若不对该证人证言予以保全,则日后可能因该证人死亡而无法取得。

(2) 证据以后难以取得,是指证据虽然不会灭失,但由于有关情况的变化,将来需要付出很高的代价或经过多方努力才能取得,如证人即将出国留学或者定居等。

(二) 诉前(仲裁前)证据保全的条件

依《民诉法》第 81 条第 2 款,诉前(仲裁前)证据保全除了应当具备证据可能灭失或以后难以取得两个条件之一以外,同时还应当具备“情况紧急”的要件。

《证据规定》第 23 条规定,当事人依据《民诉法》的规定向法院申请保全证据,不得迟于举证期限届满前 7 日。当事人申请保全证据的,法院可以要求其提供相应的担保。法律、司法解释规定诉前保全证据的,依照其规定办理。

四、证据保全的程序

1. 申请

当事人在诉讼过程中,利害关系人在提起诉讼或者申请仲裁前,可以向法院提出保全证据的书面申请。证据保全申请书,应当包括如下内容:①申请保全的证据的种类和内容;②申请保全的证据与案件事实之间的关系;③申请保全证据的理由。诉讼过程中,法院也可依职权主动采取证据保全措施,而无须当事人申请。

2. 管辖

当事人在诉讼过程中申请证据保全,应当向审理案件的法院提出;利害关系人在起诉前或申请仲裁前申请证据保全的,应当向证据所在地、被申请人住所地或对案件有管辖权的法院提出申请。

[引例 8-4:解析]刘一应向证据所在地、被申请人陈二的住所地或对案件有管辖权的法院提出仲裁前证据保全申请;法院准许保全后,申请人应当在 30 日内申请仲裁。

3. 审查

法院在收到当事人保全证据的申请后,应当进行审查,符合条件的,应当作出准予证据保全的裁定;不符合条件的,裁定驳回申请。

五、证据保全的方法

《证据规定》第 24 条规定,法院进行证据保全,可以根据具体情况,采取查封、扣押、拍照、录音、录像、复制、鉴定、勘验、制作笔录等方法;法院进行证据保全,可以要求当事人或诉讼代理人到场。对不同种类的证据,应当采取不同的保全措施。一般而言,对于书证,可用复印、拍照等方法;对于物证,可以进行勘验或封存原物;对于视听资料、电子数据,尽量提取原件，提取原件确有困难的，可采用复制的方法；对于证人证言，一般采取询问证人笔录的方法，也可用录音、录像的方法；而对于需要鉴定的事项，应当及时进行鉴定。总之，证据保全措施的采用，以服务于保存证据的证明力为目的。在该目的之下，证据保全措施可以灵活多样，甚至对一种证据可以采取两种或两种以上的方法。

第五节 证明对象

【引例 8-5】

一日，张大爷在乘坐地铁时被一粗壮小伙罗某挤伤，罗某当即向张大爷道歉，称自己急于赶火车出差，没留意看路，同时留下自己的联系电话。张大爷就医花去医疗费用 4000 余元，后电话联系罗某，要求其承担该笔费用，罗某则一直未予理会。无奈之下，张大爷女儿聘请律师王某代理张大爷起诉罗某，要求罗某承担侵权损害赔偿责任。庭审中，罗某声称其从未挤伤过张大爷。张大爷代理律师王某认为，鉴于事发时罗某已对挤伤张大爷的事实予以承认，故对于罗某是否实施侵权行为应当属于免证事实。

请问：王律师的理解是否正确？简要说明理由。

一、证明对象的概念

证明对象，是指当事人在诉讼中需要运用证据予以证明的与案件有关的事实，也称待证事实。因此，民事诉讼中的证明对象所解决的是，民事诉讼过程中，哪些事实需要运用证据予以证明，哪些事实无须证明，前者即待证事实，后者即免证事实。

证明对象的确定，具有十分重要的意义：

(1) 证明对象的确定，是证明活动的起点。只有案件的待证事实确定了，相关的证明活动才有可能展开。如只有明确了证明对象，才能进一步确定证明责任的分配，也才能判断当事人为完成证明责任所提供证据对待证事实的证明是否达到了证明标准。

(2) 证明对象的确定，使诉讼证明成为有目的、有意识的活动，使当事人的举证、质证和法院的查证、认证更具有针对性，避免不必要的证明活动可能导致的诉讼拖延或司法资源浪费。

(3) 待证事实限定了法官审判权的行使范围，法官不得要求当事人对免证事实承担举证责任，且其裁判也不得超出当事人提出的待证事实的范围。

二、证明对象的范围

证明对象的范围，是指哪些事实需要运用证据予以证明。民事诉讼中需要运用证据加以证明的事实，包括以下几种：

（一）当事人主张的实体法事实

民事诉讼中，需要证明的实体法事实，通常包括以下几点：①当事人主张权利或法律关系产生所依据的事实，如合同成立与生效的事实；②当事人主张权利或法律关系变更所依据的事实，如合同变更的事实；③当事人主张权利或法律关系消灭所依据的事实，如合同终止与解除的事实；④当事人主张排除对方权利所依据的事实，如实体法所规定的各种免责事由；⑤当事人主张妨碍对方权利或法律关系产生所依据的事实，如行为人无民事行为能力。

（二）当事人主张的程序法事实

程序法事实，是指能够引起民事法律关系产生、变更、消灭的事实，通常包括以下几种：

（1）需要当事人向法院主张后才需证明的事实，如存在仲裁协议或管辖协议的事实、当事人耽误上诉期间的理由是否正当的事实等。因此，此类程序性事实，须由当事人首先提出主张并加以证明，自然属于证明对象。

（2）不需当事人主张，法院应当主动查明的事实，如受诉法院对本案有无管辖权、起诉的原告是否属于适格的当事人等。此类程序性事实是否存在，虽然同样需要证据予以证明，但因法院在诉讼中不是举证责任主体，故此类程序性事实不应被视为证明对象。只有当事人主张的程序法事实，才属于民事诉讼的证明对象。

（三）证据事实

证据事实，是指用以证明证据本身是否客观、真实、合法的事实，如被告提出的、证明原告所提交借据上的被告签名属伪造的事实。当事人收集并提交法院的证据资料需要作为证明对象，是因为复杂案件中，需要通过对证据的客观性、关联性与合法性的证明，是存在争议的证据资料能发挥证明案件事实的效力，如书证、物证等本身是否客观真实，所反映内容与本案待证事实是否关联等。但该证据资料一旦经过庭审质证转化为民事诉讼证据，则不再属于证明对象。

（四）外国的法律与国内的地方性法规、习惯

本国的法律和行政法规，对于从事法律职业的法官而言，属于司法认知的范围，而外国的法律则不属于法官应当熟悉的范围。同时，鉴于我国地域辽阔，地方性法规不仅数量较大，而且变化较快，本地法官往往不知悉其他地方的地方性法规；法官在审判实践中也难以知悉存在于其他某一地方的当地习惯。因此，法院在审理涉外案件时若涉及适用外国法律，或者在审理国内案件时涉及适用地方性法规、习惯，则需要当事人证明该外国的法律或者国内的地方性法规、习惯是否真实。

三、免于证明的事实

在民事诉讼中，并非所有存在争议的事实都需要当事人运用证据予以证明。出于提高诉讼证明的效率、减轻当事人证明负担的考虑，许多国家的民事诉讼法都规定，对特定的事

实无须当事人证明，而由法院直接予以认定，这类事实就是免于证明的事实。

根据《民诉法解释》第92、93条，以及《证据规定》第8、9条的规定，在我国民事诉讼中，下列事实属于免于证明的事实：

（一）自然规律及定理、定律

自然规律，是对客观事物的性质或其发展规律的反映，具有科学性，如水往低处流、太阳东升西落等。由于自然规律的真实性已经科学检验，故对此类事实无须当事人证明。

定理、定律，是科学上被证明为正确的、规律性的命题或原则，如牛顿定律。由于自然科学的定理、定律，是被社会实践和科学技术证明了的真理，自然无须当事人证明。

（二）众所周知的事实

众所周知的事实，是指在一定的时间和地域范围内，为受理案件的法官和一般社会成员所知晓的事实。如十月一日是国庆节，为全国范围内的公众所知晓；香港于1997年7月1日回归祖国，是香港民众都知晓的事实。

规定众所周知的事实可以免除当事人的举证责任，有利于提高诉讼效率，减轻当事人举证负担。但并不意味着不允许当事人以相反证据证明案件所涉的所谓众所周知的事实并不存在或者与实际情况不相符合。若相反证明成立，则以众所周知的事实来支持其诉讼请求的当事人，仍然需要承担证明责任。

（三）推定的事实

推定，是指依法律规定或按经验法则，从已知事实推断未知事实的一种证据规则。推定规则是长期实践中依据事物之间的因果关系形成的经验法则，因而从推定结果而言，往往与案件事实的真相相符，具有盖然性优势。推定有利于降低人们认识事实的难度，减轻当事人举证负担，符合公平原则。推定的主体是法官，与法院审核认定证据密切相关。

根据《民诉法解释》第93条第(3)、(4)项和《证据规则》第9条第1款第(3)项的规定，推定可分为以下两种：

(1) 法律推定，即根据法律的明确规定，当基础事实被证实后，只要不存在相反证据，便可认定推定事实存在。如公民下落不明满4年，无论其事实上是否死亡，都推定其死亡。因此，只要负有证明责任的一方能够证明公民下落不明满4年的基础事实成立，那么法院就可认定该公民死亡的推定事实成立，而无须当事人举证证明。

(2) 事实推定，是指当基础事实被证实为成立时，法官根据已知的事实和日常生活经验法则，直接认定与之相关的另一事实也成立。与法律推定不同，事实推定不是基于法律的明文规定，而是基于法官已知的事实和日常生活经验法则。

推定虽然具有高度的盖然性，但却是依据事实的常态联系而作出的一种推断，是建立在盖然性的证据基础之上的、降低了标准的不完全证明，因而其结论具有盖然性、不周延性和不精确性。这也是推定的局限所在。因此，无论法律推定还是事实推定，都允许当事人以相反证据予以反驳。

（四）已为法院生效裁判所确认的事实

由于法院的生效判决或裁定具有既判力，对于当事人之间的权利义务关系及法律事实的确认具有终局的效力，因此，对已为法院生效裁判所确定的事实，无须当事人证明。

（五）已为仲裁机构生效裁决所确认的事实

根据我国法律规定，仲裁机构作出的仲裁裁决与法院的生效判决具有同等的法律效力。因此，已为仲裁机构生效裁决所确认的事实，同样无须当事人举证证明。

（六）已为有效公证文书所证明的事实

公证文书，是公证机关依照法定程序对有关法律行为、法律事实以及文书加以证明的法律文书。经法定程序公证的法律行为、法律事实以及文书，法院应当将其作为认定案件事实的根据，但有相反证据足以推翻公证证明的除外。

（七）当事人自认的事实

《民诉法解释》第92条第1款规定，当事人一方在法庭审理中，或在起诉状、答辩状、代理词等书面材料中，对于于己不利的事实明确表示承认的，另一方无须举证证明。

所谓自认，是指当事人一方对某一案件事实予以承认。当事人承认的案件事实就是自认的事实。当事人自认的事实，作为免证事实中最重要的一种，需重点掌握。

1. 自认的分类

1）诉讼外的自认与诉讼中的自认

根据发生的阶段不同，自认可分为以下几种：

（1）诉讼外的自认，在英美法系国家被作为传闻证据的一种，通常可被采纳。换句话说，若当事人在诉讼外作出了自认，则在诉讼中的主张不能与该自认在内容上相抵触，否则就可能因陈述的前后矛盾而受攻击，降低陈述的真实性。但即便按英美法系国家理论，诉讼外自认并不具有免除当事人举证责任的功能。

（2）诉讼中的自认，是指当事人或其代理人承认对方当事人所主张的事实为真实。按大陆法系国家观点，诉讼中的自认本身并不是证据的一种类型，但将导致对方当事人证明责任的免除。

[引例8-5：解析]王律师的理解不正确。因罗某对侵权事实的承认，发生在张大爷起诉之前，属诉讼外自认，故不能直接构成免证事实，除非诉讼中罗某再次作出类似的自认。

2）当事人本人的自认与诉讼代理人的自认

根据自认主体的不同，可将自认分为：①当事人本人的自认。当事人本人是自认的主要主体。②诉讼代理人的自认。当事人的法定诉讼代理人，可根据自己的意志独立地进行自认，自认的效果由被代理人承担；而对委托诉讼代理人的自认效力，不同国家有不同规定。

我国《证据规定》第8条第3款规定，当事人委托代理人参加诉讼的，代理人的承认视为当事人的承认。但未经特别授权的代理人对事实的承认直接导致承认对方诉讼请求的除外；当事人在场但对其代理人的承认不作否认表示的，视为当事人的承认。据此，委托代理人的自认效力取决于两个因素：①是否经特别授权；②自认的后果是否直接导致承认对方诉讼请求。经特别授权的委托代理人的自认在内容上不受限制，效力上与当事人本人的自认相同；未经特别授权的委托代理人，不能作出可能导致承认对方诉讼请求的承认，但若当事人在场且对代理人的承认不作否认表示的，该自认则视为当事人本人的自认。

3）明示的自认与默示的自认

根据自认的方式不同，当事人本人的自认又可分为以下几种：

(1) 明示的自认，《证据规定》第8条第1款规定，诉讼过程中，当事人一方对另一方陈述的案件事实明确表示承认的，另一方无须举证。但涉及身份关系的案件除外。因此，将当事人明确表示承认的案件事实规定为免于证明的事实，是因为当事人基于私权处分原则而处分了对该事实的反驳权；因为身份关系的存在与否，不属于私权处分的范围，所以身份关系存在与否的事实，不适用自认事实免于证明的证据规则。

(2) 默示的自认，《证据规定》第8条第2款规定，对当事人一方所陈述的事实，另一方既未表示承认也未否认，经审判人员充分说明并询问后，其仍不明确表示肯定或者否定的，视为对该项事实的承认。

2. 自认的撤回

《证据规定》第8条第4款规定，当事人在法庭辩论终结前撤回承认并经对方当事人同意，或有充分证据证明其承认行为是在受胁迫或重大误解情况下作出，且与事实不符的，不能免除对方当事人的举证责任。

据此，撤回自认的时间，仅限于法庭辩论终结之前；撤回自认的法定事由，仅限于下列3种：①经对方当事人同意；②有充分证据证明其承认行为是在受胁迫的情况下作出，且与事实不符；③有充分证据证明其承认行为是在重大误解的情况下作出，且与事实不符。换句话说，如若仅有胁迫或重大误解的情况，但并非与事实不符，则同样不能撤回自认。撤回自认的后果是：不免除对方当事人的举证责任。

3. 自认的法律效果

(1) 除涉及身份关系、国家利益、社会公共利益的事实以外，免除对方的举证责任，《证据规定》第8条第1款规定，诉讼过程中，当事人一方对另一方陈述的案件事实明确表示承认的，另一方无须举证。但涉及身份关系的案件除外。依《民诉法解释》第92条第2款，对涉及身份关系、国家利益、社会公共利益等应由法院依职权调查的事实，不适用自认的规定。

(2) 诉讼中，当事人为达成调解协议或和解的目的，作出妥协所涉及的对案件事实的认可，不得在后续的诉讼中作为对其不利的证据，这是《证据规定》第67条的规定。这里需要注意的是，此类自认并非一律不具备证据资格，而仅仅是不能作为对其不利的证据，即不能作为对其不利的证据≠不能作为证据。

(3) 自认的事实与查明的事实不符的，法院不予确认。这是《民诉法解释》第92条第3款的规定。

【真题实训8-6】

郭某诉张某财产损害一案，法院进行了庭前调解，张某承认对郭某财产造成损害，但在赔偿数额上双方无法达成协议。关于本案，下列哪一选项是正确的？（2010，卷三，48）

A. 张某承认对郭某财产造成损害，已构成自认

B. 张某承认对郭某财产造成损害，可作为对张某不利的证据使用

C. 郭某仍需对张某造成财产损害的事实举证证明

D. 法院无须开庭审理，本案事实清楚可直接作出判决

[真题实训 8-6](2010，卷三，48)答案：C。考点：自认的法律效果。解析：《证据规定》第8、67条涉及自认的法律效果。本题是对第67条的考查。依该条，选项A、B错误，选项C正确；第一审民事案件，未经开庭审理，不得径行裁判，故选项D错误。

4. 自认与认诺

自认与认诺的区别，主要在于当事人承认的对象不同，由此而导致法律后果不同。自认是对案件事实的承认，因此，自认并不必然导致败诉(尽管也有可能导致败诉)；而认诺是对对方诉讼请求的部分甚至全部的承认，因此，认诺必然导致认诺人部分甚至全部败诉。

第六节 证明责任和证明标准

【引例 8-6】

一日，唐某到五溪湖垂钓中心钓鱼，甩鱼竿时挂到了架设在五溪湖上方的高压电线，导致唐某触电并严重伤残。唐某将管理和运营该高压电线的G市供电局诉至法院，要求其承担损害赔偿责任。审理该案的王法官认为，G市供电局应当就其对唐某的伤残不存在过错承担举证责任。①

请问：王法官的意见是否合法？

一、证明责任的概念

作为民事诉讼证据制度的核心，证明责任又称举证证明责任，是指当事人对自己提出的事实主张，有提出证据并加以证明的责任；如果当事人未能尽到上述责任，则有可能承担对其主张不利的法律后果。

可见，证明责任包含行为责任与结果责任的双重属性，即①当事人对自己提出的事实主张，应当提出证据，且所提出的证据能证明所主张的事实，此谓行为责任；②若当事人对自己的主张不能提出证据或者提供的证据不能证明其主张，将可能导致诉讼结果的不利，此谓结果责任。《民诉法解释》第90条第1、2款，分别是对证明责任的行为责任与结果责任的规

① 案例来源：本章作者宁教铭(北京德和衡(广州)律师事务所兼职律师)接受过咨询的案件，案中地名有改动。

定，即第1款规定，当事人对自己提出的诉讼请求所依据的事实或者反驳对方诉讼请求所依据的事实，应当提供证据加以证明，但法律另有规定的除外。这是证明责任的行为责任。第2款规定，在作出判决前，当事人未能提供证据或者证据不足以证明其事实主张的，由负有举证证明责任的当事人承担不利的后果。这是证明责任的结果责任。

为正确理解和应用证明责任，需要注意以下几点：

(1) 证明责任发生作用的前提，是真伪不明。真伪不明是一种状态，是指因为当事人没有证据或有证据但不能证明到使法官能确信该待证事实存在与否的状态。法官在无法确定作为裁判基础的事实是否存在时，就要依法确定应由谁来承担因该事实不明所带来的不利后果。证明责任是一种不利的后果，这种后果只有在作为裁判基础的法律要件事实处于真伪不明的状态时才发生作用。若能用证据证明案件事实，即作为裁判基础的事实是确定的，则应当根据查明的事实进行裁判，就不会发生承担证明责任的后果。

(2) 证明责任的主体是当事人，而不是法院；而且针对单一诉讼请求所涉及的事实，证明责任只能由一方当事人承担，即对案件中的同一事实，只有一方负有证明责任，不可能由两方当事人都承担证明责任，否则将无法裁判。例如，原告主张被告向其借款，而被告主张从未向原告借款，这两项事实虽由对立的双方当事人提出，但两项对立事实本质上属同一项事实，因此只能由提出积极事实主张的一方，即主张借款的原告一方，承担证明责任；而不能由提出消极事实主张（主张从未借款的）被告一方承担证明责任。

(3) 证明责任具体由哪一方当事人承担，取决于法律和司法解释的预先规定，诉讼中不存在证明责任在原告、被告之间转移的问题。例如，在请求返还借款的诉讼中，关于借贷关系成立事实的证明责任，始终都在请求返还借款的当事人一方。

【真题实训 8-7】

关于证明责任，下列哪些说法是正确的？(2011，卷三，84)

A. 只有在待证事实处于真伪不明情况下，证明责任的后果才会出现

B. 对案件中的同一事实，只有一方当事人负有证明责任

C. 当事人对其主张的某一事实没有提供证据证明，必将承担败诉的后果

D. 证明责任的结果责任不会在原告、被告间相互转移

答案：ABD。考点：证明责任。解析：证明责任是一种不利后果，只在作为裁判基础的法律要件事实处于真伪不明状态时才发生作用，故选项A说法正确。证明责任承担的主体是当事人，且在针对单一诉讼请求时，证明责任只能由一方当事人承担，不可能由双方都承担，故选项B说法正确。当事人对自己的主张不能提供证据或提供的证据不能证明自己的主张，将可能导致诉讼结果的不利，而非必然要承担败诉的后果，因当事人对其主张的某一事实没有提供证据证明，还取决于负有证明责任以及调查收集证据的具体情况，故选项C说法错误。证明责任由哪方承担，是由法律、法规或司法解释预先确定的，诉讼中不存在相互转移证明责任的问题，故选项D说法正确。

(4) 不承担证明责任的一方当事人，也可以积极行使举证权利。此时，该当事人提出的

证据是反证。这也是作为一种不利后果的证明责任。提出证据对自己的主张加以证明，是当事人的一项权利，即使该当事人对特定事实不承担证明责任，他也有权对该特定事实提出证据加以证明。权利人在诉讼中应当主动使自己的权利存在的事实处于确定无疑的状态，而不是被动地等待权利存在的事实处于真伪不明的状态后适用证明责任的规则。例如，已经还款事实的证明责任，在主张已经还款的一方，若是否还款的事实真伪不明时，主张还款人要承担相应的不利后果即败诉；而出借人虽然对已经还款不承担证明责任，但也有权收集、提出证据用以证明借款人没有还款，以便在诉讼中争取主动，使没有还款的事实处于确定无疑的状态，此时，法院也就无须适用证明责任的规则也能作出判决。

(5) 证明责任是一种拟制或者假定，可能与案件的客观事实不相符合，其正当性根据在于法院不得拒绝裁判以及诉讼的时效性。法院在裁判案件争议时，首先应当确定作为裁判基础的事实是否存在，然后才能适用相应的法律进行裁判。但有些情形下，当事人所主张的案件事实没有证据或有证据但不足以证明其存在时，就产生了此时应当如何裁判的问题。而根据民事纠纷"司法最终解决"的原则，即使案件事实真伪不明时，法院也须作出裁判，这样裁判结果总会对其中一方不利。因此，证明责任的实质，是拟制或假定负有证明责任的当事人不能证明所主张的事实时，该事实就不存在，并因此由负有证明责任的当事人承担不利后果。但不能证明的事实，并不一定就真的不存在。因此，证明责任规则的适用，应当是在法官对所有证据方法都已穷尽后仍然不能作出该事实存在与否的判断时才能适用。而且，在证明事实真伪不明时，法律应当预先规定由谁来承担真伪不明时的不利后果，这正是证明责任的分配问题。

二、证明责任的分配

(一) 证明责任分配的含义及其法律规定

所谓证明责任的分配，是指法院在诉讼中按一定的规范或标准，将待证事实真伪不明时的不利后果在双方当事人之间进行划分。当作为裁判基础的争议事实处于真伪不明状态时，必然要由一方当事人承担不利的诉讼后果。证明责任若由相对立的双方承担，必然产生矛盾，因为当案件的主要事实真伪不明时，法院不可能既判原告败诉也判被告败诉，故败诉的不利后果只能由一方承担，而具体由哪一方承担，则是证明责任分配解决的问题。

在证明责任的分配问题上，我国《民诉法》第 64 条第 1 款进行了原则规定，最高法院的司法解释《民诉法解释》第 90～91 条、《证据规定》第 2～7 条进行了明确和细化。此外，《民法通则》第 123～127 条，《合同法》第 68、152 条，《专利法》第 61 条，《著作权法》第 53 条，《海商法》第 51、52、59 条，以及《侵权责任法》等实体法及特别法中，都有证明责任分配的规定。

(二) 证明责任分配的一般规则

关于证明责任分配的一般规则，我国《民诉法》第 64 条第 1 款规定，当事人对自己提出的主张，有责任提供证据。学界将这一规定理解为"谁主张，谁举证"原则。

"谁主张，谁举证"原则，主要存在以下几个方面的缺陷：

(1) 并没有解决证明责任的核心问题，即当案件事实处于真伪不明时由谁承担不利诉讼后果的问题。证明责任具有行为责任和后果责任的双重属性，而"谁主张，谁举证"原则对证明责任的理解,仅仅是停留在行为责任的层面,并未涉及不利诉讼后果的结果责任。

(2)诉讼中,当事人提出的主张可分为肯定性主张与否定性主张,某一事实,可能由于当事人提出主张的角度不同,而同时属于肯定性主张与否定性主张。在此情形下,"谁主张,谁举证"原则,无法解决证明责任的分配问题。例如:原告张三主张被告李四向其借款5万元,被告李四主张其从未向张三借过款。对同一事实即原告、被告之间是否存在借款关系,双方分别从肯定与否定两个角度提出了自己的主张,若按"谁主张,谁举证"原则分配证明责任,则原告、被告双方都应对自己所提出的主张承担证明责任,即被告李四也应当对其"从未向张三借过款"的主张承担证明责任,若不能证明这一事实,则李四就应承担不利后果,这不仅显然对被告李四不公平,且若原告、被告双方对自己所主张的事实都不能证明,即处于真伪不明时,就会出现法院应当既判原告败诉、也判被告败诉的自相矛盾。

因此,只能将"谁主张,谁举证"的原则,进一步细化为"谁主张积极事实,谁对该积极事实承担举证责任"。换言之,民事诉讼中,当事人主张积极事实的,该积极事实应当作为证明对象,由提出该积极事实的一方承担证明责任;当事人主张消极事实的,该消极事实不应作为证明对象,提出该消极事实的一方不承担证明责任;如果主张消极事实的一方当事人提出证据用以证明该消极事实的,那么该证据实质上是当事人用以动摇法官作出有利于对方当事人事实认定的反证。

为弥补《民诉法》第64条第1款规定的"谁主张,谁举证"原则的缺陷,《民诉法解释》第91条对其进行了完善和补充。该条规定,除法律另有规定的以外,人民法院应依下列原则确定举证证明责任的承担:①主张法律关系存在的当事人,应当对产生该法律关系的基本事实承担举证证明责任;②主张法律关系变更、消灭或权利受到妨害的当事人,应当对该法律关系变更、消灭或权利受到妨害的基本事实承担举证证明责任。

[应用提示]当事人对自己主张的某一事实没有提供证据予以证明,并不必然导致承担败诉后果,如对方当事人作出自认或认诺时,仍有可能胜诉;另依《民诉法》第64条第2款和《证据规定》第3条第2款,当事人及其诉讼代理人因客观原因不能自行收集的证据,可申请法院调查收集,或法院认为审理案件需要的证据,法院应当调查收集。

(三)证明责任分配的特殊规则

虽然我国民事诉讼法确立了上述"谁主张,谁举证"("谁主张积极事实,谁对该积极事实承担举证责任")的证明责任分配的一般规则,但在有些特殊情形下,若严格按照一般规则分配证明责任,必然导致裁判的不公。因此,为维护诉讼的公平和当事人的合法权益,法律又确立了证明责任分配的特殊规则,将某些由原告证明较为困难的事实的证明责任分配给被告承担,这就是证明责任倒置,即证明责任分配的一种特殊规则。

作为证明责任分配特殊规则之一的证明责任倒置,并不是指需要作为证明对象的全部事实的证明责任均由被告承担,而是将侵权案件中原告较为难以举证的待证事实的证明责任分配给被告。侵权诉讼中,通常有下列3大事实需要证明:①受害人遭受损害后果的事实;②侵权人实施侵权行为的事实;③侵权行为与损害后果之间的因果关系。在上列3大事实中,相对原告(受害人)而言,其遭受损害后果的事实,以及被告(侵权人)实施侵权行为的事实,是比较容易举证证明的事实,因此原告应当就被告实施侵权行为以及自己因侵权行为所受损害的事实，承担证明责任；而侵权行为与损害后果之间的因果关系的事实，则不仅因为原告远离证明该事实的证据，且因原告欠缺收集证明该事实的证据的能力与知识，因此，在法律规定的特殊侵权诉讼中，应由被告承担证明责任。

还应当注意的是，证明责任倒置只能发生在法律有明确规定的情形之下，法官不能任意对证明责任予以倒置。《证据规定》第 4 条对一些特殊侵权案件的证明责任分配问题作出了具体规定，其中有些就属于证明责任倒置的情形。但不少学者认为《证据规定》第 4 条第 1 款所列的 8 种情形都是证明责任的倒置，我们认为，如此理解并不准确。因为证明责任倒置是在法律要件分类说基础上对证明责任分配的一般规则予以修正，因此，若按法律要件分类说，某一事实的构成要件的证明本应由某一当事人承担，法律仅仅是将这一构成要件加以进一步解释或者具体细化时，则不属于证明责任的倒置。

下面根据《侵权责任法》等法律，以及最高法院的《民诉法意见》《证据规定》等司法解释的规定，具体分析下列第 1～9 种侵权诉讼中证明责任分配的特殊规则。

1. 因新产品制造方法发明专利引起的专利侵权诉讼

《专利法》第 61 条第 1 款规定，专利侵权纠纷涉及新产品制造方法的发明专利的，制造同样产品的单位或者个人，应当提供其产品制造方法不同于专利方法的证明。《证据规定》第 4 条第 1 款第(1)项规定，因新产品制造方法发明专利引起的专利侵权诉讼，由制造同样产品的单位或者个人，对其产品制造方法不同于专利方法承担举证责任。

《专利法》第 61 条第 2 款规定，专利侵权纠纷涉及实用新型专利或者外观设计专利的，法院或管理专利工作的部门，可以要求专利权人或者利害关系人出具由国务院专利行政部门对相关实用新型或者外观设计进行检索、分析和评价后作出的专利权评价报告，作为审理、处理专利侵权纠纷的证据。

据此，因新产品制造方法发明专利引起的侵权诉讼中，原告需证明的事实有：①原告拥有专利权；②被告实施了用该专利方法制造、销售产品的行为；③被告所获利润。被告需证明的事实有：①被告的生产方法特点；②该生产方法不同于原告的新产品制造方法。

2. 高度危险作业致人损害的侵权诉讼

《证据规定》第 4 条第 1 款第(2)项规定，高度危险作业致人损害的侵权诉讼，由加害人就受害人故意造成损害的事实承担举证责任。

高度危险作业在我国《侵权责任法》中关于侵权民事行为的分类中属于特殊侵权行为，此类侵权行为包括损害事实、损害结果、因果关系三个构成要件。因此，按照证明责任分配的一般规则，原告仅须对上列三个构成要件事实承担证明责任。而且，《侵权责任法》有相关的明确规定，如第 70 条规定，民用核设施发生核事故造成他人损害的，民用核设施的经营者应承担侵权责任，但能证明损害是因战争等情形或者受害人故意造成的，不承担责任；第 71 条规定，民用航空器造成他人损害的，民用航空器的经营者应当承担侵权责任，但能证明损害是因受害人故意造成的，不承担责任；第 73 条规定，从事高空、高压、地下挖掘活动或使用高速轨道运输工具造成他人损害的，经营者应承担侵权责任，但能证明损害是因受害人故意或者不可抗力造成的，不承担责任。被侵权人对损害的发生有过失的，可以减轻经营者的责任。《侵权责任法》第 70、71、73 条的但书部分，属于权利妨碍要件，对于该要件的证明责任，应当由主张存在权利妨碍要件事实的当事人承担。

由此可见,《证据规定》第 4 条第 1 款第(2)项关于高度危险作业致人损害的侵权诉讼证明责任的规定,并没有改变证明责任分配的一般规则,因此并不属于证明责任倒置的情形。高度危险作业致人损害的侵权责任,适用无过错责任原则,由加害人就受害人故意造成损害的事实承担举证责任,其他事实由受害人证明,即高度危险作业致人损害的侵权诉讼中,原告需要证明的事实包括:①被告实施了高度危险作业的行为;②被告的行为给自己造成的具体损失。被告需要证明的事实是受害人故意造成损害的事实。

[引例 8-6:解析]审理该案的王法官认为 G 市供电局应当对受害人唐某的残疾不存在过错承担举证责任的意见,是不合法的。因为高度危险作业致人损害的侵权责任,实行无过错归责原则,G 市供电局对受害人唐某的残疾承担的是无过错责任,因此,G 市供电局根本没有必要就其对王某的残疾不存在过错的事实加以证明,即谈不上对此承担举证责任。

3. 因环境污染引起的损害赔偿诉讼(倒置因果关系要件)

《证据规定》第 4 条第 1 款第(3)项规定,因环境污染引起的损害赔偿诉讼,由加害人就法律规定的免责事由及其行为与损害结果之间不存在因果关系承担举证责任。《侵权责任法》第 66 条规定,因污染环境发生纠纷,污染者应当就法律规定的不承担责任或减轻责任的情形及其行为与损害之间不存在因果关系承担举证责任。可见,《证据规定》第 4 条第 1 款第(3)项的规定,与《侵权责任法》第 66 条的规定基本相同,即加害人不仅要对存在免责事由承担证明责任,还应当就其行为与损害之间不存在因果关系承担证明责任。

因此,因环境污染引起的侵权责任,适用无过错责任原则,由加害人就法律规定的免责事由及其行为与损害结果之间不存在因果关系承担举证责任,其余事实由受害人承担,即因环境污染引起的损害赔偿诉讼中,原告需要证明的事实包括:①被告对原告实施了环境污染行为;②被告的行为给自己造成的具体损失。被告需要证明的事实有:①法律规定的免责或减责事由;②自己的行为与原告的损害结果之间不存在因果关系。

4. 建筑物等物件致人损害的侵权诉讼

【真题实训 8-8】

甲路过乙家门口,被乙叠放在门口的砖头砸伤,甲起诉要求乙赔偿。关于本案的证明责任分配,下列哪一说法是错误的?(2012,卷三,37)

A. 乙叠放砖头倒塌的事实,由原告甲承担证明责任

B. 甲受损害的事实,由原告甲承担证明责任

C. 甲所受损害是由于乙叠放砖头倒塌砸伤的事实,由原告甲承担证明责任

D. 乙有主观过错的事实,由原告甲承担证明责任

建筑物等物件致人损害的行为,属于特殊侵权行为,该类行为只有 3 个构成要件,即侵权行为、损害事实、因果关系。建筑物等物件致人损害的侵权行为,适用过错推定原则。在建筑物等物件致人损害的侵权诉讼中,受害人只需对侵权行为的 3 个构成要件承担证明责任;而所有人或者管理人欲免除责任,则应当对自己没有过错承担证明责任。

《证据规定》第 4 条第 1 款第(4)项规定,建筑物或者其他设施以及建筑物上的搁置物、悬挂物发生倒塌、脱落、坠落致人损害的侵权诉讼,由所有人或者管理人对其无过错承担举证责任。

《侵权责任法》在其第十一章“物件损害责任”,对建筑物等物件致人损害的侵权诉讼的证明责任分配,进行了细分:①建筑物、构筑物或其他设施及其搁置物、悬挂物发生脱落、坠落造成他人损害,所有人、管理人或使用人不能证明自己没有过错的,应当承担侵权责任。所有人、管理人或使用人赔偿后,有其他责任人的,有权向其他责任人追偿。②从建筑物中抛掷物品或从建筑物上坠落的物品造成他人损害,难以确定具体侵权人的,除能证明自己不是侵权人的外,由可能加害的建筑物使用人给予补偿。③堆放物倒塌造成他人损害,堆放人不能证明自己没有过错的,应当承担侵权责任。④在公共道路上堆放、倾倒、遗撒妨碍通行的物品造成他人损害的,有关单位或者个人应当承担侵权责任。⑤因林木折断造成他人损害,林木的所有人或管理人不能证明自己没有过错的,应当承担侵权责任。⑥在公共场所或道路上挖坑、修缮安装地下设施等,没有设置明显标志和采取安全措施造成他人损害的,施工人应当承担侵权责任。⑦窨井等地下设施造成他人损害,管理人不能证明尽到管理职责的,应当承担侵权责任。

可见,《证据规定》第 4 条第 1 款第(4)项以及《侵权责任法》第 85 条、第 87～91 条对建筑物等物件致人损害的侵权诉讼的证明责任的分配方式,与证明责任分配的一般规则是一致的,因此,也不属于证明责任的倒置。建筑物等物件致人损害的侵权责任,适用过错责任(过错推定)原则,由所有人、管理人或使用人对自己无过错承担举证责任,其他事实由受害人证明,即建筑物等物件致人损害的侵权诉讼中,原告需要证明的事实包括:①被告的建筑物等物件致人损害的事实;②自己所受的具体损失数额。被告需要证明的事实包括:①自己没有过错,如在公共场所或道路上挖坑、修缮安装地下设施等,已经设置明显标志和采取安全措施;②受害人本身或者第三人有过错。

[真题实训 8-8](2012,卷三,37)答案:D。考点:证明责任的分配。解析:本题是因堆放物倒塌致人损害的侵权诉讼,根据《侵权责任法》第 88 条,堆放物倒塌致人损害的侵权责任,适用的是过错推定原则,即堆放人乙要对自己没有过错承担证明责任,而侵权责任的其他构成要件,包括侵权主体、侵权行为、损害后果以及因果关系,仍由原告甲承担举证责任,故选项 A、B、C 说法正确,不当选;选项 D 说法错误,当选。

5. 饲养动物致人损害的侵权诉讼

《证据规定》第 4 条第 1 款第(5)项规定,饲养动物致人损害的侵权诉讼,由动物饲养人或管理人就受害人有过错或第三人有过错承担举证责任;第 4 条第 2 款规定,有关法律对侵权诉讼的举证责任有特殊规定的,从其规定。

《侵权责任法》在第十章“饲养动物损害责任”中,对饲养动物致人损害侵权诉讼的证明责任分配进行了具体规定,①饲养的动物造成他人损害的,动物饲养人或者管理人应当承担侵权责任,但能够证明损害是因被侵权人故意或者重大过失造成的,可以不承担或者减轻责任;②动物园的动物造成他人损害的,动物园应当承担侵权责任,但能够证明尽到管理职责的,不承担责任。

按照我国的民法理论，饲养动物致人损害的，加害人承担的是无过错责任，也即受害人只需对损害事实、侵权行为和因果关系3个构成要件事实承担证明责任，而无须证明加害人存在主观过错。饲养动物致人损害的侵权责任，同时适用过失相抵原则，即如果损害是因被侵权人故意或重大过失造成的，可以免除或减轻动物饲养人或管理人的责任。免除或减轻责任的事由，属于权利妨碍要件，对该要件的证明责任，应当由主张存在权利妨碍要件事实的当事人承担。

可见，《证据规定》第4条第1款第(5)项和《侵权责任法》第78、81条关于饲养动物损害责任的规定，并没有改变证明责任分配的一般规则，因此也不属于证明责任倒置的情形。但2002年4月1日起施行的《证据规定》，在其第4条第1款第(5)项将"第三人有过错"规定为免责事由，与2010年7月1日起施行的《侵权责任法》的规定不同，该法第83条规定，因第三人的过错致使动物造成他人损害的，被侵权人可以向动物饲养人或管理人请求赔偿，也可向第三人请求赔偿。动物饲养人或管理人赔偿后，有权向第三人追偿。按照新法优于旧法、特别法优于普通法的法律适用原则，应当适用《侵权责任法》第83条的规定，即第三人的过错已经不再是免责事由，也即饲养动物致人损害的侵权诉讼中，被告没有必要就第三人有过错的事实加以证明。

综上，饲养动物致人损害的侵权责任，适用无过错责任原则，由饲养人或管理人对受害人存在故意或重大过失承担举证责任，其余事实由受害人证明；动物园的动物造成他人损害的，由动物园对其尽到了管理职责的免责事由承担证明责任。因此，在饲养动物致人损害的侵权诉讼中，原告需证明的事实有：①被告动物致原告受损的事实；②原告所受损失的数额。被告需证明的事实有：①受害人存在故意或重大过失等免除或减轻责任的事由；②动物园的动物致人损害的，由动物园对其尽到了管理职责的免责事由承担证明责任。值得注意的是：①受害人存在一般过失的，不构成减轻责任的事由；②因第三人行为导致动物侵权的案件中，被告不得以第三人过错为抗辩理由，但承担责任后有权向第三人追偿。

6. 缺陷产品致人损害的侵权诉讼

《证据规定》第4条第1款第(6)项规定，因缺陷产品致人损害的侵权诉讼，由产品的生产者就法律规定的免责事由承担举证责任。依《产品质量法》第41条第2款，法律规定的免责事由有下列3项：①未将产品投入流通的；②产品投入流通时，引起损害的缺陷尚不存在的；③将产品投入流通时的科学技术水平尚不能发现缺陷的存在的。

《侵权责任法》在其第五章"产品责任"中规定，因产品存在缺陷造成他人损害的，生产者应当承担侵权责任；因销售者的过错使产品存在缺陷，造成他人损害的，销售者应当承担侵权责任。销售者不能指明缺陷产品的生产者也不能指明缺陷产品的供货者的，销售者应当承担侵权责任。

可见，我国《侵权责任法》和《证据规定》规定的产品责任的归责原则，是适用无过错责任原则，也即受害人在诉讼中只需就损害事实、侵权行为、因果关系3个构成要件事实承担证明责任；而对于法定免责事由的证明，由生产者承担。因此，《证据规定》第4条第1款第(6)项的规定，与《产品质量法》《侵权责任法》的规定是一致的，其对证明责任分配的规定，并没有改变证明责任分配的一般规则，也就不存在证明责任倒置的问题。因此，缺陷产品致人损害的侵权责任，适用无过错责任原则；诉讼中，由产品的生产者就法律规定的免责事由承担证明责任，其余事实由受害人证明，也即原告需要证明的事实包括：①被告的缺陷产品造成原告损害的事实；②原告所受的具体损失数额。被告需要证明的事实是：存在《产品质量法》第 41 条第 2 款规定的 3 项免责事由之一。

7. 共同危险行为致人损害的侵权诉讼（倒置因果关系要件）

【真题实训 8-9】

三个小孩在公路边玩耍，此时，一辆轿车急速驶过，三个小孩捡起石子向轿车扔去，坐在后排座位的刘某被一石子击中。刘某将三个小孩起诉至法院。关于本案举证责任分配，下列哪些选项是正确的？（2008，全国卷三，80）

A. 刘某应对三被告向轿车投掷石子的事实承担举证责任

B. 刘某应对其所受到损失承担举证责任

C. 三被告应对投掷石子与刘某所受损害之间不存在因果关系承担举证责任

D. 三被告应对其主观没有过错承担举证责任

共同危险行为，是指二人以上共同实施危及他人人身、财产安全的行为并造成损害后果，而又无法确定具体侵权人的侵权行为。2002 年 4 月 1 日起施行的《证据规定》，在其第 4 条第 1 款第(7)项规定，因共同危险行为致人损害的侵权诉讼，由实施危险行为的人就其行为与损害结果之间不存在因果关系承担举证责任；第 2 款规定，有关法律对侵权诉讼的举证责任有特殊规定的，从其规定。

2010 年 7 月 1 日起施行的《侵权责任法》第 10 条规定，二人以上实施危及他人人身、财产安全的行为，其中一人或数人的行为造成他人损害，能够确定具体侵权人的，由侵权人承担责任；不能确定具体侵权人的，行为人承担连带责任。可见，依该法，共同危险行为人必须证明谁是具体的侵权人，才能免除自己的责任。而依《证据规定》第 4 条第 1 款第(7)项，行为人只需证明自己的行为与损害结果之间不存在因果关系，就可免于承担连带责任。按照法律适用原则，应当适用《侵权责任法》第 10 条的规定，即共同危险行为人不再只需证明自己的行为与损害结果之间不存在因果关系，而是必须证明谁是造成损害结果的具体侵权人时，才能免于承担连带责任。

综上，共同危险行为致人损害的侵权诉讼的证明责任的分配，实行证明责任的倒置，即因果关系要件的倒置。诉讼中，原告需要证明的事实包括：①被告存在共同危险行为；②原告所受的具体损失数额。被告需要证明的事实是：原告的损害不是本人的行为造成的，而是由本人以外的具体侵权人造成的。

[真题实训 8-9]（2008，全国卷三，80）答案：AB（司法部当年公布的答案为 ABC）。考点：共同危险行为致人损害侵权诉讼中，证明责任的分配。解析：根据上述共同危险行为致人损害的侵权诉讼中，原告所需证明的事实，本案原告刘某应对三被告向轿车投掷石子的事实和其本身受到的损失承担举证责任，故选项 A、B 正确。共同危险行为致人损害的侵权诉讼中，共同危险行为人的主观过错，不是证明对象，不必证明，故选项 D 错误。

本题的难点，是对选项 C 的判断。依《证据规定》第 4 条第 1 款第(7)项，行为人只需证明自己的行为与损害结果之间不存在因果关系，就可免责；最高法院《人身损害赔偿解释》（法释〔2003〕20号）第4条也规定，共同危险行为人能证明损害后果不是由其行为造成的，不承担赔偿责任，据此，选项C正确；但依2010年7月1日起施行的《侵权责任法》第10条，共同危险行为人必须证明谁是具体的侵权人时，才能免除自己的责任。依法律适用原则，应当适用《侵权责任法》第10条的规定，即共同危险行为人不再只需证明自己的行为与损害结果之间不存在因果关系，而是必须证明谁是造成损害结果的具体侵权人时，才能免于承担连带责任，故选项C错误。可见，在《侵权责任法》颁布前的2008年，选项C正确，当选；而在2010年7月1日起施行《侵权责任法》以后，选项C错误，不当选。这就是本题现在的答案为AB，而司法部当年公布的答案为ABC的原因。

8. 医疗行为引起的侵权诉讼（倒置因果关系要件）

《证据规定》第4条第1款第(8)项规定，因医疗行为引起的侵权诉讼，由医疗机构就医疗行为与损害结果之间不存在因果关系及不存在医疗过错承担举证责任。

《侵权责任法》在其第七章"医疗损害责任"中规定，患者有损害，因下列情形之一的，推定医疗机构有过错：①违反法律、行政法规、规章以及其他有关诊疗规范的规定；②隐匿或者拒绝提供与纠纷有关的病历资料；③伪造、篡改或者销毁病历资料。患者有损害，因下列情形之一的，医疗机构不承担赔偿责任：①患者或其近亲属不配合医疗机构进行符合诊疗规范的诊疗，但医疗机构及其医务人员也有过错的，应当承担相应的赔偿责任；②医务人员在抢救生命垂危的患者等紧急情况下已经尽到合理诊疗义务；③限于当时的医疗水平难以诊疗。

因此，因医疗行为引起的侵权责任，实行过错推定原则，诉讼中证明责任的分配，实行证明责任的倒置，即因果关系要件的倒置。也就是因医疗行为引起的侵权诉讼中，原告需要证明的事实包括：①医疗行为发生的事实；②原告因医疗行为所受的具体损失；③医疗机构存在过错（包括《侵权责任法》第58条规定的推定过错情形之一）。被告需要证明的事实是：①医疗行为与损害结果之间不存在因果关系及不存在医疗过错；②《侵权责任法》第60条规定的法定免责事由之一。

9. 教育机构发生的人身损害诉讼

(1) 无民事行为能力人，在教育机构受到侵害时，适用过错推定原则，由教育机构对其已经尽到教育、管理职责的事实，承担证明责任。《侵权责任法》第38条规定，无民事行为能力人在幼儿园、学校或其他教育机构学习、生活期间受到人身损害的，幼儿园、学校或其他教育机构应当承担责任，但能证明尽到教育、管理职责的，不承担责任。

(2) 限制民事行为能力人，在教育机构受到侵害时，适用一般过错责任原则，由受害方对侵权责任的构成要件，承担证明责任，包括教育机构没有尽到教育、管理职责的事实。《侵权责任法》第39条规定，限制民事行为能力人在学校或其他教育机构学习、生活期间受到人身损害，学校或其他教育机构未尽到教育、管理职责的，应当承担责任。

[应用规律] ①即使在特殊侵权诉讼中，原告也至少需要对"实施了侵权行为和造成了损害后果"这两项要件事实，始终承担证明责任；②适用无过错责任原则时，加害人是否存在过错，并不是证明对象，既不需要加害人证明，也不需要受害人证明；③证明责任的倒置，是指法律将本应由受害方证明的要件事实，规定为由加害方证明，因此，应当由加害方对免责

事由承担的证明责任，并非举证责任的倒置，而是证明责任分配的一般规则。

（四）合同纠纷、劳动争议纠纷案件证明责任的负担

《证据规定》对合同纠纷、劳动争议纠纷案件证明责任的分配作出了如下具体规定：

（1）第5条规定，在合同纠纷案件中，主张合同关系成立并生效的一方，对合同订立和生效的事实，承担举证责任；主张合同关系变更、解除、终止、撤销的一方，对引起合同关系变动的事实，承担举证责任；对合同是否履行发生争议的，由负有履行义务的当事人，承担举证责任；对代理权发生争议的，由主张有代理权一方当事人，承担举证责任。

（2）第6条规定，在劳动争议纠纷案件中，因用人单位作出开除、除名、辞退、解除劳动合同、减少劳动报酬、计算劳动者工作年限等决定，而发生劳动争议的，由用人单位负举证责任。

与民事诉讼法关于证明责任分配的规定相比，《证据规定》第5条、第6条的上述规定，具有以下特点：

（1）更加具有可操作性，是证明责任分配的一般规则在具体案件中的细化。

（2）对证明责任分配的理解，没有停留在"谁主张，谁举证"的层面上，而是采用了主张权利与否认权利的标准，来确定证明责任的负担。

（3）顾及了当事人双方距离证据的远近、举证难易的程度等因素，使证明责任的分配更加公平合理。

（五）法院裁量证明责任的负担

在证明责任分配问题上，我国法律既采纳了德国的法律要件规范说，即确立了证明责任分配的一般规则，又同时采纳了大陆法系反规范说的观点，即在特殊案件中适用证明责任分配的特殊规则，包括举证责任的倒置。此外，也借鉴了美国关于证明责任分配的利益平衡说，即在法律没有规定的情形下，赋予法院一定的自由裁量权，以最大限度地实现诉讼公正。这集中体现在《证据规定》第7条的规定，即在法律没有具体规定，依该规定及其他司法解释无法确定举证责任承担时，人民法院可以根据公平原则和诚实信用原则，综合当事人举证能力等因素，确定举证责任的承担。

根据以上规定，证明责任分配的司法裁量权，并不是绝对的、不受限制的权利：①只有在法律没有明确规定，且依《证据规定》及其他司法解释无法确定证明责任负担的情形下，才能由法官裁量证明责任的负担，即法官无权改变现有的证明责任分配规则；②法官在依司法裁量权分配证明责任时，应当根据公平原则和诚实信用原则，综合当事人举证能力等因素；③法院在证明责任分配上的司法裁量权，还要受到来自于上级法院的监督。

三、证明标准的概念和意义

证明标准，也被称为证明要求，是指当事人对其负有证明责任的待证事实运用证据加以证明所要求达到的程度，或者说，是法院根据当事人履行其证明责任的情况认定案件事实所要达到的认识程度，是法院判断待证事实的基准。诉讼中，若待证事实的证明，尚未达到证明标准，则该待证事实就处于真伪不明的状态；若已经达到证明标准，则法院应当认定该事实，并作为裁判的依据。

证明标准，对当事人和法官都具有重要意义。对当事人来说，证明标准的作用在于，若当事人提出证据来证明待证事实达到了证明要求，则表明该当事人已经成功地完成了自己的证明责任，免除其继续收集、提供证据的责任；于法官而言，证明标准的作用在于，当法官经过判断，认为当事人运用证据证明待证事实已经符合证明标准时，就可以认定该事实为真实，并将其作为裁判的依据。因此，证明标准是对诉讼证明的最低要求。

四、民事诉讼的证明标准

（一）民事诉讼证明的盖然性标准

我国民事诉讼法没有明确规定民事诉讼的证明标准。理论界，多年来坚持“客观真实”的证明要求，对案件事实的证明，要求达到反映案件事实本来面目的程度，裁判案件也要求以真实的案件事实为依据。这种“客观真实”的证明标准，忽视了民事诉讼证明与自然科学证明的区别，同时导致当事人讼累和审判效率低下。最高法院《民诉法解释》第108、109条以及《证据规定》第73条，借鉴了两大法系国家在证明标准方面的立法经验，确立了相对真实的证明标准，即盖然性标准。

所谓盖然性，是指法官从证据资料来看，待证事实具有存在与否的一种可能性。这种可能性虽然很难用具体的百分比来衡量，但完全可以将其分为低度盖然性、较高盖然性和高度盖然性，且通常认为，低度盖然性无法使法官获得认定事实的确信；较高程度的盖然性，是指当事人的证明已经达到了使法官确信其所主张的事实有较大可能性是如此的程度；高度盖然性，则是指当事人的证明，虽然没有达到使法官对待证事实确信只能如此的程度，但已经达到了使法官确信其所主张的事实有极大可能或者非常可能如此的程度。

高度盖然性标准，适用于民事诉讼的一般情形，但在个别情形下，对于举证特别困难的案件，为合理减轻当事人的举证负担，维护其正当权益，只要求较高程度的盖然性。因此，民事诉讼的证明标准，是以高度盖然性标准为原则、以较高程度盖然性标准为例外。民事诉讼的这种证明标准，是在承认认识的绝对性与相对性基础上产生的，不仅符合人类认识的一般规律，而且体现了诉讼公正与效率相结合的原则，因此，也是通行于许多国家的证明标准。

《民诉法解释》第108条规定，对负有举证证明责任的当事人提供的证据，人民法院经审查并结合相关事实，确信待证事实的存在具有高度可能性的，应当认定该事实存在；对一方当事人为反驳负有举证证明责任的当事人所主张事实而提供的证据，人民法院经审查并结合相关事实，认为待证事实真伪不明的，应当认定该事实不存在；第109条规定，当事人对欺诈、胁迫、恶意串通事实的证明，以及对口头遗嘱或者赠予事实的证明，人民法院确信该待证事实存在的可能性能够排除合理怀疑的，应当认定该事实存在。

《证据规定》第73条第1款规定，双方当事人对同一事实分别举出相反的证据，但都没有足够的依据否定对方证据的，法院应当结合案件情况，判断一方提供证据的证明力，是否明显大于另一方提供证据的证明力，并对证明力较大的证据予以确认；第2款规定，因证据的证明力无法判断导致争议事实难以认定的，法院应当依据举证责任分配的规则作出裁判。

据此，在当事人就同一事实举出的相反证据都无法否定对方证据时，由法院进行衡量。若一方提供证据的证明力，明显大于另一方，则可以认为证明力较大的证据所支持的事实，具有高度盖然性，法院应当依据该事实作出裁判；若双方证据的证明力大小，不明显或无法判断，即双方证据支持的事实均不具有高度盖然性时，法院应当依据证明责任的分配规则作出裁判，由负有证明责任的一方，承担举证不能的不利后果。

（二）民事诉讼证明标准与刑事诉讼证明标准的比较

上述民事诉讼的证明标准，不同于刑事诉讼的证明标准。刑事诉讼的证明标准，是排除一切合理怀疑，即刑事诉讼证据的链条，必须充分而合理地证明被告有罪，以至于这种推理不会遭到任何符合情理的怀疑。

刑事诉讼的证明标准，比上述民事诉讼的证明标准更加严格，原因在于两种诉讼所解决纠纷的不同性质。民事诉讼涉及财产损害和轻微的人身伤害，程度上较为缓和，处罚上以补偿为主、惩罚为辅；若实行过高的证明标准，会导致纠纷无法顺利解决；而刑事诉讼涉及犯罪主体对国家和社会法益的侵犯，程度上十分严重，处罚上可能剥夺人身自由甚至生命，因此法院在认定案件时必须十分谨慎；且人权保障、无罪推定的刑法理念的普遍树立，决定了刑事诉讼必须实行比民事诉讼更高的证明标准，即排除一切合理怀疑。

第七节 证明程序

【引例 8-7】

某涉及商业秘密的案件，原告申请不公开审理，法院经审查后认为可以公开审理，遂不予支持原告的申请。法院公开审理该案过程中，被告对涉及商业秘密的证据申请不公开质证，法院经审查后，准予被告申请，对涉及商业秘密的证据不公开质证。

请问：本案中，当事人和法院的做法是否合法？并简要说明理由。

民事诉讼证明，是指人民法院、诉讼参加人，以及证人、鉴定人等诉讼参与人，依照法定程序，提供、收集证据，审查、核实、判断证据，运用证据查明案件事实的诉讼活动。因此，我们将民事诉讼的证明程序，分为取证、举证、质证、认证等四个主要环节。

一、取证

根据民事诉讼法的规定，诉讼中，证明案件事实的证据，以当事人自行收集为原则，以法院调查收集为例外。

（一）当事人自行收集证据

证明案件事实的证据，原则上由当事人提供，证据的调查、收集活动也应由当事人完成。

过去，人民法院在审理民事案件的过程中，法官过于主动，对证据的调查、收集也大包大揽。这种做法，虽然一定程度上有利于发现案件的事实真相，但是，本来应当由当事人承担的收集、提供证据的义务，却由不是证明责任主体的法官来承担，不仅导致当事人证明责任的负担失去了意义，而且使得法官丧失了中立裁判的地位，为偏袒和不公提供了条件；同时，由法官调查收集证据，分散了法官的时间和精力，加剧了原本紧缺的司法资源与日益激增的诉讼案件的矛盾。因此，现代民事诉讼都注重发挥当事人积极性，构建当事人主义的诉讼模式，法官只是在特定情形下才调查、收集证据。

（二）法院调查收集证据

1. 法院依职权主动调查收集证据

根据《民诉法》第 64 条第 2 款，人民法院认为审理案件需要的证据，应当调查收集。依《民诉法解释》第 96 条，这些证据包括：①涉及可能损害国家利益、社会公共利益的；②涉及身份关系的；③涉及民事公益诉讼的；④当事人有恶意串通损害他人合法权益可能的；⑤涉及依职权追加当事人、中止诉讼、终结诉讼、回避等程序性事项的。除此以外，人民法院调查收集证据，应当依照当事人的申请进行。

2. 法院依当事人及其诉讼代理人申请调查收集证据

根据《民诉法》第 64 条第 2 款，当事人及其诉讼代理人因客观原因不能自行收集的证据，人民法院应当调查收集。依《民诉法解释》第 94 条第 1 款，这些证据包括：①证据由国家有关部门保存，当事人及其诉讼代理人无权查阅调取的；②涉及国家秘密、商业秘密或者个人隐私的；③当事人及其诉讼代理人因客观原因不能自行收集的其他证据。依《民诉法解释》第 94 条第 2 款及第 95 条，当事人及其诉讼代理人因客观原因不能自行收集的证据，可在举证期限届满前书面申请法院调查收集。申请调查收集的证据，与待证事实无关联、对证明待证事实无意义或者其他无调查收集必要的，人民法院不予准许。

根据《证据规定》第 18～19 条的规定，当事人及其诉讼代理人申请法院调查收集证据，应当提交书面申请。申请书应当载明：①被调查人的姓名或单位名称、住所等基本情况；②所要调查收集证据的内容；③需由法院调查收集证据的原因及其要证明的事实。申请书不得迟于举证期限届满前 7 日提出。法院对申请不予准许的，应当向当事人或其诉讼代理人送达通知书。当事人及其诉讼代理人可在收到通知书的次日起 3 日内，向受理申请的法院，书面申请复议一次。法院应当在收到复议申请之日起 5 日内，作出答复。

［应用提示］法院依职权自行调查收集证据，与依当事人及其诉讼代理人申请调查收集证据，主要区别在于，法院依职权自行调查收集的证据，是涉及当事人私权利益之外的一些特殊事项，而法院依申请调查收集的证据，是当事人及其诉讼代理人客观上没有能力收集的证据。因我国目前对当事人及其诉讼代理人调查收集证据的手段尚无具体规定。

二、举证

（一）举证期限

1. 举证期限的概念与意义

举证期限，是指由法律规定或由法院指定的、负有举证证明责任的当事人提出证据的有效期限，是一项要求当事人及时实施举证行为，否则可能承担不利法律后果的制度。这一制度最早在最高法院的司法解释《证据规定》中确立，2012 年修正后的《民诉法》第 65 条第 1 款规定，当事人对自己提出的主张应当及时提供证据。这标志着我国民事诉讼证据的提出，正从随时提出主义向适时提出主义转变。

举证期限制度的建立根据，是民事诉讼的诚实信用原则。该原则要求当事人诚实地实施诉讼行为，不应因不正当目的而影响诉讼效率和公正，如故意延迟举证，在诉讼上搞“突然袭击”。因此，建立举证期限制度的意义，主要在于：①促使当事人积极举证，便于法院及时掌握诉讼争点，提高诉讼效率；②防止诉讼上的“突然袭击”，确保诉讼公正。

2. 举证期限的确定方式与时限

根据《民诉法解释》第 99 条第 1 款，民事诉讼举证期限的确定方式有以下几种：

1）由人民法院确定

人民法院应当在审理前的准备阶段确定当事人的举证期限。

2）由当事人协商

民事诉讼的举证期限，可以由当事人协商，但须经人民法院准许。

《民诉法解释》第 99 条规定，人民法院确定举证期限，第一审普通程序案件不得少于 15 日，当事人提供新的证据的第二审案件不得少于 10 日；第 3 款规定，举证期限届满后，当事人对已经提供的证据，申请提供反驳证据或对证据来源、形式等方面的瑕疵进行补正的，人民法院可以酌情再次确定举证期限，该期限不受前款规定的限制。

从民事诉讼实践来看，当事人发生争议后很难协商确定举证期限，因此，2012 年《民诉法》修正时，在举证期限的确定方面，突出规定了由法院确定举证期限，法院对当事人举证具有指导义务。修正后的《民诉法》新增第 65 条，在其第 2 款规定，法院根据当事人的主张和案件审理情况，确定当事人应当提供的证据及其期限。当事人在该期限内提供证据确有困难的，可以申请延长，法院根据当事人的申请适当延长。

据此，法院确定的举证期限，不是一次性地确定整个案件的举证期限，而是法院确定当事人应当提供的证据的举证期限，即由法院根据当事人的主张和案件审理情况，确定当事人应当提供的证据及其期限，指导当事人正确地履行举证义务，使其做到有的放矢。在案件审理过程中，对有些复杂、疑难案件，有必要根据诉讼发展的需要，多次确定当事人应当提供的证据及其期限。

根据《证据规定》第 33 条第 3 款，民事诉讼的举证期限，自当事人收到案件受理通知书和应诉通知书的次日起计算；第 33 条第 1 款规定，法院应当在送达案件受理通知书和应诉通知书的同时，向当事人送达举证通知书。举证通知书应当载明：①举证责任的分配原则与要求；②可向法院申请调查取证的情形；③法院根据案件情况指定的举证期限；④逾期提供证据的法律后果。

3. 举证期限的延长

举证期限的延长，是指当事人因客观原因不能在举证期限内提交证据，而在举证期限届满之前，向法院申请延期举证，经法院审查后允许当事人延长举证期限。

一般情形下，举证期限确定后，当事人应当在该期限内及时收集证据，并完成举证责任。但司法实践中，当事人在收集证据过程中可能会遇到意想不到的困难，难以在举证期限内提交证据，因此，为保障当事人的诉讼权利，2002 年 4 月 1 日起施行的《证据规定》第 36 条规定，当事人在举证期限内提交证据材料确有困难的，应当在举证期限内向法院申请延期举证，经法院准许，可适当延长举证期限。当事人在延长的举证期限内提交证据材料仍有困难的，可再次提出延期申请，是否准许由法院决定。2008 年 12 月 11 日颁布的最高法院《举证时限通知》(法发〔2008〕42 号)规定，当事人申请延长举证期限经法院准许的，为平等保护双方当事人的诉讼权利，延长的举证期限适用于其他当事人。2012 年修正后的《民诉法》第 65 条第 2 款也规定，当事人在举证期限内提供证据确有困难的，可向法院申请延长期限，法院根据当事人的申请适当延长。据此，当事人有 2 次申请延长举证期限的机会，第 1 次在初次确定的举证期限内，第 2 次在初次延长的期限内。

4. 逾期举证的法律后果(2012 年修正)

为促使当事人遵守举证期限，防止诉讼拖延，法律规定了逾期举证的法律后果。依《证据规定》的规定，对于当事人而言，逾期举证可能导致下列法律后果：

(1) 证据失权。当事人应当在举证期限内向法院提交证据材料，当事人在举证期限内不提交的，视为放弃举证权利。这是对当事人不遵守举证期限的最为严厉的制裁。

(2) 不组织质证。对当事人逾期提交的证据材料，法院审理时不组织质证。但对方当事人同意质证的除外。

(3) 限制增加、变更诉讼请求或者提起反诉。当事人增加、变更诉讼请求或者提起反诉的，应当在举证期限届满前提出。

(4) 承担经济责任。由于当事人的原因，未能在指定期限内举证，致使案件在二审或再审期间因提出新的证据被发回重审或者改判的，提出新的证据的一方当事人，负担另一方当事人由此增加的差旅、误工、证人出庭作证、诉讼等合理费用，以及由此扩大的直接损失。

对于人民法院而言，由于当事人的原因未能在指定期限内举证，致使案件在二审或者再审期间因提出新的证据被发回重审或者改判的，原审裁判不属于错误裁判。

与《证据规定》的上述规定相比，2012 年修正后的《民诉法》第 65 条第 2 款对于逾期举证的法律后果的规定，显得更加合理，具体表现如下：

(1) 当事人逾期提供证据的，人民法院应当责令其说明理由。换句话说，当事人逾期提供证据的理由成立的，逾期提供的证据应当予以采纳，且对当事人不予处罚。

(2) 拒不说明理由或者理由不成立的，人民法院根据不同情形，可以不予采纳该证据，或者采纳该证据，但予以训诫、罚款。

[应用提示]人民法院对逾期举证的惩罚措施中，没有“拘留”。

5. 举证期限制度的例外——“新证据”的界定

“新证据”的界定意义重大。因为只有新证据，才可以在举证期限届满后、法庭辩论终结前随时提出，而不受举证期限的限制。因此，所谓“新证据”，是指当事人不受举证期限的限制，不在举证期限内提出，而是在举证期限届满后提出的证据。2012 年修正后的《民诉法》，有两处涉及“新证据”，即第 139 条第 1 款和第 200 条第 1 款第(1)项。

根据有关规定，在不同的审判程序中，新证据有不同的界定规则。

1）一审程序中的“新证据”

《证据规定》第41条第(1)项规定，一审程序中的“新证据”，包括：①当事人在一审举证期限届满后新发现的证据；②当事人确因客观原因无法在举证期限内提供，经法院准许，在延长的期限内仍无法提供的证据。第42条第1款规定，当事人在一审程序中提供新的证据的，应当在一审开庭前或开庭审理时提出。

2）二审程序中的“新证据”

《证据规定》第41条第(2)项规定，二审程序中的“新证据”，包括：①一审庭审结束后新发现的证据；②当事人在一审举证期限届满前申请法院调查取证未获准许，二审法院经审查认为应当准许并依当事人申请调取的证据。第42条第2款规定，当事人在二审程序中提供新的证据的，应当在二审开庭前或者开庭审理时提出；二审不需要开庭审理的，应当在法院指定的期限内提出。

3）再审程序中的“新证据”

根据最高法院《审监程序解释》(法释〔2008〕14号)第10条规定，申请再审人提交下列证据之一的，法院可以认定为《民诉法》规定的“新的证据”：①原审庭审结束前已客观存在、庭审结束后新发现的证据；②原审庭审结束前已经发现，但因客观原因无法取得或在规定的期限内不能提供的证据；③原审庭审结束后原作出鉴定结论、勘验笔录者重新鉴定、勘验，推翻原结论的证据。当事人在原审中提供的主要证据，原审未予质证、认证，但足以推翻原判决、裁定的，应当视为新的证据。《证据规定》第44条第2款规定，当事人在再审程序中提供新的证据的，应当在申请再审时提出。

4）视为“新证据”

所谓视为“新证据”，是指在某些特殊情形下，当事人没有在举证期限内提出的证据，且不属于上述司法解释中规定的“新证据”。《证据规定》第43条第2款规定，当事人经法院准许延期举证，但因客观原因未能在准许的期限内提供，且不审理该证据可能导致裁判明显不公的，其提供的证据，可以视为新的证据。

此外，《举证时限规定》(法发〔2008〕42号)第10条就新证据的认定问题作出补充规定，即法院对于“新的证据”，应依《证据规定》第41～44条的规定，结合以下因素综合认定：①证据是否在举证期限或者《证据规定》第41条、第44条规定的其他期限内已经客观存在；②当事人未在举证期限或者司法解释规定的其他期限内提供证据，是否存在故意或者重大过失的情形。

[应用规律]判断是否“新证据”的标准：①发现新证据的时间，是否在举证期限届满后(一审中的新证据)、一审庭审结束后(二审中的新证据)、原审庭审结束后(再审中的新证据)；②当事人是否存在恶意，即是否持有证据而故意不提供；③非当事人的原因是否足以阻挡当事人提供证据；④采纳该证据是否对公正裁判案件具有重要意义。

根据《证据规定》第45条的规定，无论何种情形，一方当事人提出新的证据，法院都应当通知对方当事人，以便其在合理期限内提出意见或者举证。

(二)证据收据(2012年新增)

2012年《民诉法》修正时新增第66条规定，法院收到当事人提交的证据材料，应当出具收据，写明证据的名称、页数、份数、原件或者复印件以及收到时间等，并由经办人员签名或盖章。

证据收据，是法院收到当事人证据材料的凭证，能有效地防止证据的丢失、更改或被抽换，因此，证据收据制度的功能，在于规范法院接受当事人证据材料的手续和程序。

（三）证据交换

1. 证据交换的概念及其制度建立

所谓证据交换，是指在诉讼答辩期届满之后、开庭审理之前，在法院的主持下，当事人双方将各自所持证据，进行明示并予以交换的诉讼行为或过程。

证据交换制度，产生于16世纪英国的衡平法，现已成为英美法系国家证据制度的重要组成部分，其主要宗旨在于防止当事人运用突袭方法赢得诉讼。我国《民诉法》虽对庭审前的准备程序作了专门规定，但并没有规定证据交换的内容。最高法院《审判方式改革规定》(法释〔1998〕14号)第5条规定，开庭前应当作好下列准备工作：案情比较复杂、证据材料较多的案件，可以组织当事人交换证据。此后，各地法院对证据交换制度作了许多有益尝试和探索。《证据规定》在借鉴其他国家立法规定，总结我国司法实践经验的基础上，对证据交换制度进一步予以完善和补充。

2. 证据交换的适用范围

根据《证据规定》第37条，证据交换在下列两种情形下适用：

(1) 经当事人申请，法院可以组织当事人在开庭审理前交换证据。

(2) 证据较多或者复杂疑难的案件，法院应当组织当事人在答辩期届满后、开庭审理前交换证据。即由法院依职权直接决定证据交换，而不需当事人提出申请。

2012年《民诉法》修正时，在第十二章第二节“审理前的准备”中新增第133条，该条第(4)项规定，需要开庭审理的，通过要求当事人交换证据等方式，明确争议焦点。

可见，目前在我国，证据交换，不是民事诉讼程序的必经环节，而属于开庭审理前的非必须性的准备事项之一。

3. 证据交换的时间及其确定

《民诉法解释》第224条规定，人民法院可在答辩期届满后，通过组织证据交换、召集庭前会议等方式，作好审理前的准备。故证据交换的时间，应在答辩期届满之后、开庭审理之前。此时当事人对彼此主张已有较为充分的了解，进行证据交换的效果较好。

依《证据规定》第38条第1款，证据交换时间的确定有两种方式：①由当事人协商一致并经法院认可；②由法院指定。由于证据交换的时间与举证期限密切相关，因此，《证据规定》第38条第2款规定，法院组织当事人交换证据的，交换证据之日举证期限届满。当事人申请延期举证经法院准许的，证据交换日相应顺延。

4. 证据交换的程序

《证据规定》第38、39条，对证据交换的程序，作出了具体规定，主要内容如下：

(1) 证据交换应当在审判人员的主持下进行。

(2) 在证据交换的过程中，审判人员对当事人无异议的事实、证据，应当记录在卷；对有异议的证据，按照需要证明的事实，分类记录在卷，并记载异议的理由。通过证据交换，确定双方当事人争议的主要问题。

(3) 当事人收到对方交换的证据后,提出反驳并提出新证据的,法院应当通知当事人在指定的时间进行交换。

(4) 证据交换一般不超过2次。但重大、疑难和案情特别复杂的案件,法院认为确有必要再次进行证据交换的除外。

【真题实训8-10】

关于举证时限和证据交换的表述,下列哪一选项是正确的?(2009,卷三,41)

A. 证据交换可以依当事人的申请而进行,也可以由法院依职权决定而实施

B. 民事诉讼案件在开庭审理前,法院必须组织进行证据交换

C. 当事人在举证期限内提交证据确有困难的,可以在举证期限届满之后申请延长,但只能申请延长一次

D. 当事人在举证期限内未向法院提交证据材料的,在法庭审理过程中无权再提交证据

[真题实训8-10](2009,卷三,41)答案:A。考点:举证时限和证据交换。解析:依《证据规定》第37条第1、2款,选项A表述正确。《证据规定》第37条规定,经当事人申请,人民法院可以组织当事人在开庭审理前交换证据,"可以"并非"必须",故选项B表述错误。依《证据规定》第36条,当事人有2次申请延长举证期限的机会,第1次在初次确定的举证期限内,第2次在初次准许延长的期限内,故选项C表述错误。《民诉法》第139条第1款规定,当事人在法庭上可以提出新的证据。依《证据规定》第41条第(1)项,一审中的新证据包括:当事人在一审举证期限届满后新发现的证据;当事人确因客观原因无法在举证期限内提供,经法院准许,在延长的期限内仍无法提供的证据。可见,当事人在举证期限内未向法院提交的证据材料,若属法定的"新的证据",仍可在法庭审理过程中提交,故选项D表述错误。

三、质证

(一) 质证的概念与法律依据

质证,是指在法庭的主持下,当事人双方、第三人及其诉讼代理人对各方提出的证据就其真实性、合法性、关联性及证明力的有无、大小,进行质疑、说明与辩驳的诉讼活动。

2012年修正后的《民诉法》第68条及《民诉法解释》(法释〔2015〕5号)第103条规定,证据应当在法庭上出示,由当事人互相质证。未经质证的证据,不得作为认定案件事实的根据。当事人在审理前的准备阶段认可的证据,经审判人员在庭审中说明后,视为质证过的证据。涉及国家秘密、商业秘密、个人隐私或者法律规定应当保密的证据,不得公开质证。最高法院《审判方式改革规定》(法释〔1998〕14号)及《证据规定》(法释〔2001〕33号),具体、明确地规定了质证的程序和方法,为法院有效地组织质证提供了法律依据。

(二) 质证的主体

质证的主体,是指在质证程序中有权向法庭出示证据,并对证据进行质疑、说明与辩驳的人。《民诉法》第68条及《民诉法解释》第103条规定,证据应当在法庭上出示,由当事人

互相质证。据此,质证的主体是当事人。因为民事诉讼中,当事人是承担举证责任的主体,证据主要由当事人收集并提交,法院依当事人申请调查收集的证据,也视为申请方提供的证据,所以质证只能在当事人之间进行。具体而言,有权参加质证的当事人,包括原告、被告、第三人及其诉讼代表人,当事人依法可以委托诉讼代理人进行质证活动。

质证虽然是在法院的主持下进行,质证也是法院完成其证据审查认定职责的主要途径,但是,法院在质证程序中的作用,仅仅是组织和保障质证程序的有序进行,法院不是质证的主体,否则将使其丧失中立地位,有损其公正形象。

(三) 质证的客体与内容

质证的客体,是指质证主体的质证行为所指向的对象。质证的客体是证据,就种类而言,有《民诉法》规定的8种证据类型;就范围而言,包括当事人向法院提交的证据,以及法院依当事人申请而调查收集的证据。因为《证据规定》第51条第2款规定,法院依当事人申请调查收集的证据,作为提出申请的一方当事人提供的证据。

[应用提示] 法院依当事人申请调查收集的证据,作为提出申请的一方当事人提供的证据,也需要进行质证;只有法院依职权主动调查收集的证据不需要质证。因此,并非法院调查收集的所有证据都不需要质证。

关于质证的内容,《民诉法解释》第104条第1款规定,人民法院应当组织当事人围绕证据的真实性、合法性以及与待证事实的关联性进行质证,并针对证据有无证明力和证明力大小进行说明和辩论。

(四) 质证的程序及相关事项

《民诉法》对质证的程序没有具体规定。《证据规定》第51条第1款,对质证的程序作出了明确规定,即质证按下列顺序进行:①原告出示证据,被告、第三人与原告进行质证;②被告出示证据,原告、第三人与被告进行质证;③第三人出示证据,原告、被告与第三人进行质证。根据此款以及《证据规定》第50条的规定,我国民事诉讼质证的程序,包括3个环节:出示证据;辨认证据;质疑与反驳。

对书证、物证、视听资料进行质证时,当事人有权要求出示证据的原件或者原物。但有下列情况之一的除外:①出示原件或原物确有困难并经法院准许出示复制件或复制品的;②原件或原物已不存在,但有证据证明复制件、复制品与原件或原物一致的(《证据规定》第49条)。法庭应当将当事人的质证情况记入笔录,并由当事人核对后签名或者盖章(《证据规定》第62条)。

(五) 质证的方式与方法

《证据规定》第48条规定,涉及国家秘密、商业秘密和个人隐私或者法律规定的其他应当保密的证据,不得在开庭时公开质证。据此,民诉证据的质证方式是:以公开质证为原则、以不公开质证为例外。不公开质证,是指不在开庭时公开质证。

依法不公开质证的证据,包括:①涉及国家秘密的证据;②涉及商业秘密的证据;③涉及个人隐私的证据;④法律规定的其他应当保密的证据。

[引例8-7:解析]本案中,被告对涉及商业秘密的证据申请不公开质证及法院审查被告

申请的做法，都不合法。理由是：涉及商业秘密的案件，属依当事人申请不公开审理的案件；而涉及商业秘密的证据，属于法定不公开质证的情形。换言之，涉及商业秘密的案件，当事人可以申请不公开审理，是否准许，由法院审查决定；但涉及商业秘密的证据，并不需要当事人申请，是依法一律不公开质证，自然不存在法院对当事人的申请进行审查。

［相关链接与应用提示］

（1）涉及商业秘密的证据，属于法定不公开质证的情形。而涉及商业秘密的案件，则属于依申请可以不公开审理的案件。因此，若法院公开审理涉及商业秘密的案件，对案件中涉及商业秘密的证据，则必须采取不公开质证的方式。

（2）涉及国家秘密、个人隐私的证据，也属法定不公开质证的情形，因此，无论该类证据是公开审理案件的证据，还是不公开审理案件的证据，都不公开质证。涉及国家秘密、个人隐私的案件，属法定不公开审理的案件，而既然不公开审理，其质证环节自然也不公开，即不公开审理案件中的所有证据，无论是否涉及国家秘密、个人隐私，都不公开质证。

（3）"不公开质证"不等于"不质证"。"不公开质证"是在没有旁听人员等的情况下质证，即不在公开审理时质证；而"不质证"是指开庭审理中根本不进行质证这一环节。

（4）"不公开质证的证据"，也不同于"不需要质证的证据"。依《证据规定》第 47 条第 2 款和第 51 条第 3 款，不需要质证的证据包括：①当事人在证据交换过程中认可并记录在卷的证据，经审判人员在庭审中说明后，可作为认定案件事实的依据；②法院依职权调查收集的证据，应当在庭审时出示，听取当事人意见，并可就调查收集该证据的情况予以说明。可见，也并非所有认定案件事实的证据，都必须经过庭审质证。

质证的方法包括：①一般采取一证一质、逐一进行的方法；②也可在对方同意的情况下，对一组相关联的证据，一并予以质证；③《证据规定》第 52 条规定，案件有两个以上独立的诉讼请求的，当事人可以逐个出示证据进行质证。

【真题实训 8-11】

高某诉张某合同纠纷案，终审高某败诉。高某向检察院反映，其在一审中提交了偷录双方谈判过程的录音带，其中有张某承认货物存在严重质量问题的陈述，足以推翻原判，但法院从未组织质证。对此，检察院提起抗诉。关于再审程序中证据的表述，下列哪些选项是正确的？（2013，卷三，85）

A. 再审质证应当由高某、张某和检察院共同进行

B. 该录音带属于电子数据，高某应当提交证据原件进行质证

C. 虽然该录音带系高某偷录，但仍可作为质证对象

D. 如再审法院认定该录音带涉及商业秘密，应当依职权决定不公开质证

［真题实训 8-11］（2013，卷三，85）答案：CD。考点：质证。解析：依《证据规定》第 47 条，质证的主体是当事人。检察院并非本案的当事人，故选项 A 错误。录音带不属电子数据，而属视听资料，依《证据规定》第 49 条，对视听资料进行质证时，当事人有权要求出示证据的原件或原物。但有下列情况之一的除外：①出示原件或原物确有困难并经法院准许出示复制

件或复制品的;②原件或原物已不存在,但有证据证明复制件、复制品与原件或原物一致的。故选项B错误。《民诉法解释》第106条规定,对以严重侵害他人合法权益、违反法律禁止性规定或者严重违背公序良俗的方法形成或者获取的证据,不得作为认定案件事实的根据。[①]谈判过程中偷录的录音带,并未侵害他人合法权益或违反法律禁止性规定,可以作为质证对象,故选项C正确。《证据规定》第48条规定,涉及国家秘密、商业秘密和个人隐私或者法律规定的其他应当保密的证据,不得在开庭时公开质证。所以,选项D正确。

四、认证

(一)认证的概念

认证,是指法庭对经过质证或者当事人在证据交换中认可的各种证据材料,作出审查判断,确认其能否作为认定案件事实的根据。

认证的目的,是确认证据能否作为认定案件事实的依据。认证的具体内容,是对作为认证对象的证据资料是否具有证明力及证明力大小进行审查确认。

(二)认证的基本要求

认证的正确与否,关系到能否公正裁判,认证虽然是审判人员的主观判断,但又不是随意活动,必须遵循其基本要求和原则规范。对此,《民诉法解释》第105条规定,人民法院应当按照法定程序,全面、客观地审核证据,依照法律规定,运用逻辑推理和日常生活经验法则,对证据有无证明力和证明力大小进行判断,并公开判断的理由和结果。

(三)认证的主体

认证是由法院的审判人员依职权对证据进行判断,也即认证的主体具有特定性,只能是法院;当事人及其他诉讼参与人,并不是证据判断的主体,也即不是认证的主体。

【相关链接】

诉的主体,仅限于当事人;诉讼主体,包括法院和当事人;质证主体,仅限于当事人;认证主体,仅限于法院。可见,只有诉的主体,同时也是质证主体。

(四)认证的方法和内容

1. 对单一证据的认证规则

对单一证据,审判人员可以从下列方面进行审核认定:①证据是否原件、原物,复印件、复制品与原件、原物是否相符;②证据与本案事实是否相关;③证据的形式、来源是否符合法律规定;④证据的内容是否真实;⑤证人或者提供证据的人,与当事人有无利害关系(《证据规定》第65条)。

《民诉法解释》第107条规定,诉讼中,当事人为达成调解协议或和解协议作出妥协而认

---

① 该题在2013年解析时,选项C的法律依据为《证据规定》第68条。现在旧题新作,根据新法优于旧法的法律适用原则,现在应依《民诉法解释》第106条解析。

可的事实，不得在后续的诉讼中作为对其不利的根据，但法律另有规定或者当事人均同意的除外。

2. 综合性认证的最佳规则

综合性认证，是指法院就数个证据对同一事实的证明力的认定。最佳证据规则，发源于英美法，是指当事人在诉讼中应当提供最为直接和最有说服力的证据，是综合性认证关于证明力大小的一般规则。《证据规定》第77条确立了我国的最佳证据规则，体现了法官对证据的综合审核认定规则。法院就数个证据对同一事实的证明力，可依下列原则认定：①国家机关、社会团体依职权制作的公文书证的证明力，一般大于其他书证；②物证、档案、鉴定结论、勘验笔录或经公证、登记的书证，其证明力一般大于其他书证、视听资料和证人证言；③原始证据的证明力，一般大于传来证据；④直接证据的证明力，一般大于间接证据；⑤证人提供的对与其有亲属或其他密切关系的当事人有利的证言，其证明力一般小于其他证人证言。

[应用提示]《证据规定》第77条对证据证明力大小的规定，仅仅为一般性规定，并非绝对不可推翻，而是允许反例推翻的。

由上可见，对证据的综合性审核认定，有别于对单一证据的审核认定。对单一证据的审核认定，解决的是单一证据是否能被采纳的问题，故对单一证据的审核，均属证据资格方面的内容，即证据是否具有客观性、关联性、合法性；而证据的综合性审核，解决的是证据的证明力问题，故综合审核证据时，都涉及此证据与彼证据的证明力的比较。

3. 非法证据排除规则(对应于证据“三性”中的合法性)

《民诉法解释》第106条规定，对以严重侵害他人合法权益、违反法律禁止性规定或者严重违背公序良俗的方法形成或者获取的证据，不得作为认定案件事实的根据。

4. 补强证据规则

补强证据规则，是指某些证据因自身的缺陷而不能单独作为认定案件事实的依据，只有在其他证据加以佐证的情形下，才能作为认定案件事实的根据。该规则有利于保证对证据和事实的认定符合客观规律，因而是法官认证的重要规则。依《证据规定》第69条，下列证据不能单独作为认定案件事实的依据：①未成年人所作的与其年龄和智力状况不相当的证言；②与一方当事人或其代理人有利害关系的证人出具的证言；③存有疑点的视听资料；④无法与原件、原物核对的复印件、复制品；⑤无正当理由未出庭作证的证人证言。

5. 证据效力(证明力)的确认规则

《证据规定》在第70、71条规定了证据效力(证明力)的确认规则。依第70条，当事人一方提出的下列证据，对方提出异议但没有足以反驳的相反证据的，法院应当确认其证明力：①书证原件或者与书证原件核对无误的复印件、照片、副本、节录本；②物证原物或者与物证原物核对无误的复制件、照片、录像资料等；③有其他证据佐证并以合法手段取得的、无疑点的视听资料或者与视听资料核对无误的复制件；④一方当事人申请法院依法定程序制作的对物证或者现场的勘验笔录。依第71条，法院委托鉴定部门作出的鉴定意见，当事人没有足以反驳的相反证据和理由的，可以认定其证明力。

《证据规定》在第72～73条规定了相反证据的证明力的确认规则：①当事人一方提出的证据，另一方认可，或提出的相反证据不足以反驳的，法院可以确认其证明力；②当事人一方提出的证据，另一方有异议并提出反驳证据，对方对反驳证据认可的，可以确认反驳证据的证明力；③当事人双方对同一事实分别举出相反的证据，但都没有足够的依据否定对方证据的，法院应当结合案件情况，判断一方提供证据的证明力是否明显大于另一方提供证据的证明力，并对证明力较大的证据予以确认；④因证据的证明力无法判断导致争议事实难以认定的，法院应当依据举证责任分配的规则作出裁判。

《证据规定》第74条规定了自认证据的证明力的确认规则：诉讼过程中，当事人在起诉状、答辩状、陈述及其委托代理人的代理词中承认的对己方不利的事实和认可的证据，法院应当予以确认，但当事人反悔并有相反证据足以推翻的除外。

【真题实训8-12】

下列哪一情形可以产生自认的法律后果？（2015，卷三，40）

A. 被告在答辩状中对原告主张的事实予以承认

B. 被告在诉讼调解过程中对原告主张的事实予以承认，但该调解最终未能成功

C. 被告认可其与原告存在收养关系

D. 被告承认原告主张的事实，但该事实与法院查明的事实不符①

6. 对证明妨害行为的规制

《证据规定》第75条规定，有证据证明一方当事人持有证据无正当理由拒不提供，如果对方当事人主张该证据的内容不利于证据持有人，可以推定该主张成立。《民诉法解释》第112条规定，书证在对方当事人控制之下的，承担举证证明责任的当事人可以在举证期限届满前书面申请人民法院责令对方当事人提交。申请理由成立的，人民法院应当责令对方当事人提交，因提交书证所产生的费用，由申请人负担。对方当事人无正当理由拒不提交的，人民法院可以认定申请人所主张的书证内容为真实。这些规定，有利于保护弱势一方当事人的利益，是对证明妨害行为的规制，本质而言是法律上的推定。

【本章小结】

本章的重点内容包括：

（1）民诉证据的法定种类：①当事人的自认（针对事实）+认诺（针对诉讼请求）=当事人的承认；②2012年《民事诉讼法》修正时，新增电子数据；③将“鉴定结论”改为“鉴定意见”；④鉴定人应当出庭的两种情形：当事人对鉴定意见有异议；法院认为鉴定人有必要出庭。经法院通知，鉴定人拒不出庭作证的双重法律后果有鉴定意见不得作为认定事实的依据；支付鉴定费用的当事人，享有鉴定费用的返还请求权；⑤专家辅助人的意见，不是法定的证据种类；能成为专家辅助人的条件是具备专门知识，而不要求具有鉴定人资质；专家辅助

① ［真题实训8-12］（2015，卷三，40）答案：A。

人参与诉讼的方式，是依当事人申请；专家辅助人的功能在于，帮助当事人对鉴定意见进行质证，以及对专业问题提出意见。

(2) 民诉证据的学理分类：①判断本证与反证的“三步法”；②判断直接证据与间接证据时，不用考虑证据的来源、形式、证明力等因素，仅看其能否直接证明待证事实即可；③原始证据可能是间接证据；传来证据可能是直接证据，两种不同标准下的分类结果之间，没有对应关系。

(3) 自认：适用范围、方式、效力、撤回的条件。

(4) 举证证明责任：①结合《侵权责任法》，重点掌握特殊侵权案件中举证证明责任的分配；②《民诉法》2012年修正时，对逾期举证法律后果的修正；③不需要质证的情形、不公开质证的情形和不公开审理的情形，三种法定情形的比较。

(5) 证明程序：①取证，即当事人自行收集证据；法院依职权调查收集证据、法院依当事人及其诉讼代理人申请调查收集证据；②举证，即举证期限、证据收据、证据交换，“新证据”的界定；③质证，即质证的主体、客体、方式、方法；④认证，即认证的主体、方法。

【国家统一法律职业资格考试辅导专栏】

(1) 民事诉讼证据与证明，是考试的重点和难点，其内容翔实、体系繁杂，且程序与实体交错，命题的角度和方式多元。总体架构上，分为“证据论”和“证明论”：其中“证据论”部分，重点内容是证据的资格（证据“三性”）、证据的法定种类、证据的学理分类三个方面，并对2012年新增的电子数据、专家辅助人制度及修改后的鉴定制度、证人作证制度等，需要重点掌握；“证明论”主要涉及证明对象与免证事实、证明责任分配、证明程序三大内容，对其中的自认制度、特殊侵权案件的证明责任分配、法院调取证据、证据保全、举证时限、质证等常考点和新修正的内容，需要重点关注。

(2) 历年考点：①书证与物证的识别；②证人资格与作证方式；③鉴定的启动、鉴定人的选定方式、重新鉴定；④本证与反证、直接证据与间接证据的区分；⑤法院调取证据；⑥免证事实；⑦证据保全；⑧举证期限；⑨举证证明责任。

(3) 历年真题：2015卷三40、79、96、97，2014卷三38、45、47、48；2013卷三40、46、50、85；2012卷三37、40；2011卷三83、84；2010卷三83；2009卷三40、41、42、48；2008全国卷三33、45、80、90，四川卷三41、45、81、83、89。

(4) 备考重点有：①证据的法定种类，即书证与物证的区分，电子数据与视听资料的区分，证人作证方式、费用承担，鉴定人的出庭义务，鉴定人与专家辅助人的关系；②证据的学理分类，即结合具体案例，识别本证与反证、直接证据与间接证据、原始证据与传来证据；③免证事实，即自认的效力及其适用范围，自认与认诺；④证明责任，即特殊侵权案件的证明责任分配，劳动争议案件的证明责任分配；⑤证明程序，即法院调取证据的情形，证据保全，证据收据；修正后的举证时限制度；质证的主体、内容和方式；认证规则。

【本章练习】

一、判断题(共12小题)

1. 电子数据也是一种法定的证据形式,归属于视听资料。（ ）

2. 民事诉讼中的证人,是指知道案件情况并向法院提供证言的人。（ ）

3. 证人以出庭作证为原则,以不出庭作证为例外。（ ）

4. 鉴定意见作为法定的证据种类之一,并不具有当然的证明力或优先的证明力。（ ）

5. 反证并不直接针对对方当事人的诉讼请求。（ ）

6. 原告提出的证据就是本证、被告提出的证据就是反证。（ ）

7. 同一证据可能既是本证,同时又是反证。（ ）

8. 判断是直接证据还是间接证据,需综合考虑证据的形式、来源及证明力等因素。（ ）

9. 饲养动物致人损害的侵权诉讼,由饲养人或管理人就受害人或第三人有过错承担举证责任。（ ）

10. 原始证据的证明力大于传来证据的证明力。（ ）

11. 当事人逾期提供证据,又拒不说明理由的,法院可以采纳该证据,但予以训诫、罚款、拘留。（ ）

12. 法院调查收集的证据,不需要质证。（ ）

二、单项选择题(共10小题)

1. 对证据基本属性的理解中,下列表述中错误的是（ ）。

A. 证据的合法性,主要是指证据主体、证据形式、证据取得方法及程序等方面的合法

B. 证据的客观性,有两层含义:①证据的本质是事实;②证据是不以人的主观意志为转移的客观存在的事实

C. 证据证明力的有无和大小,通常由法律规定,少数情况下由审判人员判断

D. 所有的证据,都具有证明案件事实的作用,但证据不同,其证明作用力的大小也有所不同

2. 关于我国民事诉讼中证人作证的制度,下列表述中,正确的是（ ）。

A. 在民事诉讼和刑事诉讼中,单位都不具备证人资格

B. 当事人申请证人作证的,证人费用由该当事人先行垫付

C. 当事人未申请证人出庭作证,法院依职权通知证人作证的,作证费用由法院承担

D. 依我国民事诉讼法规定,在符合不出庭作证的法定情形时,当事人可通过书面证言、视听传输技术等方式作证。据此,出庭作证已不再是我国证人作证方式的一般原则

3. 根据有关司法解释,法院规定了民事诉讼当事人的举证期限,下列哪一说法符合规定?（ ）

A. 法院指定举证期限的,不得少于30日

B. 延长的举证期限,只适用于提出申请的一方当事人

C. 当事人因客观原因逾期提供证据，视为未逾期

D. 当事人因客观原因逾期提供证据，且对方未提出异议的，视为未逾期

4. 关于我国民事诉讼证据制度和规则，下列表述中，错误的是（　　）。

A. 当事人逾期提供证据的，法院应当责令其说明理由

B. 我国 2012 年修正《民诉法》时，新增了仲裁前证据保全制度

C. 电子数据是我国的法定证据种类，且被规定在视听资料一项中

D. 我国 2012 年修正的《民诉法》，确立了专家辅助人制度。当事人可申请法院通知专家辅助人出庭，就鉴定人作出的鉴定意见或者专业问题提出意见

5. 关于民事诉讼中的鉴定，下列表述中，符合《民诉法》及相关司法解释规定的是（　　）。

A. 鉴定人有权了解进行鉴定所需要的案件资料，且有权询问当事人、证人

B. 当事人对鉴定意见有异议或者法院认为鉴定人有必要出庭的，鉴定人应当出庭作证

C. 当事人申请鉴定经法院同意后，由法院在征求双方意见后指定鉴定机构和鉴定人员

D. 经法院通知，鉴定人拒不出庭作证的，其所出具的鉴定意见能否作为认定事实的根据，由法院综合案件的具体情况决定

6. 关于民事诉讼中的自认制度，下列理解中，正确的是（　　）。

A. 只要对方当事人同意，另一方当事人可以随时撤回自认

B. 当事人委托代理人参加诉讼的，代理人的承认一律视为当事人的承认

C. 对一方当事人陈述的事实，另一方既不表示承认也未否认的，构成拟制自认

D. 对于涉及社会公共利益的事实，即使当事人自认，法院仍可责令当事人提供有关的证据

7. 下列有关民事诉讼举证期限的表述中，正确的是（　　）。

A. 当事人延长举证期限的申请只可提出一次

B. 当事人协商确定的举证期限，无须获得法院认可

C. 对于当事人逾期提交的证据材料，法院审理时一律不组织质证

D. 举证期限的起算点为当事人收到案件受理通知书和应诉通知书的次日

8. 刘一养了一只禁止个人饲养的烈性猎犬。一日，刘一带该犬在社区公园散步，因未拴绑牵狗绳，导致该犬咬伤同在公园锻炼的陈二。陈二诉至法院，要求刘一支付侵权损害赔偿。下列表述中，正确的是（　　）。

A. 本案原告陈二应对刘一是否存在过错这一要件承担初步的举证责任

B. 若刘一能够证明其对侵权事实的出现不存在过错，则能够免除或减轻责任

C. 本案原告只需对存在侵权行为、造成实际损害结果这两项要件承担举证责任

D. 刘一未给其所饲养的猎犬栓绑绳子，可以推定其存在过错，因此应当承担侵权责任

9. 张三与李四因版权转让合同的履行发生争议，依事先达成的协议申请仲裁。若张三想申请证据保全，下列表述中，正确的是（　　）。

A. 若情况紧急，张三可以在申请启动仲裁程序之前向法院申请证据保全

B. 仲裁程序启动后，张三申请证据保全，应由仲裁庭向证据所在地中级法院申请

C. 若张三在仲裁前申请证据保全并获法院准许，则其应当在 15 日内申请仲裁，否则保

全措施失效

D. 仲裁程序启动后，张三申请证据保全，可直接向证据所在地基层法院提出，也可通过仲裁庭提出

10. 2015 年 6 月，王五为参加某大型选秀节目而向其邻居赵六借款 5000 元并承诺 1 月后归还，借期届满后赵六多次催还但王五一直予以推脱。赵六遂诉至法院，要求王五返还借款。法院经审理后作出支持赵六诉讼请求的判决，王五当庭提出上诉。下列有关本案的表述中，正确的有(　　)。

A. 赵六向法院提供的王五亲笔书写的欠条，既可能作为书证，也可能作为物证

B. 除非存在特殊情况需要延长，二审法院应当自王五提出上诉之日起三个月内审结本案

C. 二审法院在审理本案过程中可以进行调解，但调解的启动须以一方或双方当事人提出申请为前提

D. 二审过程中，若赵六与王五达成调解协议，则自法院制作调解书之日起原审法院的判决即视为撤销

三、多项选择题(共 10 小题)

1. 关于我国《民诉法》规定的证据种类，下列表述中正确的有(　　)。

A. 专家辅助人的意见，也是我国民事诉讼的法定证据种类之一

B. 电子数据是我国《民诉法》新增的、与视听资料并列的证据种类

C. 现行《民诉法》和《刑诉法》规定的证据种类中，均无“鉴定结论”

D. 2012 年修正后的《民诉法》和《刑诉法》，将证人证言的提供主体统一限定为自然人

2. 下列有关证据种类的表述中，正确的是(　　)。

A. 书证的载体不限于纸质

B. 一项证据不可能既是书证又是物证

C. 存有文档文件的电脑光盘属于视听资料

D. 产品质量纠纷案件中，发生质量争议的产品属于物证

3. 刘一在某酒店就餐时与邻桌陈二因上菜先后发生争执，并互动拳脚，将酒店的液晶显示屏打碎。酒店要求刘一与陈二赔偿未果，遂将二人诉至法院，并向法院提交了被打碎的显示屏以证明所受财产损失。该显示屏属于下列哪些证据种类？(　　)

A. 书证　　　　B. 物证　　　　C. 直接证据　　　　D. 间接证据

4. 张三与李四侵权损害赔偿纠纷一案，为证明究竟是谁先动手打人这一事实，张三申请法院通知证人王五出庭作证。以下有关本案的说法中，符合相关规定的有(　　)。

A. 民事诉讼中，证人作证费用的最终承担主体不是国家

B. 张三申请法院通知王五出庭作证，不得迟于举证期限届满前 7 日

C. 证人王五因履行出庭作证义务而支出的交通、就餐等必要费用以及误工损失，由张三承担

D. 若王五因健康原因不能出庭，经法院许可，则其可以通过书面证言、视听传输技术等方式作证

5. 下列事实中，开庭审理时不需要进行质证的有(　　)。

A. 对方自认的事实　　　　　　　　B. 涉及商业秘密的事实
C. 法院依职权主动搜集的事实　　　D. 证据交换时当事人已认可并记录在案的证据

6. 关于我国民事诉讼证据制度，下列表述中，正确的有（　　）。

A. 专家辅助人只能依当事人申请而参加庭审

B. 法院收到当事人提交的证据材料，应当出具收据，当事人未提出申请的除外

C. 当事人在法院确定的举证期限内提供证据确有困难的，可申请延长；法院根据申请适当延长

D. 当事人逾期提供证据的，法院应责令其说明理由；拒不说明或理由不成立的，不予采纳该证据

7. 下列有关鉴定制度的表述中，不符合《民诉法》相关规定的有（　　）。

A. 经法院通知，鉴定人拒不出庭作证的，鉴定意见不得作为认定事实的根据

B. 当事人申请鉴定的，由双方协商确定具备资格的鉴定人或直接由法院指定

C. 鉴定人出庭作证的前提，是当事人对鉴定意见有异议且法院认为鉴定人有必要出庭

D. 经法院通知，鉴定人拒不出庭作证的，支付鉴定费用的当事人可要求返回鉴定费用

8. 下列有关民事诉讼证据收集制度的表述中，正确的是（　　）。

A. 有权申请法院调查收集证据的主体，仅限于当事人及其法定代理人

B. 法院依当事人申请调取的证据和依职权调查收集的证据，均须经过当事人质证

C. 赵六诉孙七一案中，赵六申请法院调查收集证据未获准许，赵六可向受诉法院申请复议一次

D. 当事人申请法院调查收集证据的期限与申请证据保全的期限相同，均不得迟于举证期限届满前 7 日

9. 有关涉及商业秘密的证据和案件，下列表述中，正确的是（　　）。

A. 涉及商业秘密的证据，属于法定不公开质证的情形

B. 涉及商业秘密的案件，属于依申请可以不公开审理的案件

C. 法院公开审理涉及商业秘密的案件，对涉及商业秘密的证据，采取公开质证的方式

D. 法院不公开审理涉及商业秘密的案件，对涉及商业秘密的证据，必须采取不公开质证的方式

10. 有关国家秘密、个人隐私的证据和案件，下列表述中，正确的是（　　）。

A. 涉及国家秘密、个人隐私的证据，属于法定不公开质证的情形

B. 涉及国家秘密、个人隐私的案件，属于法定不公开审理的案件，

C. 公开审理的案件中，对涉及国家秘密、个人隐私的证据，公开质证

D. 公开审理的案件中，对涉及国家秘密、个人隐私的证据，不公开质证

四、问答题（共 3 小题）

1. 简述鉴定人出庭作证的义务。

2. 什么是专家辅助人制度？

3. 试比较：不公开审理、不公开质证、不需要质证的情形。

五、案例分析题（共 7 小题）

2015 年 8 月 6 日，某派出所干警罗某巡逻时途经一高层写字楼时，被突然坠落的广告灯

箱砸伤，写字楼保安发现后，将罗某送至医院。罗某经抢救脱离生命危险。经查，广告灯箱系8层的某传媒公司所有，之所以突然坠落，系因当时风力达六七级，且该灯箱悬挂多年，牵引铁索已腐蚀。罗某出院后，向法院起诉要求传媒公司承担侵权损害赔偿责任。开庭审理前，法院准备组织双方进行证据交换，但因原告、被告双方无法就证据交换的时间达成一致，法院遂决定不进行证据交换。庭审中，传媒公司向法院提交了一份其自行委托某鉴定机构鉴定人员张三出具的鉴定意见，证明其对灯箱的安装方式和技术完全符合相关标准。针对该鉴定意见，罗某申请由其在相关行业工作多年的好友李四出庭发表意见。李四指出，出具该鉴定意见的张三因不具备鉴定人资格而无权出具鉴定意见。根据案情，请回答下列问题：

（1）本案中，罗某应当对哪些事实承担证明责任？

（2）本案中，传媒公司应当对哪些事实承担证明责任？

（3）本案中，法院放弃组织证据交换的做法是否合法？为什么？

（4）本案中，传媒公司是否有权自行委托鉴定？该鉴定意见的效力如何？

（5）罗某是否有权申请李四出庭发表意见？李四在本案中的诉讼地位如何？

（6）由于李四的工作地离审理案件的法院较远，李四因参加庭审花去交通费2000元，并导致误工损失4000元。对于该费用，应当由谁承担？

（7）如果法院查证后发现，张三的确不具备鉴定人资质，此时罗某享有什么权利？

第九章 法院调解

【学习目标】

■ 知识目标：

了解法院调解的概念与原则；

理解法院调解的适用范围、调解协议的具体内容、法院调解的生效及其效力、不需要制作调解书的情形。

■ 能力目标：

掌握诉讼和解与诉讼调解的理解及适用，司法解释中关于法院调解的规定。

【本章需要预习的主要法律、法规】

1.《民诉法》第93～99条，《婚姻法》第32条；

2.《人民调解法》；

3. 最高法院《民诉法解释》(法释〔2015〕5号)第142～151条；

4. 最高法院《法院调解规定》(法释〔2004〕12号)；

5. 最高法院《简易程序规定》(法释〔2003〕15号)第14条。

第一节 法院调解概述

【引例9-1】

陈艳军等127人先后以杭萧钢构与中国国际基金有限公司就安哥拉住宅建设项目信息披露违规对股民形成误导为由向杭州市中级法院起诉，请求判令杭萧钢构赔偿投资损失、佣金和利息等损失。2007 年 4 月 30 日,中国证监会对杭萧钢构的行政处罚决定书中认定,杭萧钢构存在未按规定披露信息和披露的信息有误导性陈述等违法行为。该案原告众多,利益牵涉面广,社会影响大。[①]

请问:法院应当如何妥善处理此纠纷?

一、法院调解的概念与特征

(一) 法院调解的概念

法院调解,又称诉讼中调解,是指民事诉讼中,双方当事人在人民法院审判人员的主持下,就民事权益争议自愿、平等协商,达成协议,解决纠纷的诉讼活动。

法院调解是民事审判的重要组成部分,是解决民、商事纠纷的重要司法手段,是我国人民法院处理民事案件的一种特有的重要方式,素有"东方经验"之美誉,它对及时、有效地解决民事、经济纠纷,维护安定团结的政治局面和社会秩序,起到了非常重要的作用,在建设和谐社会中,法院调解的作用尤为重要。最高法院对加强调解工作也提出了明确要求:"审理民事案件要能调则调,当判则判,判调结合,案结事了。"将调解作为与判决同等重要的一种司法手段。

[引例 9-1:解析]杭州中院虑及该案原告众多、牵涉面广、社会影响大,且潜在当事人多,若处理不当,还会影响到资本市场和社会稳定,故受案之初便对 127 件案件进行通盘考虑。先后多次做双方当事人调解工作,释法明理,使杭萧钢构对其行为的法律后果及法律责任有了正确认识,只有积极赔偿才能修复上市公司信誉,使原告也充分认识股市投资行为本身存在的风险及股票市场的系统风险,逐步引导原告调整过高的期望值,接受调解,化解矛盾。最终,118 件案件一次性达成调解协议,原告获得了 82% 的高比例现金赔偿。随后,其余 9 件案件也顺利调处。

(二) 法院调解的特征

法院调解是人民法院行使审判权,解决民事纠纷的重要方式,其与判决的重要区别在于,调解的基础是当事人的私权处分,因此,法院调解在适用的案件范围、解决纠纷的具体内容等方面都存在其独立的特性。

1. 法院调解具有适用的广泛性

法院调解作为我国《民诉法》的一项基本原则,在民事诉讼中具有广泛的适用性。除了适用特别程序、督促程序、公示催告程序和企业法人破产还债程序审理的案件,婚姻关系、身份关系确认案件以及其他根据案件性质不能进行调解的民事案件以外,所有民事争议案件,在当事人自愿的基础上,在第一审普通程序、简易程序、第二审程序和审判监督程序中,均可

① 案例来源:《人民法院报》2012 年 03 月 10 日。

适用法院调解。可见,法院调解适用于民事审判程序的全过程。

最高法院《民诉法解释》(法释〔2015〕5号)第142条规定,人民法院受理案件后,经审查,认为法律关系明确、事实清楚,在征得当事人双方同意后,可以径行调解。

2. 法院调解具有自愿性

自愿是法院调解的首要原则。当事人自愿原则,是指法院调解无论是调解活动的开始、进行还是调解协议的形成,都必须在当事人自愿的基础上,若当事人不愿意调解,或者不能合意达成调解协议,法院都不能强迫当事人接受调解或者签订调解协议。由此可见,当事人的自愿在法院调解中起着非常重要的作用。

3. 法院调解体现了当事人行使处分权和法院行使审判权二者的结合

最高法院《民诉法解释》(法释〔2015〕5号)第145条规定,人民法院审理民事案件,应当根据自愿、合法的原则进行调解。当事人一方或者双方坚持不愿调解的,应当及时裁判。人民法院审理离婚案件,应当进行调解,但不应久调不决。法院调解是在法院审判人员的主持下进行的,是法院审判活动的组成部分,由此达成的协议,是法院的审判职能活动同当事人的处分行为相结合的结果。

二、法院调解与诉讼外调解、诉讼中和解的区别

1. 法院调解与诉讼外调解的区别

(1) 性质不同。法院调解,是在法院审判人员的主持下进行的,发生在诉讼过程中,当事人在此过程中所进行的行为,属诉讼行为,对当事人产生诉讼上的约束力;诉讼外调解,是由人民调解委员会或行政机关主持的,发生在诉讼之外,当事人的行为无诉讼上的意义。

(2) 法律依据和程序要求不同。法院调解要遵循一定的法律原则和程序,即要遵循当事人自愿和合法的原则,在事实清楚、责任分明的基础上进行,且遵循一定的程序;诉讼外调解,虽然也要求要当事人自愿和合法,但相对而言,其要求没有法院调解那样严格,程序上也不如法院调解规范。

(3) 效力不同。当事人达成协议并签收了调解书的,诉讼结束;法院调解达成的调解协议或调解书生效后,与生效的判决书具有同等法律效力,具有强制执行力。诉讼外调解,除仲裁机构制作的调解书对当事人具有拘束力以外,其他机构主持下达成调解协议而形成的调解书,具有一定的证据力,如人民调解达成的协议就具有民事合同性质,对当事人双方有约束力,当事人应当自觉履行,但无强制执行力。若达成协议后当事人一方反悔,则另一方可向法院起诉。但经司法确认的人民调解协议具有执行力。《人民调解法》第33条规定,经人民调解委员会调解达成调解协议后,双方当事人认为有必要的,可自调解协议生效之日起30日内共同向法院申请司法确认,法院应当及时审查,依法确认调解协议的效力。法院依法裁定调解协议有效,当事人一方拒绝履行或未全部履行的,对方可向法院申请强制执行。

2. 法院调解与诉讼中和解的区别

我国《民诉法》第50条规定,双方当事人可以自行和解。诉讼中和解,是指诉讼过程中,当事人通过自行协商,达成和解协议,从而终结诉讼的制度。法院调解与诉讼中和解的共同之处在于,都是发生在诉讼过程中,都是当事人自愿达成调解或者和解,诉讼程序都已终结。

但法院调解与诉讼中和解又有以下区别：

(1) 性质不同。法院调解蕴含人民法院行使审判权的性质，体现了当事人行使处分权和法院行使审判权的有机结合；诉讼中和解则是当事人在诉讼中对自己诉讼权利和实体权利的处分，是当事人处分权行使的体现。当事人在和解过程中可以申请法院对和解活动进行协调，人民法院可以委派审判辅助人员或者邀请、委托有关单位和个人从事协调活动。

(2) 参加的主体不同。法院调解由人民法院和双方当事人共同参加，是在法院主持下进行的；诉讼中和解则完全由当事人自行协商，没有第三者的参与。

(3) 效力不同。法院调解达成协议制作的调解书生效后，诉讼归于终结，调解书具有强制执行效力，法院调解是结案方式之一；当事人在诉讼中和解，达成和解协议后，可以由原告申请撤诉，经法院裁定准许后终结诉讼；也可以由双方当事人申请法院审查、确认，根据和解协议制作民事调解书。

【真题实训 9-1】

甲诉乙损害赔偿一案，双方在诉讼中达成和解协议。关于本案，下列哪一说法是正确的？(2012，卷三，39)

A. 当事人无权向法院申请撤诉

B. 因当事人已达成和解协议，法院应当裁定终结诉讼程序

C. 当事人可以申请法院依和解协议内容制作调解书

D. 当事人可以申请法院依和解协议内容制作判决书①

[应用提示]法院调解或当事人和解后，当事人可以申请法院依据调解协议或者和解协议制作调解书，但不得制作判决书，唯有如下两种例外情形：①无民事行为能力人的离婚案件，法定代理人与对方达成协议要求发给判决书的；②涉外案件中的调解。

三、法院调解的适用范围

法院调解作为我国《民诉法》的一项基本原则，在民事诉讼中具有广泛的适用性。《民诉法》2012 年修正时新增第 122 条规定，当事人起诉到法院的民事纠纷，适宜调解的，先行调解，但当事人拒绝调解的除外。

最高法院《民诉法解释》(法释〔2015〕5 号)第 143 条规定，适用特别程序、督促程序、公示催告程序的案件，婚姻等身份关系确认案件以及其他根据案件性质不能进行调解的案件，不得调解。据此司法解释以及相关法律规定，可知以下几点：

(一) 不得适用调解的法定情形

(1) 适用特别程序、督促程序、公示催告程序审理的案件。在非讼程序中，没有对立的双方当事人，自然也就不适用调解。

(2) 婚姻关系、身份关系确认案件以及其他依案件性质不能进行调解的案件。

① [真题实训 9-1](2012，卷三，39)答案：C。

[应用提示]婚姻关系、身份关系确认案件≠涉及婚姻关系、身份关系的案件，此处仅指确认该类法律关系的案件，例如，确认婚姻效力、确认收养关系效力的案件，而不包括离婚案件、解除收养关系案件。前者属确认之诉，后者属变更之诉。确认身份关系的案件，虽然属于争讼案件，但并不属于私权处分范畴，即身份关系的确认不能由当事人自由处分。

(3) 执行案件。执行程序不适用调解，但允许执行和解。因为执行程序的功能是实现执行依据所确认的民事权利义务关系，其本身并不承担解决实体纠纷的功能，因而在执行程序中，权利义务争议已解决完毕，作为审判权行使方式之一的法院调解也就不可能适用。

(二) 应当调解的法定情形

(1) 离婚案件。《婚姻法》第32条第2款规定，人民法院审理离婚案件，应当进行调解。

[应用提示] 与确认婚姻关系的案件不得调解刚好相反，离婚案件应当调解。

(2) 适用简易程序审理的几类应当先行调解的案件：婚姻家庭纠纷和继承纠纷、劳务合同纠纷、交通事故和工伤事故引起的权利义务关系较为明确的损害赔偿纠纷、宅基地和相邻关系纠纷、合伙协议纠纷、诉讼标的额较小的纠纷。

(3) 新增的起诉后、受理前的先行调解：即《民诉法》2012年修正时新增第122条规定，当事人起诉到法院的民事纠纷，适宜调解的，先行调解，但当事人拒绝调解的除外。

(4) 审理前通过调解分流的案件：即依《民诉法》第133条第(2)项规定，开庭前可以调解的，采取调解方式及时解决纠纷，从而使案件在庭审前以调解方式结案，无须进入庭审环节。

综上所述，除适用特别程序、督促程序等审理的案件，婚姻关系、身份关系确认案件，及其他依案件性质不能进行调解的民事案件外，所有民事争议案件，在当事人自愿的基础上，在第一审普通程序、简易程序、第二审程序和审判监督程序中，均可适用法院调解。但若是当事人不愿调解或者没有调解基础的案件，法院可以不经调解而作出判决。另外，在执行程序中不适用法院调解，因为法院的裁判已经发生法律效力，非经审判监督程序，法院和当事人都不能变更裁判所确定的内容。

【真题实训 9-2】

齐远、张红是夫妻，因感情破裂诉至法院离婚，提出解除婚姻关系、子女抚养、住房分割等诉讼请求。一审判决准予离婚并对子女抚养问题作出判决。齐远不同意离婚提出上诉。二审中，张红增加诉讼请求，要求分割诉讼期间齐远继承其父的遗产。下列哪一说法是正确的？(2015，卷三，44)

A. 一审漏判的住房分割诉讼请求，二审可调解，调解不成，发回重审

B. 二审增加的遗产分割诉讼请求，二审可调解，调解不成，发回重审

C. 住房和遗产分割的两个诉讼请求，二审可合并调解，也可一并发回重审

D. 住房和遗产分割的两个诉讼请求，经当事人同意，二审法院可一并裁判

[真题实训 9-2](2015，卷三，44)答案：A。解析：依《民诉法解释》第326条，对当事人在

第一审程序中已经提出的诉讼请求，原审法院未作审理、判决的，第二审法院可根据当事人自愿的原则进行调解；调解不成的，发回重审。据此，本题中一审漏判的住房分割诉讼请求，二审可调解；调解不成，发回重审，而不得一并裁判，故选项A正确、选项D错误。《民诉法解释》第328条规定，在第二审程序中，原审原告增加独立的诉讼请求或者原审被告提出反诉的，第二审人民法院可以根据当事人自愿的原则就新增加的诉讼请求或者反诉进行调解；调解不成的，告知当事人另行起诉。双方当事人同意由第二审法院一并审理的，第二审法院可以一并裁判。因此，二审增加的遗产分割诉讼请求，二审可调解；调解不成，告知当事人另行起诉，但不得发回重审，故选项B、C错误。综上，本题准确说法为选项A。同时表明，二审程序中也可适用调解。

第二节 法院调解的原则

【引例9-2】

赵某因急需资金周转而向李某借款人民币100万元，双方签订《借款合同》，约定了借款的金额、期限、月利率为每月2%，利息按月支付，如借款人未按时付息及还款，除支付约定利息外，还应按借款总额的20%支付违约金；甲公司为上述借款提供连带责任保证。后李某按借款合同约定将人民币100万元划给赵某指定的收款人张某。后因赵某未按约定还款并付息，李某向法院起诉，要求赵某偿还借款本息并支付违约金，甲公司对上述款项承担连带保证责任。审理过程中，被告赵某辩称借款是划归张某账户，与自己无关；被告甲公司则请求法院对本案进行调解。[①]

请问：法院可以对本案进行调解吗？调解时应遵循什么原则？

《民诉法》第9条规定，法院审理民事案件，应当根据自愿和合法的原则进行调解；第93条也规定，法院审理民事案件，根据当事人自愿的原则，在事实清楚的基础上，分清是非，进行调解。据此，法院调解必须遵循以下3项原则：

一、自愿原则

自愿原则，是指民事诉讼中，法院必须在双方当事人自愿的基础上进行调解，不能违背当事人意志强制或变相强迫其接受调解。自愿原则具体包括：①程序上的自愿，是指民事诉讼中，是否以调解方式解决民事纠纷，应出于当事人双方的真实意愿，征得双方的同意，法院

① 案例来源：本章作者许绍玉兼职律师工作期间办理的案件之一，当事人名称有改动。

不能强制进行调解。即使达成调解协议,在送达《民事调解书》时,当事人反悔拒不签收的,法院也不得适用留置送达。②实体上的自愿,是指在法院调解活动中,调解协议的内容必须是双方当事人的真实意思表示,是当事人对实体权利自由处分的体现,法院审判人员在主持调解时可以提出调解方案供当事人参考,但不得强制当事人接受。

二、合法原则

合法原则,是指法院主持调解活动的程序和当事人达成调解协议的内容,应当符合法律的规定。合法原则具体包括:①程序上的合法,指法院进行调解的程序应当合法。虽然,法院调解相比判决较为灵活,但同样应当遵循法定的程序。从调解开始,调解的方式、步骤等,均需遵守法定程序。②实体上的合法,指当事人达成调解协议的内容,不得违反法律的规定,不得侵害国家利益、社会公共利益和第三人的合法权益。调解协议是当事人行使处分权的体现,其内容可能不完全符合法律的规定,但须以不侵害国家利益、社会公共利益和第三人的合法权益为前提,这是法院调解与判决的主要区别之一。

三、查明事实、分清是非原则

查明事实、分清是非原则,要求法院进行调解活动,必须查明案件的基本事实,分清争议的是非曲直,明确当事人各自的责任,即法院调解应当在事实已经基本清楚、当事人之间的权利义务关系已经基本明了的基础上进行。

[引例 9-2:解析]虽然本案被告之一甲公司请求法院对案件进行调解,但法院应当根据自愿原则,征得赵某及李某双方的同意,才可对本案进行调解。调解时,应当查明案件基本事实,在合法基础上由当事人自愿达成调解协议,调解协议的内容不得违反法律的规定,不得侵害国家利益、社会公共利益和第三人的合法权益。

第三节 法院调解的程序

【引例 9-3】

曹凤与陈伟经朋友介绍,一见钟情结婚,生育一子。后因性格尤其对孩子的教育意见不同而生矛盾,婚后陈伟又与女同事有不正当男女关系,曹凤遂起诉离婚,要求儿子(1 岁)由其抚养并分割夫妻共有财产(两套房屋),陈伟同意离婚,但认为儿子应由自己抚养、两套房屋是自己单方出资应归自己所有。[1]

请问:法院应如何处理此离婚纠纷?

① 案例来源:本章作者许绍玉兼职律师工作期间办理的案件之一,当事人名称有改动。

一、法院调解的开始

最高法院《简易程序规定》(法释〔2003〕15 号)第 14 条规定，下列民事案件，法院在开庭审理时应当先行调解：①婚姻家庭纠纷和继承纠纷；②劳务合同纠纷；③交通事故和工伤事故引起的权利义务关系较为明确的损害赔偿纠纷；④宅基地和相邻关系纠纷；⑤合伙协议纠纷；⑥诉讼标的额较小的纠纷。但是根据案件的性质和当事人的实际情况不能调解或者显然没有调解必要的除外。

[引例 9-3：解析]依最高法院法释〔2003〕15 号第 14 条，法院对此案应当先行调解。

根据最高法院《法院调解规定》(法释〔2004〕12 号)，对于有可能通过调解解决的民事案件，法院应当调解。法院对受理的第一、二审和再审民事案件，可以在答辩期满后裁判作出前进行调解，在征得当事人各方同意后，法院可以在答辩期满前进行调解。但适用特别程序、督促程序、公示催告程序、破产还债程序的案件，婚姻关系、身份关系确认案件及其他依案件性质不能进行调解的民事案件，法院不予调解。

可见，法院调解开始的方式有两种：一是由当事人提出申请而开始；二是法院在征得当事人同意后主动依职权调解而开始。法院调解在诉讼的各阶段、各审级中均可进行。具体而言，法院在案件受理之后、开庭之前可以进行调解，在庭审过程中可以进行调解，在二审乃至再审中也都可以进行调解。庭审中的调解，通常情况下是在法庭辩论结束后进行。根据司法实践，调解可以当庭进行，也可以在休庭之后另定日期进行。

二、法院调解的进行

【真题实训 9-3】

村民甲、乙因相邻关系发生纠纷，甲诉至法院，要求判决乙准许其从乙承包的土地上通过。审理中，法院主动了解和分析甲通过乙土地的合理性，听取其他村民的意见，并请村委会主任做双方工作，最终促成双方同意调解。调解时邀请了村中有声望的老人及当事人的共同朋友参加，双方互相让步达成协议，恢复和睦关系。关于法院的做法，下列哪一说法是正确的？(2012，卷三，35)

A. 法院突破审判程序，违反了辩论原则

B. 他人参与调解，影响当事人意思表达，违反了辩论原则

C. 双方让步放弃诉求和权益，违反了处分原则

D. 体现了司法运用法律手段，发挥调解功能，能动履职的要求

法院调解在审判人员的主持下进行。调解工作既可由合议庭共同主持，也可由合议庭中的一个审判员主持；调解可在法庭上进行，也可在当事人所在地进行。法院调解，可以邀请与当事人有特定关系或者与案件有一定联系的企业事业单位、社会团体或者其他组织和具有专门知识、特定社会经验、与当事人有特定关系并有利于促成调解的个人协助调解工作。

经各方当事人同意，法院可以委托前款规定的单位或个人对案件进行调解，达成调解协议后，人民法院应当依法予以确认。被邀请的单位和个人，应当协助人民法院进行调解。这里所说的有关单位和个人，主要是指当事人所在的单位或者对案件事实有所了解的单位以及当事人的亲友，由他们协助调解，有利于缓解诉讼的紧张气氛，解除当事人思想上的一些疑虑，促成调解协议的形成。

法院应当在调解前告知当事人主持调解人员和书记员姓名以及是否申请回避等有关诉讼权利和义务。当事人申请不公开进行调解的，法院应当准许。

法院调解应当在当事人的参加下进行，原则上采取面对面的形式。根据《法院调解规定》，法院根据需要也可对当事人分别作调解工作。调解的进行，当事人可亲自参加，也可委托诉讼代理人代为进行。无诉讼行为能力的当事人进行调解，应当由其法定代理人代为进行。离婚案件原则上应由当事人亲自参加调解，确有困难无法亲自参加调解的，当事人应就离与不离的问题出具书面意见。

当事人在和解过程中申请法院对和解活动进行协调的，法院可以委派审判辅助人员或者邀请、委托有关单位和个人从事协调活动。当事人在诉讼过程中自行达成和解协议的，法院可以根据当事人申请依法确认和解协议并制作调解书。

[真题实训 9-3](2012，卷三，35)答案：D。解析：民事纠纷适宜调解的，法院有权先行调解，但当事人拒绝调解的除外，故选项 A 说法错误。法院进行调解，可以邀请有关单位和个人协助，本案中法院邀请村委会主任参与调解，故选项 B 说法错误。诉讼中，当事人有权处分自己的实体权益和诉讼权益，放弃一定诉求和权益，恰恰是处分原则的体现，故选项 C 错误。综上，仅选项 D 正确。

三、法院调解的结束

法院调解的结束，是指在审判人员主持下，双方当事人充分协商，达成协议，结束调解程序或因未达成调解协议而终止调解。可见，法院调解的结束包括两种情形：一是因当事人双方达成调解协议而结束；二是因未达成调解协议而结束。

1. 因当事人双方达成调解协议而结束

调解达成协议的情况有两种：①庭审中或庭审前后，在审判人员主持下经双方当事人协商达成的协议。调解达成协议的，应当要求双方当事人在调解协议上签字，并根据情况决定是否制作调解书。对于不需要制作调解书的调解协议，应当由书记员将其内容记录在案，并由双方当事人或经授权的代理人签名。②双方当事人在诉讼外自行协商达成的协议。审判人员对此类协议，应当进行审查。对于当事人双方自愿达成，协议内容符合法律规定的，应当对协议予以确认，并根据调解协议的内容制作调解书，送达双方当事人。调解书不能当庭送达双方当事人的，应当以后收到调解书的当事人签收的日期为调解书的生效日期。

根据《民诉法》的有关规定，调解协议违背法院调解有关原则的，不予确认。《法院调解规定》第 12 条规定，具有下列情形之一的，不予确认：①侵害国家利益、社会公共利益的；②侵害案外人利益的；③违背当事人真实意思的；④违反法律、行政法规禁止性规定的。

2. 因未达成调解协议而结束

对于经法院调解未能达成协议或者调解书送达时当事人反悔拒绝签收的，法院应当及时通知对方当事人，对案件继续进行审理，并及时作出判决。

第四节 调解协议与民事调解书

【引例 9-4】

甲公司向乙房产公司租赁商铺，双方签订租赁合同。因甲公司经营困难，未按期交付租金，乙公司遂向法院起诉，要求甲公司支付租金及利息、违约金并解除租赁合同。后经法院调解达成协议，乙公司自愿放弃合同约定的违约金，但要求甲公司对拖欠的租金提供担保，且若甲公司未按调解协议履行，则需另外承担违约金。①

请问：乙公司的要求可否写进调解协议，能否得到法院的确认？

一、调解协议

调解协议，是当事人在人民法院的主持下，就双方的民事权利义务经平等协商，自愿达成一致协议，以解决双方民事争议。

最高法院《法院调解规定》(法释〔2004〕12号)对调解协议的内容作了以下规定：

(1) 调解协议内容超出诉讼请求的，法院可以准许。调解协议是当事人协商一致解决民事争议所达成的合意，即使协议内容超出诉讼请求，法院也可以准许，以有利于妥善解决当事人的纠纷。

(2) 调解协议约定一方不履行协议应当承担民事责任的，法院应予准许；但约定一方不履行协议，另一方可以请求法院对案件作出裁判的，法院不予准许。

(3) 调解协议约定一方提供担保或者案外人同意为当事人提供担保的，法院应当准许。案外人提供担保的，法院制作调解书时应当列明担保人，并将调解书送交担保人。担保人不签收调解书的，不影响调解书生效，当事人或案外人提供的担保符合担保法规定的条件时生效。

(4) 调解协议具有下列情形之一的，法院不予确认：①侵害国家利益、社会公共利益的；②侵害案外人利益的；③违背当事人真实意思的；④违反法律、行政法规禁止性规定的。

[引例 9-4：解析] 乙公司在调解协议中，自愿放弃租赁合同约定的违约金，但要求甲公司对拖欠的租金提供担保以及若甲公司未按调解协议履行则需另外承担违约金的要求，符合

① 案例来源：本章作者许绍玉兼职律师工作期间办理的案件之一，当事人名称有改动。

《法院调解规定》，因此可以写进调解协议，能够得到法院的确认。

二、民事调解书

民事调解书，是指人民法院制作的，记载当事人之间调解协议内容的法律文书。它既是当事人相互协商结果的记录，又是法院行使审判权的重要标志。

【真题实训 9-4】

关于法院制作的调解书，下列哪一说法是正确的？（2015，卷三，42）

A. 经法院调解，老李和小李维持收养关系，可不制作调解书

B. 某夫妻解除婚姻关系的调解书生效后，一方以违反自愿为由可申请再审

C. 检察院对调解书的监督方式只能是提出检察建议

D. 执行过程中，达成和解协议的，法院可根据当事人的要求制作成调解书

《民诉法》第 97 条规定，调解达成协议，法院应当制作调解书。调解书应当写明诉讼请求、案件的事实和调解结果。调解书由审判人员、书记员署名，加盖人民法院印章，送达双方当事人。可见，法院民事调解书的内容，主要包括：一是诉讼请求，即原告向法院提出的要求法院予以保护的实体权利请求；二是案件事实；三是调解结果。

人民法院应当按照法定的格式，且依据调解协议的内容制作调解书。调解书的具体内容，主要包括首部、正文和尾部三部分。

（1）首部，包括制作调解书的人民法院的名称、案件的编号、当事人及其诉讼代理人的基本情况、案由等。

（2）正文，应当写明原告诉讼请求、案件事实和调解结果。正文是调解书的核心部分，尤其调解结果，是确认当事人达成的调解协议的内容，必须具体、明确，以免当事人在履行调解书时发生争议；同时还应写明诉讼费用的负担。

（3）尾部。由审判人员、书记员署名，写明调解书的制作时间，并加盖人民法院的印章。

制作民事调解书的目的，是为了明确当事人之间的权利义务关系，同时也表明人民法院对当事人之间的调解协议予以认可。因此，《民诉法》规定，人民法院通过调解活动，当事人自愿达成调解协议的，应当制作调解书。但是在某些特殊情况下，当事人达成调解协议的，法律规定不需制作调解书。《民诉法》第 98 条规定，下列案件调解达成协议，人民法院可以不制作调解书：①调解和好的离婚案件；②调解维持收养关系的案件；③能够即时履行的案件；④其他不需要制作调解书的案件。对于不需要制作调解书的协议，应当记入笔录，由双方当事人、审判人员、书记员签名或者盖章后，即具有法律效力。

[真题实训 9-4]（2015，卷三，42）答案：A。解析：依《民诉法》第 98 条，调解维持收养关系的案件达成协议的，法院可以不制作调解书，故选项 A 正确。依该法第 202 条，当事人对已经发生法律效力的解除婚姻关系的判决、调解书，不得申请再审，故选项 B 错误。依该法第 208 条第 2 款，地方各级检察院对同级法院已经发生法律效力的判决、裁定，发现调解书损害国家利益、社会公共利益的，可向同级法院提出检察建议，并报上级检察院备案；也可提

请上级检察院向同级法院提出抗诉，故选项C错误。依该法第230条，在执行中，双方当事人自行和解达成协议的，执行员应将协议内容记入笔录，由双方当事人签名或者盖章，故选项D错误。

最高法院《法院调解规定》(法释〔2004〕12号)第17条规定，当事人就部分诉讼请求达成调解协议的，人民法院可以就此先行确认并制作调解书。当事人就主要诉讼请求达成调解协议，请求人民法院对未达成协议的诉讼请求提出处理意见并表示接受该处理结果的，人民法院的处理意见是调解协议的一部分内容，制作调解书的记入调解书。

[应用提示] 当事人以民事调解书与调解协议的原意不一致为由提出异议的，如何处理？依最高法院《法院调解规定》(法释〔2004〕12号)第16条规定，人民法院审查后认为上述异议成立的，应当根据调解协议，裁定补正民事调解书的相关内容。

第五节 法院调解的效力

法院调解的效力，是指在法院主持下，双方当事人达成调解协议，并依法定程序接受调解协议所产生的法律后果。

一、法院调解生效的时间

1. 调解书的生效时间

通常情况下，调解达成协议后需要制作调解书的，调解书经双方当事人签收后，即具有法律效力。能当庭送达的调解书，当事人当庭签收的日期为调解书生效的日期；不能当庭送达的调解书，以后签收的当事人签收的日期为调解书生效的日期；在调解书送达时当事人拒绝签收的，调解书不发生法律效力。依最高法院《民诉法解释》(法释〔2015〕5号)第133条，调解书应当直接送达当事人本人，不适用留置送达。当事人本人因故不能签收的，可由其指定的代收人签收。对调解书的内容既不享有权利又不承担义务的当事人不签收调解书的，不影响调解书的效力。

2. 调解协议的生效时间

依《法院调解规定》第13条，《民诉法》第94条第1款第(4)项规定的“其他不需要制作调解书的案件”，当事人各方同意在调解协议上签名或者盖章后生效，经人民法院审查确认后，应当记入笔录或者将协议附卷，并由当事人、审判人员、书记员签名或者盖章后即具有法律效力。当事人请求制作调解书的，人民法院应当制作调解书送交当事人。当事人拒收调解书的，不影响调解协议的效力。一方不履行调解协议的，另一方可以持调解书向人民法院申请执行。

[应用提示]当事人对诉讼费用的承担不能达成协议时，如何处理？依《法院调解规定》(法释〔2004〕12号)第14条，当事人不能对诉讼费用如何承担达成协议的，不影响调解协议的效力。人民法院可以直接决定当事人承担诉讼费用的比例，并将决定记入调解书。

二、法院调解的法律后果

《民诉法》第 97 条第 3 款规定，调解书经双方当事人签收后，即具有法律效力。

调解协议或调解书生效后，与生效判决具有同等的法律效力，具体表现在以下几个方面：

(1) 诉讼程序结束。调解书生效后，诉讼程序即告终结，当事人不得上诉。

(2) 当事人不得以同一诉讼标的、同一事实和理由再行起诉。调解协议或调解书确认了当事人发生争议的民事权利义务，当事人争议的法律关系归于消灭。

(3) 具有强制执行效力。当负有履行调解书义务的一方当事人未按调解书履行义务时，另一方有权依据调解书向法院申请强制执行。

【本章小结】

法院调解是当事人处分行为与法院审判行为结合的产物，其双重属性要求法院调解的程序设置应具诉讼解决与合意解决纠纷的特征。法院调解在我国民事诉讼中具有广泛的适用性，贯穿于审判程序的始终。法院调解不同于当事人自行和解，与国外的附设法院的调解也有本质区别。法院调解应当遵循的三项原则是自愿、合法以及查明事实、分清是非。法院调解应依法定程序进行，达成的调解协议依法定形式生效后，具有与生效判决同等的效力。

【国家统一法律职业资格考试辅导专栏】

(1) 从历年考试而言，命题的方式除了在客观题部分多次考查以外，2013 年还在卷四部分以开放式设问对转型社会背景下审判与调解之间的关系进行了考查。此外，《民诉法》2012 年修正时也多处涉及与调解相关的内容，诸如增加了起诉时、受理前的先行调解制度，将调解书纳入审判监督程序的范围，将人民调解协议的司法确认制度法典化，等等。

(2) 历年考点：①法院调解的原则；②调解的适用范围；③调解与和解的关系；④调解协议与调解书的关系；⑤调解的法律效力。

(3) 历年真题：2015 卷三 35、40、42、44、45、46；2014 卷三 36、40、41、85；2012 卷三 37、40、83；2011 卷三 83、84；2010 卷三 48、83；2009 卷三 40、41、42；2008 全国卷三 33、45、80、90，四川卷三 45、81、89。

(4) 备考重点：①不得适用调解的法定情形；②应当先行调解的法定情形；③诉讼中调解的适用范围；④不需要制作调解书的法定情形；⑤法院调解的效力。

【本章练习】

一、判断题(共 5 小题)

1. 法院调解原则贯穿于民事司法程序的全过程。 ( )

2. 人民法院受理案件后，经审查，认为法律关系明确、事实清楚，即使征得当事人双方同意，也必须在开庭过程中才可以进行调解。 （　）

3. 人民法院审理民事案件，调解过程不公开，但当事人同意公开的除外。调解协议内容不公开，但为保护国家利益、社会公共利益、他人合法权益，人民法院认为确有必要公开的除外。 （　）

4. 当事人自行和解或者调解达成协议后，请求人民法院按照和解协议或者调解协议的内容制作判决书的，人民法院应予以准许。 （　）

5. 甲、乙因租赁合同纠纷诉至法院，审判员对此案进行了调解，但未达成协议。于是法院开庭审理后当庭作出判决。在送达判决书之前，甲又要求法院进行调解。为此法院应当暂不送达判决书，恢复审理，主持双方再行调解。 （　）

二、单项选择题(共 5 小题)

1. 甲向乙借款 2 万元过期未还，被乙诉至法院。审理过程中双方达成调解协议，约定延期偿还并由丙为甲提供担保，双方签字盖章记入笔录，制作了调解书，但送达时丙拒绝签收。后乙因甲违反调解协议拒不还款而向法院申请强制执行担保财产。下列说法正确的是(　)。

A. 不影响调解书生效，调解书确定的担保条款条件成立时，乙可以申请法院依法执行

B. 调解书不发生效力，法院应当及时作出判决

C. 不影响调解书的效力，丙不履行调解书时，乙可诉丙要求其承担担保责任

D. 不影响调解书的效力，但其中担保的约定不产生效力

2. 甲公司与乙厂签订买卖合同，后双方发生争议，甲公司遂诉至法院。案件审理过程中，原被告双方经法院调解达成调解协议。法院遂于 2013 年 8 月 15 日制作了调解书，并于 8 月 16 日通知双方到法院签收。甲公司于 8 月 17 日来法院签收并取走调解书，而乙厂于 8 月 20 日才签收调解书。根据上述情况，调解书的生效日期为(　)。

A. 8 月 15 日　　B. 8 月 16 日　　C. 8 月 17 日　　D. 8 月 20 日

3. 小明是某中学初三学生，因经常上课迟到多次受到班主任老师的惩罚而精神失常。小明父母将班主任老师和学校告上法院。法院邀请主管该校的教育行政部门参与调解工作。在教育行政部门的协调下，双方当事人达成调解协议，学校同意承担小明全部医疗费用并赔偿精神损失费 1 万元，班主任向小明及其父母赔礼道歉。调解协议同时约定，如学校到期不履行协议，小明及其父母有权请求学校承担协议约定的赔偿额两倍的赔偿。关于本案，下列说法中正确的是(　)。

A. 如果当事人申请调解不公开进行，法院应不予支持

B. 如学校到期不履行协议，小明及其父母请求学校承担协议约定赔偿额两倍的赔偿，人民法院应该予以支持

C. 小明父母请求人民法院按照调解协议的内容制作判决书，法院应予以支持

D. 法院不应认可教育行政部门主持协调所达成的调解协议

4. 调解书生效后，当事人反悔的，(　)。

A. 可以上诉

B. 可以另行起诉

C. 不可以申请再审

D. 当事人提供证据证明调解协议违法或违反自愿原则的，可以向人民法院申请再审

5. 依照《民诉法》及相关司法解释的规定，人民法院对下列哪一案件可以进行调解？(　　)

A. 刘某向法院申请认定其丈夫吴某为无民事行为能力人的案件

B. 甲公司因经营不善已经资不抵债，债权人向法院申请宣告甲公司破产还债的案件

C. 因原审法院法官徇私枉法，当事人申请再审，上级法院提审的案件

D. 张某向法院起诉，请求确认与妻子董某的婚姻关系无效的案件

三、多项选择题(共 5 小题)

1. 甲乙因买卖合同纠纷诉至法院。审理过程中，在法院的主持下双方接受调解，甲为达成调解协议，承认了违约的事实，并提出一定的赔偿数额，后因数额不能达成一致而未达成调解协议，法院恢复审理。下列说法中错误的是(　　)。

A. 法院应当至少支持甲承担调解过程中提出的赔偿数额

B. 甲对违约事实的承认不得在诉讼中作为对甲不利的证据

C. 对于甲违约的事实，乙免除举证责任

D. 甲应当对自己没有违约的事实承担举证责任

2. 根据相关司法解释，对于有可能通过调解解决的民事案件，人民法院应当调解。但对于下列哪些案件，人民法院不予调解？(　　)

A. 宣告失踪案件　　B. 离婚案件

C. 认定婚姻无效案件　　D. 公示催告案件

3. 民事调解协议具有下列情形之一的，人民法院不予确认(　　)。

A. 侵害国家利益、社会公共利益的　　B. 侵害案外人利益的

C. 违背当事人真实意思的　　D. 违反法律、行政法规禁止性规定的

4. 人民法院审理民事案件，应当根据自愿和合法的原则进行调解。对此，下列哪些理解是错误的？(　　)

A. 人民法院只能在双方当事人都同意的情况下才能进行调解

B. 双方当事人达成调解协议但要求法院根据协议内容制作判决书，人民法院可以制作调解书结案

C. 人民法院审理离婚案件，应当进行调解

D. 当事人为达成调解协议对案件事实的自愿认可，在调解不成的情况下，可以作为判决认定事实的根据

5. 下列关于法院调解的说法，哪些是正确的？(　　)

A. 人民法院可以委托有关单位和个人对案件进行调解，不必征得当事人的同意

B. 调解时当事人各方应当同时在场，根据需要也可以对当事人分别进行调解工作

C. 调解协议的内容超出诉讼请求的，人民法院不予准许

D. 调解协议的内容违背当事人真实意思的，人民法院不予确认

四、问答题(共 1 小题)

简述法院调解及其原则。

五、案例分析题

要求根据案情，作出全面分析。仔细审阅试题及提问，按要求作答。

郭冬是个体户老刘的雇工。2009 年 3 月 8 日，郭冬开车拉货返回老刘的商店途中，撞伤了下班后回家的卢小美。卢小美住院治疗一个多月后，要求郭冬赔偿，经郭冬所在街道的人民调解委员会主持，卢小美与郭冬达成协议：郭冬一次性赔偿给卢小美 2 万元，卢小美以后不得再以此事提出其他要求。卢小美出院一个月后按医院的要求进行复查，结果表明，因创伤不能根治，将会留有后遗症。卢小美觉得郭冬的赔偿太少，又去与郭冬交涉，但郭冬拒绝再给卢小美任何赔偿。卢小美欲向法院起诉。问：

（1）假设一审法院受理案件后，主持调解，卢小美与郭冬达成调解协议，由郭冬再付给卢小美 1 万元。法院向卢小美送达调解书时，卢小美表示郭冬给的赔偿还是太少，拒绝在调解书上签字。人民法院又主持调解了数次均告失败，遂要双方当事人回去好好商量一下，意见一致了再来法院。法院的做法是否正确？

（2）假设经过法院主持调解，卢小美与郭冬达成协议，由郭冬再向卢小美赔偿 1 万元，并且当庭将钱款交付。这些情况均被记入笔录，双方当事人、审判人员、书记员都签了名。次日，卢小美反悔，声称法院在调解之前没有征得其同意，并且在调解过程中，审判员 A 也几次向卢小美声明，本院的院长与郭冬的父亲是表兄弟，暗示卢小美见好就收。正是在这种压力下，卢小美才同意调解。在这种情况下，卢小美可以采取何种补救措施？

第十章 民事诉讼辅助与保障制度

【学习目标】

■ 知识目标：

了解期间的概念、期间的种类、期间的耽误和延展以及送达的方式，保全和先予执行的概念与意义、保全的措施，对妨害民事诉讼的强制措施的概念、妨害民事诉讼行为的种类、对妨害民事诉讼的强制措施的种类，诉讼费用的概念与意义；

理解期间的意义与送达的效力，诉前保全、诉讼保全和先予执行的条件，妨害民事诉讼行为的构成要件。

■ 能力目标：

掌握民事诉讼法规定的主要的诉讼期间，送达的适用，先予执行的适用范围，拘传与拘留的适用，司法救助的申请程序。

【本章需要预习的主要法律、法规】

1.《民诉法》第 82～91 条、第 100～118 条；

2. 最高法院《民诉法解释》(法释〔2015〕5 号)第 125～141 条、第 152～207 条；

3. 最高法院《诉前停止专利侵权的规定》(法释〔2001〕20 号)；

4. 最高法院《诉前停止商标侵权和保全证据的解释》(法释〔 2002 〕2 号)；

5.《海事诉讼特别程序法》第 59 条，《公民出境入境管理法》第 8 条，《外国人入境出境管理法》第 23 条；

6. 最高法院《民间借贷规定》(法释〔2015〕18 号)第 20 条第 2、3 款；

7. 国务院《诉讼费用交纳办法》(国务院令第 481 号)；

8. 最高法院《关于适用〈诉讼费用交纳办法〉的通知》(法发〔2007〕16 号)、《关于对经济确有困难的当事人提供司法救助的规定》(法发〔2005〕6号)。

第一节 期　　间

【引例 10-1】

某一审判决的上诉期届满之日是2016年4月5日。但2016年4月4日(星期一)是清明节,因此,当事人要求在计算上诉期限时扣除4月4日清明节这一天。

请问:当事人的这一要求是否合法?

一、期间的概念

期间,是指人民法院、诉讼参与人进行或完成某种诉讼行为应当遵守的时间。狭义的期间仅指期限,而广义的期间则包含了期限和期日。期限,是指人民法院、诉讼参与人单独完成某种诉讼行为的一段时间,如被告、被上诉人的答辩期间;期日,是指人民法院与当事人及其他诉讼参与人会合在一起,进行一定诉讼行为的日期,如案件开庭的日期。

二、期间的分类

按照不同的分类标准,期间可以分为以下几种。

(一)法定期间、指定期间、约定期间

根据期间是由法律直接规定,还是由法院指定或是由当事人约定,可将期间分为法定期间、指定期间、约定期间。

依《民诉法》第82条第1款,民诉诉讼的期间包括法定期间和指定期间。

法定期间,是指由法律、司法解释明文规定的诉讼期间,如《民诉法》规定的上诉期间、申请再审的期间、申请执行的期间等,再如《民诉法解释》(法释〔2015〕5号)第129条规定,对申请再审案件,法院应当自受理之日起3个月内审查完毕,但公告期间、当事人和解期间等不计入审查期限。对法定期间,除法律另有规定外,受诉法院不得依职权或依当事人或其他诉讼参与人的申请而予以变更。所谓法律另有规定,是指法律针对诉讼中的某些特殊情况对法定期间所做的调节性规定,如《民诉法》第176条规定,人民法院审理对判决的上诉案件,应当在第二审立案之日起3个月内审结。有特殊情况需要延长的,由本院院长批准。当事人在法定期间内不能完成相应的诉讼活动,就会引起相应的法律后果,如一审判决的当事人没有在法定的上诉期间内提交上诉状,就视为未提出上诉。

指定期间，是指人民法院根据案件的具体情况依职权指定的诉讼期间，如法院指定当事人补正起诉状的期间、限定当事人提供证据的期间。指定期间是法定期间的必要补充。因为诉讼活动纷繁复杂，法律不可能对诉讼行为的期间都一一直接规定，且某些诉讼行为的实施究竟以多长时间为宜，法律也难以预先规定，需要法官根据案件具体情况，兼顾诉讼效率、维护诉讼参与人的程序权益予以确定。

约定期间，是指当事人根据法律或司法解释的规定，协商一致并经法院认可的诉讼期间。民事诉讼中，无论法定期间还是指定期间，当事人都无权予以变更，即当事人没有诉讼期间的选择权。因此，我国《民诉法》只有法定期间和指定期间的规定，如《民诉法》第 82 条第 1 款规定，期间包括法定期间和人民法院指定的期间。但最高法院的司法解释对此有所突破。如《民诉法解释》(法释〔2015〕5 号)第 99 条第 1 款规定，人民法院应当在审理前的准备阶段确定当事人的举证期限。举证期限可以由当事人协商，并经人民法院准许。《证据规定》(法释〔2001〕33 号)第 33 条第 2 款，是最早对法定期间和指定期间的突破。这些规定赋予了当事人约定举证期限的诉讼期间选择权。其他国家的民事诉讼中也有相关立法例，如日本的民事诉讼法规定：口头辩护及辩论准备程序的期日变更，只限于有显著事由的情况才准许，但是，最初的期日变更，如果有当事人协议，亦得准许。对此类期间，学者称之为约定期间。[①] 随着我国司法改革的推进和民事诉讼民主化的发展，民事诉讼法中应当增加规定约定期间，尽可能赋予当事人某些诉讼期间的选择权。

(二) 可变期间和不变期间

根据期间被确定以后是否可以变更，可将期间分为可变期间和不变期间。

可变期间，是指期间经法律规定或者法院指定以后，因情况发生了变化，在规定或指定的期间内完成某一诉讼行为确有困难，法院依职权或依当事人申请变更原定的期间。如法院确定开庭期日后，必须到庭的当事人有正当理由而不能到庭时，法院决定延期开庭。

民事诉讼中重要的可变期间主要有：举证时限、一审普通程序的审理期间、二审判决的审理期间。

不变期间，是指经法律规定，非属法定情形，任何人不得予以变更的期间。如上诉期间和申请再审的期间。对于不变期间，无论当事人、其他诉讼参与人，甚至人民法院，都无权予以延长或缩短。超出法定期间所进行的诉讼行为，不发生相应的法律效力。

民事诉讼中重要的不变期间有：上诉期间、答辩期间、再审申请期间、保全中的期间(紧急情况下作出保全裁定的期间、诉前保全后的起诉期间)。

[应用提示] 指定期间均为可变期间。法定期间分为绝对不变期间和相对不变期间，前者如上诉期间、申请再审期间等，一经法律规定，任何机构和人员都不得变更；后者如一审案件的审理期间，经法律确定，通常情况下不可变更，但遇有法定事由时法院可对其予以变更。凡是法律没有规定可以变更的法定期间，均为不变的法定期间。

---

① 宋朝武.民事诉讼法学[M].3 版.北京：中国政法大学出版社，2012：260.

三、期间的计算

《民诉法》第82条第2、3、4款规定了期间的计算。具体内容包括以下几点:

(1)期间以时、日、月、年计算。期间开始的时和日,不计算在期间内。期间以月、年为计算单位时,期间届满日为开始日的对应日;没有对应日的,以最后一个月的最后一天为期间届满日。

(2)期间届满的最后一日是节假日的,以节假日后的第一日为期间届满的日期。节假日是指国家的法定节假日,包括元旦、春节、清明节、劳动节、端午节、中秋节、国庆节,还有每周的星期六和星期日,但并不包括非公众节假日,如妇女节、儿童节、教师节等。且应当注意,法定期间或指定期间的开始日以及期间中的一些日期是节假日的,不应当从期间中扣除,而是应当计算在期间之内。

[引例10-1:解析]当事人要求在计算上诉期限时扣除4月4日清明节这一天,这一要求不合法。因该案上诉期的最后一日并非2016年4月4日清明节这一天,而是4月5日,是正常工作日(星期二),即期间中的某一或某些日期是节假日的,不应从期间中扣除。

(3)期间不包括在途时间,诉讼文书在期满前交邮的,不算过期。所谓在途时间,是指诉讼文书在邮寄途中所花费的时间,而不是指当事人参加诉讼的在途时间。法院在计算期间时,不应以收到诉讼文书的时间为准,而应以诉讼文书的交邮时间即邮戳日期为准。诉讼文书只要是在期满之前交邮的,都不算过期,而不论收到文书的时间是否过期。

四、期间的耽误和顺延

【真题实训10-1】

张兄与张弟因遗产纠纷诉至法院,一审判决张兄胜诉。张弟不服,却在赴法院提交上诉状的路上被撞昏迷,待其经抢救苏醒时已超过上诉期限一天。对此,下列哪一说法是正确的?(2015,卷三,41)

A. 法律上没有途径可对张弟上诉权予以补救

B. 因意外事故耽误上诉期限,法院应依职权决定顺延期限

C. 张弟可在清醒后10日内,申请顺延期限,是否准许,由法院决定

D. 上诉期限为法定期间,张弟提出顺延期限,法院不应准许

《民诉法》第83条规定,当事人因不可抗拒的事由或者其他正当理由耽误期限的,在障碍消除后的10日内,可以申请顺延期限,是否准许,由法院决定。此条规定的,就是期间的耽误和顺延。

(一)期间的耽误

期间的耽误,是指当事人在法定期间或指定期间内,没有进行或完成应当进行或完成的诉讼行为。通常情况下,为稳定社会秩序,当事人耽误了期间也就意味着丧失了进行有关诉

讼行为的资格。但期间的耽误有些是由于不可抗力等不可归责于当事人的原因造成的，因此，法律允许当事人在一定条件下申请延展有关期间。

（二）期间的顺延

（1）申请顺延期间的事由，包括：①不可抗拒的事由，即不能遇见、不能避免和无法克服的客观情况；②其他正当理由，具体情形由法官根据具体案情裁量。

（2）申请顺延期间的时间：当事人申请顺延期限，应当在障碍消除后的 10 日以内提出申请。

[应用提示] ①当事人仅有申请权，最终决定权在法院。若法院准许了顺延申请，则对法定期间，应当补足实际耽误的期间；对指定期间，则由法院依据具体情况决定。②申请顺延举证期限的，还应当在举证期限届满前提出申请。

[真题实训 10-1]（2015，卷三，41）答案：C。考点：期间的耽误和顺延。法律依据：《民诉法》第 83 条。

五、期日

（一）期日的概念

如前所述，期日是指法院与当事人及其他诉讼参与人会合进行诉讼行为的日期。如决定某日为某个民事案件开庭审理的日期。在这一日，法院、当事人及其他诉讼参与人都须到庭参加诉讼活动。依在期日进行的诉讼行为，可将期日分为准备程序期日、调查证据期日、宣判期日等。期日确定后，若遇特殊情况不能如期进行诉讼行为，则法院可依职权或依当事人申请决定变更期日。法院决定变更期日后，应当及时通知参与诉讼的有关人员。

期日也可能发生耽误，即当事人及其他诉讼参与人在期日内没有完成应当完成的诉讼行为。若因法院的原因造成期日耽误的，则法院应当依职权变更期日。

（二）期日与期间的区别

在讨论期日与期间的区别时，此处的期间实质上指的是狭义上的期间即期限，因此，期日与期间的区别主要表现在以下几个方面：

（1）概念不同。期日是指法院和诉讼参与人会合在一起为诉讼行为的时间；而期间是指法院或诉讼参与人单独为某诉讼行为的期限。

（2）有无终期不同。期日只确定开始的时间，而不预先确定终止的时间，期日终止的时间需要由法院根据案件具体情况确定；而期间既有始期，也有终期。

（3）有无法定与指定的划分不同。期日均由法院指定，而无法定、指定之分，且法院指定期日时，不仅要指定具体的日期，还要指定开始的具体时刻；期间可分为法定期间、指定期间、约定期间。

（4）是否可变不同。期日可由法院根据具体情况予以变更；期间则分为可变期间与不变期间。

（5）诉讼行为的方式不同。期日是具体的日期和时刻，确定的日期、时刻一旦开始，则诉讼行为必须立即开始实施；期间通常是一段时间，期间开始后，诉讼行为无须立即开始进行，只要是在这一段时间之内进行或完成即可。

第二节　送　　达

【引例 10-2】

刘毅因其妻陈珥经常出差导致感情破裂为由，向H县法院起诉离婚。法院经审理，判决不准离婚。该案书记员张珊多次到刘毅家送达判决书均遭刘毅拒绝签收。

请问：此时，书记员张珊可否将判决书交给仍与刘毅同住的陈珥？

一、送达的概念与特征

民事诉讼中的送达，是指法院依法定的程序和方式，向当事人及其他诉讼参与人送交诉讼文书的诉讼行为。作为一项重要的诉讼行为，送达具有如下特征：

(1) 送达的主体仅限于法院。送达是法院的职权行为，当事人向法院递交答辩状等诉讼文书，以及当事人或其他诉讼参与人相互之间递交诉讼文书的行为，均不能称之为送达。

(2) 送达的客体是各种诉讼文书。法院送达的诉讼文书主要有判决书、裁定书、调解书、决定书、通知书、支付令、传票以及起诉状副本、答辩状副本、上诉状副本等。

(3) 送达的对象是当事人及其诉讼代理人或其他诉讼参与人。送达是法院在诉讼过程中对当事人及其诉讼代理人或其他诉讼参与人所进行的诉讼行为。法院在诉讼外，或者虽在诉讼中，给诉讼参与人以外的人发送或报送材料，均不是送达。

(4) 送达须依法定的程序和方式进行。法院必须严格依照《民诉法》规定的程序和方式实施送达行为，否则构成程序违法，并不能产生送达的法律效力。如《民诉法》第 84 条规定，送达诉讼文书必须有送达回证，由受送达人在送达回证上记明收到日期，签名或盖章。受送达人在送达回证上的签收日期为送达日期。

二、送达的方式

送达的方式，是指法院进行送达所采用的方法。我国《民诉法》和相关司法解释规定了下列 7 种送达方式。

(一) 直接送达

直接送达，是指法院的送达人员将需要送达的诉讼文书直接送交受送达人签收的送达方式。民事诉讼中，直接送达是最基本的送达方式，只有在直接送达有困难时，方可采用其他送达方式。

直接送达应当将诉讼文书直接送交受送达人本人。但依《民诉法》第 85 条，下列情形也属于直接送达：①受送达人是公民的，本人不在，交其同住成年家属签收；②受送达人是法人或其他组织的，应由法人的法定代表人、其他组织的主要负责人，或者该法人、组织负责收件的人签收；③受送达人有诉讼代理人的，可以送交其代理人签收；④受送达人已向法院指定代收人的，送交代收人签收。受送达人的同住成年家属，法人或其他组织的负责收件的人，诉讼代理人或者代收人在送达回证上签收的日期，为送达日期。

（二）留置送达

留置送达，是指受送达人或其同住成年家属无正当理由拒绝签收诉讼文书时，法院送达人员依法定程序将诉讼文书放置于受送达人的住所并产生送达法律效力的送达方式。

1. 留置送达的适用条件

依《民诉法》第 86 条规定，留置送达，只有在受送达人或其同住成年家属无正当理由拒绝接收诉讼文书时才能予以适用。

[应用提示与相关链接]留置送达适用于受送达人不愿意接收诉讼文书的情形，属强制送达，因此：①调解书不适用留置送达，因当事人对调解协议在调解书送达前有权反悔，其拒收调解书，意味着对调解协议的反悔；②支付令可以留置送达，但不能公告送达。

2. 留置送达的实现方式

（1）传统方式：邀请有关基层组织或所在单位的代表到场，说明情况，在送达回证上记明拒收事由和日期，由送达人、见证人签名或盖章，把诉讼文书留在受送达人的住所。

（2）新增方式：把诉讼文书留在受送达人的住所，并采用拍照、录像等方式记录送达过程。这也是《民诉法》2012 年修正时新增规定的留置送达的实现方式：电子见证方式。①

《民诉法解释》（法释〔2015〕5 号）第 130～133 条，对留置送达作了如下补充规定：

（1）向法人或其他组织送达诉讼文书，应当由法人的法定代表人、该组织的主要负责人或者办公室、收发室、值班室等负责收件的人签收或盖章，拒绝签收或盖章的，适用留置送达；有关基层组织和所在单位的代表，可以是受送达人住所地的居民委员会、村民委员会的工作人员以及受送达人所在单位的工作人员。

（2）法院直接送达诉讼文书的，可以通知当事人到法院领取。当事人到达法院，拒绝签署送达回证的，视为送达。审判人员、书记员应当在送达回证上注明送达情况并签名；法院可以在当事人住所地以外向当事人直接送达诉讼文书。当事人拒绝签署送达回证的，采用拍照、录像等方式记录送达过程即视为送达。审判人员、书记员应当在送达回证上注明送达情况并签名。

（3）受送达人有诉讼代理人的，法院既可向受送达人送达，也可向其诉讼代理人送达。受送达人指定诉讼代理人为代收人的，向诉讼代理人送达时，适用留置送达。

（4）调解书应当直接送达当事人本人，不适用留置送达。当事人本人因故不能签收的，

---

① 参见《民诉法》2012 年修正后的第 86 条。

可由其指定的代收人签收。第141条规定,法院在定期宣判时,当事人拒不签收判决书、裁定书的,应视为送达,并在宣判笔录中记明。

此外,《简易程序规定》(法释〔2003〕15号)第11条也对简易程序中的留置送达作出了相应的补充规定,即受送达的自然人及其同住成年家属拒绝签收诉讼文书的,或者法人、其他组织负责收件的人拒绝签收诉讼文书的,送达人应依《民诉法》的规定邀请有关基层组织或所在单位的代表到场见证,被邀请的人不愿到场见证的,送达人应当在送达回证上记明拒收事由、时间和地点以及被邀请人不愿到场见证的情形,将诉讼文书留在受送达人的住所或从业场所,即视为送达。受送达人的同住成年家属或者法人、其他组织负责收件的人是同一案件中另一方当事人的,不适用此规定。

[引例10-2:解析] 此时,书记员张珊不能将判决书交给仍与刘毅同住的陈珥。虽然被告陈珥是原告刘毅的同住成年家属,但离婚案件的诉讼文书不能交给受送达人的配偶,因二者属于对立的诉讼当事人。此时,书记员张珊可以采用留置送达方式来完成送达,其留置送达的实现方式除了传统的见证人见证以外,还可采用民诉法新增规定的电子见证方式。

(三) 电子送达(2012年新增)

2012年修正后的《民诉法》新增了传真、电子邮件等电子送达的方式。该法第87条规定,经受送达人同意,法院可以采用传真、电子邮件等能够确认其收悉的方式送达诉讼文书,但判决书、裁定书、调解书除外。采用电子方式送达的,以传真、电子邮件等到达受送达人特定系统的日期为送达日期。

[应用提示] ①电子送达的适用前提是受送达人同意;②适用电子送达的文书类型是判决书、裁定书、调解书之外的其他诉讼文书,换言之,无论当事人是否同意,判决书、裁定书、调解书都不能适用电子送达;③电子送达时,送达回证的取得和送达日期的确定是到达受送达人特定系统的日期。

《民诉法解释》(法释〔2015〕5号)第135、136条,对电子送达作了如下补充规定:

(1) 电子送达可以采用传真、电子邮件、移动通信等即时收悉的特定系统作为送达媒介。《民诉法》第87条规定的到达受送达人特定系统的日期,为人民法院对应系统显示发送成功的日期,但受送达人证明到达其特定系统的日期与人民法院对应系统显示发送成功的日期不一致的,以受送达人证明到达其特定系统的日期为准。

(2) 受送达人同意采用电子方式送达的,应当在送达地址确认书中予以确认。

(四) 委托送达

委托送达,是指受诉法院直接送达诉讼文书有困难时,委托其他人民法院代为送达。《民诉法解释》(法释〔2015〕5号)第134条规定,委托其他人民法院代为送达的,委托法院应当出具委托函,并附需要送达的诉讼文书和送达回证,以受送达人在送达回证上签收的日期为送达日期。委托送达的,受托法院应自收到委托函及相关诉讼文书之日起10日内代为送达。值得注意的是,委托送达的受托主体只能是法院,而不能委托其他的机构或组织。

(五) 邮寄送达

邮寄送达,是指法院将需要送达的诉讼文书通过邮局以挂号形式邮寄给受送达人的送达方式。依《民诉法》第88条的规定，邮寄送达与委托送达是平行选择关系，适用前提都是“直接送达诉讼文书有困难”，因此，受诉法院在直接送达诉讼文书遇有困难时既可选择委托送达，也可选择邮寄送达，审判实践中大多选择邮寄送达。《民诉法》第88条规定，邮寄送达的，以回执上注明的收件日期为送达日期。

（六）转交送达

转交送达，是指法院将诉讼文书交受送达人所在部队或有关单位代收后，转交给受送达人的送达方式。依《民诉法》第89、90条，转交送达有下列3种情形：①受送达人是军人的，通过其所在部队团以上单位的政治机关转交；②受送达人被监禁的，通过其所在监所转交；③受送达人被采取强制性教育措施的，通过其所在强制性教育机构转交。

《民诉法》第91条规定了转交送达的日期，即代为转交的机关、单位收到诉讼文书后，必须立即交受送达人签收，以在送达回证上的签收日期，为送达日期。

（七）公告送达

公告送达，是指在受送达人下落不明或者用上列方式无法送达的情形下，法院以张贴公告、登报等方法将诉讼文书公之于众，经过一定时间，在法律上即视为送达的送达方式。公告送达是为解决用其他各种方式均无法送达诉讼文书而设置的一种送达方式。

依《民诉法》第92条，公告送达的适用条件：①受送达人下落不明；②无法适用其他送达方式送达。公告送达的公告期间是：自发出公告之日起，经过60日，即视为送达。公告送达，应当在案卷中记明原因和经过。

[应用提示与相关链接] ①《民诉法解释》（法释〔2015〕5号）第140条规定，适用简易程序的案件，不适用公告送达；②因支付令不得适用于下落不明的人，故支付令不适用公告送达；③依《民诉法》第267条第(8)项，对在中国领域内没有住所的当事人公告送达，自公告之日起满3个月，即视为送达。

《民诉法解释》（法释〔2015〕5号）第138、139条，对公告送达作了如下补充规定：

(1) 公告送达可在法院的公告栏和受送达人住所地张贴公告，也可在报纸、信息网络等媒体上刊登公告，发出公告日期以最后张贴或刊登的日期为准。对公告送达方式有特殊要求的，应按要求的方式进行。公告期满，即视为送达。法院在受送达人住所地张贴公告的，应当采取拍照、录像等方式记录张贴过程。

(2) 公告送达应当说明公告送达的原因；公告送达起诉状或上诉状副本的，应说明起诉或上诉要点，受送达人答辩期限及逾期不答辩的法律后果；公告送达传票，应说明出庭时间和地点及逾期不出庭的法律后果；公告送达判决书、裁定书的，应说明裁判主要内容，当事人有权上诉的，还应说明上诉权利、上诉期限和上诉法院。

【真题实训 10-2】

关于法院的送达行为，下列哪一项是正确的？（2013，卷三，39）

A. 陈某以马某无选民资格向法院起诉，因马某拒不签收判决书，法院向其留置送达

B. 法院向葛某邮寄送达开庭传票，葛某未寄回送达回证，送达无效，应当重新送达
C. 法院审理张某和赵某借款纠纷时，委托赵某所在学校代为送达诉状副本和应诉通知
D. 经许某同意，法院用电子邮件方式向其送达证据保全裁定书①

第三节 保 全

【引例 10-3】

HW 公司发明了一款情侣手机，深受用户喜爱，HW 公司给该手机申请了专利。住所地在 F 区的 YP 公司见 HW 公司的情侣手机销量极好且市场前景广阔，便在未经 HW 公司许可的情况下，在 M 区大批量生产该款手机，并在 M 区和 G 区大量销售，其价格和售后服务都比 HW 公司更具吸引力，直接导致 HW 公司的销售下降。为维护自身合法权益，HW 公司决定向法院起诉，但为首先防止损失的进一步扩大，想在起诉前申请法院裁定 YP 公司停止生产和销售情侣手机的行为。

请问：为实现这一目的，HW 公司有权向哪些法院申请？

一、民事诉讼保全制度概述

广义而言，民事诉讼保全制度包括财产保全、证据保全和行为保全等，是指法院采取法定措施对财产、证据、行为等特定事物的法律特性和法律价值予以保护和保存。狭义上的民事诉讼保全制度，仅指财产保全和行为保全。

我国《民诉法》2012 年修正前，没有对行为保全作出规定，修正前的第九章章名也是“财产保全和先予执行”。我国《专利法》《著作权法》《海事诉讼特别程序法》和最高法院《诉前停止专利侵权的规定》(法释〔2001〕20 号)、《诉前停止商标侵权和保全证据的解释》(法释〔2002〕2 号)对于特定行为的保全进行了规定，但由于这些法律和司法解释均有明确的适用范围，无法普遍适用于民事诉讼程序。因此，2012 年《民诉法》第二次修正时，增加了行为保全制度的规定，将财产保全、行为保全二者合称为保全，第九章章名相应地修正为“保全和先予执行”，完善、丰富了我国民事诉讼保全制度。

具体而言，2012 年《民诉法》修正时对“保全”制度部分作了下列修正：

(1) 章名的修正：将第九章章名“财产保全和先予执行”修正为“保全和先予执行”。

① ［真题实训 10-2］(2013，卷三，39)答案：A。

(2) 新增行为保全:《民诉法》2012 年修正后的第 100 条,在修正前的第 92 条有关财产保全规定的基础上,吸收了特别法中关于行为保全(海事强制令、知识产权诉前禁令)的规定,增加规定了行为保全制度。

(3) 统合了国内与涉外诉讼中的保全制度。

(4) 增加了仲裁前的财产保全和证据保全制度。

(5) 明确了法院驳回保全申请时,必须以裁定书的形式。

(6) 将诉前(仲裁前)保全后起诉(申请仲裁)的时限,由原 15 日增加为 30 日。

二、财产保全

(一) 财产保全的概念与意义

财产保全,是指在利害关系人起诉(申请仲裁)前或者当事人起诉(申请仲裁)后,法院为保证将来生效裁判能得到执行或者避免利害关系人、当事人的合法权益受到难以弥补的损害,而在诉讼(仲裁)开始前或者诉讼(仲裁)过程中,根据利害关系人、当事人的申请,或者必要时(限诉讼中)依职权,对争议的财产或者与案件有关的财产采取限制处分的强制性保护措施的法律制度。

在民事诉讼(民商事仲裁)中,从受理当事人的起诉(仲裁)开始,到作出生效法律文书并实现生效法律文书所确定的实体权利,往往是一个较长的时间周期,在这一过程中,如果出现当事人恶意转移财产行为或者其他可能导致财产灭失的客观原因,则会导致将来作出的法律文书难以执行。因此,财产保全制度的意义就在于通过保全被申请人的财产或者与本案有关的财产,防止当事人转移财产或者使财产灭失。

(二) 财产保全的种类及其比较

【真题实训 10-3】

甲公司生产的“晴天牌”空气清新器销量占据市场第一,乙公司见状,将自己生产的同类型产品注册成“清天牌”,并全面仿照甲公司产品,使消费者难以区分。为此,甲公司欲起诉乙公司侵权,同时拟申请诉前禁令,禁止乙公司销售该产品。关于诉前保全,下列哪些选项是正确的?(2015,卷三,81)

A. 甲公司可向有管辖权的法院申请采取保全措施,并应当提供担保

B. 甲公司可向被申请人住所地法院申请采取保全措施,法院受理后,须在 48 小时内作出裁定

C. 甲公司可向有管辖权的法院申请采取保全措施,并应当在 30 天内起诉

D. 甲公司如未在规定期限内起诉,保全措施自动解除

根据《民诉法》第 100、101 条和《仲裁法》第 28 条的规定,财产保全包括诉前(仲裁前)财产保全和诉讼(仲裁)财产保全两种类型。

依《民诉法》第 100～105 条和《仲裁法》第 28 条以及《国家赔偿法》第 38 条等的规定,特对上述两种类型财产保全进行以下几个方面的比较:

(1) 时间方面。诉前(仲裁前)财产保全,在提起诉讼前或者申请仲裁前;诉讼(仲裁)财产保全,在诉讼(仲裁)进行之中。

(2) 管辖法院方面。诉前(仲裁前)财产保全的管辖法院,是被保全财产所在地、被申请人住所地或者对案件有管辖权的法院;诉讼财产保全的管辖法院,是受理案件的法院;《执行规定》第 11 条规定,在国内仲裁过程中,当事人申请财产保全,经仲裁机构提交法院的,由被申请人住所地或被申请人保全的财产所在地的基层法院裁定并执行;申请证据保全的,由证据所在地的基层法院裁定并执行。

(3) 启动方式和主体方面。诉前(仲裁前)财产保全,以及仲裁过程中当事人申请财产保全,都只能由利害关系人提出,法院不能依职权采取;诉讼财产保全,法院除了依当事人申请采取外,还可以依职权采取。

(4) 理由方面。诉前(仲裁前)财产保全的理由是:情况紧急,不立即申请保全将会使利害关系人的合法权益受到难以弥补的损害。诉讼(仲裁)财产保全的理由是:可能因当事人一方的行为或其他原因,使判决(裁决)难以执行或者造成当事人其他损害的。

(5) 是否提供担保方面。诉前(仲裁前)财产保全,必须提起担保;不提供担保的,驳回申请;而诉讼(仲裁)财产保全,如果是当事人申请,则法院可以责令提供担保;如果是法院依职权采取,则无须当事人提供担保。

(6) 作出裁定的时间方面。诉前(仲裁前)财产保全,必须在 48 小时内作出裁定;裁定采取保全措施的,应当立即开始执行;而诉讼(仲裁)财产保全,对紧急情况的,必须在 48 小时内作出裁定,其他情况则可在 48 小时之外作出裁定。裁定采取保全措施的,应当立即开始执行。

(7) 保全措施的解除方面。诉前(仲裁前)财产保全因下列情形之一而解除:①被申请人提供担保或已过查封、扣押、冻结期限;②申请人在采取措施后 30 日内不起诉或不申请仲裁。诉讼(仲裁)财产保全因下列情形之一而解除:①被申请人提供担保;②已过查封、扣押、冻结期限。

[真题实训 10-3](2015,卷三,81)答案:ABC。考点:诉前财产保全。法律依据:《民诉法》第 101 条。

诉前(仲裁前)财产保全和诉讼(仲裁)财产保全在以下几个方面是一致的:

(1) 保全范围。均限于请求的范围,或者与本案有关的财物。

(2) 保全措施。都是查封、扣押、冻结或者法律规定的其他方法。

(3) 救济机制。对有关保全的裁定不得上诉,但可以申请复议一次,复议期间不停止裁定的执行。

(4) 申请保全错误的后果。申请人应当赔偿被申请人因保全所遭受的损失;若错误保全是国家依职权采取的,则可申请国家赔偿。

我国 1991 年《民诉法》第 94 条第 3 款规定,法院冻结财产后,应当立即通知被冻结财产的人。2007 年第一次修正时,保留了这一规定。2012 年第二次修正时,扩大了法院的通知义务,即依修正后的第 130 条第 1 款,无论采取何种保全措施,均应立即通知被保全财产的人。如此规定,满足了程序正当的要求,更有利于保护被保全财产人的合法权益。

【真题实训 10-4】

甲公司以乙公司为被告向法院起诉，要求乙公司支付拖欠的货款100万元。诉讼中，甲公司申请对乙公司一处价值90万元的房产采取保全措施，并提供担保。一审法院在作出财产保全裁定之后发现，乙公司在向丙银行贷款100万时已将该房产和一辆小轿车抵押给丙银行。关于本案，下列哪一说法是正确的？(2008，全国卷三，43)

A. 一审法院不能对该房产采取保全措施，因为该房产已抵押给丙银行

B. 一审法院可以对该房产采取保全措施，但是需要征得丙银行的同意

C. 一审法院可以对该房产采取保全措施，但是丙银行仍然享有优先受偿权

D. 一审法院可以对该房产采取保全措施，同时丙银行的优先受偿权丧失

《民诉法解释》对《民诉法》第103条规定的财产保全措施进行了如下补充规定：

(1) 法院在财产保全中采取查封、扣押、冻结财产措施时，应当妥善保管被查封、扣押、冻结的财产。不宜由法院保管的，可以指定被保全人负责保管；不宜由被保全人保管的，可以委托他人或申请保全人保管；查封、扣押、冻结担保物权人占有的担保财产，一般由担保物权人保管；由法院保管的，质权、留置权不因采取保全措施而消灭。

(2) 由法院指定被保全人保管的财产，如果继续使用对该财产的价值无重大影响，可以允许被保全人继续使用；由法院保管或者委托他人、申请保全人保管的财产，法院和其他保管人不得使用。

(3) 法院对抵押物、质押物、留置物可以采取财产保全措施，但不影响抵押权人、质权人、留置权人的优先受偿权。

[真题实训10-4](2008，全国卷三，43)答案：C。解析：当年的解题依据是最高法院《民诉法意见》(法发〔1992〕22号)第102条，该条规定：人民法院对抵押物、留置物可以采取财产保全措施，但抵押权人、留置权人有优先受偿权。现在旧题新做，解题依据自然是上述《民诉法解释》(法释〔2015〕5号)第157条。

根据《民诉法解释》第153、158、159条，《民诉法》第103条规定的查封、扣押、冻结以外的"法律规定的其他方法"，包括：①保存价款，即法院对季节性商品、鲜活、易腐烂变质及其他不宜长期保存的物品采取保全措施时，可以责令当事人及时处理，由法院保存价款；必要时，法院可予以变卖，保存价款。②限制支取，即法院对债务人到期应得的收益，可以采取财产保全措施，限制其支取，通知有关单位协助执行。③提存财物或价款，即债务人的财产不能满足保全请求，但对他人有到期债权的，法院可依债权人的申请裁定该他人不得对本案债务人清偿。该他人要求偿付的，由法院提存财物或者价款。

(三) 上诉期间的财产保全

(1) 依《民诉法解释》第161条，对当事人不服一审判决提出上诉的案件，在第二审法院接到报送的案件之前，当事人有转移、隐匿、出卖或者毁损财产等行为，必须采取财产保全措施的，由第一审法院依当事人申请或依职权采取。第一审法院制作的财产保全裁定，应当及

时报送第二审法院。

(2) 作出解除财产保全裁定的法院，不一定是作出财产保全裁定的法院，有可能是第二审法院。

三、行为保全

(一) 行为保全的概念

行为保全，是指为了防止他人正在实施的行为或者将要实施的行为，给相关人员造成难以弥补的损害，法院采取的责令行为人作出一定行为或者禁止其作出一定行为的措施。

依《民诉法》第 100 条，法院对于可能因当事人一方的行为或者其他原因，造成当事人其他损害的案件，依对方当事人申请，可以裁定责令其作出一定行为或者禁止其作出一定行为；当事人没有提出申请，法院在必要时也可以裁定采取保全措施。法院采取保全措施，可以责令申请人提供担保，申请人不提供担保的，裁定驳回申请。

[引例 10-3：解析]依《民诉法》第 101 条，对诉前行为保全，应当向被申请人住所地或者对案件有管辖权的法院申请。对本宗知识产权侵权案件有管辖权的法院，包括被告住所地和侵权行为实施地、侵权结果发生地法院。因此，HW 公司可以选择向 F 区、M 区和 G 区中的任一法院提出诉前行为保全申请。其中，F 区系被申请人住所地和被告住所地、M 区和 G 区系侵权行为实施地、侵权结果发生地。

(二) 行为保全与财产保全的比较

行为保全与财产保全之间既有联系又有区别。二者的共同之处在于：①总体属性和功能相同，均为民事诉讼保全制度的具体类型，发挥着保障判决(裁决)顺利执行的功能；②申请的时间范围相同，均可分为诉前(仲裁前)和诉讼(仲裁)两个阶段；③具体程序要素方面类似，诸如启动主体、启动方式、管辖法院类似；④对担保的要求相同。

行为保全与财产保全的区别，主要表现在以下几个方面：

(1) 在具体功能上，财产保全是保障未来生效法律文书的顺利实现，而行为保全除保障执行外，还具有避免债权人遭受其他不可弥补的损害或避免扩大损害的功能。

(2) 在适用的案件类型上，财产保全的对象是双方争执的标的物或与争议有关的财物，提出财产保全的案件须为给付之诉或者包含给付之诉的诉讼；而无论在给付之诉，还是确认之诉、形成之诉中，当事人都可申请行为保全。

(3) 在具体保全措施上，财产保全的措施包括查封、扣押以及法律规定的其他方法，而行为保全是责令被申请人作出一定行为或者禁止其作出一定行为，因此，行为保全的具体措施需由法官依个案酌情裁量，具有多样性。

四、保全的解除

《民诉法》第 104 条规定，财产纠纷案件，被申请人提供担保的，法院应当裁定解除保全。

[应用提示]非财产纠纷案件中，被申请人提供担保的，法院并不必须解除保全。

《民诉法解释》(法释〔2015〕5 号)对保全措施的解除，作出了如下补充规定：

（1）法院裁定采取保全措施后，除作出保全裁定的法院自行解除或其上级法院决定解除外，在保全期限内，任何单位不得解除保全措施。

（2）裁定采取保全措施后，有下列情形之一的，法院应当作出解除保全裁定：①保全错误的；②申请人撤回保全申请的；③申请人的起诉或者诉讼请求被生效裁判驳回的；④法院认为应当解除保全的其他情形。解除以登记方式实施的保全措施的，应当向登记机关发出协助执行通知书。

（3）财产保全的被保全人提供其他等值担保财产，且有利于执行的，法院可以裁定变更保全标的物为被保全人提供的担保财产。

（4）保全裁定未经法院依法撤销或解除，进入执行程序后，自动转为执行中的查封、扣押、冻结措施，期限连续计算，执行法院无须重新制作裁定书，但查封、扣押、冻结期限届满的除外。

第四节 先予执行

【引例 10-4】

孙琦与甲公司追索劳动报酬纠纷一案，H 区法院受理后，孙琦以生活急需为由申请先予执行；甲公司提出管辖权异议。

请问：此时 H 区法院能否裁定先予执行？

一、先予执行的概念与意义

先予执行，是指法院在诉讼过程中，为解决一方当事人生活、生产经营的急迫需要，在终局裁决作出前，依当事人的申请，裁定对方当事人预先给付一定数额的金钱或其他财产，或者实施或停止某种行为，并立即付诸执行的法律制度。

先予执行，是相对于依据生效法律文书所进行的强制执行而言的。一般情形下，法院受理案件后、判决作出前，往往需要经历一段很长的时间。在此期间，可能存在申请人难以维持正常的生活、生产经营的情况，如申请人因病重而急需住院治疗费用；有的申请人停工待料，急需资金组织生产等。若须等到判决生效以后再予执行，将会使申请人陷入生活、生产经营的极大困境。因此，为使申请人在诉讼期间能够维持正常生活、生产经营，法院依申请人申请，采取先予执行措施，在诉讼期间责令一方当事人预先给付另一方当事人一定数额的金钱或财物，或者预先履行一定义务。可见，先予执行制度对于及时保护当事人合法权益、维护社会稳定都具有十分重要的意义。

二、先予执行的适用范围

《民诉法》第 106 条规定，法院对下列案件，根据当事人的申请，可以裁定先予执行：

(1) 追索赡养费、扶养费、抚育费、抚恤金、医疗费用的。

(2) 追索劳动报酬的。

(3) 因情况紧急需要先予执行的。

《民诉法解释》第 170 条，对《民诉法》第 106 条规定的“情况紧急”进行了列举性解释，具体包括：①需要立即停止侵害、排除妨碍的；②需要立即制止某项行为的；③追索恢复生产、经营急需的保险理赔费的；④需要立即返还社会保险金、社会救助资金的；⑤不立即返还款项，将严重影响权利人生活和生产经营的。

三、先予执行的条件

依《民诉法》第 107 条，对属于先予执行适用范围的案件，法院裁定先予执行的，应当符合下列条件：①当事人之间权利义务关系明确，即当事人之间谁享有权利、谁负有义务是明确的；②申请人有实现权利的迫切需要，即不先予执行将严重影响申请人的生活或生产经营的；③当事人向法院提出了申请，即先予执行只能依申请启动，法院不得依职权裁定；④被申请人有履行能力。法院可以责令申请人提供担保，申请人不提供担保的，驳回申请。申请人败诉的，应当赔偿被申请人因先予执行遭受的财产损失。

《民诉法解释》第 169 条补充规定，《民诉法》规定的先予执行，法院应当在受理案件后终审判决作出前采取。先予执行应当限于当事人诉讼请求的范围，并以当事人的生活、生产经营的急需为限。

[应用提示] 对方当事人提出管辖权异议的，在管辖权尚未确定的情况下，法院不得裁定先予执行。

[引例 10-4：解析]此时 H 区法院不能裁定先予执行。依《民诉法解释》第 169 条，先予执行应当在受理案件后、终审判决作出前采取，在管辖权尚未确定的情况下，法院不得裁定先予执行。

四、先予执行的程序

【真题实训 10-5】

关于财产保全和先予执行，下列哪些选项正确？(2012，卷三，82)

A. 二者的裁定都可以根据当事人的申请或法院依职权作出

B. 二者适用的案件范围相同

C. 当事人提出财产保全或先予执行的申请时，法院可以责令其提供担保，当事人拒绝提供担保的，驳回申请

D. 对财产保全和先予执行的裁定，当事人不可以上诉，但可以申请复议一次

(一) 申请

先予执行的申请，由权利人向受诉法院以书面形式提出，法院不能在没有权利人提出申请的情况下依职权主动裁定先予执行。当事人申请先予执行的申请书，应当写明先予执行的请求、理由和根据，并写明对方当事人具有履行能力的具体情况。

(二) 审查

法院收到先予执行的申请后，应当立即进行审查。审查内容主要包括：①审查案件是否属于先予执行的法定适用范围；②审查是否符合先予执行的法定条件。

(三) 裁定和执行

当事人提出先予执行的申请，法院经过审查后，对符合条件的，应当即时作出先予执行的裁定；对不符合条件的，应当驳回当事人申请。裁定送达后即发生法律效力。

《民诉法》第 108 条规定，当事人对先予执行裁定不服的，可申请复议一次。复议期间不停止裁定的执行。依《民诉法解释》第 171、172 条，当事人对先予执行裁定不服的，可自收到裁定书之日起 5 日内向作出裁定的法院申请复议。法院应当在收到复议申请后 10 日内审查。裁定正确的，驳回当事人申请；裁定不当的，变更或撤销原裁定。利害关系人对先予执行裁定不服申请复议的，由作出裁定的法院依《民诉法》第 108 条的规定处理。

[真题实训 10-5](2012，卷三，82)答案：CD。解析：依《民诉法》第 100、106 条，法院可依当事人申请或依职权作出财产保全裁定，而先予执行裁定只能依当事人申请作出，故选项 A 错误。《民诉法》对财产保全适用的案件范围未作规定，但依该制度目的，财产保全可适用于有财产给付内容的案件，而《民诉法》第 106 条明确规定了先予执行适用于特定的案件，即二者适用的案件范围不同，故选项 B 错误。依《民诉法》第 100 条第 2 款、第 107 条第 2 款，选项 C 正确。依《民诉法》第 108 条，选项 D 正确。

(四) 先予执行裁定的最终处理

法院在案件审理终结时，应当在裁判中对先予执行裁定的执行情况予以说明，权利人胜诉、先予执行正确的，应当在判决中说明权利人依法享有的权利已经在先予执行中得到了全部或者部分的实现。

(五) 先予执行错误的补救

先予执行毕竟是在终审判决作出前的预先执行，因此，先予执行就有可能存在裁定错误的情况。法院裁定先予执行后，经审理，判决申请人败诉，或者虽未败诉但判决给付的数额小于先予执行的数额，或者在诉讼过程中，申请人撤诉的，都意味着申请人因先予执行取得的利益失去了法律依据。

依《民诉法》第 107 条第 2 款，法院裁定先予执行，申请人败诉的，应当赔偿被申请人因先予执行遭受的财产损失。依《民诉法解释》第 173 条，法院先予执行后，根据发生法律效力的判决，申请人应当返还因先予执行所取得的利益的，适用《民诉法》第 233 条有关执行回转的规定。

第五节 对妨害民事诉讼的强制措施

【引例 10-5】

2016 年 4 月 7 日下午 3 时 30 分,广州市中级法院在第 47 法庭就一起房产分割纠纷案件进行二审第一次庭询。庭审中,一方当事人许某的代理人正在发言,另一方当事人邱某突然拍案而起,把面前的一个移动电源扔向对方,并跑到对方面前挥拳舞臂动起手来。许某的代理律师当庭要求法院对邱某庭上打人的行为予以处罚,并于庭后提出了书面申请。同年 5 月 26 日,主审法官李焕宣读了对邱某处以罚款 5 万元的决定。主审法官向记者透露,之所以对邱某作出罚款 5 万元这一较高数额的处罚,主要是考虑到邱某有攻击行为,而且对对方代理人进行人身威胁,当法庭请来法警后,他仍三番五次进出法庭,在法官进行告诫后仍置若罔闻,属情节严重,经合议庭数次合议并报经院长批准后作出了上述处罚决定。

请问:广州市中级法院对邱某妨害民事诉讼的强制措施是否合法?

一、对妨害民事诉讼的强制措施的概念与意义

对妨害民事诉讼的强制措施,是指法院在民事诉讼过程中,为了制止和排除诉讼参与人及案外人对民事诉讼的妨害,维护诉讼秩序,保障审判和执行活动的正常进行,对有妨害民事诉讼行为的人依法采取的各种强制手段的总称。

对妨害民事诉讼的强制措施,对于制止和排除诉讼参与人及案外人对民事诉讼的妨害,维护正常的诉讼秩序,保障民事诉讼顺利进行具有重要意义。具体表现在如下几个方面:

(1) 保障当事人和其他诉讼参与人充分行使诉讼权利。民事诉讼中,妨害民事诉讼行为的存在,不仅影响正常的诉讼秩序,而且直接影响到诉讼参与人诉讼权利的充分行使。因此,法院通过对妨害民事诉讼的行为适用强制措施,排除其对民事诉讼的妨害,在维护正常诉讼秩序的同时,也可以保障诉讼参与人诉讼权利的正常行使。

(2) 有利于人民法院正常行使审判权。民事诉讼过程中,良好的诉讼秩序和法庭纪律是法院正常行使审判权的基本保障。如果出现当事人拒不到庭、证人作伪证、案外人哄闹、冲击法庭等妨害民事诉讼的行为,势必严重妨害民事诉讼的顺利进行以及法院审判权的正常行使。因此,对妨害民事诉讼行为采取必要的强制措施,不仅是维护诉讼秩序的必要手段,也是维护诉讼的严肃性和权威性的需要,是民事诉讼具有国家公权性质的体现。

(3) 教育公民自觉遵守法律。对妨害民事诉讼行为的强制措施,不仅是对妨害民事诉

讼行为人的强制措施，而且是一种教育手段，使妨害民事诉讼的行为人深刻感受到法律的严肃性和不可侵犯性，以促使他们增强法律意识，自觉遵守法律，维护诉讼秩序。

二、对妨害民事诉讼的强制措施的性质

性质上而言，对妨害民事诉讼的强制措施，是一项保障民事诉讼正常进行的辅助性制度，是一种排除妨害的强制性教育手段。

对妨害民事诉讼的强制措施，不同于刑事裁判、民事裁判和行政裁判中的法律制裁，法律制裁是根据有关实体法的规定，对违反了某项实体法规范的行为人所采取的追究法律责任的处罚措施；而对妨害民事诉讼的强制措施，则是根据民事诉讼法的规定，为保证民事诉讼的顺利进行而对行为人所采取的排除妨害诉讼行为的强制性教育手段。

对妨害民事诉讼的强制措施，也不同于刑事诉讼中的强制措施，两者的主要区别有以下几点：

(1) 适用主体不同：对妨害民事诉讼的强制措施，适用主体只能是人民法院，而刑事诉讼中强制措施的适用主体，可以是人民法院，也可以是公安机关、检察机关。

(2) 适用对象不同：对妨害民事诉讼的强制措施，适用对象是民事诉讼中实施了妨害诉讼行为的所有人，既包括案件当事人和其他诉讼参与人，也包括妨害民事诉讼的案外人；而刑事诉讼中的强制措施的适用对象是特定的人，即现行犯、犯罪嫌疑人、被告人。

(3) 适用时间不同：对妨害民事诉讼的强制措施，适用于整个民事诉讼过程，既包括案件审理阶段，也包括执行阶段；而刑事诉讼中的强制措施，适用于刑事案件的侦查、提起公诉和审判阶段。

(4) 适用目的不同：对妨害民事诉讼的强制措施，具有事后惩罚性，其目的是对实施了妨害民事诉讼的行为人予以制裁和教育，以维护正常的诉讼秩序；而刑事诉讼中的强制措施具有事前预防性，其目的是防止现行犯、犯罪嫌疑人、被告人串供、伪造和毁灭证据、逃跑、自杀或继续犯罪。

(5) 措施种类不同：对妨害民事诉讼的强制措施，包括拘传、训诫、责令退出法庭、罚款和拘留，而刑事诉讼中的强制措施主要有拘传、取保候审、监视居住、拘留和逮捕。

(6) 与判决结果的关系不同：对妨害民事诉讼的强制措施，与判决结果没有任何关系；而刑事诉讼中，刑事拘留和逮捕这两种强制措施均为羁押措施，必须限制犯罪嫌疑人的人身自由，刑事拘留和逮捕的期限可以折抵刑期。

三、妨害民事诉讼行为的构成要件

妨害民事诉讼的行为，是在民事诉讼过程中，行为主体故意破坏和扰乱正常的诉讼秩序，妨害民事诉讼活动正常进行的行为。其构成要件主要有以下几点：

(1) 主体要件。行为主体是实施了妨害民事诉讼行为的任何人，既包括案件的当事人及其他诉讼参与人，还包括案外人。

[应用提示]妨害民事诉讼行为的实施主体，并不限于诉讼参与人，案外人也可能成为妨害民事诉讼行为的主体，例如，旁听人员等。

(2) 行为要件。必须是实施了妨害民事诉讼的行为,包括作为和不作为。

(3) 主观要件。实施妨害诉讼行为的人,应当具有主观故意,如果不是基于主观故意,即使其行为妨害了诉讼秩序,该行为也不能构成妨害民事诉讼的行为,法院不得对其行为采取强制措施。如证人在赶往法院作证途中,因不慎跌入河中而使衣袋中的重要书证毁灭,虽给法院认定案件事实带来极大困难,但因其并非故意行为,故不属妨害诉讼的行为。

(4) 后果要件。行为人的主观故意必须在客观行为上造成了妨碍和干扰民事诉讼进行的实际后果。若行为程度十分轻微,并未造成实际的后果,则也不适于采取强制措施。

(5) 时间要件。妨害诉讼的行为必须发生在民事诉讼过程之中,若民事诉讼尚未开始,或诉讼程序(审判程序、执行程序)已经结束,则行为人的行为不能视为妨害诉讼行为。

(6) 程度要件。妨害民事诉讼行为必须是尚未构成犯罪的行为。行为人实施的妨害民事诉讼行为,如果情节严重,已经构成犯罪的,则其所实施的行为不能认定为妨害民事诉讼行为,而是犯罪行为,应当依法追究其刑事责任。

四、妨害民事诉讼行为的种类

依《民诉法》第 109～114 条及相关司法解释,妨害民事诉讼的行为包括以下几点:

(1) 必须到庭的被告,以及必须到庭才能查清案件基本事实的原告,经两次传票传唤,无正当理由拒不到庭的行为。

《民诉法解释》第 174 条第 1 款规定,必须到庭的被告,是指负有赡养、抚育、扶养义务和不到庭就无法查清案情的被告。

[应用提示]对法律规定不是必须到庭的被告,虽经两次传唤无正当理由拒不到庭的,或者原告经传票传唤无正当理由拒不到庭的,都不属于妨害民事诉讼的行为,法院可以缺席判决或按撤诉处理。

此外,最高法院《执行规定》(法释〔1998〕15 号)第 97 条规定,对必须到人民法院接收询问的被执行人或被执行人的法定代表人或负责人,经两次传唤,无正当理由拒不到场的,人民法院可以对其进行拘传。

(2) 诉讼参与人或其他人违反法庭规则,扰乱法庭秩序的行为(《民诉法》第 110 条、《民诉法解释》第 176 条)。例如,《民诉法》第 110 条规定的哄闹、冲击法庭,侮辱、诽谤、威胁、殴打审判人员等行为;《民诉法解释》第 176 条第 1 款规定的下列行为:①未经准许进行录音、录像、摄影的;②未经准许以移动通信等方式现场传播审判活动的;③其他扰乱法庭秩序,妨害审判活动进行的。第 176 条第 1 款规定情形的,法院可以暂扣诉讼参与人或其他人进行录音、录像、摄影、传播审判活动的器材,并责令其删除有关内容;拒不删除的,法院可以采取必要手段强制删除。

(3) 妨害法院调查证据、阻碍法院依法执行职务、破坏诉讼正常进行等行为。如《民诉法》第 111 条第 1 款规定的下列行为:①伪造、毁灭重要证据,妨碍法院审理案件的;②以暴力、威胁、贿买方法阻止证人作证或指使、贿买、胁迫他人作伪证的;③隐藏、转移、变卖、毁损已被查封、扣押的财产,或已被清点并责令其保管的财产,转移已被冻结的财产的;④对司法工作人员、诉讼参加人、证人、翻译人员、鉴定人、勘验人、协助执行的人,进行侮辱、诽谤、诬陷、殴打或者打击报复的;⑤以暴力、威胁或者其他方法阻碍司法工作人员执行职务的;⑥拒不履行法院已经生效的判决、裁定的。

《民诉法解释》第187条,对《民诉法》第111条第1款第(5)项规定的以暴力、威胁或者其他方法阻碍司法工作人员执行职务的行为进行了解释,即具体包括:①在法院哄闹、滞留,不听从司法工作人员劝阻的;②故意毁损、抢夺法院法律文书、查封标志的;③哄闹、冲击执行公务现场,围困、扣押执行或协助执行公务人员的;④毁损、抢夺、扣留案件材料、执行公务车辆、其他执行公务器械、执行公务人员服装和执行公务证件的;⑤以暴力、威胁或其他方法阻碍司法工作人员查询、查封、扣押、冻结、划拨、拍卖、变卖财产的;⑥以暴力、威胁或其他方法阻碍司法工作人员执行职务的其他行为。

《民诉法解释》第188条,对《民诉法》第111条第1款第(6)项规定的拒不履行法院已经生效的判决、裁定的行为进行了解释,即具体包括:①在法律文书生效后隐藏、转移、变卖、毁损财产或者无偿转让财产、以明显不合理的价格交易财产、放弃到期债权、无偿为他人提供担保等,致使法院无法执行的;②隐藏、转移、毁损或者未经法院允许处分已向法院提供担保的财产的;③违反法院限制高消费令进行消费的;④有履行能力而拒不按照法院执行通知履行生效法律文书确定义务的;⑤有义务协助执行的个人接到法院协助执行通知书后,拒不协助执行的。

《民诉法解释》第189条规定,诉讼参与人或其他人有下列行为之一的,法院可以适用《民诉法》第111条的规定处理:①冒充他人起诉或者参加诉讼的;②证人签署保证书后作虚假证言,妨碍法院审理案件的;③伪造、隐藏、毁灭或者拒绝交出有关被执行人履行能力的重要证据,妨碍法院查明被执行人财产状况的;④擅自解冻已被法院冻结的财产的;⑤接到法院协助执行通知书后,给当事人通风报信,协助其转移、隐匿财产的。

(4) 当事人之间恶意串通,企图通过诉讼、调解等方式侵害他人合法权益的行为。这是《民诉法》2012年修正时新增加的一类妨害民事诉讼行为。《民诉法》第112条规定,当事人之间恶意串通,企图通过诉讼、调解等方式侵害他人合法权益的,人民法院应当驳回其请求,并根据情节轻重予以罚款、拘留;构成犯罪的,依法追究刑事责任。

《民诉法解释》第190条第1款,对《民诉法》第112条规定的"他人合法权益"进行了解释,即"他人合法权益"包括案外人的合法权益、国家利益、社会公共利益;第190条第2款还规定,第三人根据民事诉讼法规定提起撤销之诉,经审查,原案当事人之间恶意串通进行虚假诉讼的,适用《民诉法》第112条的规定处理。

最高法院《民间借贷规定》(法释〔2015〕18号)第20条第2、3款规定,诉讼参与人或者其他人恶意制造、参与虚假诉讼,人民法院应依《民诉法》第111、112、113条,依法予以罚款、拘留;构成犯罪的,应当移送有管辖权的司法机关追究刑事责任;单位恶意制造、参与虚假诉讼的,人民法院应当对该单位进行罚款,并可以对其主要负责人或直接责任人员予以罚款、拘留;构成犯罪的,应当移送有管辖权的司法机关追究刑事责任。

(5) 被执行人与他人恶意串通,通过诉讼、仲裁、调解等方式逃避履行法律文书确定义务的行为。这是《民诉法》2012年修正时新增的另一类妨害民事诉讼行为。《民诉法》第113条规定,被执行人与他人恶意串通,通过诉讼、仲裁、调解等方式逃避履行法律文书确定义务的,法院应当根据情节轻重予以罚款、拘留;构成犯罪的,依法追究刑事责任。

(6) 有义务协助调查、执行的单位或组织，拒不履行协助义务的行为。具体包括《民诉法》第 114 条第 1 款规定的下列行为：①有关单位拒绝或妨碍法院调查取证的；②有关单位接到法院协助执行通知书后，拒不协助查询、扣押、冻结、划拨、变价财产的；③有关单位接到法院协助执行通知书后，拒不协助扣留被执行人的收入、办理有关财产权证照转移手续、转交有关票证、证照或其他财产的；④其他拒绝协助执行的。

《民诉法解释》第 192 条规定，有关单位接到法院协助执行通知书后，有下列行为之一的，法院可以适用《民诉法》第 114 条的规定处理：①允许被执行人高消费的；②允许被执行人出境的；③拒不停止办理有关财产权证照转移手续、权属变更登记、规划审批等手续的；④以需要内部请示、内部审批，有内部规定等为由拖延办理的。

(7) 非法拘禁他人或非法私自扣押他人财产追索债务的行为。这是《民诉法》第 117 条的规定，即采取对妨害民事诉讼的强制措施须由法院决定。任何单位和个人采取非法拘禁他人或者非法私自扣押他人财产追索债务的，应依法追究刑事责任，或予拘留、罚款。

五、对妨害民事诉讼的强制措施的种类与适用

依《民诉法》及《公民出境入境管理法》《外国人入境出境管理法》的规定，对妨害民事诉讼的强制措施有拘传、训诫、责令退出法庭、罚款、拘留和限制出境等 6 种。

（一）拘传及其适用

拘传，是指对必须到庭的人员，经法院传票传唤，无正当理由拒绝到庭的，法院派出司法警察，强制被传唤人到庭参加诉讼活动的一种措施。

1. 适用拘传的条件

依《民诉法》第 109 条、《民诉法解释》(法释〔2015〕5 号)第 174 条、《执行规定》(法释〔1998〕15 号)第 97 条，适用拘传的条件有以下几点：

(1) 拘传的对象有：必须到庭的被告、必须到庭才能查清案件基本事实的原告、必须到法院接收询问的被执行人或被执行人的法定代表人或负责人。

(2) 经过两次传票传唤，即用法院传票，依法定程序和送达方式，经过两次传唤。

(3) 无正当理由拒不到庭(到场)。正当理由，是指不可抗力的事由或事实，当事人无法预见和难以自行克服的意外事件，如突发重病、自然灾害等。

上列 3 个条件必须同时具备，法院才能适用拘传。

2. 适用拘传的程序

依《民诉法》第 116 条、《民诉法解释》(法释〔2015〕5 号)第 175 条，适用拘传的程序是：①应由本案合议庭或独任审判员提出意见，报经院长批准；②拘传必须用拘传票，并直接送达被拘传人；③在拘传前，应当向被拘传人说明拒不到庭的后果，经批评教育仍拒不到庭的，可以拘传其到庭。

对抗拒拘传的被拘传人，可以采取适当的强制方法，包括可以使用戒具，迫使其到案；但讯问结束后，若无须采用其他强制措施的，则应当恢复被拘传人的人身自由。

[应用提示]拘传适用口诀：①院长批准；②用拘传票、直接送达；③说明后果、批评教育前置；④适当强制。

【相关链接】

与外国民诉法相比，拘传是我国民诉法特有的强制措施，这一措施鲜为其他国家民诉法所采用。当事人不到庭是其懈怠行使诉讼权利的行为，法院拘传其到庭，实质上体现了我国民诉法中较强的法院职权色彩；而以不到庭就不能查清案件基本事实为由而对当事人采取拘传这一强制措施，则反映了证明责任法理在我国民事诉讼中的缺失。

（二）训诫及其适用

训诫，是指法院对违反法庭规则的人，以口头方式进行批评、教育，并指出其行为的违法性和危害性，令其以后不可再犯的一种强制措施。

依《民诉法》第 110 条，训诫的适用对象仅限于违反法庭规则且情节轻微的人。依《民诉法解释》(法释〔2015〕5 号)第 177 条，训诫由合议庭或独任审判员决定。训诫的内容应当记入庭审笔录。

（三）责令退出法庭及其适用

责令退出法庭，是指法院对违反法庭规则的人，强行命令其离开法庭，从而防止其继续妨害民事诉讼的强制措施。

依《民诉法》第 110 条，责令退出法庭的适用对象仅限于违反法庭规则且情节轻微的人，但其严厉程度高于训诫：训诫仅是口头批评教育，且允许行为人继续留在法庭，而责令退出法庭则是强行命令行为人退出法庭。依《民诉法解释》第 177 条，责令退出法庭也是由合议庭或独任审判员决定。被责令退出法庭者的违法事实应当记入庭审笔录。

（四）罚款及其适用

罚款，是指法院对实施妨害民事诉讼行为情节较重的人，责令其在规定的时间内，缴纳一定数额金钱的强制措施。

1. 罚款的适用对象

对于实施《民诉法》第 110～114 条规定的妨害民事诉讼的行为人，均可根据其情节轻重适用罚款。此外，对于《海事诉讼特别程序法》第 59 条规定的拒不执行海事强制令的被请求人，也可依法适用罚款。

2. 罚款的金额

2012 年修正后的《民诉法》第 115 条第 1 款，再次调整了罚款的限额，即对个人的罚款金额，为人民币 10 万元以下；对单位的罚款金额，为人民币 5 万元以上 100 万元以下。

根据《民诉法解释》(法释〔2015〕5 号)第 193 条，法院对个人或单位采取罚款措施时，应当根据其实施妨害民事诉讼行为的性质、情节、后果，当地的经济发展水平，以及诉讼标的额等因素，在《民诉法》第 115 条第 1 款规定的限额内确定相应的罚款金额。

3. 罚款的适用程序

依《民诉法》第 116 条，罚款的适用程序是：①罚款须经院长批准；②罚款应当用决定书；③对罚款决定不服的，可向上一级法院申请复议一次。复议期间不停止执行。

[引例 10-5:解析] 本案中,广州市中级法院对邱某妨害民事诉讼的强制措施合法。其罚款金额 5 万元符合《民诉法》第 115 条第 1 款的规定,罚款的适用对象、适用程序都符合《民诉法》第 111 条第(4)项、第 116 条的规定。

（五）拘留及其适用

拘留,是指法院对实施妨害民事诉讼行为情节严重的人,将其留置在特定的场所,在一定期限内限制其人身自由的强制措施。

1. 拘留的期限

《民诉法》第 115 条第 2 款规定了拘留的期限,为 15 日以下。

2. 拘留的适用程序

依《民诉法》第 116 条,拘留的适用程序是:①拘留须经院长批准;②拘留应当用决定书;③对拘留决定不服的,可向上一级法院申请复议一次。复议期间不停止执行。

《民诉法》第 115 条第 3 款规定,被拘留的人,由人民法院交公安机关看管。在拘留期间,被拘留人承认并改正错误的,人民法院可以决定提前解除拘留。

《民诉法解释》第 178～182 条,就拘留的适用作了如下解释性规定:

(1) 法院依《民诉法》规定采取拘留措施的,由司法警察将被拘留人送交当地公安机关看管。

(2)被拘留人不在本辖区的,作出拘留决定的法院应当派员到被拘留人所在地法院,请该院协助执行,受委托法院应当及时派员协助执行。被拘留人申请复议或在拘留期间承认并改正错误,需要提前解除拘留的,受委托法院应当向委托法院转达或提出建议,由委托法院审查决定。

(3) 法院对被拘留人采取拘留措施后,应当在 24 小时内通知其家属;确实无法按时通知或者通知不到的,应当记录在案。

(4) 因哄闹、冲击法庭,用暴力、威胁等方法抗拒执行公务等紧急情况,必须立即采取拘留措施的,可在拘留后,立即报告院长补办批准手续。院长认为拘留不当的,应当解除拘留。

(5) 被拘留人在拘留期间认错悔改的,可以责令其具结悔过,提前解除拘留。提前解除拘留,应报经院长批准,并作出提前解除拘留决定书,交负责看管的公安机关执行。

此外,对于罚款、拘留的适用,《民诉法解释》第 183～186 条以及第 191 条,还作出了如下的补充规定:

(1) 罚款、拘留可以单独适用,也可以合并适用。

(2) 对同一妨害民事诉讼行为的罚款、拘留不得连续适用。但发生新的妨害民事诉讼行为的,可以重新予以罚款、拘留。

(3) 被罚款、拘留的人不服罚款、拘留决定申请复议的,应自收到决定书之日起 3 日内提出。上级法院应当在收到复议申请后 5 日内作出决定,并将复议结果通知下级法院和当事人。

(4) 上级法院复议时认为强制措施不当的,应当制作决定书,撤销或变更下级法院作出的拘留、罚款决定。情况紧急的,可以在口头通知后 3 日内发出决定书。

(5) 单位有民事诉讼法第 112 条或第 113 条规定行为的,法院应当对该单位进行罚款,并可对其主要负责人或直接责任人员予以罚款、拘留。

（六）限制出境及其适用

限制出境，是指执行法院对于未履行生效法律文书确定义务的被执行人或者其法定代表人、负责人，责令其不准出境的一种强制措施。

近年来，我国公民申请出境和外国人申请入境的人数日益激增，公安部门为此不断简化审批手续，出国审批也由原来的"依条件审批"改革为"按需申领"，相应地给法人民院执行工作提出了挑战。为有效防止被执行人利用出境达到逃避债务的目的，实施限制出境的强制措施极为重要。依《公民出境入境管理法》第8条、《外国人入境出境管理法》第23条，有"未了结民事案件"的中国人和外国人，人民法院可以决定其不能出境。"未了结民事案件"，包括审判案件和执行案件。

限制出境的适用条件：①须有申请执行人提出申请。法院一般依申请执行人申请而不主动依职权决定限制出境。②须有被执行人未履行生效法律文书确定义务的事实。

限制出境的适用方法：①向当事人口头或书面通知，在其案件了结之前不得出境。②依案件性质和当事人具体情况，责令其提供财产担保或者交付一定数量保证金后，才准予出境。③扣留当事人护照或者其他有效出入境证件。但法院在处理民商事案件时，应尽量避免扣留外方当事人或其法定代表人护照，而视情况采取保全、缴纳保证金以及边控等措施。④在边防检查站阻止其出境。

第六节 诉讼费用与司法救助

【引例10-6】

吴某诉与郑某身体权纠纷请求赔偿一案，吴某由于经济困难，无力预交诉讼费用。

请问：吴某能否提出缓交诉讼费用的司法救助申请？法院能否准许吴某申请？

一、诉讼费用概述

诉讼费用有广义、狭义之分。广义的诉讼费用，是指当事人进行民事诉讼所支出的一切费用，也称诉讼成本。狭义的诉讼费用，是指当事人进行民事诉讼向法院交纳和支付的费用。我国《民诉法》规定的诉讼费用，是指狭义上的诉讼费用。

诉讼费用是民事诉讼的一项重要制度，属于诉讼保障的范畴。早在罗马法时代，就已经有了征收诉讼费用的规定。我国西周《周礼》规定了民事案件原告、被告双方应当交纳“束矢”，这是我国关于诉讼费用的早期规定。民主主义革命时期，革命根据地和解放区也曾有民事诉讼收费的规定。现行《民诉法》专设第十一章“诉讼费用”，但并未涉及具体内容，仅在第118条作了原则性规定，即当事人进行民事诉讼，应按规定交纳案件受理费。财产案件除交纳案件受理费外，并按规定交纳其他诉讼费用。当事人交纳诉讼费用确有困难的，可按规定向法院申请缓交、减交或免交。收取诉讼费用的办法另行制定。因此，我国现行诉讼费用制度的主要规范是：《民诉法》第118条，国务院《诉讼费用交纳办法》(国务院令第481号)、最高法院《关于适用〈诉讼费用交纳办法〉的通知》(法发〔2007〕16号)、《关于对经济确有困难的当事人提供司法救助的规定》(法发〔2005〕6号)。

依我国法学理论界的通说，诉讼费用的征收意义主要体现在以下几个方面：

(1) 有利于减少纳税人负担和国家财政支出。法院解决民事争议，需要付出一定的人力、财力和物力。若让国家负担民事诉讼费用，则是由纳税人和国家财政承担当事人为自身权益进行诉讼的费用。因此，民事诉讼中向当事人收取合理的费用，可以减轻纳税人负担和减少国家财政支出。

(2) 有利于加强法制观念，防止和减少滥诉现象。民事诉讼中，征收诉讼费用，让当事人承担必要的诉讼成本，可以促使其慎重选择诉讼，防止和减少滥用诉权，同时也能减轻法院的工作负担。

(3) 有利于制裁民事违法行为。我国诉讼费用的负担原则是由败诉一方承担，而败诉一方之所以败诉，通常是因其违反了法律规定或合同约定，从而给对方造成了一定损害。在此意义上，民事诉讼征收费用也就具有了某种程度上对违法行为予以制裁的功能。

(4) 有利于维护国家主权和经济利益。在世界各国对民事诉讼普遍征收诉讼费用的情况下，随着涉外民事纠纷案件数量激增，如果我国对民事诉讼实行免费，不仅会使国家主权和经济利益受到影响，而且不符合国际交往中应当遵循的平等互惠和对等原则。

二、诉讼费用的交纳范围

《诉讼费用交纳办法》第2条第1款规定，当事人进行民事诉讼、行政诉讼，应当依照本办法交纳诉讼费用。该办法第6条规定，当事人应当向法院缴纳的诉讼费用包括：①案件受理费；②申请费；③证人、鉴定人、翻译人员、理算人员在人民法院指定日期出庭发生的交通费、住宿费、生活费和误工补贴。因此，诉讼费用的种类及其交纳范围如下所述。

(一) 案件受理费的交纳范围和不交纳案件受理费的案件范围

依《诉讼费用交纳办法》第7条，案件受理费包括：①第一审案件受理费；②第二审案件受理费；③再审案件中，依该办法规定需要交纳的案件受理费。

下列案件不交纳案件受理费：①依《民诉法》规定的特别程序审理的案件；②裁定不予受理、驳回起诉、驳回上诉的案件；③对不予受理、驳回起诉和管辖权异议裁定不服，提起上诉的案件；④行政赔偿案件。

依《民诉法》和《行诉法》规定的审判监督程序受理的案件，当事人不交纳案件受理费，但下列情形除外：①当事人有新的证据，足以推翻原判决、裁定，申请再审，法院经审查决定再审的案件；②当事人对法院第一审判决或裁定未提起上诉，一审判决、裁定或调解书生效后又申请再审，法院经审查决定再审的案件。

（二）申请费的交纳范围

当事人依法向法院申请下列事项，应当交纳申请费：①申请执行法院发生法律效力的判决、裁定、调解书，仲裁机构依法作出的仲裁裁决和调解书，公证机构依法赋予强制执行效力的债权文书；②申请保全措施；③申请支付令；④申请公示催告；⑤申请撤销仲裁裁决或者认定仲裁协议效力；⑥申请破产；⑦申请海事强制令、共同海损理算、设立海事赔偿责任限制基金、海事债权登记、船舶优先权催告；⑧申请承认和执行外国法院的判决、裁定和国外仲裁机构的裁决。

（三）证人等出庭发生费用的交纳范围

证人、鉴定人、翻译人员、理算人员在法院指定日期出庭发生的交通费、住宿费、生活费和误工补贴，由法院按国家规定标准代为收取。当事人复制案件卷宗材料和法律文书，应按实际成本向法院交纳工本费。

（四）当事人负担的诉讼实际支出费用的范围

诉讼过程中，因鉴定、公告、勘验、翻译、评估、拍卖、变卖、仓储、保管、运输、船舶监管等发生的依法应当由当事人负担的费用，法院根据“谁主张、谁负担”的原则，决定由当事人直接支付给有关机构或单位，人民法院不得代收代付。法院依《民诉法》第 11 条第 3 款的规定提供当地民族通用语言、文字翻译的，不收取费用。

对上列各类诉讼费用的交纳标准，《诉讼费用交纳办法》作出了详细规定，此不列举。

三、诉讼费用的预交

《诉讼费用交纳办法》（国务院令第 481 号）规定：①案件受理费由原告、有独立请求权的第三人、上诉人预交；②被告提起反诉，依该办法规定需要交纳案件受理费的，由被告预交；③需要交纳案件受理费的再审案件，由申请再审的当事人预交；④双方当事人都申请再审的，分别预交；⑤追索劳动报酬的案件，可以不预交案件受理费。《民诉法解释》（法释〔2015〕5 号）第 194 条规定，依照《民诉法》第 54 条审理的（集团诉讼）案件不预交案件受理费，结案后按诉讼标的额由败诉方交纳。

申请费由申请人预交，但执行案件和破产案件的申请费不由申请人预交，执行申请费执行后交纳，破产申请费清算后交纳。自 2007 年 4 月 1 日起，执行申请费由法院在执行生效法律文书确定的内容之外直接向被执行人收取，破产申请费由法院在破产清算后从破产财产中优先拨付。

证人、鉴定人、翻译人员、理算人员在法院指定日期出庭发生的交通费、住宿费、生活费和误工补贴，当事人复制案件卷宗材料和法律文书的费用，待实际发生后交纳。

当事人在诉讼中变更诉讼请求数额，案件受理费依下列规定处理：①当事人增加诉讼请求数额的，按增加后的诉讼请求数额计算补交；②当事人在法庭调查终结前提出减少诉讼请求数额的，按减少后的诉讼请求数额计算退还。

四、诉讼费用的预交期限

原告应当自接到法院预交诉讼费用通知的次日起 7 日内预交；预交确有困难的，可在预交期限内向法院提出司法救助申请。在预交期限内，原告既未提出司法救助申请或者申请未获批准，又未交纳案件受理费或申请费的，由法院依法按当事人自动撤诉处理。

被告反诉的，应当自提起反诉的次日起7日内，交纳案件受理费。预交确有困难的，可在预交期内向法院提出司法救助申请。在预交期限内，被告既未提出司法救助申请或者申请未获批准，又未交纳案件受理费的，由法院依法按当事人自动撤回反诉处理。

上诉案件的案件受理费，由上诉人向法院提交上诉状时预交。双方当事人都提起上诉的，分别预交。上诉人在上诉期内未预交诉讼费用的，法院应当通知其在7日内预交。上诉人在接到法院预交诉讼费用的通知后7日内仍未预交，又不提出司法救助申请的，裁定按自动撤回上诉处理。

申请费由申请人在提出申请时或在法院指定的期限内预交。在法院指定期限内，申请人既没有提出司法救助申请或申请未获批准，又仍未交纳申请费的，由法院依法按当事人自动撤回申请处理。

五、诉讼费用的移交和退还

依《民诉法》第36、37、38条的规定移送管辖、移转管辖权的案件，原受理法院应当将当事人预交的诉讼费用随案移交给接收案件的法院。

法院审理民事案件过程中发现涉嫌刑事犯罪，并将案件移送有关部门处理的，当事人交纳的案件受理费予以退还；移送后民事案件需要继续审理的，当事人已经交纳的案件受理费不予退还。

中止诉讼、中止执行的案件，已经交纳的案件受理费、申请执行费不予退还。中止诉讼、中止执行的原因消除，恢复诉讼、恢复执行的，不再交纳案件受理费、申请执行费。

第二审法院决定将案件发回重审的，应当退还上诉人已经交纳的第二审案件受理费。

第一审法院裁定不予受理或者驳回起诉的，应当退还当事人已经交纳的案件受理费；当事人对第一审法院不予受理、驳回起诉的裁定提起上诉，第二审法院维持第一审法院裁定的，第一审法院应当退还当事人已经交纳的案件受理费。

对于依《民诉法》第151条裁定终结诉讼的案件，已经交纳的案件受理费不予退还。

六、诉讼费用的负担办法

诉讼费用的负担，是指在案件审理终结和执行完毕时，当事人对诉讼费用的实际承担。根据我国《民诉法》及《诉讼费用交纳办法》，诉讼费用按下列办法负担：

（一）由败诉方负担

依《诉讼费用交纳办法》第29条及有关司法解释，“败诉方负担”的一般原则适用于下列具体情形：

（1）诉讼费用由败诉方负担，胜诉方自愿承担的除外。

（2）部分胜诉、部分败诉的，法院依案件具体情况决定当事人各自负担诉讼费用数额。

（3）共同诉讼当事人败诉的，法院根据其与诉讼标的利害关系，决定当事人各自负担诉讼费用的数额。

（4）第二审法院驳回上诉的案件，上诉案件受理费由上诉人负担；双方都提起上诉的，由双方负担。

(5) 依《诉讼费用交纳办法》的规定应当交纳案件受理费的再审案件，诉讼费用由申请再审的当事人负担；双方当事人都申请再审的，诉讼费用按该办法第 29 条的规定负担。原审诉讼费用的负担，由法院根据诉讼费用负担原则重新确定。

(6) 债务人对督促程序未提出异议的，申请费由债务人负担。

(7) 申请执行人民法院发生法律效力的判决、裁定、调解书，仲裁机构依法作出的仲裁裁决和仲裁调解书，公正机构依法赋予强制执行效力的债权文书的申请费，以及申请承认和执行外国法院判决、裁定和国外仲裁机构裁决的申请费，由被执行人负担。

(8) 申请撤销仲裁裁决或者认定仲裁协议效力的申请费，由法院按败诉方负担的原则决定申请费的负担。

(二) 由原告(含反诉原告)和上诉人负担

(1) 民事案件的原告或上诉人申请撤诉，法院裁定准许的，案件受理费由原告或者上诉人负担。

(2) 当事人在法庭调查终结后提出减少诉讼请求数额的，减少请求数额部分的案件受理费用，由变更诉讼请求的当事人负担。

(三) 由申请人负担

(1) 债务人对督促程序提出异议致使督促程序终结的，申请费由申请人负担；申请人另行起诉的，可以将申请费列入诉讼请求。

(2) 公示催告的申请费由申请人负担。

(3) 申请保全措施的申请费由申请人负担；申请人另行起诉的，可将该申请费列入诉讼请求。

(4) 诉前申请海事请求保全、海事强制令的，申请费由申请人负担；申请人就有关海事请求提起诉讼的，可将上述费用列入诉讼请求。

(5) 诉前申请海事证据保全的，申请费由申请人负担。

(6) 诉讼中拍卖、变卖被扣押船舶、船载货物、船用燃油、船用物料发生的合理费用，由申请人预付，从拍卖、变卖价款中先行扣除后，退还申请人。

(7) 申请设立海事赔偿责任限制基金、申请债权登记与受偿、申请船舶优先权催告案件的申请费，由申请人负担。

(8) 设立海事赔偿责任限制基金、船舶优先权催告程序中的公告费用，由申请人负担。

(9) 依特别程序审理案件的公告费用，由起诉人或申请人负担。

(四) 由当事人协商负担或由法院决定负担

(1) 经法院调解达成协议的案件，诉讼费用的负担由双方当事人协商解决；协商不成的，由法院决定。

(2) 离婚案件诉讼费用的负担，由双方当事人协商；协商不成的，由法院决定。

(3) 执行中当事人达成和解协议的，申请费的负担由双方当事人协商解决；协商不成的，由法院决定。

(4) 第二审法院改变第一审法院作出的判决、裁定的，应当相应变更第一审法院关于诉讼费用负担的决定。

(五)由当事人自行分担

(1)当事人因自身原因未能在举证期限内举证,在二审或再审期间提出新的证据,致使诉讼费用增加的,增加的诉讼费用由该当事人负担。

(2)由于当事人不正当的诉讼行为所支出的费用,由该当事人自行负担。

(3)当事人依法申请复制本案有关材料和法律文书的,其所需要的实际成本费用,由当事人自行负担。

七、诉讼费用负担的复核和更正

当事人不得单独对人民法院关于诉讼费用的决定提起上诉。当事人单独对法院关于诉讼费用的决定有异议的,可向作出决定的法院院长申请复核。复核决定应当自收到当事人申请之日起15日内作出。当事人对人民法院决定诉讼费用的计算有异议的,可向作出决定的法院请求复核。计算确有错误的,作出决定的法院应当予以更正。

八、司法救助

(一)司法救助的概念及其适用情形

司法救助,也称为诉讼费用的缓交、减交与免交,是指依照法律规定应当交纳诉讼费用的当事人,因经济上确有困难,无力负担或暂时无力交付时,经当事人申请,由人民法院决定缓、减、免交的制度。我国《民诉法》第118条第2款、《诉讼费用交纳办法》第六章(第44～51条)及最高法院《司法救助规定》,当事人确因经济困难不能按时足额交纳诉讼费用的,可向法院申请缓交、减交与免交,是否缓、减、免,由法院审查决定。

司法救助的适用情形包括以下几种:

1. 免交诉讼费用的适用情形

诉讼费用的免交,只适用于自然人。当事人申请司法救助,符合下列情形之一的,人民法院应当准予免交诉讼费用:①残疾人无固定生活来源的;②追索赡养费、扶养费、抚育费、抚恤金的;③最低生活保障对象、农村特困定期救济对象、农村“五保”供养对象或者领取失业保险金人员,无其他收入的;④因见义勇为或者保护社会公共利益致使自身合法权益受到损害,本人或其近亲属请求赔偿或补偿的;⑤确实需要免交的其他情形。

2. 减交诉讼费用的适用情形

当事人申请司法救助,符合下列情形之一的,人民法院应当准予减交诉讼费用:①自然灾害等不可抗力造成生活困难,正在接受社会救济,或者家庭生产经营难以为继的;②属国家规定的优抚、安置对象的;③社会福利机构和救助管理站;④确实需要减交的其他情形。人民法院准予减交诉讼费用的,减交比例不得低于30%。

3. 缓交诉讼费用的适用情形

当事人向法院申请司法救助,符合下列情形之一的,应当准予缓交诉讼费用:①追索社会保险金、经济补偿金的;②海上、交通、工伤、产品质量等事故或其他人身伤害事故的受害人请求赔偿的;③正在接受有关部门法律援助的;(4)确实需要缓交的其他情形。

（二）申请司法救助的程序

当事人申请司法救助，应当在起诉或者上诉时提交书面申请、足以证明其确有经济困难的证明材料以及其他相关证明材料。因生活困难或者追索基本生活费用而申请免交、减交诉讼费用的，还应当提供本人及其家庭经济状况符合当地民政、劳动保障等部门规定的公民经济困难标准的证明。

[引例 10-6：解析]吴某依法能够提出缓交诉讼费用的司法救助申请。吴某与郑某身体权纠纷请求赔偿，系人身伤害事故的受害人请求赔偿的案件，属于应当准许缓交诉讼费用的情形，因此，吴某在起诉时向法院提交缓交诉讼费用的书面申请，以及足以证明其确有经济困难的证明材料以及其他相关证明材料以后，法院应当准许吴某的申请。

法院对当事人的司法救助申请应当进行审查，不予批准的，应向当事人书面说明理由。根据最高法院《司法救助规定》，对当事人请求缓交诉讼费用的，由承办案件的审判人员或合议庭提出意见，报庭长审批；对当事人请求减交、免交诉讼费用的，由承办案件的审判人员或者合议庭提出意见，经庭长审核同意后，报院长审批。

当事人申请缓交诉讼费用，经审查符合《诉讼费用交纳办法》规定条件的，人民法院应当在决定立案之前作出准予缓交的决定。法院对一方当事人提供司法救助，对方当事人败诉的，诉讼费用由对方负担；对方当事人胜诉的，可视申请司法救助的当事人的经济状况决定其减交、免交诉讼费用。准予当事人减、免交诉讼费用的，应在法律文书中载明。当事人骗取司法救助的，应当责令其补交诉讼费用；拒不补交的，以妨害民事诉讼论处。

【本章小结】

本章系统阐述了六大类民事诉讼的辅助和保障制度，即期间、送达、保全、先予执行、对妨害民事诉讼的强制措施、诉讼费用和司法救助，并重点介绍了相关新增制度或新修正的内容，诸如再审申请期限的变化，新增的电子送达、行为保全、恶意诉讼规制机制，以及修正后的留置送达、司法罚款数额区间的提高，等等。

【国家统一法律职业资格考试辅导专栏】

（1）本章“民事诉讼辅助和保障制度”的内容，虽然在考试中所占分值较低，但较容易把握和得分，因此需要对相关内容的常考点、易考点进行重点攻破；同时，需要重点关注上述2012年《民诉法》相关新增制度和新修正的内容。

（2）历年考点：①期间的计算方式；②知识产权案件中的诉前禁令；③财产保全的范围和类型；④先予执行的适用条件；⑤留置送达和公告送达的适用限制；⑥司法罚款、拘留等强制措施的适用条件和救济机制。

（3）历年真题：2015 卷三 41、80、81；2014 卷三 42、47、77；2013 卷三 36、39；2012 卷三 38；2011 卷三 41；2009 卷三 43；2008 全国卷三 43、87。

（4）备考重点：①期间包括期间的计算方式；一些重要的可变期间、不变期间。②送达包括留置送达的两类实现方式；电子送达的适用条件和范围；公告送达的适用限制。③保全包括新增的行为保全与财产保全之区别；诉前保全与诉中保全的区别；二审中的财产保全。④先予执行包括适用条件和范围。⑤对妨害民事诉讼的强制措施包括恶意诉讼的规制方式；罚款、拘传和拘留的适用条件和方式。⑥诉讼费用与司法救助包括诉讼费用的交纳范围和负担方式；司法救助的申请程序。

【本章练习】

一、判断题（请在题后括号内，正确的打"√"，错误的打"×"）（共 6 小题）

1. 狭义的期间仅指期日，而广义的期间则包含了期限和期日。（　　）
2. 民事诉讼中重要的可变期间主要有：举证时限、上诉期间、答辩期间等。（　　）
3. 期间开始后，诉讼行为无须立即开始进行。（　　）
4. 2012 年修正后的我国《民诉法》新增了电子送达方式，也即电子见证方式。（　　）
5. 判决书、裁定书、调解书不能适用电子送达，受送达人同意的除外。（　　）
6. 委托送达是指法院直接送达诉讼文书有困难时委托有关单位代为送达。（　　）

二、单项选择题（共 5 小题）

1. 关于民事诉讼保障或辅助制度的下列理解中，错误的是（　　）。

A. 诉前财产保全只能依当事人申请而启动，且可由财产所在地法院管辖

B. 当事人申请诉前财产保全后未在法定期间内起诉而给被申请人造成财产损失引起诉讼的，由申请人住所地法院管辖

C. 采取诉前财产保全后申请人起诉的，可向保全法院或其他有管辖权的法院提起

D. 上诉案件在二审法院接到报送的案件之前，必须采取财产保全的，由第一审法院依当事人申请或依职权裁定

2. 关于财产保全的下列说法中，正确的是（　　）。

A. 诉前财产保全和诉讼中财产保全，均由财产所在地法院管辖

B. 在一审诉讼中，由一审法院采取；当事人上诉后，保全措施即转由二审法院采取

C. 申请诉前财产保全的利害关系人是否需要提供担保，由人民法院综合审查纠纷的整体情况后予以确定

D. 诉前财产保全与诉讼中财产保全的启动方式不完全相同

3. 关于我国民事诉讼送达制度的下列表述中，错误的是（　　）。

A. 受送达人或其同住成年家属拒绝接收诉讼文书的，送达人可将诉讼文书留在送达人的住所，并采用拍照、录像等方式记录送达过程，即视为送达

B. 电子送达是我国民事诉讼法新增加的一种送达方式

C. 经受送达人同意，法院可以采用传真、电子邮件等能够确认其收悉的方式送达判决书、裁定书、调解书等诉讼文书

D. 采用电子送达的，以传真、电子邮件等到达受送达人特定系统的日期为送达日期

4. 关于民事保全制度的下列说法中，正确的是（　　）。

A. 申请诉前财产保全必须提供担保，涉外诉讼中除外

B. 利害关系人申请诉前财产保全的，可以向被保全财产所在地、被申请人住所地或对案件有管辖权的法院申请

C. 我国现行《民诉法》没有规定行为保全制度

D. 法院对抵押物采取财产保全措施后，抵押权人的优先受偿权自动消灭

5. 关于对妨碍民事诉讼的强制措施，下列说法中正确的是（　　）。

A. 强制措施的适用对象并不限于案件当事人，还包括案外人

B. 适用拘传必须经过审判长批准，并签发拘传票

C. 罚款的数额：对个人为 1 万元以下，对单位为 1 万元以上 20 万元以下

D. 当事人之间恶意串通，企图通过诉讼、调解等方式侵害他人合法权益的，人民法院可以根据情节的轻重，驳回其请求或者予以罚款、拘留

三、多项选择题（共 5 小题）

1. 依期间是由法律直接规定，还是由法院指定或由当事人约定，可将期间分为（　　）。

A. 法定期间　　B. 指定期间　　C. 约定期间　　D. 不变期间

2. 关于我国《民诉法》规定的公告送达，下列表述中正确的是（　　）。

A. 公告送达仅适用于受送达人下落不明的情形

B. 公告送达的公告期间是：自发出公告之日起，经过 60 日，即视为送达

C. 适用简易程序的案件，不适用公告送达

D. 支付令不适用公告送达

3. 关于我国民事诉讼中送达制度的下列理解中，正确的是（　　）。

A. 留置送达的实现方式除见证人见证外，还可采用拍照、录像等方式记录送达过程

B. 判决书、裁定书和调解书不得采用电子送达方式，但受送达人同意的除外

C. 受送达人被监禁的，通过其所在监所转交

D. 委托送达时的受托主体仅限于法院

4. 李四为追索恢复经营急需保险理赔费用而将某保险公司诉至 A 区法院，在下列哪些情形下，不可适用先予执行？（　　）

A. 该保险公司濒临破产，无履行能力

B. 李四与保险公司之间的权利义务明确

C. 法院责令李四提供担保，李四因经济极其困难而无法提供

D. 李四起诉时向立案庭法官表示想要申请先予执行，但法院受理案件后未提出申请

5. 关于对妨害民事诉讼的强制措施的下列表述中，错误的是（　　）。

A. 当事人之间恶意串通，企图通过诉讼、调解等方式侵害他人合法权益的，人民法院应当驳回请求，并依情节轻重予以罚款、拘留；构成犯罪的，依法追究刑事责任

B. 被执行人与他人恶意串通，通过诉讼、仲裁、调解等方式逃避履行法律文书确定的义务的，人民法院应依情节轻重予以罚款、拘留；构成犯罪的，依法追究刑事责任

C. 2007 年和 2012 年分别对民事司法罚款的数额进行了调整。依最新规定，对个人的罚款金额为人民币 10 万元以下，对单位的罚款金额为 3 万元以上 50 万元以下

D. 拘传和罚款应当用决定书

四、问答题(共4小题)

1. 简述行为保全与财产保全的联系与区别。
2. 试述先予执行的适用范围与适用条件。
3. 哪些案件不要交纳案件受理费?
4. 试述司法救助的概念及其适用情形。

第十一章 第一审普通程序

【学习目标】

■ 知识目标：

了解第一审普通程序的概念和特点、第一审普通程序中的调解、开庭审理，民事裁判的种类、判决的概念和种类、判决的内容和效力、裁定的概念及适用对象、决定的适用对象；

理解起诉的条件、各种不予受理的法定情形、撤诉与缺席判决的条件、延期审理、诉讼中止和诉讼终结的法定事由及其法律效果，判决与裁定、决定的差异，判决对人的约束力、对事的确定力。

■ 能力目标：

掌握起诉、撤诉、缺席判决制度，以及延期审理、诉讼中止和诉讼终结制度，民事裁判文书及其救济。

【本章需要预习的主要法律、法规】

1.《民诉法》第 119～156 条；
2. 最高法院《民诉法解释》(法释〔2015〕5 号)第 208～255 条；
3. 最高法院《诉讼时效规定》(法释〔2008〕11 号)第 3、4 条；
4. 最高法院《审判方式改革规定》(法释〔1998〕14 号)第 16～19 条；
5. 最高法院《审理期限规定》(法释〔2000〕29 号)第 9 条；
6. 最高法院《证据规定》(法释〔2001〕33 号)第 1、19、47、51 条；
7. 最高法院《登记立案规定》(法释〔2015〕8 号)。

第一节 第一审普通程序概述

【引例 11-1】

某县法院一派出法庭只有3名审判人员和1名书记员，但法庭辖区较大，受理的案件较多，超期审结现象严重。为提高诉讼效率，减少积案，该法庭庭长决定，除非较为重大、须由合议庭审理的案件以外，一律适用简易程序由审判员独任审理。[①]

请问：该法庭庭长的决定是否合法？简要说明理由。

一、第一审普通程序的概念

第一审普通程序，是指法院审理第一审民事案件通常所适用的程序。根据我国民事诉讼法的规定，第一审程序包括普通程序与简易程序。法院审理第一审民事案件，除民事诉讼法所规定的基层法院及其派出法庭审理事实清楚、权利义务关系明确、争议不大的简单民事案件适用简易程序以外，其他均适用普通程序。第一审普通程序还是二审、再审等后续程序启动的基础，其他程序中没有特别规定的，都适用普通程序的相关规定。因此，第一审普通程序，是我国《民诉法》规定的审判程序中最为基础、最为重要的一个程序。

[引例 11-1：解析]该法庭庭长的决定不合法。理由是：依《民诉法》第157条第1款，简易程序仅适用于基层法院及其派出法庭审理事实清楚、权利义务关系明确、争议不大的简单民事案件，这是简易程序的适用条件，其他任何情况都不能成为适用简易程序的理由。换言之，第一审民事案件，除了上述法定的适用简易程序由审判员一人独任审理的以外，一律适用普通程序组成合议庭进行审理。

二、第一审普通程序的特征

【真题实训 11-1】

关于普通程序的重要性，下列哪些选项是正确的？（2011，卷三，78）

A. 普通程序是一审诉讼案件的审理程序

① 资料来源：本章作者宁教铭曾在法院工作期间进行案件质量检查工作中收集、整理的案例。

B. 民事诉讼法的基本原则和基本制度在普通程序中有集中体现

C. 普通程序是民事审判程序中体系最完整、内容最丰富的程序

D. 其他审判程序审理案件时遇有本程序没有特别规定的，应当适用普通程序的相关规定进行审理

1. 程序的基础性与独立性

第一审普通程序，作为法院审理民事案件的一个基本程序，是二审、再审等后续程序启动的基础，因此是整个民事审判程序的基础；法院适用普通程序审理民事案件，无须参照其他程序的规定，体现了普通程序所具有的程序独立性。

2. 内容的完整性与系统性

第一审普通程序，与第一审简易程序、第二审程序、再审程序等其他程序相比，是整个民事诉讼程序中，内容最翔实、体系最完整、程序结构最为完备的一个程序。从原告起诉到法院审查受理，从庭前准备到开庭审理至作出裁判，以及审理过程中可能出现特殊情况的处理(如中止审理、延期审理等)，该程序都有详尽的规定；该程序的各个诉讼阶段衔接有序、操作规程严谨周密，构成一个完整的程序体系。

3. 适用的广泛性与普适性

第一审普通程序在适用上的广泛性与普适性，表现在3个方面：①第一审普通程序，适用于各级法院审理第一审民事案件；②第一审民事案件，除事实清楚、权利义务关系明确、争议不大的简单民事案件由基层法院及其派出法庭适用简易程序以外，其他均适用普通程序审理；③即便是适用简易、二审、再审程序审理民事案件，其他程序中没有特别规定的，都应当适用第一审普通程序的相关规定进行审理。

[真题实训 11-1](2011，卷三，78)答案：BCD。考点：第一审普通程序。解析：普通程序适用于除简易程序以外的其他所有民事案件的一审审理，因此，普通程序并非所有一审案件的审理程序，即除普通程序外，还有简易程序，故选项A错误。普通程序是法院审理民事案件的一个基本程序，民事诉讼法的基本原则、基本制度在该程序中都有集中体现，故选项B正确。相比其他诉讼程序，普通程序是整个民事诉讼程序中体系最完整、内容最充实的一个程序，故选项C正确。法院适用简易、二审及再审等程序审理民事案件时，该程序无特别规定的，都应当适用普通程序的相关规定，故选项D正确。

第二节 第一审普通程序的基本阶段

【引例 11-2】

居住在甲市A县的刘一，与居住在甲市B县的陈二，因履行合同发生纠纷。双方在合同中订有仲裁条款，约定因合同发生的一切争议，均由甲市B县仲裁委员

会仲裁。现刘一向B县法院起诉,请求解决合同纠纷。[1]

请问:B县法院应否受理刘一的起诉?

一、起诉与受理

(一)当事人起诉:起诉的条件与方式、起诉状的法定内容

1. 起诉的条件

民事诉讼中的起诉,是指公民、法人和其他组织认为自己的或依法由自己管理、支配的民事权益受到侵害或与他人发生了争议,以自己的名义向法院提出诉讼请求,要求法院通过审判予以保护的诉讼行为。依《民诉法》第119条,起诉必须同时符合下列条件:

1)原告是与本案有直接利害关系的公民、法人或其他组织

这一条件有以下两层含义:

(1)原告须有当事人能力,即具备民事诉讼权利能力,依《民诉法》第48条第1款,公民、法人和其他组织可作为民事诉讼的当事人。

(2)原告须为正当当事人,须与本案有直接利害关系,即与发生争议的民事法律关系有法律上的利害关系,从表现形态而言,包括两种类型:一是自己享有的民事权益受到侵害或与他人发生了争议,此类原告在理论上称为"实体权利义务主体";二是依法由自己管理、支配的民事权益受到侵害或与他人发生了争议,此类原告理论上称为"非实体权利义务主体"(如财产代管人、破产清算组织等)。

2)有明确的被告

有明确的被告,即原告所起诉的对象应当特定化、具体化,以便法院明确被诉的相对方当事人。若被告不明确,法院就无法确定民事权利义务的相对方,诉讼程序自然无从进行。

要求被告明确,目的在于将诉讼特定化;但被告下落不明,并不等于"被告不明确";被告明确,也并不等于被告就适格和正确。

《民诉法解释》第209条规定,原告提供被告的姓名或名称、住所等信息具体明确,足以使被告与他人相区别的,可以认定为有明确的被告。起诉状列写被告信息不足以认定明确的被告的,人民法院可以告知原告补正。原告补正后仍不能确定明确的被告的,裁定不予受理。

3)有具体的诉讼请求和事实、理由

所谓"具体的诉讼请求",是指原告基于诉争的民事法律关系,而通过法院向相对方提出的具体、明确的实体权利主张或要求。因诉讼请求直接影响到当事人之间证明责任的分配和法院审理与裁判的对象,故诉讼请求必须具体、明确。

---

① 案例来源:本章作者宁教铭(北京德和衡(广州)律师事务所兼职律师)代理刘一的诉讼案件,案中当事人简化为化名刘一、陈二。

所谓“事实、理由”，是指原告起诉时向法院提出的用以支持其诉讼请求的事实与法律依据。具体的事实、理由，并不要求证据充分、完整，即起诉证据的具体化≠胜诉证据的充分化。起诉证据，是指原告起诉时必须提供的符合起诉条件的证据；胜诉证据，是指诉讼请求要得到法院支持所应提供的证据。《证据规定》第1条规定，原告向法院起诉或者被告提出反诉，应当附有符合起诉条件的相应的证据材料。

可见，起诉条件，虽然理论上而言，应当是一个程序性问题，但事实上，我国《民诉法》和《证据规定》关于起诉条件的规定，既包括程序性事项，也包括实体性事项。

4）属于法院受理民事诉讼的范围和受诉法院管辖

这一条件包括主管和管辖，即起诉必须同时满足主管和管辖的要求。

2. 起诉的方式

《民诉法》第120条规定了起诉的方式，即起诉应当向法院递交起诉状，并按被告人数提出副本。书写起诉状确有困难的，可口头起诉，由法院记入笔录，并告知对方当事人。可见，我国民事诉讼中的起诉，以书面起诉为原则、以口头起诉为例外。

3. 起诉状的法定内容（2012年修正）

【真题实训 11-2】

关于民事起诉状应当包括的内容，下列哪些选项是正确的？（2011，卷三，79）

A. 双方当事人的基本情况　　B. 案由

C. 诉讼请求　　D. 证据和证据来源

《民诉法》第121条规定，起诉状应当记明下列事项：①原告的姓名、性别、年龄、民族、职业、工作单位、住所、联系方式，法人或其他组织的名称、住所和法定代表人或主要负责人的姓名、职务、联系方式；②被告的姓名、性别、工作单位、住所等信息，法人或其他组织的名称、住所等信息；③诉讼请求和所根据的事实与理由；④证据和证据来源，证人姓名和住所。值得注意的是，“案由”并非起诉状的必备内容。

2012年修正后的《民诉法》第121条，相比修正前的第110条，将原告与被告的基本情况分开规定，增加了原告的“联系方式”，删去了被告的“年龄、民族、职业”等3项内容。实践中，原告起诉时往往对被告的“年龄、民族、职业”等内容并不清楚，要求原告在起诉状中列明，限制了原告的诉权。如此修正，即对被告的“年龄、民族、职业”等3项内容不作要求，保障了当事人的起诉权；增加原告的“联系方式”，方便法院与当事人之间的正当联系，有利于提高诉讼效率。

[真题实训 11-2]（2011，卷三，79）答案：ACD。考点：民事起诉状的法定内容。解析：依《民诉法》第121条，起诉状应当记明的事项中，有：双方当事人的基本情况、诉讼请求、证据和证据来源，但并无“案由”一项，故选项B错误。

特别提示：①《民诉法》2012年修正前后，本题虽答案相同，但法律条文不同，即2011年的解题依据是修正前的《民诉法》第110条；而现在依据的是修正后的该法第121条。②（2009，卷三，44）也是对民事起诉状法定内容的考查。经比较，此题实际上仅仅是对该题稍作修改:2009年题为选非题、2011年题为选是题。正所谓“研究历年真题,相当于做未来考题”。

(二)法院接收起诉与立案受理:先行调解、诉权保障、立案受理

1. 先行调解(2012年新增)

2012年《民诉法》第二次修正时,新增第122条规定,当事人起诉到法院的民事纠纷,适宜调解的,先行调解,但当事人拒绝调解的除外。

先行调解,属于立案调解,即先行调解的时间是:接收起诉时、立案受理前。先行调解的适用条件是:民事纠纷的性质适宜调解,且当事人没有拒绝调解的意思表示。

2. 诉权保障(2012年新增)

2012年修正后的《民诉法》第123条,对修正前的第112条,进行了两处修正:①增加规定:“人民法院应当保障当事人依照法律规定享有的起诉权利”;②规定了不符合起诉条件的,应当作出裁定书,即严格限制了不予受理裁定的形式:必须是书面形式,而不允许口头裁定,保证了当事人不服不予受理裁定的上诉权。

3. 立案受理

《民诉法解释》第208条第1、2款规定,法院接到当事人的民事起诉状时,对符合《民诉法》第119条的规定,且不属于第124条规定情形的,应当登记立案;对当场不能判定是否符合起诉条件的,应当接收起诉材料,并出具注明收到日期的书面凭证;需要补充必要相关材料的,应及时告知当事人。在补齐相关材料后,应在7日内决定是否立案。

《民诉法解释》第208条有关登记立案的上述规定,是对中共中央《依法治国决定》的贯彻落实。就完善审判权运行机制,中共中央《依法治国决定》提出了三项改革措施,其中之一就是改革法院案件受理制度,变立案审查制为立案登记制。

为保护公民、法人和其他组织依法行使诉权,实现人民法院依法、及时受理案件,根据《民诉法》《行诉法》《刑诉法》等法律规定,最高法院制定并通过了《关于人民法院登记立案若干问题的规定》(法释〔2015〕8号),自2015年5月1日起施行。依该《规定》第1、2条,人民法院对依法应该受理的一审民事起诉、行政起诉和刑事自诉,实行立案登记制。对起诉、自诉,人民法院应当一律接收诉状,出具书面凭证并注明收到日期。对符合法律规定的起诉、自诉,人民法院应当当场予以登记立案。对不符合法律规定的起诉、自诉,人民法院应当予以释明。

法院收到当事人的起诉后,应当及时作出判断。主要从起诉方式、起诉条件、主管和管辖3个方面予以判定:

(1) 形式判定,即判定起诉状是否存在遗漏或错误,若存在,则应当通知当事人限期补齐或修改。《民诉法解释》第210条规定,原告在起诉状中有谩骂和人身攻击之辞的,法院应当告知其修改后起诉。

(2) 对是否符合起诉条件的判定,即依照《民诉法》第119条,对原告起诉是否符合法定条件进行判定。《民诉法解释》第208条第3款规定,立案后发现不符合起诉条件或者属于《民诉法》第124条规定情形的,裁定驳回起诉。

(3) 主管和管辖,即判定原告的起诉是否属于法院受理民事诉讼的范围,是否属于受诉

法院管辖。《民诉法解释》第 211 条规定，对本院没有管辖权的案件，告知原告向有管辖权的法院起诉；原告坚持起诉的，裁定不予受理；立案后发现本院没有管辖权的，应将案件移送有管辖权的法院。

民事诉讼中的受理，是指法院经过审查，认为原告的起诉符合民事诉讼法规定的条件，从而决定予以立案审理的行为。一般而言，原告的起诉行为并不必然引起诉讼程序的开始，起诉还须经过法院立案受理以后，诉讼程序才真正发生。因此，第一审普通程序的启动，必须以当事人的起诉行为和法院的立案受理行为的结合为要件。

法院接收原告的起诉以后，针对不同情况作出不同处理。符合条件的，应当在 7 日内立案，并通知当事人。立案时，应当填写立案登记表，计算案件受理费，向原告发送受理案件通知书，并书面通知原告预交案件受理费。对不符合条件的，应当在 7 日内作出不予受理裁定书。原告对该裁定不服的，可以上诉。

立案受理的法律后果，主要包括：①受诉法院取得对该争议案件的审判权，依法对该案件行使审判职权、履行审判职责；②受诉法院取得对该争议案件的排他管辖权，其他法院不得重复受理该案，受诉法院也不得将案件再移送其他有管辖权的法院，当事人也不得就同一诉讼标的，以同一事实理由另行向其他法院起诉；③双方当事人取得原告、被告的诉讼地位；④诉讼时效中断。严格来说，诉讼时效从当事人提起诉讼就开始中断。

4. 不予受理的法定情形

依《民诉法》第 124 条及相关法律的规定，对下列起诉，应当不予受理，而是分情形予以相应处理：

(1) 依照行政诉讼法规定，属于行政诉讼受案范围的，告知原告提起行政诉讼。

(2) 双方当事人依法达成书面仲裁协议申请仲裁、不得向法院起诉的，告知原告向仲裁机构申请仲裁。

(3) 依法应由其他机关处理的争议，告知原告向有关机关申请解决。

[应用提示]上列第(2)、(3)两项，均属主管问题，即法院与仲裁机构、其他机关在民事纠纷解决方面的权限与分工。

(4) 对不属本院管辖的案件，告知原告向有管辖权的法院起诉。

(5) 判决、裁定、调解书已发生法律效力的案件，当事人又起诉的，告知原告申请再审，但：①裁定不予受理、驳回起诉的案件，原告再次起诉，符合起诉条件且不属于《民诉法》第 124 条规定情形的，法院应予受理（《民诉法解释》第 212 条[①]）；②当事人撤诉或法院按撤诉处理后，原告以同一诉讼请求再次起诉的，法院应予受理（《民诉法解释》第 214 条第 1 款）；③赡养费、扶养费、抚育费案件，裁判生效后，因新情况、新理由，一方当事人再行起诉要求增加或减少费用的，法院应作为新案受理（《民诉法解释》第 218 条）。

(6) 依法在一定期限内不得起诉的案件，在不得起诉的期限内起诉的，不予受理。具体包括：①女方在怀孕期间、分娩后一年内或中止妊娠 6 个月内，男方不得提出离婚。女方提

---

① 《民诉法解释》第 212 条，相较于现已废止的《民诉法意见》第 142 条，增加规定了“且不属于民事诉讼法第一百二十四条规定情形”。

出离婚的，或法院认为有必要受理男方离婚请求的，不在此限。②判决不准离婚、调解和好的离婚案件，判决、调解维持收养关系的案件，没有新情况、新理由，原告在6个月内又起诉的，不予受理(《民诉法》第124条第(7)项)。③原告撤诉或按撤诉处理的离婚案件，没有新情况、新理由，6个月内又起诉的，比照民事诉讼法第124条第(7)项的规定不予受理(《民诉法解释》第214条第2款)。[①]

5. 关于诉讼时效的问题

(1) 诉讼时效不属于法院释明的内容，只能由对方当事人援引抗辩。最高法院《诉讼时效规定》(法释〔2008〕11号)第3、4条规定，当事人未提出诉讼时效抗辩，法院不应对诉讼时效问题进行释明及主动适用诉讼时效规定进行裁判。当事人在一审期间未提出诉讼时效抗辩，在二审期间提出的，法院不予支持，但其基于新的证据能够证明对方当事人的请求权已过诉讼时效期间的情形除外。此处的"新的证据"，是指在一审期间之所以未提出诉讼时效抗辩，是因为尚未获得相关证据，而这些能够证明对方当事人请求权超过诉讼时效期间的证据，在二审中才发现。

(2) 当事人超过诉讼时效期间起诉的，法院应予受理。受理后对方提出诉讼时效抗辩，法院经审理认为抗辩事由成立的，判决驳回原告诉讼请求(《民诉法解释》第219条)。

6. 应予受理的特别情形

《民诉法解释》第212条、第214条、第218～219条规定的应予受理的情形，已如上述。根据《民诉法解释》第215、217条，对下列情形之一的起诉，法院也应予以受理。

(1) 依《民诉法解释》第215条，当事人在书面合同中订有仲裁条款，或者在发生纠纷后达成书面仲裁协议，一方向法院起诉，且仲裁条款或仲裁协议不成立、无效、失效、内容不明确无法执行的。

[引例11-2:解析] B县法院应当受理刘一的起诉。因为依《仲裁法》规定，县一级不设仲裁机构，因此该仲裁协议无效，故B县法院对刘一与陈二的合同纠纷拥有管辖权。

(2) 依《民诉法解释》第217条，夫妻一方下落不明，另一方诉至法院只要求离婚，不申请宣告下落不明人失踪或死亡的，法院应当受理，对下落不明人公告送达诉讼文书。

【真题实训11-3】

关于起诉与受理的表述，下列哪些选项是正确的？(2012，卷三，79)

A. 法院裁定驳回起诉的，原告再次起诉符合条件的，法院应当受理

B. 法院按撤诉处理后，当事人以同一诉讼请求再次起诉的，法院应当受理

C. 判决不准离婚的案件，当事人没有新事实和新理由再次起诉的，法院一律不予受理

D. 当事人超过诉讼时效起诉的，法院应当受理

---

① 现已废止的《民诉法意见》第144条第2款规定的是"可比照"《民诉法》的相关规定"不予受理"，既然是"可以比照""不予受理"，那么仅从逻辑而言，就是"也可以不比照"而"予以受理"，显然不符合立法本意。《民诉法解释》第214条第2款将"可比照"修正为"比照"，显然更加准确。这也可以成为考试命题的"题眼"。

[真题实训 11-3](2012,卷三,79)答案:ABD。考点:起诉与受理。解析:依《民诉法解释》(下称"该解释")第 212 条,法院裁定驳回起诉,原告再次起诉,符合起诉条件且不属《民诉法》第 124 条规定情形的,法院应当受理,故选项 A 正确。依该解释第 214 条第 1 款,法院按撤诉处理后,原告以同一诉讼请求再次起诉的,法院应当受理,故选项 B 正确。依该解释第 214 条第 2 款和《民诉法》第 124 条第(7)项,判决不准离婚的案件,原告没有新事实、新理由,在 6 个月内又起诉的,法院不予受理;而被告不受此限。选项 C 既未区分原告、被告,也没有虑及原告在 6 个月禁诉期后可再次起诉的情形,因此错误。依该解释第 219 条,当事人超过诉讼时效起诉的,法院应予受理,故选项 D 正确。综上,A、B、D 当选。[①] 另,(2013,卷三,44)的考点同此。

二、审理前的准备

审理前的准备,是指法院受理原告起诉之后,到开庭审理之前,由案件承办人员依法进行的一系列准备工作的总称。审理前的准备,是普通程序中重要且必经的诉讼阶段,不仅是当事人充分行使诉讼权利和庭审中充分辩论,以维护自己合法权益的必要前提,而且是庭审甚至整个诉讼活动顺利进行以及法院行使审判权对案件公正裁判的必要前提。

依《民诉法》和相关司法解释的规定,审理前的准备工作有以下几个方面。

(一)在法定期间内送达诉讼文书

《民诉法》第 125 条规定,法院应当在立案之日起 5 日内将起诉状副本发送被告,被告应当在收到之日起 15 日内提出答辩状。法院在收到答辩状之日起 5 日内应当将答辩状副本发送原告。被告不提出答辩状的,不影响法院审理。

《民诉法》2012 年修正时,对原第 113 条进行了修正,即增加规定了答辩状应当记明的内容,且与原告在起诉状中应当列明的被告信息相比,被告在答辩状中应当列明的信息,增加了被告的"年龄、民族、职业"等 3 项内容,尤其是增加了被告的"联系方式"。如此修正,答辩状应当记明的被告信息由被告负责,起诉状应当记明的原告信息由原告负责,二者不仅内容对称,而且原告、被告义务对等,当事人诉讼地位平等的基本原则得以体现;同时,还使第 125 条关于答辩状的规定与第 121 条关于起诉状的规定前后衔接,体现了民诉立法的科学严谨和技术的不断提高。

(二)告知当事人诉讼权利义务及合议庭组成人员

为保障当事人正确行使诉讼权利、履行诉讼义务,《民诉法》第 126 条规定,法院对决定受理的案件,应当在受理案件通知书和应诉通知书中向当事人告知有关的诉讼权利义务,或者口头告知。第一审普通程序必须采用合议制,为保障当事人及时行使申请回避的权利,该法第 128 条规定,合议庭组成人员确定后,应当在 3 日内告知当事人。

(三)审查并处理管辖权异议(2012 年修正)

如本书前文所述,2012 年《民诉法》修正时,①将管辖权异议的规定,从原来的总则部分

---

① 2012 年解答此题的法律依据,是现已废止的《民诉法意见》第 142、144、153 条。

第二章“管辖”第38条，移到了程序部分第十二章的第二节“审理前的准备”第127条。该条第1款(原第38条)规定，法院受理案件后，当事人对管辖权有异议的，应当在提交答辩状期间提出。法院对当事人提出的异议，应当审查。异议成立的，裁定将案件移送有管辖权的法院；异议不成立的，裁定驳回。②增加规定了国内诉讼的应诉管辖，即增加第127条第2款规定，当事人未提出管辖异议，并应诉答辩的，视为受诉法院有管辖权，但违反级别管辖和专属管辖规定的除外。

(四) 审核诉讼材料，调查收集必要的证据

《民诉法》第129条规定，审判人员必须认真审核诉讼材料，调查收集必要的证据。审核诉讼材料，是审理前准备工作的中心环节。法院审核的诉讼材料，主要包括：①原告、被告提交的起诉状、答辩状；②双方依举证通知书所提交的本案证据材料及其他诉讼材料；③当事人增加、变更诉讼请求或提起反诉所提交的诉讼文书及相关证据。证据的调查收集，原则上由当事人完成，必要时由法院依职权调查收集。《民诉法》第130、131条规定了法院调查和委托调查的程序。必要时委托外地法院调查的，受托法院收到委托书后，应当在30日内完成调查。因故不能完成的，也应当在30日内函告委托法院。

此项工作的目的，在于审判人员通过审核诉讼材料和调查收集必要证据，了解案情，掌握双方争议的焦点和需要庭审调查、辩论的主要问题，以利将来庭审的顺利进行。

(五) 其他准备工作

依《民诉法》及相关司法解释，审理前的准备工作还包括以下内容：

(1) 追加当事人。《民诉法》第132条规定，必须共同进行诉讼的当事人没有参加诉讼的，法院应当通知其参加诉讼。因此，追加当事人并非审理前准备阶段的必经程序，只有在共同诉讼的情况下才会发生。此外，当事人也可申请追加遗漏的必要共同诉讼人。对当事人的申请，法院应当审查，申请无理的，裁定驳回；理由成立的，书面通知被追加的当事人参加诉讼。法院依法追加共同诉讼的当事人时，应当通知其他当事人。

(2) 确定举证期限与交换证据。

(3) 专业性问题的处理。对专业性问题，合议庭认为需要鉴定、审计的，应及时交由法定鉴定部门，或指定有关部门鉴定、委托审计机关审计。当事人申请鉴定的，应当在举证期限内提出。

(六) 审理前的案件分流机制(《民诉法》第133条，2012年修正时新增)

1. 诉讼程序向非讼程序的转换

《民诉法》第133条第(1)项规定，当事人没有争议，符合督促程序规定条件的，可以转入督促程序。修正后的《民诉法》，不仅在第十二章的第二节“审理前的准备”中，增加了诉讼程序向督促程序转化的机制，还在第十七章“督促程序”增加第217条第2款，规定了支付令失效时，督促程序向诉讼程序转化的机制。需要特别注意二者的转换条件，即①诉讼转非讼的条件：当事人无争议，且符合督促程序规定的条件。②督促转诉讼的条件：支付令失效，且申请支付令的一方未拒绝转入诉讼程序。

2. 通过“开庭前调解”的方式分流案件

《民诉法》第133条第(2)项规定，开庭前可以调解的，采取调解方式及时解决纠纷。这

里的“开庭前调解”，是立案受理后、开庭审理前的调解；注意与第 122 条规定的接收起诉时、立案受理前的“先行调解”（或称“立案前调解”）相区别。

3. 程序分类与繁简分流

《民诉法》第 133 条第(3)项规定，根据案件情况，确定适用简易程序或普通程序。此处“案件情况”，不仅包括法院判断案件是否“事实清楚、权利义务关系明确、争议不大的简单的民事案件”适用简易程序，还包括当事人双方是否约定适用简易程序的情况。

4. 需要开庭审理的，通过要求当事人交换证据等方式，明确争议焦点

这是《民诉法》第 133 条第(4)项的规定。由此可见，证据交换并非必经程序。

三、开庭审理

【真题实训 11-4】

下列哪一选项中法院的审判行为，只能发生在开庭审理阶段？(2013，卷三，43)

A. 送达法律文书　　B. 组织当事人进行质证

C. 调解纠纷，促进当事人达成和解　　D. 追加必须参加诉讼的当事人

(一) 开庭审理的概念与审理方式

开庭审理，是指在当事人及其他诉讼参与人的参加下，于确定的日期，在法庭上依照法定的形式和程序，由法院审判人员主持对争议案件进行实体审理，从而查明事实、分清是非，并在此基础上作出裁判的诉讼活动。

为落实开庭审理的直接言辞审理要求，开庭审理必须采取法庭审理的形式，因此，必须由审判人员组成的合议庭①在当事人及其他诉讼参与人到庭的情况下，在法院专设的审判法庭或者特设的临时法庭进行。开庭审理还须采取法定的审理方式，即《民诉法》第 134 条规定，法院审理民事案件，除涉及国家秘密、个人隐私或法律另有规定的外，应当公开进行。离婚案件，涉及商业秘密的案件，当事人申请不公开审理的，可以不公开审理；135 条规定，法院审理民事案件，根据需要进行巡回审理，就地办案。

(二) 开庭审理的基本程序

开庭审理的基本程序包括开庭准备、法庭调查、法庭辩论、合议庭评议、法庭笔录、宣告判决等几个主要环节。

1. 开庭准备

不同于“审理前的准备”，开庭准备是开庭审理的预备阶段，具体是指在已经确定开庭日期之后、正式开庭进行实体审理之前，为保证开庭审理的顺利进行而需进行的一系列准备工作。依《民诉法》及有关司法解释的规定，开庭准备的具体工作主要有以下内容：

① 本章内容是“第一审普通程序”，因此，开庭审理指的都是普通程序的合议庭开庭，而不包括简易程序的独任庭开庭。后同。

(1) 告知开庭日期，发布庭审公告。《民诉法》第 136 条规定，法院审理民事案件，应当在开庭 3 日前通知当事人和其他诉讼参与人。公开审理的，应当公告当事人姓名、案由和开庭的时间、地点。《民诉法解释》第 227 条规定，适用普通程序审理案件，应当在开庭 3 日前用传票传唤当事人，对诉讼代理人、证人、鉴定人、勘验人、翻译人员应当用通知书通知其到庭。当事人或其他诉讼参与人在外地的，应当留有必要的在途时间。

[应用提示]最高法院 1992 年颁布的《民诉法意见》第 155 条早就明文规定，只有当事人才能用传票传唤，对诉讼代理人、证人等其他诉讼参与人，应当用通知书通知其到庭。2015 年颁布实施的现行《民诉法解释》第 227 条，也仍然一字不变地保留了现已废止的《民诉法意见》第 155 条的上述规定。尽管如此，司法实践中，适用普通程序审理的案件，法院用传票传唤诉讼代理律师、证人等出庭的违法现象，却仍然时有发生。

最高法院 1999 年 3 月 8 日印发的《公开审判规定》第 4、10、11 条，针对依法公开审理的案件，分别作了如下规定：①应当在开庭 3 日以前公告。②公民可以旁听，但精神病人、醉酒的人和未经法院批准的未成年人除外。旁听人员必须遵守《人民法院法庭规则》的规定，并应接受安全检查。③经法院许可，新闻记者可以记录、录音、摄影、转播庭审实况。外国记者的旁听按我国有关外事管理规定办理。

(2) 准备开庭。《民诉法》第 137 条规定，开庭审理前，书记员应当查明当事人和其他诉讼参与人是否到庭，宣布法庭纪律；开庭审理时，由审判长核对当事人，宣布案由和审判人员、书记员名单，告知当事人有关的诉讼权利义务，询问其是否提出回避申请。

2. 法庭调查

法庭调查，是对案件进行实体性审查的重要环节，是开庭审理的核心，其主要任务是围绕双方当事人争议的事实，通过当事人对证据的质证及审判人员对证据的审查、核实，查明争议案件事实，为下一步的法庭辩论奠定基础。依《民诉法》第 138 条，法庭调查的顺序如下：①当事人陈述；②告知证人的权利义务，证人作证，宣读未到庭的证人证言；③出示书证、物证、视听资料和电子数据；④宣读鉴定意见；⑤宣读勘验笔录。

《民诉法》第 139 条规定了当事人的如下庭审权利：①在法庭上可以提出新的证据；②经法庭许可，可向证人、鉴定人、勘验人发问；③当事人要求重新进行调查、鉴定或勘验的，是否准许，由法院决定。依该法 2012 年修正后新增加的第 79 条，当事人可以申请法院通知有专门知识的人出庭，就鉴定人作出的鉴定意见或专业问题提出意见。

根据最高法院《审判方式改革规定》(法释〔1998〕14 号)第 16 条规定，法庭调查结束前，审判长应当就法庭调查认定的事实和当事人争议的问题，进行归纳总结。

3. 法庭辩论

法庭辩论，是指在合议庭的主持下，双方当事人根据法庭调查中已经基本查明的案件事实和证据材料，阐明各自的观点，论述自己的主张，反驳对方的主张，相互进行言词辩论的诉讼活动。《民诉法》第 141 条规定了法庭辩论的顺序，即①原告及其诉讼代理人发言；②被告及其诉讼代理人答辩；③第三人及其诉讼代理人发言或者答辩；④互相辩论。法庭辩论终结，由审判长按照原告、被告、第三人的先后顺序征询各方最后意见。

最高法院《审判方式改革规定》第 17～19 条，就法庭辩论作了如下规定：①审判人员应当引导当事人围绕争议焦点进行辩论。当事人及其诉讼代理人的发言，与本案无关或者重复未被法庭认定的事实，审判人员应予制止；②法庭辩论由各方当事人依次发言。一轮辩论结束后当事人要求继续辩论的，可进行下一轮辩论，但不得重复第一轮辩论的内容；③法庭辩论时，审判人员不得对案件性质、是非责任发表意见，不得与当事人辩论。

依《民诉法》第 142 条和最高法院《审判方式改革规定》第 19 条，法庭辩论终结，审判长征得各方当事人同意后，可以依法进行调解。调解不成的，应当及时判决。

4. 合议庭评议

法庭辩论终结后，当事人不愿意调解或者调解不成的，合议庭应当及时就案件事实的认定、是非责任的划分、法律的适用以及处理结果进行评议。合议庭评议的规则及其与仲裁庭评议规则的比较，在本书第五章中已有阐述，此不赘述。

5. 法庭笔录

法庭笔录，是指在法庭审理过程中，由书记员制作的反映法庭全部审判活动真实情况的记录。内容包括：案由；开庭审理的时间、地点及审判人员、书记员的姓名；当事人的基本情况；法庭调查、法庭辩论、法庭调解的过程和内容等。

《民诉法》第 147 条对法庭笔录作了如下规定：

(1) 法庭笔录由审判人员、书记员签名。

(2) 法庭笔录应当当庭宣读，也可告知当事人和其他诉讼参与人当庭或在 5 日内阅读，认为对自己的陈述记录有遗漏或者差错的，有权申请补正；不予补正的，应将申请记录在案。

(3) 当事人和其他诉讼参与人，应当在法庭笔录上签名或者盖章；拒绝签名盖章的，记明情况附卷。

6. 宣告判决

根据《民诉法》第 148 条，公开审理或不公开审理的案件，一律公开宣告判决。宣告判决有两种形式：①当庭宣判的，应当在 10 日内发送判决书；②择日定期宣判的，宣判后立即发给判决书。宣告判决时，必须告知当事人上诉权利、上诉期限和上诉的法院。宣告离婚判决，还须告知当事人在判决发生法律效力前不得另行结婚。

《民诉法解释》第 253 条规定，当庭宣判的案件，除当事人当庭要求邮寄发送裁判文书的以外，法院应当告知当事人或诉讼代理人领取裁判文书的时间和地点以及逾期不领取的法律后果。上述情况，应当记入笔录。

[真题实训 11-4](2013，卷三，43)答案：B。考点：开庭审理阶段的审判行为。解析：依《民诉法》第 125、126、148 条等的规定，受理案件后、开庭审理前，法院要向原告送达受理案件通知书、向被告送达起诉状副本和应诉通知书；收到被告答辩状的，要在收到之日起 5 日内将副本发送原告；开庭审理后，要向当事人送达判决书、裁定书、调解书等法律文书，因此，送达法律文书，并非只能发生在开庭审理阶段，故选项 A 不当选。《证据规定》第 47 条规定，证据应当在法庭上出示，由当事人质证；未经质证的证据，不能作为认定案件事实的依据。据此，组织当事人进行质证只能发生在开庭审理阶段，故选项 B 当选。《民诉法》第 122 条和第 133 条第(2)项以及第 142 条，分别规定了立案受理前先行调解、开庭审理前调解以及开庭审理后、判决作出前调解，因此，调解并不限于开庭审理阶段，故选项 C 不当选。《民诉法》

第 132 条规定，必须共同进行诉讼的当事人没有参加诉讼的，法院应当通知其参加诉讼。据此，追加必须参加诉讼的当事人，是"开庭前的准备"工作之一，故选项 D 也不当选。综上，答案为选项 B。

本题是结合开庭审理前、后的相关内容，综合考查开庭审理阶段的审判行为；另外，(2012，卷三，40)题，也是考查开庭审理，但相对简单。该题的解题依据是《民诉法》第 42 条、第 137 条、第 148 条第 2 款以及《证据规定》第 51 条第 2、3 款。

四、审理期限

审理期限，简称审限，是指法院对民事案件从立案受理到审理终结的法定期间。《民诉法》第 149 条规定，法院适用普通程序审理的案件，应在立案之日起 6 个月内审结。有特殊情况需要延长的，由本院院长批准，可延长 6 个月；还需延长的，报请上级法院批准。

根据《民诉法解释》第 243 条，《民诉法》第 149 条规定的审限，是指从立案之日起至裁判宣告、调解书送达之日止的期间，但公告期间、鉴定期间、双方当事人和解期间、审理当事人提出的管辖异议以及处理法院之间的管辖争议期间，不应计算在内。另据最高法院《审理期限规定》(法释〔2000〕29 号)第 9 条第(5)项规定，因当事人、诉讼代理人、辩护人申请通知新的证人到庭、调取新的证据、申请重新鉴定或者勘验，法院决定延期审理的一个月之内的期间，也不计入审理期限。

第三节　撤诉和缺席判决

【引例 11-3】

幼儿园大班的盼盼(5 岁)，被中班的朋朋(4 岁)打伤，盼盼父亲诉至法院，要求对方承担侵权责任。法院确定开庭日期后送达了开庭传票，但盼盼父亲无正当理由未到庭。

请问：(1)此时法院应当如何处理此案？

(2)本案的当事人应当如何确定？

一、撤诉

撤诉，是指在法院受理案件之后、宣告判决之前，当事人撤回诉讼的行为。

撤诉依不同标准，有不同分类：①按撤诉的形式，分为当事人撤诉与法院按撤诉处理；②按撤诉的审级，分为原告撤回起诉与上诉人撤回上诉；③按撤诉的主体，分为原告撤回本诉、被告撤回反诉、有独立请求权的第三人撤回参加之诉。狭义而言，撤诉通常是指原告撤回起诉，具体包括申请撤诉和按撤诉处理。

(一) 申请撤诉的条件

申请撤诉，是当事人主动申请撤回诉讼的行为。申请撤诉应当符合下列条件：

1. 申请撤诉的主体必须适格

申请撤诉的主体，是原告、上诉人及其法定代理人。此处的原告，包括本诉原告、反诉原告、第三人参加之诉的原告。第三人撤回参加之诉，并不影响原告、被告之诉的进行。

2. 申请撤诉的意思表示真实

当事人申请撤诉，是处分其诉讼权利的表现，因此必须自愿，其他任何人不得强迫其撤诉，法院也不得说服或者动员当事人撤诉。

3. 撤诉的申请须在法定期间提出

当事人撤诉，须以书面形式提出申请；且该申请须在法院受理案件之后、宣告判决之前提出。受理案件之前，无诉可撤；判决一经宣告，诉讼就被判决解决，同样无诉可撤。

4. 申请撤诉不得损害国家、集体或他人利益

我国实行当事人处分与国家干预相结合的原则，当事人申请撤诉，处分其诉讼权利，不得损害国家、集体或他人利益，因此，法院对当事人的撤诉申请应当审查。经审查，符合条件的，裁定准许撤诉，诉讼终结；不符合条件的，裁定不准撤诉，诉讼继续进行。

《民诉法解释》第 238 条规定，当事人申请撤诉的案件，如果当事人有违反法律的行为需要依法处理的，人民法院可以不准撤诉；法庭辩论终结后原告申请撤诉，被告不同意的，人民法院可以不予准许；第 237 条规定，有独立请求权的第三人参加诉讼后，原告申请撤诉，法院准许原告撤诉后，有独立请求权的第三人作为另案原告，原案原告、被告作为另案被告，诉讼继续进行。

(二) 按撤诉处理的法定情形

按撤诉处理，是指当事人虽未主动申请撤诉，但其怠于参与开庭审理等行为已经表明其不愿继续进行诉讼，法院因此依法按撤诉处理的制度。

按撤诉处理，是法院根据当事人所实施的行为作出的法律上的推断，即只要当事人实施了法律规定的某些行为，就视同当事人申请撤诉，与申请撤诉产生完全相同的法律后果，因此，只有在法律规定的情形下，法院才可以按撤诉处理。按撤诉处理制度的价值，在于督促当事人遵守法律规定和法庭秩序。

根据《民诉法》和有关司法解释的规定，裁定按撤诉处理的法定情形包括以下几种：

(1) 原告或者上诉人，应当预交而未预交案件受理费，法院应当通知其预交，通知后仍不预交或者申请减、缓、免未获批准而仍不预交的。

(2) 原告、有独立请求权的第三人，经传票传唤，无正当理由拒不到庭的，或者未经法庭许可中途退庭的。

(3) 无民事行为能力原告方的法定代理人，经传票传唤，无正当理由拒不到庭的。

[引例 11-3：解析](1)此时法院应当对案件按撤诉处理。(2)本案中的盼盼(5 岁)和朋

朋(4岁),均有诉讼权利能力,而无诉讼行为能力,因此,原告是盼盼、被告是朋朋,盼盼、朋朋两位小朋友的监护人是本案中的法定诉讼代理人,而非本案的原告、被告。

《民诉法解释》第238条规定,依法可按撤诉处理的案件,如果当事人有违反法律的行为需要依法处理的,法院可以不按撤诉处理。

(三)撤诉的法律后果

无论是当事人申请撤诉获法院准许,还是法院按撤诉处理,准许撤诉或按撤诉处理的裁定一经作出,即产生以下法律效力:

(1)诉讼程序终结。但当事人实体权利义务并不消灭,因此,当事人可就同一标的再行起诉。

(2)诉讼时效重新开始计算。原告起诉时,诉讼时效中断,而自法院裁定准许撤诉之日起,诉讼时效重新开始计算。

(3)诉讼费用由原告或上诉人负担,但减半收取。

(4)诉讼法律关系消灭。

二、缺席判决

缺席判决,相对于对席判决而言,是指法院在只有一方当事人参与的情况下,对另一方当事人提供的书面材料进行审查后,直接对争议案件作出判决。

一方当事人因未到庭而无法参与庭审质证、陈述与辩论,故一定意义而言,缺席判决是对未到庭一方当事人的惩罚,因此,只有在法律规定的情形下,法院才可以缺席判决。

根据《民诉法》和相关司法解释的规定,缺席判决的法定情形包括以下几种:

(1)《民诉法》第144条规定,被告经传票传唤,无正当理由拒不到庭的,或者未经法庭许可中途退庭的,可以缺席判决。

(2)根据《民诉法》第143条的规定,原告经传票传唤,无正当理由拒不到庭,或者未经法庭许可中途退庭,被告反诉的,可以缺席判决。

[应用提示]在此情形下,法院只能对反诉缺席判决,而不得将本诉与反诉一并缺席判决。因为法院对本诉依法应按撤诉处理;因被告反诉,本诉原告已成为反诉被告,法院只能针对反诉被告的行为依法缺席判决。

(3)根据《民诉法》第145条的规定,宣判前,原告申请撤诉,法院裁定不准许撤诉,原告经传票传唤,无正当理由拒不到庭的,可以缺席判决。

[应用提示]这是对原告适用缺席判决的唯一情形,其他各种情形,实质都是针对被告。

(4)《民诉法解释》第234条规定,无民事行为能力人的离婚诉讼,当事人的法定代理人应当到庭;法定代理人不能到庭的,法院应当在查清事实的基础上,依法作出判决。

[应用提示]离婚诉讼的当事人,自然包括原告和被告;因此,此条规定可以理解为:离婚诉讼中,无民事行为能力原告的法定代理人或者无民事行为能力被告的法定代理人,不能到庭的,法院应当在查清事实的基础上,依法作出缺席判决。

(5)根据《民诉法解释》第235条的规定,无民事行为能力被告方的法定代理人,经传票传唤无正当理由拒不到庭的，可以比照民事诉讼法的规定，缺席判决。必要时，人民法院还可以拘传其到庭。

(6)《民诉法解释》第240条规定，无独立请求权的第三人经法院传票传唤，无正当理由拒不到庭，或者未经法庭许可中途退庭的，不影响案件的审理。

[应用提示]这种情形，实质上是对无独立请求权的第三人适用缺席判决。

第四节 延期审理、诉讼中止和诉讼终结

【引例11-4】

孙丽与周军离婚诉讼开庭审理当天，周军在前往法院途中遇见一名青年持刀抢劫一位女子，遂见义勇为、勇斗歹徒，也因此未能按时到庭参加庭审。

请问：此时法院应当如何处理？若周军在与歹徒搏斗中遭受重伤，致长期昏迷，法院又将如何处理？

一、延期审理

【真题实训11-5】

法院开庭审理时一方当事人未到庭，关于可能出现的法律后果，下列哪些选项是正确的？(2011，卷三，81)

A. 延期审理　　　　B. 按原告撤诉处理

C. 缺席判决　　　　D. 采取强制措施拘传未到庭的当事人到庭

延期审理，是指法院确定开庭审理时间后，或在进行开庭审理的过程中，发生了某种特殊情况，使开庭审理无法按期或者继续进行，从而决定将开庭审理推延到下一时间进行的诉讼制度。延期审理，是针对开庭审理这一特殊阶段而设置的专门性诉讼制度，因此，延期审理只能适用于开庭审理阶段，且只能用决定的方式作出。

依《民诉法》第146条，有下列情形之一的，可以延期审理：①必须到庭的当事人和其他诉讼参与人有正当理由没有到庭；②当事人临时提出回避申请；③需要通知新的证人到庭，调取新的证据，重新鉴定、勘验，或需补充调查；④其他应当延期的情形。

[真题实训11-5](2011，卷三，81)答案：ABCD。考点：延期审理、撤诉、缺席判决。解

析：依《民诉法》(以下简称“该法”)第146条第(1)项，必须到庭的当事人和其他诉讼参与人有正当理由没有到庭的，可以延期审理，故选项A正确。该法第143条规定，原告经传票传唤，无正当理由拒不到庭或者未经法庭许可中途退庭的，可按撤诉处理；被告反诉的，可以缺席判决，故选项B、C正确。该法第109条规定，法院对必须到庭的被告，经两次传票传唤，无正当理由拒不到庭的，可以拘传，故选项D正确。特别提示：本题是2012年《民诉法》修正之前的真题，现在旧题新作，答案没变，但法律条文序号有变。

二、诉讼中止

延期审理是针对开庭审理这一特殊阶段，而诉讼中止则是针对整个审判程序而言。诉讼中止，是指在诉讼进行中，出现了某种法定的特殊原因，致使诉讼程序无法继续进行，法院因此裁定暂停诉讼程序，等待特殊原因消失以后再行恢复诉讼程序的法律制度。

《民诉法》第150条第1款规定，有下列情形之一的，中止诉讼：

(1) 一方当事人死亡，需要等待继承人表明是否参加诉讼的。

(2) 一方当事人丧失诉讼行为能力，尚未确定法定代理人的。

(3) 作为一方当事人的法人或其他组织终止，尚未确定权利义务承受人的。

(4) 一方当事人因不可抗拒的事由，不能参加诉讼的。

(5) 本案须以另一案的审理结果为依据，而另一案尚未审结的。例如，在民事诉讼进行中，涉及刑事诉讼、特别程序问题等，而该民事诉讼需要以其审理结果为依据的。

(6) 其他应当中止诉讼的情形。

《民诉法》第150条第2款规定，中止诉讼的原因消除后，恢复诉讼。

[引例11-4：解析]此时法院应当决定延期审理，因为周军未能到庭具有正当理由。若周军在与歹徒搏斗中遭受重伤，致长期昏迷，则法院应当裁定诉讼中止，此时属于“因不可抗拒的事由”不能参加诉讼。待导致诉讼中止的事由消失后，恢复诉讼。

诉讼中止与延期审理的区别，主要表现在以下几个方面：

(1) 事由性质不同。导致诉讼中止的事由，无法通过主观努力予以消除；而延期审理情形中，阻碍庭审进行的障碍因素通常能够在可预测的时间内消除。

(2) 适用阶段不同。诉讼中止适用于诉讼程序开始后、案件终审判决作出前的任何阶段；而延期审理仅限于开庭审理阶段适用。

(3) 法律效果不同。诉讼中止导致案件的一切审理活动都告暂停；而延期审理只是推迟了开庭审理日期或者暂停正在进行的庭审活动，其他的诉讼活动并未停止。

(4) 使用的法律文书不同。诉讼中止用裁定，而延期审理用决定。

三、诉讼终结

诉讼终结，是指在诉讼进行中，发生了某种法定的特殊原因，使诉讼程序无法继续进行或者继续进行已无必要时，法院裁定终结诉讼程序的制度。诉讼中止仅是诉讼程序的暂停，中止诉讼的原因消除后，诉讼程序恢复；而诉讼终结则是诉讼程序的永久性结束。

根据《民诉法》第151条的规定，出现下列情形之一的，人民法院应当终结诉讼：①原告死亡,没有继承人,或者继承人放弃诉讼权利的;②被告死亡,没有遗产,也没有应当承担义务的人的;③离婚案件一方当事人死亡的;④追索赡养费、抚养费、抚育费以及解除收养关系案件的一方当事人死亡的。

第五节 民事裁判

【引例 11-5】

吴某诉郑某侵犯其著作权,请求法院判令郑某赔偿其侵权损失 8 万元,并公开赔礼道歉。一审法院在判决时,漏判了赔礼道歉这一诉讼请求。

请问:对于这一错误,法院应当如何处理?

一、民事裁判概述

民事裁判,是指法院在审理民事案件的过程中,对所审理案件的实体争议、程序问题或者其他特定问题,依据案件事实和国家法律作出判定的民事诉讼行为。

民事裁判有广义、狭义之分:广义的民事裁判,包括法院作出的判决、裁定和决定,各自有不同的适用范围和法律效力;狭义的民事裁判,仅指法院作出的判决和裁定。

民事裁判的书面形式,包括民事判决书、民事裁定书、民事决定书。

二、民事判决

(一) 民事判决的概念

民事判决,是指法院对争议案件经过审理后,对案件所涉当事人之间的实体问题作出的结论性判定。民事判决是法院行使审判权对民事争议案件进行审结的基本方式,也是法院严格适用实体法解决民事纠纷的结果。民事判决的书面形式即民事判决书,是法院行使审判权的重要体现,是诉讼中最为重要的法律文书。

(二) 民事判决的分类

按照不同的标准,民事判决可作如下不同的分类。

1. 给付判决、确认判决、变更判决

依所解决的诉的性质,判决分为:①给付判决,是确定当事人之间实体权利义务关系,责令负有义务的当事人履行一定义务的判决;②确认判决,是确定当事人之间的某种法律关系存在或不存在的判决;③变更判决,是改变或消灭当事人之间原有法律关系的判决。

2. 全部判决、部分判决

根据所解决的是案件的全部争议还是一部分争议，判决分为：①全部判决，是在案件全部审理结束后，针对当事人之间所有的争议作出的判决；②部分判决，是指对案件的一部分争议作出的判决。部分判决先行解决一部分争议，有利于加速整个诉讼的进程。

3. 对席判决、缺席判决

根据双方当事人是否参加法庭审理，民事判决可分为：①对席判决，是指在双方当事人或其代理人参加法庭审理后作出的判决；②缺席判决，是指在一方当事人及其代理人没有到庭参加法庭审理的情形下作出的判决。

4. 一审判决、二审判决、再审判决

依制作判决的法院的审级，民事判决分为：①一审判决，是各级法院对第一审案件作出的判决；②二审判决，是中级以上法院审理上诉案件作出的判决；③再审判决，是案件原审法院或其上级法院、最高法院，按照审判监督程序对案件再次审理后作出的判决。

5. 肯定判决、否定判决

根据对案件的处理结果，民事判决可分为：①肯定判决，是准许原告诉讼请求的判决；②否定判决，是驳回原告诉讼请求的判决。

6. 原判决、补充判决

依判决作出的时间，民事判决分为：①原判决，是法院对争议案件经审理后，最初作出的判决；②补充判决，是法院对其已作出判决中遗漏的内容所作的判决。原判决和补充判决共同形成一个完整的判决，当事人既可针对原判决上诉，也可针对补充判决上诉。

[引例 11-5：解析]一审法院在判决时漏判了赔礼道歉的诉讼请求，对于这一错误，法院可以作出补充判决。对于原判决和之后作出的补充判决，当事人均享有上诉权。

《民诉法解释》第 242 条规定，一审宣判后，如果原审法院发现判决有错误，当事人在上诉期内提出上诉的，原审法院可以提出原判决有错误的意见，报送第二审法院，由第二审法院按照第二审程序进行审理；当事人不上诉的，按照审判监督程序处理。由此可见，判决作出后，法院对发现漏判的事项，可以直接作出补充判决；而对发现错判的事项，却不能直接作出补充判决，而只能借助于法定程序予以纠正。

【真题实训 11-6】

甲公司诉乙公司货款纠纷一案，A 市 B 区法院在审理中查明甲公司的权利主张已超过诉讼时效（乙公司并未提出时效抗辩），遂判决驳回甲公司的诉讼请求。判决作出后、上诉期间届满之前，B 区法院发现其依职权适用诉讼时效规则是错误的。关于本案的处理，下列哪一说法是正确的？（2012，卷三，41）

A. 因判决尚未发生效力，B 区法院可以将判决书予以收回，重新作出新的判决

B. B 区法院可收回判决书，恢复庭审并向当事人释明时效问题，视情况重新作出判决

C. B 区法院可以作出裁定，纠正原判决中的错误

D. 如上诉期间届满当事人未上诉的，B区法院可以决定再审，纠正原判决中的错误

[真题实训 11-6](2012，卷三，41)答案：D。考点：民事判决。解析：本题直接考查判决作出后，作出判决的法院发现判决存在实体错误时的处理。依《民诉法解释》第242条，可直接得知选项D正确。即使不熟悉该司法解释[①]的规定，仅就民诉理论而言，法院判决一经作出，即使存在实体错误，也只能借助法定程序纠正，而不得收回判决书，故选项A、B错误，而D正确。此外，本题中判决存在实体错误，而裁定适用于处理程序问题，故选项C错误，采用排除法，即D正确。

（三）民事判决书的法定要求和具体内容(2012年修正)

民事判决的书面形式，是民事判决书。2012年《民诉法》修正时，对原第138条进行了修正，即在该条第1款增加规定：判决书应当写明判决结果和作出该判决的理由。这是民事裁判说理制度对民事判决的要求。民事裁判说理制度，要求法官心证公开，是公开审判基本制度的具体体现。

根据修正后的《民诉法》第152条第1款，民事判决书的必备内容如下所述：

(1) 案由、诉讼请求、争议的事实和理由。

[应用提示] 尽管"案由"不是民事起诉状和答辩状的必备内容，却是民事判决书的法定必备内容(比较《民诉法》第121、125、152条；另，真题(2011，卷三，79)也对此进行过考查，参见本章之[真题实训 11-2])。

(2) 判决认定的事实和理由、适用的法律和理由。

(3) 判决结果和诉讼费用的负担。

(4) 上诉期间和上诉的法院。

[应用提示] 依《民诉法》第148条第4款，宣告离婚判决时，还须告知当事人在判决发生法律效力前不得另行结婚。

依《民诉法》第152条第2款，判决书由审判人员、书记员署名，加盖人民法院印章。

2012年8月31日《民诉法》修正后，最高法院成立了"修改后民事诉讼法贯彻实施工作领导小组(以下简称领导小组)"，把制定司法解释和修订民事诉讼文书样式作为两项最重要的工作。2015年2月4日《民诉法解释》公布实施后，于2016年2月完成了《人民法院民事裁判文书制作规范(送审稿)》和《民事诉讼文书样式(送审稿)》。2016年2月22日，周强院长主持最高法院审判委员会第1679次会议，审议通过了《人民法院民事裁判文书制作规范》和《民事诉讼文书样式》，领导小组办公室根据委员的意见，对若干具体的技术性问题进一步完善后，于2016年7月5日发布，于同年8月1日实施。

根据《民事诉讼文书样式》，第一审民事判决书的结构，由标题、首部、事实、理由、裁判依据、判决主文、尾部、落款、附录等9部分组成：

(1) 标题，由法院名称、文书名称、案号组成。其中，标题中的法院名称，应与院印的文

---

① 2012年解答此题的法律依据是现已废止的《民诉法意见》第163条，但该条与现行《民诉法解释》第242条，在内容上一字未变。

字一致，但基层法院应冠以省、直辖市、自治区的名称。

(2) 首部，应依次写明诉讼参加人基本情况、案件由来和审理经过。

诉讼参加人包括当事人和诉讼代理人。全部诉讼参加人均分行写明。被告提出反诉的案件，可在本诉称谓后，用括号注明其反诉称谓，如："原告(反诉被告)""被告(反诉原告)"。当事人是无民事行为能力人或者限制民事行为能力的，应写明法定代理人或者指定代理人及其姓名、住所，并在姓名后括注与当事人的关系。委托诉讼代理人的排列顺序，近亲属或者本单位工作人员在前，律师、法律工作者、被推荐公民在后。

案件由来和审理经过，依次写明当事人的诉讼地位和姓名或名称、案由、立案日期、适用普通程序、开庭日期、开庭方式、到庭参加诉讼人员、未到庭或者中途退庭诉讼参加人、审理终结。不公开审理的，还应写明不公开审理的理由，例如："因涉及国家秘密"，或者"因涉及个人隐私"，或者"因涉及商业秘密，×××申请"，或者"因涉及离婚，×××申请"。当事人经合法传唤未到庭参加诉讼的，写明："×××经传票传唤无正当理由拒不到庭参加诉讼"，或者"×××经公告送达开庭传票，未到庭参加诉讼。"诉讼过程中，若存在指定管辖、移送管辖、程序转化、审判人员变更、中止诉讼等情形，则应同时写明。

(3) 事实，主要包括原告起诉的诉讼请求、事实和理由，被告答辩的事实和理由，人民法院认定的证据和事实。其中，召开庭前会议或者在庭审时归纳争议焦点的，应当写明争议焦点。争议焦点主要是法律适用问题的，可以在本院认为部分，先写明争议焦点，再进行说理。

(4) 理由，应当围绕当事人的诉讼请求，根据认定的事实和相关法律，逐一评判并说明理由。有争议焦点的，先列争议焦点，再分别分析认定，后综合分析认定。未列争议焦点的，直接写明裁判理由。被告承认原告全部诉讼请求，且不违反法律规定的，只要写明："被告承认原告的诉讼请求，不违反法律规定。"就一部分事实先行判决的，写明："本院对已经清楚的部分事实，先行判决。"经审委会讨论决定的，在引用法律依据前写明："经本院审判委员会讨论决定，……"

(5) 裁判依据。在说理之后、作出判决之前，应当援引法律依据，且应当依照最高法院《关于裁判文书引用法律、法规等规范性法律文件的规定》处理。法律文件的引用顺序，先基本法律，后其他法律；先法律，后行政法规和司法解释；先实体法，后程序法，但实体法的司法解释可以放在被解释的实体法之后。

(6) 判决主文。判决主文两项以上的，各项之前应当使用汉字数字分段写明。单项判决主文和末项判决主文的句末用句号，其余判决主文的句末用分号。若一项判决主文的句中有分号或者句号，则各项判决主文的句末均用句号。判决主文中可以用括注，对判项予以说明。括注应当紧跟被注释的判决主文，例如：(已给付……元，尚需给付……元)；(已给付……元，应返还……元)；(按双方订立的《××借款合同》约定的标准执行)；(内容须事先经本院审查)；(清单详见附件)；(已履行)等等。判决主文中当事人的姓名或名称，应当用全称而不得用简称。金额用阿拉伯数字，金额前不加"人民币"；人民币以外的其他种类货币的，才在金额前加货币种类；有两种以上货币种类的，金额前要加货币种类。

(7) 尾部，包括迟延履行责任的告知、诉讼费用的负担、上诉权利的告知。

(8) 落款，包括合议庭署名、日期、书记员署名、院印。

合议庭按照审判长、审判员、代理审判员、人民陪审员的顺序分行署名。落款日期为作出判决的日期，即判决书的签发日期；当庭宣判的，应当写宣判的日期。两名以上书记员的，应当分行署名。院印加盖在审判人员和日期上，要求骑年盖月、朱在墨上；并加盖"本件与原本核对无异"印戳。还应当注意的是，落款应当在同一页上，不得分页。落款所在页无其他正文内容的，应当调整行距，而不得写"本页无正文"。

（9）附录，确有必要的，可以另页附录。

（四）民事判决的法律效力

根据《民诉法》第155条的规定，最高法院的民事判决，以及依法不准上诉或者超过上诉期没有上诉的民事判决，是发生法律效力的判决。生效民事判决的法律效力，具体包括以下3个方面：

（1）对人的约束力，包括对当事人、法院以及社会公众的约束力，即判决一经生效即具有普遍的约束力，当事人必须遵守，法院不能随意改变，社会公众也应当尊重。

（2）对事的确定力，民事判决对当事人之间民事权利与义务的争议作出最终判定，当事人就同一标的不得以同样的事实、理由再行起诉。

（3）强制执行力，即具有给付内容的生效判决，可以直接作为法院强制执行的根据；但并非所有的民事判决都具有执行力，只有给付判决才具有执行力，而确认判决和变更判决没有执行力。

三、民事裁定

（一）民事裁定的概念及其与民事判决的区别

民事裁定，是指法院在审理民事案件的过程中，为保障审理工作的顺利进行，就诉讼中的程序性问题所作出的司法判定。

民事裁定和民事判决的区别，主要有以下几点：

（1）适用的事项不同。民事判决针对实体性事项，故判决的效力及于实体，非经法定程序不得改变；而民事裁定针对程序性事项，即裁定的效力及于程序，随程序性事实的改变可相应改变，如中止诉讼的裁定，在中止的原因消除后，应作出恢复诉讼程序的新裁定。

（2）作出的依据不同。民事判决根据的是实体事实和民事实体法，而民事裁定根据的是程序事实和民事诉讼法。

（3）采取的形式不同。民事判决必须采取书面形式，而民事裁定既可采取书面形式，又可采取口头形式。

（4）可上诉的范围不同。可以上诉的民事判决，包括各级法院适用第一审普通程序作出的判决、基层法院及其派出法庭适用简易程序作出的判决、发回重审的判决以及适用第一审程序再审作出的判决，而可以上诉的裁定仅仅是：不予受理的裁定、管辖权异议的裁定、驳回起诉的裁定。

（5）上诉期不同。不服民事判决的上诉期是15日，而不服民事裁定的上诉期是10日。

（6）执行力不同。如上所述，民事判决中，所有的生效给付判决都具有执行力，但民事裁定中，只有保全裁定和先予执行裁定才具有执行力。

【真题实训 11-7】

关于民事诉讼程序中的裁判，下列哪些表述是正确的？（2014，卷三，82）

A. 判决解决民事实体问题，而裁定主要处理案件的程序问题，少数涉及实体问题

B. 判决都必须以书面形式作出，某些裁定可以口头方式作出

C. 一审判决都允许上诉，一审裁定有的允许上诉，有的不能上诉

D. 财产案件的生效判决都有执行力，大多数裁定都没有执行力

[真题实训 11-7]（2014，卷三，82）答案：BD。考点：民事裁判。解析：从上述民事裁定与民事判决的区别，可见：裁定只处理案件的程序问题，故选项 A 表述错误。判决均须以书面形式作出，裁定既可口头方式也可书面方式作出，故选项 B 表述正确。并非一审判决都可上诉，故选项 C 表述错误。财产案件也即给付之诉的生效判决都有执行力，裁定只有保全裁定和先予执行裁定才有执行力，故选项 D 表述正确。综上，选项 B、D 表述正确，当选。

（二）民事裁定的适用范围（2012 年修正《民诉法》时稍有扩大）

根据《民诉法》第 154 条第 1 款的规定，裁定适用于下列范围：①不予受理；②对管辖权有异议的；③驳回起诉；④保全和先予执行；⑤准许或不准许撤诉；⑥终止或终结诉讼；⑦补正判决书中的笔误；⑧中止或终结执行；⑨撤销或不予执行仲裁裁决；⑩不予执行公证机关赋予强制执行效力的债权文书；⑪其他需要裁定解决的事项。2012 年修正后，上列第④项中的“保全”，不仅包括原第 140 条第④项中的财产保全，还包括证据保全；在原第 140 条第⑨项中，增加了“撤销”二字，即增加了撤销仲裁裁决的裁定。

根据《民诉法解释》第 245 条的规定，上列第⑦项中的笔误，是指法律文书误写、误算，诉讼费用漏写、误算和其他笔误。

（三）民事裁定书的法定要求（2012 年修正）

民事裁定的书面形式，是民事裁定书。2012 年《民诉法》修正时，对原第 140 条第 3 款进行了修正，即增加规定：裁定书应当写明裁定结果和作出该裁定的理由。这是民事裁判说理制度对民事裁定的要求，是公开审判基本制度的具体体现之一；民事裁判说理制度对民事裁定的另一要求是：裁定不予受理时，只能用书面形式而不能用口头形式。

中共中央《依法治国决定》明确提出，要构建开放、动态、透明、便民的阳光司法机制，加强法律文书的释法说理，建立生效法律文书统一上网和公开查询制度。

【相关链接】

民事裁判说理制度，与公众的裁判文书查阅权，都是 2012 年《民诉法》第二次修正时新增加的内容；要求裁判文书说理，实质上增强了公众查阅权的实效性。故请将这部分内容，与此前基本制度部分中的公众的裁判文书查阅权，联系起来学习。

鉴于裁定所解决的程序事项的差异，民事裁定书的内容也有一定的差异，因此，最高法

院办公厅颁布的《法院诉讼文书样式》，设计了不同样式的民事裁定书，供法院解决不同的程序事项。但无论何种样式，都应遵守修正后的《民诉法》对裁定书的上述要求。

（四）民事裁定的效力

民事裁定，是法院用以解决诉讼程序、指挥诉讼进程的手段，因此，一般情形下，不参与诉讼的单位和个人，与裁定无关，即裁定对社会一般不具有拘束力，裁定的拘束力通常只及于当事人、诉讼参与人和审判人员。但在某些情形下，裁定的内容也会涉及诉讼外的单位和个人，例如，《民诉法》第 54 条第 4 款规定，法院作出的判决、裁定，对参加登记的全体权利人发生效力。未参加登记的权利人在诉讼时效期间提起诉讼的，适用该判决、裁定。此外，部分裁定还具有强制执行力，如保全裁定和先行给付裁定。

【真题实训 11-8】

关于民事诉讼的裁定，下列哪一选项是正确的？（2012，卷三，47）

A. 裁定可以适用于不予受理、管辖权异议和驳回诉讼请求

B. 当事人有正当理由没有到庭的，法院应当裁定延期审理

C. 裁定的拘束力通常只及于当事人、诉讼参与人和审判人员

D. 当事人不服一审法院作出的裁定，可以向上一级法院提出上诉

[真题实训 11-8]（2012，卷三，47）答案：C。考点：民事裁定。解析：该题考查裁定的相关适用问题。民事诉讼中，判决处理实体问题，驳回诉讼请求是实体问题，应当用判决，故选项 A 错误。因延期审理适用决定，故选项 B 错误。依《民诉法》第 154 条第 2 款，只有不予受理、管辖权异议、驳回起诉等部分裁定，允许当事人上诉，故选项 D 错误。如上所述，一般情形下，不参与诉讼的单位和个人，与裁定无关，裁定的拘束力通常只及于当事人、诉讼参与人和审判人员，故选项 C 正确，当选。此外，还可用排除法来判断，即若对选项 C 的内容不太熟悉，但既然能判断其余选项均错，根据题干，那么只能是选项 C 正确，故答案为 C。

四、民事决定

（一）民事决定的概念与适用范围

民事决定，是指民事诉讼进行中，法院为保证能公正地审理民事案件，维护正常的诉讼程序，正确处理内部的工作关系，而对诉讼中发生的特定事项所作出的职务上的判定。

根据《民诉法》（本段以下简称“该法”），下列事项适用民事决定：

（1）是否回避。依该法第 46、47 条，无论是审判人员或有关人员自己提出回避，还是当事人申请回避，都需由法院以决定方式处理。

（2）是否顺延期限。该法第 83 条规定，当事人因不可抗拒的事由或其他正当理由耽误期限的，在障碍消除后的 10 日内，可申请顺延期限，是否准许，由法院决定。

（3）就妨害民事诉讼的行为是否采取及采取何种强制措施。该法 117 条规定，采取对妨害民事诉讼的强制措施，须由法院决定。具体采取哪种强制措施，要结合其妨害行为的性质，由法院以决定的形式依法确定。

(4) 对当事人申请缓、减、免交诉讼费用的处理。该法第118条第2款规定,当事人交纳诉讼费用确有困难的,可按规定向法院申请缓交、减交或免交。

(5) 是否再审。该法第198条第1款规定,各级法院院长对本院已经生效的判决、裁定、调解书,发现确有错误,认为需要再审的,应当提交审判委员会讨论决定。

(二) 民事决定与民事判决、民事裁定的区别

民事决定不同于民事判决:①判决用于处理案件实体问题,而决定用于某些特定事项;②判决是在案件审理的最后阶段作出,而决定可在案件审理的过程中作出;③判决必须采用书面形式,而决定既可采取书面形式,也可采取口头形式并记入笔录。

民事决定不同于民事裁定:①裁定用于处理程序性问题,而决定主要不是解决程序问题;②裁定的主要作用在于,指挥诉讼活动,推进诉讼进程,而决定的主要作用则在于排除诉讼中的障碍,保证诉讼活动正常进行。

(三) 民事决定书的内容

民事决定可以采取书面形式。民事决定的书面形式,就是民事决定书。

因解决的特定事项的不同,民事决定书的内容也不尽相同。但大致可以分为以下三大部分:

(1) 首部,应当写明标题、案号、案由、当事人的基本情况等。其中,标题包括作出决定的法院全称和文书名称,即"××人民法院民事决定书"。

(2) 正文,应写明作出决定的事实、理由、法律依据和决定内容。

(3) 尾部,应有作出决定的法院印章和作出决定的时间等内容。但不应当有"作出决定的审判人员的签名",因为:①法律规定民事诉讼中的特定事项由人民法院决定,尽管法律也规定了具体由审判长决定有关人员的回避、院长批准拘留措施等等;②根据最高法院办公厅颁布的《法院诉讼文书样式》,民事决定书都不需要审判人员署名。对依法准许申请复议的决定,还应告知申请复议的期间、方式以及法院。拘留决定书,还应当区分原本、正本、原本附卷,正本送达被拘留人和执行拘留的公安机关。

(四) 民事决定的法律效力

解决诉讼中特定事项的民事决定,究竟是一经作出就发生法律效力,还是一经宣告或送达即发生法律效力,现行《民诉法》并没有作出明确规定。如果一经作出就生效,而不问当事人是否知悉决定的作出及其内容,可能会剥夺当事人的复议权。即使对不能复议的决定,当事人也有知情权,以便根据决定内容调整自己的诉讼行为。因此,我们认为,"决定一经作出就发生法律效力"的主张并不合理。若宣告时,当事人在场,则宣告与送达合二为一(口头决定多属于此);若是书面决定,多无公开宣告的必要,故以送达生效为宜。

五、民事裁判文书的救济机制

民事裁判文书,包括民事判决书、民事裁定书、民事决定书。法律对民事判决书、裁定书、决定书等不同裁判文书所规定的救济制度不尽相同,具体有以下几种类型:

1. 可以申请复议的裁判文书

(1) 可以申请原级法院复议的裁定书,包括保全裁定书、先予执行裁定书。

(2) 可申请上一级法院复议的裁定书,包括执行管辖异议、执行行为异议的裁定书。

(3) 可以申请原级法院复议的决定书,只有驳回回避申请的决定书。

(4) 可以申请上一级法院复议的决定书,包括拘留决定书、罚款决定书。

(5) 可以申请原级法院复议的通知书,只有不予准许当事人申请调查收集证据的通知书。《证据规定》第 19 条规定,当事人及其诉讼代理人申请法院调查收集证据,法院对当事人及其诉讼代理人的申请不予准许的,应当向当事人或其诉讼代理人送达通知书。当事人及其诉讼代理人可以在收到通知书的次日起 3 日内向受理申请的法院书面申请复议一次。法院应当在收到复议申请之日起 5 日内作出答复。

2. 可以上诉的裁定书

可以上诉的裁定书包括不予受理裁定书、管辖权异议裁定书、驳回起诉裁定书。

3. 可以再审的裁定书

可以再审的裁定书包括不予受理裁定书、驳回起诉裁定书。

综上,既可上诉又可再审的裁定书,包括不予受理裁定书、驳回起诉裁定书。

【本章小结】

本章在介绍了第一审普通程序的概念、特征、基本阶段等内容的基础上,特别阐述了如下重点内容:①起诉的条件,积极条件和消极条件,即在介绍《民诉法》第 119 条规定的起诉的积极条件基础上,根据该法第 124 条及相关法律的规定,对起诉的消极条件即不予受理的法定情形进行了归纳;②不予受理、驳回起诉、驳回诉讼请求的适用情形及其区别;③开庭审理前的准备活动,尤其是 2012 年修正后的《民诉法》第 133 条规定的案件分流机制;④结合具体案例,判断撤诉与缺席判决的适用情形;⑤为便于理解和掌握,将传统民诉法教材的"民事裁判"一章的内容,也归入到本章,包括民事裁判的概述以及民事裁判的种类,重点介绍了民事判决、裁定、决定的适用情形、法律效力,民事判决书、裁定书、决定书的内容及其救济机制,将裁判文书的说理制度,与此前审判公开基本制度中的裁判文书查阅权联系起来。在介绍上述内容的同时,特别对 2012 年《民诉法》第二次修正的内容给予了高度关注。

【国家统一法律职业资格考试辅导专栏】

(1) 第一审普通程序,具有程序的基础性与独立性、内容的完整性与体系性、适用的普遍性与普适性等特征,是整个民事诉讼程序中,内容最翔实、体系最完整、程序结构最为完备的一个程序,故被称为程序"范本"。从近年的国家司法考试来看,本部分的考查方式呈现出综合性、开放性的特点,例如 2013 年卷四考查了起诉状、判决书的结构和内容;2014 年卷三考查了:举证通知书、缺席判决书的送达与诉讼文书的电子送达,当事人对撤诉后再行起诉与受理、普通程序与简易程序、缺席判决与拘传等诉讼事项之约定的效力,民事判决与民事裁定的区别。

(2) 历年考点:①第一审普通程序的特点;②起诉与受理的条件;③审理前诉讼文书的

送达;④延期审理与缺席判决、诉讼中止与诉讼终结的适用情形区分;⑤缺席审理与经两次传票传唤后的拘传;⑥驳回诉讼请求的适用情形;⑦民事判决与民事裁定的区别;⑧不同类型民事裁判文书的救济机制。

(3) 历年真题:2015 卷三 43、48;2014 卷三 42、79、82;2013 卷三 43、44;2012 卷三 41、47、79;2011 卷三 77、78、79、81;2009 卷三 46、85;2008 全国卷三 34、37、40、79,四川卷三 40、85、86。

4. 备考重点:同[本章小结]部分的"如下重点内容"。

【本章练习】

一、判断题(共 10 小题)

1. 起诉状应当记明被告的姓名、性别、年龄、民族、职业、工作单位、住所、联系方式。 ( )

2. 2012 年修正后的《民诉法》严格限制了不予受理裁定的形式,必须是书面形式。 ( )

3. 当事人未提出诉讼时效抗辩的,法院不应主动适用诉讼时效的规定进行裁判。 ( )

4. 当事人没有争议,符合督促程序规定条件的,应当转入督促程序。 ( )

5. 所有开庭审理的案件,均应公开审理、公开宣判。 ( )

6. 撤诉和按撤诉处理的适用对象,仅限于原告或相当于原告地位的主体。 ( )

7. 缺席判决的适用对象,仅限于被告或相当于原告地位的主体。 ( )

8. 第一审民事判决都允许上诉。 ( )

9. 所有的生效民事判决都有执行力,大多数民事裁定都没有执行力。 ( )

10. 民事决定,一经作出即发生法律效力。 ( )

二、单项选择题(共 5 小题)

1. 下列哪些情形,法院应当裁定不予受理( )。

A. 刘一因嫌其夫陈二缺乏浪漫情趣而诉至法院要求离婚。法院审理后认为感情尚未破裂而判决不准离婚;半月后,刘一再次向法院起诉离婚,称陈二对其实施家庭暴力行为

B. 张三向法院起诉要求与李四离婚,开庭审理之日张三因心情不好而未到庭,法院遂按撤诉处理。三个月后,张三再次向法院起诉,要求解除其与李四的婚姻关系

C. 老马在诉讼时效届满后向法院提起了一个侵权损害赔偿的给付之诉

D. 王五是某公司项目主管,2014 年 2 月她发现自己怀孕后,为不失去晋升机会而背着丈夫赵六做了流产手术。半年后,赵六知悉此情,气愤之下向法院起诉要求与王五离婚

2. 有关法院开庭审理前的准备活动的下列表述中,错误的是( )。

A. 当事人没有争议,符合督促程序规定条件的,应当转入督促程序

B. 开庭前可以调解的,采取调解方式及时解决纠纷

C. 根据案件情况,确定适用简易程序或者普通程序

D. 需要开庭审理的,通过要求当事人交换证据等方式,明确争议焦点

3. S市H区法院在审理甲公司诉乙公司货款纠纷一案中，乙公司虽未提出时效抗辩，但法院查明甲公司的权利主张已过诉讼时效，遂判决驳回甲公司诉讼请求。判决作出后、上诉期间届满之前，H区法院发现其依职权适用诉讼时效规则错误。关于本案的处理，下列哪一说法是正确的？（　　）

A. H区法院可以作出裁定，纠正原判决中的错误

B. 因判决尚未发生效力，H区法院可以将判决书予以收回，重新作出判决

C. H区法院可以收回判决书，恢复庭审并向当事人释明时效问题，视具体情况重新作出判决

D. 如上诉期间届满当事人未上诉的，H区法院可以决定再审，纠正原判决中的错误

4. 下列有关民事程序处理方案的说法中，正确的是（　　）。

A. 孙七与周八因买卖合同纠纷诉至法院，第一次开庭结束后，周八因突发心肌梗塞死亡，其唯一的继承人尚在国外留学，此时应当终结诉讼

B. 吴九与郑十因相邻关系发生纠纷并诉至法院，案件尚未审结时，吴九不幸因车祸变成植物人，但其法定代理人尚未确定，此时吴九与郑十之间的相邻纠纷案件应当延期审理

C. 某一物权纠纷案件，须以另一物权转让合同案件的审理结果为依据，但该合同纠纷案件尚未审结，此时物权纠纷案件应当中止诉讼程序

D. 一方当事人因不可抗拒的事由而不能参加诉讼的，应当中止诉讼，中止的原因消除后，是否恢复诉讼，取决于当事人的意思表示

5. 法院对诉讼中有关情况的下列处理中，正确的是（　　）。

A. 刘一诉与陈二离婚纠纷案件，审理过程中陈二死亡，法院裁定按刘一撤诉处理

B. 某侵权诉讼的原告张三，于开庭当天突发急性肠炎而未到庭，法院裁定延期审理

C. 李四诉王五借贷一案，诉讼进行中李四因公殉职而无继承人，法院决定终结诉讼

D. 诉讼中，原告赵六因触电成为植物人，在其法定代理人尚未确定期间，法院裁定中止诉讼

三、多项选择题（共5小题）

1. 受理案件后、开庭审理前，法院对案件的下列处理方式中，符合《民诉法》规定的有（　　）。

A. 当事人没有争议的，告知其撤回起诉

B. 开庭审理前可以调解的，采取调解方式及时解决纠纷

C. 依据当事人双方的共同请求，进行证据交换并明确争议焦点

D. 根据案件的具体情况，确定适用简易程序或普通程序

2. 法院对下列哪些民事诉讼案件，不可以按撤诉处理（　　）。

A. 被告的法定代理人刘一，无正当理由拒不到庭

B. 无独立请求权的第三人陈二，无正当理由拒不到庭

C. 经特别授权的委托诉讼代理人张三，无正当理由拒不到庭

D. 有独立请求权的第三人李四，开庭审理过程中未经法庭许可中途退庭

3. 王丽与某4S店签订了购买一辆价值398万元的宾利轿车的合同。后因王丽未按约付款，4S店诉至法院，要求王丽支付车款并承担违约责任。诉讼中，王丽的丈夫赵刚向法院主张王丽患有精神病，没有辨别自己行为的能力，要求法院认定该购车合同无效。下列关于

本案的说法中，错误的有（　　）。

A. 法院应当通知赵刚作为王丽的法定诉讼代理人出庭参加诉讼

B. 由赵刚或4S店申请对王丽的精神状态进行鉴定。鉴定过程中，诉讼不停止进行

C. 法院可以依职权决定对王丽进行鉴定

D. 赵刚或4S店可向法院申请认定王丽为无民事行为能力人，法院应决定诉讼中止

4. 下列法院作出的决定中，哪些是当事人有权申请复议的？（　　）

A. 关于再审的决定　　B. 关于回避的决定

C. 关于罚款的决定　　D. 关于拘留的决定

5. 根据《民诉法》及相关司法解释的规定，下列有关离婚诉讼的说法中，错误的是（　　）。

A. 被告下落不明的，案件由原告住所地法院管辖

B. 一方当事人死亡的，诉讼终结

C. 判决生效后，不允许当事人申请再审

D. 原则上不公开审理，因其属于法定不公开审理案件的范围

四、问答题（共3小题）

1. 试比较诉讼终结和诉讼中止。

2. 如何理解民事判决与民事裁定的区别？

3. 如何理解民事决定与民事判决、民事裁定的区别？

五、案例分析题（共3小题）

刘丽因食用了禧福食品厂的熟食而中毒，经住院抢救脱险。出院后，刘丽决定起诉禧福食品厂。但虑及自己不懂法律且工作较忙，遂打算委托诉讼代理人。

根据案情，回答以下问题：

1. 下列主体中，可以作为刘丽诉讼代理人的有（　　）。

A. 刘丽的父亲刘一

B. 刘丽住所地的基层法律工作者陈二

C. 刘丽所在单位推荐的法律顾问张三

D. 某法学院法律援助中心的学生李四

2. 选定诉讼代理人后，刘丽签了一份授权委托书。以下有关委托书的表述中，正确的是（　　）。

A. 授权委托书应当记明委托事项和权限

B. 授权委托书应当在法庭调查开始之前提交法院

C. 授权委托书的变更应以口头或书面形式告知法院

D. 授权委托书写明"全权代理"的，则代理人有权代为放弃或变更诉讼请求

3. 若刘丽请求法院判令食品厂赔偿其因食物中毒而支出的医疗费、误工费，则下列表述正确的有（　　）。

A. 刘丽可提起侵权之诉，也可提起违约之诉，但二者只能择一

B. 若刘丽主张精神损害赔偿，则须提起侵权之诉，此时案件的诉讼标的为侵权损害赔偿法律关系

C. 本案既是确认之诉，又是给付之诉

D. 法庭辩论终结前，刘丽均可变更诉讼请求

第十二章 简易程序

【学习目标】

■ 知识目标：

了解简易程序的概念、特点、适用范围，简易程序的调解，简易程序的判决；

理解简易程序与普通程序的关系、简易程序的特殊规定、小额诉讼程序。

■ 能力目标：

熟悉应用法律和司法解释有关简易程序的规定。

【本章需要预习的主要法律、法规】

1.《民诉法》第157～163条；

2. 最高法院《民诉法解释》(法释〔2015〕5号)第256～283条；

3. 最高法院《简易程序规定》(法释〔2003〕15号)；

4. 最高法院《证据规定》(法释〔2001〕33号)第19条、第54条第1款、第81条。

第一节 简易程序概述

【引例 12-1】

刘一与陈二合同纠纷一案，法院受理后认为双方的权利义务关系明确，且对事实问题的争议不大，但有一些细节事实尚不清楚、对案件的是非也尚有分歧。

请问:此时可否适用简易程序审理该案?简要说明理由。

一、简易程序的概念与特点

简易程序,是指基层法院及其派出法庭审理简单的民事案件,以及非简单的民事案件的当事人基于程序选择权所适用的简便易行的第一审诉讼程序。简易程序实际上是普通程序的简化,与普通程序共同构成了第一审民事诉讼程序。《民诉法》第157条第1款规定,基层法院和它派出的法庭审理事实清楚、权利义务关系明确、争议不大的简单的民事案件,适用本章规定。第2款规定,基层法院和它派出的法庭审理前款规定以外的民事案件,当事人双方也可约定适用简易程序。最高法院《简易程序规定》(法释〔2003〕15号),对简易程序进行了具体规定。

根据《民诉法》及相关司法解释的规定,简易程序与普通程序相比,存在如下方面的区别,这也是简易程序的特点。

1. 起诉、受理的程序简便

根据《民诉法》第158条,对适用简易程序审理的简单民事案件,原告可以口头起诉。当事人双方可以同时到基层法院或者它派出的法庭,请求解决纠纷。基层法院或者它派出的法庭可以当即审理,也可以另定日期审理。而在普通程序中,起诉的方式是以书面起诉为原则、口头起诉为例外,即根据《民诉法》第120、121、123条,起诉应当向法院递交起诉状,起诉状应当记明法定的事项,并按被告人数提出副本;书写起诉状确有困难的,才可以口头起诉,由法院记入笔录,并告知对方当事人。法院对符合起诉条件的,应当在7日内立案,并通知当事人;不符合起诉条件的,应当在7日内书面裁定不予受理。

2. 实行独任制,审判组织简单

《民诉法》在第160条规定,简单的民事案件由审判员一人独任审理。但应当由书记员担任记录,不得自审自记(《民诉法解释》第261条)。而依《民诉法》第128条、第137条第1款,适用普通程序审理民事案件,应当组成合议庭。

3. 传唤方式简便

依《民诉法》第159条,适用简易程序审理案件时,可用简便方式传唤当事人和证人。《民诉法解释》第261条具体规定,适用简易程序审理案件,法院可以采取捎口信、电话、短信、传真、电子邮件等简便方式传唤双方当事人、通知证人和送达裁判文书以外的诉讼文书。但以简便方式送达的开庭通知,未经当事人确认或者没有其他证据证明当事人已经收到的,法院不得缺席判决。而《民诉法解释》第227条规定,法院按普通程序审理案件,应在开庭3日前用传票传唤当事人。对诉讼代理人、证人、鉴定人、勘验人、翻译人员应用通知书通知其到庭。当事人或其他诉讼参与人在外地的,应留有必要的在途时间。

4. 审理前的准备简化

《民诉法解释》第267条规定,适用简易程序审理案件,可以简便方式进行审理前的准备。而《民诉法》第 125～133 条规定了审理前准备工作的具体内容。

5. 赋予当事人程序异议权

根据《民诉法解释》第 269 条，当事人就案件适用简易程序提出异议，法院经审查，异议成立的，裁定转为普通程序，并应将合议庭组成人员及相关事项书面通知双方当事人；异议不成立的，口头告知双方当事人，并记入笔录。而适用普通程序审理的案件，则没有赋予当事人关于程序适用的异议权。

6. 开庭审理的程序简便

适用简易程序审理的民事案件虽然也应开庭审理，但开庭审理的程序较为简便，依《民诉法》第 160 条规定，可不受该法第 138、141 条关于法庭调查、法庭辩论顺序的限制，可将法庭调查与法庭辩论合并进行，也可穿插进行，由审判员根据审理需要灵活掌握。《简易程序规定》第 23 条规定，适用简易程序审理的民事案件，应当一次开庭审结，但法院认为确有必要再次开庭的除外；第 27 条规定，适用简易程序审理的民事案件，除法院认为不宜当庭宣判的以外，应当当庭宣判。据此可知，适用简易程序审理案件原则上应当一次开庭、当庭审结、当庭宣判，但开庭审理没有明显的阶段性。而适用普通程序审理民事案件时，则需要严格遵守《民诉法》规定的具体程序要求。

7. 审理期限较短

《民诉法》第 161 条规定，法院适用简易程序审理案件，应当在立案之日起 3 个月内审结。依《民诉法解释》第 258 条第 1 款，适用简易程序审理的案件，审限到期后，双方当事人同意继续适用简易程序的，由本院院长批准，可延长审限。延长后的审限累计不得超过 6 个月。而依《民诉法》第 149 条，法院适用普通程序审理的案件，应在立案之日起 6 个月内审结。有特殊情况需要延长的，由本院院长批准，可延长 6 个月；还需延长的，报请上级法院批准。即普通程序的审限不仅较长，且报上级法院批准可延长第二次。

8. 裁判文书适当简化

根据《民诉法解释》第 270 条规定，适用简易程序审理的案件，法院在制作判决书、裁定书、调解书时，对认定事实或裁判理由部分可以适当简化。而 2012 年修正后的《民诉法》第 152 条和第 154 条，分别对适用普通程序案件的判决书、裁定书增加规定了裁判理由的法定要求。

二、简易程序的适用范围

简易程序的适用范围，具体包括三个方面内容，即适用简易程序的法院、审级、案件。

（一）适用简易程序的法院

依《民诉法》第 157 条规定，在我国的四级法院中，能适用简易程序的法院，只有基层法院及其派出法庭。派出法庭，是指人民法院因巡回审理、就地办案而临时组成的审判组织，以及基层法院在本辖区内设置的固定派出机构即人民法庭。

（二）适用简易程序的审级

简易程序与普通程序，共同构成了第一审民事诉讼程序。适用简易程序审理案件的审级，只能是第一审，且不包括中级以上法院所适用的第一审程序。因《民诉法》第 157 条规定，适用简易程序的法院，只能是基层法院及其派出法庭，而基层法院及其派出法庭审理的案件，本来就只有第一审案件。

（三）适用简易程序的案件

1. 法律规定适用简易程序的简单的第一审民事案件

根据《民诉法》第 157 条第 1 款，基层法院及其派出法庭审理事实清楚、权利义务关系明确、争议不大的简单的民事案件，适用简易程序。依《民诉法解释》第 256 条，“事实清楚”，是指当事人对争议的事实陈述基本一致，并能提供相应的证据，无须法院调查收集证据即可查明事实；“权利义务关系明确”，是指能明确区分谁是责任的承担者，谁是权利的享有者；“争议不大”，是指当事人对案件的是非、责任承担以及诉讼标的争执无原则分歧。3 个条件同时具备、缺一不可，才是法定的适用简易程序的简单的民事案件。

[应用提示]“事实清楚”并不等于“所有细节事实都已清楚”，只要双方对争议的事实陈述基本一致，并能提供可靠证据，无须法院调查收集证据即可判明事实、分清是非。

[引例 12-1：解析]可以适用简易程序。因为：①“事实清楚”并不要求“所有细节事实都已清楚”；②对案件的是非“无原则分歧”，也并不要求根本“没有分歧”。

2. 当事人约定适用简易程序的非简单的第一审民事案件（2012 年新增）

最高法院《简易程序规定》（法释〔2003〕15 号）第 2 条第 1 款规定，基层法院适用第一审普通程序审理的民事案件，当事人各方自愿选择适用简易程序，经人民法院审查同意的，可以适用简易程序进行审理。2012 年《民诉法》修正时，吸收了该司法解释的内容，增加了当事人也可以约定适用简易程序的规定，即在《民诉法》原第 142 条的基础上增加一款，作为修正后的第 157 条第 2 款。根据该款规定，在法定适用简易程序审理的简单的民事案件之外，当事人可以约定适用简易程序，即对一些本来适用普通程序审理的案件约定为适用简易程序进行审理。因此，当事人的程序选择权，是指双方当事人基于诉讼契约，而对民事案件所适用的诉讼程序进行选择的诉讼权利。

[应用提示]修正后的《民诉法》第 157 条第 2 款，与《简易程序规定》第 2 条第 1 款相比，删去了“经人民法院审查同意”的规定，进一步明确和保证了当事人程序选择权的自主性。学习时务必注意这一点。

但是，当事人的这种“变普为简”的程序选择权，具有有限性、单向性、合意性。

(1) 有限性。当事人有权选择的，只能是基层法院适用普通程序审理的第一审民事案件，对于中级以上法院适用普通程序审理的第一审案件，当事人无权选择适用简易程序。

[示例 12-1]张三因买卖合同纠纷将李四等 12 名美籍华人诉至法院，要求李四等 12 名被告承担不履行合同的违约金人民币 6.8 万元。张三为能尽快结案、避免耽误更多商机，建议法院适用简易程序审理，李四等 12 名被告也全都表示同意。此时，法院可否适用简易程序审理本案？为什么？

[示例 12-1：解析]不可以。因为被告方为 12 名美籍华人，属《民诉法解释》第 1 条所指之一“一方当事人人数众多等具有重大影响的案件”，故属重大涉外案件；依《民诉法》第 18 条的规定，应由中级法院管辖。而对于中院管辖的第一审民事案件，当事人没有“变普通为

简易”的程序选择权。

(2) 单向性。对于依据法律规定应当适用简易程序审理的案件,当事人不能约定适用普通程序审理。该单向性限制的正当性基础,在于程序类型与案件性质相适应的原则,司法资源具有公共属性,当事人无权多占资源。

[应用提示与相关链接]司法资源的公共属性,决定了当事人程序选择权的单向性,即只能“变普通为简易”,而不能“变简易为普通”。但在国际经济贸易仲裁领域,则与此不同:对于本应适应简易程序仲裁的案件,当事人可以约定用普通程序审理;同时仲裁庭可以收取由此产生的必要的额外费用。这主要是因为,仲裁属于非公力性纠纷解决机制,不牵涉公共资源问题,且大多适用于商事纠纷,因此当事人可以花钱买更好的法律服务。

[示例 12-2]某国际时装公司与其在中国的代理商潮人公司因提成问题发生纠纷,依双方在合同中订立的纠纷解决条款,将该纠纷提交国际经济贸易仲裁委员会进行裁决。依贸仲规则,该案应当适用简易程序进行审理,但两公司均表示希望选择普通仲裁程序解决纠纷。[①] 请问:该仲裁案件中的当事人,能否行使程序选择权?

[示例 12-2:解析]能,且仲裁庭可以收取因此产生的必要的额外仲裁费用。

(3) 合意性。程序选择权的行使,须经双方当事人一致同意。诉讼契约是当事人行使程序选择权的基础,故当事人选择适用简易程序是其合意的结果。《简易程序规定》第 2 条第 2 款规定,人民法院不得违反当事人自愿原则,将普通程序转为简易程序。可见,未经当事人合意,即便是人民法院也不得主动依职权将普通程序转为简易程序,因诉讼程序的转化将直接影响到当事人依法享有的诉讼权利及其行使。

(四) 不得适用简易程序的案件

【真题实训 12-1】

章俊诉李泳借款纠纷案在某县法院适用简易程序审理。县法院判决后,章俊上诉,二审法院以事实不清为由发回重审。县法院征得当事人同意后,适用简易程序重审此案。在答辩期间,李泳提出管辖权异议,县法院不予审查。案件开庭前,章俊增加了诉讼请求,李泳提出反诉,县法院受理了章俊提出的增加诉讼请求,但以重审不可提出反诉为由拒绝受理李泳的反诉。关于本案,该县法院的下列哪些做法是正确的?(2015,卷三,82)

A. 征得当事人同意后,适用简易程序重审此案

B. 对李泳提出的管辖权异议不予审查

C. 受理章俊提出的增加诉讼请求

D. 拒绝受理李泳的反诉

根据《民诉法解释》(法释〔2015〕5 号)第 257 条,下列案件,不得适用简易程序审理。

(1) 起诉时被告下落不明的案件。

---

① 韩心怡.民事诉讼法与仲裁制度攻略[M].4 版.北京:中国财政经济出版社,2014.

起诉时被告下落不明的案件,依法需要用公告方式送达起诉状副本与开庭传票,虽然公告期间不计入审限,但一次公告就需 60 天,这足以表明案件并非简单的民事案件,因此不宜适用简易程序审理;且若缺席判决,依法须由合议庭作出,这也与法律规定简易程序的独任制审理不相符合。

[应用提示]①仅限于起诉时被告即下落不明的案件。被告下落不明的案件,并非绝对不得适用简易程序,因为若是起诉后、诉讼中被告下落不明的,则可继续按简易程序审理并缺席判决;②被告下落不明≠被告不明确。

[示例 12-3] 2015 年 8 月 1 日,王五向赵六借款 5000 元,后外出打工而一直下落不明。为追回借款,赵六遂将王五诉至法院。法院对赵六的起诉进行审理后认为,王五已杳无音讯,遂以被告不明确为由,口头裁定不予受理该案。法院的上述做法,是否正确?

[示例 12-3:解析]法院的做法不正确。因为:①被告下落不明并不等于被告不明确,只要能保证被告的具体性、特定性,就符合《民诉法》第 119 条规定的起诉条件中的“有明确的被告”,故法院不能以此为由不予受理本案;②不予受理裁定,须以书面方式作出,而不得口头裁定,否则违反《民诉法》第 123 条规定的法院应当保障当事人依法享有的起诉权利。因不予受理的裁定,当事人有权上诉,而口头裁定不便于当事人上诉。

(2) 发回重审和适用审判监督程序的案件。

发回重审的案件,往往在事实认定或者法律适用方面存在错误;适用审判监督程序的案件,是生效裁判确有错误或者生效调解书违反自愿原则或内容违法的案件。为保证案件的审判质量,这两类案件均不宜适用简易程序审理。否则,不利于纠正错误。

[真题实训 12-1](2015,卷三,82)答案:BC。依《民诉法解释》第 257 条第 2 款,发回重审的案件,不适用简易程序,故选项 A 错误。该解释第 39 条第 2 款规定,发回重审或按第一审程序再审的案件,当事人提出管辖异议的,法院不予审查,故选项 B 正确。根据《民诉法》的相关规定,选项 C 正确、选项 D 错误。

【相关链接】

发回重审和按审判监督程序再审的案件,一律不得适用简易程序、不适用独任制;但发回重审和按第一审程序再审的案件,允许人民陪审员参加合议庭。

(3) 当事人一方人数众多的案件。

此类案件,因涉及的当事人一方人数众多,故不宜适用简易程序审理。

[示例 12-4] 甲、乙、丙、丁共同共有一台挖掘机,后戊将该台机器借走且损坏。甲、乙、丙、丁作为共同原告,遂将戊诉至法院,要求赔偿。对本案,可否适用简易程序?

[示例 12-4:解析] 若符合其他条件,则可适用。因并非所有共同诉讼都不能适用简易程序,只有一方或双方人数众多的共同诉讼,才不能适用简易程序。而本案不属于人数众多。

[应用提示] 依《民诉法解释》第 75 条,人数众多,一般指 10 人以上。

(4) 涉及国家利益、社会公共利益的案件。

(5) 第三人起诉请求改变或者撤销生效判决、裁定、调解书的案件。

(6) 其他不宜适用简易程序的案件。

基层法院对于不宜适用简易程序审理案件，具有一定的自由裁量权。

依《民诉法解释》第 264 条第 2 款，对第 257 条规定的上列 6 类案件，当事人约定适用简易程序的，人民法院不予准许。

[应用规律总结](1) 并非所有的被告下落不明的案件、所有的共同诉讼案件，都不得适用简易程序；但发回重审和按审监程序审理的案件以及非讼案件，一律不得适用简易程序。(2)简易程序只是针对诉讼案件，而法律规定应当适用特别程序、督促程序、公示催告程序和企业法人破产还债程序的案件属于非诉讼案件，故不得适用简易程序审理。

第二节 简易程序的具体适用

【引例 12-2】

孙七与周八合伙协议纠纷一案，法院适用简易程序审理。开庭时，调解达成协议，孙七与周八在协议中约定：①调解协议经双方签名即生效；②由法院依该协议另行制作民事调解书。孙七与周八均当庭要求法官以电子邮件方式向双方送达民事调解书。事后，该案书记员将《民事调解书》的电子版发给了孙七和周八当庭指定的电子邮箱。

请问：本案法院的做法中，是否有错？

一、起诉与答辩

1. 起诉的方式

《民诉法解释》第 265 条规定，原告口头起诉的，法院应将当事人的姓名、性别、工作单位、住所、联系方式等基本信息，诉讼请求，事实及理由等准确记入笔录，由原告核对无误后签名或捺印。对当事人提交的证据材料，应当出具收据。

2. 无法通知被告应诉时的处理

《简易程序规定》第 8 条规定，法院按原告提供的被告送达地址或其他联系方式无法通知被告应诉的，应按情况分别处理：①原告提供了被告准确的送达地址，但法院无法向被告直接或留置送达应诉通知书的，应转入普通程序审理；②原告不能提供被告准确的送达地址，法院经查证后仍不能确定被告送达地址的，可以被告不明确为由裁定驳回起诉。

3. 被告送达地址的确定

《简易程序规定》第9条规定，被告到庭后拒绝提供自己的送达地址和联系方式的，法院应当告知其拒不提供送达地址的后果；经告知后被告仍然拒不提供的，按下列方式处理：①被告是自然人的，以其户籍登记中的住所地或经常居住地为送达地址；②被告是法人或其他组织的，应以其工商登记或其他依法登记、备案中的住所地为送达地址。法院应将上述告知的内容记入笔录。

4. 送达时间的确定

《简易程序规定》第10条规定，因当事人自己提供的送达地址不准确、送达地址变更未及时告知法院，或者当事人拒不提供自己的送达地址而导致诉讼文书未能被实际接收的，按下列方式处理：①邮寄送达的，以邮件回执上注明的退回之日视为送达之日；②直接送达的，送达人当场在送达回证上记明情况之日视为送达之日。上述内容，人民法院应当在原告起诉和被告答辩时以书面或者口头方式告知当事人。

5. 简易程序中留置送达的适用

2012年修正后的《民诉法》第86条保留了原第79条的规定，即受送达人或其同住成年家属拒绝接收诉讼文书的，送达人可以邀请有关基层组织或所在单位的代表到场，说明情况，在送达回证上记明拒收事由和日期，由送达人、见证人签名或者盖章，把诉讼文书留在受送达人的住所；并增加规定，也可以把诉讼文书留在受送达人的住所，并采用拍照、录像等方式记录送达过程，即视为送达。此即留置送达的规定。

依《简易程序规定》第11条，简易程序中，法院邀请有关基层组织或所在单位的代表到场见证，被邀请人不愿到场见证的，送达人应在送达回证上记明拒收事由、时间和地点及被邀请人不愿到场见证的情形，将诉讼文书留在受送达人的住所或从业场所，即视为送达。受送达人的同住成年家属或法人、其他组织负责收件的人是同一案件中另一方当事人的，不适用此规定。

二、审理前准备

1. 举证期限、答辩期间的特点

《民诉法解释》第266条规定，适用简易程序案件的举证期限由法院确定，也可由当事人协商一致并经法院准许，但不得超过15日。被告要求书面答辩的，法院可在征得其同意的基础上，合理确定答辩期间。法院应当将举证期限和开庭日期告知双方，并向其说明逾期举证以及拒不到庭的法律后果，由双方在笔录和开庭传票的送达回证上签名或捺印。双方均表示不需要举证期限、答辩期间的，法院可以立即开庭审理或者确定开庭日期。

另依《简易程序规定》第12条，适用简易程序审理的案件，当事人及其诉讼代理人申请法院调查收集证据和申请证人出庭作证，应在举证期限届满前提出，但提出申请的期限，不受《证据规定》第19条第1款“不得迟于举证期限届满前七日”，以及第54条第1款“申请证人出庭作证，应当在举证期限届满前十日提出，并经人民法院许可”的限制。

2. 先行调解的案件范围

《简易程序规定》第14条规定，下列民事案件，法院在开庭审理时应当先行调解：①婚姻家庭纠纷和继承纠纷;②劳务合同纠纷;③交通事故和工伤事故引起的权利义务关系较为明确的损害赔偿纠纷;④宅基地和相邻关系纠纷;⑤合伙协议纠纷;⑥诉讼标的额较小的纠纷。但根据案件性质和当事人实际情况不能调解或者显然没有调解必要的除外。

[应用提示]①先行调解虽是对法院适用简易程序的一项要求,且有利于降低诉讼成本、节约司法资源,但并不意味着法院可以凌驾于当事人意愿之上、强制当事人接受调解。法院依职权主动调解,仍须遵守自愿、合法的原则。②并非所有的交通事故和工伤事故引发的赔偿纠纷均应先行调解,还须同时满足权利义务关系较为明确这一条件。

【相关链接】

①法院调解原则;②与普通程序中接收起诉时、受理案件前的先行调解的区别。

三、开庭审理

1. 按撤诉处理和缺席判决

《简易程序规定》第 30 条规定,原告经传票传唤,无正当理由拒不到庭或者未经法庭许可中途退庭的,可按撤诉处理;被告经传票传唤,无正当理由拒不到庭或者未经法庭许可中途退庭的,法院可以根据原告的诉讼请求及双方已经提交给法庭的证据材料缺席判决。

由于按撤诉处理和缺席判决关系到当事人的重大诉讼利益,即便简易程序,也应谨慎为之。因此,根据《简易程序规定》第 18 条和《民诉法解释》第 261 条第 2 款的规定,以简便方式送达的开庭通知,未经当事人确认或者没有其他证据足以证明当事人已经收到的,法院不得将其作为按撤诉处理和缺席判决的根据。

2. 审理与裁判

1) 争议焦点的确定

《简易程序规定》第 21 条规定,开庭时,审判人员可以根据当事人的诉讼请求和答辩意见归纳出争议焦点,经当事人确认后,由其围绕争议焦点举证、质证和辩论。当事人对案件事实无争议的,可在听取当事人就法律适用方面的辩论意见后,径行判决、裁定。

2) 举证期限的适用

《简易程序规定》第 22 条规定,当事人双方同时到基层法院请求解决简单的民事纠纷,但未协商举证期限,或者被告一方经简便方式传唤到庭的,开庭审理时当事人要求当庭举证的,应予准许;当事人当庭举证有困难的,举证期限由当事人协商决定,但最长不得超过 15 日;协商不成的,由法院决定。

3) 开庭次数

《简易程序规定》第 23 条规定,适用简易程序审理的民事案件,应当一次开庭审结,但法院认为确有必要再次开庭的除外。

4) 庭审笔录

《简易程序规定》第 24 条规定,书记员应将适用简易程序审理民事案件的全部活动记入笔录。对于下列事项,应当详细记载:①审判人员关于当事人诉讼权利义务的告知、争议焦点的概括、证据的认定和裁判的宣告等重大事项；②当事人申请回避、自认、撤诉、和解等重大事项；③当事人当庭陈述的与其诉讼权利直接相关的其他事项。

【真题实训 12-2】

关于简易程序的简便性，下列哪一表述是不正确的？(2013，卷三，41)

A. 受理程序简便，可以当即受理，当即审理

B. 审判程序简便，可以不按法庭调查、法庭辩论的顺序进行

C. 庭审笔录简便，可以不记录诉讼权利义务的告知、原被告的诉辩意见等通常性程序内容

D. 裁判文书简便，可以简化裁判文书的事实认定或判决理由部分

[真题实训 12-2](2013，卷三，41)答案：C。解析：《民诉法》第 158 条第 2 款规定，当事人双方可同时到基层法院或其派出法庭，请求解决纠纷。基层法院或其派出法庭可以当即审理，也可以另定日期审理，故选项 A 表述正确。依《民诉法》第 160 条，适用简易程序审理案件，不受该法第 138、141 条规定的限制，即可不按法庭调查、法庭辩论的顺序进行，故选项 B 正确。依《简易程序规定》第 24 条，诉讼权利义务的告知、原被告的诉辩意见等通常性程序内容，是庭审笔录应当详细记载的事项，故选项 C 错误。依《简易程序规定》第 32 条，有该条所列情形之一的，法院制作裁判文书时，对认定事实或判决理由部分可适当简化，故选项 D 表述正确。综上，本题当选 C。

四、宣判

《简易程序规定》第 27 条规定，适用简易程序审理的民事案件，除法院认为不宜当庭宣判的以外，应当当庭宣判。根据有关法律规定，宣判有当庭宣判和定期宣判两种方式。

（一）当庭宣判

《民诉法解释》第 253 条规定，当庭宣判的案件，除当事人当庭要求邮寄发送裁判文书的以外，法院应当告知当事人或者诉讼代理人领取裁判文书的时间和地点以及逾期不领取的法律后果。上述情况，应当记入笔录。《简易程序规定》第 28 条第 2 款规定，法院已经告知当事人领取裁判文书的期间和地点的，当事人在指定期间内领取裁判文书之日，即为送达之日；当事人在指定期间内未领取的，指定领取裁判文书期间届满之日，即为送达之日，当事人的上诉期从法院指定领取裁判文书期间届满之日的次日起开始计算。第 29 条规定，当事人因交通不便或者其他原因要求邮寄送达裁判文书的，法院可按当事人自己提供的送达地址邮寄送达。法院根据当事人自己提供的送达地址邮寄送达的，邮件回执上注明收到或者退回之日即为送达之日，当事人的上诉期从邮件回执上注明收到或者退回之日的次日起开始计算。

[引例 12-2：解析] 本案法院的做法中，采用电子方式送达《民事调解书》的做法是错误的。因为凡民事判决书、裁定书、调解书，一律不得采用电子送达，不论是在普通程序还是简易程序中，也不论当事人各方是否自愿或当庭要求。

（二）定期宣判

《简易程序规定》第 31 条规定，定期宣判的案件，定期宣判之日即为送达之日，当事人的上诉期自定期宣判的次日起开始计算。当事人在定期宣判的日期无正当理由未到庭的，不影响该裁判上诉期间的计算。当事人确有正当理由不能到庭，并在定期宣判前已经告知法院的，法院可按当事人自己提供的送达地址将裁判文书送达给未到庭的当事人。

[应用提示]由此可见，适用简易程序审理的民事案件，以一次开庭审理并当庭宣判为原则，但法院认为需要再次开庭与定期宣判的除外。

五、裁判文书的制作

适用简易程序审理民事案件，也应当制作完整的裁判文书，但可以适当简化认定事实或判决理由的部分。《民诉法解释》第 270 条规定，适用简易程序审理的案件，有下列情形之一的，法院在制作判决书、裁定书、调解书时，对认定事实或裁判理由部分可以适当简化：①当事人达成调解协议并需要制作民事调解书的；②一方当事人明确表示承认对方全部或部分诉讼请求的；③涉及商业秘密、个人隐私的案件，一方要求简化裁判文书中的相关内容，法院认为理由正当的；④当事人双方同意简化的。这是对《简易程序规定》(法释〔2003〕15 号)第 32 条规定的 5 种情形的修正，即删去了《简易程序规定》第 32 条中规定的“当事人对案件事实没有争议或者争议不大的”适用情形。

根据《民诉法解释》第 282 条，简易程序中的小额诉讼案件的裁判文书还可以简化，主要记载当事人基本信息、诉讼请求、裁判主文等内容。

【真题实训 12-3】

关于简易程序的表述，下列哪些选项是正确的？(2010，卷三，87)

A. 基层法院适用普通程序审理的民事案件，当事人双方可协议并经法院同意适用简易程序审理

B. 经双方当事人一致同意，法院制作判决书时可对认定事实或判决理由部分适当简化

C. 法院可以口头方式传唤当事人出庭

D. 当事人对案件事实无争议的，法院可不开庭径行判决

[真题实训 12-3](2010，卷三，87)答案：BC(司法部当年公布的答案为 ABC)。考点：简易程序。解析：本题是对相关法条的综合考查。《简易程序规定》(下称“该规定”)第 2 条规定，基层人民法院适用第一审普通程序审理的民事案件，当事人各方自愿选择适用简易程序，经人民法院审查同意的，可以适用简易程序进行审理，故选项 A 正确。依该规定第 32 条，选项 B 正确。依该规定第 18 条，选项 C 正确。依该规定第 21 条第 2 款，当事人对案件事实无争议的，审判人员必须在听取当事人就适用法律方面的辩论意见后，才可以径行判决、裁定，故选项 D 错误。因此，2010 年司法部公布的答案为 ABC。

但如上文所述，2012 年修正后的《民诉法》第 157 条第 2 款，修正了《简易程序规定》第 2 条第 1 款，即删去了“经人民法院审查同意”的规定，进一步明确和保证了当事人程序选择权

的自主性。据此,选项 A 错误。因此,现在解答本题,答案应为 BC。

综上可见,我们在研习历年真题时,千万不要限囿于当年的答案,而务必注意法律规定的变化、认真思考、旧题新做。

六、简易程序的特殊适用——小额诉讼程序(2012 年新增)

【真题实训 12-4】

赵洪诉陈海返还借款 100 元,法院决定适用小额诉讼程序审理。关于该案的审理,下列哪一选项是错误的?(2014,卷三,40)

A. 应在开庭审理时先行调解

B. 应开庭审理,但经过赵洪和陈海的书面同意后,可书面审理

C. 应当庭宣判

D. 应一审终审

2012 年修正后的《民诉法》新增了小额诉讼程序的规定,即第 162 条规定,基层法院和它派出的法庭审理符合该法第 157 条第 1 款规定的简单的民事案件,标的额为各省、自治区、直辖市上年度就业人员年平均工资 30%以下的,实行一审终审。

小额诉讼程序,是简易程序的特殊适用,与一般简易程序的关系,主要表现在以下几个方面:①适用范围上的重合,凡能适用小额诉讼程序的案件,必然是简单的民事案件,但并非所有的简单民事案件,均可适用小额诉讼程序;②简易程序中体现简易型、简便性的规定,也适用于小额诉讼程序,例如,可以口头起诉、当即审理,用简便方式传唤当事人和证人、送达诉讼文书、审理案件,由审判员一人独任审理、不受法庭调查、法庭辩论程序的限制等。

小额诉讼程序的适用案件为:基层法院及其派出法庭审理的事实清楚、权利义务关系明确、争议不大的简单民事案件,且标的额为各省、自治区、直辖市上年度就业人员年平均工资 30%以下的案件。简言之,小额诉讼程序的适用案件,是小额诉讼案件;而小额诉讼案件,是指标的额不超过法律规定的一定金钱数额的简单民事案件。依《民诉法》第 162 条,小额诉讼案件具体是指标的额为各省(自治区、直辖市)上年度就业人员年平均工资 30%以下的简单民事案件。

《民诉法解释》(下称"该解释")在第 271～283 条,专门对"简易程序中的小额诉讼"进行了具体规定。该解释第 274 条规定了 9 类金钱给付的案件,适用小额诉讼程序审理。该解释第 277 条规定,小额诉讼案件的举证期限由法院确定,也可由当事人协商一致并经法院准许,但一般不超过 7 日。被告要求书面答辩的,法院可在征得其同意的基础上合理确定答辩期间,但最长不得超过 15 日。当事人到庭后表示不需要举证期限和答辩期间的,法院可立即开庭审理。根据该解释第 278、279 条的规定,法院受理小额诉讼案件后发现不符合《民诉法》第 119 条规定的起诉条件的,裁定驳回起诉;当事人提出管辖异议的,法院应当作出裁定。小额诉讼程序中驳回起诉和管辖异议的裁定,一经作出即生效。依该解释第 262 条,人民法庭制作的判决书、裁定书、调解书,必须加盖基层人民法院印章,不得用法庭的印章代替

基层法院的印章。该解释第283条规定，审理小额诉讼案件，本解释没有规定的，适用简易程序的其他规定。

综上，小额诉讼程序案件的管辖法院，仅限于基层法院及其派出法庭；小额诉讼程序审级制度的特殊性，在于实行一审终审、不得上诉；但可以申请再审。

[真题实训12-4](2014，卷三，40)答案：B。考点：小额诉讼程序。解析：依《简易程序规定》第14条，诉讼标的额较小的纠纷，法院在开庭审理时应当先行调解，故选项A正确。根据有关法律规定，是否书面审理，不能由当事人双方决定，故选项B错误。依《简易程序规定》第27条，适用简易程序审理的民事案件，除法院认为不宜当庭宣判的以外，应当当庭宣判，故选项C正确。依《民诉法》第162条，小额诉讼程序，实行一审终审，故选项D正确。综上，本题选项B错误，当选。

七、简易程序与普通程序的相互转化

(一)“普通程序转简易程序”的两个法定条件

根据2012年修正后的《民诉法》第157条第2款的规定，基层法院及其派出法庭适用第一审普通程序审理的民事案件，当事人双方也可约定适用简易程序。这就是基于“当事人程序选择权”的“普通程序转简易程序”。其转化条件(或称程序选择权的行使条件)有以下两点：

(1) 必须是基层法院及其派出法庭适用第一审普通程序审理的民事案件。

(2) 必须是当事人各方自愿选择适用简易程序。依《简易程序规定》第2条第2款，法院不得违反当事人自愿原则，将普通程序转为简易程序。

2003年最高法院颁布的《简易程序规定》第2条第1款对当事人程序选择权的行使进行了限制，即规定了必须“经人民法院审查同意”。如前所述，2012年全国大常委会对《民诉法》进行第二次修正时，在其第157条第2款的规定中删去了上述限制，因此，“须经人民法院审查同意”，已经不再是当事人程序选择权行使的条件之一。

《民诉法解释》第260条规定，已经按照普通程序审理的案件，在开庭后不得转为简易程序审理。

[应用提示]法院在适用普通程序审理案件后，不能以案件简单为由而转为简易程序。

(二)“简易程序转为普通程序”的3种法定情形

1. 当事人就适用简易程序提出异议，经审查异议成立的

根据《民诉法解释》第269条，当事人就案件适用简易程序提出异议，法院经审查，异议不成立的，口头告知当事人，并记入笔录。异议成立的，裁定转为普通程序，并应当将合议庭组成人员及相关事项以书面形式通知双方当事人。转为普通程序前，双方当事人已经确认的事实，可以不再进行举证、质证。

2. 法院在审理过程中发现不宜适用简易程序的

依《民诉法》第163条，案件审理过程中，法院发现不宜适用简易程序的，裁定转为普通程序。

[应用提示] 不宜适用简易程序而转为普通程序的,必须用裁定,而不能用决定。

3. 原告提供了被告的准确送达地址,但法院无法直接或留置送达应诉通知书的

根据《简易程序规定》第8条第(1)项规定,原告提供了被告的准确的送达地址,但法院无法向被告直接送达或者留置送达应诉通知书的,应将案件转入普通程序审理。

[应用提示]若原告不能提供被告准确的送达地址,法院经查证后仍不能确定被告送达地址的,则可以被告不明确为由裁定驳回原告起诉。

(三) 简易程序转为普通程序时审限的计算

根据《民诉法解释》第258条第3款,由简易程序转为普通程序审理的民事案件的审理期限,自人民法院立案之日起计算,而不是从程序转化之日起重新计算。

【本章小结】

本章在介绍了第一审简易程序的概念、特征、具体适用等内容的基础上,特别阐述了如下重点内容:①当事人程序选择权的单向性、有限性、合意性;②不得适用简易程序的案件;③简易程序的特点及应当先行调解的情形;④简易程序与普通程序的转化,"普通转简易"的情形与"简易转普通"的情形;⑤简易程序的特殊适用,小额诉讼程序的适用条件、审级制度的特点及其与传统简易程序的异同。

【国家统一法律职业资格考试辅导专栏】

(1) 简易程序与普通程序共同构成了第一审程序,与作为程序范本的普通程序相比,简易程序的最大特点在于程序上的简便性。简易程序部分的核心考点,主要包括简易程序的适用范围、程序简便性在各诉讼阶段的具体表现、裁判文书的制作、简易程序与普通程序的转换。2012年修正后的《民诉法》,在传统简易程序之外,增设了小额诉讼程序这一更为简便的程序,需要对其适用条件与范围、审级、与传统简易程序的异同等内容特别关注。

(2) 历年考点:①简易程序的适用范围;②简易程序的特点;③简易程序的转化;④简易程序的审限;⑤简易程序的特殊适用——小额诉讼程序。

(3) 历年真题:2015卷三82、83、84;2014卷三40、42、79、82;2013卷三43、44;2012卷三41、47、79;2011卷三77、78、79、81;2009卷三46、85;2008全国卷三34、37、40、79,四川卷三40、85、86。

(4) 备考重点:同[本章小结]部分的"如下重点内容"。

【本章练习】

一、判断题(共10小题)

1. 基层法院适用第一审普通程序审理的民事案件,当事人各方约定适用简易程序的,

还须经法院审查同意。（　　）

2. 被告下落不明的案件，不得适用简易程序审理。（　　）

3. 共同诉讼案件，不能适用简易程序审理。（　　）

4. 交通事故和工伤事故引起的损害赔偿案件，法院在开庭审理时应当先行调解。（　　）

5. 简易程序转为普通程序审理案件的审限，从程序转化之日起开始重新计算。（　　）

6. 原告提供了被告的准确的送达地址，但法院无法向被告直接送达或者留置送达应诉通知书的，应当将案件转入普通程序审理。（　　）

7. 原告不能提供被告准确的送达地址，法院经查证后仍不能确定被告送达地址的，则可以被告不明确为由裁定驳回原告起诉。（　　）

8. 当事人对适用简易程序提出的异议成立的，应将案件转入普通程序审理。（　　）

9. 以捎口信、电话、传真、电子邮件等形式发送的开庭通知，未经当事人确认或没有其他证据足以证明当事人已经收到的，不得将其作为按撤诉处理和缺席判决的根据。（　　）

10. 法院适用简易程序审理案件，应在立案之日起 3 个月内审结；有特殊情况需要延长的，由本院院长批准，可延长 3 个月。（　　）

二、单项选择题(共 5 小题)

1. 下列有关民事简易程序特点的表述中，错误的是（　　）。

A. 书写起诉状确有困难的，可以口头起诉，由法院记入笔录，并告知对方当事人

B. 当事人双方可同时到基层法院或其派出法庭，请求解决纠纷

C. 基层法院或其派出法庭可以当即审理，也可以另定日期审理

D. 由审判员一人独任审理。但应由书记员担任记录，不得由审判员自审自记

2. 下列有关民事简易程序审理案件的一般原则的表述中，错误的是（　　）。

A. 一次开庭　　B. 开庭审理有明显的阶段性

C. 当庭审结　　D. 当庭宣判

3. 下列有关调解与民事简易程序之间关系的表述中，错误的是（　　）。

A. 适用简易程序审理的某些类型案件，调解是其必经程序

B. 适用简易程序审结案件的裁判文书在符合法定情形时，可以适当简化

C. 当事人申请强制执行的依据，是法院制作的民事调解书或双方当事人签名的调解协议

D. 调解达成协议并经审判人员审核后，双方当事人同意该调解协议经双方签名即生效的，该调解协议自双方当事人签名之日起生效

4. 下列有关民事简易程序特点的表述中，不符合法律及相关司法解释规定的是（　　）。

A. 独任制适用于所有简易程序审理的民事案件

B. 当事人向法院提供自己准确的送达地址的时间既可以是起诉时，也可以是答辩时

C. 简易程序转普通程序审理时，经当事人同意，法院指定的举证期限可少于 30 日

D. 法院适用简易程序审理合伙协议纠纷及工伤事故纠纷时，应当先行调解

5. 下列有关简易程序适用案件的表述中，错误的是（　　）。

A. 事实清楚、权利义务关系明确、争议不大的简单的民事案件,适用简易程序

B. "争议不大",是指当事人对案件的是非、责任以及诉讼标的争执没有分歧

C. 基层法院适用普通程序审理的非简单的民事案件,当事人各方可约定适用简易程序

D. 对于依法应当适用简易程序审理的案件,当事人不能约定适用普通程序进行审理

三、多项选择题(共5小题)

1. 根据有关司法解释的规定,下列案件中不得适用简易程序审理的有(　　)。

A. 被告下落不明的案件

B. 发回重审和按审判监督程序再审的案件

C. 共同诉讼中一方或双方当事人人数众多的案件

D. 法律规定应当适用特别程序、督促程序、公示催告程序的案件

2. 下列简易程序案件中,制作裁判文书时对认定事实或判决理由部分可适当简化的有(　　)。

A. 刘一诉陈二支付货款12万元,陈二承认了其中11万元的诉讼请求

B. 张三与李四因买卖合同发生纠纷诉至法院,但双方对案件事实的争议不大

C. 王五诉甲杂志社侵犯其名誉权,甲杂志社对侵权予以承认,但对赔偿数额有异议

D. 赵六诉乙公司承担合同违约责任,法院调解结案并制作《民事调解书》

3. 简易程序中法院的下列做法,哪些不符合《民诉法》及相关司法解释的规定(　　)。

A. 法院在审理过程中,发现案件不宜适用简易程序的,决定转为普通程序

B. 开庭审理时法院没有告知当事人的诉讼权利义务,因双方均委托了诉讼代理人

C. 基层法院及其派出法庭适用普通程序审理的案件,当事人双方也可约定适用简易程序

D. 基层法院审理简单的民事案件,标的额为本省上年度就业人员年平均工资百分之三十以下的,实行一审终审,但当事人明示要求适用两审终审制的除外

4. 下列有关民事诉讼简易程序的表述中,不符合《民诉法》规定的有(　　)。

A. 法院在审理案件的过程中,发现案件不宜适用简易程序的,裁定转为普通程序

B. 对基层法院及其派出法庭审理的民事案件,当事人双方可约定适用简易程序审理

C. 对应当适用简易程序审理的案件,当事人双方可约定适用普通程序审理,但适当增加诉讼费用

D. 基层法院及其派出法庭审理简单的民事案件,可实行一审终审,但标的额须为各省、自治区、直辖市上年度就业人员年平均工资20%以下

5. 孙七与丙公司合同纠纷,法院受理后欲用普通程序审理。下列表述中,错误的有(　　)。

A. 法院有权在不经当事人双方同意的情形下将普通程序转为简易程序

B. 若孙七与丙公司约定适用简易程序,还须经法院审查同意,才可适用简易程序

C. 若当事人约定适用简易程序,则法院应当适用简易程序

D. 本案被告丙公司属法人而非自然人,故不得由当事人双方约定适用简易程序,而应当适用普通程序

四、问答题(共3小题)

1. 与普通程序相比,简易程序有哪些特点?

2. 如何理解简易程序的适用范围?

3. 试述简易程序中先行调解的案件范围。

五、案例分析题

吴九与郑十是大学同学。毕业后,二人合伙开了一家茶餐厅,并逐渐发展了两家分店,正当生意红火之际,二人因利润分配发生矛盾而分手。为解决茶餐厅经营过程中的财产分割问题,吴九于2015年6月2日将郑十诉至广州市H区法院。法院当即立案受理,且认为案件事实清楚、权利义务关系明确,遂决定适用简易程序审理,由审判员周某独任审理,同时由王某担任书记员。但周某认为自己经验丰富且案件并不复杂,遂决定由自己亲自记录。案件审理过程中,周某发现该案情况实际上非常复杂,不宜适用简易程序进行审理,遂于2015年9月8日作出决定书,将该案转为普通程序。审理过程中,原告吴九经法院传票传唤无正当理由拒不到庭,法院遂作出缺席判决并当庭宣判,之后用传真的方式向双方当事人送达了判决书。

请分析:在该案的审理过程中,法院的做法有哪些不妥之处?为什么?

第十三章 第二审程序

【学习目标】

■ 知识目标：

了解第二审程序的概念和特点、第二审程序与第一审程序的关系；

理解上诉的提起、上诉撤回的条件和效果、上诉的审理方式、上诉裁判的几种情形及其效果。

■ 能力目标：

掌握上诉的条件、上诉案件的审理方式、上诉案件的调解、上诉的撤回、上诉裁判的相关规定。

【本章需要预习的主要法律、法规】

1.《民诉法》第164～176条；

2. 最高法院《民诉法解释》(法释〔2015〕5号)第317～342条；

3. 最高法院《审判方式改革规定》(法释〔1998〕14号)第35～39条。

第一节 第二审程序概述

【引例13-1】

长乐房地产开发公司(简称长乐公司)将某小区的两栋住宅楼承包给科威建筑工程公司(简称科威公司)建造，双方签订了建设工程承包合同。工程完工后，长乐公司因资金不足仅支付了70%的工程款，承诺余款1个月后付清。1个月后，长乐公司未付余款；一年后，长乐公司仍未付款，科威公司向法院起诉，请求判令长乐公司支付工程余款并承担违约责任。一审判决长乐公司向科威公司支付工程余款及违约金。长乐公司不服，认为原审法院认定事实不清，其不应当承担违约责任而提起上诉；科威公司也以一审法院漏判一个请求事项为由而提起上诉，要求二审法院维持原判并补判该请求。①

请问：(1)应当如何列明本案的当事人？

(2)对科威公司提出的漏判事项，法院应当如何处理？

一、第二审程序的概念

第二审程序，又称上诉程序，是指由于民事诉讼当事人不服第一审法院未生效的第一审裁判，而在法定期间内向上一级法院提起上诉而引起的诉讼程序，是第二审级的人民法院审理上诉案件所适用的程序。在我国，由于实行两审终审制，因此有第一审程序和第二审程序的区别。第二审程序是为了保证当事人依法行使上诉权和上一级法院依法进行审判而设置的。《民诉法》关于第二审程序的全部条文，都是针对审理上诉案件的规定，所以，第二审程序是审理上诉案件的程序，也称上诉审程序。法院适用第二审程序对上诉案件审理后所作的判决、裁定，是终审的判决、裁定，当事人不得上诉。因此，第二审程序又称为终审程序。

二、第二审程序与第一程序的异同

从我国民事诉讼法的相关规定分析，我国上诉审采纳的是续审主义，因此，学理上一般将我国上诉案件的审理模式界定为续审制，即第一审程序是第二审程序的前提和基础，第二审程序是第一审程序的继续和发展。第一审诉讼程序中包括普通程序和简易程序，它们与第二审程序同属于诉讼案件的审判程序。经过普通程序或简易程序审理的民事案件，如果当事人不服提起上诉的，上诉审法院即适用第二审程序对案件进行审理。《民诉法》第十四章“第二审程序”第174条规定：“第二审人民法院审理上诉案件，除依照本章规定外，适用第一审普通程序。”可见，第二审法院审理上诉案件，第二审程序中有规定的，优先适用第二审程序的规定；第二审程序中没有规定的，适用第一审普通程序的相关规定。

第二审程序与第一审程序虽都属于诉讼案件的审判程序，但毕竟是两种不同的诉讼程序，主要区别有以下几点：

(1) 程序发生的原因不同。第一审诉讼程序的发生，是基于当事人的起诉权和法院的管辖权；而第二审程序的发生，是基于当事人的上诉权和法院审判上的监督权。

(2) 审级不同。第一审诉讼程序是案件在第一审法院审理所适用的程序，是初审；而第

① 案例来源：本章作者刘勇(湖南省衡阳市中级人民法院审判员)经办的案件之一。

二审程序是上诉案件在二审法院(一审法院的上一级法院)审理时所适用的程序,是续审。

(3) 审判组织不同。一审法院适用第一审诉讼程序审理民事案件的组织形式有两种,即合议制和独任制。实行合议制的,合议庭可以由审判员组成,也可以由审判员和人民陪审员共同组成;而二审法院适用第二审程序审理上诉案件只能采取合议制,且合议庭必须由审判员组成,而不能有人民陪审员参加。

(4) 审理的对象不同。第一审诉讼程序是以原告的起诉状和被告的答辩状为基点展开的,审理的对象是双方当事人之间的民事权益争议;而第二审程序是以一审裁判为基点,是对当事人上诉请求所涉及的一审法院认定的事实和适用的法律进行审查,审理对象是一审法院的裁判。

(5) 审理的方式不同。适用第一审程序审理民事案件,法院只能采取开庭审理方式;而适用第二审程序审理民事上诉案件,法院可以根据案件事实是否清楚等实际情况,采取开庭审理或不开庭审理方式。

(6) 裁判的效力不同。地方各级法院适用第一审诉讼程序审结后所作裁判,在上诉期内,是未发生法律效力的裁判;适用第二审程序审结后所作裁判,是发生法律效力的终审裁判,当事人不得再提起上诉。

[引例 13-1:解析](1)《民诉法解释》第 317 条规定,双方当事人和第三人都提起上诉的,均列为上诉人。法院可依职权确定第二审程序中当事人的诉讼地位。本案一审原告、被告双方都提起了上诉,因此,他们都是上诉人。(2)对科威公司提出的漏判事项,如果可以确定的,法院应当根据当事人自愿的原则进行调解,调解不成的,应当发回原审法院重审。因为漏判属于一审法院审理程序中的错误,应当予以纠正,为了保障漏判事项的两审终审程序权利,法院可以试行调解,调解不成的应当发回重审。

第二节 上诉的提起与受理

【引例 13-2】

小学生洋洋(11 岁)因交通事故受到伤害,其父、母遂向法院提起诉讼要求赔偿损失。一审判决后,洋洋父、母不服赔偿数额,决定在法定期间内提起上诉。

请问:洋洋父、母应以什么身份提起上诉?上诉状中应当列谁为上诉人?

一、上诉的概念

上诉,是指当事人不服第一审法院所作的尚未发生法律效力的裁判,在法定期间内声明不服，要求上级法院撤销或者变更该裁判的诉讼行为。

民事上诉权是当事人不服法院的未生效裁判，在法定期间内向上一级法院提出的，要求启动上诉程序，就上诉请求的有关事实和法律适用进行审理的权利。上诉权是当事人享有的一项重要的诉讼权利。对于第一审法院所作的第一审裁判，除法律另有规定外，当事人均可在法定期间内向上一级法院提起上诉。上诉权不仅使当事人寻求权利的进一步救济成为可能，而且为上一级法院监督下一级法院的审判工作开辟了道路。第一审法院作出裁判后，当事人是否上诉，应当由其自己决定，任何组织或个人既不得强迫，也不得压制。只要当事人提起上诉，人民法院就应当受理并启动第二审程序，在上诉人上诉请求的范围内对案件进行审理，人民法院不能以裁判没有错误为由拒绝受理当事人依法提起的上诉。

二、上诉的提起

【真题实训 13-1】

吴某被王某打伤后诉至法院，王某败诉。一审判决书送达王某时，其当即向送达人郑某表示上诉，但因其不识字，未提交上诉状。关于王某行为的法律效力，下列哪一选项是正确的？（2011，卷三，40）

A. 王某已经表明上诉，产生上诉效力

B. 郑某将王某的上诉要求告知法院后，产生上诉效力

C. 王某未提交上诉状，不产生上诉效力

D. 王某口头上诉经二审法院同意后，产生上诉效力

上诉与起诉一样，必须符合法定的条件，不符合法定条件上诉的，不能引起第二审程序的发生。当事人提起上诉必须同时符合以下 4 个条件：①必须有合格的上诉人和被上诉人；②必须是依法允许上诉的判决、裁定；③在法定的上诉期间内；④必须递交上诉状、交纳上诉费。《民诉法解释》第 320 条规定，一审宣判时或者判决书、裁定书送达时，当事人口头表示上诉的，法院应当告知其必须在法定上诉期间内递交上诉状。未在法定上诉期间内递交上诉状的，视为未提起上诉。虽递交上诉状，但未在指定的期限内交纳上诉费的，按自动撤回上诉处理。只有同时具备上述 4 个条件的上诉，才能引起第二审程序的发生。

[应用提示]《民诉法解释》第 321 条规定，无民事行为能力人、限制民事行为能力人的法定代理人，可以代理当事人提起上诉。此外，授权委托书载明代为提起上诉、经过特别授权的代理人，也可以提起上诉。因此，提起上诉的人并不一定就是上诉人，法定代理人和经特别授权的委托代理人提起上诉时，其本身并不是上诉人，上诉人应当是其代理的当事人本人。

[引例 13-2：解析]洋洋父、母应以洋洋的法定代理人身份提起上诉；上诉状中应当列洋洋为上诉人。

上诉成立后，产生如下效力：①阻碍第一审裁判的生效；②将案件由第一审法院移到第二审法院；③对裁判之一部的上诉，其效力及于该裁判的全部。

[真题实训 13-1](2011,卷三,40)答案:C。解析:依《民诉法》第 165 条,上诉应当递交上诉状。可见,上诉的方式必须是书面方式。本案中,王某未提交上诉状,不产生上诉的效力,所以,正确答案为 C。

三、上诉的受理

根据《民诉法》第 166、167 条的规定,上诉的受理,应当按照下列程序进行:

(1) 当事人提起上诉,原则上应当通过原审法院提出上诉状,并按对方当事人或者代表人的人数提出副本。当事人如果不通过原审法院提出上诉状,直接向第二审法院上诉的,第二审法院应当接收,并应当在 5 日内将上诉状移交原审法院。

(2) 原审法院收到上诉状,应当在 5 日内将副本送达对方当事人,对方在收到之日起 15 日内提出答辩状。法院应当在收到答辩状之日起 5 日内,将副本送达上诉人。对方当事人不提出答辩状的,不影响第二审法院的审理。

(3) 原审法院收到上诉状、答辩状,应当在 5 日内,连同全部案卷和证据,报送第二审法院。第二审法院开始对上诉案件进行审理。

[应用提示]根据《民诉法解释》第 318 条,上述《民诉法》第 166、167 条规定的对方当事人,不仅包括被上诉人,还包括原审的其他当事人。

第三节　上诉案件的审理

【引例 13-3】

甲、乙因合同纠纷诉至法院。一审判决后,双方均不服并提起上诉。二审法院经阅卷、调查和询问甲、乙双方后,认为不需要开庭审理。

请问:二审法院对此案是否必须采取不开庭审理的方式?

一、上诉案件的审理范围

二审程序的审理范围,是法院在上诉审程序中对民事案件行使上诉审判权的权力界限,这个范围是由诉权和审判权交互作用划定而成的。[①]《民诉法》第 168 条规定,第二审法院应当对上诉请求有关的事实和适用法律进行审查。由此可知,上诉案件的审理范围包括两个

① 汤维建.论民事二审程序的审判范围[J].河南省政法管理干部学院学报,2010(6).

方面：

（1）二审法院的审理范围，应当以当事人的上诉请求为限。第一，民事诉讼实行的是“不告不理”原则，法院不能依职权主动保护当事人的权利，从当事人角度而言，当事人有权处分自己的实体权利和诉讼权利，包括主张自己的权利和放弃自己的主张。第二，二审程序不是对一审程序的简单重复，二审程序设立的目的是为了纠正一审法院的错误裁判，解决一审中未能解决的纠纷。对于当事人之间已经不存在分歧和争议的问题就没有必要再予审查。二审法院对案件不一定要进行全面审查，而是将审查的重点放在与当事人上诉请求有关的问题上。

（2）二审法院审查的内容，是与上诉请求有关的事实认定和法律适用问题。许多国家的上诉审并不对事实认定问题进行审查，而仅就法律的适用是否正确进行审查。根据我国的法律规定，二审法院不仅要对当事人上诉请求所涉及的事实问题进行审查，还要对相关的法律适用问题进行审查。此外，《民诉法解释》第 323 条明文规定，第二审法院应当围绕当事人的上诉请求进行审理。当事人没有提出请求的，不予审理，但一审判决违反法律禁止性规定，或者损害国家利益、社会公共利益、他人合法权益的除外。据此，当一审判决违反法律禁止性规定，或者损害国家利益、社会公共利益、他人合法权益时，二审法院应当主动审查，而不受上诉人是否请求的限制。

二、上诉案件的审理方式

《民诉法》第 169 条第 1 款规定，第二审法院对上诉案件，应当组成合议庭，开庭审理。经过阅卷、调查和询问当事人，对没有提出新的事实、证据或理由，合议庭认为不需开庭审理的，可以不开庭审理。据此可知：

（1）上诉案件有两种审理方式，即开庭审理与不开庭审理，且以开庭审理为原则，不开庭审理为例外。

（2）二审案件不开庭审理的 3 个法定条件：一是经过阅卷、调查和询问当事人；二是当事人没有提出新的事实、证据或理由；三是合议庭认为不需开庭审理。

［引例 13-3：解析］二审法院对此案不是必须采取不开庭的审理方式。因为《民诉法》第 169 条第 1 款规定的是“可以不开庭审理”，并不是“一律不开庭审理”，即便同时符合不开庭审理的上列 3 个法定条件。

《民诉法解释》第 333 条规定了可以不开庭审理的下列 4 类案件：①不服不予受理、管辖权异议和驳回起诉裁定的；②当事人提出的上诉请求明显不能成立的；③原判决、裁定认定事实清楚，但适用法律错误的；④原判决严重违反法定程序，需要发回重审的。

［应用提示］2012 年修正后的《民诉法》第 169 条和《民诉法解释》（法释〔2015〕5 号）第 333 条，将修正前的《民诉法》第 152 条和《民诉法意见》（法发〔1992〕22 号）第 188 条规定的“径行判决、裁定”的表述，修正为“不开庭审理”，细化并限制了二审不开庭审理的法定条件。

《民诉法》第 169 条第 2 款规定，第二审法院审理上诉案件，可以在本院进行，也可以在案件发生地或者原审法院所在地进行。

三、上诉案件的调解

【真题实训 13-2】

关于民事诉讼二审程序的表述,下列哪一选项是错误的?(2012,卷三,43)

A. 二审案件的审理,遇有二审程序没有规定的情形,应当适用一审普通程序的相关规定

B. 二审案件的审理,以开庭审理为原则

C. 二审案件调解的结果变更了一审判决内容的,应当在调解书中写明“撤销原判”

D. 二审案件的审理,应当由法官组成的合议庭进行审理

《民诉法》第 172 条规定,第二审法院审理上诉案件,可以进行调解。调解达成协议,应当制作调解书,由审判人员、书记员署名,加盖人民法院印章。调解书送达后,原审法院的判决即视为撤销。调解贯穿民事审判的全过程,自然包括第二审程序。应当注意的有以下几点:

(1) 鉴于二审法院的调解结果除解决纠纷外,还有影响一审法院判决效力的功能,因此,二审程序中达成调解协议的,都应当制作调解书,而不论当事人是否提出请求。

(2) 调解书送达后,原审法院的判决即视为撤销,因此,二审法院无须在调解书上写明“撤销原判”。

[真题实训 13-2](2012,卷三,43)答案:C。解析:依《民诉法》第 174 条,选项 A 正确;依该法第 169 条,选项 B 正确;依该法第 172 条,选项 C 错误;依该法第 40 条,选项 D 正确。

四、上诉的撤回

上诉的撤回,是指上诉人在上诉之后、第二审判决宣告之前,向第二审法院申请撤回上诉的诉讼行为。撤回上诉与撤回起诉一样,是当事人的一项诉讼权利,当事人可以依法行使。撤回上诉和撤回起诉的法律后果不同,一审中原告撤回起诉后可以再行起诉;而上诉人撤回上诉即丧失了上诉权,不能再提起上诉。如果上诉人撤回上诉后,对一审裁决还有异议,也不能再行上诉,而只能向法院申请再审。

依《民诉法解释》第 337、338 条的规定,第二审程序中,当事人申请撤回上诉,法院经审查认为一审判决确有错误,或者当事人之间恶意串通损害国家利益、社会公共利益、他人合法权益的,不应准许;原审原告申请撤回起诉,经其他当事人同意,且不损害国家利益、社会公共利益、他人合法权益的,法院可以准许,并应当一并裁定撤销一审裁判。原审原告在第二审程序中撤回起诉后重复起诉的,法院不予受理。

第二审法院裁定准许上诉人撤回上诉后,第二审程序即告终结,并因此引起一审裁判发生法律效力。

第四节 上诉案件的裁判

【引例 13-4】

刘一以陈二、张三实施危险行为为由诉至法院。一审判决陈二、张三向刘一共同承担侵权赔偿责任。陈二、张三不服并提起上诉。二审法院经审查认为一审法院认定主要事实不清,遂发回重审。一审法院另行组成合议庭再审后作出判决,仍然支持了刘一诉讼请求。张三再次提起上诉。二审法院审查后认为,一审法院对主要事实的认定仍然不清。

请问:此时二审法院应当如何处理?能否以"认定基本事实不清"再次发回重审?

一、上诉案件的裁判方式

就形式而言,上诉案件的裁判可分为判决和裁定两种;而从内容来看,则可分为驳回上诉维持原裁判、撤销原裁判依法改判、撤销原裁判发回重审等多种形态。根据《民诉法》及其司法解释的有关规定,上诉案件的裁判,依上诉案件是对判决不服的上诉还是对裁定不服的上诉而有所不同。

(一)对一审判决不服的上诉案件的裁判

依《民诉法》第 170 条,对当事人不服一审判决提起上诉的案件,第二审裁判分为以下 3 种:

1. 判决驳回上诉,维持原判

经过审理,第二审法院认为原判决认定事实清楚、适用法律正确的,应当判决驳回上诉,维持原判决。这是第二审法院否定上诉请求,肯定原审判决正确、合法的判决。首先,在民事诉讼中,否定上诉请求、肯定原审判决,应当以判决的方式;其次,只有原审判决认定事实清楚、适用法律正确的,才能以判决的方式予以维持;最后,驳回上诉与维持原判两项内容,同时存在并保持统一,二者不能矛盾。

2. 依法改判

经过审理,第二审法院认为原审判决不当的,应当依法作出变更原判决的判决。其中,第二审法院认为原判决全部不当的,判决撤销原判决,全部改判;认为原判决部分不当的,部分改判,即撤销不当的部分、对原判决正确的部分予以维持。依法改判又细分为以下 2 种情形：

一是应当依法改判，即经过审理，第二审法院认为原判决事实清楚，证据充分，但适用法律错误的，应当作出改正原判决的判决。此时，改正原判决仅限于改正适用法律的部分，对于原判决中有关认定事实的部分不予变更。

二是可以依法改判，即经过审理，第二审法院认为原判决认定事实错误，或者原判决认定事实不清、证据不足的，可以在查清事实后依法改判。此时，改判除了对原判决认定事实部分的变更，还可能涉及对法律适用部分的变更。

可见，应当依法改判与可以依法改判的适用条件，存在明显的区别。

3. 裁定撤销原判，发回重审

经过审理，第二审法院认为原审判决基本事实不清、存在较为严重的错误，但如果由第二审法院直接改判不利于保护当事人的审级利益，影响两审终审的基本审判制度的贯彻执行的，可以裁定撤销原判决，发回原审法院重审。根据民事诉讼法的规定，发回重审又分为应当发回重审和可以发回重审。

1）应当发回重审

根据《民诉法》第 170 条第 1 款第(4)项，经过审理，第二审法院认为原判决遗漏当事人或者违法缺席判决等严重违反法定程序的，裁定撤销原判决，发回原审法院重审。

《民诉法解释》第 327 条规定，必须参加诉讼的当事人或者有独立请求权的第三人，在第一审程序中未参加诉讼，第二审人民法院可以根据当事人自愿的原则予以调解；调解不成的，发回重审。

2）可以发回重审

根据《民诉法》第 170 条第 1 款第(3)项，经过审理，第二审法院认为原审判决认定基本事实不清的，既可以查清事实后改判，也可以裁定撤销原判决，发回原审法院重审。

[应用提示]关于发回重审，以下几点值得注意：①发回重审应用裁定方式，而不是判决；②应当发回重审和可以发回重审两种裁定的适用情形各不相同；③裁定发回重审的同时，应当撤销原审判决；④原审法院对发回重审的案件，应当另行组成合议庭按第一审普通程序进行审理，而不能适用简易程序，且原审合议庭成员或独任审判员不能参加新的合议庭；⑤原审法院对发回重审案件所作的裁判，仍属第一审裁判，当事人对重审裁判不服的，有权提起上诉。但第二审法院不得再次发回重审。这是《民诉法》2012 年修正时新增加的内容，即对二审法院发回重审的次数进行了限制：仅限一次。

[引例 13-4：解析]此时二审法院应当查清事实后依法改判。因《民诉法》第 170 条 2 款规定，原审法院对发回重审的案件作出判决后，当事人提起上诉的，第二审法院不得再次发回重审。

(二) 对一审裁定不服的上诉案件的裁判

《民诉法》第 171 条规定，第二审法院对不服第一审法院裁定的上诉案件的处理，一律使用裁定。

[相关链接与规律总结]①对一审判决不服的上诉案件，二审法院若进行实体性处理，

则应使用判决；若进行程序性处理，则应使用裁定。②对一审裁定不服的上诉案件，二审法院一律使用裁定。

形式而言，对裁定不服的上诉案件，第二审法院只能使用裁定作出最终处理；从内容上看，又可分为维持原审裁定的裁定和撤销原审裁定的裁定。

1. 维持原裁定的裁定

经过审理，第二审法院认为原审裁定认定事实清楚，适用法律正确，上诉人的上诉理由不能成立的，应当以裁定方式驳回上诉，维持原裁定。

2. 撤销原裁定的裁定

经过审理，第二审法院认为原审裁定认定事实错误或者适用法律错误的，应当裁定撤销原裁定，并依不同情形分别作出处理。根据《民诉法解释》第 330～332 条，分别对以下情形，作出相应处理：

(1) 依照第二审程序审理案件，第二审法院认为依法不应由法院受理的，可以直接裁定撤销原裁定，驳回起诉。

(2) 依照第二审程序审理案件，第二审法院认为第一审法院违反专属管辖规定的，应当裁定撤销原裁定，并移送有管辖权的法院。

(3) 第二审法院查明第一审法院作出的不予受理裁定有错误的，应当在撤销原裁定的同时，指令第一审法院立案受理。

(4) 第二审法院查明第一审法院作出的驳回起诉裁定有错误的，应当在撤销原裁定的同时，指令第一审法院审理。

《民诉法》第 175 条规定，第二审法院的判决、裁定，是终审的判决、裁定，经送达当事人立即发生法律效力。当事人对该裁判仍然不服的，可以通过法定程序申请再审或向有关机关进行申诉，通过再审程序维护自己的合法权益。但是，在申请再审和申诉期间，不影响裁判的执行；在依再审程序作出撤销或者部分撤销该裁判的再审裁判之前，不影响该裁判的效力；经再审部分撤销该裁判的，不影响未被撤销部分的效力。

【真题实训 13-3】

二审法院根据当事人上诉和案件审理情况，对上诉案件作出相应裁判。下列哪一选项是正确的？(2011，卷三，44)

A. 二审法院认为原判对上诉请求的有关事实认定清楚、适用法律正确，裁定驳回上诉，维持原判

B. 二审法院认为原判对上诉请求的有关事实认定清楚，但适用法律有错误，裁定发回重审

C. 二审法院认为一审判决是在案件未经开庭审理而作出的，裁定撤销原判，发回重审

D. 原审原告增加独立的诉讼请求，二审法院合并审理，一并作出判决

[真题实训 13-3](2011，卷三，44)答案：C。考点：二审裁判的方式。解析：依《民诉法》第 170 条第 1 款第(1)项，二审法院认为原判对上诉请求的有关事实认定清楚、适用法律正确，

应当判决驳回上诉，维持原判，而不是适用裁定，故选项A错在适用的法律文书不当。据上条款第(2)项规定，二审法院认为原判对上诉请求的有关事实认定清楚，但适用法律错误的，应当依法改判，而不能裁定发回重审，故选项B错误。未经开庭审理而作出的，违法剥夺了当事人辩论权利，依《民诉法解释》第325条，属于严重违反法定程序的情形，应当裁定撤销原判，发回重审，故选项C正确。依《民诉法解释》第328条，原审原告增加独立的诉讼请求的，第二审法院可以根据当事人自愿的原则就新增加的诉讼请求进行调解；调解不成的，告知当事人另行起诉。双方当事人同意由第二审法院一并审理的，第二审法院才可以一并裁判。否则，若二审法院合并审理，一并作出判决，则对新增加的诉讼请求而言，是一审终审，损害了当事人的审级利益，故选项D错误。综上，本题答案为C。

[特别提示]2011年的解题依据是《民诉法》修正前的第153条，以及现已废止的《民诉法意见》第181、184条；且《民诉法解释》第325、328条对《民诉法意见》第181、184条均有修正。故在做历年真题时，需要特别注意旧题新做，千万不要限囿于根据当年的解题依据作出的参考答案。

（三）上诉审裁判需要处理的几种特殊情况

第二审法院在审理上诉案件的过程中，如遇特殊情况，应当根据下列规则依法处理：

1. 对不应当由人民法院受理的案件的处理

人民法院依照第二审程序审理的案件，认为依法不应当由人民法院受理的，可以由第二审人民法院直接裁定撤销原判，驳回起诉。也就是说，第二审人民法院认为本案不属于人民法院主管民事诉讼案件的范围，或者具有依法不应当受理的其他事由的，可以直接裁定撤销原判，驳回起诉，而不需要再发回重审。这样处理有利于节省诉讼资源，符合诉讼经济的原则。

2. 二审中当事人的诉讼承担

第二审程序中，作为当事人的法人或者其他组织分立的，人民法院可以直接将分立后的法人或者其他组织列为共同诉讼人；合并的，将合并后的法人或者其他组织列为当事人，不必将案件发还原审人民法院重审。在第二审程序中，作为当事人的法人或者其他组织分立或合并，应当由分立或者合并后的法人或者其他组织承受原当事人的权利义务，第二审人民法院没有必要将案件发回重审，而应当直接将分立或者合并后的法人或者其他组织列为当事人，并由其承受原当事人的权利义务。这样处理同样有利于提高诉讼效率，节省司法资源，避免当事人讼累。

3. 对二审程序中当事人和解的处理

当事人在二审中达成和解协议的，应当尊重当事人的意愿，具体有以下两种处理方式：

一是当事人达成和解协议后，请求法院根据和解协议的内容制作调解书的，第二审法院经审查，认为和解协议不违反法律的禁止性规定，不损害国家、集体、社会的利益和他人合法权益的，应当制作调解书。

二是当事人达成和解协议后申请撤诉的，经审查符合撤诉条件的，第二审法院应当准许。

二、第二审裁判的效力

我国实行两审终审制。第二审法院是终审法院，第二审法院的裁判为终审裁判，其法律效力主要体现在以下 3 个方面：

（1）不得对裁判再行上诉。第二审法院的裁判是对当事人之间实体权利义务的最终确认，一经送达当事人，即发生法律效力，当事人不得再行上诉。如果当事人认为第二审法院的裁判有错误，只能按照审判监督程序向法院申请再审。

（2）不得就同一诉讼标的，以同一事实和理由重新起诉，即遵循一事不再理原则。但是，判决不准离婚、调解和好的离婚案件，以及判决或调解维持收养关系的案件除外。

（3）具有强制执行的效力。对于第二审法院具有给付内容的裁判，如果义务人拒不履行义务的，对方当事人有权向法院申请强制执行，人民法院也可以视情况依职权采取强制措施，从而保障当事人合法权益的实现。

三、第二审程序的审理期限

为保证上诉案件的及时审结，《民诉法》第 176 条对上诉案件的审理期限作了明确规定。第二审法院对不服判决的上诉案件，应当在第二审立案之日起 3 个月内审结；有特殊情况需要延长的，由本院院长批准。第二审法院对不服裁定的上诉案件，应当在第二审立案之日起 30 日内作出终审裁定。对不服裁定的上诉案件的审理期限，不得延长。

【真题实训 13-4】

关于民事诉讼二审程序的表述，下列哪些选项是正确的？（2014，卷三，83）

A. 二审既可能因为当事人上诉而发生，也可能因为检察院的抗诉而发生

B. 二审既是事实审，又是法律审

C. 二审调解书应写明撤销原判

D. 二审原则上应开庭审理，特殊情况下可不开庭审理

[真题实训 13-4]（2014，卷三，83）答案：BD。解析：一审裁判作出后，当事人是否上诉，应由其自己决定，任何组织或个人既不得强迫，也不得压制，故选项 A 错误；二审法院审查的内容，是与上诉请求有关的事实和法律问题，故选项 B 正确；二审中的调解书送达后，原审判决即视为撤销，二审法院不能在调解书上写上“撤销原判”，故选项 C 错误；依《民诉法》第 169 条第 1 款，上诉案件的审理方式以开庭审理为原则、不开庭审理为例外，故选项 D 正确。

【本章小结】

本章阐述了第二审程序的概念、特点及其与第一审程序的关系，上诉的提起、上诉撤回的条件和效果，重点介绍了上诉案件的审理方式、上诉裁判的几种情形。需要特别掌握上诉案件的审理和裁判。

【国家统一法律职业资格考试辅导专栏】

(1) 第二审程序体现了我国两审终审的审级制度，其中有关上诉的条件、共同诉讼中上诉人与被上诉人的确定、上诉案件的审理范围和审理方式、上诉案件的调解与裁判以及二审程序中一些特殊情况的处理方式等，都是考试的重点，且通常是将这些知识点融入具体案例之中，因此，考生一定要注重培养自己运用和分析相关知识的能力。本章除了对常规考点进行有针对性的涉及外，还应特别关注上诉案件的审理和裁判方式等《民诉法》及其司法解释的内容。

(2) 历年考点：①共同诉讼中上诉人与被上诉人的确定；②上诉案件的审理范围；③上诉案件的审理方式；④二审程序中的调解；⑤二审程序中撤回上诉与撤回起诉；⑥二审的裁判方式及其效力。

(3) 历年真题：2015 卷三 44；2014 卷三 47、83；2013 卷三 48；2012 卷三 42、43；2011 卷三 40；2000 卷三 80；2009 卷三 45、97～100；2008 全国卷三 36。

(4) 备考重点：①提起上诉的条件以及上诉人与被上诉人的确定；②撤回起诉、撤回上诉和撤回再审申请；③上诉案件的审理方式为 2012 年《民诉法》修正对不开庭审理的条件限制；④二审中适用调解的一些特殊情形；⑤上诉案件的裁判方式，尤其是 2012 年《民诉法》和 2015 年《民诉法解释》的相关修正。

【本章练习】

一、判断题(共 10 小题)

1. 对双方当事人在二审中达成的和解协议，人民法院都应予以确认。 (　　)

2. 二审法院审理上诉案件时，需要对证据重新审查或当事人提出新证据的，应当开庭审理。 (　　)

3. 一方当事人在上诉期内提出上诉又撤回上诉的，一审判决即行生效。 (　　)

4. 当事人口头表示上诉，但后来没有提交上诉状的，视为没有提出上诉。 (　　)

5. 二审必须组成合议庭进行审查，且合议庭必须单数，可以有人民陪审员参加。 (　　)

6. 二审法院发现一审法院未合法送达一方当事人即作出判决，应当将案件发回重审。 (　　)

7. 二审法院宣告判决可以自行宣判，也可以委托原审法院代行宣判。 (　　)

8. 二审法院认为一审判决基本事实不清的，可以查清事实后改判。 (　　)

9. 二审法院认为一审判决适用法律错误的，可以发回一审法院重审。 (　　)

10. 二审法院认为案件不应由法院受理的，应当裁定发回一审法院，由一审法院驳回起诉。 (　　)

二、单项选择题(10 小题)

1. 一审法院的判决，认定事实清楚，但适用法律有错误的，二审法院应当(　　)。

A. 维持原判　　B. 发回重审　　C. 依法改判　　D. 移交其他法院

2. 二审法院对不服一审法院裁定的上诉案件的处理(　　)。

A. 一律使用判决　B. 一律使用裁定　C. 一律使用决定　D. 一律使用通知

3. 下列哪种情形应由二审法院裁定撤销原判、发回重审?(　　)

A. 原审判决认定事实不清,证据不足的

B. 原审判决认定事实清楚,证据充分的

C. 原审判决认定事实清楚,适用法律错误的

D. 原审法院严重违反法定程序的

4. 下列各种情形中,当事人提起上诉,对上诉人和被上诉人的确定,正确的是(　　)。

A. 原告甲、被告乙、无独立请求权第三人丙均不服一审判决而上诉,甲为上诉人,乙、丙为被上诉人

B. 甲和乙是必要共同诉讼的共同被告,甲对一审判决的义务分担不服提起上诉,但不涉及原告的利益,乙和原告均为被上诉人

C. 丙和丁是必要共同诉讼的共同原告,丙不服一审判决关于丙、丁之间赔偿金额的分配方案而提起上诉,丁为被上诉人,原审被告按原审诉讼地位列明

D. 张某是必要共同诉讼的共同原告之一,因对一审判决关于双方当事人之间以及共同诉讼人之间权利义务承担有意见而提起上诉,原审被告是被上诉人,共同原告按原审诉讼地位列明

5. A公司与B公司因合同纠纷诉至法院,一审判决A公司胜诉。B公司不服,提起上诉。第二审程序中,A公司分立为A1公司和A2公司。在此情形下,二审法院应当如何处理?(　　)

A. 将案件发回原审法院重审

B. 将A1公司和A2公司列为共同诉讼人,进行调解,调解不成,发回重审

C. 将A1公司和A2公司列为共同诉讼人,进行调解或者判决,不必发回重审

D. 仍将A公司列为当事人,进行调解或判决,执行程序中再裁定A1公司和A2公司为被执行人

6. 张三向李四借款5万元,王五作保证人,债权到期后,张三拒绝还债。李四将张三、王五作为共同被告起诉。法院一审判决保证人王五先行偿还李四5万元。王五认为自己只负一般保证责任,应由张三履行债务。现王五提起上诉,应如何确定被上诉人?(　　)

A. 以李四为被上诉人,张三按原审诉讼地位列明

B. 以张三为被上诉人,李四按原审诉讼地位列明

C. 张三、李四均按原审诉讼地位列明

D. 张三、李四均为被上诉人

7. A案中,甲、乙是普通共同诉讼人;B案中,丙、丁是必要共同诉讼人。法院作出判决后,向甲、乙、丙、丁都送达了判决书,收到判决书的日期是:甲3月20日、乙3月18日、丙4月2日、丁4月3日。则(　　)。

A. 甲、乙的上诉期均自3月21日开始起算

B. 丙、丁的上诉期均自4月4日开始起算

C. 丙、丁的上诉期均自4月3日开始起算

D. 甲的上诉期自3月21日开始起算,乙的上诉期自3月19日开始起算

8. 民事诉讼中,当事人在二审期间达成和解协议的,二审法院正确的处理方式是(　　)。

A. 二审中不允许当事人自行达成和解协议,因为二审的重要任务是对一审进行审判监督

B. 二审中当事人因和解而要求撤诉,经审查符合条件的,二审法院应当准许

C. 对双方当事人在二审中达成的和解协议,二审法院都应予以确认

D. 二审法院可以主持调解并制作调解书,但不能和解

9. 对下列哪些案件,二审法院可以采取不开庭审理方式作出判决?(　　)

A. 一审中被告提出了管辖异议,一审法院予以驳回,被告不服提起上诉

B. 二审法院对原告上诉请求审查后认为原告的起诉不属于法院管辖

C. 被告在上诉时提交了其刚刚找到的合同原件

D. 在一审中应当参加诉讼的当事人没有参加诉讼

10. 下列哪一说法是正确的?(　　)

A. 二审法院认为一审判决事实认定清楚、法律适用正确,裁定驳回上诉,维持原判

B. 二审法院认为一审判决基本事实认定不清,裁定发回重审

C. 二审法院经审查认为应当追加案外人为共同被告,二审法院追加后进行了判决

D. 二审中被上诉人提出了反诉,二审法院合并审理后作出了判决

三、多项选择题(共5小题)

1. 上诉状中应当写明下列内容(　　)。

A. 当事人基本情况　　B. 原审法院名称

C. 案件编号和案由　　D. 上诉请求和理由

2. 在民事诉讼中,上诉应当具备的形式要件是(　　)。

A. 递交上诉状　　B. 在法定上诉期间

C. 上诉人和被上诉人适格　　D. 缴纳上诉费用

3. 二审法院审理上诉案件的地点为(　　)。

A. 本法院　　B. 案件发生地的法院

C. 原审法院　　D. 被告人所在地法院

4. 一审法院对某离婚案件依法作出判决,判决原夫妻共用的房屋、汽车等为男方婚前财产,归男方所有。女方上诉,认为汽车为夫妻共同财产,其他财产则在上诉中没有提及。对此,二审法院应当(　　)。

A. 只就一审法院对该争议汽车归属的事实认定予以审查

B. 对全案的事实认定和法律适用均应进行审查

C. 告知女方只能全案上诉

D. 围绕上诉请求范围进行审查,当事人没有提出的请求不予审查,但判决违反法律禁止性规定、侵害社会公共利益或他人利益的除外

5. 根据我国民事诉讼法的规定,下列关于第二审程序的表述中,正确的有(　　)。

A. 对当事人在一审中已经提出的诉讼请求，一审法院未作审理、判决的，二审法院可以根据当事人自愿的原则进行调解，调解不成的，发回重审

B. 必须参加诉讼的当事人在一审中未参加诉讼，二审法院可以根据当事人自愿的原则予以调解，调解不成的，发回重审。发回重审的裁定书应当列明应当追加的当事人

C. 二审程序中原审被告增加独立的诉讼请求，可依当事人自愿原则进行调解；调解不成的，发回重审

D. 二审程序中原审被告对原告提出反诉的，可依当事人自愿原则就反诉进行调解；调解不成的，告知当事人另行起诉

四、问答题(共 3 小题)

1. 第二审程序与第一审诉讼程序的主要区别是什么？

2. 当事人提起上诉必须同时符合哪些条件？

3. 对当事人不服一审判决提起上诉的案件，二审裁判有哪几种处理方式？

五、案例分析题(共 3 小题)

案情：2013 年 5 月 2 日，李某与赵某签订了房屋买卖合同，约定李某出售房屋给赵某，一个月内办理过户手续，合同签订当日支付房款 30%，余款在过户当天付清。合同签订当日，赵某依约支付了 30%的房款。赵某此后多次催李某办理过户手续，但李某迟迟没有回应。后李某将房屋出卖给案外人张某并办理了过户手续。赵某于 2013 年 9 月 2 日向法院提起诉讼，要求李某交付房屋并办理过户手续。法院经审理，于 2013 年 11 月 28 日作出判决：合同有效，李某未按合同履行义务，属违约行为，应向赵某承担违约责任并赔偿损失。李某不服，向上一级法院提出上诉，称一审判决在事实认定上存在错误，要求确认合同无效。二审法院经审理认为合同有效，上诉人没按合同约定履行合同，应承担违约责任，故驳回上诉，维持原判。

1. 如果李某在上诉期间内没有提出上诉，此时一审法院发现判决有错误，该合同是李某无权处分，属无效合同，一审法院应当采取下列哪些措施？(　　)

A. 通知李某上诉，由二审法院依法改判

B. 由审判长报审判委员会，决定是否改判

C. 按审判监督程序处理

D. 作出判决有错误的书面意见，报送二审法院

2. 如果一审法院在审理过程中认为赵某起诉不符合受理条件，裁定驳回起诉。赵某不服提起上诉，二审法院经审查发现一审法院裁定有误。依《民诉法》及相关司法解释的规定，二审法院正确的做法是(　　)。

A. 撤销原裁定，发回重审

B. 撤销原裁定，指令一审法院进行审理

C. 撤销原裁定，指令一审法院立案受理

D. 撤销原裁定，直接予以受理

3. 二审程序中，如果双方达成调解协议，由李某返还赵某已付购房款并赔偿损失。然后，李某请求二审法院制作调解书，则下列哪一选项是正确的？(　　)

A. 可以不制作调解书，因当事人之间的权利义务已经实现

B. 可以不制作调解书，因本案属于法律规定可以不制作调解书的情形

C. 应当制作调解书，因二审法院的调解结果除解决纠纷外，还有影响一审判决效力的功能

D. 应当制作调解书，因被上诉人已经提出请求，法院应当予以尊重

第十四章 特别程序

【学习目标】

■ **知识目标：**

了解特别程序的概念和特点、特别程序的适用范围；

理解各类适用特别程序案件的审理程序。

■ **能力目标：**

掌握特别程序的法律规定。

【本章需要预习的主要法律、法规】

1.《民诉法》第177～197条；

2. 最高法院《民诉法解释》（法释〔2015〕5号）第343～374条；

3. 最高法院《民通意见》（法〈办〉发〔1988〕6号）第24条，第193～214条；

4. 最高法院《诉讼与非诉讼衔接意见》（法发〔2009〕45号）[1]；

5. 国务院《诉讼费用交纳办法》（2006年12月19日第481号令）第8、41条；

6. 最高法院《人民调解司法确认规定》（法释〔2011〕5号）。

---

① 近年的国家统一法律职业资格考试大纲，都将本司法解释，列入"民事诉讼法与仲裁制度"部分的"附录：法律法规目录"。

第一节 特别程序概述

【引例 14-1】

在基层人大的换届选举中，居民刘一发现公布的选民名单中没有邻居陈二的名字，遂向选举委员会申诉。选举委员会认为，刘一因与本案无直接利害关系，故无权申诉，因此驳回了刘一的申诉。

请问：刘一若对选举委员会的处理决定不满意，是否可以其本人名义向法院起诉？

一、特别程序的概念与适用范围

【真题实训 14-1】

关于《民事诉讼法》规定的特别程序的表述，下列哪一选项是正确的？(2012，卷三，44)

A. 适用特别程序审理的案件都是非讼案件

B. 起诉人或申请人与案件都有直接的利害关系

C. 适用特别程序审理的案件都是一审终审

D. 陪审员通常不参加适用特别程序案件的审理

民事诉讼特别程序，是指人民法院审理选民资格案件和特定类型的民事非讼案件所适用的程序。

根据案件是否存在争议，民事案件可分为诉讼案件和非讼案件。其中，审理非讼案件的程序称为非讼程序。理论界对非讼程序的具体适用范围一直存在争议，一般认为，非讼程序应当分为：①传统的非讼程序，包括宣告公民失踪或死亡程序、认定公民无民事行为能力或限制民事行为能力程序、认定财产无主程序；②现代的非讼程序，包括督促程序、公示催告程序和宣告破产程序。

我国现行《民诉法》对审判程序的分类，并不是以案件是否存在争议为标准，在其第二编"审判程序"中，从第 12 章到第 18 章依次设立了第一审普通程序、简易程序、第二审程序、特别程序、审判监督程序、督促程序、公示催告程序。其中，第十五章"特别程序"中，依次规定了选民资格案件、宣告失踪或死亡案件、认定公民无民事行为能力或限制民事行为能力案件、认定财产无主案件、确认调解协议案件、实现担保物权案件的审理程序。这也就是我国民事诉讼特别程序的适用范围。理论上而言，我国《民诉法》中，选民资格案件的审理程序，属于特殊类型的诉讼程序，而其余几种案件的审理程序属于非讼程序。因此，我国《民诉法》中的“特别程序”并非纯粹的非讼程序。

二、特别程序的特点

与民事诉讼的通常程序相比，特别程序具有如下特点：

1. 特别程序是几类不同审判程序的概称

如上所述，特别程序中既有诉讼程序又有非讼程序。选民资格案件的审理程序属于诉讼程序，其余几类案件的审理程序属于非讼程序，即非讼程序又是几类不同案件审理程序的总称，各自的审理和判决程序又不尽相同。因此，我国民事诉讼特别程序并不是特定而单一的、具体而完整的审判程序，而是几类不同审理程序的总称。

2. 适用特别程序审理案件的目的特殊

适用普通程序和简易程序审理案件，目的在于解决当事人之间的民事权益冲突；而适用特别程序审理案件，目的并不在于解决当事人之间的权利义务争议，而是在于确认某公民是否享有选民资格、某法律事实是否存在、某权利状态的有无等等。

3. 特别程序案件的当事人特殊

普通程序和简易程序由原告起诉，法院在双方当事人对立的基础上定纷止争，因此必然存在原告、被告双方。而在特别程序中，除选民资格案件由起诉人起诉外，其他案件都是由申请人提出申请，无论起诉还是申请，诉讼中都只有一方当事人，没有相对立的对方当事人，因此，特别程序案件只有起诉人或申请人，而没有原告和被告。而且，起诉人或申请人有时与案件有直接的利害关系，有时与案件并没有直接的利害关系，例如，本节引例中的刘一，虽与案件无利害关系，但却可以作为选民资格案件中的起诉人向法院起诉。

[引例 14-1：解析]刘一可以其本人的名义向法院起诉，理由如上。

4. 特别程序的审判组织特殊

《民诉法》第 178 条规定，选民资格案件或者重大、疑难的案件，由审判员组成合议庭审理；其他案件由审判员一人独任审理。据此可知，①特别程序案件的审理，以独任制为原则、以合议制为例外(限选民资格案件和重大、疑难案件)；②无论独任制还是合议制，都是由审判员独任审理或者组成合议庭(单一式合议庭)审理，陪审员一律不得参加特别程序案件的审理。而第一审普通程序案件，既可由审判员组成合议庭(单一式合议庭)审理，也可由审判员与人民陪审员组成合议庭(混合式合议庭)审理。

5. 特别程序实行一审终审制

一般诉讼案件，都实行两审终审制。而《民诉法》第 178 条规定，依照本章程序审理的案件，实行一审终审。因为，特别程序案件是非民事权益争议案件，故一律实行一审终审制，判决书一经送达即发生法律效力。

6. 特别程序案件的审理期限较短

《民诉法》第 180 条规定，法院适用特别程序审理的案件，应当在立案之日起 30 日内或者公告期满后30日内审结。有特殊情况需要延长的，由本院院长批准。但审理选民资格的案件除外。可见，特别程序案件的审期都较短。而依该法第149、161条的规定，第一审程序中，除简易程序的审限是3个月以外，普通程序的审限是6个月，且有特殊情况需要延长的，由本院院长批准，可延长6个月；还需延长的，报请上级法院批准。

7. 特别程序案件免交案件受理费

《民诉法》第118条第1款规定，当事人进行民事诉讼，应按规定交纳案件受理费。财产案件除交纳案件受理费外，并按规定交纳其他诉讼费用。2006年12月19日国务院令第481号《诉讼费用交纳办法》第8条第(1)项规定，依特别程序审理的案件，不交纳案件受理费。因为特别程序中，起诉人或申请人有时并非为了维护自己的合法权益而起诉或申请，故适用特别程序审理的案件一律免交案件受理费。但《诉讼费用交纳办法》第41条规定，依特别程序审理案件的公告费，由起诉人或者申请人负担。

8. 特别程序案件不适用再审程序

一般诉讼案件在判决生效后，如果发现确有错误，还可通过审判监督程序进行再审。但特别程序案件的判决生效后，如果出现了新情况，可经本人或利害关系人申请，由原法院依特别程序查证属实后，撤销原判决、作出新判决，而不能适用审判监督程序再审。

《民诉法解释》第374条第1款规定，适用特别程序作出的判决、裁定，当事人、利害关系人认为有错误的，可以向作出该判决、裁定的法院提出异议。经审查，异议成立或者部分成立的，人民法院作出新的判决、裁定，撤销或者改变原判决、裁定；异议不成立的，裁定驳回。

[真题实训14-1](2012，卷三，44)答案：C。考点：特别程序。解析：适用特别程序审理的案件中，选民资格案件属于特殊的诉讼案件，因该类案件不具有"民事性"，而具有明显的行政性；但又不属于严格意义上的非讼案件，因它有对立的双方当事人即起诉人与选举委员会。《民诉法》将其规定在"特别程序"一章中，只是立法技术的需要，故选项A表述错误。特别程序审理的案件中，起诉人或申请人有时与案件有直接利害关系，有时与案件并没有直接的利害关系，如选民资格案件中的起诉人、认定财产无主案件中的申请人，故选项B表述错误。根据《民诉法》第178条，特别程序案件：①一律实行一审终审；②由审判员独任审理或由审判员组成合议庭审理，即陪审员一律不得参加特别程序案件的审理，因此，选项C表述正确、选项D表述错误。综上，本题当选C。

第二节 选民资格案件的审理程序

【引例14-2】

2015年，L县人大代表换届选举。公民张三丰发现选举委员会公布的选民名单上有户籍不在本县的李四强名字，遂于选民名单公布后的第3天向选举委员会反映了该情况。选举委员会认为，李四强是招商引资来本县的企业家、纳税大户，有选举权和被选举权。张三丰不服，遂在离选举日8天时诉至L县法院，请求认定李四强无选民资格。

请问：张三丰的起诉是否符合法律规定？

一、选民资格案件的概念

选民资格案件，是指公民对选举委员会公布的选民名单有不同意见，向选举委员会申诉后，对选举委员会就其申诉所作的决定不服，向法院提起诉讼的案件。

二、选民资格案件的审理程序

【真题实训14-2】

在基层人大代表换届选举中，村民刘某发现选举委员会公布的选民名单中遗漏了同村村民张某的名字，遂向选举委员会提出申诉。选举委员会认为，刘某不是本案的利害关系人，无权提起申诉，故驳回了刘某的申诉。刘某不服，诉至法院。下列哪一选项是错误的？(2009，卷三，49)

A. 张某、刘某和选举委员会的代表都必须参加诉讼

B. 法院应该驳回刘某的起诉，因刘某与案件没有直接利害关系

C. 选民资格案件关系到公民的重要政治权利，只能由审判员组成合议庭进行审理

D. 法院对选民资格案件作出的判决是终审判决，当事人不得对此提出上诉

(一) 选民资格案件的起诉条件

1. 申诉处理前置：未经申诉处理，不得直接起诉

《选举法》规定，选举委员会应当在选举日的20日前公布选民名单，对公布的选民名单有不同意见的，可向选举委员会申诉。选举委员会对申诉意见，应当在3日内作出处理决定。《民诉法》第181条规定，公民不服选举委员会对选民资格的申诉所作的处理决定，可以在选举日的5日以前向选区所在地基层法院起诉。换言之，任何人认为选举委员会公布的选民名单有误，都不能直接向法院起诉，而必须先向选举委员会申诉，选举委员会对该申诉处理后，如果对该申诉处理结果仍然不服，才能向选区所在地基层法院起诉。

2. 主体要件：不服选举委员会申诉处理决定的公民

选民资格案件的起诉人，并不要求与案件有利害关系，其范围非常广泛，既可是与本案有直接利害关系的选民本人，也可是与本案无直接利害关系的其他公民，也即只要是对选举委员会作出的申诉处理决定不服的公民，都可以起诉；但不称为原告，而称为起诉人。

3. 起诉时间：选举日的5日之前

选民资格案件的起诉人，必须在选举日的5日之前，向法院起诉；且为法定不变期间，以

便于法院在选举日前及时作出判决。

[引例 14-2:解析]张三丰的起诉,符合法定的选民资格案件起诉条件,理由如上。

(二)选民资格案件的管辖法院:选区所在地的基层法院

依《民诉法》第 181 条,选民资格案件由选区所在地的基层法院管辖。

(三)选民资格案件的审理与判决

1. 审判组织:单一式合议庭

依《民诉法》第 178 条,选民资格案件只能由审判员组成合议庭(单一式合议庭)审理,也即既不能由审判员独任审理,也不能由审判员与人民陪审员组成合议庭审理。

2. 审理中的诉讼参与人:起诉人、选举委员会的代表和有关公民

选民资格案件应开庭审理,开庭前应通知起诉人、选举委员会的代表和有关公民参加。

3. 不适用调解,而应当直接判决

法院审理选民资格案件不适用调解,而是通过听取诉讼参加人陈述和对其询问,查明有关事实,确认选民名单是否有误。所谓选民名单有误,是指应当列入选民名单的选民没有列入或不应当列入的人列入了选民名单。经审理,认为选民名单无误,则应当判决维持选举委员会的处理决定,驳回起诉人的诉讼请求;认为选民名单或处理决定确有错误,则应直接以判决方式纠正错误;且判决为终审判决,不得上诉,以保证选举按时、顺利进行。

4. 须在选举日前审结并送达判决和通知

《民诉法》第 182 条第 1、3 款规定,法院受理选民资格案件后,必须在选举日前审结;法院的判决书,应当在选举日前送达选举委员会和起诉人,并通知有关公民。

[应用提示]①选民资格案件,实质上是争讼性案件,而不同于其他 5 类非讼性的特别程序案件;②直接选举的流程为:划分选区→成立选举委员会→公布选民名单→选举。

[真题实训 14-2](2009,卷三,49)答案:B。考点:选民资格案件及其审理程序。解析:依《民诉法》第 182 条,选项 A 正确;依该法第 181 条,选项 B 错误;依该法第 178 条,选项 C、D 正确。综上,因本题属选非题,故当选 B。

第三节 宣告失踪案件的审理程序

【引例 14-3】

2009 年 9 月,王五福去广东某地打工,之后音讯全无、下落不明。2015 年 6 月,王五福的债权人赵六顺向自己住所地的基层法院口头申请宣告王五福失踪。

请问:赵六顺申请宣告王五福失踪的做法,是否合法?

一、宣告失踪案件的概念

宣告失踪案件，也称宣告公民失踪案件，是指公民离开自己的户籍所在地下落不明，经过法律规定的期限仍无音讯，经利害关系人申请，法院宣告该公民失踪的案件。

二、宣告失踪案件的审理程序

（一）宣告失踪的申请条件和管辖法院

申请宣告失踪的条件如下所述：

1. 须由利害关系人向法院提出申请

依最高法院《民通意见》第24条，申请宣告失踪的利害关系人，包括被申请宣告失踪人的配偶、父母、子女、兄弟姐妹、祖父母、外祖父母、孙子女、外孙子女，以及其他与被申请人有民事权利义务关系的人，如被申请人的债权人、合伙人等。依《民诉法》第183条，宣告公民失踪须由利害关系人提出申请，人民法院不能主动依职权宣告公民为失踪人。

2. 被申请人下落不明已满2年

依《民诉法》第183条，公民下落不明满2年，利害关系人才能申请宣告其失踪。根据《民通意见》第26、28条的规定，下落不明是指公民离开最后居住地后没有音讯的状况。下落不明的起算时间，从公民音讯消失之次日起算。

3. 须以书面形式提出申请

申请宣告失踪，必须向下落不明人住所地的基层法院提出书面申请。《民诉法》第183条第2款规定，申请书应当写明失踪的事实、时间和请求，并附有公安机关或者其他有关机关关于该公民下落不明的书面证明。

宣告失踪案件的管辖法院，依《民诉法》第183条规定，为下落不明人住所地的基层法院。《民通意见》第28条第2款也有规定，宣告失踪的案件，由被宣告失踪人住所地的基层法院管辖。住所地与居住地不一致的，由最后居住地的基层法院管辖。

[引例14-3：解析]不合法。赵六顺虽然符合利害关系人的要求，但应向被申请人王五福（而不是申请人自己）住所地的基层法院申请，且只能以书面方式而不是口头方式提出。

（二）发布寻找下落不明人的公告

《民诉法》第185条规定，法院受理宣告失踪案件后，应当发出寻找下落不明人的公告，公告期间为3个月。可见，公告是法院审理宣告失踪案件的必经程序。

[应用提示]依《民通意见》第34条第2款，寻找失踪人的公告期间为半年。按上位法优于下位法、新法优于旧法的法律适用原则，在此应以《民诉法》第185条规定的3个月公告期间为准。

最高法院《民诉法解释》（法释〔2015〕5号）第347条还对寻找下落不明人的公告应当记载的具体内容进行了规定，包括：①被申请人应当在规定期间内向受理法院申报其具体地址及其联系方式，否则，将被宣告失踪；②凡知悉被申请人生存现状的人，应当在公告期间内将其所知道情况向受理法院报告。

(三) 判决

公告期间,如果下落不明人出现,或者查明其下落或行踪的,法院应当判决驳回申请人的申请,终结宣告失踪程序。公告期满,若下落不明人仍无音讯,失踪事实确实存在,则应当依法宣告该公民为失踪人。

[应用提示]《民通意见》第 34 条第 2 款有规定:公告期间届满,人民法院根据被宣告失踪人失踪的事实是否得到确认,作出宣告失踪的判决或者终结审理的裁定。同上理,应当根据《民诉法》第 185 条第 2 款,若宣告失踪的事实得不到确认时,则应当作出驳回申请、终结审理的判决。即法院对宣告失踪案件只能做出判决,而不能用裁定;且依法不得上诉或者申请再审。

三、宣告失踪的法律后果

(一) 失踪人的财产由有关的利害关系人代管

依最高法院《民诉法解释》(法释〔2015〕5 号)第 343 条,宣告失踪案件,法院可根据申请人的请求,清理下落不明人的财产,并指定诉讼期间的财产管理人。公告期满后,法院判决宣告失踪的,应当同时依照民法通则第 21 条第 1 款规定指定失踪人的财产代管人。

[特别提示] 诉讼期间的财产管理人≠失踪人的财产代管人;"失踪人的财产代管人"只有在法院判决宣告公民失踪以后才出现。

《民通意见》第 21 条规定,失踪人的财产由他的配偶、父母、成年子女或者关系密切的其他亲属、朋友代管。代管有争议的,没有以上规定的人或者以上规定的人无能力代管的,由法院指定的人代管。失踪人所欠税款、债务和应付的其他费用,由代管人从失踪人财产中支付。依《民通意见》第 30 条,法院指定失踪人的财产代管人,应当根据有利于保护失踪人财产的原则指定。没有民法通则第 21 条规定的代管人,或者他们无能力或不宜作代管人的,法院可以指定公民或有关组织为失踪人的财产代管人。无民事行为能力人、限制民事行为能力人失踪的,其监护人即为财产代管人。

(二) 与失踪人有关的民事权利义务得以实现或履行

《民通意见》第 32 条规定,失踪人的财产代管人拒绝支付失踪人所欠的税款、债务和其他费用,债权人起诉的,法院应当将财产代管人列为被告。失踪人的财产代管人向失踪人的债务人要求偿还债务的,可以作为原告提起诉讼。

[应用提示]债务人下落不明,但未被宣告失踪,债权人起诉要求清偿债务的,人民法院可以在公告传唤后缺席判决或按中止诉讼处理。

(三) 财产代管人的变更

(1) 财产代管人自己向法院申请变更的:具有非讼性。依《民诉法解释》第 344 条第 1 款,失踪人的财产代管人经法院指定后,代管人申请变更代管的,比照民事诉讼法特别程序的有关规定进行审理。申请理由成立的,裁定撤销申请人的代管人身份,同时另行指定财产代管人;申请理由不成立的,裁定驳回申请。

(2) 其他利害关系人申请变更的:具有争讼性。《民诉法解释》第 344 条第 2 款规定,失踪人的其他利害关系人申请变更代管的,人民法院应当告知其以原指定的代管人为被告起诉,并按普通程序进行审理。

[应用提示]①《民通意见》第 35 条第 2 款规定,失踪人的财产代管人不履行代管职责或侵犯失踪人财产权益的,失踪人的利害关系人可向法院请求财产代管人承担民事责任。若同时申请法院变更财产代管人的,则变更之诉比照特别程序单独审理。但依《民诉法解释》(法释〔2015〕5 号)第 344 条的上述规定,变更之诉应按普通程序进行审理;②对该争讼性案件,不能适用简易程序审理;③由被告住所地法院管辖。

(四) 失踪人的身份关系不发生变化

公民被宣告失踪以后,其民事权利能力并不因此而消灭。具有民事行为能力的公民,在被宣告失踪期间所实施的民事法律行为有效,与其人身有关的民事法律关系(如婚姻、收养关系等),也不发生变化。

四、失踪人重新出现后的处理:作出新判决、撤销原判决,但不得再审

依《民诉法》第 186 条,被宣告失踪的公民重新出现,经本人或者利害关系人申请,人民法院应当作出新判决,撤销原判决。据此可知:①被宣告失踪的公民重新出现,该公民及其利害关系人都有权申请撤销原判决;②被宣告失踪的公民重新出现,属于原来被确认的失踪事实发生了变化,而不是判决错误,因此不得适用再审程序来撤销原判。

撤销宣告失踪判决的法律后果有:①财产代管人的财产代管职责终止;②代管人有义务向重新出现的失踪人返还所代管的财产及其收益;③重新出现的失踪人,有义务向代管人偿付代管财产所支出的必要费用。

第四节 宣告死亡案件的审理程序

【引例 14-4】

孙奇已下落不明持续 6 年有余,其妻周芭向法院申请宣告孙奇死亡,但孙奇的父亲老孙不同意申请宣告儿子死亡。

请问:此时应以谁的意见为准?

一、宣告死亡案件的概念

宣告死亡,即自然死亡的对称,是法律上的一种推定死亡,具体是指公民因法律上规定

的下落不明的事实状态持续一定期间，经利害关系人申请，法院依法查清事实，确认宣告死亡的事实存在，作出判决，从法律上推定该公民死亡。

宣告死亡案件，也称宣告公民死亡案件，是指公民离开自己的住所或者居所，下落不明已满法定期限，法院根据利害关系人的申请，依法宣告该公民死亡的案件。

二、宣告死亡案件的审理程序

【真题实训 14-3】

根据我国民事诉讼法的规定，下列哪些案件的审理中公告是必经的程序？(2007，卷三，82)

A. 甲在车祸中导致精神失常，其妻向法院申请要求认定甲为无民事行为能力人

B. 2005 年 1 月乙被冲入大海后一直杳无音信，2007 年 3 月其妻向法院申请宣告乙死亡

C. 丙拿一张 5 万元支票到银行兑现，途中遗失，丙向银行所在地区法院申请公示催告

D. 某施工单位施工时挖出一个密封的金属盒，内藏一本宋代经书，该施工单位向法院申请经书及盒子为无主财产

(一) 宣告死亡的申请条件和宣告死亡案件的管辖

申请宣告公民死亡，应当具备下列条件：

1. 须由利害关系人向法院提出申请

申请宣告公民死亡，必须有利害关系人提出申请，法院不得依职权启动宣告公民死亡案件的程序。《民通意见》第 25 条规定，申请宣告死亡的利害关系人的顺序是：①配偶；②父母、子女；③兄弟姐妹、祖父母、外祖父母、孙子女、外孙子女；④其他有民事权利义务关系的人。申请撤销死亡宣告不受上列顺序的限制。可见，申请宣告死亡，受到上列顺序的限制，即前一顺序的利害关系人未提出宣告公民死亡的申请时，下一顺序的其他利害关系人不得提出申请。但依《民通意见》第 29 条，同一顺序的利害关系人，有的申请宣告死亡，有的不同意宣告死亡，则应当宣告死亡。

[引例 14-4]解析：此时应以其妻周芭的意见为准，因她属于第一顺位的利害关系人，孙奇父亲属于第二顺位的利害关系人，而申请宣告死亡，受利害关系人顺序的限制。

2. 公民失踪后，其生死不明的状态必须达到法定期限

公民失踪的原因不同，要求达到的法定期限也不相同。依《民诉法》第 184 条，可分为如下三种情况：①正常情况下，下落不明满 4 年；②因意外事故下落不明的，满 2 年；③因意外事故下落不明，经有关机关证明该公民不可能生存的，没有时间的限制和要求。下落不明时间的计算，根据《民法通则》第 23 条的规定，因意外事故下落不明，从事故发生之日起计算；战争期间下落不明的，下落不明的时间从战争结束之日起计算。

[应用提示]①相比《民法通则》第 23 条，《民诉法》第 184 条增加了上列第③种情形，即因意外事故下落不明，经有关机关证明该公民不可能生存的，不受下落不明期间的限制。②依

《民通意见》第27条，战争期间下落不明的，申请宣告死亡的期间适用4年的规定，即因战争下落不明，按正常情况适用4年的规定，而不按因意外事故下落不明处理，不适用2年的规定。

3. 申请人必须向法院提交申请书

依《民诉法》第184条，利害关系人申请宣告下落不明人死亡的，应当向法院提交申请书。申请书应当写明下落不明的事实、时间和请求，并附有公安机关或者其他有关机关关于该公民下落不明的书面证明。

宣告死亡案件的管辖法院，依《民诉法》第184条，为下落不明人住所地基层法院。依《民通意见》第28条，住所地与居住地不一致的，由最后居住地基层法院管辖。

（二）宣告失踪与宣告死亡的联系

《民通意见》第29条规定，宣告失踪不是宣告死亡的必须程序。公民下落不明，符合申请宣告死亡的条件，利害关系人可以不经申请宣告失踪而直接申请宣告死亡。但利害关系人只申请宣告失踪的，应当宣告失踪；同一顺序的利害关系人，有的申请宣告死亡，有的只同意宣告失踪，则应当宣告死亡。

依《民诉法解释》第345条，法院判决宣告公民失踪后，利害关系人向法院申请宣告失踪人死亡，从失踪之日起满4年的，法院应当受理，宣告失踪的判决即是该公民失踪的证明，但审理中仍应依照《民诉法》第185条的规定重新发出寻找下落不明人的公告。

（三）公告与判决

依《民诉法》第185条，法院受理宣告死亡案件后，应当发出寻找下落不明人的公告，公告期间为1年。因意外事故下落不明，经有关机关证明该公民不可能生存的，宣告死亡的公告期间为3个月。公告期间届满，法院应当根据被宣告死亡的事实是否得到确认，作出宣告死亡的判决或者驳回申请的判决。

[真题实训14-3]（2007，卷三，82）答案：BCD。考点：案件审理程序中的公告。解析：认定公民无民事行为能力案件，《民诉法》并未规定有公告程序，故选项A不当选；依该法第185条第1款、第219条、第192条，公告是宣告死亡案件、公示催告案件、认定财产无主案件的必经程序，故选项B、C、D当选。

《民通意见》第36条第1款规定，被宣告死亡的人，判决宣告之日为其死亡的日期。判决书除发给申请人外，还应当在被宣告死亡的人住所地和人民法院所在地公告。

三、宣告公民死亡的法律后果

宣告死亡产生与自然死亡完全相同的法律后果。具体来说包括以下3个方面：①婚姻关系自然解除，依《民通意见》第37条，被宣告死亡的人与配偶的婚姻关系，自死亡宣告之日起消灭；②个人的合法财产变为遗产，发生继承关系；③该公民以自己的住所或经常居住地为活动中心所产生的民事法律关系全部消灭。

《民通意见》第36条第2款规定，被宣告死亡和自然死亡的时间不一致的，被宣告死亡所引起的法律后果仍然有效，但自然死亡前实施的民事法律行为与被宣告死亡引起的法律后果相抵触的，则以其实施的民事法律行为为准。

但宣告死亡毕竟和自然死亡不同，而是一种法律上的推定死亡。若该公民在异地生存，则并不影响其民事活动，即其仍然享有民事权利能力，其民事法律行为并不因此而无效。

四、被宣告死亡的人重新出现时的处理

依《民诉法》第186条，被宣告死亡的公民重新出现，经本人或者利害关系人申请，人民法院应当作出新判决，撤销原判决。但不得适用再审程序来撤销原判。

撤销宣告死亡判决的法律后果，包括以下几种情况：

(1) 对其婚姻关系的处理，依《民通意见》第37条，如果其配偶尚未再婚的，夫妻关系从撤销死亡宣告之日起自行恢复；如果其配偶再婚后又离婚或者再婚后配偶又死亡的，则不得认定夫妻关系自行恢复。

(2) 关于子女被收养的处理，《民通意见》第38条规定，被宣告死亡的人在被宣告死亡期间，其子女被他人依法收养，被宣告死亡的人在死亡宣告被撤销后，仅以未经本人同意而主张收养关系无效的，一般不应准许，但收养人和被收养人同意的除外。

(3) 被撤销死亡宣告的人请求返还财产的，依《民通意见》第40条，可分为两种情形：①其原物已被第三人合法取得的，第三人可不予返还；②依继承法取得原物的公民或组织，应当返还原物或者给予适当补偿。

[应用提示] 上列第①种情形中，第三人没有返还义务，且适用条件只要求"合法"取得，并不要求是"有偿"方式；上列第②种情形中，应当返还的是"原物"，并无"孳息"要求；原物不存在的，是"适当"补偿，而非"相应"补偿。

(4) 恶意宣告死亡的法律责任：依《民通意见》第39条，利害关系人隐瞒真实情况使他人被宣告死亡而取得其财产的，应当：①返还原物及孳息，②对造成的损失予以赔偿。

第五节 认定公民无民事行为能力、限制民事行为能力案件的审理程序

【引例14-5】

木工吴久2012年在广东打工期间，从东莞某建筑工地的高楼上摔下，经医学鉴定为大脑严重受损、智力障碍。为维护其合法权益，其妻郑实向法院申请认定吴久为限制民事行为能力人。法院立案受理。①

请问：法院应当如何审理本案？

---

① 案例来源：本书主编宁教铭(北京德和衡(广州)律师所兼职律师)代理案件之一，案中当事人姓名已进行了更改。

一、认定公民无民事行为能力、限制民事行为能力案件的概念

认定公民无民事行为能力、限制民事行为能力案件，是指法院根据利害关系人的申请，对不能辨认自己行为或者不能完全辨认自己行为的人，依法定程序，认定并宣告该公民为无民事行为能力人或限制民事行为能力人的案件。

二、认定公民无民事行为能力、限制民事行为能力的申请条件

(1) 必须存在该公民患有精神病而不能辨认或者不能完全辨认自己行为的事实。因为未成年人依法当然不具有民事行为能力或者只具有限制民事行为能力，所以没有适用特别程序进行专门认定的必要。

(2) 须由利害关系人申请。精神病人的监护人，是精神病人的利害关系人，依《民法通则》第17条，分为以下两类：一是近亲属，包括①配偶；②父母；③成年子女；④其他近亲属；二是其他利害关系人，是指关系密切的其他亲属、朋友愿意承担监护责任，经精神病人的所在单位或者住所地的居民委员会、村民委员会同意的。

[应用提示] ①近亲属具有优先申请权；②其他利害关系人须经被申请人所在单位或者住所地的居民委员会、村民委员会同意。

《民法通则》第17条第3款规定，没有上述两类监护人的，由精神病人的所在单位或住所地的居民委员会、村民委员会或者民政部门担任监护人。

《民法通则》第19条第1款规定，精神病人的利害关系人，可以向人民法院申请宣告精神病人为无民事行为能力人或者限制民事行为能力人。非利害关系人无权申请；法院也不能主动依职权认定精神病人为无民事行为能力人或者限制民事行为能力人。

(3) 申请人必须向法院提交申请书。《民诉法》第187条第2款规定，申请书应当写明该公民无民事行为能力或者限制民事行为能力的事实和根据。

(4) 受申请的法院必须享有管辖权。依《民诉法》第187条第1款，认定公民无民事行为能力、限制民事行为能力案件的管辖法院，为被认定公民住所地的基层法院。

法院对利害关系人的申请应当审查。符合上述条件的，应予受理；否则，不予受理。

三、认定公民无民事行为能力、限制民事行为能力案件的审理程序

法院审理认定公民无民事行为能力、限制民事行为能力案件，其基本程序为：对被申请人进行鉴定→确定代理人→作出判决、指定监护人。

(一) 对被申请人进行鉴定

法院受理申请后，必要时应当对被申请认定为无民事行为能力或限制民事行为能力的公民进行鉴定。申请人提供了鉴定意见的，应当对鉴定意见进行审查；申请人没有提供必要的医疗诊断材料，或者所提供的医疗诊断材料不足以证明该公民无民事行为能力或限制民事行为能力的，法院应当指定或者聘请有关专门机构进行鉴定。

(二) 确定代理人

法院审理申请认定公民无民事行为能力或者限制民事行为能力的案件时，应当为该公

民确定代理人。代理人由申请人以外的该公民的近亲属担任。互相推诿的，由法院指定。依《民诉法解释》第 352 条第 1 款，被申请人没有近亲属的，法院可以指定其他亲属为代理人。被申请人没有亲属的，法院可以指定经被申请人所在单位或者住所地的居民委员会、村民委员会同意，且愿意担任代理人的关系密切的朋友为代理人。该条第 2 款规定，没有前款规定的代理人的，由被申请人所在单位或者住所地的居民委员会、村民委员会或者民政部门担任代理人。该条第 3 款规定，代理人可以是 1 人，也可以是同一顺序中的 2 人。

确定代理人的目的在于，让代理人对申请人进行监督，以保护被申请人的合法权益。如果该公民的健康情况允许，还应当询问其本人的意见。

（三）作出判决

法院经审理，若认为有事实根据、申请成立的，则应作出该公民为无民事行为能力人或限制民事行为能力人的判决；若无事实根据或根据不足的，则应作出驳回申请的判决。

公民被认定为无民事行为能力人或者限制民事行为能力人的时间，从判决生效之日起开始；判决生效之前的该公民实施的行为，不受判决的影响，即判决不具有溯及力。

（四）指定监护人

法院判决认定被申请人为无民事行为能力人或限制民事行为能力人的，应当同时为该公民指定 1 名监护人，并通知被指定人。《民诉法解释》第 351 条规定，被指定的监护人不服指定，应当在接到通知的次日起 30 日内向法院提出异议。经审理，认为指定并无不当的，裁定驳回异议；指定不当的，判决撤销指定，同时另行指定监护人。判决书应当送达异议人、原指定单位及判决指定的监护人。逾期未提出异议的，按变更监护关系处理。

[引例 14-5：解析]法院审理该案的基本程序为：对申请人郑实提供的医学鉴定意见进行审查→为被申请人吴久确定代理人→作出判决、指定监护人。具体工作参考上列程序。

[应用提示]相关诉讼程序与特别程序的关系：若某一公民正在进行另一案件的诉讼，其利害关系人提出该公民患有精神病，要求宣告其为无民事行为能力人或限制民事行为能力人，则应当由利害关系人向法院提交申请，由受诉法院按此类特别程序立案审理，裁定中止原诉讼。

四、民事行为能力的恢复与原判决的撤销

（一）依申请，判决撤销原判决和恢复公民民事行为能力

法院作出判决后，如果经过治疗，该公民病情痊愈，精神恢复正常，能够判断自己行为的后果，则意味着导致其无民事行为能力或限制民事行为能力的原因已经消除。此时，该公民本人及其监护人，都有权向法院提出申请，请求撤销原判决。法院查证属实后，应当作出新判决，撤销原判决，从法律上恢复该公民的民事行为能力，同时撤销对他的监护。判决一经宣告，立即发生法律效力。

（二）新判决的送达和公告

公民民事行为能力的恢复，不仅关乎该公民权利的行使和义务的承担，且与社会、他人也有关系，因此，新判决不仅应当送达该公民和有关的利害关系人，而且应当予以公告。

【真题实训 14-4】

居民甲与金山房地产公司签订了购买商品房一套的合同，后因甲未按约定付款。金山公司起诉至法院，要求甲付清房款并承担违约责任。在诉讼中，甲的妻子乙向法院主张甲患有精神病，没有辨别行为的能力，要求法院认定购房合同无效。关于本案的说法，下列哪一选项是正确的？(2008，全国卷三，34)

A. 法院应当通知甲的妻子作为法定诉讼代理人出庭进行诉讼

B. 由乙或金山公司申请对甲进行鉴定，鉴定过程中，诉讼继续进行

C. 法院可以依职权决定对甲进行鉴定

D. 乙或金山公司可以向法院申请认定甲为无民事行为能力人，法院应裁定诉讼中止

[真题实训 14-4](2008，全国卷三，34)答案：D。考点：认定公民无民事行为能力、限制民事行为能力案件的特别程序与相关诉讼程序的关系。解析：依《民诉法解释》第 394 条①，诉讼中，当事人的利害关系人提出该当事人患有精神病，要求宣告该当事人无民事行为能力或限制民事行为能力的，应当由利害关系人向法院提出申请，由受诉法院按特别程序立案审理，原诉讼中止，故本题只有 D 选项正确。

第六节 认定财产无主案件的审理程序

【引例 14-6】

暂住广州的外省籍公民罗某，以唐贵遗产(所在地为广州市花都区狮岭镇)无人继承为由，欲申请认定该遗产为无主财产。但让罗某感到疑难的是：《民诉法》第 119 条明文规定“原告是与本案有直接利害关系的公民、法人和其他组织”，而罗某认为自己与本案并无直接利害关系，故事先进行了法律咨询。②

请问：若罗某向花都区法院申请认定唐贵遗产为无主财产，罗某是否符合申请主体资格？广州市花都区法院是否应当予以受理？

① 2008 年当时的解题依据为《民诉法意见》第 193 条。故在研习历年真题时，务必注意旧题新作，注意法律依据的变化。

② 案例来源：本书主编宁教铭(北京德和衡(广州)律师事务所兼职律师)接受咨询的案件之一，当事人唐贵为化名。

一、认定财产无主产案件的概念

认定财产无主案件，是指对于所有人不明的有形财产，法院根据申请人的申请，依法定程序查明属实后，作出判决，将其收归国家或者集体所有的案件。

二、认定财产无主的申请条件及管辖法院

申请认定财产无主，应当具备下列条件。

(1) 财产性质：限于有形财产，也即不能对无形财产或其他精神财富申请认定无主。

(2) 申请理由：被认定财产的权利主体不明，即财产确实没有所有人或者所有人不明。实践中，权利主体不明的财产，主要表现为①没有所有人或者所有人不明的财产；②所有人不明的埋藏物、隐藏物；③拾得的遗失物、漂流物、失散的饲养宠物，经公安机关或者有关单位公告招领满1年仍然无人认领的财物；④无人继承的财产。

(3) 财产权利主体不明的状态，必须持续一定期间；也即如果未满法定期间，即便是所有人不明的，也不得申请认定其为无主财产。

(4) 须由申请人向法院提出书面申请。依《民诉法》第191条，公民、法人或者其他组织，都有权提出此类申请。实践中，认定财产无主案件的申请人主要是：该项财产的发现人、保管人、原所有人所在的单位或者基层组织等。同时，口头申请无效，而必须向法院提交申请书。申请书应当写明财产的种类、数量以及要求认定财产无主的根据。

[应用提示]法律并没有要求认定财产无主案件的申请人与案件有直接利害关系。

依《民诉法》第191条第1款，认定财产无主案件，由财产所在地的基层法院管辖。

[引例14-6：解析]若罗某向花都区法院申请认定唐贵遗产为无主财产，罗某符合申请主体资格。广州市花都区法院依法应予受理，因罗某的申请符合法定条件。详细理由如上。

三、认定财产无主案件的审理程序

1. 发出财产认领公告

依《民诉法》第192条，法院受理认定财产无主的申请后，经审查核实，应当发出财产认领的公告。公告期为1年。

2. 裁定或者判决

(1) 公告期间，若有人对财产提出请求，则依《民诉法解释》第350条，法院应当裁定终结特别程序，告知申请人另行起诉，适用普通程序审理。

[应用提示]公告期内若有人提出请求则裁定终结程序，不予实质审查，也不确定权属。

(2) 公告期满，若无人认领该财产，则依《民诉法》第192条，判决认定财产无主，并根据财产的不同情况，收归国家所有或者集体所有。

判决书送达后即发生法律效力；责令财产的占有人交出财产；拒不交出的，强制执行。

四、原财产所有人或者继承人出现后的处理

法院判决认定财产无主，仅仅是根据一定的事实，从法律上推定为无主财产，事实上是否真正无主，并未予以确认。因此，《民诉法》第 193 条规定，判决认定财产无主后，原财产所有人或者继承人出现，在民法通则规定的诉讼时效期间可以对财产提出请求，法院审查属实后，应当作出新判决，撤销原判决。

据此可知：①原财产所有人或者继承人，在知道或者应当知道财产被法院依法判决认定为无主财产之日起 2 年内，请求返还财产的，法院审查属实后，应当作出新判决，撤销原判决；②原判决撤销后，财产由他的所有人或者合法继承人认领，占有财产的单位应当返还原物；原物如果不再存在，则应按财产的数量和质量折价返还；③若超过 2 年诉讼时效期间，原财产所有人或者继承人请求返还财产，则人民法院不予保护。

第七节 确认调解协议案件的审理程序

【引例 14-7】

张三好与李四先的宅基地纠纷经村人民调解委员会调解，达成协议后双方签字画押。因履行期限半年有余，张三好担心李四先不履行调解协议。

请问：可以采取什么法律措施，消除张三好的担心？①

一、确认调解协议案件的概念及范围

《民诉法》2012 年修正时，在"特别程序"一章中增加一节即"第六节确认调解协议案件"。修正后的该法第 194 条规定，申请司法确认调解协议，由双方当事人依照人民调解法等法律，自调解协议生效之日起 30 日内，共同向调解组织所在地基层法院提出；第 195 条明确规定了司法确认调解协议的裁定与执行。

由上可知，所谓确认调解协议案件，是指双方当事人依照相关法律，对所达成的调解协议自生效之日起 30 日内，共同向调解组织所在地基层法院申请确认其效力的案件。

2010 年 8 月 28 日通过、自 2011 年 1 月 1 日起施行的《人民调解法》第 33 条第 1 款规定，经人民调解委员会调解达成调解协议后，双方当事人认为有必要的，可以自调解协议生效之日起 30 日内共同向法院申请司法确认，法院应当及时对调解协议进行审查，依法确认

① 案例来源：本书主编宁教铭（北京德和衡（广州）律师事务所兼职律师）接受咨询的案件，当事人系化名。

调解协议的效力。目前，法律规定可以申请司法确认的调解协议，只有依照《人民调解法》的规定、经人民调解委员会达成的调解协议，即人民调解协议。因此，我国目前，确认调解协议案件的范围，还只是申请司法确认人民调解协议的案件。

为规范经人民调解委员会调解达成的民事调解协议的司法确认程序，进一步建立健全诉讼与非诉讼相衔接的纠纷解决机制，2011 年 3 月 23 日最高法院发布了《人民调解司法确认规定》(法释〔2011〕5 号)，自 2011 年 3 月 30 日施行。

虽然，我国目前只有《人民调解法》第 33 条第 1 款规定了经人民调解委员会调解达成的调解协议可向法院申请司法确认，但并不排除以后就不会再有类似的法律规定某类调解协议可向法院申请司法确认。因此，修正后的《民诉法》第 194 条规定，申请司法确认调解协议，依照"《人民调解法》等法律"提出。

二、司法确认调解协议的申请条件

依《民诉法》第 194 条，申请司法确认调解协议，必须同时具备下列条件：

(1) 有明确的法律依据。《民诉法》第 194 条规定，申请司法确认调解协议，"依照《人民调解法》等法律"。也即，必须有法律明确规定某类调解协议可向法院申请司法确认，当事人才能提出申请。而在我国多元化的纠纷解决机制体系中的司法外调解，不仅有人民调解委员会的调解，还有行政机关的调解，国际商会商事调解中心的调解，消协、妇联等社会团体的调解。但如上已述，目前只有《人民调解法》规定了人民调解协议可向法院申请司法确认。所以，目前我国的司法确认调解协议程序，仅仅适用于人民调解协议，诸如行政机关、行业协会主持下达成的调解协议，目前尚不能向法院申请司法确认。

(2) 由双方当事人共同提出申请。一方当事人提出申请，另一方当事人表示同意的，视为共同提出申请。《民诉法解释》第 353 条规定，申请司法确认调解协议的，双方当事人应当本人或者由符合《民诉法》第 58 条规定的代理人向调解组织所在地基层法院或者人民法庭提出申请；第 355 条规定，当事人申请司法确认调解协议，可以采用书面形式或者口头形式。当事人口头申请的，法院应当记入笔录，并由当事人签名、捺印或者盖章。

(3) 在法定期间内提出申请。依《民诉法》第 194 条，申请司法确认调解协议，自调解协议生效之日起 30 日内提出。

(4) 向有管辖权的基层法院提出申请。根据法律和司法解释的规定，司法确认调解协议案件，由以下法院管辖：①调解组织所在地基层法院及其派出法庭。《民诉法》第 194 条规定，申请司法确认调解协议，向调解组织所在地基层法院提出；依《民诉法解释》第 353 条的上述规定，也可以向调解组织所在地的人民法庭提出申请。②参与调解的两个以上调解组织所在地的基层法院均有管辖权。依《民诉法解释》第 354 条，双方当事人可以共同向其中一个调解组织所在地基层法院提出申请；双方共同向两个以上调解组织所在地基层法院提出申请的，由最先立案的法院管辖。

三、确认调解协议案件的审理程序

依照《民诉法》和《人民调解法》以及《民诉法解释》(法释〔2015〕5 号)、《人民调解司法确认规定》(法释〔2011〕5 号)的规定，确认调解协议案件的审理程序如下：

（一）申请与受理

【真题实训 14-5】

李云将房屋出售给王亮，后因合同履行发生争议，经双方住所地人民调解委员会调解，双方达成调解协议，明确王亮付清房款后，房屋的所有权归属王亮。为确保调解协议的效力，双方约定向法院提出司法确认申请，李云随即长期出差在外。下列哪一说法是正确的？(2015，卷三，45)

A. 本案系不动产交易，应向房屋所在地法院提出司法确认申请

B. 李云长期出差在外，王亮向法院提出确认申请，法院可受理

C. 李云出差两个月后，双方向法院提出确认申请，法院可受理

D. 本案的调解协议内容涉及物权确权，法院不予受理

《民诉法解释》第 356 条规定，当事人申请司法确认调解协议，应当向法院提交调解协议、调解组织主持调解的证明，以及与调解协议相关的财产权利证明等材料，并提供双方当事人的身份、住所、联系方式等基本信息。当事人未提交上述材料的，法院应当要求当事人限期补交。

依《人民调解司法确认规定》第 3 条、第 4 条第 1 款，委托他人代为申请的，还必须向法院提交由委托人签名或盖章的授权委托书；法院收到当事人司法确认申请，应当在 3 日内决定是否受理。决定受理的，应当编立“调确字”案号，并及时向当事人送达受理通知书。双方当事人同时到法院申请司法确认的，法院可以当即受理并作出是否确认的裁定。

依《民诉法解释》第 357 条，当事人申请司法确认调解协议，有下列情形之一的，法院裁定不予受理：①不属于人民法院受理范围的；②不属于收到申请的法院管辖的；③申请确认婚姻关系、亲子关系、收养关系等身份关系无效、有效或者解除的；④涉及适用其他特别程序、公示催告程序、破产程序审理的；⑤调解协议内容涉及物权、知识产权确权的。法院受理申请后，发现有上述不予受理情形的，应当裁定驳回当事人的申请。

[真题实训 14-5](2015，卷三，45)答案：D。解析：根据《民诉法解释》第 357 条第(5)项规定，调解协议内容涉及物权、知识产权确权的，人民法院裁定不予受理，故 D 项说法正确。

（二）审查与裁定

依《人民调解司法确认规定》第 6 条，法院受理司法确认申请后，应当指定一名审判人员对调解协议进行审查。依《民诉法解释》第 358 条以及第 359 条第 2 款，法院审查相关情况时，应当通知双方当事人共同到场对案件进行核实。法院经审查，认为当事人的陈述或者提供的证明材料不充分、不完备或有疑义的，可以要求当事人限期补充陈述或者补充证明材料；当事人无正当理由未在限期内补充陈述、补充证明材料或者拒不接受询问的，法院可以按撤回申请处理。必要时，法院还可以向调解组织核实有关情况。

依《民诉法》第 195 条，法院对确认调解协议申请经审查后，认为符合法律规定的，裁定调解协议有效；不符合法律规定的，裁定驳回申请。《民诉法解释》第 359 条第 1 款规定，确

认调解协议的裁定作出前,当事人撤回申请的,法院可以裁定准许。

[应用提示]依最高法院《人民调解司法确认规定》(法释〔2011〕5号)第5、8、9条的规定,法院对确认调解协议的申请,应当作出是否确认的决定;但依《民诉法》第195条以及《民诉法解释》(法释〔2015〕5号)第357、359、360条的规定,法院对司法确认调解协议的申请,应当裁定调解协议有效或者裁定驳回申请、裁定不予受理。按照上位法优于下位法、新法优于旧法的法律适用原则,应当适用《民诉法》及其司法解释的有关规定,即法院确认调解协议的法律文书,应当是裁定书,而不能是决定书。

《民诉法解释》第374条第2款规定,对法院作出的确认调解协议的裁定,当事人有异议的,应当自收到裁定之日起15日内提出;利害关系人有异议的,自知道或者应当知道其民事权益受到侵害之日起6个月内提出。

调解协议被法院裁定有效后,具有强制执行的效力,即一方当事人拒绝履行或者未全面履行的,对方当事人可以向人民法院申请执行。但调解协议本身并不具有强制执行力,所以,执行的依据不是调解协议,而是法院的司法确认裁定书。司法确认裁定书的执行管辖法院,是作出裁定的基层法院,或者被执行财产所在地的基层法院。

[特别提示]①虽然《民诉法》第195条的规定是"符合法律规定的,裁定调解协议有效",但这并不意味着司法确认是调解协议的生效要件;否则,岂不是与该法第194条"申请司法确认调解协议""自调解协议生效之日起三十日内"提出的规定相互矛盾?因此,笔者以为,此处"裁定调解协议有效",指的是被裁定有效的调解协议具有执行效力。②强制执行的依据,是法院的司法确认裁定书,而非调解协议本身。

[引例14-7:解析]可以采取的法律措施是:张三好与李四先共同向该村所在地的县法院申请确认该调解协议。县法院经审查裁定调解协议有效的,若李四先到期拒不履行或者不全面履行该调解协议,则张三好可向法院申请执行,从而消除张三好的担心。

依《民诉法》第195条,当事人申请被法院裁定驳回后,可供选择的途径有三:①通过调解方式变更原调解协议;②通过调解方式达成新的调解协议;③向法院提起诉讼。

[应用提示](1)对于法院作出裁定的期限,《民诉法》没有规定。但依最高法院《人民调解司法确认规定》(法释〔2011〕5号)第5条,应当自受理司法确认申请之日起15日内作出。因特殊情况需要延长的,经本院院长批准,可以延长10日。(2)《民诉法解释》(法释〔2015〕5号)第360条,对《人民调解司法确认规定》第7条进行了修正。依第360条规定,调解协议具有下列情形之一的,法院应当裁定驳回申请,不予确认调解协议效力:①违反法律强制性规定的;②损害国家利益、社会公共利益、他人合法权益的;③违背公序良俗的;④违反自愿原则的;⑤内容不明确的;⑥其他不能进行司法确认的情形。

【真题实训14-6】

甲区A公司将位于丙市价值5000万元的写字楼转让给乙区的B公司。后双方发生争议,经丁区人民调解委员会调解达成协议:B公司在1个月内支付购房款。双方又对该协议

申请法院作出了司法确认裁定。关于本案及司法确认的表述，下列哪些选项是不正确的？(2013，卷三，83)

A. 应由丙市中级法院管辖

B. 可由乙区法院管辖

C. 应由一名审判员组成合议庭，开庭审理司法确认申请

D. 本案的调解协议和司法确认裁定，均具有既判力

[真题实训 14-6](2013，卷三，83)答案：ABCD。解析：司法确认调解协议案件的管辖法院，是调解委员会所在地基层法院，本案应是丁区法院，故 A、B 两项表述均错；司法确认案件不存在开庭审理环节，故 C 项表述错误；调解协议本身不具有既判力，故 D 项表述错误。综上，本题属选非题，故选 A、B、C、D。

第八节 实现担保物权案件的审理程序

【引例 14-8】

某大四学生王武购买的最新款苹果 iPhone 5(16G)手机不慎摔坏后，送至售后服务中心维修，双方约定维修费为 1600 元。一周后，售后中心通知王武去取手机。但王武因两天前给女友买礼物而身无分文。王武因未付维修费而被拒交手机，遂提出由售后中心尽快变卖手机，扣除维修费后将余款归还自己，但售后中心不予理睬。①

请问：此时王武同学可以采取什么法律措施以维护自身权益？

一、实现担保物权案件的概念

实现担保物权案件，是指在设立了担保物权的债权债务关系中，担保物权人或者其他有权请求实现担保物权的人，请求法院拍卖、变卖担保财产的案件。

担保物权，是以直接支配特定财产为内容，以保证债权实现为目的而设定的物权，具体包括抵押权、质权和留置权。关于担保物权的实现方式，1995 年 10 月 1 日起实施的《担保法》第 53 条第 1 款规定，债务履行期届满抵押权人未受清偿的，可与抵押人协议以抵押物折价或以拍卖、变卖该抵押物所得的价款受偿；协议不成的，抵押权人可向法院起诉。但通过

---

① 案例来源：本书主编宁教铭(广东金融学院专职教师)接受学生咨询案例之一，当事人姓名系化名。

起诉实现抵押权的程序复杂且漫长，不利于债权的实现。《物权法》第 195 条第 2 款对此进行了完善，即该款规定，抵押权人与抵押人未就抵押权实现方式达成协议的，抵押权人可以请求法院拍卖、变卖抵押财产。《物权法》第 220 条第 1 款、第 237 条也分别规定了可以不经诉讼程序而请求直接由法院拍卖、变卖质押财产和留置财产。但《物权法》的实体法规定，需要有相应的程序制度予以保障，因此，2012 年《民诉法》修正时，在“特别程序”一章中，新增一节即第七节“实现担保物权案件”。修正后的该法第 196 条规定，申请实现担保物权，由担保物权人以及其他有权请求实现担保物权的人依照物权法等法律，向担保财产所在地或担保物权登记地基层法院提出。担保物权实现机制的建立，不仅有利于实现债权人的合法权益，而且有利于实现民事程序法对实体法的保障功效。

二、申请实现担保物权的条件

根据《民诉法》第 196 条以及《民诉法解释》的相关规定，申请实现担保物权应当同时符合下列条件：

(1) 申请主体。有权申请实现担保物权的主体有两类：①担保物权人，具体包括抵押权人、质权人和留置权人；②其他有权请求实现担保物权的人，包括抵押人、出质人、财产被留置的债务人或者所有人等。在质押、留置过程中，质押人、留置权人占有质押物、留置物，若其怠于行使担保物权，则有可能损害出质人、债务人的利益，因此《物权法》第 220 条第 1 款、第 237 条规定，出质人、财物被留置的债务人也有权请求尽快实现担保物权。另依《民诉法解释》第 361 条，其他有权请求实现担保物权的人，还包括抵押人、财产被留置的所有人等。

[引例 14-8：解析]此时王武可申请法院实现担保物权，以免时间拖得越长、变卖的价格可能越低；且因临近毕业，以防纠纷久拖不结而致双方日后解决不便。

(2) 法律依据。申请实现担保物权，依照物权法等法律提出。《物权法》第 195 条第 2 款规定，抵押权人与抵押人未就抵押权实现方式达成协议的，抵押权人可以请求法院拍卖、变卖抵押财产；第 220 条第 1 款规定，出质人可以请求质权人在债务履行期届满后及时行使质权；质权人不行使的，出质人可以请求法院拍卖、变卖质押财产；第 237 条规定，债务人可以请求留置权人在债务履行期届满后行使留置权；留置权人不行使的，债务人可以请求法院拍卖、变卖留置财产。《物权法》第 195 条第 2 款、第 220 条第 1 款、第 237 条的规定，也可以理解为申请实现担保物权的 3 种法定事由：①抵押权人与抵押人未就抵押权实现方式达成协议；②经出质人请求，质权人在债务履行期间届满后不及时行使质权；③经债务人请求，留置权人在债务履行期间届满后不行使留置权。

[应用提示](1)《物权法》第 195 条第 2 款、第 220 条第 1 款、第 237 条的规定，只是涉及抵押权、质权、留置权 3 种，因此，我国目前申请实现担保物权的案件，仅限于涉及抵押权、质权、留置权的案件。若将来有《物权法》以外的法律规定其他可以不经诉讼程序而请求直接由法院拍卖、变卖担保财产的情形，则在程序上同样应当适用《民诉法》第十五章“特别程序”“第七节实现担保物权案件”的规定。(2)若就抵押权的实现方式在抵押合同中达成协议或在事后达成补充协议，则抵押权人可以按照协议约定的方式实现抵押权，而不需申请法院拍卖、变卖抵押财产。(3)在上述涉及质权、留置权法定事由中，必须同时具备 3 个条件：①债

务履行期间届满;②出质人请求质权人行使质权,或者债务人请求留置权人行使留置权;③经请求,质权人不行使质权或者留置权人不行使留置权。

(3) 提交材料:《民诉法解释》第 367 条规定了申请实现担保物权应当提交的材料,包括:①申请书(应当记明申请人、被申请人的姓名或者名称、联系方式等基本信息,具体的请求和事实、理由);②证明担保物权存在的材料(包括主合同、担保合同、抵押登记证明或者他项权利证书,权利质权的权利凭证或者质权出质登记证明等);③证明实现担保物权条件成就的材料;④担保财产现状的说明;⑤法院认为需要提交的其他材料。

(4) 管辖法院:担保财产所在地或担保物权登记地的基层法院。担保财产所在地的基层法院,指的是抵押、质押、留置的财产所处行政区划的基层法院;担保物权登记地的基层法院,主要指的是抵押登记机构所在地基层法院,因为只有抵押必须办理登记。

《民诉法解释》第 362～366 条规定,实现票据、仓单、提单等有权利凭证的权利质权案件,可由权利凭证持有人住所地法院管辖;无权利凭证的权利质权,由出质登记地法院管辖;实现担保物权案件属于海事法院等专门法院管辖的,由专门法院管辖;同一债权的担保物有多个且所在地不同,申请人分别向有管辖权的法院申请实现担保物权的,法院应当依法受理;依照物权法第 176 条的规定,被担保的债权既有物的担保又有人的担保,当事人对实现担保物权的顺序有约定,实现担保物权的申请违反该约定的,人民法院裁定不予受理;没有约定或者约定不明的,人民法院应当受理;同一财产上设立多个担保物权,登记在先的担保物权尚未实现的,不影响后顺位的担保物权人向法院申请实现担保物权。

根据《民诉法解释》第 368 条,法院受理申请后,应当在 5 日内向被申请人送达申请书副本、异议权利告知书等文书。被申请人有异议的,应当在收到法院通知后的 5 日内向法院提出,同时说明理由并提供相应的证据材料。

三、对实现担保物权申请的审查与裁定

依《民诉法》第 197 条,法院对实现担保物权的申请受理后,应当进行审查。经审查,符合法律规定的,裁定拍卖、变卖担保财产,当事人依据该裁定可以向法院申请执行;不符合法律规定的,裁定驳回申请,当事人可以向法院提起诉讼。

关于审查的方式,《民诉法解释》第 369～371 条作出了明确规定:实现担保物权案件可以由审判员一人独任审查,担保财产标的额超过基层法院管辖范围的,应当组成合议庭进行审查;法院审查实现担保物权案件,可以询问申请人、被申请人、利害关系人,必要时可以依职权调查相关事实;人民法院应当就主合同的效力、期限、履行情况,担保物权是否有效设立、担保财产的范围、被担保的债权范围、被担保的债权是否已届清偿期等担保物权实现的条件,以及是否损害他人合法权益等内容进行审查;被申请人或者利害关系人提出异议的,人民法院应当一并审查。

由此可见,根据实现担保物权案件的性质,以书面方式审查为主;必要时,可以进行询问和调查,但无开庭审理的必要。书面审查的对象是相关证据材料,主要内容为:实现担保物权的条件是否成就、是否损害他人合法权益以及当事人是否存在争议等。

对实现担保物权案件的裁定,《民诉法解释》第 372 条还分别具体情形进行了规定:①当事人对实现担保物权无实质性争议,且实现担保物权条件成就的,裁定准许拍卖、变卖担保

财产;②当事人对实现担保物权有部分实质性争议的,可以就无争议部分裁定准许拍卖、变卖担保财产;③当事人对实现担保物权有实质性争议的,裁定驳回申请,并告知申请人向法院起诉。

《民诉法解释》第374条第2款规定,对法院作出的准许实现担保物权的裁定,当事人有异议的,应当自收到裁定之日起15日内提出;利害关系人有异议的,自知道或者应当知道其民事权益受到侵害之日起6个月内提出。

[应用提示]①法院作出的拍卖、变卖担保财产的裁定,实质上就是执行依据;若当事人不履行,则权利人可依该裁定向法院申请强制执行。②若申请被法院裁定驳回,则表明案件不具备不经诉讼程序而直接由法院拍卖、变卖担保财产的条件,为确认和实现其权利,当事人可向法院起诉,通过诉讼程序解决担保物权纠纷。

[规律总结]与原有的4种特别程序案件采用判决书的形式不同,新增的两类特别程序案件(确认调解协议案件、实现担保物权案件),均采用裁定书的形式。

【真题实训14-7】

甲公司与银行订立了标的额为8000万元的贷款合同,甲公司董事长美国人汤姆用自己位于W市的三套别墅为甲公司提供抵押担保。贷款到期后甲公司无力归还,银行向法院申请适用特别程序实现对别墅的抵押权。关于本案的分析,下列哪一选项是正确的?(2014,卷三,44)

A. 由于本案标的金额巨大,且具有涉外因素,银行应向W市中院提交书面申请

B. 本案的被申请人只应是债务人甲公司

C. 如果法院经过审查,作出拍卖裁定,可直接移交执行庭进行拍卖

D. 如果法院经过审查,驳回银行申请,银行可就该抵押权益向法院起诉

[真题实训14-7](2014,卷三,44)答案:D。解析:依《民诉法》第196条和《民诉法解释》第363条,实现担保物权案件由担保财产所在地或担保物权登记地的基层法院管辖,即就级别管辖而言,除非属于海事法院专属管辖以外,不论标的金额是否巨大,也不论是否具有涉外因素,实现担保物权案件都只能由基层法院管辖,中级以上法院无权管辖,故选项A分析错误。依《民诉法》第196条和《民诉法解释》第361条,有权申请实现担保物权的主体有两类:①担保物权人(包括抵押权人、质权人和留置权人),②其他有权请求实现担保物权的人(包括抵押人、出质人、财产被留置的债务人或所有权人)。换言之,除担保物权人外,债务人也可成为申请人(此时,担保物权人相应地成为被申请人),故选项B分析错误。依《民诉法》第197条,选项C分析错误、选项D分析正确。

【本章小结】

本章的重点内容,包括①特别程序的特点:审判组织、审级制度、审理期限、免收案件受理费。②选举委员会对公民申诉的处理程序,是选民资格案件的前置程序;审理时不适用调

解;审判组织只能是由审判员组成的单一式合议庭;须在选举日前审结。③变更被宣告失踪人的财产代管人时的两类不同程序:利害关系人请求变更适用争讼程序即普通程序审理;代管人自己向法院请求变更,则适用非讼程序审理。④死亡宣告被法院撤销后的法律后果。⑤公告在特别程序案件中的适用情形。⑥对新增的两类特别程序案件的全面把握:确认调解协议案件;实现担保物权案件。

【国家统一法律职业资格考试辅导专栏】

(1) 特别程序的内容,在考试中所占分值较低,不属考试重点,但复习过程中需要对2012年新增的两类特别程序案件,予以充分关注。

(2) 历年考点:①特别程序的性质和特点;②公告在特别程序案件中的适用情形;③选民资格案件;④确认调解协议案件(2013年);⑤实现担保物权案件(2014年)。

(3) 历年真题:2015卷三45;2014卷三44;2013卷三79;2012卷三78;2011卷三39;2010卷三35;2009卷三35、80;2008全国卷三82、97,四川卷三39、47。

(4) 备考重点:详见本章小结之重点内容。

【本章练习】

一、判断题(共10小题)

1. 我国《民诉法》的第十五章“特别程序”,也即非诉讼程序。 ( )
2. 我国民事诉讼特别程序是几类不同审理程序的总称。 ( )
3. 适用特别程序审理的案件,一律免交诉讼费用。 ( )
4. 特别程序中,除选民资格案件有原告、被告外,其余案件都只有原告一方。 ( )
5. 陪审员一律不得参加特别程序案件的审理。 ( )
6. 特别程序案件一律实行一审终审制。 ( )
7. 特别程序的审限为立案之日起或公告期满后30日内。特殊情况需延长的,由本院院长批准。 ( )
8. 申请宣告死亡的下落不明的期间,正常情况下,满四年;意外事故(含战争),满二年。 ( )
9. 法律并没有要求认定财产无主案件的申请人必须与案件有直接利害关系。 ( )
10. 确认调解协议案件、实现担保物权案件,均采用裁定书的形式。 ( )

二、单项选择题(共5小题)

1. 关于选民资格案件,下列表述中错误的是( )。

A. 未经申诉处理,一般不得直接起诉

B. 须在选举日的5日之前,向法院起诉

C. 只能由审判员组成合议庭(单一式合议庭)审理

D. 审理中的诉讼参与人包括:起诉人、选举委员会的代表和有关公民

2. 丈夫刘毅5年前下落不明，妻子陈娥起诉离婚。对于该起诉，法院正确的做法是(　　)。

A. 法院应立案受理，并向刘毅公告送达有关诉讼文书

B. 法院不予受理，并告知陈娥应依特别程序申请宣告刘毅为失踪人

C. 法院不予受理，并告知陈娥应依特别程序申请宣告刘毅死亡

D. 法院应予受理，但受理后裁定中止诉讼，并依特别程序宣告刘毅失踪，再对离婚之诉作出判决

3. 申请宣告死亡的利害关系人包括：①配偶；②父母、子女；③兄弟姐妹、祖父母、外祖父母、孙子女、外孙子女；④其他有民事权利义务关系的人。申请宣告死亡的利害关系人的顺序是(　　)。

A. ①②③④　　B. ②①③④　　C. ③②①④　　D. ④③②①

4. 关于认定财产无主案件的审理程序，下列表述中错误的有(　　)。

A. 财产认领公告的公告期为1年

B. 公告期间，若有人对财产提出请求，则应裁定终结特别程序

C. 公告期间，若有人对财产提出请求，则转为普通程序进行实质审查，确定财产权属

D. 公告期满，若无人认领该财产，则判决认定财产无主，并收归国家或集体所有。

5. 下列有关我国民事特别程序的表述中，正确的是(　　)。

A. 确认调解协议和实现担保物权案件是《民诉法》2007年修正时新增的特别程序案件

B. 申请确认调解协议，由双方当事人自调解协议生效之日起60日内共同向法院提出

C. 选民资格案件，由审判员组成合议庭，或经起诉人申请可由审判员与陪审员共同组成合议庭审理

D. 申请实现担保物权，由担保物权人及其他有权请求实现担保物权的人，依物权法等法律，向担保财产所在地或担保物权登记地基层法院提出

三、多项选择题(共5小题)

1. 关于特别程序的下列表述中，正确的有(　　)。

A. 特别程序的审理期限较短

B. 适用特别程序审理的案件，一律免交诉讼费用

C. 特别程序的起诉人或申请人，不一定与案件有直接利害关系

D. 适用特别程序审理案件，以迅速解决当事人之间的民事权益争议为目的

2. 撤销宣告死亡判决的法律后果，包括(　　)。

A. 婚姻关系一律不得自行恢复

B. 配偶尚未再婚的，夫妻关系自行恢复

C. 子女被收养的，收养关系自行解除

D. 依继承法取得原物的公民或组织，应当返还原物或者给予适当补偿

3. 利害关系人隐瞒真实情况使他人被宣告死亡而取得其财产的，应当(　　)。

A. 返还原物及孳息　　B. 返还原物的孳息

C. 对造成的损失予以赔偿　　D. 对造成的损失予以适当赔偿

4. 下列有关确认调解协议案件的表述中，错误的有(　　)。

A. 司法确认裁定书的执行管辖法院可以是作出裁定的基层法院

B. 司法确认裁定书的执行管辖法院只能是被执行财产所在地的基层法院

C. 可以申请法院确认的调解协议包括人民调解协议和行业协会主持下达成的调解协议

D. 当事人申请确认调解协议的,应在调解协议生效之日起 3 个月内,向调解组织所在基层法院提出

5. 下列特别程序案件中,公告是必经程序的有(　　)。

A. 宣告失踪案件　　B. 宣告死亡案件

C. 认定财产无主案件　　D. 认定公民无民事行为能力案件

四、问答题(共 3 小题)

1. 试述被宣告失踪人的财产代管人的变更程序。

2. 财产被认定无主后,原财产所有人或继承人出现,应当如何处理?

3. 试述实现担保物权的申请条件。

五、案例分析题

张姗向邻居李斯借款 9 万元,还款期限届满后,张姗一直不提还款之事,李斯多次催收未果,遂请求本村的人民调解委员会进行调解,并达成协议:张姗在一个月内向李斯返还借款 9 万元。双方在调解协议上签字画押后,在协议约定的期限内张姗仍未还款。根据案情,请回答下列问题:

(1) 若张姗拒不履行调解协议,则李斯可否起诉?诉讼对象是什么?

(2) 若张姗拒不履行调解协议,则李斯可否向申请法院强制执行?为什么?

(3) 达成调解协议后,李斯可以采取何种法律措施以防张姗不履行协议约定的义务?

第十五章 审判监督程序

【学习目标】

■ **知识目标：**

了解审判监督程序的概念，基于审判监督权提起的再审、再审申请制度、抗诉制度、再审案件的审判程序；

理解审判监督程序的特点，再审提起与当事人申请、检察院抗诉的关系，申请再审和抗诉的理由。

■ **能力目标：**

掌握法律和司法解释关于再审的规定以及再审案件的审判程序。

【本章需要预习的主要法律、法规】

1.《民诉法》第198～213条；
2. 最高法院《民诉法解释》(法释〔2015〕5号)第375～426条；
3. 最高法院《审监程序解释》(法释〔2008〕14号)；
4. 最高法院《再审审查意见》(法发〔2009〕26号)；
5. 最高法院《指令再审和发回重审规定》(法释〔2015〕7号)；
6. 最高检察院《民诉检察监督规则》(2013年9月23日颁布)第31、51、65、99条。

第一节 审判监督程序概述

【引例 15-1】

甲诉乙电视购物合同纠纷一案，乙在收到起诉状副本和应诉通知书后，提出了管辖权异议。法院审查后裁定驳回了管辖异议申请，乙不服而上诉；二审法院审查后裁定驳回上诉、维持一审法院裁定。

请问：此时，乙对二审法院的裁定可否申请再审？

一、审判监督程序的概念

审判监督程序，又称再审程序，是指对已经发生法律效力的判决、裁定、调解书，人民法院认为确有错误，对案件进行再次审理时所适用的程序。审判监督程序可分为两个阶段的程序：一是审判监督复查程序；二是审判监督审理程序。复查程序主要解决原生效裁判是否确有错误，是否符合再审条件；审理程序主要是启动再审后对案件进行重新审理。我国《民诉法》第十六章规定了“审判监督程序”。

二、审判监督程序的特点

审判监督程序不是每个民事案件的必经程序，只是生效裁判符合法定情形下的事后纠错程序。相对于一、二审程序，它具有以下几个特点：

(1) 审理对象的特定性。审判监督程序审理的对象是生效的判决、裁定或者调解书。它不同于一审、二审程序的审理对象，一审程序的审理对象是当事人之间尚未确定的民事争议，二审程序的审理对象是尚未发生法律效力的判决、裁定，不包含调解书。审判监督程序审理对象中的判决，尚有下列例外：①特别程序、非诉程序的判决不适用再审；②依审判监督程序审理后维持原判的案件，当事人不得申请再审；③判决解除婚姻关系的案件，不得申请再审。但针对离婚案件中的财产分割问题，当事人可以申请再审。审判监督程序审理对象中的裁定，仅限于不予受理和驳回起诉的裁定。符合法定情形的生效调解书，也可以再审。但根据修正后的《民诉法》的规定，不同主体针对调解书启动再审程序的具体事由有如下不同：①法院认为生效调解书确有错误需要再审；②检察机关发现调解书损害国家利益、社会公共利益；③当事人提出证据证明调解违反自愿原则或者调解协议的内容违反法律。

[引例 15-1：解析] 此时，乙对二审法院的裁定不能申请再审。因为当事人能够申请再审的生效裁定，仅限于不予受理和驳回起诉的裁定。

[应用提示]①管辖权异议、管辖权转移的裁定,可以上诉,但不得申请再审。②调解书损害他人合法权益,不是检察机关提出抗诉或检察建议的事由,因为检察机关对调解书进行监督的基础,在于维护国家利益和社会公共利益。

(2)适用程序的特殊性。审判监督程序包含两个阶段:一是再审立案复查阶段,二是再审审理阶段。任何案件裁定再审之前都要经历复查阶段。人民法院决定再审和当事人申请再审,立案复查要进行实质审查;检察机关抗诉的再审,复查只做形式审查。人民法院按照审判监督程序决定再审的案件,生效判决、裁定是由第一审法院作出的,按照第一审普通程序审理,所作的判决、裁定,当事人可以上诉;生效判决、裁定是由第二审法院作出的,按照第二审程序审理,所作的判决、裁定,是发生法律效力的判决、裁定;上级法院按照审判监督程序提审的,按照第二审程序审理,所作的判决、裁定,是发生法律效力的判决、裁定。

(3)提起再审主体的广泛性。按照民事诉讼法的规定,有权提起再审的,是各级法院院长和审判委员会,最高法院和上级法院,最高检察院和上级检察院,以及具有再审利益的当事人。

(4)审理法院的特殊性。审判监督程序审理的法院,不仅包括原审法院,还包括原审法院的上级法院,以及最高人民法院。

(5)启动条件的严格性。法院决定再审必须是发生法律效力的判决、裁定和调解书确有错误;检察机关抗诉再审和当事人申请再审必须符合民事诉讼法规定的情形。同时,对于调解书提起再审的,因当事人申请再审和检察机关抗诉再审而条件又各不相同。当事人对调解书申请再审的条件,是调解违反自愿原则或者调解协议的内容违反法律;检察机关对调解书抗诉再审,要求调解书损害了国家利益或者社会公共利益。

三、审判监督程序的启动主体

根据审判监督程序(再审程序)的启动主体,再审包括人民法院基于审判监督权启动再审、检察机关基于法律监督权启动再审、当事人基于诉权申请再审三类。

第二节 基于审判监督权的法院启动再审

【引例 15-2】

某县法院院长认为本院作出的已经发生效力的判决确有错误,需要再审,遂将该案提交本院审判委员会讨论,审判委员会讨论后认为不符合启动再审的条件。

请问:此时能否启动再审程序?

基于审判监督权的再审，是指具有审判监督权的法定机关和人员，发现人民法院生效的判决、裁定和调解书，确有错误，依法提起的再审。具有审判监督权的法定机关是上级法院和最高法院；具有审判监督权的人员为各级法院的院长。

一、法院启动再审的条件

根据《民诉法》第198条，人民法院启动再审，须具备以下条件：

（一）主体条件

法院启动审判监督程序的主体，一是本院院长及审判委员会；二是上级法院和最高法院，且本院启动再审的最终决定主体是审判委员会，本院院长仅仅具有提交决定的权力。

[引例15-2：解析]此时不能启动再审程序。因为本院启动再审程序，需要院长提交讨论和审判委员会决定再审两个条件，即再审的最终决定权在于审判委员会而不是院长。

（二）客体条件

提起再审的客体，是已经发生法律效力并确有错误的判决、裁定和调解书。已经发生法律效力的裁决，是对再审对象的限制；确有错误是对再审理由的限制。

二、法院启动再审的程序

由于有权启动再审的主体不同，再审的程序也不一样。

(1) 本院自行决定再审的程序。各级法院院长对本院已经发生法律效力的判决、裁定、调解书，发现确有错误，认为需要再审的，应当提交审判委员会讨论决定。决定再审后由本院作出裁定，中止原判决、裁定、调解书的执行。同时，另行组成合议庭，按照原程序对再审案件进行审理，即原来是一审案件，仍按一审程序审理；原来是二审案件，仍按二审程序审理。

(2) 最高法院、上级法院提审和指令再审的程序。最高法院对地方各级法院已经发生法律效力的判决、裁定、调解书，上级法院对下级法院已经发生法律效力的判决、裁定、调解书，发现错误的，有权提审或者指令再审。最高法院和上级法院作出提审或指令再审裁定的同时，要中止原判决、裁定、调解书的执行。提审的，再审按二审程序审理；指令再审的，应指令作出生效裁判的法院审理。如果生效裁判是一审法院作出的，则按一审程序审理；如果生效裁判是二审法院作出的，则按二审程序审理。

三、重审、提审与再审的比较

重审，是二审法院通过审理认为原审法院裁判存在基本事实不清或严重程序违法而裁定撤销原裁判发回原审法院重新审理的程序。提审，是上级法院或最高法院为纠正下级法院已经发生法律效力的裁判的错误，在符合法定情形下将案件交由自己审理的程序。再审，是为了纠正已经发生法律效力裁判中的错误而对案件进行再次审理的程序，包括指令再审和自行再审两种情形。重审、提审、再审三者的区别有以下几点：

(1) 审理的法院不同。重审，是由原一审法院审理；提审，是由原审法院的上级法院或最高法院审理；指令再审，则由上级法院或最高法院指令作出原生效裁判的法院审理；自行再审，则是作出原生效裁判的法院的院长提交审判委员会讨论决定后由本院再审。

(2) 适用的程序不同。无论是二审中发回重审，还是再审中发回重审，都是适用一审普通程序；按照审判监督程序的提审，无论是上级法院提审，还是最高法院提审，都是适用二审程序；指令再审和自行再审，因生效裁判作出的法院不同而不同，原生效裁判是一审法院作出的一审案件，则按一审普通程序审理；原生效裁判是二审法院作出的二审案件，则按二审程序审理。

(3) 启动的条件不同。重审必须是原审法院对基本事实未予审理或者原裁判遗漏当事人、违法缺席判决等严重程序违法；提审、指令再审、自行再审，主要是民事诉讼法规定的再审条件。再审案件原则上以提审为主，只是程序违法或者上一级法院认为其他应当指令再审的，可以指令原审法院再审。

(4) 作出的裁判效力不同。重审作出的裁判是未生效裁判，可以上诉；提审作出的裁判是生效裁判，当事人不可以上诉；指令再审、自行再审作出的裁判，若是按一审程序作出的，则是未生效裁判，可以上诉；若是按二审程序作出的，则是生效裁判，不能上诉。

第三节 基于法律监督权的检察院启动再审

【引例 15-3】

张珊与李思离婚后损害责任纠纷一案，法院作出终审判决后，李思认为本案违反法定回避制度且适用法律错误。

请问：此时李思可否直接向检察机关申请抗诉或提出检察建议？

基于法律监督权的检察院启动再审，是指最高检察院对各级法院的生效裁判、上级检察院对下级法院的生效裁判在符合法定情形时进行的法律监督。

一、检察院启动再审的概念

人民检察院启动再审，是指具有法律监督权的人民检察院依法对符合法定情形的人民法院生效裁判作出的提请人民法院再次审理的一种诉讼行为。

二、检察院启动再审的条件

根据《民诉法》第 208 条，人民检察院启动再审必须具备下列条件：

(一) 主体条件

人民检察院启动再审的主体，是上级检察院或者最高检察院。

（二）客体条件

人民检察院提出抗诉或检察建议的对象，是人民法院已经生效的判决、裁定和调解书。

（三）须有法定事由

（1）针对判决、裁定的抗诉或检察建议。检察院对判决、裁定提出抗诉或检察建议，需要具备《民诉法》第 200 条规定的情形之一，即与当事人申请再审的法定事由相同。

（2）针对调解书的抗诉或检察建议。检察院对调解书提出抗诉或检察建议的法定事由，是调解书损害国家利益或者社会公共利益。

三、检察院启动再审的方式

【真题实训 15-1】

下列哪些选项是 1991 年颁布的《民事诉讼法》（2007 年修正）未作规定的制度？（2012，卷三，77）

A. 公益诉讼制度　　B. 恶意诉讼规则制度

C. 检察监督中的抗诉制度　　D. 诉讼保全制度中的行为保全制度

（一）抗诉："上抗下"模式为原则，最高检察院可以进行"同级抗"为例外

《民诉法》第 208 条第 1 款规定，最高人民检察院对各级人民法院已经发生法律效力的判决、裁定，上级人民检察院对下级人民法院已经发生法律效力的判决、裁定，发现有该法第 200 条规定情形之一，或者发现调解书损害国家利益、社会共同利益的，应当提出抗诉，即上级检察院可以对下级法院的裁决提出抗诉，最高检察院可以对各级法院（包括最高法院）的裁决提出抗诉。

根据《民诉法》第 212 条的规定，检察院决定对法院的判决、裁定、调解书提出抗诉的，应当制作抗诉书；法院再审时，应当通知检察院派员出席法庭。

（二）检察建议：2012 年新增的检察权行使方式

（1）根据《民诉法》第 208 条第 2 款规定，地方各级检察院对同级法院已发生法律效力的判决、裁定，发现有该法第 200 条规定的情形之一，或者发现调解书损害国家利益、社会公共利益时，有两种选择方案：①向同级法院提出检察建议，并报上级检察院备案；②直接提请上级检察院向同级法院提出抗诉。这是《民诉法》2012 年修正时新增加的条款。

（2）《民诉法》第 208 条第 3 款规定，各级检察院对审判监督程序对外的其他审判程序中审判人员的违法行为，有权向同级法院提出检察建议。这也是《民诉法》2012 年修正时新增加的条款，规定了各级检察院对审判监督程序以外的民事审判活动如何实施监督，从而完善了检察机关对民事审判活动的法律监督权。最高检察院 2013 年 9 月 23 日发布的《人民检察院民事诉讼监督规则（试行）》（简称《民诉检察监督规则》）第 99 条也作出了相应规定。

[真题实训 15-1]（2012，卷三，77）答案：ABD。解析：该题中选项 C 是 2007 年修正的《民

诉法》已经规定的制度。选项 A、B、D 中的制度，均是 2007 年《民诉法》未作规定的制度，而这三项制度以及检察建议制度，恰恰是 2012 年修正后的《民诉法》中新增加的制度。

四、检察院启动再审的案件管辖

(1) 对已经发生法律效力的民事判决、裁定、调解书的监督案件，最高检察院作出该生效法律文书的人民法院所在地同级检察院和上级检察院均有管辖权。

(2) 对民事审判程序中审判人员违法行为的监督案件，由审理案件的人民法院所在地同级检察院管辖。

五、当事人向检察院申请检察建议或抗诉

【真题实训 15-2】

就瑞成公司与建华公司的合同纠纷，某省甲市中院作出终审裁判。建华公司不服，打算启动再审程序。后其向甲市检察院申请检察建议，甲市检察院经过审查，作出驳回申请的决定。关于检察监督，下列哪些表述是正确的？(2014，卷三，80)

A. 建华公司可在向该省高院申请再审的同时，申请检察建议

B. 在甲市检察院驳回检察建议申请后，建华公司可向该省检察院申请抗诉

C. 甲市检察院在审查检察建议申请过程中，可向建华公司调查核实案情

D. 甲市检察院在审查检察建议申请过程中，可向瑞成公司调查核实案情

1. 当事人向检察院申请检察建议或抗诉的前置程序

根据《民诉法》第 209 条第 1 款，当事人只有在具备下列情形之一时，才可以向检察院申请检察建议或者抗诉：①人民法院驳回再审申请的；②人民法院逾期未对再审申请作出裁定的；③再审判决、裁定有明显错误。

[引例 15-3：解析]此时李思不可以直接向检察机关申请抗诉或提出检察建议，必须首先向法院申请再审，这是向检察院申请检察建议或抗诉的前置程序。

《民诉法》第 209 条第 2 款规定，检察院对当事人的申请，应在 3 个月内进行审查，作出提出或不提出检察建议或者抗诉的决定。当事人不得再次向检察院申请检察建议或者抗诉。

[应用提示]检察院处理当事人检察建议或抗诉的申请，用决定；法院自行再审，用决定；法院处理当事人的再审申请，用裁定。

[真题实训 15-2](2014，卷三，80)答案：CD。解析：依《民诉法》第 209 条第 1 款，向法院申请再审是向检察院申请抗诉或检察建议的前置程序，故选项 A 错误。依《民诉法》第 209 条第 2 款，当事人不得再次向检察院申请检察建议或者抗诉，故选项 B 错误。依《民诉法》第 210 条，检察院因履行法律监督职责提出检察建议或抗诉的需要，可向当事人或案外人调查核实有关情况，故选项 C、D 正确，当选。

2. 检察机关不予受理当事人法律监督申请的法定情形

《民诉检察监督规则》第31条,规定了检察机关不予受理当事人法律监督申请的情形:①当事人未向人民法院申请再审或者申请再审超过法定期限的;②人民法院正在对民事再审申请进行审查的,但超过3个月未对再审申请作出裁决的除外;③人民法院已经裁定再审且尚未审结的;④判决、调解解除婚姻关系的,但对财产分割部分不服的除外;⑤人民检察院已经审查终结作出决定的;⑥民事判决、裁定、调解书是法院根据检察院的抗诉或者再审检察建议再审后作出的;⑦其他不应受理的情形。

六、检察院行使民事检察权的保障制度

1. 检察院的调查核实权(2012年新增《民诉法》第210条)

《民诉法》2012年修正时,增加第210条规定,人民检察院因履行法律监督职责提出检察建议或者抗诉的需要,可以向当事人或者案外人调查核实有关情况。本条规定在制度上保障了检察机关的民事检察权行使的有效性,同时也规定了检察院民事调查核实权的行使条件:①必要性限制,即为了履行法律监督职责提出检察建议或抗诉所需;②对象限制,调查核实的对象是当事人或案外人;③手段限制,不同于刑事侦查权。检察院调查核实有关情况,不得采取限制人身自由和查封、扣押、冻结财产等的强制性措施。

根据《民诉检察监督规则》第65条,检察院行使调查核实权的具体情形包括:①民事判决、裁定、调解书可能存在法律规定需要监督的情形,仅通过阅卷及审查现有材料难以认定的;必要性限制,即为了履行法律监督职责提出检察建议或抗诉所需;②民事审判程序中审判人员可能存在违法行为的;③民事执行活动可能存在违法情形的;④其他需要调查核实的情形。

2. 调阅法院的民事诉讼卷宗

《民诉检察监督规则》第51条规定,检察院审查案件,可依有关规定调阅法院的诉讼卷宗。通过拷贝电子卷、查阅、复制、摘录等方式,能够满足办案需要的,可以不调阅诉讼卷宗。

3. 出庭法院的再审开庭

《民诉法解释》(法释〔2015〕5号)第421条规定,法院开庭审理抗诉案件,应在开庭3日前通知检察院、当事人和其他诉讼参与人。同级检察院或者提出抗诉的检察院应当派员出庭。检察院因履行法律监督职责向当事人或案外人调查核实的情况,应当向法庭提交并予以说明,由双方当事人进行质证。

依最高法院《审监程序解释》(法释〔2008〕14号)第33条,法院在检察院抗诉支持当事人请求的范围内审理再审案件。但涉及国家利益、社会公共利益,或者当事人在原审诉讼中已依法要求增加、变更诉讼请求,原审未予审理且客观上不能形成其他诉讼的除外。

4. 列席法院的审判委员会

《民诉检察监督规则》第8条规定,检察院检察长在同级法院审判委员会讨论民事抗诉案件或者其他与民事诉讼监督工作有关的议题时,可依有关规定列席会议。

第四节 基于诉权的当事人申请再审

【引例 15-4】

王五与赵六的同居关系析产纠纷，经广东省S市F区法院一审判决后，赵六上诉，S市中级法院二审后作出了终审判决。王五对终审判决不服，欲申请再审，并就管辖问题咨询了某法学院大四学生孙七。孙七解答：按新修正的《民诉法》的规定，S市中级法院和广东省高级法院对此案再审都有管辖权。王五遂同时向S市中院和广东省高院申请再审。①

请问：孙七的解答和王五的再审申请，是否正确？若有错误，则错在哪里？

一、当事人申请再审的概念

当事人申请再审，是指当事人对已经发生法律效力的判决、裁定认为存在错误或对已经发生法律效力的调解书认为存在违反自愿原则或内容违法，在法定期限内依法向原审法院或上一级法院提出申请，请求对案件再次进行审理。

二、当事人申请再审的条件与范围

（一）必须符合主体条件

申请再审的主体，应为当事人及其法定代理人以及案外人。当事人的判断标准，应以生效裁判文书列明为准，包括原告、被告、第三人。当事人应具备再审利益，在原审中全部诉讼请求获得支持的当事人或者未被判决承担实体权利义务的当事人不具备再审利益，不得申请再审。判决、调解书生效后，当事人将判决、调解书确定的债权转让，债权受让人不得就该判决、调解书申请再审。当事人死亡或终止，其权利义务继受人享有申请再审的权利。2007年修正的《民诉法》以及2008年最高法院《审监程序解释》(法释〔2008〕14号)规定了案外人申请再审。2012年修正的《民诉法》在第三人撤销之诉部分又作了规定。

（二）必须符合客体条件

申请再审的客体条件是确有错误的已经发生法律效力的判决、裁定和违反自愿原则或

① 案例来源：本书主编宁教铭（广东金融学院专职教师、北京德和衡（广州）律师所兼职律师）指导的咨询案例，当事人姓名系化名。

内容违法的生效民事调解书。允许申请再审的生效裁判，应当符合下列条件：①应当是依通常审判程序作出的裁判，而非特别程序、督促程序等中的裁判；②不属法律和司法解释规定不得申请再审的情形，如解除婚姻关系的裁判不得就离婚问题申请再审。

（三）必须具有法定事由

对生效判决、裁定申请再审，必须具有《民诉法》第200条规定的13种情形之一；对生效调解书申请再审，必须提出证据证明存在违反自愿原则或内容违法。

（四）须在法定期限

《民诉法》第205条规定，当事人申请再审应当在判决、裁定或者调解书发生法律效力后6个月内提出；有《民诉法》第200条第1、3、12、13项规定情形的，应当自知道或应当知道之日起6个月内提出。

（五）必须向有管辖权的法院申请

依《民诉法》第199条，当事人申请再审，可向上一级法院提出。当事人人数众多或者双方为公民的案件，也可向原审法院申请再审。这是2012年《民诉法》的重大修正，即当事人申请再审的管辖法院，不再一律是上一级法院，也可以是原审法院。主要是考虑到有些案件当事人一方人数众多，由原审法院再审，有利于查清事实、将纠纷解决在当地；双方为公民的民事案件，为方便公民申请再审，也不必都到上一级法院申请，因此，在规定当事人可向上一级法院申请再审的同时，补充规定了当事人一方人数众多或者双方为公民的案件，也可向原审法院申请再审。

[引例15-4：解析]法学院学生孙七的解答正确，因为王五与赵六的同居关系析产纠纷，属双方均为公民的案件，依《民诉法》第199条，当事人既可向原审法院申请再审，也可向原审法院申请再审。但王五同时向S市中院和广东省高院申请再审错误，因为虽然S市中院和广东省高院对此案再审都有管辖权，但王五不得同时向两个法院申请再审，而只能选择其一。

三、法院对当事人再审申请的审查与处理

【真题实训15-3】

李某向A公司追索劳动报酬，诉讼中，李某向法院申请先予执行部分劳动报酬，法院经查驳回李某申请。李某不服，申请复议。法院审查后再次驳回李某申请。李某对复议结果仍不服，遂向上一级法院申请再审。关于上一级法院对该再审申请的处理，下列哪一项是正确的？（2010，卷三，42）

A. 裁定再审

B. 决定再审

C. 裁定不予受理

D. 裁定驳回申请

根据《民诉法》第203条，当事人申请再审的，应当提交再审申请书等资料；法院应当自收到再审申请书之日起5日内将副本发送对方当事人；对方当事人应当自收到再审申请书副本之日起15日内提交书面意见；不提交的，不影响法院审查；法院可以要求申请人和对方当事人补充有关材料，询问有关事项。

根据《民诉法》第204条，法院应当自收到再审申请书之日起3个月内审查，符合该法规定的，裁定再审；不符合该法规定的，裁定驳回申请。有特殊情况需要延长的，由本院院长批准。

[真题实训15-3](2010，卷三，42)答案：D。解析：本题中再审申请不符合条件，考生对此没有问题，关键问题在于很多考生选择了C。对于再审申请，法院只有两种处理方式，符合条件的，裁定再审；不符合条件的，裁定驳回申请，而没有裁定不予受理这一处理方式。故选D。

根据最高法院《审监程序解释》(法释〔2008〕14号)、《再审审查意见》(法发〔2009〕26号)的规定，法院受理再审申请后，应当组成合议庭予以审查。对再审申请的审查，应当围绕再审事由是否成立进行；采取审查当事人提交申请书、书面意见等材料、审阅原审卷宗、询问当事人、组织当事人听证等方式进行。对方当事人也申请再审的，法院应当将其列为申请再审人，对其提出的再审申请一并审查。申请再审人死亡或终止，无权利义务继受人或其权利义务继受人未申请参加审查程序的，被申请人死亡或终止，无权利义务继受人且无可供执行财产的，裁定终结审查程序。

四、再审申请的撤回

申请再审人在案件审查期间申请撤回再审申请的，是否准许，由法院裁定。申请再审人经传票传唤，无正当理由拒不接受询问、参加听证或者未经许可中途退出的，裁定按撤回再审申请处理。

五、当事人申请再审案件的审理法院

根据《民诉法》第204条第2款规定，因当事人申请裁定再审的案件由中级法院以上法院审理，但当事人依照该法第199条的规定选择向基层法院申请再审的除外。最高法院、高级法院裁定再审的案件，由本院再审或者交其他法院再审，也可交由原审法院再审。

根据最高法院《审监程序解释》(法释〔2008〕14号)、《再审审查意见》(法发〔2009〕26号)、《指令再审和发回重审规定》(法释〔2015〕7号)，上一级法院可以根据案件的影响程度以及案件参与人等情况，决定是否指令再审。需要指令再审的，应当考虑便利当事人行使诉讼权利以及便利法院审理等因素。但有下列情形之一的，不得指令原审法院再审：①原审法院对该案无管辖权；②审判人员在审理该案件时有贪污受贿、徇私舞弊、枉法裁判行为的；③原判决、裁定系经原审法院审判委员会讨论作出的；④原判决、裁定系经原审法院再审审理后作出的；⑤需要统一法律适用或裁量权行驶标准的；⑥其他不宜指令原审法院再审的。

第五节 再审案件的审判程序

【引例 15-5】

王某诉甲公司追索劳动报酬纠纷一案，甲公司以主要证据未经质证为由申请再审，法院审查后裁定再审。

请问：此时是否应当同时裁定中止原判决的执行？

一、裁定中止原判决、裁定、调解书的执行

2012 年《民诉法》修正时，对原第 185 条进行了修正。修正后的 206 条规定，按审判监督程序决定再审的案件，裁定中止原判决、裁定、调解书的执行；同时增加规定，追索赡养费、扶养费、抚育费、抚恤金、医疗费用、劳动报酬等案件，可以不中止执行。

[引例 15-5：解析]此时可以不中止原判决的执行。因本案属于《民诉法》第 206 条规定的可以不中止执行的再审案件。

二、分别适用第一审或第二审程序进行再审

【真题实训 15-4】

韩某起诉翔鹭公司要求其依约交付电脑，并支付迟延履行违约金 5 万元。经县市两级法院审理，韩某均胜诉。后翔鹭公司以原审适用法律错误为由申请再审，省高院裁定再审后，韩某变更诉讼请求为解除合同，支付迟延履行违约金 10 万元。再审法院最终维持原判。关于再审程序的表述，下列哪些选项是正确的？(2013，卷三，82)

A. 省高院可以亲自提审，提审应当适用二审程序

B. 省高院可以指令原审法院再审，原审法院再审时应当适用一审程序

C. 再审法院对韩某变更后的请求应当不予审查

D. 对于维持原判的再审裁判，韩某认为有错误的，可以向检察院申请抗诉

审判监督程序没有独立的审理程序，而是适用一审或二审程序进行审理。

《民诉法》第 207 条第 1 款规定，法院按审判监督程序再审的案件，发生法律效力的判

决、裁定是第一审法院作出的，按第一审程序审理，所作的判决、裁定，当事人可以上诉；发生法律效力的判决、裁定是由第二审法院作出的，按第二审程序审理，所作的判决、裁定，是发生法律效力的判决、裁定；上级法院按审判监督程序提审的，按第二审程序审理，所作的判决、裁定是发生法律效力的判决、裁定。

[真题实训 15-4]（2013，卷三，82）答案：ACD。解析：根据《民诉法》第 204 条第 2 款的规定，本题中，省高院可以提审，也可指令原审法院再审。根据《民诉法》第 207 条第 1 款的规定，本题中如果提审则适用二审程序；如果指令原审法院再审，由于原审法院是二审法院，所以也是适用二审程序。因此，选项 A 正确、选项 B 错误。最高法院《审监程序解释》第 33 条第 1 款规定，人民法院应当在具体的再审请求范围内或在抗诉支持当事人请求的范围内审理再审案件；当事人超出原审范围增加、变更诉讼请求的，不属于再审审理范围；但涉及国家利益、社会公共利益，或者当事人在原审诉讼中已经依法要求增加、变更诉讼请求，原审未予审理且客观上不能形成其他诉讼的除外，故选项 C 正确。《民诉法》第 209 条第 1 款规定，有下列情形之一的，当事人可向检察院申请检察建议或者抗诉：①法院驳回再审申请的；②法院逾期未对再审申请作出裁定的；③再审判决、裁定有明显错误的。据此，选项 D 正确。

三、另行组成合议庭开庭审理

法院审理再审案件，一律实行合议制，而且根据《民诉法》第 207 条第 2 款的规定，应当另行组成合议庭，原合议庭成员不得参加再审案件的合议庭，以防止先入为主、影响再审案件的正确审理与裁判。

法院审理再审案件应当开庭审理，但按二审程序审理时，若有特殊情况或者双方当事人已经通过其他方式充分表达意见，且书面同意不开庭的除外。

四、再审案件的审理范围

【真题实训 15-5】

关于再审程序的叙述，下列哪些选项是正确的？（2010，卷三，82）

A. 在再审中，当事人提出新的诉讼请求的，原则上法院应根据自愿原则进行调解，调解不成的告知另行起诉

B. 在再审中，当事人增加诉讼请求的，原则上法院应根据自愿原则进行调解，调解不成的裁定发回重审

C. 按照第一审程序再审案件时，经法院许可原审原告可撤回起诉

D. 在一定条件下，案外人可申请再审

根据最高法院《民诉法解释》（法释〔2015〕5 号）第 405 条，法院审理再审案件应当围绕再审请求进行。当事人的再审请求超出原审诉讼请求的，不予审理；符合另案诉讼条件的，告知当事人可以另行起诉。被申请人及原审其他当事人在庭审辩论结束前提出的再审请求，没有超过申请再审期限的，一并审理。法院经再审，发现已经发生法律效力的判决、裁定损

害国家利益、社会公共利益、他人合法权益的，应当一并审理。

最高法院《审监程序解释》(法释〔2008〕14 号)第 33 条规定，法院审理抗诉案件应当在抗诉支持当事人请求的范围内审理再审案件。

［真题实训 15-5］(2010，卷三，82)答案：CD。解析：根据《审监程序解释 》33 条，再审中当事人提出新的诉讼请求，增加新的诉讼请求，都不是再审案件的审理范围，法院不应对其进行调解，故选项 A、B 错误。《审监程序解释 》第 35 条规定，按第一审程序审理再审案件时，一审原告申请撤回起诉的，是否准许由法院裁定。裁定准许的，应当同时裁定撤销原判决、裁定、调解书。故选项 C“按照第一审程序再审案件时，经法院许可原审原告可撤回起诉”表述正确。《审判监督程序解释 》第 5 条规定，案外人对原判决、裁定、调解书确定的执行标的物主张权利，且无法提起新的诉讼解决争议的，可以在判决、裁定、调解书发生法律效力后 2 年内，或者自知道或应当知道利益被损害之日起 3 个月内，向作出原判决、裁定、调解书的人民法院的上一级法院申请再审。据此，选项 D“在一定条件下，案外人可申请再审”的表述正确。

五、再审中的调解

最高法院《审监程序解释》(法释〔2008〕14 号)第 36 条规定，当事人在再审审理中经调解达成协议的，法院应当制作调解书。调解书经各方当事人签收后，即具有法律效力，原判决、裁定视为被撤销。

最高法院《民诉法解释》(法释〔2015〕5 号)第 412 条规定，部分当事人到庭并达成调解协议，其他当事人未作出书面表示的，法院应当在判决中对该事实作出表述；调解协议内容不违反法律规定，且不损害其他当事人合法权益的，可以在判决主文中予以确认。

六、对再审案件的裁判

(一) 裁定维持维持

根据最高法院《审监程序解释》(法释〔2008〕14 号)第 37 条，再审法院经再审审理认为原判决、裁定认定事实清楚、适用法律正确的，应予维持；原判决、裁定在认定事实、适用法律、阐述理由方面虽有瑕疵，但裁判结果正确的，应在再审判决、裁定中纠正上述瑕疵后予以维持。

(二) 依法予以改判

再审法院在再审中发现原审判决认定事实错误或者认定事实不清，应当在查清事实后改判；原判决适用法律错误的，应予以改判；新的证据证明原判决、裁定确有错误的，应当予以改判。

(三) 裁定发回重审

(1) 再审法院发现原审法院未对基本事实进行审理或者原裁判严重违反法定程序，可能影响案件正确判决、裁定的，裁定撤销一审、二审判决，发回原审法院重审。

(2) 再审法院发现原一、二审判决遗漏了应当参加的当事人的，可以根据当事人自愿的原则予以调解，调解不成的，裁定撤销一、二审判决，发回原审法院重审。

(3) 再审法院发现原一、二审判决认定事实不清或者认定事实错误，而原审法院便于查清事实，化解纠纷的，可以裁定撤销原判，发回原审法院重审。

(四) 其他处理

1. 裁定驳回起诉

再审法院经审理，认为不符合民事诉讼法规定的起诉条件的或者符合民事诉讼法第124条规定的不予受理情形的，应当裁定撤销原一、二审判决，驳回起诉。

[应用总结]法院在一审、二审、再审中发现错误受理案件时的处理方式：①一审中发现，则直接裁定驳回起诉；②二审中发现，则裁定撤销一审判决，驳回起诉；③再审中发现，则裁定撤销一、二审判决，驳回起诉。

2. 裁定准许撤诉

一审原告在再审审理期间申请撤回起诉的，经其他当事人同意，且不损害国家利益、社会公共利益、他人合法权益的，再审法院可以准许。裁定准许的，应当同时裁定撤销原判决、裁定、调解书。

3. 裁定终结再审程序

申请再审人在再审期间撤回再审申请的，是否准许由法院裁定。准许撤诉的，应终结再审程序。申请再审人经传票传唤，无正当理由拒不到庭的，或者未经法庭许可中途退庭的，按撤回再审请求处理。人民检察院抗诉再审的案件，申请抗诉的当事人有法律规定的情形，且不损害国家利益、社会公共利益或第三人利益的，再审法院应当裁定终结再审程序。检察院撤回抗诉的，应当准许。

再审程序终结后，再审法院裁定中止执行的原生效判决自动恢复执行。

4. 裁定驳回再审申请

法院以调解方式审结的案件裁定再审后，再审法院经审理发现，申请再审人提出的调解违反自愿原则的事由不成立，且调解协议的内容并不违反法律强制性规定的，应当裁定驳回再审申请，并恢复原调解书的执行。

5. 对案外人申请再审案件的处理

最高法院《审监程序解释》(法释〔2008〕14号)第42条规定，因案外人申请法院裁定再审的，再审法院经审理认为案外人应为必要的共同诉讼当事人，在按第一审程序再审时，应追加其为当事人，作出新的判决；在按第二审程序再审时，经调解不能达成协议的，应当撤销原判，发回重审，重审时应追加案外人为当事人。案外人不是必要的共同诉讼当事人的，仅审理其对原判决提出异议部分的合法性，并应根据审理情况作出撤销原判决相关判项或者驳回再审请求的判决；撤销原判决相关判项的，应当告知案外人以及原审当事人可以提起新的诉讼解决相关争议。

【本章小结】

本章以审判监督程序的启动方式、启动主体为线索，对相关重点内容进行阐述，同时着重提示了2012年《民诉法》修正对再审事由的再次调整、再审适用范围的扩展、申请再审时限的变化、检察监督制度的全面修正。

【国家统一法律职业资格考试辅导专栏】

(1) 审判监督程序是考试的核心考点,同时也是2007年对《民诉法》局部修正和2012年全面修正的"交集"。因此,需要特别注重如下内容的掌握:《民诉法》2012年修正时关于再审事由、再审适用范围、申请再审的时限、民事检查监督制度等的规定。

(2) 历年考点:审判监督程序的性质;再审的申请与受理;抗诉制度;再审中的调解;案外人申请再审。

(3) 历年真题:2015卷三44、46;2014卷三47、50、80;2013卷三49、81、82;2011卷三45;2010卷三42、47、82;2009卷三35、87、88;2008四川卷三44。

(4) 备考重点:①审判监督程序的性质、适用范围及其与其他民事程序的关系;②再审的三种启动方式及其各自的主体、事由、程序、效力等;③结合最高检察院《民诉检察监督规则》(2013年9月23日发布),全面掌握民事检察监督制度:适用范围和对象、检察建议及其与抗诉的异同、当事人申请抗诉和检察建议的前置程序、调查核实权等;④再审案件的审理程序。

【本章练习】

一、判断题(请在题后括号内,正确的打"√",错误的打"×")(共10小题)

1. 审判监督程序是民事案件的必经程序。 (　　)
2. 审判监督程序适用第二审程序。 (　　)
3. 非诉讼程序不适用再审,因此非诉讼程序没有救济保障机制。 (　　)
4. 判决离婚的案件,不得申请再审。 (　　)
5. 调解书损害国家利益、社会公共利益、他人合法权益的,检察机关可以提出抗诉或检察建议。 (　　)
6. 发回重审后的案件审理,都是适用第一审程序。 (　　)
7. 提审后作出的裁判均为生效裁判,不得上诉。 (　　)
8. 当事人以"违反法律规定,管辖错误"为由申请再审,人民法院应当再审。 (　　)
9. 当事人申请再审,应当在判决、裁定发生法律效力后2年内提出。 (　　)
10. 法院启动再审程序后,应当裁定撤销原判决,并中止原裁判的执行。 (　　)

二、单项选择题(共5小题)

1. 关于我国审判监督程序的下列表述中,正确的是(　　)。

A. 按审判监督程序决定再审的案件,应当裁定中止原判决、裁定、调解书的执行

B. 当事人一方人数众多或一方为公民的案件,可向原审法院申请再审

C. 应当事人申请裁定再审的案件,一律由中级以上法院审理

D. 检察机关抗诉的对象包括判决书、裁定书和部分调解书

2. 下列情形中，上级法院可以指令原审人民法院进行再审的是(　　)。

A. 原审法院对该案没有管辖权

B. 审判人员在审理该案时应回避而未回避

C. 原判决、裁定是经过原审法院审判委员会讨论作出的

D. 审判人员在审理该案件时有贪污受贿行为

3. 有关民事诉讼中检察院提起抗诉的说法中，符合《民事诉讼法》规定的是(　　)。

A. 检察机关抗诉应当在6个月内提出

B. 检察机关抗诉应当以检察长与监察委员会的名义共同提出

C. 检察机关抗诉应当提交抗诉书

D. 检察机关抗诉可以向同级法院提出，也可以向上一级法院提出

4. 有关检察机关民事抗诉的理解中，正确的是(　　)。

A. 并非各级检察机关均享有法定的抗诉权

B. 检察机关提出抗诉的前提是当事人未申请抗诉

C. 对于检察机关提出抗诉的案件，只要附有较为充足的理由，法院均应当再审

D. 对于检察机关抗诉再审的案件，无论原生效裁判是由哪一审法院作出的，均应当组成由审判员组成的合议庭进行审理

5. 有关再审程序的下列说法中，正确的是(　　)。

A. 上级法院按审监程序提审的案件，按第二审程序审理，但当事人针对所作的判决、裁定可以上诉一次

B. 再审中可以调解，达成调解协议的，法院应当裁定撤销原判决、裁定，并将调解书送达当事人

C. 我国的民事再审案件不存在独立的审理程序

D. 由第二审法院判决、裁定的案件，上级法院需要指令再审的，可以指令第二审法院或与之同级的法院再审

三、不定项选择题(共6小题)

1. 有关当事人申请再审的相关制度的下列表述中，正确的是(　　)。

A. 当事人申请再审的对象是确有错误的生效判决和部分裁定

B. 当事人申请再审，应当在判决、裁定发生法律效力后两年内提出

C. 法院判决结束婚姻关系的案件中，当事人可以针对财产侵害问题申请再审

D. 当事人超过原审范围增加、变更诉讼请求的，不属于再审审理范围

2. 以下有关再审之范围的表述中，错误的是(　　)。

A. 已经发生法律效力的解除婚姻关系的判决不得申请再审

B. 当事人对调解申请再审的法定事由是调解违反自愿原则或合法原则

C. 对不予受理、驳回起诉以及管辖权异议的裁定，当事人可以申请再审

D. 法院决定再审和检察院抗诉没有期限限制

3. 下列案件中，当事人可以申请再审的有(　　)。

A. 作出原生效裁判的法院管辖错误

B. 当事人因客观原因不能搜集主要证据，书面申请法院调查搜集，法院经调查，未收集到的

C. 当事人甲在未经传唤的情况下被法院缺席判决，甲在判决后 6 个月内申请再审的

D. 某案件系以前一生效判决为主要依据而做出的，后案的判决生效后 3 年，前案判决被撤销，当事人知道此事项 1 个月后申请再审

4. 有关审判监督程序相关制度的下列说法中，正确的有(　　)。

A. 当事人对解除婚姻关系的已生效判决、调解书，不得申请再审

B. 按审判监督程序决定再审的案件，应当裁定中止原判决、裁定、调解书的执行

C. 检察院有权对民事执行活动实行法律监督

D. 检察院抗诉的案件，接受抗诉的法院应自收到抗诉书之日起 45 日内作出再审裁定

5. 有关民事检察建议的下列说法中，符合《民事诉讼法》规定的有(　　)。

A. 检察建议与抗诉在适用主体、适用范围、法律效力等方面有所差异

B. 各级检察院对审监程序以外的其他审判程序中审判人员的违法行为，有权向上一级法院提出检察建议

C. 检察院因履行法律监督职责提出检察建议或者抗诉的需要，可以向当事人或者案外人调查核实有关情况

D. 地方各级检察院发现调解书损害国家利益、社会公共利益或他人合法权益的，可向法院提出检察建议，并报上级检察院备案；也可以提请上级检察院向同级法院提出抗诉

6. 下列哪些情形中，当事人可以向检察院申请检察建议或抗诉(　　)。

A. 法院驳回再审申请的　　　　B. 法院逾期未对再审申请作出裁定的

C. 再审判决有错误的　　　　D. 再审裁定有明显错误的

四、简答题(共 3 小题)

1. 如何理解审判监督程序与一审、二审程序的区别？

2. 如何理解申请再审与申诉的区别？

3. 简析审判监督程序价值和意义。

五、案例分析题(共 4 小题)

甲诉乙离婚后财产纠纷一案，某区法院一审判决乙向甲支付人民币 26 万元。乙不服向某市中级法院上诉，该院依法组成合议庭审理本案。二审法院经审理认为，原判认定事实清楚，适用法律正确，判决驳回上诉，维持原判。被告仍不服，向省高级法院申请再审。高级法院经复查认为：原一审、二审判决确有错误，于是裁定撤销原判决，将案件发回原一审法院重审。原一审法院决定仍由原合议庭审理本案。根据本案，请回答以下问题：

(1) 本案中，再审法院能否指定原一审法院再审？

(2) 高级法院决定再审时能否同时撤销原判决？

(3) 再审程序中，原一审法院合议庭的组成是否合法？

第十六章 督促程序

【学习目标】

■ 知识目标：

了解督促程序的概念和特点、适用的范围，督促程序的意义；

理解申请支付令的条件，支付令的内容、支付令的效力，对支付令的异议。

■ 能力目标：

掌握关于适用督促程序的规定。

【本章需要预习的主要法律、法规】

1.《民诉法》第 133 条第(1)项，第 214～217 条；

2. 最高法院《民诉法解释》(法释〔2015〕5 号)第 427～443 条；

3. 最高法院《督促程序规定》(法释〔2001〕2 号)。

第一节 督促程序概述

【引例 16-1】

2013 年 5 月 1 日，被告向原告借款 6 万元，并写下欠条，注明在 2013 年 5 月 1 日至 2013 年 10 月 31 日前还清，但被告直到 2014 年未予归还。2014 年 1 月 9 日，原告向法院提出支付令申请，法院在受理的同时向被告发出支付令，被告在期限内，以归还过原告部分欠款为由向法院提出异议，法院在 2014 年 1 月 27 日终结了督促程序。[①]

请分析：本案中督促程序的适用。

一、督促程序的概念

债权债务关系中存在不少明确的债务纠纷，此类案件如果按照普通诉讼程序来解决，不但没有必要，而且会增加时间、金钱、精力等诉讼成本，加大当事人的讼累。针对这类案件，民事诉讼法中设置了督促程序。

督促程序，属于民事诉讼的特别程序，是指人民法院根据债权人给付金钱和有价证券的申请，以支付令的形式，催促债务人在法定期间内向债权人履行义务的程序。如果债务人逾期不清偿到期债务，人民法院可通过书面审查催促债务人履行给付义务，债务人在法定期间内不履行债务又不提出书面异议时，债权人即可向人民法院申请强制执行。因此，督促程序对于当事人和法院都具有重要意义：一是能够让债权人快速和简捷地实现债权、减少讼累；二是能够使人民法院节约司法资源、提高诉讼效率。

二、督促程序的特点

督促程序不同于一般的民事诉讼程序，具有以下几个特点：

(1) 属于非讼程序。法院以督促程序处理债权债务纠纷的过程中，不同于一般诉讼程序，债权人作为当事人在督促程序中称为申请人，因此当事人之间不必经过辩论、调解和裁判等程序，法院也不需对案件的事实和债权人、债务人之间的权利义务关系进行评判。

(2) 适用对象特定。督促程序仅仅适用于债权人请求给付金钱和有价证券的案件，其中金钱是指货币，包括人民币和外币；有价证券包括汇票、本票、支票、股票、债券、国库券以及可转让的存单等。

(3) 支付令附条件生效。法院向债务人发出的支付令需要符合一定的条件才能生效：一是期限要求，即债务人收到支付令之日起届满 15 日；二是行为要求，即债务人在上述期限届满前不清偿债务，同时也没有提出书面异议。

[引例 16-1：解析]本案中被告向原告借款后，期限届满后未依约还款，原告据此向法院申请支付令，要求被告依约还款；法院审查原告申请后即依法启动督促程序，发出支付令要求被告还款。但被告针对支付令上的内容向法院提出异议，支付令即告失效，原告遂未达到通过督促程序催促被告还款的目的。

---

① 案例来源：http://www.court.gov.cn/zgcpwsw/sx/sxszzszjrmfy/zzsjqrmfy/ms/201406/t20140625_1723692.htm，案情有所删减。

第二节 支付令的申请与审查

【引例 16-2】

债务人刘一下落不明已近两年，其名下有个人财产300余万元，此时其债权人陈二可否申请法院向刘一发出支付令？

一、申请支付令的条件与管辖法院

督促程序因债权人向人民法院申请支付令而开始。

（一）申请支付令的条件

依《民诉法》第214条和《民诉法解释》第429条，支付令的申请必须具备下列条件：

（1）债权人请求给付的标的物，仅限于金钱或者汇票、本票、支票和股票、债券、国库券以及可转让的存款单等有价证券。

（2）债权已经到期且数额确定，债权人向法院提交的支付令申请写明请求所根据的事实和证据。债权已经到期，是指债权人与债务人之间的债务已到双方约定或者法律规定的清偿期限；数额确定，是指作为债权标的物的金钱或者有价证券的数额，双方没有争议，法院无须调查取证即可认定。

（3）债权人没有对待给付义务。作为债权人的申请人与债务人之间的债权债务关系必须是单向性的，即只有债务人对债权人负有给付义务，或者虽有给付义务但债权人已履行完毕，且债务人的给付不应附加条件。

（4）债务人在我国境内，且未下落不明。如果债务人不在我国境内或者下落不明，则不能申请支付令。

［引例16-2：解析］此时其债权人陈二不能申请法院向刘一发出支付令，因为对下落不明的人不适用督促程序，而与其实际拥有的财产数量无关。

（5）支付令能够送达债务人。支付令可通过直接送达、邮寄送达、转交送达、委托送达甚或留置送达等方式送达债务人，保证受送达人准确知悉支付令的内容，但不适用公告送达的方式。

（6）收到申请书的人民法院有管辖权。债权人应向基层法院申请支付令，在两个以上法院都有管辖权时，债权人可向其中一个法院申请支付令；如果债权人向两个以上有管辖权的基层法院申请支付令，由最先立案的法院管辖。

(7) 债权人未向人民法院申请诉前保全。诉前保全是在起诉前所采取的强制性保护措施,这与作为非讼特别程序的督促程序相冲突,因此,债权人不应在向法院申请支付令的同时再申请诉前保全。

(二) 管辖法院

根据《民诉法》第 214 条,债权人可以向有管辖权的基层法院申请支付令。在地域管辖权上,《民诉法解释》第 427 条规定,两个以上法院都有管辖权的,债权人可向其中一个基层法院申请支付令。债权人向两个以上有管辖权的基层法院申请支付令的,由最先立案的法院管辖。《民诉法解释》第 429 条规定,基层人民法院受理申请支付令案件,不受债权金额的限制。根据以上法律和司法解释的规定,按督促程序审理案件的管辖权一律在基层法院,无论金额大小,都应按法定管辖的要求确定有管辖权的基层法院审理案件。

二、对支付令申请的审查与处理

(一) 支付令申请

债权人申请支付令,须向法院提交书面申请,申请书应当写明:①债权人、债务人的姓名或名称等基本情况;②债务人应当给付的金钱、有价证券的种类和数量;③债权债务关系存在以及债务人没有履行债务的事实和证据;④申请发出支付令的法院。

(三) 申请的效力

债权人向法院提出申请支付令,会产生以下法律效力:①督促程序开始;②诉讼时效中断;③法院对支付令案件享有管辖权。

(四) 支付令申请的受理

债权人提出支付令的申请后,有管辖权的法院应按法律和司法解释的规定进行审查,如果法院审查后认为债权债务关系明确、合法,债权人没有对待给付义务,请求给付的内容有根据且支付令能够送达债务人,则应当受理申请,并在收到申请后 5 日内通知债权人;如果审查后认为申请书不符合要求的,可以通知债权人限期补正,法院应当自收到补正材料之日起 5 日内通知债权人是否受理。

(五) 支付令申请的驳回

《民诉法解释》第 430 条规定,法院受理当事人提出的支付令申请后,由审判员 1 人进行审查。经审查,有下列情形之一的,裁定驳回申请:①申请人不具备当事人资格的;②给付金钱或有价证券的证明文件没有约定逾期给付利息或者违约金、赔偿金,债权人坚持要求给付利息或违约金、赔偿金的;③要求给付的金钱或有价证券属违法所得的;④要求给付的金钱或有价证券,尚未到期或数额不确定的。法院受理支付令申请后,发现不符合受理条件的,应当在受理之日起 15 日内裁定驳回申请。

(六) 督促程序的终结

根据《民诉法解释》第 432 条,法院受理支付令申请后,债权人就同一债权债务关系又起诉的;法院发出支付令之日起 30 日内,无法送达债务人的;债务人收到支付令前,债权人撤回申请的,法院应当裁定终结督促程序;已经发出支付令的,支付令自行失效。

第三节　支付令的内容和效力

【引例 16-3】

老师就支付令的法律效力提问。同学甲回答：支付令发生法律效力的前提，是债务人没有在法定的异议期内提出有效的异议。

请问：同学甲的回答是否正确？请简要说明理由。

一、支付令的内容

支付令是法院根据债权人的申请，督促债务人限期清偿债务的法律文书。支付令应当载明下列事项：①债权人、债务人的姓名或名称等基本情况；②债务人应当给付的金钱、有价证券的种类、数量；③清偿债务或提出异议的期限；④债务人在法定期间不提出异议的法律后果。支付令由审判员、书记员署名，加盖人民法院印章。

法院受理申请后，经审查债权人提供的事实、证据，对债权债务关系明确、合法的，应当在受理之日起 15 日内向债务人发出支付令。

二、支付令的效力

根据《民诉法》第 216 条第 2、3 款的规定，支付令具有如下法律效力：

（一）督促效力

债务人应当自收到支付令之日起 15 日内清偿债务，除非向法院提出书面异议。

（二）执行效力

债务人自收到支付令之日起 15 日，不提出书面异议又不履行支付令的，债权人可向人院申请执行。

［引例 16-3：解析］同学甲的回答不正确。理由：支付令的法律效力包括督促效力和执行效力，二者均属支付令法律效力的具体表现。支付令的督促效力自支付令制作发出时就已具备，即债务人在收到支付令之日起 15 日内，要么清偿债务，要么提出书面异议。

另依《民诉法解释》第 436 条第 1 款，对设有担保的债务的主债务人发出的支付令，对担保人没有拘束力。

第四节 债务人对支付令的异议

【引例 16-4】

贵州省剑县罗某向中国电信揭阳分公司购买电话卡，此后罗某多次超支打电话。为此，2014 年 5 月 9 日，中国电信揭阳分公司向揭阳县法院提出申请，并提交电信公司与罗某签订的服务合同、罗某的话费明细清单等，请求法院发出支付令，催促罗某尽快支付欠交话费及违约金。揭阳县法院审查认为申请成立，向罗某发出支付令并送达，要求罗某限期缴纳欠交费用。罗某收到支付令即口头提出异议，不同意向电信公司支付费用。揭阳县法院据此裁定终结督促程序。[①]

请分析：本案中，罗某提出支付令异议的效力。

一、对支付令异议的提出与审查

支付令异议，是指债务人向法院申明不服支付令所确定的给付义务的法律行为。督促程序作为特别程序，在法院发布支付令的过程中只有一方当事人，法院只需审查申请人所提出的支付令申请即可，而并不要求被申请人做出诉讼行为。为平等保护当事人双方的合法权益，《民诉法》赋予债务人异议权，规定债务人自收到支付令之日起 15 日内可以提出书面异议。异议可不附任何理由，债务人不必提供事实和证据来证明异议成立，只需作出异议陈述即可。

支付令异议需要具备法律规定的程序条件才能成立，包括①提出异议的主体是债务人及其法定代理人，或经过特别授权的委托代理人。②提出异议的时间应在法定期间内。依《民诉法》第 216 条第 2 款，债务人提出支付令异议的法定期间为收到支付令之日起 15 日内；《民诉法解释》第 433 条第 2 款规定，债务人超过法定期限提出异议的，视为未提出异议。③异议必须针对债权人请求履行的债权债务关系。根据《民诉法解释》第 434、435 条以及第 438 条第 1 款，债权人基于同一债权债务关系提出多项支付请求，债务人仅就其中一项或几项请求提出异议的，不影响其他各项请求的效力；债权人基于同一债权债务关系就可分之债向多个债务人提出支付请求，多个债务人中的一人或几人提出异议的，不影响其他请求的效力；债务人对债务本身没有异议，只是提出缺乏清偿能力、延缓清偿期限、变更清偿方式等异

---

① 案例来源：http://www.court.gov.cn/zgcpwsw/gd/gdsjyszjrmfy/jxxrmfy/ms/201407/t20140703_1931280.htm，案情有所删减。

议的，不影响支付令的效力。④异议必须以书面方式提出。《民诉法解释》第 438 条第 3 款规定，债务人的口头异议无效。

法院对债务人提出的支付令异议，应当结合上述条件审查判断是否成立。

[引例 16-4：解析]本案中，揭阳县法院根据当事人的申请发出支付令启动督促程序正确；但债务人罗某以口头方式提出异议，不符合支付令异议成立的条件，因而该院据此裁定终结督促程序违法。

二、对支付令异议的审查(《民诉法》2012 年修正时新增)

【真题实训 16-1】

关于支付令，下列哪些说法是正确的？(2010，卷三，89)

A. 法院送达支付令债务人拒收的，可采取留置送达

B. 债务人提出支付令异议的，法院无须审查异议理由客观上是否属实

C. 债务人收到支付令后不在法定期间提出异议而向法院起诉的，不影响支付令的效力

D. 支付令送达后即具有强制执行力

根据《民诉法》第 217 条第 1 款的规定，法院收到债务人就支付令提出的书面异议后，应当进行审查。《民诉法解释》第 437 条规定，经形式审查，债务人提出的书面异议有下列情形之一的，应当认定异议成立，裁定终结督促程序，支付令自行失效：①该解释第 429 条第 2 款规定的不予受理申请情形的；②该解释第 430 条规定的裁定驳回申请情形的；③该解释第 432 条规定的应当裁定终结督促程序情形的；④法院对是否符合发出支付令条件产生合理怀疑的。

对支付令异议进行审查，是《民诉法》2012 年修正以后新增加的规定。而根据修正前的《民诉法》第 194 条和现已废止的《民诉法意见》第 221 条，债务人在法定期间提出书面异议的，法院无须审查异议是否有理由，应当直接裁定终结督促程序。

[必真题实训 16-1](2010，卷三，89)答案：A。解析：依《民诉法解释》431 条，向债务人本人送达支付令，债务人拒绝接收的，法院可以留置送达，故选项 A 说法正确。依《民诉法》第 217 条以及《民诉法解释》第 437 条，法院收到债务人就支付令提出的书面异议后，应当进行审查，故选项 B 说法错误。《民诉法解释》第 433 条第 1 款规定，债务人在收到支付令后，不在法定期间提出书面异议，而向其他法院起诉的，不影响支付令的效力。据此，当事人若向发出支付令的法院而不是其他法院起诉，则可构成支付令异议的一种形式，故选项 C 说法并不准确。依《民诉法》第 216 条第 3 款，债务人在法定期间不提出异议又不履行支付令的，债权人可向法院申请执行。据此，支付令送达之后并非立即发生执行效力，而是要经过 15 日的异议期，且在 15 日之内，债务人既不履行又不提出书面异议的，支付令才具有被申请强制执行的效力。故选项 D 说法错误。

此题为旧题新做。当年司法部公布的答案为 AB。因为当时的解题依据是《民诉法》第

194 条以及现已废止的《民诉法意见》第 220、221、223 条，尤其是依《民诉法》194 条以及《民诉法意见》第 221 条，法院对债务人提出的支付令异议无须审查，只要债务人提出异议，就应裁定终结督促程序、支付令自行失效，故 B 项说法也是正确的。由此可见，研习历年真题时，不仅要注意解题依据的变化，而且答案往往也会发生了变化。

三、异议成立的法律后果

【真题实训 16-2】

黄某向法院申请支付令，督促陈某返还借款。送达支付令时，陈某拒绝签收，法官遂进行留置送达。12 天后，陈某以已经归还借款为由向法院提起书面异议。黄某表示希望法院彻底解决自己与陈某的借款问题。下列哪一说法是正确的？（2014，卷三，46）

A. 支付令不能留置送达，法官的送达无效

B. 提出支付令异议的期间是 10 天，陈某的异议不发生效力

C. 陈某的异议并未否认二人之间存在借贷法律关系，因而不影响支付令的效力

D. 法院应将本案转为诉讼程序审理

依《民诉法》第 217 条，债务人在法定期间内书面提出支付令异议，法院经审查，异议成立的，应当裁定终结督促程序，支付令自行失效。支付令失效的，转入诉讼程序，但申请支付令的一方当事人不同意提起诉讼的除外。

《民诉法解释》第 439 条规定，法院作出终结督促程序或者驳回异议的裁定之前，债务人请求撤回异议的，应当准许；债务人对撤回异议返回的，不予支持。

[真题实训 16-2]（2014，卷三，46）答案：D。考点：支付令异议的效力。解析：《民诉法》第 217 条规定，人民法院收到债务人提出的书面异议后，经审查，异议成立的，应当裁定终结督促程序，支付令自行失效。支付令失效的，转入诉讼程序，但申请支付令的一方当事人不同意提起诉讼的除外。

“支付令异议的效力”是重要考点，除上题以外，还曾在下列真题中考过：2013 卷三 84、2011 卷三 85、2008 全国卷三 49、2008 四川卷三 84、2007 卷三 34。

[应用提示]支付令失效后，有权拒绝转入诉讼程序的主体，仅限于申请支付令的一方即债权人，而被申请人即债务人无此权利。如真题（2013，卷三，84）即对此进行了考查。

【真题实训 16-3】

胡某向法院申请支付令，督促彗星公司缴纳房租。彗星公司收到后立即提出书面异议称，根据租赁合同，彗星公司的装修款可以抵销租金，因而自己并不拖欠租金。对于法院收到该异议后的做法，下列哪些选项是正确的？（2013，卷三，84）

A. 对双方进行条调解，促进纠纷的解决

B. 终结督促程序

C. 将案件转为诉讼程序审理，但彗星公司不同意的除外

D. 将案件转为诉讼审，但胡某不同意的除外

[真题实训 16-3](2013，卷三，84)答案：BD。解析：依《民诉法》第 217 条第 1 款，选项 A 错误，选项 B 正确；依该条第 2 款，选项 C 错误，选项 D 正确。

【本章小结】

设置督促程序，旨在快捷、简便地解决当事人之间的债权债务关系，但其适用需要具备法定的条件。本章介绍了督促程序的一般理论和《民诉法》及其司法解释对督促程序的规定，从支付令的申请和受理、支付令的发出和效力到支付令异议及督促程序的终结。

注意掌握支付令的申请条件及其效力、支付令异议的提出及其效力，还需注意《民诉法》2012 年修正的内容及《民诉法解释》对督促程序的规定。

【国家统一法律职业资格考试辅导专栏】

(1) 本章虽不属于考试重点且分值不高，但近年来对此部分的考查力度和难度有上升趋势，不再局限于围绕单一知识点进行客观题考查，而是采用串联相关知识点命题的方式进行综合考查。

(2) 历年考点：申请支付令的条件、支付令的送达方式、支付令的效力、支付令异议的成立条件、支付令异议成立的法律后果。

(3) 历年真题：2015 卷三 47；2014 卷三 46；2013 卷三 84；2011 卷三 85；2010 卷三 89；2008 全国卷三 49。

(4) 备考重点：①督促程序的适用范围，仅适用于金钱和有价证券的请求给付；②支付令的送达和效力，重点在于不适用公告送达方式；③支付令异议的成立和效力，通常情况下提出异议即可终结督促程序。

【本章练习】

一、判断题(请在题后括号内，正确的打“√”，错误的打“×”)(共 10 小题)

1.《民诉法》规定的督促程序不需要当事人参加诉讼。 (　　)

2. 督促程序因债权人的申请而开始。 (　　)

3. 债务人虽在国外、但在国内有可供执行的财产的情况下，可以适用督促程序。 (　　)

4. 督促程序中的债务人依法对支付令提出了书面异议，会导致督促程序结束。 (　　)

5. 债务人对债务本身没有异议，但以书面形式向法院表明自己缺乏清偿能力的，并不影响支付令的效力。 (　　)

6. 甲、乙两公司签订货物买卖合同，乙公司支付货款后，甲公司却迟迟不交付货物。在此情形下，乙公司可向法院申请支付令，要求甲公司交付货物。（　　）

7. 债务人到期不能归还欠款，即使其下落不明，债权人仍可向法院申请支付令。（　　）

8. 债务人在法定期间内对债务予以口头确认，并履行部分债务，而且口头表示在此次履行债务后的 2 个月之内履行剩余债务。此时，仍不影响支付令的效力。（　　）

9. 对设有担保的债务的主债务人发出的支付令，对担保人没有拘束力，但债权人可就担保关系单独提起诉讼，而不影响支付令的效力。（　　）

10. 债权人基于同一债权债务关系向多个债务人提出支付请求，其中一人提出的异议不影响其他支付请求的效力。（　　）

二、单项选择题(共 5 小题)

1. 下列哪种情况下，甲可以请求法院适用督促程序？（　　）

A. 甲公司使用乙公司的产品，乙公司拒绝提供合同中的售后服务

B. 乙拖欠甲 1 万元现金至今未还，乙在国外，但是乙在国内有可供执行的财产

C. 乙拖欠甲巨额到期债务，总额超过 100 万元

D. 乙拖欠甲一定数额的货款已经到期，但货款的最终数额双方尚未确定

2. 人民法院受理债权人申请后，经审查债权人提出的事实、证据，认为债权人的申请不符合法定条件的，裁定予以驳回，这会产生哪种法律后果？（　　）

A. 法院驳回申请的裁定，申请人不得上诉

B. 法院驳回申请的裁定，在上诉期限内，申请人可以提起上诉

C. 法院驳回申请的裁定，申请人不得上诉，且不能就同一事实按通常诉讼程序起诉

D. 法院驳回申请的裁定，申请人既可上诉，也可就同一事实按通常诉讼程序起诉

3. 张某与李某签订一项合同，张某将一辆二手汽车转让给李某。张某交货后李某迟迟不付款，张某拟申请支付令。现知李某住所地为甲地，张某住所地为乙地，汽车交付地为丙地，合同在丁地签订，则张某应向哪地法院申请？（　　）

A. 甲　　B. 乙　　C. 丙　　D. 丁

4. 甲拖欠乙借款已达 1 年，其间乙多次催付，甲均加以推脱。经乙申请，法院经审查后发出了支付令。甲在法定期间内书面向法院表示该支付令无理由。在此情形下，法院应当采取的正确做法是（　　）。

A. 应当进行调查，如果甲没有不支付的合理理由，则应强制执行

B. 应当直接裁定终结督促程序

C. 如果经调查发现甲的确无支付能力，则应裁定支付令失效

D. 应当裁定中止督促程序

5. 河南某经营土特产的公司向新疆某土产公司购买价值 10 万元的红枣，河南公司认为新疆公司用不好的大枣充当特等红枣，因而拒绝付款。为此新疆公司向法院申请支付令，要求河南公司支付货款。收到支付令后，河南公司既不提出异议又不履行义务，而是向另一法院起诉，要求退货。以下说法正确的是（　　）。

A. 河南公司的行为使支付令失去效力

B. 河南公司的行为不能阻止支付令的效力

C. 如果河南公司在收到支付令后 15 日内起诉，产生债务人异议的法律后果

D. 受理支付令申请的法院应当裁定终结督促程序

三、多项选择题(共 5 小题)

1. 根据我国民事诉讼法和相关司法解释的规定，下列情形不适用督促程序的是(　　)。

A. 劳务合同履行期限已届满，债务人拒不提供劳务

B. 债务人在国外，但其在国内有可供执行的财产

C. 债务已到期但数额尚不能确定

D. 债务人对该债务享有抗辩权

2. 甲乙两人同是广东某公司职员，曾共同租住于某小区公寓，月租金为人民币 5000 元。他们约定前半年房租由甲付，后半年房租由乙付。租住半年后，房东决定收回房子，不再向外出租，于是甲搬回家居住，而乙住回公司宿舍，对于前半年的租金，乙写了一张欠条给甲。3 月后，乙跳槽至北京某电子公司，离开广东前未还所欠甲的房租。乙离开广东半年后，2012 年 7 月 5 日甲向乙户籍所在地广东某区法院申请支付令。7 月 12 日，法院通知龙某受理其申请，并于 8 月 4 日发出支付令。得知公司派乙到美国培训，且要到 10 月初才会回到上海，8 月 13 日，法院裁定终结督促程序。以下说法正确的有(　　)。

A. 对龙某的支付令申请予以受理不正确

B. 通知受理的时间超出法律规定的期限

C. 发出支付令的时间超出法律规定的期限

D.法院裁定终结督促程序的期间还不到法律规定的期限

3. 下列有关支付令的说法，正确的有(　　)。

A. 向债务人本人送达支付令，债务人拒绝接收的，法院可以留置送达

B. 债权人在申请支付令之前已经向法院申请诉前保全，法院应当裁定驳回申请

C. 债务人对债务本身没有异议，但提出缺乏清偿能力的，不影响支付令的效力

D. 撤销已经生效的支付令应以裁定方式作出，并由法院院长提交审判委员会讨论决定

4. 下列关于督促程序的说法中，错误的是(　　)。

A. 甲乙两公司签订货物买卖合同，乙公司支付货款后，甲公司却迟迟不交付货物，乙公司于是向法院申请支付令，要求甲公司交付货物

B. 乙到期不还甲的欠款，虽乙下落不明长达 3 年时间，甲仍可向法院申请支付令

C. 督促程序因债权人的申请而开始

D. 债务人在法定期间内对债务予以口头确认，并履行部分债务，且口头表示在此次履行债务后的 2 个月之内履行剩余债务。这样仍然不影响支付令的效力

5. 甲公司拖欠乙公司一笔货款已有半年，乙公司在多次讨要无果的情况下向法院申请支付令。法院经审查后向甲公司发出支付令，要求其限期还款，甲公司下列哪些行为不影响支付令的效力？(　　)

A. 甲在接到支付令后表示自己无力还款

B. 甲在接到支付令后口头表示异议

C. 甲在接到支付令后以书面形式提出乙公司所交货物不符合合同约定，应减少货款

D. 甲在接到支付令后向另一法院提起诉讼，要求退货

四、问答题（共 3 小题）

1. 督促程序具有哪些特点？

2. 申请支付令的条件是什么？

3. 支付令异议成立的条件是什么？

五、案例分析题（共 1 小题）

刘某与郑某是关系很好的朋友。2015 年 5 月，郑某向刘某借款 8 万元购买商品房。两人因此签订了借款协议，约定郑某一年后还钱，最迟不超过 5 月底。除此之外，两人再无其他债务纠纷。到 2016 年 6 月 10 日，刘某来到郑某居住的新房，当着邻居的面斥责郑某为什么还不还钱。郑某觉得很是下不了台，于是赌气说："我没有借你的钱，不要胡说八道。"刘某于是准备向人民法院申请支付令。

问题：

（1）刘某可向法院申请支付令吗？如果可以，应当向哪个法院申请支付令？

（2）若郑某收到法院发出的支付令后，拒不还钱，并提出：本来是要还钱的，由于刘某要钱时太不给面子了，当众斥责，因此就是不还钱。在此情况下，法院应如何处理？

（3）若郑某及其家人拒不接受法院送达的支付令，法院应当如何处理？

第十七章 公示催告程序

【学习目标】

■ 知识目标：

了解公示催告程序的概念和特点、适用范围、除权判决的概念；

理解公示催告程序申请的条件、公示催告程序案件的审理、裁判及除权判决的效力。

■ 能力目标：

掌握公示催告程序的适用范围和公示催告程序案件的审判程序。

【本章需要预习的主要法律、法规】

1. 《民诉法》第 133 条第(1)项，第 218～223 条；
2. 最高法院《民诉法解释》(法释〔2015〕5 号)第 444～461 条。

第一节 公示催告程序概述

【引例 17-1】

2013 年 11 月 29 日，浙江坤贸公司发现本公司持有的一张汇票丢失，遂向宁波市江东区法院申请公示催告，票据号码为 313000513，出票人为宁波世恒公司，收款人为宁波万鸿公司，出票金额为 10 万元人民币，付款行为宁波银行，该份汇票经过背书，现持票人为浙江坤贸公司。江东区法院受理后于 2014 年 4 月 4 日发出公告，催促利害关系人在 60 日内申报权利。现申报人无锡市明胜公司在公示催告期间向法院申报权利，2014 年 6 月 10 日，江东区人民法院裁定终结公示催告程序。[①]

请分析本案中公示催告程序的适用。

一、公示催告程序的概念

随着社会经济生活的发展，作为方便交易的支付工具，票据因为其易于携带而越来越多地为人们所使用，票据的被盗、遗失或者灭失亦屡见不鲜，在这种情况下，由于票据作为完全有价证券，需要票据权利人提示票据才能行使票据权利，交出票据才能受领票据金额，持票人丧失票据也就意味着无法以法定程序行使票据权利。但由于票据丧失并非出于持票人的本意，故应赋予持票人寻求补救措施的权利，而公示催告程序即是丧失票据的持票人通过司法救济来补救的法律制度，是指人民法院根据申请人的申请，以公示方式催告不明的利害关系人在法定期间内主张权利，到期无人申报权利的，则根据申请人的申请依法作出除权判决的程序。作为一种制度，公示催告是失票人在丧失票据后通过申请法院宣告票据无效，使票据权利与票据本身相分离，一方面防止票据权利被他人不当行使，另一方面亦可让失票人重新获得票据权利，保障交易安全。

二、公示催告程序的特点

【真题实训 17-1】

甲公司因遗失汇票，向 A 市 B 区法院申请公示催告。在公示催告期间，乙公司向 B 区法院申报权利。关于本案，下列哪些说法是正确的？（2009，卷三，89）

A. 对乙公司的申报，法院只就申报的汇票与甲公司申请公示催告的汇票是否一致进行形式审查，不进行权利归属的实质审查

B. 乙公司申报权利时，法院应当组织双方当事人进行法庭调查与辩论

C. 乙公司申报权利时，法院应当组成合议庭审理

D. 乙公司申报权利成立时，法院应当裁定终结公示催告程序

不同于一般民事诉讼程序，公示催告程序作为特别程序具有以下特点：

（1）非讼程序。票据持有人因票据被盗、遗失或灭失而向法院提出公示催告申请，旨在实现票据权利。虽然是通过司法救济的方式，但公示催告程序中没有确定的对方当事人，无

---

① 案例来源：http://www.court.gov.cnzgcpwswzjzjsnbszjrmfynbsjdqrmfyms201406t20140619_1580089.htm，案情有所删减。

法形成对立的诉讼关系,无答辩程序,以不开庭的形式进行书面审理。

(2) 当事人特定。由于票据的可流通性,公示催告程序中的当事人主要是指申请人,即票据被盗、遗失或者灭失前的最后持有人。

(3) 适用范围特定。公示催告程序仅适用于可以背书转让的汇票、本票和支票以及法律规定的其他事项,受理法院限于票据支付地的基层法院。

(4) 审理方式特殊。审理公示催告案件,法院需以公告方式确定利害关系人是否存在,对申报权利人的主张只进行程序审查;公告期满无人申报权利,法院不直接作出宣告票据无效的判决,而须由申请人向法院提出宣告票据无效申请,法院才能做出除权判决。换言之,公示催告案件的审理具有明显的二阶段性:公式催告阶段和除权判决阶段。就审判组织而言,根据《民诉法解释》第 454 条的规定,在公式催告阶段,可以适用独任制由审判员一人审理;而在除权判决阶段,必须适用合议制,组成合议庭审理。

公示催告案件实行一审终审,程序中的判决、裁定一经作出立即生效,申请人和利害关系人不得上诉。

[真题实训 17-1](2009,卷三,89)答案:AD。解析:本题考核公示催告制度。《民诉法解释》第 451 条规定,利害关系人申报权利,法院应通知其向法院出示票据,并通知公示催告申请人在指定的期间查看该票据。公示催告申请人申请公示催告的票据与利害关系人出示的票据不一致的,法院应当裁定驳回利害关系人的申报。故选项 A 说法正确,选项 B 说法错误。依《民诉法解释》第 454 条,选项 C 说法错误。《民诉法》第 221 条第 2 款规定,法院收到利害关系人的申报后,应当裁定终结公示催告程序,并通知申请人和支付人,故选项 D 说法正确。本题是旧题新做,虽然答案没变,但当时的解题依据是《民诉法》2012 年修正之前的原第 198 条第 2 款和《民诉法意见》第 230、231 条。

三、公示催告程序的适用范围

《民诉法》第 218 条规定,可以背书转让的票据持有人,因票据被盗、遗失或者灭失,可以向票据支付地的基层人民法院申请公示催告。《民诉法解释》第 444 条进一步明确规定,票据持有人,是指票据被盗、遗失或者灭失前的最后持有人。因此,公示催告程序中的申请人,仅限于票据的最后持有人。而可以背书转让的票据是指,由本人或者委托他人在见票时或者在票据载明的日期,无条件支付确定金额的金钱给收款人或持票人的一种有价证券。持票人可以背书方式将票据权利转让给他人,从而以让与人的单方意思表示完成转让行为。根据《票据法》的规定,在我国,可以背书转让的票据包括汇票、本票和支票三种。

[引例 17-1:解析]本案中,作为最后持票人的浙江坤贸公司丢失可背书转让的汇票,其通过法院寻求救济,向票据支付地宁波市江东区法院申请公示催告,避免票据权利处于不确定状态。而本案中的申报人出现并向法院申报权利,使这种不确定状态结束。

第二节 公示催告申请的提起和受理

【引例 17-2】

张珊不慎将自己的一张提单丢失，在其准备向法院申请公示催告时，其同事李思告诉她说，王武见到了这张提单。

请问：此时张珊能否申请公示催告？

一、申请公示催告的条件

依《民诉法》第 218 条规定，申请公示催告需要同时具备如下条件：①申请的主体，必须是票据等权利凭证的最后合法持票人；②申请的对象，必须是可以背书转让的票据以及法律规定允许公式催告的事项；③申请的理由，是可以背书转让的票据等权利凭证被盗、遗失或者灭失，且利害关系人不明确；④申请的方式，必须是以书面方式提出申请；申请书的内容包括票面金额、发票人、持票人、背书人等票据主要内容和申请的理由、事实。

[引例 17-2：解析] 此时张珊不能申请公示催告，因为利害关系人已经明确。

二、申请公示催告的管辖法院

根据《民诉法》第 218 条，申请公示催告的管辖法院，仅限于票据支付地的基层法院。票据支付地是指票据上载明的付款方所在地或住所地。这样规定，既便于申请人申请公示催告，又便于受案法院及时通知付款方停止支付。

三、公示催告申请的受理

根据《民诉法解释》第 445、446 条，法院对申请人提出的公示催告申请，应当立即审查。经审查认为符合受理条件的，通知予以受理，并同时通知支付人停止支付；认为申请不符合受理条件的，7 日内裁定驳回申请。因票据丧失，申请公示催告的，法院应当结合票据存根、丧失票据的复印件、出票人关于签发票据的证明、申请人合法取得票据的证明、银行挂失止付通知书、报案证明等证据，决定是否受理。

第三节 公示催告案件的审理程序

【引例 17-3】

欧龙公司向董某交付银行承兑汇票一份(票号:GA/0101918225,出票日期:2012 年 4 月 29 日,出票人:欧龙公司,收款人:圣奥公司,付款行:浦发宁波分行慈溪支行,票面金额:400 万元人民币,到期日:2012 年 10 月 29 日)。2012 年 4 月 29 日,张某向董某银行账号汇款 391.20 万元,从董某处取得汇票后,再转让给顺丰公司。同年 5 月 14 日,圣奥公司以票据遗失为由,向慈溪市法院申请公示催告,慈溪市法院同日作出(2012)甬慈催字第 75 号公告,催促利害关系人在 60 日内申报权利,该公告于 2012 年 5 月 21 日在人民法院报上刊登。在公示催告期内无人申报权利,慈溪市法院遂于 2012 年 7 月 23 日作出民事判决,宣告票据无效,圣奥公司有权向支付人请求支付,并于 2012 年 7 月 31 日在人民法院报刊登公告。2012 年 10 月 29 日,圣奥公司领取了 400 万元票款。①

请分析:本公示催告案件的审理程序。

一、止付与公告

(一) 止付

失票人向法院申请公示催告的目的在于保护自身权利,法院受理公示催告申请后,即应向支付人发出通知,要求其停止支付。这实际上是法院为保护失票人的票据权利而采取的保全措施。因为票据可以背书转让,是支付人见票即付的有价证券,失票人失去对票据的占有后,票据权利存在被侵害风险,而法院向支付人发出的止付通知是保全票据权利不受侵害。支付人拒不执行法院发出的止付通知的,可依法采取强制措施,并承担相应的法律责任。止付通知的保全效力,持续至公示催告程序的终结。

(二) 公告

法院决定受理申请,在发出止付通知的同时,应在 3 日内发出公告,目的在于催促利害关系人申报权利。公示催告的期间,由法院根据情况决定,但不得少于 60 日,且公示催告期间届满日不得早于票据付款日后 15 日。《民诉法解释》第 447 条规定了法院受理公示催告

① 案例来源:http://www.court.gov.cn/zgcpwsw/zj/zjsnbszjrmfy/cxsrmfy/ms/201406/t20140612_1449315.htm,案情有所删减。

申请的公告,应当写明如下内容:①公示催告申请人的姓名或名称;②票据的种类、号码、票面金额、出票人、背书人、持票人、付款期限等事项,以及其他可以申请公示催告的权利凭证的种类、号码、权利范围、权利人、义务人、行权日期等事项;③申报权利的期间;④在公示催告期间转让票据等权利凭证,利害关系人不申报的法律后果,也即公示催告期间转让票据权利的行为无效,利害关系人若不申报权利则失权。

《民诉法解释》第 448 条还规定,公告应当在有关报纸或者其他媒体上刊登,并于同日公布于法院公告栏内。法院所在地有证券交易所的,还应当同日在该交易所公布。

二、申报权利

【真题实训 17-2】

甲公司因票据遗失向法院申请公示催告。在公示催告期间届满的第 3 天,乙向法院申报权利。下列哪一说法是正确的?(2012,卷三,46)

A. 因公示催告期间已经届满,法院应当驳回乙的权利申报

B. 法院应当开庭,就失票的权属进行调查,组织当事人进行辩论

C. 法院应当对乙的申报进行形式审查,并通知甲到场查验票据

D. 法院应当审查乙迟延申报权利是否具有正当事由,并分别情况作出处理

法院发出公示催告后,如果出现了对票据主张权利的人,应当在公示催告期间向法院申报,表明自己的票据权利。在公示催告期间或申报期届满后、判决作出之前有利害关系人申报权利,基于公示催告程序的非讼性,法院应当裁定终结公示催告程序。当然,申报权利应当符合一定的条件:①申报权利人应当是丢失票据的持有人;②申报权利人应当在公示催告期间或者除权判决作出之前申报。

利害关系人申报权利,法院应当通知其向法院出示票据,并通知公示催告申请人在指定的期间查看该票据。公示催告申请人申请公示催告的票据与利害关系人出示的票据不一致的,法院应当裁定驳回利害关系人的申报;法院审查认为申报不符合条件的,应当裁定驳回申报;法院审查认为申报符合条件的,裁定终结公示催告程序。如果公示催告申请人或者申报人向法院提起诉讼,因票据权利纠纷提起的,由票据支付地或者被告住所地法院管辖;因非票据权利纠纷提起的,由被告住所地法院管辖。

[真题实训 17-2](2012,卷三,46)答案:C。解析:本题考查公示催告程序中的权利申报。申报权利一般应在法院指定的公示催告期间内进行,在作出除权判决之前申报的,法院也应当准许,故选项 A、B、D 说法均错。法院对权利人的申报仅作形式审查,并通知申请人到场查验利害关系人申报的票据,故选项 C 说法正确。

公示催告程序中的"申报权利",是考试的重点,除上列真题(2012,卷三,46)外,还曾在下列真题考查过:2009 年卷三第 89 题,2008 年四川省单独命题卷三第 43 题。

三、除权判决

【真题实训 17-3】

甲公司财务室被盗，遗失金额为80万元的汇票一张。甲公司向法院申请公示催告，法院受理后即通知支付人A银行停止支付，并发出公告，催促利害关系人申报权利。在公示催告期间，甲公司按原计划与材料供应商乙企业签订购货合同，将该汇票权利转让给乙企业作为付款。公告期满，无人申报，法院即组成合议庭作出判决，宣告该汇票无效。关于本案，下列哪些说法是正确的？（2015，卷三，85）

A. A银行应当停止支付，直至公示催告程序终结

B. 甲公司将该汇票权利转让给乙企业的行为有效

C. 甲公司若未提出申请，法院可以作出宣告该汇票无效的判决

D. 法院若判决宣告汇票无效，应当组成合议庭

关于法院按公示催告程序作出的判决，下列哪些表述是正确的？（2006，卷三，81）

A. 可称之为无效判决

B. 可称之为除权判决

C. 是可以再审的判决

D. 利害关系人可以在判决公告之日起1年内起诉

法院发出公示催告后，如果期间届满无人申报权利，或者有申报但被驳回，申请人即可向法院提出申请，请求法院作出宣告失票无效的判决，称为除权判决。法院不能依职权主动做出除权判决，只有公示催告申请人申请才能作出，并且申请应当在公告届满次日起1个月内向法院提出，逾期不申请的，终结公示催告程序。裁定终结公示催告程序的，应当通知申请人和支付人。

[真题实训17-3]（2015，卷三，85）答案：AD。解析：《民诉法》第220条规定，支付人收到法院停止支付的通知，应当停止支付，至公示催告程序终结。公示催告期间，转让票据权利的行为无效，故选项A正确、选项B错误。《民诉法》第222条规定，没有人申报的，法院应当根据申请人的申请，作出判决，宣告票据无效。据此，法院作出汇票无效的除权判决，必须根据申请人的申请，若未提出申请，法院则不能作出宣告该汇票无效的判决，故选项C错误。《民诉法解释》第454条规定，判决宣告票据无效的，应当组成合议庭审理，故选项D正确。

公示催告程序中的"除权判决"，也是考试的重点，除上列真题（2015，卷三，85）外，还曾在（2006，卷三，81）、（2005，卷三，50）考查过。

公示催告程序实行一审终审，除权判决作出后，当事人不能上诉，同时具有以下效力：①公示催告的票据丧失效力，持票的利害关系人不能行使票据权利，如果利害关系人对判决有异议，可按《民诉法》的规定提起诉讼；②公示催告申请人根据法院判决可自判决公告之日起向付款人请求付款，行使票据权利，付款人不得拒绝支付。如果付款人拒绝支付，申请人可向法院起诉，符合民事诉讼法规定的起诉条件的，法院应予受理。

[引例 17-3:解析]本案中作为收款人的圣奥公司并非汇票的最后持有人,但因票据上的记载事项使其有机会向法院提出公示催告申请。由于公示催告程序的非讼性,慈溪市法院通过审查圣奥公司的申请即发出公告,催告利害关系人在60日内申报权利,但在公示催告期间内无人申报权利;后慈溪市法院主动作出除权判决,宣告汇票无效,致使收款人圣奥公司以法院的判决为依据,向付款行请求支付款项,并顺利领取汇票载明的400万元金额的款项。本案先有圣奥公司以失票人名义申请公示催告程序在前,欺骗法院启动公示催告程序,后有法院主动作出除权判决在后,使得圣奥公司得以主张票据权利,兑付汇票所载金额款项,应该说法院的审理程序存在瑕疵,而圣奥公司伪报票据丧失的行为,损害了合法票据权利人的利益,扰乱了正常的票据流通秩序,损害了司法公信力,合法票据权利人有权向圣奥公司主张损害赔偿。

四、公示催告程序的终结

公示催告程序的终结,分为正常终结和非正常终结。正常终结是指在公示催告期间无人申报权利或有申报但被驳回,法院根据申请人的申请作出除权判决,裁定终结公示催告程序;而非正常终结的情形包括:①在申报期间内没有人申报,或者申报被驳回的,公示催告申请人逾期不申请除权判决的,终结公示催告程序;②公示催告期间申请撤回的,法院可以径行裁定终结公示催告程序;③公示催告期间,利害关系人向法院申报权利,未被驳回的,裁定终结公示催告程序,并及时通知申请人和支付人;④公示催告申请人的申请被驳回的,裁定终结公示催告程序;⑤支付人在接到停止支付的通知前已对该票据支付的,裁定终结公示催告程序;⑥利害关系人在申报期届满后、判决作出前申报权利的,裁定终结公示催告程序。

五、对利害关系人权利的救济

《民诉法》第223条规定,利害关系人因正当理由不能在判决前向法院申报的,自知道或应当知道判决公告之日起1年内,可以向作出判决的法院起诉。这实质上是为因除权判决而受影响的权利人设置的补救措施,因为公示催告程序一审终审,不能上诉,当事人即使有异议亦不能提起再审,因此,利害关系人如果有正当理由可向法院起诉,法院按票据纠纷适用普通程序审理。但若超过法律规定的期间,则利害关系人的诉讼请求就因超过诉讼时效而不再受到法律保护。依《民诉法解释》第460条,正当理由具体包括:①因发生意外事件或不可抗力致使利害关系人无法知道公告事实的;②利害关系人因被限制人身自由而无法知道公告事实,或虽知道公告事实,但无法自己或者委托他人代为申报权利的;③不属于法定申请公示催告情形的;④未予公告或未按法定方式公告的;⑤其他导致利害关系人在判决作出前未能向法院申报权利的客观事由。

【本章小结】

公示催告程序旨在解决可背书转让的票据遗失后的司法救济问题,失票人可通过民事特别程序寻求补救措施。本章介绍了关于公示催告程序的一般理论,包括公示催告程序的概念、特征、适用范围及条件。需要重点掌握公示催告程序的适用条件、审判程序、除权判决的效力以及利害关系人的救济。

【国家统一法律职业资格考试辅导专栏】

(1) 从历年真题来看,本章不属考试重点并分值不高,且部分年份没有列入考查范围,但近年来对本部分内容的考查难度有上升趋势,不再局限于围绕单一知识点进行客观题考查,而是采用串联相关知识点命题的方式来综合考查掌握程度。

(2) 历年考点:公示催告程序的特点、适用范围、权利申报、除权判决、利害关系人的救济。

(3) 历年真题:2015 卷三 85(与 2014 卷三 85 比较,二者的题干、选项、答案甚至题号,均一字不差);2014 卷三 85;2012 卷三 46;2009 卷三 89;2008 四川卷三 43。

(4) 备考重点:①公示催告程序的适用范围。目前只限于可以背书转让的票据被盗、遗失或灭失引起的公示催告申请。②公示催告程序的特点.案件一审终审,无论是除权判决或是终结裁定,一经作出立即发生法律效力,申请人和利害关系人均不得提起上诉;③除权判决作出后利害关系人的救济。利害关系人因正当理由,可在知道或应当知道判决公告之日起 1 年内,向作出判决的法院起诉。

【本章练习】

一、判断题(请在题后括号内,正确的打"√",错误的打"×")(共 10 小题)

1. 公示催告程序的启动基于丧失票据持有人或其他事项权利人的申请而非起诉。( )

2. 法院在收到公示催告的申请之后应当裁定予以受理或不予受理。( )

3. 公示催告程序实行一审终审,不得上诉。( )

4. 除权判决是公示催告程序的必经阶段。( )

5. 公示催告程序仅适用于可背书转让的票据及法律规定允许公示催告的其他事项。( )

6. 生效除权判决由法院执行机关强制执行,法院有权要求付款人向申请人付款。( )

7. 适用公示催告程序审理案件,实行独任制由审判员一人审理。( )

8. 公示催告期届满,如果申请人未在届满次日起 3 个月内及时向法院申请作出除权判决,法院亦可主动宣告公示催告程序终结。( )

9. 公示催告程序中的利害关系人在申报期届满后、判决作出之前申报权利的,同样应当裁定终结公示催告程序。( )

10. 公示催告申请人和权利申报人不服法院终结公示催告程序的裁定,提起的诉讼均由票据支付地的基层法院管辖。( )

二、单项选择题(共 5 小题)

1. 根据法律及相关司法解释的规定,可背书转让票据的持有人,因票据被盗、遗失或灭失,可以向哪个基层法院申请公示催告?( )

A. 票据出票地
B. 票据背书转让地
C. 票据被盗、遗失或灭失地
D. 票据支付地

2. 公示催告程序中的利害关系人在公示催告期间向法院申报权利的,法院应当裁定终结公示催告程序。利害关系人在申报期届满后、判决作出前申报权利的,法院应如何处理?( )

A. 应当裁定终结公示催告程序
B. 应当裁定驳回申请
C. 应当告知利害关系人起诉
D. 应当裁定驳回申请人的申请

3. 下列哪种情形不适用公示催告程序?( )

A. 甲公司开出一张以某商业银行为付款人的 30 万元银行汇票,甲公司的业务员持该汇票到达广州时,发现汇票遗失

B. 乙在出差途中将一张见票即付的支票丢失

C. 丙价值 10 万元的记名股票在大火中被烧毁

D. 丁外贸公司将一张价值 300 万的记名提单丢失

4. 在公示催告程序中,法院审查后认为利害关系人申报主张的权利理由正当,作出驳回申请人的申请,终结公示催告程序的裁定。申请人对此裁定不服,可以怎么办?( )

A. 向上一级法院上诉
B. 申请再审
C. 另行起诉
D. 申请作出除权判决

5. 某甲将一张银行汇票不慎在洗衣服时毁损,于是向法院申请公示催告。法院受理后立即发布了公告,催促利害关系人申报权利。鉴于申请人的汇票是毁损而不是丢失,所以法院将催促利害关系人申报权利的期间定为 30 日,并于受理后的 3 日以后向银行发出止付通知。公告期满不到 1 个月,法院由公示催告阶段的独任审判员独任审理,作出除权判决,从而终结公示催告程序。下列说法正确的是( )。

A. 法院于受理后的 3 日以后向银行发出止付通知是错误的

B. 鉴于申请人的汇票是毁损而非丢失,法院将催促利害关系人申报权利的期间定为 30 日是合适的

C. 鉴于申请人的汇票是毁损而非丢失,公告期满,法院可径行作出除权判决

D. 特别程序审理的案件除选民资格案件和重大、疑难非讼案件由审判员组成合议庭审理外,由审判员独任审理,所以本案所适用的审判组织形式是合法的

三、多项选择题(共 5 小题)

1. 甲取得一张某公司开出的可背书转让汇票,票据承兑行是中国建设银行海淀区支行。甲到外地出差时不慎将该汇票遗失,遂向法院申请公示催告。法院经审查后发出催告,公告期 70 天。到第 80 天,仍无人申报权利,该法院于是判决除去原票据上的权利,终结公示催告程序。关于本案的说法正确的是( )。

A. 甲应当向北京市海淀区法院申请公示催告

B. 本案公示催告的期间超过了《民诉法》规定的 60 日,因此期间违法

C. 本案中甲应在催告期间届满后1个月内向北京海淀区法院申请除权判决

D. 本案中法院未经当事人申请,自行作出除权判决的做法是错误的

2. 公示催告程序中,有关催告利害关系人申报权利的期间,下列说法正确的是(　　)。

A. 该期间是除斥期限

B. 该期间是法定期间

C. 利害关系人应当在该期限内申报权利

D. 利害关系人在申报期届满后、除权判决作出前申报权利的,仍裁定终结公示催告程序

3. 有关公示催告程序中的停止支付,下列表述中正确的是(　　)。

A. 法院决定受理公示催告申请的同时应当通知支付人停止支付

B. 停止支付的效力至公示催告程序终结

C. 支付人收到止付通知后拒不执行的,在法院判决后,支付人仍应承担赔偿责任

D. 支付人经审查认为法院停止支付的通知有错误,可以不停止支付

4. 甲公司遗失一张可背书转让的汇票。该公司会计未经领导同意便以个人名义向票据支付地的某市中级法院以口头方式申请公示催告,该中级法院经公示催告,无人申报权利。后该法院未经甲公司申请便依职权直接作出除权判决,宣告该汇票无效。该公示催告程序在哪些地方违反法定程序?(　　)

A. 该汇票的持有人为甲公司,该公司会计不能以个人名义申请

B. 申请公示催告,必须提出书面申请书

C. 管辖法院应为票据支付地的基层法院,中级法院不适用公示催告程序

D. 法院不能依职权主动作出除权判决,应依申请人的申请作出

5. 引起公示催告程序终结的情形有(　　)。

A. 权利申报期间没有人申报权利,公示催告程序申请人逾期不申请除权判决的

B. 公示催告期间,利害关系人向法院申报权利,未被驳回的

C. 公示催告期间申请人撤回申请的

D. 法院作出除权判决并再次公告的

四、问答题(共3小题)

1. 公示催告程序有哪些特点?

2. 申请公示催告的条件是什么?

3. 除权判决的效力是什么?

五、案例分析题(共1小题)

2015年1月11日,集美公司与长运外贸公司和运昌贸易公司合作,签订代理进口小汽车零配件协议,对外开立了信用证。为此,运昌公司按约定签发了金额分别为400万元和600万元,到期日分别为同年11月10日、12月10日,收款人均为集美公司的两张银行承兑汇票,均为中国工商银行无锡市郊区支行承兑。但这两张银行承兑汇票,在运昌公司交付集美公司前遗失。因此,申请人向法院申请公示催告,法院受理后立即发布公告,催促利害关系人申报权利,并将申报权利的期间定为30日。后经申请人申请,法院向中国工商银行无锡市郊区支行发出止付通知,要求银行停止承兑上述两张汇票。公告期不到1个月,法院根

据申请人的申请作出除权判决，终结了公示催告程序。

问题：

1. 有权向法院提出申请公示催告的是（　　）。

A. 集美公司　　　　B. 长运外贸公司

C. 运昌公司　　　　D. 中国工商银行无锡市郊区支行

2. 申请公示催告应向以下哪个法院提出？（　　）

A. 集美公司住所地基层法院

B. 运昌公司住所地基层法院

C. 中国工商银行无锡市郊区支行所在的无锡市郊区法院

D. 中国工商银行无锡市郊区支行所在的无锡市中级法院

3. 有关本案的审理，相关说法正确的是（　　）。

A. 法院受理公示催告申请的同时，应当通知支付人停止支付

B. 公示催告的期间不得少于 90 日

C. 利害关系人因正当理由不能在判决前向法院申报权利的，可以在知道判决公告 2 年内向作出除权判决的法院起诉

D. 除权判决的作出是法院的职权行为，无须运昌公司提出申请

4. 本案程序上的错误有哪些？

第十八章 执行程序

【学习目标】

■ 知识目标：

了解民事执行程序的概念和特征、参与分配、执行担保、执行承担、委托执行、协助执行、不予执行等制度；

理解民事执行程序与民事审判程序的关系、执行救济的条件和程序、具体执行案件中的执行措施。

■ 能力目标：

掌握民事执行程序的流程、执行主体、执行标的、执行根据、执行管辖、执行和解、执行措施的特点和种类。

【本章需要预习的主要法律、法规】

1.《民诉法》第224～258条；

2. 最高法院《民诉法解释》(法释〔2015〕5号)第462～521条；

3. 最高法院《执行规定》(法释〔1998〕15号)、《暂缓执行规定》(法发〔2002〕16号)、《执行解释》(法释〔2008〕13号)、《委托执行规定》(法释〔2011〕11号)；

4. 最高法院《查封、扣押、冻结规定》(法释〔2004〕15号)、《拍卖、变卖规定》(法释〔2004〕16号)、《限制高消费规定》(法释〔2010〕8号)；

5. 最高法院《公布失信被执行人信息规定》(法释〔2013〕17号)；

6. 最高法院《实施仲裁法的通知》(法发〔1997〕4号)、《仲裁法解释》(法释〔2006〕7号)；

7. 最高法院《高院统管执行规定》(2000年1月14日颁布)；

8. 最高法院《办理执行异议和复议案件规定》(法释〔2015〕10号)。

第一节 民事执行概述

【引例 18-1】

刘一欠陈二借款 93 万元未还，刘一申请法院向住所地在清远市 F 区、主要财产(房产)在广州市 H 区的陈二发出支付令。陈二收到支付令后既未在法定期间内提出异议又未清偿债务。

请问：刘一若申请执行支付令，则应向清远市 F 区(陈二住所地)法院还是广州市 H 区(陈二主要财产所在地)法院申请？

一、执行程序与执行的原则

(一) 民事执行的概念

民事执行，也被称为强制执行或民事强制执行，是指民事执行机构行使民事执行权，以生效的法律文书为根据，借助国家强制力，依法采取强制性的执行措施，迫使拒绝履行义务的当事人履行生效法律文书所确定的实体义务，从而实现债权人权利的法律行为。

执行是与履行相对而言的。履行，是指负有义务的一方当事人主动完成生效法律文书所确定的义务，从而使享有权利的一方当事人实现其权利的法律行为。履行是一种不需要外力介入的、当事人的自觉行为，是债权人实现权利的通常方式；而执行则是一种在国家公权力作用下的、执行机构的强制行为，是债权人实现权利的特殊方式。

(二) 民事执行的立法体例

目前从世界范围而言，由于法律传统不同，民事执行主要有如下三种立法体例：

(1) 民事执行单独立法，即制定了独立的、单行的民事执行法典，将民事执行的原则、制度、程序、方法等单独予以规范，目前主要有：法国、韩国、日本、冰岛、挪威、瑞典、奥地利、列支敦士登及我国台湾地区等。但其名称在这些国家和地区并不相同，有的称为民事执行法，有的则称为强制执行法。

(2) 民事执行与民事诉讼混合立法，即民事执行被规定在民事诉讼法典之中，德国、意大利、西班牙等国都实行这种立法体例；且在已经实行民事执行单独立法的国家，其民事执行法典也多数从民事诉讼法典中分立出来(只有奥地利除外，因在制定《民诉法》的同时也制定了《民事执行法》)。

(3) 民事执行与其他程序混合立法，即民事执行既不单独立法，也不在《民诉法》中规定，而是与其他程序混合立法，具体又细分为三种模式：一是在法院法和法院规则中规范民事执行程序，如英国；二是将民事执行程序分散规定在多项法律之中，如美国；三是与破产程序混合立法，如瑞士。

我国早在1940年就由国民政府制定了单行的《民事执行法》，历经多次修改，目前仍在我国台湾地区施行。新中国成立后，旧法体系被废除，民事执行采取了与民事诉讼混合立法的体例，将民事执行程序与民事审判程序并列，规定在《民诉法》之中。1991年通过、经2007年和2012年两次修正的现行《民诉法》，有关民事执行的条文先后分别为30、34、35条，条文数目过少，相关规定的可操作性较差，最高法院因此颁布了一系列的司法解释（主要包括[本章需要预习的主要法律、法规]所列），以满足民事执行实践的需要。

（三）民事执行程序

民事执行程序，是指保证具有执行效力的法律文书得以实现的程序，即民事执行机构采取强制性的执行措施，迫使义务人履行义务、实现债权人权利的阶段与过程的总和。

民事执行程序与审判程序既相互联系，又相互区别。二者的联系体现为以下几点：

(1) 两种程序都体现了国家公权力的作用，都是以国家公权力维护当事人私权的方式。

(2) 在以诉讼解决民事纠纷的机制中，若债务人拒绝履行义务，则审判程序是执行程序的前提和基础——没有审判程序作出具有给付内容的生效法律文书，则不可能有执行程序的开始；而执行程序又是审判程序的保障——若无执行程序，则审判程序所确定的实体权利义务关系会因义务人拒绝履行而使权利人的实体权利落空。

(3) 特定情形下，民事执行与民事诉讼会发生交叉，例如：在民事诉讼中采取保全措施；在民事执行中，发现据以执行的法院裁判确有错误而启动再审程序。

(4) 在理解二者关系时，若仅限于民事诉讼这种解纷机制，则可认为审判程序是执行程序的前提和基础；而若立足于整个民事纠纷解决的多元化机制体系，则不能认为审判程序是执行程序的前提和基础，因为作为执行根据的生效法律文书，既可以是法院经审判程序作出的，也可以是其他机构经相关程序作出的，如仲裁裁决、行政处理决定等。

民事执行程序与审判程序的区别，主要体现在如下方面：

(1) 权利基础不同。民事执行以民事执行权为基础，而民事诉讼则以民事审判权为基础。

(2) 基本功能不同。民事执行的基本功能，在于实现生效法律文书所确定的权利人的实体权利，即实现权利；而民事诉讼的基本功能，则在于确认当事人之间的实体权利义务关系，即确认权利。

(3) 程序启动的前提条件不同。民事执行程序的启动条件，是义务人拒不履行生效法律文书确定的义务，且生效法律文书并不限于法院生效裁判文书；而民事诉讼程序的启动条件，则是当事人之间的民事权利义务关系处于争议或不稳定状态。

(4) 程序制度的基本内容不同。民事执行程序，是由多种执行措施和执行方式构成的单一性程序制度；而民事诉讼程序，则是由一审、二审、再审等多种程序构成的复合性程序制度。

(5) 程序设计的价值取向不同。民事执行程序的基本价值取向，应当是效益优先；而民事诉讼程序的基本价值取向，应当是程序公正。

因此，根据民事执行程序的本质及其与民事诉讼程序的比较，民事执行程序的特点有如下几点：

(1) 执行程序的功能，在于通过国家强制力迫使义务人履行法律文书所确定的义务。不同于以解决当事人之间民事权利义务争议为主要功能的审判程序，执行程序本身并不解决民事实体权利义务纠纷，而是实现生效法律文书所确定的权利义务关系。

(2) 民事审判程序并不是执行程序的前提。执行依据的生成，并不仅仅依赖于审判程序；执行程序也不是审判程序的继续，执行程序并非每一诉讼案件的必经程序，因为有的案件的裁判文书不具有可执行性，还有的不需经过执行程序而由当事人自觉履行。

(3) 执行程序与执行措施常常融合在一起，执行程序的运行过程，往往也就是执行措施的适用过程。

(4) 执行程序中不适用辩论原则、不适用调节，但是允许执行和解。

［应用提示］仲裁机构作出的具有执行内容的仲裁裁决书，也是法定的执行根据。在仲裁当事人申请强制执行仲裁裁决时，并不以存在审判程序为前提，因为法院的生效裁判文书，仅仅是诸多类型的执行根据之一。

（四）民事执行的原则

民事执行的原则，是指在制定民事执行法和实施民事执行活动的整个过程和各个阶段都起着指导作用的根本准则。根据民事诉讼法的基本原则和民事执行的特点，并结合我国民事执行的实践，民事执行的原则应当包括如下几项：

1. 以生效法律文书为根据的原则

执行根据，必须是法定机关依法定程序制作、发生法律效力、具有给付内容的文书。

2. 执行标的有限的原则

执行标的，不同于诉讼标的。诉讼标的，是指当事人之间发生争议提请法院作出裁判的民事权利义务关系；而执行标的，则是指法院执行工作所指向的对象。执行只能针对被执行人的财产和行为，而不得针对被执行人的人身，这是由执行标的有限的原则决定的。

3. 强制执行与说服教育相结合的原则

强制性是民事执行的最基本属性，对拒绝履行的义务人，应当坚决、果断、及时地采取强制性执行措施，迫使其履行义务，以体现和维护国家民事执行权的权威性和严肃性。但强调民事执行的强制性，并不意味着民事执行可以简单依赖于强制执行措施，否则不仅难以收到良好的执行效果，还可能造成当事人对立情绪甚至社会震荡。民事执行的目的，并不在于惩罚义务人，而是真正实现解决纠纷的目的，若能以较温和的方式，通过说服教育，让当事人自觉地履行义务，不但有利于执行成本的节约，而且有利于和谐社会的构建。

民事执行程序中，强制执行与说服教育互为补充、相辅相成。强制执行是说服教育的强有力后盾，说服教育是强制执行的有效辅助手段。执行工作中，首先要立足说服教育，提高当事人的法律意识，促使其自觉履行义务；如经说服教育，仍然拒不履行的，则应当采取强制措施，迫使其履行义务，以维护国家法律的尊严和当事人的合法权益。

4. 法院强制执行与有关单位、个人协助执行相结合的原则

法院的执行机构是专司民事执行的职能部门，拥有法律赋予的民事执行权，可依法采取

强制执行措施。民事执行的标的物是当事人的财产，而财产又总是由特定的主体占有或使用、支配，或者与财产有法律上的联系，例如：对物设定担保，应当办理他物权登记，与登记机关发生联系；公民在银行存储、法人在银行开户，资金往来必然通过银行。执行中，法院有权要求这些单位和个人的协助，有关单位和个人也有义务予以协助。

5. 全面保护双方当事人合法权益的原则

保护权利人的合法权益是民事执行的出发点和中心环节，执行程序的许多规定都是以保护权利人的合法权益为中心，例如：对义务人迟延履行的制裁规定，有关单位协助执行的规定等等，都以实现和保障权利人合法权益为目的；民事执行的所有强制措施，例如查封、扣押、冻结、拍卖、变卖等，都直接指向权利人利益的实现与保障。

但法律面前人人平等的法治原则以及诉讼权利平等的民事诉讼法基本原则，要求民事执行中必须同时兼顾被执行人的合法权益。我国民事诉讼法对民事执行的规定，体现了对被执行人合法权益的保护，例如：①执行被执行人的财产，不得超出法律文书确定的范围；②采取强制执行措施时，要保留被执行人及其所扶养家属生活必需的用品和费用；③拍卖、变卖被执行人财产，必须依法进行，不得损害被执行人利益。

6. 追求执行效益的原则

以最小的代价、最快的速度实现权利人合法权益，尽量缩短执行周期，是民事执行的本质特征和价值目标。因此，追求执行效益的原则，应当是民事执行的基本原则之一。

执行效益原则，对民事执行工作的具体要求有：①执行机构对执行根据只进行形式审查，不审查其实质内容，以确保尽快开始执行；②保证执行机构迅速、及时、连续地采取执行措施，非依法律规定不得停止执行，以尽量缩短执行周期；③对债务人财产按现金、动产、其他财产权利、不动产的顺序执行，尽量减少各项执行费用的支出、降低执行的直接成本；④控制执行行为对当事人生产、生活可能产生的震荡，降低执行的间接成本。

（五）民事执行检察监督制度(2012 年新增)

《民诉法》第 235 条规定，人民检察院有权对民事执行活动实行法律监督。《人民检察院民事诉讼监督规则(试行)》第 102～104 条对此项新增制度进行了细化：①检察院对法院在民事执行活动中违反法律规定的情形实行法律监督；②检察院对民事执行活动提出检察建议的，应经检察委员会决定，制定《检察建议书》，在决定之日起 15 日内将《检察建议书》连同案件卷宗移送同级法院，并制作决定提出监察建议的《通知书》，发送当事人；③检察院认为当事人申请监督的法院执行活动不存在违法情形的，应当作出不支持监督申请的决定，并在决定之日起 15 日内制作《不支持监督申请决定书》，发送申请人。

二、民事执行的主体

（一）民事执行主体的概念

民事执行主体，是指参与和推动民事执行程序的单位和个人，包括执行机构、执行当事人、协助执行人等。换言之，民事执行程序中，根据法律规定享有权利并承担义务，能够引起民事执行程序发生、变更或消灭的组织或个人，就是民事执行主体。

任何程序都必须有主体的参与和推动。民事执行主体引起、推动、终结民事执行程序的进行，是民事执行程序不可或缺的因素，没有民事执行主体，民事执行将无法进行。

（二）民事执行主体的范围

一般认为，民事执行主体：执行机构、执行当事人、协助执行人、执行见证人、执行担保人、利害关系人等。其中，执行机构、执行当事人是民事执行程序最为重要也必不可少的主体，后面单独分析。在此对其他的执行主体进行简要分析。

1. 协助执行人

协助执行人，即根据法律规定和执行机构的要求，协同、辅助执行机构采取执行行为，迫使义务人履行义务的组织或个人，例如：应当付给义务人报酬的单位、负责办理产权登记的机关等。

协助执行人，因无民事执行权而不是执行机构；也因不是执行根据确定的义务人，而不是执行当事人。但因其与义务人之间存在某种财产关系，或具有采取执行措施的便利条件，依法或经执行机构通知，能够参与和推动执行程序，因而应当是民事执行主体。

我国《民诉法》除规定了不同单位的协助执行义务以外，第 114 条还规定了拒绝协助执行的法律后果，即法院对拒绝协助执行的单位可以予以罚款，对其主要负责人或直接责任人员予以罚款；对仍不履行协助义务的，可予以拘留；并可向监察机关或有关机关提出予以纪律处分的司法建议。

2. 执行见证人

执行见证人，即根据民事执行机构及其执行人员的通知，亲赴执行现场，观察和证实执行机构及其人员实施执行的人员。《民诉法》第 245 条规定，法院查封、扣押财产时，被执行人是公民的，应当通知被执行人或其成年家属到场；被执行人是法人或其他组织的，应当通知其法定代表人或主要负责人到场。拒不到场的，不影响执行。被执行人是公民的，其工作单位或者财产所在地的基层组织应当派人参加。

3. 执行担保人

执行担保人，即依《民诉法》第 231 条规定，以自己的财产向法院提供担保，经申请执行人同意和执行机构准许，从而使执行程序暂时停止的被执行人以外的组织或个人。被执行人逾期仍不履行的，法院有权执行担保人的财产。据此，执行担保人的行为能够引起执行程序的变化，因而执行担保人也应成为民事执行主体之一。

4. 利害关系人

利害关系人，即执行程序中，初执行当事人以外的与执行事项有法律上利害关系的人。所谓与执行事项有法律上利害关系，是指执行行为影响或侵害了其法律上的利益。占有执行标的物的人、对执行标的物有优先权的人，是其典型。《民诉法》第 225 条规定，当事人、利害关系人认为执行行为违反法律规定的，可向负责执行的法院提出书面异议；法院应当自收到书面异议之日起 15 日内审查，理由成立的，裁定撤销或改正；理由不成立的，裁定驳回。当事人、利害关系人对裁定不服的，可自裁定送达之日起 10 日内向上一级法院申请复议。

（三）民事执行机构

民事执行机构，也称民事执行机关或组织，是指依法行使民事执行权、办理执行事务的专门职能组织。执行机构行使国家公权力，享有法定职权，同时担负法定职责，执行机构的行为能够引起执行程序的发生、变更或消灭，在实现生效法律文书内容的过程中具有非常重要的作用，因此是重要的民事执行主体之一。

各国对民事执行机构的设置各有特色，有的设置在法院，有的与行政机关合一，有的还专门设立了独立的执行机关。我国《民诉法》第 224 条第 1 款规定，执行工作由执行员进行；第 3 款规定，法院根据需要可以设立执行机构。据此可知，我国民事执行机构设置在法院内部。目前，从地方各级法院到最高法院，都设立有专门的执行机构，称为执行局①，由执行员、书记员、司法警察组成，其中，执行员负责执行工作，书记员记录执行过程，司法警察维持执行秩序以及协助执行员完成重大执行行为。《民诉法》第 224 条第 2 款规定，采取强制执行措施时，执行员应当出示证件。执行完毕后，应当将执行情况制作笔录，由在场的有关人员签名或者盖章。

根据《民诉法》及《执行工作规定》，地方各级法院执行机构的职能与职责包括 3 个方面：①执行命令，即责令义务人、协助执行人及其他有关人员履行法定义务；②执行实施，即采取强制性措施，迫使义务人履行义务；③执行裁判，即对于在执行程序中发生的争议进行裁断与判定。具体而言，地方各级民事执行机构的职能与职责如下：

（1）依法执行生效法律文书，包括法院制作的各种生效法律文书以及其他有关机关（机构）制作、依法应由法院执行的各种生效法律文书；

（2）对仲裁裁决、公证债权文书是否具有不予执行的情形进行审查、裁定；

（3）对仲裁机构提交法院的财产保全和证据保全申请进行审查、裁定；

（4）对变更或追加债务人进行审查、裁定；

（5）对案外人异议和第三人对到期债务的异议，进行审查、裁定；

（6）中止、终结执行的裁定；

（7）对实施妨害执行行为的人决定采取强制措施的审查、决定；

（8）其他应由执行机构办理的事项。

《执行工作规定》第 9 条规定，上级法院执行机构负责本院对下级法院执行工作的监督、指导和协调。据此，中级以上法院的执行机构，除了具有执行命令、执行实施、执行裁判等职能与职责以外，还具有如下职能与职责：①执行监督，即上即法院执行机构对下级法院执行机构及其人员执行行为的合法性、合理性进行督察，以确保下级法院执行机构正确、合法地实施民事执行；②执行指导，即对执行程序中的复杂、疑难问题，上级法院执行机构应依职权或根据请示，对下级法院执行机构进行必要的指示和引导，以确保案件顺利执行。如最高法院以"答复""复函""批复"等方式进行的执行指导；③执行协调，即上级法院执行机构对于执行工作中发生的不同执行机构之间的矛盾和争议进行处理，以确保整个执行工作的适当配合与和谐。

（四）民事执行当事人

民事执行当事人，简称执行当事人，是指在民事执行程序中以自己的名义主张权利、履

---

① 我国 1991 年《民诉法》通过后，依该法第 209 条，地方各级法院先后设立了执行庭；1995 年最高法院也设立了执行工作办公室；1998 年最高法院颁布《执行工作规定》后，一些地方法院的执行庭更名为执行局；2008 年最高法院执行工作办公室也更名为执行局。自此，全国法院的执行机构统称为执行局。

行义务，并受执行机构的执行行为约束的自然人、法人和其他组织。据此，民事执行当事人具有以下特征：①以自己的名义参加民事执行程序；②参加执行程序的目的，在于主张权利或者履行义务；③受执行行为的约束，即根据执行行为的指示行使权力或履行义务，并承受由此产生的一切后果。

民事执行当事人，在执行程序中往往体现为实体权利义务对立的双方，其中一方享有实体权利，另一方应当履行实体义务。民事执行当事人的称谓，在日、法、德等国以及我国台湾地区的立法中，均被分别称为"债权人"与"债务人"。但在我国大陆，法律的规定并不统一，理论界的分歧也比较大。有观点认为，将执行当事人分别称为"债权人"与"债务人"最为恰当。[①] 理由是，如此称谓，反映了执行当事人的本质特点；体现了各自身份与地位上的对立性；不会引起歧义与误解；具有概括性，足以全面反映其所包含的全部信息。

从应用型法学教材的本质要求出发，我们仍然根据现行《民诉法》的规定，将民事执行当事人统一分别称为"申请执行人"与"被执行人"。

执行当事人的确定，一般而言，以执行根据的内容为准，即执行根据确定的权利人就是申请执行人，执行根据确定的义务人就是被执行人。至于执行根据确定权利人应当履行对待给付义务的，并不影响其权利人地位，只是对执行程序的启动规定了附加条件。

但执行根据的效力也存在扩张性，即对一定范围内非明确指出的利害关系人也具有拘束力。利害关系人因执行根据的效力扩张而承受执行当事人地位，享有执行根据确定的权利或承担执行根据确定的义务，理论上称为执行承担。因此，执行承担也是确定执行当事人的另一方法。因为执行承担，利害关系人继受申请执行人的权利，承担被执行人的义务，从而成为执行当事人，我国司法解释中称为执行当事人的变更或追加。

理论上，执行承担包括两种基本类型：①债权的继受，实践中体现为申请执行人的变更；②债务的承担，实践中体现为被执行人的变更或追加。

1. 申请执行人的变更

申请执行人的变更，是由于权利主体的变更而形成的，生效法律文书确定的债权依法由他人继受，该他人就有权向执行机构申请执行从而成为申请执行人。尽管目前我国法律和司法解释没有对权利主体变更引起的申请执行人变更的情形予以规定，但理论上来说，申请执行人的变更完全有可能，且主要有以下两种情形：

(1) 作为申请执行人的公民死亡，其继承人有权申请执行而成为申请执行人。但追索赡养费、抚育费、抚养费案件的权利人死亡，不发生申请执行人变更的情形；

(2) 作为申请执行人的法人或其他组织合并、分立、终止，继受其权利的法人或其他组织，可以申请执行而成为申请执行人。

2. 被执行人的变更或追加

被执行人的变更或追加，即执行程序中，因发生法定事由而由其他公民、法人或其他组织履行生效法律文书所确定义务的法律制度。根据《民诉法》第232条、《民诉法解释》第462～521条，以及《执行工作规定》第76～82条，被执行人的变更或追加，主要有下列情形：

(1) 作为被执行人的公民死亡，其遗产继承人没有放弃继承的，法院可以裁定变更被执

---

① 宋朝武. 民事诉讼法学[M]. 3版. 北京：中国政法大学出版社，2012.

行人，由该继承人在遗产的范围内偿还债务。继承人放弃继承的，法院可以直接执行被执行人的遗产。

(2) 作为被执行人的法人或其他组织分立、合并的，法院可以裁定变更后的法人或其他组织为被执行人；被注销的，若依有关实体法的规定有权利义务承受人的，可以裁定该权利义务承受人为被执行人。

(3) 作为被执行人的法人或其他组织名称变更的，法院可以裁定变更后的法人或其他组织为被执行人。

(4) 其他组织在执行中不能履行法律文书确定的义务的，法院可以裁定执行对该其他组织依法承担义务的法人或公民个人的财产。这是《民诉法解释》第473条的规定。《执行工作规定》第76～82条，对此作出了进一步规定：①被执行人为无法人资格的私营独资企业，无能力履行法律文书确定的义务的，可以裁定执行该独资企业业主的其他财产；②被执行人为个人合伙组织或合伙型联营企业，无能力履行生效法律文书确定的义务的，可以裁定追加该合伙组织的合伙人或参加该联营企业的法人为被执行人；③被执行人为企业法人的分支机构不能清偿债务时，可裁定企业法人为被执行人。企业法人直接经营管理的财产仍不能清偿债务的，可裁定执行该企业法人其他分支机构的财产。若必须执行已被承包或租赁的企业法人分支机构的财产时，对承包人或承租人投入及应得的收益应依法保护；④被执行人按法定程序分立为两个或多个具有法人资格的企业，分立后存续的企业按分立协议确定的比例承担债务；不符合法定程序分立的，裁定由分立后存续的企业按其从被执行企业分得的资产占原企业总资产的比例对申请执行人承担责任；⑤被执行人无财产清偿债务，如果其开办单位对其开办时投入的注册资金不实或抽逃注册资金，可裁定变更或追加其开办单位为被执行人，在注册资金不实或抽逃注册资金的范围内，对申请执行人承担责任；⑥被执行人被撤销、注销或歇业后，上级主管部门或开办单位无偿接受被执行人的财产，致使被执行人无遗留财产清偿债务或遗留财产不足清偿的，可以裁定由上级主管部门或开办单位在所接受的财产范围内承担责任；⑦被执行人的开办单位，已经在注册资金或接受财产的范围内，向其他债权人承担了全部责任的，法院不得裁定开办单位重复承担责任。

[应用提示]①只能在法律和司法解释明确规定可以变更或追加的被执行人的范围内，变更或追加被执行人；对法定可变更或追加被执行人的范围，不得随意增加或缩小。②变更或追加被执行人，必须严格遵守法定程序，并作出书面裁定。

三、民事执行的根据

【真题实训 18-1】

下列哪些文书可以作为民事执行根据？(2005，卷三，72)

A. 法院按督促程序发出的支付令

B. 行政判决书

C. 刑事附带民事判决书

D. 公证机关依法赋予强制执行效力的关于追偿债款的债权文书

民事执行的根据，是指由有权机构依法制作的、载明一定的民事实体权利，申请执行人可据以请求执行的生效法律文书。从其作用来说，执行根据是申请执行人据以请求执行、执行机构据以采取执行措施的名义，因此也被称为“执行名义”；就其内容而言，执行根据确定了义务人应为给付的具体内容，是权利人实现权利、义务人履行义务的依据，因此也被称为“执行依据”。执行根据具有 3 个基本特征：①以法律文书为形式；②以权利义务为内容；③以体现权利的可执行性为功用。

根据《民诉法》以及《执行工作规定》等司法解释的规定，执行根据具体包括以下几类：

1. 人民法院制作的发生法律效力的法律文书

（1）人民法院制作的已经发生法律效力的、具有给付内容的民事判决书、裁定书和调解书以及民事制裁决定书，人民法院依督促程序发出的支付令。

[应用提示] 并非所有的生效民事判决书、裁定书、调解书，都可称为执行根据，还需同时满足“具有给付内容”这一条件，因为并非所有的生效裁判文书都具有可执行性。诸如确认股东大会决议无效的判决、变更收养关系的判决等，就都不具有给付内容。

（2）人民法院制作的生效行政判决书、裁定书以及行政赔偿调解书。

（3）人民法院制作的已经发生法律效力的刑事判决书、裁定书中的财产部分，以及刑事附带民事判决书、裁定书和调解书。

（4）人民法院承认其效力的外国法院作出的判决、裁定以及国外仲裁机构作出的仲裁裁决的裁定书。

[应用提示] 外国法院的生效判决以及国外仲裁机构的生效裁决，都不能直接成为我国民事执行的根据，只有经过人民法院裁定承认其效力时，才在我国受到执行力的保障；而且，此时的执行根据是我国法院制作的裁定书，而非该外国法院的生效判决或国外仲裁机构的生效仲裁裁决本身。

2. 其他机关（机构）制作的发生法律效力的法律文书

（1）行政机关制作的依法应当由人民法院执行的行政处罚决定书和行政处理决定书。

（2）我国仲裁机构作出的仲裁裁决书、仲裁调解书。

（3）公证机关制作的依法赋予强制执行效力的债权文书。

（4）法律规定由人民法院执行的其他法律文书。

[真题实训 18-1]（2005，卷三，72）答案：ABCD。考点：执行根据。解析：如上。

四、民事执行的管辖

（一）民事执行管辖的概念及执行管辖的一般规定

民事执行管辖，是指不同级别的执行机构之间以及同一级别的不同执行机构之间受理民事执行案件、实施民事执行行为的权限和分工。执行管辖是在不同级别以及同一级别不同地域的执行机构之间具体落实民事执行权的一项制度。

执行管辖的确定，一般以执行根据的类型为标准，即在我国，不同的法律文书由不同的法院负责执行。现行《民诉法》第224条规定，发生法律效力的民事判决、裁定，以及刑事判决、裁定中的财产部分，由第一审法院或与第一审法院同级的被执行的财产所在地法院执行；法律规定由法院执行的其他法律文书，由被执行人住所地或者被执行的财产所在地法院执行。具体内容如下：

1. 人民法院制作的生效法律文书的执行管辖

(1) 人民法院制作的发生法律效力的民事判决书、裁定书、调解书，行政判决书、裁定书、行政赔偿调解书，刑事判决书、裁定书中的财产部分，以及刑事附带民事判决书、裁定书和调解书，由第一审人民法院或与其同级的被执行财产所在地法院执行。

(2) 人民法院制作的发生法律效力的民事制裁决定书，依督促程序发出的支付令，按谁制作、谁负责执行的原则，由制作决定书、支付令的人民法院负责执行。

[引例18-1:解析]依法律规定，督促程序的管辖法院，是债务人住所地的基层法院，故本案发出支付令的法院为清远市F区法院；而支付令的执行法院，是制作支付令的法院而非主要财产所在地法院，故刘一若申请执行支付令，则应向清远市F区法院申请。

2. 法律规定由法院执行的其他法律文书的执行管辖

【真题实训18-2】

甲县的佳华公司与乙县的亿龙公司订立的烟叶买卖合同中约定，如果因为合同履行发生争议，应提交A仲裁委员会仲裁。佳华公司交货后，亿龙公司认为烟叶质量与约定不符，且正在霉变，遂准备提起仲裁，并对烟叶进行证据保全。关于本案的证据保全，下列哪些表述是正确的？(2014，卷三，77)

A. 在仲裁程序启动前，亿龙公司可直接向甲县法院申请证据保全

B. 在仲裁程序启动后，亿龙公司既可直接向甲县法院申请证据保全，也可向A仲裁委员会申请证据保全

C. 法院根据亿龙公司申请采取证据保全措施时，可要求其提供担保

D. A仲裁委员会收到保全申请后，应提交给烟叶所在地的中级法院

(1) 仲裁裁决的执行管辖。依最高法院《执行规定》(法释〔1998〕15号)第10条，仲裁机构作出的国内仲裁裁决、公证机关依法赋予强制执行效力的公证债权文书，由被执行人住所地或被执行的财产所在地法院执行。前款案件的级别管辖，参照各地法院受理诉讼案件的级别管辖的规定确定。《仲裁法解释》(法释〔2006〕7号)第29条对《执行规定》第10条进行了修正后规定，当事人申请执行仲裁裁决案件，由被执行人住所地或者被执行的财产所在地的中级法院管辖，即仲裁裁决的执行，一律由中级法院管辖。

(2) 仲裁程序中的财产保全和证据保全裁定的执行管辖。《执行规定》(法释〔1998〕15号)第11条规定，在国内仲裁过程中，当事人申请财产保全，经仲裁机构提交人民法院的，由被申请人住所地或被申请保全的财产所在地的基层法院裁定并执行；申请证据保全的，由证

据所在地的基层法院裁定并执行。该规定第 12 条规定，在涉外仲裁过程中，当事人申请财产保全，经仲裁机构提交人民法院的，由被申请人住所地或被申请保全的财产所在地的中级法院裁定并执行；申请证据保全的，由证据所在地的中级法院裁定并执行。

[真题实训 18-2](2014，卷三，77)答案：AC。考点：仲裁程序中证据保全的执行管辖。解析：依《民诉法》第 81 条第 2、3 款和第 101 条，以及最高法院《执行规定》(法释〔1998〕15 号)第 11 条，A、C 两项表述正确。

(3) 行政处理决定和处罚决定的执行。《执行工作规定》第 13 条规定，专利管理机关依法作出的处理决定和处罚决定，由被执行人住所地或财产所在地的省、自治区、直辖市有权受理专利纠纷案件的中级法院执行；第 14 条规定，国务院各部门、各省、自治区、直辖市政府和海关依照法律、法规作出的处理决定和处罚决定，由被执行人住所地或财产所在地的中级法院执行。

(4) 公证机关依法赋予强制执行效力的公证债权文书的执行管辖，仍依《执行规定》(法释〔1998〕15 号)第 10 条的规定确定，即由被执行人住所地或被执行的财产所在地法院执行，其级别管辖，参照各地法院受理诉讼案件的级别管辖规定确定。

人民法院制作的生效法律文书，除由第一审法院执行外，还可由与第一审法院同级的被执行的财产所在地的法院执行。这是 2007 年第一次修正后的《民诉法》第 201 条，在原第 207 条基础上新增的规定。这一修正，有利于提高执行效益，减少异地和委托执行，符合执行经济原则的要求。据此，《执行解释》(法释〔1998〕13 号)第 1 条规定，申请执行人向被执行的财产所在地法院申请执行的，应当提供该法院辖区有可供执行财产的证明材料。2012 年第二次修正后的现行《民诉法》第 224 条，保留了 2007 年第一次修正后的《民诉法》第 201 条的上述规定。

(二) 民事执行的共同管辖和选择管辖

两个以上的民事执行机构对同一执行案件都有管辖权时，就形成了民事执行的共同管辖。对共同管辖的执行案件，由申请执行人向其中一个执行机构申请执行；若向两个以上的执行机构申请执行，则由最先立案的执行机构管辖，这就是选择管辖。民事执行的共同管辖和选择管辖，是一个问题的两个方面，共同管辖是前提条件，选择管辖是解决问题的方法。共同管辖和选择管辖，在民事执行的地域管辖中，是一项不可或缺的管辖制度。

《执行解释》(法释〔2008〕13 号)第 2 条规定，对两个以上法院都有管辖权的执行案件，人民法院在立案前发现其他有管辖权的法院已经立案的，不得重复立案；立案后发现其他有管辖权的法院已经立案的，应当撤销案件；已经采取执行措施的，应当将控制的财产交先立案的执行法院处理。该司法解释第 4 条还规定，对人民法院采取财产保全措施的案件，申请执行人向采取保全措施的法院以外的其他有管辖权的法院申请执行的，采取保全措施的法院应当将保全的财产交执行法院处理。

(三) 民事执行的裁定管辖(指定执行与提级执行)

民事执行的裁定管辖，是指根据民事执行机构作出的裁定，确定执行案件的管辖法院。民事执行的裁定管辖是法定管辖的必要补充，也是完善民事执行管辖制度的重要方法。依现行法律和司法解释的规定，民事执行的裁定管辖主要分为指定执行和提级执行。

1. 指定执行

指定执行，也称执行的指定管辖，是指对下级法院之间发生执行管辖权争议时，或者认为应当由其他法院执行的案件，上级法院通过裁定指明管辖案件的执行法院。根据现行法律和司法解释的规定，民事执行的指定管辖主要适用于下列情形：

(1) 解决执行管辖权争议。《执行规定》第16条规定，法院之间因执行管辖权发生争议的，由双方协商解决；协商不成的，报请双方共同的上级法院指定管辖。

(2) 实现高级法院对执行工作的统一管理。依《高院统管执行规定》第8条，高级法院对本院及下级法院的执行案件，认为需要指定执行的，可以裁定指定执行；对最高法院函示指定执行的案件，应当裁定指定执行。

(3) 实现法院内部的执行监督。《民诉法》第226条规定，法院自收到申请执行书之日起超过6个月未执行的，申请执行人可向上一级法院申请执行。上一级法院经审查，可以责令原执行法院在一定期限内执行，也可决定由本院执行或指令其他法院执行。据此，上一级法院对拖延执行的情况进行审查后，有三种处理方案：①发出督促执行令，责令原执行法院限期执行，即限期执行或督促执行；②裁定由本院执行，即提级执行；③作出裁定，指令辖区内其他法院执行，即指定执行或称指定管辖。

[应用提示](1)《民诉法》第226条规定的“超过6个月未执行”，依《执行解释》(法释〔2008〕13号)第11条，是指具有下列情形之一：①债权人申请执行时被执行人有可供执行的财产，执行法院自收到申请执行书之日起超过6个月对该财产未执行完结的；②执行过程中发现被执行人可供执行的财产，执行法院自发现财产之日起超过6个月对该财产未执行完结的；③对法律文书确定的行为义务的执行，执行法院自收到申请执行书之日起超过6个月未依法采取相应执行措施的；④其他有条件执行超过6个月未执行的。

(2) 上述“6个月”期间，依《执行解释》第14条，不应计算执行中的公告期间、鉴定评估期间、管辖争议处理期间、执行争议协调期间、暂缓执行期间及中止执行期间。

《执行解释》(法释〔2008〕13号)第13条规定，上一级法院责令执行法院限期执行，执行法院在指定期间内无正当理由仍未执行完结的，上一级法院应当裁定由本院执行或者指令本辖区其他法院执行。

《民诉法》第226条和《执行解释》(法释〔2008〕13号)第13条规定的逾期执行的救济制度，其性质属于法院内部的执行监督，即上级法院对下级法院消极执行、不履行执行职责的行为进行监督。与前述民事执行检察监督制度的区别在于，前者属于法院系统的内部监督，后者则属于外部监督。

《执行解释》第12条还对法院内部的执行监督的三种方式即限期执行、指定执行、提级执行的程序作出了明确规定，即上一级法院责令执行法院限期执行的，应当向其发出督促执行令，并将有关情况书面通知申请执行人；上一级法院决定由本院执行或者指令本辖区其他法院执行的，应当作出裁定，送达当事人并通知有关人民法院。

2. 提级执行

提级执行，是指基层法院或中级法院管辖的案件，因特殊情况需要由上级法院执行的，可以报请上级法院执行，上级法院在特殊情况下也可以裁定由本院执行依法应由下级法院执行的案件。依《民诉法》《执行解释》《执行规定》以及《高院统管执行规定》，提级执行主要有下列情形：

(1) 依《民诉法》第 226 条，法院自收到申请执行书之日起超过 6 个月未执行，申请执行人向上一级法院申请执行的，上一级法院经审查，可以决定由本院执行。在此情形下适用提级执行，应当符合《民诉法》第 226 条和《执行解释》第 11 条的规定。

(2)《执行规定》(法释〔1998〕15 号)第 17 条规定，基层法院和中级法院管辖的执行案件，因特殊情况需要由上级法院执行的，可以报请上级法院执行。

(3) 依《执行规定》第 132 条，对下级法院长期未能执结的案件，确有必要的，上级法院可以决定由本院执行或与下级法院共同执行，也可以指定本辖区其他法院执行。

(4)《高院统管执行规定》第 9 条第 1 款规定，高级法院对下级法院的下列案件可以裁定提级执行：①高级法院指令下级法院限期执结，逾期未执结需要提级执行的；②下级法院报请高级法院提级执行，高级法院认为应当提级执行的；③疑难、重大和复杂的案件，高级法院认为应当提级执行的；该条第 2 款规定，高级法院对最高法院函示提级执行的案件，应当裁定提级执行。

(5)《执行解释》(法释〔2008〕13 号)第 13 条规定，上一级法院责令执行法院限期执行，执行法院在指定期间内无正当理由仍未执行完结的，上一级法院应当裁定由本院执行或者指令本辖区其他法院执行。

提级执行是民事执行管辖权转移的形式之一，不同于民事诉讼的管辖权转移。执行管辖权转移，仅限于案件的管辖权从下级法院转移到上级法院，即自下向上转移，而不得从上向下转移；同时，除了“自收到申请执行书之日起超过 6 个月未执行”的事由以外，只有基层法院和中级法院才能将案件的管辖权转移给上级法院，高级法院则不得将管辖权转移到最高法院，因此，执行程序中，一般不称“管辖权转移”而直接称为“提级执行”。提级执行对排除地方保护等干扰和阻力、确保案件公正执行、提高民事执行效率意义重大。

(四) 民事执行的管辖异议

《执行解释》(法释〔2008〕13 号)第 3 条对民事执行的管辖异议作出了明确规定，即法院受理执行申请后，当事人对管辖权有异议的，应当自收到执行通知书之日起 10 日内提出。法院对当事人提出的异议，应当审查。异议成立的，应当撤销执行案件，并告知当事人向有管辖权的法院申请执行；异议不成立的，裁定驳回。当事人对裁定不服的，可以向上一级法院申请复议。管辖权异议审查和复议期间，不停止执行。

民事执行权与民事审判权的性质不同，决定了民事执行的管辖权异议与民事诉讼的管辖权异议存在如下方面的显著区别：

(1) 提出异议的主体不同。执行管辖异议是由执行当事人提出，而诉讼管辖权异议通常由被告提出。

(2) 提出异议的时间不同。执行管辖异议是自收到执行通知书之日起 10 日内，而诉讼管辖权异议是在提交答辩状期间。

(3) 异议成立后的处理方式不同。执行管辖异议成立的，裁定撤销案件，并告知当事人向有管辖权的法院申请执行，而诉讼管辖权异议成立的，则裁定移送管辖。

(4) 不服异议裁定的救济机制不同。执行当事人不服执行管辖权异议裁定的，可向上一级法院申请复议，而不服诉讼管辖权异议裁定的，可以上诉。

(5) 共同管辖的处理不同。执行发生共同管辖时，由先立案的法院管辖，后立案的法院应当裁定撤销案件；已采取执行措施的，将控制的财产交给先立案的法院处理，而诉讼发生共同管辖时，则由先立案的法院管辖，后立案的法院应当裁定移送。

第二节 民事执行的开始

【引例 18-2】

张三与李四房屋租赁合同纠纷一案，法院判决张三在裁判生效后10日内向李四支付租金等9万元。因张三未按期履行，李四向法院申请强制执行。执行员在接到申请执行书后，向张三发出《执行通知书》的同时，对张三银行存款进行了冻结。

请问：执行员的做法是否合法？采取强制执行措施，是否必经责令在指定期间履行的前置程序？

一、执行开始的方式

依《民诉法》，民事执行的开始有两种基本方式：一是权利人申请执行，称为申请执行；二是审判人员移送执行，称为移送执行。《执行规定》第19条第1款规定，生效法律文书的执行，一般应当由当事人依法提出申请。据此，执行程序的启动，以申请执行为原则、移送执行为补充。

(一) 申请执行的概念及其条件

申请执行，是指依据生效法律文书享有实体权利的人，在义务人拒绝履行其义务时，请求执行机构强制执行以实现其实体权利的行为。申请执行是民事执行程序最主要的启动方式，权利人不申请执行的，执行机构一般不会主动依职权启动执行程序。

申请执行，应当同时具备下列条件：①申请执行的主体，是法律文书确定的权利人或其权利继受人、继承人；②申请执行的根据，是已经生效且具有给付内容的法律文书；③申请执行的原因，是执行根据确定的义务人，没有在确定的期限内履行义务；④申请执行的期限，是在申请执行的2年时效之内；⑤向有执行管辖权的法院提出申请。

因前文已经介绍了执行当事人、执行根据、执行管辖等内容，故在此仅重点介绍申请执行的时效。《民诉法》第239条规定了申请执行时效的期限、中止和中断、计算方法，即①申请执行的期间为2年;②申请执行时效的中止、中断,适用法律有关诉讼时效中止、中断的规定;③申请执行的期限,从法律文书规定履行期间的最后一日起计算;法律文书规定分期履行的,从规定的每次履行期间的最后一日起计算;法律文书未规定履行期间的,从法律文书生效之日起计算。《执行解释》第29条补充规定,生效法律文书规定债务人负有不作为义务的,申请执行时效期间从债务人违反不作为义务之日起计算。

申请执行时效的中止,是指在申请执行时效2年期间的最后6个月内,因不可抗力或其他障碍不能行使执行请求权的,申请执行时效中止。从中止时效的原因消除之日起,申请执行时效期间继续计算。

申请执行时效的中断,是指申请执行时效因当事人申请执行、达成和解协议、一方提出履行要求或同意履行义务而中断。从中断时起,申请执行时效期间重新计算。

依《执行规定》第20条,申请执行,应向法院提交下列文件和证件:

(1) 申请执行书。申请执行书中应写明申请执行的理由、事项、执行标的,以及申请执行人所了解的被执行人财产状况。申请执行人书写申请执行书确有困难的,可口头提出申请。法院接待人员对口头申请应当制作笔录,由申请执行人签字或盖章。外国一方当事人申请执行的,应当提交中文申请执行书。当事人所在国与我国缔结或共同参加的司法协助条约有特别规定的,按条约规定办理。

(2) 生效法律文书副本。

(3) 申请执行人的身份证明。公民个人申请的,应出示居民身份证;法人申请的,应提交法人营业执照副本和法定代表人身份证明;其他组织申请的,应提交营业执照副本和主要负责人身份证明。

(4) 继承人或权利承受人申请执行的,应提交继承或承受权利的证明文件。

(5) 其他应当提交的文件或证件。这是一项开放性的规定,如该司法解释第21条规定,申请执行仲裁机构的仲裁裁决,应向法院提交有仲裁条款的合同书或仲裁协议书。申请执行国外仲裁机构的仲裁裁决的,应提交经我国驻外使领馆认证或我国公证机关公证的仲裁裁决书中文本;第22条规定,申请执行人可委托代理人代为申请执行。委托代理的,应向法院提交经委托人签字或盖章的授权委托书,写明委托事项和代理人的权限。委托代理人代为放弃、变更民事权利,或代为进行执行和解,或代为收取执行款项的,还应当有委托人的特别授权。此项开放性的规定,也为法院要求申请执行人提交其他相关文件或证件留下了自由裁量的空间。

(二) 移送执行的概念及其情形

移送执行,是指人民法院的裁判发生法律效力后,由审理该案的审判人员将案件直接交付执行人员执行,从而启动执行程序的行为。移送执行是申请执行的补充。

移送执行适用于以下情形:《执行规定》第19条第2款规定,发生法律效力的具有给付赡养费、扶养费、抚育费内容的法律文书、民事制裁决定书,以及刑事附带民事判决、裁定、调解书,由审判庭移送执行机构执行;第109条规定,在执行中或执行完毕后,据以执行的法律文书被人民法院或其他有关机关撤销或变更的,原执行机构应当依照民事诉讼法的规定,依当事人申请或依职权,按照新的生效法律文书,作出执行回转的裁定,责令原申请执行人返还已取得的财产及其孳息。拒不返还的,强制执行。执行回转应重新立案,适用执行程序的有关规定,也就是移送执行适用于以下法律文书:①具有给付赡养费、抚养费、抚育费内容的生效法律文书;②具有强制执行内容的生效民事制裁决定书;③生效的刑事附带民事判决、裁定、调解书;④以撤销或变更已经执行完毕的法律文书为内容的新的生效判决书。

(三)不予执行的法定情形

在符合下列法定情形时,人民法院可以不予执行:

1. 对国内仲裁裁决不予执行

【真题实训 18-3】

甲不履行仲裁裁决,乙向法院申请执行。甲拟提出不予执行的申请并提出下列证据证明仲裁裁决应不予执行。针对下列哪一选项,法院可裁定驳回甲的申请?(2011,卷三,49)

A. 甲、乙没有订立仲裁条款或达成仲裁协议

B. 仲裁庭组成违反法定程序

C. 裁决事项超出仲裁机构权限范围

D. 仲裁裁决没有根据经当事人质证的证据认定事实

依《民诉法》第237条,被申请人提出证据证明仲裁裁决有下列情形之一的,经人民法院组成合议庭审查核实,裁定不予执行:①当事人在合同中没有订有仲裁条款或者事后没有达成书面仲裁协议的;②裁决的事项不属于仲裁协议的范围或者仲裁机构无权仲裁的;③仲裁庭的组成或者仲裁的程序违反法定程序的;④裁决所根据的证据是伪造的;⑤对方当事人向仲裁机构隐瞒了足以影响公正裁决的证据的;⑥仲裁员在仲裁该案时有贪污受贿,徇私舞弊,枉法裁决行为。

人民法院认定执行该裁决违背社会公共利益的,裁定不予执行。裁定书应当送达双方当事人和仲裁机构。仲裁裁决被人民法院裁定不予执行的,当事人可以根据双方达成的书面仲裁协议重新申请仲裁,也可以向人民法院起诉。

[真题实训 18-3](2011,卷三,49)答案:D。考点:申请执行中人民法院不予执行的情形。解析:依《民诉法》第237条,选项A、B、C都属于不予执行的法定情形,人民法院应当组成合议庭审查核实,裁定不予执行。只有选项D不属于不予执行的法定情形,人民法院不能裁定不予执行,因而应当裁定驳回甲的不予执行申请,故选项D当选。

2. 对公证债权文书不予执行

《民诉法》第238条规定,对公证机关依法赋予强制执行效力的债权文书,一方当事人不履行的,对方当事人可以向有管辖权的人民法院申请执行,受申请的人民法院应当执行。公证债权文书确有错误的,人民法院裁定不予执行,并将裁定书送达双方当事人和公证机关。

3. 对涉外仲裁裁决不予执行

根据《民诉法》第274～275条的规定,对中华人民共和国涉外仲裁机构作出的裁决,被申请人提出证据证明仲裁裁决有下列情形之一的,经人民法院组成合议庭审查核实,裁定不

予执行:①当事人在合同中没有订有仲裁条款或者事后没有达成书面仲裁协议的;②被申请人没有得到指定仲裁员或者进行仲裁程序的通知,或者由于其他不属于被申请人负责的原因未能陈述意见的;③仲裁庭的组成或者仲裁的程序与仲裁规则不符的;④裁决的事项不属于仲裁协议的范围或者仲裁机构无权仲裁的。

人民法院认定执行该裁决违背社会公共利益的,裁定不予执行。仲裁裁决被裁定不予执行的,当事人可依双方达成的书面仲裁协议重新申请仲裁,也可以向人民法院起诉。

二、执行通知与立即执行(2012 年新增)

1991 年通过的《民诉法》第 220 条规定,执行员接到申请执行书或者移交执行书,应当向被执行人发出执行通知,责令其在指定的期间履行,逾期不履行的,强制执行。2007 年第一次修正时,保留了该条规定,作为第 216 条第 1 款,并增加规定,即被执行人不履行法律文书确定的义务,并有可能隐匿、转移财产的,执行员可以立即采取强制执行措施,作为第 216 条第 2 款。这一制度要求,在发出执行通知时应当责令被执行人在指定的期间履行,逾期不履行的,才能强制执行。这导致很多被执行人在收到执行通知之后、法院有权采取强制执行措施之前,通过各种方式转移或隐匿财产,从而加重"执行难"的现象。

为了扭转这一局面,2012 年《民诉法》第二次修正时,其第 240 条修正规定为:执行员接到申请执行书或者移交执行书,应当向被执行人发出执行通知,并可以立即采取强制执行措施。依此最新规定,责令在指定期间履行,已经不再是采取强制执行措施的必经前置程序,执行员有权在发出执行通知的同时,立即采取强制执行措施。

[引例 18-2:解析]执行员的做法合法。采取强制执行措施,不必经过责令指定期间履行的前置程序,理由如上。

三、委托执行

委托执行,是指债务人或者被执行的财产在外地,受理执行申请的人民法院委托当地人民法院代为执行的一种制度。委托执行的目的在于通过人民法院之间的相互协作,提高执行的效率,及时彻底地保护当事人的合法权益。

(一) 委托执行的条件

执行一般应由受理执行申请的法院实施,只有当债务人或者被执行的财产不在本法院辖区时,才能委托当地法院实施执行,因此,债务人或者被执行的财产不在本法院的辖区是委托执行必须具备的实质性条件。依《委托执行规定》第 1 条,执行法院经调查发现被执行人在本辖区内已无财产可供执行,且在其他省(自治区、直辖市)内有可供执行财产的,应当将案件委托异地的同级法院执行。执行案件中有三个以上被执行人或者三处以上被执行财产在本省(自治区、直辖市)辖区以外,且分属不同异地的,执行法院根据案件具体情况,报经高级法院批准后可以异地执行。

在特定情形下不能委托执行,依《执行规定》第 112 条,委托法院明知被执行人有下列情形的,应当及时依法裁定中止执行或终结执行,不得委托当地法院执行:①无确切住所,长期下落不明,又无财产可供执行的;②有关法院已经受理以被执行人为债务人的破产案件或者已经宣告其破产的。

（二）委托执行的程序

委托执行的案件，应当由委托法院直接向受托法院办理委托手续，并层报各自所在的高级法院备案。委托执行包括委托法院出具委托函和受托法院实施执行等两个步骤。

1. 委托法院出具委托函

按照《委托执行规定》的要求，案件委托执行时，委托法院应当提供委托执行函，附送申请执行书和委托执行案件审批表、据以执行的生效法律文书副本、有关案件情况的材料或者说明，包括本辖区无财产的调查材料、财产保全情况、被执行人财产状况、生效法律文书的履行情况、申请执行人地址和联系电话、被执行人身份证件或者营业执照复印件、地址和联系电话、委托法院执行员和联系电话以及其他必要的案件材料等。

委托执行一般应在同级法院之间进行。经对方法院同意，也可委托上一级的法院执行。被执行人是军队企业的，可以委托其所在地的军事法院执行。执行标的物是船舶的，可以委托有关海事法院执行。案件委托执行后，未经受托法院同意，委托法院不得自行执行。

2. 受托法院实施执行

受托法院收到委托执行函后，应当在7日内予以立案，并及时将立案通知书通过委托法院送达申请执行人，同时将指定的承办人、联系电话等书面告知委托法院。委托法院收到上述通知书后，应当在7日内书面通知申请执行人案件已经委托执行，并告知申请执行人可以直接与受托法院联系执行相关事宜。

受托法院如发现委托执行的手续、材料不全，可以要求委托法院补办。委托法院应当在30日内完成补办事项，在上述期限内未完成的，应当作出书面说明。委托法院既不补办又不说明原因的，视为撤回委托，受托法院可以将委托材料退回委托法院。受托法院退回委托的，应当层报所在辖区高级法院审批。高级法院同意退回后，受托法院应当在15日内将有关委托手续和案卷材料退回委托法院，并作出书面说明。委托执行的案件退回后，受托法院已立案的，应作销案处理。委托法院在案件退回原因消除之后可以再行委托。确因委托不当被退回的，委托法院应当决定撤销委托并恢复案件执行，报所在高级法院备案。

受托法院未能在6个月内将受托案件执结的，申请执行人有权请求受托法院的上一级法院提级执行或者指定执行，上一级法院应当立案审查，发现受托法院无正当理由不予执行的，应当限期执行或者作出裁定提级执行或指定执行。

（三）委托执行中特殊情况的处理

【真题实训 18-4】

甲诉乙侵权赔偿一案，经A市B区法院一审、A市中级法院二审，判决乙赔偿甲损失。乙拒不履行生效判决所确定的义务，甲向B区法院申请强制执行，B区法院受理后委托乙的财产所在地C市D区法院执行，在执行中，案外人丙向D区法院提出执行异议。对于丙的执行异议，D区法院应当采取下列哪种处理方式？（2008，全国卷三，47）

A. 应当对异议进行审查，异议不成立的，应当裁定驳回；异议成立的，应当裁定中止执

行，并函告B区法院

B. 应当函告B区法院，由B区法院作出处理

C. 应当报请C市中级法院处理

D. 应当报请A市中级法院处理

受托法院对受托执行的案件应当严格按照《民诉法》和最高法院的有关规定执行，有权依法采取强制执行措施和对妨害执行行为的强制措施。当然，对于委托执行中出现的特殊情况，《执行规定》(法释〔1998〕15号)进行了规定：

(1) 被执行人在受托法院当地有工商登记或户籍登记，但人员下落不明，如有可供执行的财产，可以直接执行其财产。

(2) 对执行担保和执行和解的情况以及案外人对非属法律文书指定交付的执行标的物提出的异议，受托法院可以按照有关法律规定处理，并及时通知委托法院。

(3) 受托法院在执行中，认为需要变更被执行人的，应当将有关情况函告委托法院，由委托法院依法决定是否作出变更被执行人的裁定。

(4) 受托法院认为受托执行的案件应当中止、终结执行的，应当提供有关证据材料，函告委托法院作出裁定。受托法院提供的证据材料确实、充分的，委托法院应当及时作出中止或终结执行的裁定。

(5) 受托法院认为委托执行的法律文书有错误，如执行可能造成执行回转困难或无法执行回转的，应当首先采取查封、扣押、冻结等保全措施，必要时要将保全款项划到法院账户，然后函请委托法院审查；受托法院按照委托法院的审查结果继续执行或停止执行。

[真题实训18-4](2008，全国卷三，47)答案：A。考点：委托执行中特殊情形的处理。解析：现已废止的《民诉法意见》第264条规定，委托执行中，案外人对执行标的提出异议的，受委托人民法院无权自行处理，应当函告委托法院，由委托法院通知驳回或者作出中止执行的裁定，在此期间，暂缓执行。因此，司法部2008年公布的本题答案为B；但新《民诉法解释》并未对委托执行中的此种情形予以规定，故依《执行规定》，在出现上述情形时应由受托法院按照有关法律规定处理，并及时通知委托法院，故此题现应选A。

第三节 民事执行的措施

【引例18-3】

王五诉赵六车辆租赁合同纠纷一案，法院判决赵六赔偿王五损失6万元人民币。后因赵六未在判决规定的期限内履行义务，王五遂向法院申请强制执行。

请问：此时王五能否要求赵六履行财产申报义务，向其报告当前以及收到执行通知之日前一年的财产情况？

执行措施,是指人民法院的执行机构依法强制执行所采取的方法和手段。执行措施直接涉及对债务人财产的限制和处分,关系到债权人和债务人的切身利益。我国《民诉法》及相关司法解释针对不同的执行标的,分别规定了对财产和行为的执行措施。

一、对财产的执行措施

【真题实训 18-5】

执行法院对下列哪些财产不得采取执行措施?(2008,卷三,89)

A. 被执行人未发表的著作

B. 被执行人及其所扶养家属完成义务教育所必需的物品

C. 金融机构交存在中国人民银行的存款准备金和备付金

D. 金融机构的营业场所

(一)查询、扣押、冻结、划拨、变价被执行人的金融资产

依《民诉法》第242条,人民法院有权根据不同情形扣押、冻结、划拨、变价被执行人的财产。查询、扣押、冻结、划拨、变价的财产,不得超出被执行人应当履行义务的范围。法院决定扣押、冻结、划拨、变价财产,应当作出裁定,并发出协助执行通知书,有关单位必须办理。同时,依《执行规定》,金融机构擅自解冻被人民法院冻结的款项,致冻结款项被转移的,人民法院有权责令其限期追回已转移的款项。在限期内未能追回的,应当裁定该金融机构在转移的款项范围内以自己的财产向申请执行人承担责任。

[真题实训18-5](2008,卷三,89)答案:ABCD。考点:对财产的执行措施。解析:最高法院《查封、扣押、冻结规定》(法释〔2004〕15号)第5条规定,人民法院对被执行人下列的财产不得查封、扣押、冻结:被执行人及其所扶养家属完成义务教育所必需的物品;未公开的发明或者未发表的著作。故A、B两项当选。《执行规定》第34条规定,被执行人为金融机构的,对其交存在人民银行的存款准备金和备付金不得冻结和扣划,但对其在本机构、其他金融机构的存款,及其在人民银行的其他存款可以冻结、划拨,并可对被执行人的其他财产采取执行措施,但不得查封其营业场所。故C、D两项当选。

(二)扣留、提取被执行人的收入

《民诉法》第243条规定,被执行人未按执行通知履行法律文书确定的义务,人民法院有权扣留、提取被执行人应当履行义务部分的收入,但应当保留被执行人及其所扶养家属的生活必需费用。法院扣留、提取收入时,应当作出裁定,并发出协助执行通知书,被执行人所在

单位、银行、信用合作社和其他有储蓄业务的单位必须办理。

（三）查封、扣押、冻结、拍卖、变卖被执行人的财产

《民诉法》第 244 条规定，被执行人未按执行通知履行法律文书确定的义务，人民法院有权查封、扣押、冻结、拍卖、变卖被执行人应当履行义务部分的财产。但应当保留被执行人及其所扶养家属的生活必需品。采取上述措施，人民法院应当作出裁定。具体来说有以下几个方面：

(1) 法院查封、扣押财产时，被执行人是公民的，应当通知被执行人或其成年家属到场；被执行人是法人或其他组织的，应当通知其法定代表人或主要负责人到场。拒不到场的，不影响执行。被执行人是公民的，其工作单位或财产所在地基层组织应当派人参加。

(2) 对被查封、扣押的财产，执行员必须造具清单，由在场人签名或盖章后，交被执行人一份。被执行人是公民的，也可以交其成年家属一份。被查封的财产，执行员可以指定被执行人负责保管。因被执行人的过错造成的损失，由被执行人承担。

(3) 财产被查封、扣押后，执行员应当责令被执行人在指定期间履行法律文书确定的义务。被执行人逾期不履行的，人民法院应当拍卖被查封、扣押的财产；不适于拍卖或者当事人双方同意不进行拍卖的，法院可以委托有关单位变卖或自行变卖。国家禁止自由买卖的物品，交有关单位按国家规定价格收购。同时，依《执行规定》，人民法院对拍卖、变卖被执行人的财产，应当委托依法成立的资产评估机构进行价格评估。被执行人申请对法院查封的财产自行变卖的，人民法院可以准许，但应当监督其按照合理价格在指定的期限内进行，并控制变卖的价款。拍卖、变卖被执行人的财产成交后，必须即时钱物两清。

（四）强制被执行人交付法律文书指定的财物或票证

《民诉法》第 249 条规定，法律文书指定交付的财物或票证，由执行员传唤双方当事人当面交付，或由执行员转交，并由被交付人签收。有关单位持有该项财物或票证的，应当根据人民法院的协助执行通知书转交，并由被交付人签收。有关公民持有该项财物或票证的，人民法院通知其交出。拒不交出的，强制执行。

二、对行为的执行措施

强制执行法律文书指定的行为，是以人的行为作为执行对象时所采取的特殊执行措施。

（一）强制被执行人迁出房屋或退出土地

《民诉法》第 250 条规定，强制迁出房屋或者强制退出土地，由院长签发公告，责令被执行人在指定期间履行。被执行人逾期不履行的，由执行员强制执行。强制执行时，被执行人是公民的，应当通知被执行人或其成年家属到场；被执行人是法人或其他组织的，应当通知其法定代表人或者主要负责人到场。拒不到场的，不影响执行。被执行人是公民的，其工作单位或者房屋、土地所在地的基层组织应当派人参加。执行员应当将强制执行情况记入笔录，由在场人签名或者盖章。

强制迁出房屋被搬出的财物，由人民法院派人运至指定处所，交给被执行人。被执行人是公民的，也可以交给他的成年家属。因拒绝接收而造成的损失，由被执行人承担。

（二）强制被执行人履行法律文书指定的行为

被执行人不履行生效法律文书确定的义务，即不履行判决、裁定和其他法律文书指定的行为，法院可根据债权人的请求强制被执行人履行指定行为。

三、保障性的执行措施

保障性的执行措施是辅助配合基本执行措施而实施的执行措施，主要是保障基本执行措施的顺利实施，主要种类包括：

（一）报告财产

《民诉法》第 241 条规定，被执行人未按执行通知履行法律文书确定的义务，应当报告当前以及收到执行通知之日前 1 年的财产情况。被执行人拒绝报告或者虚假报告的，人民法院可以根据情节轻重对被执行人或其法定代理人、有关单位的主要负责人或者直接责任人员予以罚款、拘留。《执行解释》同时详细规定，人民法院依民诉法规定责令被执行人报告财产情况的，应当向其发出报告财产令。报告财产令中应当写明报告财产的范围、报告财产的期间、拒绝报告或虚假报告的法律后果等内容。被执行人书面报告下列财产情况：①收入、银行存款、现金、有价证券；②土地使用权、房屋等不动产；③交通运输工具、机器设备、产品、原材料等动产；④债权、股权、投资权益、基金、知识产权等财产性权利；⑤其他应当报告的财产。

被执行人自收到执行通知之日前 1 年至当前财产发生变动的，应当对该变动情况进行报告。被执行人在报告财产期间履行全部债务的，人民法院应当裁定终结报告程序。被执行人报告财产后，其财产情况发生变动，影响申请执行人债权实现的，应当自财产变动之日起 10 日内向法院补充报告。对被执行人报告的财产情况，申请执行人请求查询的，人民法院应当准许。申请执行人对查询的被执行人财产情况，应当保密。对被执行人报告的财产情况，执行法院可以依申请执行人的申请或者依职权调查核实。

[引例 18-3：解析] 此时王五不能要求赵六履行财产申报义务，向其报告当前以及收到执行通知之日前 1 年的财产情况。因为被申请人报告财产状况的对象是法院，但申请执行人可以向法院申请查询被执行人报告的财产情况。

（二）查询被执行人的金融资产

《民诉法》第 242 条规定，被执行人未按执行通知履行法律文书确定的义务，人民法院有权向有关单位查询被执行人的存款、债券、股票、基金份额等财产情况。

（三）搜查被执行人及其住所或财产隐匿地

被执行人不履行法律文书确定的义务，并隐匿财产的，人民法院有权发出搜查令，对被执行人及其住所或者财产隐匿地进行搜查。采取搜查措施，由院长签发搜查令。

（四）办理财产权证照转移手续

《民诉法》第 251 条规定，在执行中，需要办理有关财产权证照转移手续的，人民法院可以向有关单位发出协助执行通知书，有关单位必须办理。

（五）强制被执行人支付延期利息及迟延履行金

《民诉法》第 253 条规定，被执行人未按判决、裁定和其他法律文书指定的期间履行给付金钱义务的，应当加倍支付迟延履行期间的债务利息。被执行人未按判决、裁定和其他法律文书指定的期间履行其他义务的，应当支付迟延履行金。

（六）限制出境

《民诉法》第 255 条规定，被执行人不履行法律文书确定的义务的，人民法院可以对其采取或者通知有关单位协助采取限制出境。《执行解释》第 36～38 条规定，依照民事诉讼法规定对被执行人限制出境的，应当由申请执行人向执行法院提出书面申请；必要时，执行法院可以依职权决定。被执行人为单位的，可以对其法定代表人、主要负责人或者影响债务履行的直接责任人员限制出境。被执行人为无民事行为能力人或者限制民事行为能力人的，可以对其法定代理人限制出境。在限制出境期间，被执行人履行法律文书确定的全部债务的，执行法院应当及时解除限制出境措施；被执行人提供充分、有效的担保或者申请执行人同意的，可以解除限制出境措施。

（七）在征信系统记录或通过媒体公布不履行义务的信息

《民诉法》第 255 条规定，被执行人不履行法律文书确定的义务的，人民法院可以采取在征信系统记录、通过媒体公布不履行义务信息以及法律规定的其他措施。《最高人民法院关于公布失信被执行人名单信息的若干规定》(法释〔2013〕17 号)规定，被执行人具有履行能力而不履行生效法律文书确定的义务，并具有下列情形之一的，人民法院应当将其纳入失信被执行人名单，依法对其进行信用惩戒：

（1）以伪造证据、暴力、威胁等方法妨碍、抗拒执行的；

（2）以虚假诉讼、虚假仲裁或者以隐匿、转移财产等方法规避执行的；

（3）违反财产报告制度的；

（4）违反限制高消费令的；

（5）被执行人无正当理由拒不履行执行和解协议的；

（6）其他有履行能力而拒不履行生效法律文书确定义务的。

（八）限制被执行人高消费

限制被执行人高消费，是人民法院加大执行力度、推动社会信用机制建设、最大限度保护申请执行人和被执行人的合法权益的执行措施。根据最高法院《限制高消费规定》(法释〔2010〕8 号)，被执行人未按执行通知书指定的期间履行生效法律文书确定的给付义务的，人民法院可以限制其高消费。被执行人为自然人的，被限制高消费后，不得有以下以其财产支付费用的行为：①乘坐交通工具时，选择飞机、列车软卧、轮船二等以上舱位；②在星级以上宾馆、夜总会、高尔夫球场等场所进行高消费；③购买不动产或者新建、扩建、高档装修房屋；④租赁高档写字楼、宾馆、公寓等场所办公；⑤购买非经营必需车辆；⑥旅游、度假；⑦子女就读高收费私立学校；⑧支付高额保费购买保险理财产品；⑨其他非生活和工作必需的高消费行为。被执行人为单位的，被限制高消费后，禁止被执行人及其法定代表人、主要负责人、影响债务履行的直接责任人员以单位财产实施上述规定的行为。

(九)代位执行

在执行程序中,债务人虽然不能清偿债务,但对本案以外的第三人享有到期债权的,人民法院可以依申请执行人的申请,通知该第三人向申请执行人履行债务,该第三人对债务没有异议但在通知指定的期限不履行的,人民法院可以采取执行措施迫使其履行义务,这就是对被执行人到期债权的执行,也称代位执行。依《执行规定》第61条定,被执行人不能清偿债务,但对本案以外的第三人享有到期债权的,人民法院可以依申请执行人或被执行人的申请,向第三人发出履行到期债务的通知(简称履行通知),履行通知必须直接送达第三人。履行通知应当包含下列内容:①第三人直接向申请执行人履行其对被执行人所负的债务,不得向被执行人清偿;②第三人应当在收到履行通知后的15日内向申请执行人履行债务;③第三人对履行到期债权有异议的,应当在收到履行通知后的15日内向执行法院提出;④第三人违背上述义务的法律后果。

在执行过程中如果第三人接到人民法院的履行通知后提出异议,一般应当以书面形式提出,口头提出的,执行人员应记入笔录,并由第三人签字或盖章。第三人在履行通知指定的期间内提出异议的,人民法院不得对第三人强制执行,对提出的异议不进行审查。但第三人提出自己无履行能力或其与申请执行人无直接法律关系,异议不成立;第三人对债务部分承认、部分有异议的,可以对其承认的部分强制执行。

第三人在履行通知指定的期限内没有提出异议,而又不履行的,执行法院有权裁定对其强制执行。此裁定同时送达第三人和被执行人。被执行人收到法院履行通知后,放弃其对第三人的债权或延缓第三人履行期限的行为无效,人民法院仍可在第三人无异议又不履行的情况下予以强制执行。第三人收到法院要求其履行到期债务的通知后,擅自向被执行人履行,造成已向被执行人履行的财产不能追回的,除在已履行的财产范围内与被执行人承担连带清偿责任外,可以追究其妨害执行的责任。在对第三人作出强制执行裁定后,第三人确无财产可供执行的,不得就第三人对他人享有的到期债权强制执行。第三人按人民法院履行通知向申请执行人履行了债务或已被强制执行后,人民法院应当出具有关证明。

[应用提示]①法院对第三人提出的代位异议不进行实质审查;②代位执行只能进行一次,不得再代位执行,即不得就第三人对他人享有的到期债权强制执行。

(十)对特殊标的执行措施

对特殊标的的执行措施,主要是指对被执行人特殊财产尤其无形财产的执行措施。

1. 对知识产权的执行措施

知识产权是指对著作权、专利权、商标权、发明权、发现权等智力劳动成果依法享有的专有权。债务人享有知识产权,又拒不履行生效法律文书确定的义务,人民法院有权裁定禁止被执行人转让其专利权、注册商标专用权、著作权(财产权部分)等知识产权,并向有关部门发出执行通知书,要求其不得办理财产权转移手续,必要时可责令被执行人将财产权或者使用权证照交法院保存。采取上述措施后,被执行人仍不履行义务的,执行机构有权对被执行人享有的知识产权采取拍卖、变卖等执行措施。

2. 对投资权益或股权的执行

对债务人在有关企业中拥有的投资权益或股权,人民法院有权依法采取冻结、强制转让等执行措施;对于被执行人基于股权而从有关企业应得的股息或红利等收益,人民法院有权裁定禁止被执行人提取和有关企业向被执行人支付,并要求有关企业直接向申请执行人支付;人民法院也可以依法采取冻结、扣留或提取等执行措施。

第四节 民事执行的阻却

【引例 18-4】

在执行程序中,孙琦为周芭提供6个月的担保,经申请执行人同意,人民法院遂决定暂缓1年执行生效判决。

请问:法院的做法是否合法?

在民事执行过程中,由于发生特定情况的导致执行程序暂时不能进行、无法进行或者无须进行时,称为民事执行的阻却。

一、执行担保

【真题实训 18-6】

在民事执行中,被执行人朱某申请暂缓执行,提出由吴某以自有房屋为其提供担保,申请执行人刘某同意。法院作出暂缓执行裁定,期限为6个月。对于暂缓执行期限届满后朱某仍不履行义务的情形,下列哪一选项是正确的?(2009,卷三,50)

A. 刘某应起诉吴某,取得执行依据可申请执行吴某的担保房产

B. 朱某财产不能清偿全部债务时刘某方能起诉吴某,取得执行依据可申请执行吴某的担保房产

C. 朱某财产不能清偿刘某债权时法院方能执行吴某的担保房产

D. 法院可以直接裁定执行吴某的担保房产

在执行程序中,债务人或第三人向人民法院提供担保,请求法院暂缓执行,经申请执行人同意,法院决定暂时停止执行的制度,称为执行担保。

依《民诉法》第231条,在执行中,被执行人向人民法院提供担保,并经申请执行人同意的,人民法院可以决定暂缓执行及暂缓执行的期限。因此,执行担保的条件包括:

(1) 被执行人向人民法院提出申请。申请一般以书面形式提出,并说明理由。

(2) 应当向人民法院提供担保。可以由被执行人或他人提供财产担保,也可以由他人

提供保证。担保人应当具有代为履行或者代为承担赔偿责任的能力。他人提供执行保证的，应当向执行法院出具保证书，并将保证书副本送交申请执行人。被执行人或他人提供财产担保的，应当参照物权法、担保法的有关规定办理相应手续。人民法院在审理案件期间，保证人为被执行人提供保证，法院据此未对被执行人的财产采取保全措施或解除保全措施的，案件审结后如果被执行人无财产可供执行或其财产不足清偿债务时，即使生效法律文书中未确定保证人承担责任，人民法院有权裁定执行保证人在保证责任范围内的财产。

(3) 须经申请执行人同意。

(4) 人民法院决定是否准许以及决定暂缓执行的期限。依《民诉法解释》的规定，人民法院依照民事诉讼法决定暂缓执行的，如果担保是有期限的，暂缓执行的期限应当与担保期限一致，但最长不得超过1年。被执行人或担保人对担保的财产在暂缓执行期间有转移、隐藏、变卖、毁损等行为的，人民法院可以恢复强制执行。被执行人在人民法院决定暂缓执行的期限届满后仍不履行义务的，人民法院可以直接执行担保财产，或者裁定执行担保人的财产，但执行担保人的财产以担保人应当履行义务部分的财产为限。

[真题实训 18-6](2009，卷三，50)答案：D。考点：执行担保和暂缓执行。解析：《民诉法解释》第471条规定，被执行人在人民法院决定暂缓执行的期限届满后仍不履行义务的，人民法院可以直接执行担保财产，或者裁定执行担保人的财产，但执行担保人的财产以担保人应当履行义务部分的财产为限。因此D项正确。

[引例 18-4：解析]法院的做法不合法。因为暂缓执行的期限须与担保期限一致，且最长不得超过1年；本案中，担保期限为6个月，暂缓执行的期限也只能是6个月。

二、执行中止

【真题实训 18-7】

甲公司因与乙公司的合同纠纷向某仲裁委员会申请仲裁，甲公司的仲裁请求得到仲裁庭的支持。裁决作出后，乙公司向法院申请撤销仲裁裁决。法院在审查过程中，甲公司向法院申请强制执行仲裁裁决。关于本案，下列哪一说法是正确的？(2012，卷三，50)

A. 法院对撤销仲裁裁决申请的审查，不影响法院对该裁决的强制执行

B. 法院不应当受理甲公司的执行申请

C. 法院应受理甲公司执行申请，同时告知乙公司向法院申请裁定不予执行仲裁裁决

D. 法院应当受理甲公司的执行申请，受理后应当裁定中止执行

执行中止，是指在执行过程中，由于出现某种特殊情况使执行程序暂时停止，待特殊情况消失后再继续进行执行程序。

(一) 执行中止的法定事由

依《民诉法》第256条，人民法院应当裁定中止执行的法定事由包括：

(1) 申请人表示可以延期执行的；

(2) 案外人对执行标的提出确有理由的异议的；

(3) 作为一方当事人的公民死亡，需要等待继承人继承权利或者承担义务的；

(4) 作为一方当事人的法人或其他组织终止，尚未确定权利义务承受人的；

(5) 人民法院认为应当中止执行的其他情形。《执行规定》第102条对此进行了列举，具体包括：①人民法院已受理以被执行人为债务人的破产申请的；②被执行人确无财产可供执行的；③执行的标的物是其他法院或仲裁机构正在审理的案件争议标的物，需要等待该案件审理完毕确定权属的；④一方当事人申请执行仲裁裁决，另一方当事人申请撤销仲裁裁决的；⑤仲裁裁决的被申请执行人依据民事诉讼法的规定向人民法院提出不予执行请求，并提供适当担保的。《执行规定》第103条还规定，按审判监督程序提审或再审的案件，执行机构根据上级法院或者本院作出的中止执行裁定书中止执行。

[真题实训 18-7](2012，卷三，50)答案：D。考点：中止执行的情形。解析：依《执行规定》第102条，一方当事人申请执行仲裁裁决，另一方当事人申请撤销仲裁裁决的，人民法院应当裁定中止执行，故D项说法正确。

(二) 执行中止后的恢复执行

执行中止的情形消失后，人民法院应当恢复执行。依《执行规定》第104条，执行法院可以根据当事人的申请或者依职权恢复执行，恢复执行应当书面通知当事人。

三、执行和解

【真题实训 18-8】

甲诉乙返还10万元借款。胜诉后进入执行程序，乙表示自己没有现金，只有一枚祖传玉石可抵债。法院经过调解，说服甲接受玉石抵债，双方达成和解协议并当即交付了玉石。后甲发现此玉石为赝品，价值不足千元，遂申请法院恢复执行。关于执行和解，下列哪些说法是正确的？(2014，卷三，85)

A. 法院不应在执行中劝说甲接受玉石抵债

B. 由于和解协议已经即时履行，法院无须再将和解协议记入笔录

C. 由于和解协议已经即时履行，法院可裁定执行中止

D. 法院应恢复执行

(一) 执行和解的概念和特征

执行和解，是指在执行程序中，双方当事人就执行标的的一部分或者全部自行协商、互相谅解，自愿达成协议、解决争议，经人民法院批准，从而结束执行程序的活动。

执行和解的特征是：①执行和解是双方当事人处分其民事权利和诉讼权利的行为，是一种非讼活动；②执行和解发生在执行阶段；③执行和解协议不具有法律上的强制力。

(二) 执行和解的效力

《民诉法》第230条第1款规定，在执行中，双方当事人自行和解达成协议的，执行员应

当将协议内容记入笔录，由双方当事人签名或盖章。

执行和解成立后，产生以下法律效力：

(1) 执行程序中止或终结。《民诉法解释》第 466 条规定，申请执行人与被执行人达成和解协议后请求中止执行或者撤回执行申请的，法院可以裁定中止执行或者终结执行。

(2) 原执行根据并未撤销。当事人在执行程序中达成的执行和解重新就双方之间的实体权利义务关系进行协商，当事人应当自觉履行和解协议，但和解协议并不能撤销原已生效的法律文书。若债务人拒不履行和解协议，则债权人不能依据和解协议申请强制执行。

(三) 执行和解后的恢复执行

《民诉法》第 230 条第 2 款规定，申请执行人因受欺诈、胁迫与被执行人达成和解协议，或者当事人不履行和解协议的，人民法院可以根据当事人的申请，恢复对原生效法律文书的执行。

[应用提示]这是《民诉法》2012 年第二次修正时对原第 207 条第 2 款进行的修正，即该款增加规定了恢复执行的法定情形，不只限于被执行人不履行和解协议，还包括申请执行人因受欺诈、胁迫与被执行人达成和解协议的情形。

依《民诉法解释》第 467 条，当事人一方不履行或不完全履行在执行中双方自愿达成的和解协议，对方申请执行原生效法律文书的，人民法院应当恢复执行，但和解协议已履行的部分应当扣除。和解协议已经履行完毕的，人民法院不予恢复执行。

[真题实训 18-8](2014，卷三，85)答案：AD。考点：执行和解。解析：执行和解不同于法院调解，法院调解不适用于执行程序，故选项 A 说法正确；依《民诉法》第 230 条第 1 款，选项 B 说法错误；依《民诉法》第 230 条第 2 款，选项 C 说法错误、选项 D 说法正确。

依《民诉法解释》第 468 条，申请恢复执行原生效法律文书，适用《民诉法》第 239 条申请执行期间的规定。申请执行期间因达成执行中的和解协议而中断，其期间自和解协议约定履行期限的最后一日起重新计算。

第五节 民事执行的结束

【引例 18-5】

吴九和郑十离婚，法院判决吴九抚养女儿、郑十给付抚养费。后因郑十不履行义务，吴九申请强制执行。法院查明，郑十目前无工资收入且无固定生活来源，无力给付。

请问：此时法院能否裁定终结执行？为什么？

一、概述

(一) 民事执行结束的概念

民事执行结束,是指因为特定的原因导致执行程序不能或者不必进行下去,从而结束执行的法律制度。

(二) 民事执行结束的意义

民事执行结束的意义,体现在两个方面:一是对人民法院来说,执行机构的工作不用继续进行;二是对当事人而言,其不能再借助人民法院的国家强制力实现其权利义务。

二、民事执行结束的方式

民事执行结束的方式包括以下几种:

(一) 不予执行

依《民诉法》第237、238、274条的规定,人民法院对其他机关制作的依法应由本院执行的各种生效法律文书,经合议庭审查核实,认为具有法定情形时,裁定不予执行,从而导致民事执行的结束,包括:①不予执行国内外仲裁裁决;②不予执行确有错误的公证债权文书;③不予执行行政处理决定书、行政处罚决定书。

(二) 执行终结

依《民诉法》第257条和《执行规定》第105条,有下列情形之一的,人民法院裁定终结执行:①申请人撤销申请的;②据以执行的法律文书被撤销的;③作为被执行人的公民死亡,无遗产可供执行,又无义务承担人的;④追索赡养费、扶养费、抚育费案件的权利人死亡的;⑤作为被执行人的公民因生活困难无力偿还借款,无收入来源,又丧失劳动能力的;⑥在执行中,被执行人被法院裁定宣告破产的;⑦人民法院认为应当终结执行的其他情形。

[引例18-5:解析] 此时法院不能裁定终结执行。《民诉法》第257条第(5)项规定,作为被执行人的公民因生活困难无力偿还借款,无收入来源,又丧失劳动能力的,人民法院裁定终结执行,这里需要同时满足无力偿还借款、无收入来源、丧失劳动能力3个条件,题中并没有表明郑十丧失劳动能力。

【真题实训18-9】

根据民事诉讼法的规定,下列哪些情况下,法院应当裁定终结执行?(2006,卷三,87)

A. 申请执行人撤销申请　　B. 据以执行的法律文书被撤销

C. 追索赡养费案件的权利人死亡　　D. 案外人对执行标的提出了确有理由的异议

[真题实训18-9](2006,卷三,87)答案:ABC。考点:终结执行的法定情形。解析:依《民诉法》第257条,选项A、B、C当选;依该法第256条,选项D属于中止执行的法定情形,故不当选。

（三）执行完毕

执行完毕，是指执行机构依法定程序，全部实现生效法律文书确定的内容，从而达到执行目的、完成执行任务。这种情况下权利人的全部权利得到实现，是执行程序最理想的结案方式。

（四）执行和解协议履行完毕

在执行过程中，双方当事人可以自行和解达成执行和解协议，在和解协议履行完毕的情况下民事执行结束，从而导致法院终结执行。但这种终结不是绝对的终结，如果一方当事人不履行和解协议，法院可以根据对方当事人的申请，恢复对原生效法律文书的执行。

第六节 民事执行救济与民事执行回转

【引例 18-6】

刘一与陈二民间借贷纠纷一案，法院判决支持刘一的诉讼请求。刘一依据该生效判决申请法院执行陈二的银行存款。执行完毕后，原审法院发现判决确有错误而自行决定启动再审，并最终撤销了原判决，驳回了刘一的诉讼请求。

请问：对于已经依刘一申请执行了陈二的银行存款，法院应当如何处理？

一、民事执行救济概述

（一）民事执行救济的概念

民事执行救济，是指在民事执行程序中，执行当事人、利害关系人或者案外人因执行机关的执行行为受到损害或者有可能受到损害时，可以寻求法律救济的制度。

（二）民事执行救济的体系

在民事强制执行程序中，基于民事强制执行当事人或案外人向有权机关提出救济请求的理由，可将其分为程序性的执行救济制度和实体性的执行救济制度，两种制度共同构成民事执行救济体系。

二、程序性的执行救济制度

程序性的执行救济制度，是指民事强制执行当事人或案外人认为民事强制执行行为违反了民事强制执行程序的规定，侵害了其合法程序权益，从而寻求执行救济的制度。

（一）当事人、利害关系人异议

【真题实训 18-10】

对于甲和乙的借款纠纷，法院判决乙应归还甲借款。进入执行程序后，由于乙无现金，法院扣押了乙住所处的一架钢琴准备拍卖。乙提出钢琴是其父亲的遗物，申请用一台价值与钢琴相当的相机替换钢琴。法院认为相机不足以抵偿乙的债务，未予同意。乙认为扣押行为错误，提出异议。法院经过审查，驳回该异议。关于乙的救济渠道，下列哪一表述是正确的？（2014，卷三，49）

A. 向执行法院申请复议　　B. 向执行法院的上一级法院申请复议

C. 向执行法院提起异议之诉　　D. 向原审法院申请再审

《民诉法》第 225 条规定，当事人、利害关系人认为执行行为违反法律规定的，可向负责执行的法院提出书面异议。当事人、利害关系人提出书面异议的，法院应当自收到书面异议之日起 15 日内审查，理由成立的，裁定撤销或改正；理由不成立的，裁定驳回。当事人、利害关系人对裁定不服的，可自裁定送达之日起 10 日内向上一级法院申请复议。

［真题实训 18-10］（2014，卷三，49）答案：B。解析：依《民诉法》第 225 条，B 项表述正确。

（二）案外人异议

【真题实训 18-11】

关于执行行为异议与案外人对诉讼标的异议的比较，下列哪一选项是错误的？（2011，卷三，47）

A. 异议都是在执行过程中提出

B. 异议都应当向执行法院提出

C. 申请异议当事人有部分相同

D. 申请异议人对法院针对异议所作裁定不服，可采取的救济手段相同

执行过程中，如果执行当事人以外的人对执行根据或执行对象提出不同意见，称为执行异议。《民诉法》第 227 条规定，执行过程中，案外人对执行标的提出书面异议的，人民法院应当自收到书面异议之日起 15 日内审查，理由成立的，裁定中止对该标的的执行；理由不成立的，裁定驳回。案外人、当事人对裁定不服，认为原判决、裁定错误的，依审判监督程序办理；与原判决、裁定无关的，可自裁定送达之日起 15 日内向人民法院提起诉讼。同时，《执行解释》第 15、16 条对案外人执行异议作出了如下详细规定：

（1）案外人执行异议的实质条件。案外人对执行标的主张所有权或者有其他足以阻止执行标的的转让、交付的实体权利的，可依民事诉讼法的规定，向执行法院提出异议。

（2）执行异议的法律效力。①案外人异议审查期间，人民法院不得对执行标的进行处

分；②案外人向人民法院提供充分、有效的担保，请求解除对异议标的的查封、扣押、冻结的，人民法院可以准许；申请执行人提供充分、有效的担保，请求继续执行的，应当继续执行；③因案外人提供担保解除查封、扣押、冻结有错误，致使该标的无法执行的，人民法院可以直接执行担保财产；申请执行人提供担保请求继续执行有错误，给对方造成损失的，应当予以赔偿。

［真题实训 18-11］(2011，卷三，47)答案：D。考点：执行行为异议与案外人对诉讼标的异议。解析：两种异议都是在执行过程中向执行法院提出，且利害关系人属于案外人，故 A、B、C 三项表述都正确。依《民诉法》第 227 条，两种异议申请人对法院针对异议所作出的裁定不服的，可采取的救济手段不同，故 D 项表述错误。

（三）分配方案异议

【真题实训 18-12】

执行程序的参与分配制度对适用条件作了规定。下列哪一选项不属于参与分配适用的条件？(2011，卷三，46)

A. 被执行人的财产无法清偿所有的债权

B. 被执行人为法人或其他组织而非自然人

C. 有多个申请人对同一被申请人享有债权

D. 参与分配的债权只限于金钱债权

在执行程序开始以后、被执行人的财产被执行完毕之前，已经取得执行依据的其他债权人可以申请参与对该被执行人财产的执行，将执行所得在各债权人中公平分配，称为参与分配制度。根据《民诉法解释》第 508～512 条，以及《执行规定》第 90～95 条的规定，参与分配需满足一定的条件：

（1）参与分配的主体必须已经取得金钱债权执行根据的债权人，或者对人民法院查封、扣押、冻结的财产有优先权、担保物权的债权人。

（2）债务人是非法人的公民或其他组织。如果被执行人为企业法人，其财产不足清偿全部债务的，可告知当事人依法申请被执行人破产；如果被执行人为企业法人，未经清理或清算而撤销、注销或歇业，其财产不足清偿全部债务的，应当参照参与分配制度的规定，对各债权人的债权按比例清偿。

（3）债务人的财产不足以清偿全部债务。

（4）须在法定期间内提出书面申请。依《民诉法解释》第 509 条，申请参与分配，申请人应当提交申请书，写明参与分配和被执行人不能清偿所有债权的事实、理由，并附有执行依据。参与分配申请应当在执行程序开始后，被执行人的财产执行终结前提出。

［真题实训 18-12］(2011，卷三，46)答案：B。考点：参与分配制度的适用条件。解析：依《民诉法解释》第 508 条，选项 A、C 属于参与分配适用的条件、不当选，选项 B 当选。依《执行规定》第 90 条，被执行人为公民或其他组织，其全部或主要财产已被一个人民法院因执行

确定金钱给付的生效法律文书而查封、扣押或冻结,无其他财产可供执行或其他财产不足清偿全部债务的,在被执行人的财产被执行完毕前,对该被执行人已经取得金钱债权执行依据的其他债权人可以申请对该被执行人的财产参与分配。因此,选项D属于参与分配适用的条件,故不当选。

执行过程中,如果债权人或被执行人对执行法院制作的分配方案不服,可提出分配方案异议。依《执行解释》第25、26条,多个债权人对同一被执行人申请执行或者对执行财产申请参与分配的,执行法院应当制作财产分配方案,并送达各债权人和被执行人。债权人或被执行人对分配方案有异议的,应自收到分配方案之日起15日内向执行法院提出书面异议。债权人或被执行人对分配方案提出书面异议的,执行法院应当通知未提出异议的债权人或被执行人。未提出异议的债权人、被执行人收到通知之日起15日内未提出反对意见的,执行法院依异议人的意见对分配方案审查修正后进行分配;提出反对意见的,应当通知异议人。

(四)执行复议

《执行解释》第6～10条对于执行复议的具体要求及处理流程作了具体规定:

(1)当事人、利害关系人申请复议应当采取书面形式。

(2)当事人、利害关系人申请复议的书面材料,可以通过执行法院转交,也可直接向执行法院的上一级法院提交。执行法院收到复议申请后,应当在5日内将复议所需的案卷材料报送上一级法院;上一级法院收到复议申请后,应当通知执行法院在5日内报送复议所需的案卷材料。

(3)上一级法院对当事人、利害关系人的复议申请,应当组成合议庭进行审查;自收到复议申请之日起30日内审查完毕,并作出裁定。有特殊情况需要延长的,经本院院长批准,可以延长,但延长的期限不得超过30日。

(4)执行异议审查和复议期间,不停止执行。被执行人、利害关系人提供充分、有效的担保请求停止相应处分措施的,人民法院可以准许;申请执行人提供充分、有效的担保请求继续执行的,应当继续执行。

(五)民事执行监督

民事执行监督是指上级人民法院对下级人民法院的执行工作有权进行检查、督促、指导、协调和处理的制度。《执行规定》第129条规定,上级人民法院依法监督下级人民法院的执行工作,最高人民法院依法监督地方各级人民法院和专门法院的执行工作。下级法院不按照上级法院的裁定、决定或通知执行,造成严重后果的,按照有关规定追究有关主管人员和直接责任人员的责任。具体包括以下内容:

1. 责令纠正

依《执行规定》第130、131条规定,上级法院发现下级法院在执行中作出的裁定、决定、通知或具体执行行为不当或有错误的,应当及时指令下级法院纠正,并可通知有关法院暂缓执行。下级法院收到上级法院的指令后必须立即纠正。如果认为上级法院的指令有错误,可以在收到该指令后5日内请求上级法院复议。上级法院认为请求复议的理由不成立,而下级法院仍不纠正的,上级法院可直接作出裁定或决定予以纠正,送达有关法院及当事人,并可直接向有关单位发出协助执行通知书。上级法院发现下级法院执行的非诉讼生效法律文书有不予执行事由，应当依法作出不予执行裁定而不制作的，可以责令下级法院在指定时限内作出裁定，必要时可直接裁定不予执行。

2. 限期执行

依《民诉法》第226条规定，人民法院自收到申请执行书之日起超过6个月未执行的，申请执行人可向上一级法院申请执行。上一级法院经审查，可以责令原法院在一定期限内执行，也可以决定由本院执行或者指令其他法院执行。《执行解释》第12、13条规定，上一级法院依民事诉讼法规定责令执行法院限期执行的，应当向其发出督促执行令，并将有关情况书面通知申请执行人。上一级法院决定由本院执行或者指令本辖区其他法院执行的，应当作出裁定，送达当事人并通知有关法院。上一级法院责令执行法院限期执行，执行法院在指定期间内无正当理由仍未执行完结的，上一级法院应当裁定由本院执行或者指令本辖区其他法院执行。依《执行规定》第132条规定，上级法院发现下级法院的执行案件(包括受委托执行的案件)在规定的期限内未能执行结案的，应当作出裁定、决定、通知而不制作的，或应当依法实施具体执行行为而不实施的，应当督促下级法院限期执行，及时作出有关裁定等法律文书，或采取相应措施。对下级法院长期未能执结的案件，确有必要的，上级法院可以决定由本院执行或与下级法院共同执行，也可以指定本辖区其他法院执行。

3. 暂缓执行

依《执行规定》第133～135条，上级法院在监督、指导、协调下级法院执行案件中，发现据以执行的生效法律文书确有错误的，应当书面通知下级法院暂缓执行，并按审判监督程序处理。上级法院在申诉案件复查期间，决定对生效法律文书暂缓执行的，有关审判庭应当将暂缓执行的通知抄送执行机构。上级法院通知暂缓执行的，应同时指定暂缓执行的期限。暂缓执行的期限一般不得超过3个月。有特殊情况需要延长的，应报经院长批准，并及时通知下级法院。暂缓执行的原因消除后，应当及时通知执行法院恢复执行。期满后上级法院未通知继续暂缓执行的，执行法院可以恢复执行。

三、实体性的执行救济制度

实体性执行救济制度，是指民事强制执行当事人或案外人认为民事强制执行行为的结果违反了实体法的规定，侵害了其实体合法权益，从而寻求执行救济的制度。主要包括以下内容：

(一) 案外人异议之诉

案外人异议之诉，是指案外人依据民事诉讼法的规定为主张实体权利而提起的诉讼。《执行解释》第17～20条对此作出了详细规定，主要包括如下几个方面：

(1) 案外人诉讼的被告和管辖。案外人依民事诉讼法的规定提起诉讼，对执行标的主张实体权利，并请求对执行标的停止执行的，应当以申请执行人为被告；被执行人反对案外人对执行标的所主张的实体权利的，应当以申请执行人和被执行人为共同被告。案外人依民事诉讼法的规定提起诉讼的，由执行法院管辖。

(2) 案外人执行异议的审理程序。案外人依民事诉讼法的规定提起诉讼的，执行法院应当按诉讼程序审理。经审理，理由不成立的，判决驳回其诉讼请求；理由成立的，根据案外人的诉讼请求作出相应的裁判。

（3）执行程序的效力。案外人依民事诉讼法的规定提起诉讼的，诉讼期间，不停止执行。案外人的诉讼请求确有理由或者提供充分、有效的担保请求停止执行的，可以裁定停止对执行标的进行处分；申请执行人提供充分、有效的担保请求继续执行的，应当继续执行。案外人请求停止执行、请求解除查封、扣押、冻结或者申请执行人请求继续执行有错误，给对方造成损失的，应当予以赔偿。

（二）许可执行之诉

许可执行之诉，是指申请执行人依照民事诉讼法的规定而提起的诉讼，又称执行异议之诉。《执行规定》第 21 条至第 24 条对此作了详细规定，主要包括以下内容：

（1）执行异议之诉的被告和管辖法院。申请执行人依民事诉讼法的规定提起诉讼，请求对执行标的许可执行的，应当以案外人为被告；被执行人反对申请执行人请求的，应当以案外人和被执行人为共同被告，由执行法院管辖。

人民法院依法裁定对异议标的中止执行后，申请执行人自裁定送达之日起 15 日内未提起诉讼的，人民法院应当裁定解除已经采取的执行措施。

（2）执行异议之诉的审理程序。申请执行人依民事诉讼法的规定提起诉讼的，执行法院应当按诉讼程序审理。经审理，理由不成立的，判决驳回其诉讼请求；理由成立的，根据申请执行人的诉讼请求作出相应的裁判。

（三）分配方案异议之诉

分配方案异议之诉，是指对人民法院提出的分配方案持有异议的人，为维护自身的实体权利而向人民法院提起的诉讼。依《民诉法解释》第 512 条以及《执行规定》第 26 条的规定，债权人或被执行人对分配方案提出书面异议的，执行法院应当通知未提出异议的债权人、被执行人。未提出异议的债权人、被执行人自收到通知之日起 15 日内未提出反对意见的，执行法院依异议人的意见，对分配方案审查修正后进行分配；提出反对意见的，应当通知异议人。异议人可以自收到通知之日起 15 日内，以提出反对意见的债权人、被执行人为被告，向执行法院提起诉讼；异议人逾期未提起诉讼的，执行法院按原分配方案进行分配。诉讼期间进行分配的，执行法院应当提存与争议债权数额相应的款项。

四、民事执行回转

民事执行回转，是指在民事执行过程中或执行结束后，由于据以执行的判决书、裁定书、调解书或其他法律文书被依法撤销或变更，人民法院的执行机构依职权或申请重新采取执行措施，强制取得财产的一方当事人将执行所得的全部或一部分退还给原被执行人，使财产权利恢复到执行程序开始前状态的制度。《民诉法》第 233 条规定，执行完毕后，据以执行的判决、裁定和其他法律文书确有错误，被人民法院撤销的，对已被执行的财产，人民法院应当作出裁定，责令取得财产的人返还；拒不返还的，强制执行。

［引例 18-6：解析］对已依刘一申请执行了陈二的银行存款，法院应当裁定执行回转。

（一）民事执行回转的条件

执行回转作为一种执行救济制度，必须具备下列条件：

(1) 必须具有否定原作为执行根据内容的新的法律文书。只有原生效法律文书被依法撤销，才可能发生执行回转。

(2) 原法律文书确定的内容已经由人民法院按照执行程序全部或部分执行完毕。

(3) 已经获得执行所得的人拒绝返还财产。执行程序的发生，以有执行根据为前提，在执行根据被撤销后，原取得权利的人就丧失了取得权利的合法依据，应当将财产返还给原被执行人；如果拒绝返还，才有执行回转的必要。

（二）民事执行回转的法定事由

民事执行回转的法定事由主要来自于执行根据被撤销的情形，具体包括：

(1) 人民法院制作的判决书、裁定书、调解书等生效并执行完毕后，又被本院或上级法院依审判监督程序予以撤销。

(2) 人民法院制作的先予执行裁定书执行完毕后，又被本院的生效判决或二审法院的终审判决撤销。

(3) 其他机关制作的法律文书，如仲裁裁决书、公证债权文书、行政处理或处罚决定书等，在依法由人民法院执行完毕后，又被制作机关或其上级机关依法撤销。

在上述情形下，人民法院应当作出裁定，责令取得财产的人返还财产；拒不返还的，强制执行。当然，也存在执行回转的例外，主要是指有关商标侵权纠纷案件或者专利权侵权纠纷案件的判决或行政机关的处理决定，在其作为执行根据被执行完毕后，即使注册商标被撤销或者专利权被宣告无效，原生效判决和行政处理决定已经丧失做出的依据，对依据原生效法律文书已经取得权利的人不存在执行回转的问题。

（三）民事执行回转的程序

依《执行规定》第109条，在执行中或执行完毕后，据以执行的法律文书被人民法院或其他有关机关撤销或变更的，原执行机构应当根据民事诉讼法的规定，依当事人申请或依职权，按照新的生效法律文书，作出执行回转的裁定，责令原申请执行人返还已经取得的财产及其孳息。拒不返还的，强制执行。执行回转应当重新立案，适用执行程序的有关规定。

执行回转时，已执行的标的物系特定物的，应当退还原物。不能退还原物的，可以折价抵偿。

【本章小结】

执行程序的功能在于通过国家强制力迫使义务人履行法律文书所确定的义务，其本身并不解决民事实体权利义务纠纷，而是实现生效法律文书所确定的权利义务关系。本章介绍了关于执行程序的一系列内容，包括民事执行的开始、执行措施、执行阻却、执行结束、执行救济等内容。需重点掌握执行根据、执行程序的启动方式、执行担保、执行异议，以及执行措施等内容。

【国家统一法律职业资格考试辅导专栏】

(1) 本章属于考试重点,且近年来对本部分的考查难度有上升趋势,不再局限于围绕单一知识点进行客观题考查,而是采用串联相关知识点命题的方式综合考查掌握程度。

(2) 历年考点:①执行根据;②执行管辖;③参与分配;④执行程序与审判程序的关系;⑤执行异议;⑥执行和解;⑦代位执行;⑧执行措施;⑨执行中止与执行终结。

(3) 历年真题:2014 卷三 49、85;2013 卷三 97、98、99、100;2012 卷三 42、50;2011 卷三 46、47、49;2010 卷三 45、49、90;2009 卷三 48、50;2008 全国卷三 47、85、89、100;2008 四川卷三 38、50、87。

(4) 备考重点:①执行程序的性质及其与审判程序的关系;②执行根据的类型及其各自对应的执行管辖;③申请执行的条件,移送执行的具体情形;④执行异议:执行行为异议,案外人执行标的异议,尤其是对异议裁定不服时的救济路径;⑤委托执行的条件、受委托法院的权限限制;⑥执行和解的效力、恢复执行原执行根据的情形;⑦代位执行的条件和限制;⑧参与分配的条件;⑨执行措施:不得执行的对象,一些较为特殊的执行措施或威慑措施;⑩暂缓执行、执行中止、执行终结的各自情形和相互区别。

【本章练习】

一、判断题(请在题后括号内,正确的打"√",错误的打"×")(共 10 小题)

1. 民事执行程序是解决争议的必经程序。 ( )
2. 人民法院作出的生效裁判的执行,由终审人民法院管辖。 ( )
3. 人民法院承认效力的外国法院判决和外国仲裁机构裁决属于执行根据。 ( )
4. 执行担保必须由债务人向人民法院提供担保。 ( )
5. 执行救济是解决执行程序中争议的制度。 ( )
6. 有权提起执行异议的主体必须是案外人。 ( )
7. 依我国目前法律规定,在执行程序中对执行机构享有监督权的是上级人民法院。 ( )
8. 执行和解协议履行完毕后不适用中止执行。 ( )
9. 强制执行法律文书指定的行为,是以人作为执行对象时所采取的特殊执行措施。 ( )
10. 行政机关制作的行政决定书需要移送执行。 ( )

二、单项选择题(共 5 小题)

1. 关于现行民事执行制度的下列表述中,错误的是( )。

A. 案外人对执行标的异议的裁定不服,若该执行标的是非特定物,则可另案起诉;

B. 如果执行标的是特定物,当事人可以通过审判监督程序获得救济

C. 在当事人对执行和解协议进行履行的期间,执行程序终结

D. 无论申请人是自然人还是法人，其申请执行的期限相同

2. 以下有关执行担保程序的表述中，正确的是（　　）。

A. 张某与何某租赁合同纠纷一案进入执行程序后，被执行人何某以其同事黄某提供的高级轿车一辆为担保，向人民法院申请暂缓执行，执行担保不允许采用物保的形式

B. 暂缓执行的期限应当与担保期限相一致，且最长不得超过6个月

C. 人民法院在审理案件期间，保证人为被执行人提供保证，人民法院据此未对被执行人的财产采取保全措施或解除保全措施的，案件审查后，如果被执行人无财产可供执行或其财产不足清偿债务时，即使生效法律文书中未确定保证人承担责任，人民法院也有权裁定执行保证人在保证责任范围内的财产

D. 通过提供执行担保来获得暂缓执行的法律效果，需要人民法院准许，并应当征求申请执行人的意见

3. 执行过程中，被执行人死亡，留有遗产若干，并由其妻继承，但遗产不足以清偿债务，请问此时法院应如何处理？（　　）

A. 裁定中止执行

B. 裁定终结执行

C. 变更被执行人为其妻，在继承遗产的范围内偿还债务

D. 裁定其妻履行债务

4. 李某和梁某离婚，法院判决李某抚养女儿、梁某给付抚育费。后因梁某不履行义务，李某申请强制执行。法院查明，梁某目前无工资收入、无固定生活来源，无力给付。法院应如何处理？（　　）

A. 裁定中止执行　　B. 裁定终结执行

C. 继续执行　　D. 撤销原生效判决

5. 刘某依判决向人民法院申请执行吴某财产，执行完毕后法院经再审撤销了原判决，但刘某拒不返还原取得的吴某财产。人民法院应当如何处理？（　　）

A. 告知吴某另行起诉　　B. 从法院财政中先行垫付给吴某

C. 强制执行刘某的财产　　D. 中止执行

三、多项选择题（共5小题）

1. 以下有关执行标的异议制度的理解中，正确的是（　　）。

A. 案外人应当向执行法院提出执行异议，且需对执行标的主张全部或部分的实体权利

B. 执行异议审查期间，执行法院可以对财产采取查封、扣押、冻结等保全措施，在一些紧急情况下，还可以对财产进行适度处分

C. 执行异议必须以书面形式提出，且应当提供相应的证据

D. 案外人提出异议的执行标的物是法律文书指定交付的特定物，经审查认为案外人的异议成立的，报经院长批准，裁定对生效法律文书中该项内容中止执行

2. 下列哪些选项符合执行担保的形式要求？（　　）

A. 债务人提供的物的担保　　B. 债务人自己提供的保证

C. 案外人提供的保证　　D. 案外人提供的物的保证

3. 下列有关民事执行程序和制度的表述中，符合《民诉法》及相关司法解释规定的

有(　　)。

A. 执行程序不适用调解,但允许和解,且执行和解具有终结本案执行程序的效力

B. 执行和解不具有强制执行力,如果当事人一方不履行或不完全履行在执行中双方自愿达成的和解协议,对方申请执行原生效法律文书的,人民法院可以恢复执行

C. 作为被执行人的公民死亡,人民法院可以直接执行被执行人的遗产

D. 法人或其他组织在执行中不能履行法律文书确定的义务的,人民法院可以裁定执行对该法人或者其他组织依法承担义务的法人、其他组织或者公民个人的财产

4. 以下有关执行措施或相关制度的表述中,正确的是(　　)。

A. 执行回转只能依当事人的申请启动

B. 名誉侵权纠纷案件中,侵权人拒不执行生效判决,不为对方恢复名誉、消除影响的,人民法院可以采取公告、登报等方式,将判决的主要内容及有关情况公布于众,费用由被执行人负担,但不再同时追究行为人妨碍执行的责任

C. 适用代位执行须以被执行人或申请执行人提出申请为前提,法院不能依职权进行

D. 对参与被执行人财产的具体分配,应当由首先查封、扣押、冻结的法院主持进行

5. 下列代位申请执行的做法中,不符合法定程序的有(　　)。

A. 执行机构依职权作出代位执行的决定

B. 执行机构向第三人发出履行到期债务的通知

C. 第三人在履行通知指定期限内既不提出异议、又不履行债务的,执行法院有权对其强制执行

D. 人民法院在对第三人作出强制执行裁定后,第三人却无财产可供执行,执行法院可就第三人对他人享有的到期债权强制执行

四、问答题(共 3 小题)

1. 参与分配制度的适用条件是什么?

2. 执行和解和法院调解的区别是什么?

3. 移送执行的案件范围是什么?

五、案例分析题

A 县甲公司和 B 县乙公司在 C 县订立供销活动,合同约定甲公司向乙公司出售 100 台彩电。双方约定运输方式为代办托运,纠纷的解决方式为仲裁,并约定了仲裁机构。最后甲公司依法向乙公司提供了彩电。乙公司一直拖欠甲公司 40 万元货款。在这种情况下,甲公司诉至法院要求乙公司还款。原被告双方在诉讼中达成协议,约定被告方在半年内分两次还清欠款 40 万元。调解书送达后半年内,乙公司只还了 20 万元,尚欠 20 万元,甲公司申请人民法院强制执行。根据上述案情,请回答下列问题:

(1) 本案如何确定执行管辖法院?

(2) 本案的执行依据是什么?

(3) 如果乙公司在执行中向人民法院提出将丙公司拖欠其的 15 万元转给甲公司,法院应如何处理?如果丙公司对执行法院发出的履行债务通知有异议,执行法院应当怎么办?如果丙公司收到执行法院要求其履行到期债务的通知后擅自向乙公司还款 15 万元,造成 15 万元被乙公司使用而无法追回,丙公司要承担什么法律责任?

（4）如果甲公司与乙公司多次交涉还款事宜未果，并得知乙公司无力还款，法院应如何处理？

（5）如果执行程序中，丙公司愿意为乙公司提供担保，法院应如何处理？

（6）如果执行过程中，甲公司与乙公司达成和解协议并履行完毕，法院应如何处理？

第十九章 涉外民事诉讼程序

【学习目标】

■ 知识目标：

了解涉外民事诉讼的概念、涉外民事诉讼程序的一般原则、涉外民事诉讼中关于涉外案件管辖、期间和送达的特殊规定、一般司法协助和特殊司法协助(对外国法院判决的承认与执行)；

理解涉外民事诉讼程序与民事诉讼法的关系、涉外民事诉讼程序规定的特殊性。

■ 能力目标：

掌握涉外民事诉讼管辖和特殊司法协助的规定。

【本章需要预习的主要法律、法规】

1. 《民诉法》第 259～283 条；
2. 最高法院《民诉法解释》(法释〔2015〕5 号)第 522～551 条；
3. 最高法院《〈涉外民事关系法律适用法〉解释》(法释〔2012〕24 号)；
4. 最高法院《涉外民商案件管辖规定》(法释〔2002〕5 号)；
5. 最高法院《贯彻〈涉外民商案件管辖规定〉通知》(法〔2002〕22 号)；
6. 最高法院《指定东莞等五中院管辖一审涉外案件的批复》(法〔2002〕103 号)。

第一节 涉外民事诉讼程序概述

【引例 19-1】

刘毅父亲老刘生前在遗嘱中写明：其在澳大利亚的三间厂房中的一间，在其死后归侄儿刘烨所有。老刘逝世后，住所地都在某市的刘毅与刘烨因此遗嘱继承发生纠纷，法院受理了双方之间的这一遗嘱继承纠纷案件。

请问：法院是否可以适用涉外民事诉讼程序审理本案？

一、涉外民事诉讼程序的概念

涉外民事诉讼，是指含有涉外因素的民事诉讼，即诉讼主体、诉讼客体、诉讼内容具有涉外因素，经由内国法院审理的民事诉讼。涉外民事诉讼程序，是指人民法院受理、审理、执行具有涉外因素的民事案件所适用的诉讼程序。

最高法院《〈涉外民事关系法律适用法〉解释》(法释〔2012〕24 号)第 1 条规定，民事关系具有下列情形之一的，人民法院可以认定为涉外民事关系：①当事人一方或双方是外国人、无国籍人、外国企业或者组织的；②当事人一方或双方的经常居所地在中华人民共和国领域外；③标的物在中华人民共和国领域外；④产生、变更或者消灭民事关系的法律事实发生在中华人民共和国领域外；⑤可以认定为涉外民事关系的其他情形。最高法院《民诉法解释》(法释〔2015〕5 号)第 520 条规定，有上列情形之一的，人民法院可以认定为涉外民事案件。

[引例 19-1：解析] 法院可以适用涉外民事诉讼程序，审理刘毅与刘烨之间的这一遗嘱继承纠纷案件。因为本案的标的物(刘毅父亲老刘生前在澳大利亚的三间厂房中的一间)，在我国领域以外，依《民诉法解释》第 520 条第(3)项，标的物在我国领域外的，人民发运可以认定为涉外民事案件；依《民诉法》第 259 条，在我国领域内进行涉外民事诉讼，适用该法第四编涉外民事诉讼程序的规定。

二、涉外民事诉讼程序的特征

涉外民事诉讼程序与国内民事诉讼程序虽有许多相同之处，但因其涉外因素的存在，具有下列特征：

(1) 涉及国家主权。为此，各国法院在处理涉外民事诉讼时都秉承维护本国司法主权的原则，力图在维护本国司法主权的前提下贯彻国际法中的互相尊重主权原则。

（2）程序上的独特性。由于涉外民事诉讼的主体可能在我国境内没有住所，所以，诸如送达、期间问题的处理，都会有别于国内民事诉讼程序。

（3）法律适用的独特性。由于涉外民事诉讼所涉的实体法，有可能是有关当事人有过约定，而且该约定不违反中国法律的强制性规定，在这样的情形下法律适用就与我国国内的民事诉讼不一样，其实体问题的处理有可能适用外国法律。

第二节　涉外民事诉讼的原则

【引例 19-2】

外国人在我国起诉、应诉的，是否只能委托中国律师作为诉讼代理人？

依《民诉法》第 259～264 条，在我国进行涉外民事诉讼所应当遵循如下原则：

（1）适用我国民事诉讼法的原则。《民诉法》第四篇“涉外民事诉讼程序的特别规定”第 259 条规定，在我国领域内进行涉外民事诉讼，适用本编规定。本编没有规定的，适用本法其他有关规定。因此，在我国境内进行民事诉讼，程序上必须适用我国的程序法。

（2）信守国际条约原则。依《民诉法》第 260 条，我国缔结或参加的国际条约同该法有不同规定的，适用该国际条约的规定，但我国声明保留的条款除外。因此，涉外民事诉讼中，我国法院将遵守国际条约的相关规定。

（3）司法豁免原则。《民诉法》第 261 条规定，对享有外交特权与豁免的外国人、外国组织或国际组织提起的民事诉讼，应当依照我国有关法律和我国缔结或参加的国际条约的规定办理。这是国际上通行的惯例。

（4）使用我国通用的语言文字原则。《民诉法》第 262 条规定，人民法院审理涉外民事案件，应当使用我国通用的语言、文字。当事人要求提供翻译的，可以提供，费用由当事人承担。最高法院《民诉法解释》（法释〔2015〕5 号）第 527 条规定，当事人向人民法院提交的书面材料是外文的，应当同时向提交中文翻译件。当事人对中文翻译件有异议的，应当共同委托翻译机构提供翻译文本；当事人对翻译机构的选择不能达成一致的，由人民法院确定。

（5）委托中国律师原则。涉外民事诉讼中的外籍当事人，可以委托本国人为诉讼代理人，也可以委托本国律师以非律师身份担任诉讼代理人；外国驻华使领馆官员，受本国公民的委托，可以以个人名义担任诉讼代理人，但在诉讼中不享有外交或者领事特权和豁免。涉外民事诉讼中，外国驻华使领馆授权其本馆官员，在作为当事人的本国国民不在中国领域内的情况下，可以以外交代表身份为其本国国民在中国聘请中国律师或者中国公民代理民事诉讼。也即,如果外籍当事人要想委托人以律师的身份完成其委托的相关诉讼事项,则必须委托中国律师。

[引例 19-2:解析] 外国人在我国起诉、应诉,不是只能委托中国律师作为诉讼代理人。《民诉法》第 263 条规定,外国人、无国籍人、外国企业和组织在人民法院起诉、应诉,需要委托律师代理诉讼的,必须委托中华人民共和国的律师。据此,外国人在我国起诉、应诉,除了可以委托中国律师以律师身份代理外,还可以委托外国律师或者其他非中国公民作为诉讼代理人,但若委托外国律师,则外国律师只能以自然人身份而不能以律师身份代理。

第三节 涉外民事诉讼的管辖

【引例 19-3】

中山市赛亿扬电子科技有限公司与香港青阳国际有限公司合同纠纷案件,诉讼标的额为人民币 9600 万元。[1]

请问:该纠纷案件的第一审管辖法院如何确定?如果该案件当事人对合同中的仲裁条款的效力发生争议,应当由什么组织予以审查?

我国法院对涉外民事诉讼行使管辖权乃维护国家主权的应有之义,世界各国对涉外民事案件管辖均实行国家主权原则,但亦要求具体个案须与内国具有某种实际上的联结因素。我国《民诉法》对涉外民事诉讼管辖作了明确规定,主要有特殊地域管辖、专属管辖及集中管辖,一方面体现了对国际惯例的吸收,另一方面充分考虑了当事人及其他诉讼因素与我国法院的实际联系,在保护我国司法主权的前提下,不随意扩大我国法院的管辖权。

一、特殊地域管辖(牵连管辖):扩大管辖地

【真题实训 19-1】

住所位于我国 A 市 B 区的甲公司与美国乙公司在我国 M 市 N 区签订了一份买卖合同,美国乙公司在我国 C 市 D 区设有代表处。甲公司因乙公司提供的产品质量问题诉至法院。关于本案,下列哪些选项是正确的?(2010,卷三,85)

[1] 案例来源:本书主编宁教铭(北京德和衡(广州)律师事务所兼职律师)接受咨询的案例之一。

A. M市N区法院对本案有管辖权

B. C市D区法院对本案有管辖权

C. 法院向乙公司送达时，可向乙公司设在C市D区的代表处送达

D. 如甲公司不服一审判决，应当在一审判决书送达之日起十五日内提起上诉

《民诉法》第265条规定了涉外民事诉讼案件的特殊地域管辖，也叫牵连管辖，即因合同纠纷或其他财产权益纠纷，对在中国领域内没有住所的被告提起的诉讼，具有下列情形之一的：合同在中国领域内签订或履行，或诉讼标的物在中国领域内，或被告在中国领域内有可供扣押的财产，或被告在中国领域内设有代表机构，可以由：合同签订地或履行地，或诉讼标的物所在地，或可供扣押财产所在地，或侵权行为地或代表机构住所地人民法院管辖。

由此可见，牵连管辖具有3个特点：①适用于合同纠纷和其他财产权益纠纷案件；②被告在中国领域内没有住所；③可由与案件有一定牵连关系的地点的任一人民法院管辖。

[真题实训19-1]（2010，卷三，85）答案：ABCD（当年司法部答案亦为ABCD）。考点：涉外案件的管辖、送达与上诉。解析：关于涉外案件的管辖与上诉等问题，规定在《民诉法》第265、269条及《民诉法解释》第538条。依《民诉法》265条，本题中的买卖纠纷案件，可由合同签订地、合同履行地、诉讼标的物所在地、可供扣押财产所在地、侵权行为地或者代表机构住所地人民法院管辖，结合题目，M市N区为合同签订地；C市D区为代表机构住所地；这两地法院均有管辖权，故A、B两项正确。依《民诉法》第267条第(5)项，C项“法院向乙公司送达时，可向乙公司设在C市D区的代表处送达”正确。《民诉法解释》第538条规定，不服第一审判决、裁定的上诉期，对在中国领域内有住所的当事人，适用民事诉讼法第164条规定的期限；对在中国领域内没有住所的当事人，适用民事诉讼法第269条规定的期限。当事人的上诉期均已届满没有上诉的，第一审判决、裁定即发生法律效力。本题中，甲公司居住在我国领域内，适用第164条所规定的期限，上诉期为15天，故D项正确。

当年司法部的答案也是ABCD，但法律依据是《民诉法》2012年修正之前的第241、245、147条以及最高法院的《民诉法意见》第311条。

《民诉法》2012年修正时，删除了修正前的第242条（协议管辖）、第243条（默认管辖）的规定。

二、专属管辖（国别专属）

【真题实训19-2】

关于涉外民事诉讼管辖的表述，下列哪一选项是正确的？（2013，卷三，47）

A. 凡是涉外诉讼与我国法院所在地存在一定实际联系的，我国法院都有管辖权，体现了诉讼与法院所在地实际联系原则

B. 当事人在不违反级别管辖和专属管辖的前提下，可以约定各类涉外民事案件的管辖法院，体现了尊重当事人原则

C. 中外合资经营企业与其他民事主体的合同纠纷，专属我国法院管辖，体现了维护国

家主权原则

D. 重大的涉外案件由中级以上级别的法院管辖，体现了便于当事人诉讼原则

《民诉法》第266条规定，因在我国履行的中外合资经营企业合同、中外合作经营企业合同、中外合作勘探开发自然资源合同发生纠纷提起的诉讼，由我国人民法院管辖。我们将这一规定称为涉外民事诉讼的专属管辖。对于属于我国法院专属管辖的案件，当事人不得以书面协议选择其他国家的法院管辖。但是，如果当事人协议选择用仲裁方式解决相互之间的纠纷，则不会违反本条的规定。

[真题实训19-2](2013，卷三，47)答案：A。解析：诉讼与法院所在地实际联系原则，是我国涉外民事诉讼确定管辖时的基本原则之一。例如，《民诉法》第265条规定的涉外民事诉讼中的牵连管辖，就体现了该项原则，故选项A表述正确。关于选项B表述，涉外民事诉讼的协议管辖并无特别规定，应当适用国内诉讼协议管辖的一般规定。《民诉法》第34条规定，合同或者其他财产权益纠纷的当事人可以书面协议选择被告住所地、合同履行地、合同签订地、原告住所地、标的物所在地等与争议有实际联系的地点的人民法院管辖，但不得违反本法对级别管辖和专属管辖的规定。可见，选项B"约定各类涉外民事案件的管辖法院"的表述错误。从上述《民诉法》第266条的规定可知，中外合资经营企业与其他民事主体的合同纠纷，并不等同于履行中外合资经营企业合同而发生的纠纷，未必专属我国法院管辖，故选项C表述错误。根据《民诉法》第18条规定，重大涉外案件由中级以上级别的法院管辖；但这并非体现了便于当事人诉讼的原则，而是基于重大涉外案件的重要影响，才提高了一审法院的管辖级别，故选项D表述错误。综上，本题当选A。

[应用提示]属于我国法院专属管辖的案件，当事人不得协议选择外国法院管辖，但协议选择仲裁的除外。

三、集中管辖

加入世贸组织后，随着我国对外贸易的飞速发展，为改善国际贸易环境，提高国际贸易纠纷处理的质量，保证良好的外贸秩序，最高法院于2002年2月25日发布了《关于涉外民商事案件诉讼管辖若干问题的规定》(法释〔2002〕5号)。依该规定第1、3条，第一，第一审涉外民商事案件由下列人民法院管辖：①国务院批准设立的经济技术开发区人民法院；②省会、自治区首府、直辖市所在地的中级人民法院；③经济特区、计划单列市中级人民法院；④最高人民法院指定的其他中级人民法院；⑤高级人民法院。第二，本规定适用于下列案件：①涉外合同和侵权纠纷案件；②信用证纠纷案件；③申请撤销、承认与强制执行国际仲裁裁决的案件；④审查有关涉外民商事仲裁条款效力的案件；⑤申请承认和强制执行外国法院民商事判决、裁定的案件。这两条规定说明，我国对涉外民商事案件中部分案件的第一审实行集中管辖。

[引例19-3：解析]①中山市中山市赛亿扬电子科技有限公司与香港青阳国际有限公司合同纠纷案件的第一审管辖法院，为珠海市中级人民法院；②如果该案件当事人对合同中的仲裁条款的效力发生争议，应当由珠海市中级人民法院审理涉外、涉港澳台民商事案件的审判庭负责审查。依据：粤高法〔2002〕191号，即广东省高级法院根据最高法院法释〔2002〕5

号《关于涉外民商事案件诉讼管辖若干问题的规定》、法〔2002〕22号《关于认真学习贯彻〈关于涉外民商事案件诉讼管辖若干问题的规定〉的通知》和法〔2002〕103号《关于指定广东省东莞市等五个中级人民法院管辖一审涉外民商事案件的批复》规定的精神，结合广东省的具体情况，颁发了《广东省高级人民法院关于确定广州市等五个中级人民法院对涉外涉港澳台民商事案件的区域管辖范围及涉外涉港澳台民商事案件级别管辖等有关事项的通知》。该《通知》第6条规定，珠海市中级人民法院管辖珠海、中山、江门、阳江市的所有标的金额为人民币1亿元以下的第一审涉外、涉港澳台民商事案件；第10条规定：审查有关涉外、涉港澳台民商事仲裁条款效力的案件由有涉外、涉港澳台民商事案件管辖权的中级人民法院（不包括湛江、惠州市中级人民法院）审理涉外、涉港澳台民商事案件的审判庭负责办理。

第四节 涉外民事诉讼的期间、送达

【引例 19-4】

张珊起诉与留学英国未归的中国籍丈夫李斯离婚，在法院开庭审理后，张珊即出境去美国投资经商，但委托了王律师代为进行后续诉讼活动并签收法律文书。

请问：法院可以采取何种方式向本案原告张珊和被告李斯送达诉讼文书？

一、涉外民事诉讼的期间

涉外民事诉讼期间，是指依据法律规定或者受理案件的法院依职权指定，法院、当事人、其他诉讼参与人在进行涉外民事诉讼活动所必须遵守的时间期限规定。由于涉外民事诉讼具有不同于国内民事诉讼的特点，比如外方当事人可能在我国境内没有住所，因此，诸如送达相关文书、提交答辩状、上诉状等相关材料的时间就得比国内民事诉讼所花的时间更长。因此，我国对涉外民事诉讼的期间作了特别的规定。

（一）答辩期间

涉外民事诉讼的答辩期间，是指涉外民事诉讼过程中，被告就原告的起诉或者被上诉人就上诉人的上诉提交相应答辩状的时间期限。根据《民诉法》第268、269条的规定，答辩人在我国境内没有住所的一、二审的答辩期间均为30日；期间的计算方法与国内民事诉讼期间的计算方式一样。但是，如果被告或被上诉人确实无法如期提交答辩状，可以向法院提出延期申请，是否准许由人民法院决定。

（二）上诉期间

涉外民事诉讼的上诉期间，是指涉外民事诉讼过程中，当事人不服一审判决或裁定，向一审法院的上一级法院提出上诉的时间。依《民诉法》第 269 条，当事人在我国境内没有住所的，可以在判决书、裁定书送达之日起 30 日内提起上诉。当事人在我国境内有住所的上诉期间，与国内民事诉讼的上诉期间一样。

[应用提示]①判断是否适用涉外期间的标准不是国籍，而是在中国有无住所。特殊的上诉期间、答辩期间，仅仅适用于在我国没有住所的当事人，而并不适用于双方当事人；②对在中国无住所的当事人，答辩、上诉期间均为 30 天且均可以申请延长，即法定可变期间；而国内民事诉讼的答辩、上诉期间均为 15 天且均不可申请延长(为法定不变期间)。

（三）审理期间

涉外民事诉讼往往具有较为复杂的特点，加之部分案件的国际影响，涉外民事案件的审理时间就比国内案件的审理时间更长，因此我国《民诉法》第 270 条规定，人民法院审理涉外民事案件的期间，不受本法第 149 条、第 176 条规定的限制，即人民法院审理涉外民事案件不受一审、二审审限的限制，具体的审限由人民法院自由裁量。

二、涉外民事诉讼的送达

涉外民事诉讼的送达，是指在涉外民事诉讼过程中，送达诉讼文书的司法行为。我国《民诉法》第 267 条规定，人民法院对在我国领域内没有住所的当事人送达诉讼文书，可以采用下列方式：①依受送达人所在国与我国缔结或共同参加的国际条约中规定的方式送达；②通过外交途径送达；③对具有中国国籍的受送达人，可以委托中国驻受送达人所在国的使领馆代为送达；④向受送达人委托的有权代其接受送达的诉讼代理人送达；⑤向受送达人在中国领域内设立的代表机构或者有权接受送达的分支机构、业务代办人送达；⑥受送达人所在国的法律允许邮寄送达的，可以邮寄送达，自邮寄之日起满 3 个月，送达回证没有退回，但根据各种情况足以认定已经送达的，期间届满之日视为送达；⑦采用传真、电子邮件等能够确认受送达人收悉的方式送达；⑧不能用上述方式送达的，公告送达，自公告之日起满 3 个月，即视为送达。

[引例 19-4：解析]根据《民诉法》第 267 条第(3)、(4)项的规定，法院向原告张珊送达诉讼文书，可以直接向其委托的王律师送达，因为张珊已经授权王律师代为签收法律文书；法院向被告李斯送达法律文书，可以委托我国驻英国使领馆送达，因为李斯具有中国国籍但在我国没有住所，即在我国没有住所的中国籍当事人。

[应用提示]①委托我国驻外使、领馆送达的方式中，送达人是我国公民且在我国没有住所，即在我国无住所的中国籍当事人；②我国驻外使领馆不能向住在该国的外国当事人送达文书。

上述送达规定是指域外送达。如果涉外民事诉讼当事人在我国境内有住所，则适用民事诉讼的一般规定。

[应用提示]2012 年《民诉法》修正时，对涉外送达有两处修改：①新增电子送达方式(修

正后的第 267 条第(7)项);②涉外邮寄送达的邮寄期、公告送达的公告期缩短为 3 个月(修正后的第 267 条第(7)、(8)项),原来为 6 个月(修正前的第 245 条第(6)、(7)项)。

【真题实训 19-3】

张某诉美国人海斯买卖合同一案,由于海斯在我国无住所,法院无法与其联系,遂要求张某提供双方的电子邮件地址,电子送达了诉讼文书,并在电子邮件中告知双方当事人在收到诉讼文书后予以回复,但开庭之前法院只收到张某的回复,一直未收到海斯的回复。后法院在海斯缺席的情况下,对案件作出判决,驳回张某的诉讼请求,并同样以电子送达的方式送达判决书。关于本案诉讼文书的电子送达,下列哪一做法是合法的?(2014,卷三,42)

A. 向张某送达举证通知书　　B. 向张某送达缺席判决书

C. 向海斯送达举证通知书　　D. 向海斯送达缺席判决书

[真题实训 19-3](2014,卷三,42)答案:A。解析:依《民诉法》第 87 条,电子送达的前提是经受送达人同意,且判决书不适用电子送达,故选项 A 做法合法,选项 B、C、D 做法不合法。另依《民诉法》第 267 条第(7)项,对在我国领域内没有住所的当事人采用电子送达时,须能确认受送达人收悉,因本案受送达人海斯在我国无住所,故选项 C 做法也不合法。

第五节 司法协助

【引例 19-5】

中国公民吴某因长期在美国留学,后加入美国国籍。2016 年 2 月,吴某向美国 J 法院起诉与其在中国的妻子赵某离婚。

请问:美国 J 法院如何向在中国境内的赵某送达诉讼文书?

一、司法协助的概念

【真题实训 19-4】

根据《民诉法》的规定,我国法院与外国法院可以进行司法协助,互相委托,代为一定的诉讼行为。但是在下列哪些情况下,我国法院应予以驳回或说明理由退回外国法院?

(2008,全国卷三,81)

A. 委托事项同我国的主权、安全不相容的

B. 不属于我国法院职权范围的

C. 违反我国法律的基本准则或者我国国家利益、社会利益的

D. 外国法院委托我国法院代为送达法律文书,未附中文译本的

[真题实训 19-4](2008,全国卷三,81)答案:ABCD。解析:《民诉法》第 260 条规定,根据中华人民共和国缔结或者参加的国际条约,或者按照互惠原则,人民法院和外国法院可以相互请求,代为送达文书、调查取证以及进行其他诉讼行为。外国法院请求协助的事项有损于中华人民共和国的主权、安全或者社会公共利益的,人民法院不予执行。由此选项 A 和选项 C 中的事项,我国法院应予以驳回或者退回。第 262 条,外国法院请求人民法院提供司法协助的请求书及其所附文件,应当附有中文译本或者国际条约规定的其他文字文本,由此选项 D 中事项也可以退回或者驳回。另外,人民法院应该在自己的职权范围内行使权力,超过职权范围,人民法院应当不予受理或者驳回、退回,所以选项 B 的说法也是正确的,本题正确答案是 ABCD。

司法协助,是指国际社会根据国家之间缔结的条约或者参加的国际条约或者根据互惠原则,不同国家的法院之间相互之间代为一定的诉讼行为。通常分为一般司法协助与特殊司法协助。一般司法协助,是指不同国家之间的法院,依据请求方的请求代为送达诉讼文书;特殊司法协助,是指两国法院互相承认和执行对方法院作出的已生效法院判决书或者对方仲裁机构作出的已生效仲裁裁决书。

司法权是各国国家主权的派生,具有排他性,我国也不例外。外国法院请求协助的事项有损于我国的国家主权、安全或者社会公共利益的,人民法院不予执行。

二、一般司法协助

一般司法协助主要有司法文书的送达、代为调查取证、提供有关法律资料等。我国《民诉法》第 276 条规定,根据中华人民共和国缔结或者参加的国际条约,或者按照互惠原则,人民法院和外国法院可以相互请求,代为送达文书、调查取证以及进行其他诉讼行为。

[引例 19-5:解析] 美国 J 法院可以根据中国缔结或参加的国际条约,或按互惠原则,请求中国法院协助向中国境内的赵某送达诉讼文书。

《民诉法》第 277 条规定了司法协助的途径,即请求和提供司法协助,应当依照我国缔结或者参加的国际条约所规定的途径进行;没有条约关系的,通过外交途径进行。外国驻我国的使领馆可以向该国公民送达文书和调查取证,但不得违反中国的法律,并不得采取强制措施。除前款规定的情况外,未经中国主管机关准许,任何外国机关或者个人不得在中国领域内送达文书、调查取证。

[应用提示] ①与我国没有司法协助条约又无互惠关系的国家的法院,未通过外交途径,直接请求人民法院提供司法协助的,人民法院应予退回,并说明理由;②外国驻中国使领馆,在中国领域内也可向其本国公民送达诉讼文书和调查取证,只要不采取强制措施和违反中国法律。

《民诉法》第278条规定了司法协助的文字要求，即外国法院请求人民法院提供司法协助的请求书及其所附文件，应当附有中文译本或者国际条约规定的其他文字文本。人民法院请求外国法院提供司法协助的请求书及其所附文件，应当附有该国文字译本或者国际条约规定的其他文字文本。

《民诉法》第279条规定了司法协助的程序，即人民法院提供司法协助，依照中国法律规定的程序进行。外国法院请求采用特殊方式的，也可以按照其请求的特殊方式进行，但请求采用的特殊方式不得违反中国法律。

三、特殊司法协助

1. 对法院判决、裁定的承认与执行

人民法院作出的发生法律效力的判决、裁定，如果被执行人或其财产不在中国领域内，当事人请求执行的，可由当事人直接向有管辖权的外国法院申请承认和执行，也可由人民法院依中国缔结或参加的国际条约的规定，或按互惠原则，请求外国法院承认和执行。

外国法院作出的发生法律效力的判决、裁定，需要我国人民法院承认和执行的，可以由当事人直接向中国有管辖权的中级人民法院申请承认和执行，也可以由外国法院依照该国与中国缔结或参加的国际条约的规定，或按互惠原则，请求人民法院承认和执行。人民法院对申请或者请求承认和执行的外国法院作出的发生法律效力的判决、裁定，依照中国缔结或参加的国际条约，或按互惠原则进行审查后，认为不违反中国法律的基本原则或者国家主权、安全、社会公共利益的，裁定承认其效力；需要执行的，发出执行令，依照民事诉讼法的有关规定执行。违反中国法律的基本原则或者国家主权、安全、社会公共利益的，不予承认和执行。

2. 对仲裁裁决的承认与执行

中国涉外仲裁机构作出的发生法律效力的仲裁裁决，当事人请求执行的，如果被执行人或其财产不在中国领域内，应当由当事人直接向有管辖权的外国法院申请承认和执行。

国外仲裁机构的裁决，需要我国人民法院承认和执行的，应当由当事人直接向被执行人住所地或其财产所在地的中级人民法院申请，人民法院应当依照中国缔结或参加的国际条约，或者按照互惠原则办理。

[应用提示] ①承认和执行法院的裁判，可由当事人申请或由法院请求；而承认和执行仲裁裁决，则只能由当事人申请；②对外国法院裁判和仲裁裁决的承认与执行，均由我国中级人民法院管辖。

【本章小结】

涉外民事诉讼程序，不仅直接关系到涉外民事纠纷的解决，而且关系到一国对外经济交往的发展。本章对涉外民事诉讼程序中的管辖、期间、送达、司法协助的特别规定进行了分析。根据最新规定，国内民事诉讼与涉外民事诉讼在应诉答辩、协议管辖、保全三项制度实现了统合，涉外民事诉讼程序在这些领域不再具有特殊性。

【国家统一法律职业资格考试辅导专栏】

(1) 涉外民事诉讼程序在以往考试中所占分值不高。就考查方式而言,主要是通过与国内民事诉讼相关制度进行比较的方式来命题。《民诉法》2012 年修正后,统和了协议管辖、应诉管辖、保全三项制度的国内与涉外规定,这使得一些历年真题的答案发生了变化(如 2008,全国卷三,81 因此无解),复习时务必结合最新规定。

(2) 历年考点:涉外管辖;涉外期间;司法协助;国内诉讼程序与涉外程序的差异比较;涉外裁判的承认与执行。

(3) 历年真题:2014 卷三 42;2013 卷三 42、47;2010 卷三 85;2009 卷三 90;2008 全国卷三 81,四川卷三 82、90。

(4) 备考重点:①委托中国律师代理诉讼原则;②三类国别专属管辖的合同;③涉外期间与涉外送达;④一般司法协助与特殊司法协助。

【本章练习】

一、判断题(请在题后括号内,正确的打"√",错误的打"×")(共 10 小题)

1. 人民法院审理涉外民事案件,应当使用中国通用的语言、文字。当事人要求提供翻译的,可以免费提供。 ( )

2. 外国人、无国籍人、外国企业和组织在人民法院起诉、应诉,需要委托他人代理诉讼的,必须委托中国的律师。 ( )

3. 涉外民事诉讼的被告对人民法院管辖不提出异议,并应诉答辩的,视为承认该人民法院为有管辖权的法院。 ( )

4. 因中外合资经营企业合同、中外合作经营企业合同、中外合作勘探开发自然资源合同发生纠纷提起的诉讼,由中华人民共和国人民法院管辖。 ( )

5. 人民法院对在中国领域内没有住所的当事人送达诉讼文书,可以委托中国驻受送达人所在国的使领馆代为送达。 ( )

6. 向外国法院申请承认和执行我国人民法院的裁判,只能由当事人申请。 ( )

7. 向外国法院申请承认和执行我国涉外仲裁机构的仲裁裁决,可以由当事人申请,也可以由人民法院请求。 ( )

8. 对外国法院裁判和国外仲裁裁决的承认和执行,均由我国中级人民法院管辖。 ( )

9. 我国驻外使领馆不能像住在该国的外国当事人送达文书。 ( )

10. 判断是否适用涉外期间的标准,不是国籍,而是在中国有无住所。 ( )

二、不定项选择题(共 5 小题)

1. 关于涉外民事诉讼,下列说法中正确的是( )。

A. 涉外民事诉讼中的司法豁免是无限的

B. 当事人可以就涉外合同纠纷或者涉外财产权益纠纷协议确定管辖法院

C. 双方当事人的上诉期无论是不服判决还是不服裁定一律都是 30 日

D. 对居住在国外的外国当事人,可以通过我国驻该国的使领馆代为送达诉讼文书

2. 下列有关涉外民事诉讼的说法中,错误的有(　　)。

A. 双方当事人的上诉期间,不论是不服判决还是不服裁定,均为 30 日

B. 经调解双方达成协议的,应当制作调解书;当事人要求根据调解协议的内容制作判决书的,可以准许

C. 中国公民,一方居住在国内,一方居住在国外,无论哪方向法院起诉离婚,国内一方住所地人民法院都有管辖权

D. 在涉外民事诉讼中,对在我国有住所地的当事人进行公告送达的公告期为 6 个月

3. 有关民事诉讼管辖制度的下列说法中,符合《民诉法》规定的是(　　)。

A. 涉外民事诉讼程序中有关协议管辖的规定与国内民事诉讼有所不同

B. 协议管辖必须以书面的方式作出,且只能选择与争议有实际联系的地点的法院

C. 协议管辖不得变更专属管辖,但是可以变更级别管辖

D. 国内民事诉讼中协议管辖的适用具有局限性,仅适用于合同纠纷

4. 关于我国涉外民事诉讼程序的下列表述中,错误的是(　　)。

A. 涉外民事判决的承认与执行,只能由当事人直接向有管辖权的外国法院申请

B. 不同于国内民事诉讼中的保全制度,涉外民事诉讼的财产保全只能依申请启动,法院不能依职权进行

C. 涉外民事诉讼程序中不存在诉前财产保全

D. 中国涉外仲裁机构作出的生效仲裁裁决,当事人请求执行的,如果被执行人或其财产不在中国领域内,应当由当事人直接向有关管辖权的外国法院申请承认和执行

5. 因合同纠纷或者其他财产权益纠纷,对在中国领域内没有住所的被告提起的诉讼,具备下列情形之一的,可由合同签订地、合同履行地、诉讼标的物所在地、可供扣押财产所在地、侵权行为地或者代表机构住所地人民法院管辖(　　)。

A. 合同在中国领域内签订或者履行

B. 诉讼标的物在中国领域内

C. 被告在中国领域内有可供扣押的财产

D. 被告在中国领域内设有代表机构

三、简答题(共 2 小题)

1. 我国《民诉法》2012 年修正时,对涉外民事诉讼程序的规定主要做了哪些修改?

2. 试述我国涉外民事诉讼牵连管辖的特点。

各章习题部分参考答案

【第一章】

一、1.(√) 2.(√) 3.(√) 4.(×) 5.(×) 6.(√) 7.(√) 8.(√) 9.(×) 10.(×)

二、1.(A) 2.(B) 3.(C) 4.(D) 5.(A)

三、1.(ABCD) 2.(ABC) 3.(AB) 4.(CD) 5.(ABCD)

四、参见教材相关内容(略)。

五、1.(A) 2.(ABCD) 3.(ABC) 4.(CD)

【第二章】

一、1.(√) 2.(√) 3.(√) 4.(×) 5.(×) 6.(×) 7.(√) 8.(√) 9.(√) 10.(√)

二、1.(C) 2.(C) 3.(C) 4.(C) 5.(D)

三、1.(ABC) 2.(ABC) 3.(ABC) 4.(ABC) 5.(ABCD)

四、参见教材相关内容(略)。

五、1.(ACD) 2.(ABC) 3.(ACD)

【第三章】

一、1.(√) 2.(×) 3.(√) 4.(√) 5.(√) 6.(×) 7.(√) 8.(√) 9.(√) 10.(√)

二、1.(D) 2.(C) 3.(A) 4.(A) 5.(D)

三、1.(ACD) 2.(ABC) 3.(CD) 4.(ACD) 5.(ABCD)

四、参见教材相关内容(略)。

五、1.(ABC) 2.(BC) 3.(AB) 4.(AC) 5.(A)

【第四章】

一、1.(√) 2.(√) 3.(√) 4.(×) 5.(×) 6.(×) 7.(√) 8.(√) 9.(√)

10.(×)

二、1.(C) 2.(D) 3.(A) 4.(D) 5.(D)

三、1.(BD) 2.(ABC) 3.(AB) 4.(ABCD) 5.(ABD)

四、参见教材相关内容(略)。

五、1.(C) 2.(BC) 3.(ABCD) 4.(BD)

【第五章】

一、1.(√) 2.(√) 3.(√) 4.(√) 5.(√) 6.(√) 7.(√) 8.(√) 9.(×) 10.(×)

二、1.(C) 2.(D) 3.(C) 4.(B) 5.(B)

三、1.(ABD) 2.(ABCD) 3.(BD) 4.(ABCD) 5.(ABCD)

四、参见教材相关内容(略)。

五、1.(BD) 2.(D) 3.(ABCD)

【第六章】

一、1.(√) 2.(√) 3.(×) 4.(√) 5.(×) 6.(×) 7.(×) 8.(×) 9.(√) 10.(×)

二、1.(A) 2.(B) 3.(C) 4.(B) 5.(D) 6.(D) 7.(D)

三、1.(BD) 2.(ACD) 3.(AD) 4.(BCD) 5.(BC) 6.(AC) 7.(BD) 8.(ABCD) 9.(CD) 10.(ABD)

四、参见教材相关内容(略)。

五、1. 甲区、乙区、丁区法院,都有管辖权。因为本案系侵权行为——C公司的布料所有权受到了侵害而提起的诉讼,所以,应由侵权行为地或者被告住所地人民法院管辖。

2. 异议不能成立。首先,管辖权异议只能在提交答辩状期间提出,一审庭审期间提出管辖权异议的,不能成立;其次,管辖权异议针对法院是否对案件有管辖权而言,而对于审判员与当事人有特别关系、可能影响案件公正裁判的,可以申请回避,即混淆了管辖权异议的法定事由和申请回避的法定事由。

3. 反诉不能成立。因为该诉与原来的诉讼,既不属于基于同一法律关系而产生的、目的对抗的不同诉讼请求,也不属于相牵连的不同法律关系而产生的、目的对抗的不同诉讼请求,因此不满足成立反诉所必需的牵连关系要件。

【第七章】

一、1.(×) 2.(×) 3.(√) 4.(×) 5.(×) 6.(×) 7.(×) 8.(×) 9.(√) 10.(×)

二、1.(B) 2.(D) 3.(C) 4.(B) 5.(B)

三、1.(ABC) 2.(ABCD) 3.(BC) 4.(AC) 5.(ABC) 6.(AB)

四、参见教材相关内容(略)。

五、1.(ABC) 2.(A) 3.(AB)

【第八章】

一、1.(×) 2.(×) 3.(√) 4.(√) 5.(√) 6.(×) 7.(√) 8.(×) 9.(×) 10.(×) 11.(×) 12.(×)

二、1.(C) 2.(B) 3.(C) 4.(C) 5.(B) 6.(D) 7.(D) 8.(C) 9.(A) 10.(A)

三、1.(BC) 2.(AD) 3.(BC) 4.(AD) 5.(CD) 6.(AC) 7.(BC) 8.(AD) 9.(ABD) 10.(ABD)

四、参见教材相关内容(略)。

五、(1) 罗某需要承担证明责任的事项,包括:①其被广告灯箱砸伤的事实(侵权行为)、②因砸伤而花费的医疗费用(损害后果)、③广告灯箱系传媒公司所有(因果关系)。本案中侵权责任的归责原则,采用过错推定,故对于过错问题,罗某无须承担证明责任。

(2) 传媒公司作为被告,需要承担证明责任的事项,包括其自身没有过错,对广告灯箱已经尽到了保管、维修义务。

(3) 不合法,因为证据交换时间的确定方式有二:一是双方当事人协商一致并经法院认可;二是由法院指定。本案中,当事人双方无法达成合意并不影响法院指定证据交换的时间。

(4) 当事人一方有权自行委托鉴定,但对方当事人有足够理由时可以推翻该鉴定意见。

(5) 罗某有权申请具有专业知识的人出庭,针对鉴定意见以及相关专业问题发表意见。李四的诉讼地位是专家辅助人。

(6) 不同于证人作证费用所采用的申请者先行垫付、败诉者最终承担的方式,申请专家辅助人出庭的费用,由申请方即罗某承担。

(7) 此时罗某可以申请重新鉴定。

【第九章】

一、1.(×) 2.(×) 3.(√) 4.(×) 5.(×)

二、1.(A) 2.(D) 3.(B) 4.(D) 5.(C)

三、1.(ACD) 2.(ACD) 3.(ABCD) 4.(BD) 5.(BD)

四、参见教材相关内容(略)。

五、(1) 当事人一方拒绝签收调解书的,调解书不发生法律效力。人民法院应该及时通知对方当事人。人民法院应当及时判决,不能久调不决。本案中,原告在调解书送达之前反悔并拒绝签收调解书,调解书不发生法律效力,人民法院在继续主持调解两次后应当及时判决。但法院却仍让双方当事人协商解决,这种久调不决的做法是错误的。

(2) 本案中,双方当事人经人民法院主持调解协议后,及时履行完毕,并记入笔录,经双方当事人、审判人员、书记员签字,因此,不需要制作调解书即具有法律效力。根据我国《民诉法》的规定,当事人对于生效的民事调解书不能上诉。但是,根据《民诉法》第 201 条规定,当事人对已经发生法律效力的调解书，提出证据证明调解违反自愿原则或者调解协议的内容违反法律的，可以申请再审。经人民法院审查属实的，应当再审。本案中，法院的做法显然违反了自愿原则，因此卢小美可以向人民法院申请再审。

【第十章】

一、1.（×） 2.（×） 3.（√） 4.（×） 5.（×） 6.（×）

二、1.（A） 2.（D） 3.（B） 4.（D） 5.（C）

三、1.（ABC） 2.（CD） 3.（ACD） 4.（ACD） 5.（CD）

四、参见教材相关内容（略）。

【第十一章】

一、1.（×） 2.（√） 3.（√） 4.（×） 5.（×） 6.（√） 7.（×） 8.（×） 9.（×） 10.（×）

二、1.（B） 2.（A） 3.（D） 4.（C） 5.（D）

三、1.（BD） 2.（ABC） 3.（ABCD） 4.（BCD） 5.（CD）

四、参见教材相关内容（略）。

五、1.（ABC） 2.（A） 3.（AB）

【第十二章】

一、1.（×） 2.（×） 3.（×） 4.（×） 5.（×） 6.（√） 7.（√） 8.（√） 9.（√） 10.（×）

二、1.（A） 2.（B） 3.（C） 4.（D） 5.（B）

三、1.（BCD） 2.（ABCD） 3.（ABD） 4.（CD） 5.（ABD）

四、参见教材相关内容（略）。

五、在该案的审理过程中，法院的下列做法不符合法律和有关司法解释的规定：

(1) 由审判员自审自记错误。依《民诉法》第 160 条，简单的民事案件，由审判员一人独任审理。但根据《民诉法解释》第 261 条的规定，应由书记员担任记录，不得由审判员自审自记。

(2) 作出决定书转为普通程序错误。依《民诉法》第 163 条，法院在审理过程中，发现案件不宜适用简易程序的，裁定转为普通程序，故周某不应当用决定书的形式转化程序，而应当是裁定转化。

(3) 在超出审限后转为普通程序错误。依《简易程序规定》第 26 条，审判人员在审理过程中发现案情复杂需要转为普通程序的，应当在审限届满前及时转为普通程序。根据《民诉法解释》第 258 条规定，适用简易程序审理的案件，审理期限到期后，双方当事人同意继续适用简易程序的，由本院院长批准，可以延长审理期限。延长后的审理期限累计不得超过 6 个月；审理期限自人民法院立案之日计算。法院发现案情复杂，需要转为普通程序审理的，应当在审理期限届满前作出裁定并将合议庭组成人员及相关事项书面通知双方当事人。本案在 2015 年 6 月 2 日立案，到 2015 年 9 月 8 日已经超过 3 个月，即在已过简易程序审限的情况下才转为普通程序，违反法律规定。

(4) 作出缺席判决错误。因为《民诉法》第 143 条和《简易程序规定》第 30 条都规定，原告经传票传唤，无正当理由拒不到庭的，或者未经法庭许可中途退庭的，可以按撤诉处理，而不是缺席判决；被告提出反诉的，可以缺席判决。

(5) 用传真的方式送达判决书错误。因为电子送达方式不适用于判决书、裁定书和调解书。

【第十三章】

一、1.(×) 2.(√) 3.(×) 4.(√) 5.(×) 6. (√) 7.(√) 8.(√) 9.(×) 10.(×)

二、1.(C) 2.(B) 3.(D) 4.(C) 5.(C) 6. (B) 7.(B) 8.(B) 9.(C) 10.(B)

三、1.(ABCD) 2.(ABCD) 3.(ABC) 4.(AC) 5.(AD)

四、参见教材相关内容(略)。

五、1.(C) 2.(B) 3.(C) 4.(CD)

【第十四章】

一、1.(×) 2.(√) 3.(×) 4.(×) 5.(√) 6. (√) 7.(×) 8.(×) 9.(√) 10.(√)

二、1.(A) 2.(A) 3.(B) 4.(C) 5.(D)

三、1.(AC) 2.(BD) 3.(ABC) 4.(BCD) 5.(ABC)

四、参见教材相关内容(略)。

五、(1) 李斯可以起诉，但不能针对原借款纠纷，而只能针对调解协议的履行进行诉讼，即可以请求法院判令张姗履行调解协议，返还借款 9 万元。

(2) 不可以，因为调解协议仅仅具有民事合同效力，本身并不具有执行效力，因而不能作为执行根据。

(3) 李斯可以在调解协议生效后 30 日内，与张姗一同向本村所在地的基层法院申请司法确认。法院审查后若作出确认裁定，则该司法确认裁定书具有强制执行力。张姗若不履行义务，则李斯可以向法院申请强制执行。

【第十五章】

一、1.(×) 2.(×) 3.(×) 4.(×) 5.(×) 6. (√) 7.(√) 8.(×) 9.(×) 10.(×)

二、1.(D) 2.(B) 3.(C) 4.(A) 5.(C)

三、1.(CD) 2.(C) 3.(CD) 4.(AC) 5.(AC) 6.(ABD)

四、参见教材相关内容(略)。

五、(1) 本案中，再审法院不能指定原一审法院再审。只能由省高级法院自己提审或指令中级法院再审。

(2) 省高级法院决定再审时不能裁定撤销原判决。高级法院依法应当在指令二审法院再审的同时裁定中止原判决的执行。

(3) 再审程序中，原一审法院合议庭的组成不合法，应当另行组成合议庭。

【第十六章】

一、1.(×) 2.(√) 3.(×) 4.(√) 5.(√) 6.(×) 7.(×) 8.(√) 9.(×) 10.(√)

二、1.(C) 2.(A) 3.(A) 4.(B) 5.(B)

三、1.(ABCD) 2.(BC) 3.(ABCD) 4.(AB) 5.(ABD)

四、参见教材相关内容(略)。

五、(1) 刘某可以向人民法院申请支付令。因为其符合申请支付令的条件：债权人与债务人没有其他债务纠纷；支付令能够送达债务人；而且是属于给付金钱的申请。刘某可以向郑某住所地的基层人民法院申请支付令。

(2) 异议不能成立，因其提出的异议不是针对债务本身，法院应当裁定驳回异议。

(3) 法院的送达人应当邀请有关基层组织或者所在单位的代表到场，说明情况，并在送达回证上写明拒收事由和日期，由送达人、见证人签名或盖章，视为送达。如果见证人不愿签字或者盖章，送达人可以在送达回证上记明情况，把送达文书留在受送达人住所。

【第十七章】

一、1.(√) 2.(×) 3.(√) 4.(×) 5.(√) 6.(×) 7.(×) 8.(×) 9.(√) 10.(×)

二、1.(D) 2.(A) 3.(D) 4.(C) 5.(A)

三、1.(ACD) 2.(CD) 3.(ABC) 4.(ABCD) 5.(ABCD)

四、参见教材相关内容(略)。

五、1.(C) 2.(C) 3.(A)

4. 本案程序上的错误有：第一，人民法院经申请人申请以后才向银行发出止付通知是错误的。根据法律规定，人民法院受理申请后，应当同时通知支付人停止支付；第二，人民法院将催促利害关系人申报权利的期限定为30日是错误的。根据法律规定，公告期间不得少于60日；第三，公告期未满60日人民法院即作出除权判决同样错误。

【第十八章】

一、1.(×) 2.(×) 3.(√) 4.(×) 5.(√) 6.(√) 7.(√) 8.(√) 9.(×) 10.(×)

二、1.(C) 2.(C) 3.(C) 4.(A) 5.(C)

三、1.(AD) 2.(ACD) 3.(AD) 4.(CD) 5.(AD)

四、参见教材相关内容(略)。

五、(1) 本案由被执行人住所地即乙公司所在地的B县人民法院执行。

(2) 本案中的执行依据是人民法院制作的调解书。

(3) 被执行人提出由第三人偿还债务,法院经申请执行人甲公司同意,可向丙公司发出履行债务通知,由丙公司代位执行;如果丙公司对执行法院发出的履行债务的通知有异议,执行法院不得对其强制执行,对其提出的异议也不应进行审查;丙公司除在已还款的15万元范围内与被执行人乙公司承担连带清偿责任外,人民法院还可以追究其妨害执行的责任。人民法院可根据情节轻重对丙公司罚款,也可对丙公司主要负责人或者直接责任人员予以罚款、拘留。

(4) 如果甲公司与乙公司多次交涉还款事宜未果,并得知乙公司无力还款,法院应裁定中止执行。

(5) 经申请执行人同意,人民法院可作出暂缓执行的裁定。

(6) 如果甲公司与乙公司达成了执行和解协议并履行完毕,法院应裁定终结执行。

【第十九章】

一、1.(×) 2.(×) 3.(×) 4.(×) 5.(×) 6.(×) 7.(×) 8.(√) 9.(√) 10.(√)

二、1.(B) 2.(AD) 3.(B) 4.(ABC) 5.(ABCD)

三、1. 我国《民诉法》2012年修正时,对涉外民事诉讼程序的规定主要做了下列修改:①删除了修正前的原第242条关于涉外协议管辖的规定;②在第267条第(7)项增加了涉外诉讼中的电子送达方式;在第(8)项缩短了涉外诉讼中公告送达的公告时间,由原来的6个月缩短为3个月;③ 删除了修正前的第二十六章"财产保全";④对应诉答辩制度进行了统合。总之,根据最新规定,国内民事诉讼与涉外民事诉讼在应诉答辩、协议管辖、保全三项制度上实现了统合,涉外制度在这些领域上不再具有特殊性。

2.《民诉法》第265条规定了涉外民事诉讼案件的特殊地域管辖,也叫牵连管辖,即因合同纠纷或其他财产权益纠纷,对在中国领域内没有住所的被告提起的诉讼,如果合同在中国领域内签订或履行,或者诉讼标的物在中国领域内,或者被告在中国领域内有可供扣押的财产,或者被告在中国领域内设有代表机构,可以由合同签订地、合同履行地、诉讼标的物所在地、可供扣押财产所在地、侵权行为地或代表机构住所地人民法院管辖。由此可见,牵连管辖具有如下3个特点:①适用于合同纠纷和其他财产权益纠纷案件;②被告在中国领域内没有住所;③可由与案件有一定牵连关系的地点的任一人民法院管辖。

参考文献

References

[1] 中国社会科学院语言研究所词典编辑室.现代汉语词典[M].北京:商务印书馆,1991.

[2] [美]伊恩·罗伯逊.社会学(上册)[M].北京:商务印书馆,1994.

[3] 顾培东.社会冲突与诉讼机制[M].北京:法律出版社,2004.

[4] 乌杰.系统辩证学[M].北京:中国财政经济出版社,2005.

[5] 宁教铭.发挥仲裁积极作用,促进和谐社会构建[J].厦门特区党校学报,2009(4).

[6] 宋朝武.民事诉讼法学[M].厦门:厦门大学出版社,2007.

[7] 宋朝武.民事诉讼法学[M].3版.北京:中国政法大学出版社,2012.

[8] 杨秀清.民事诉讼法[M].2版.北京:中国人民大学出版社,2013.

[9] 国家司法考试辅导用书编辑委员会.2015年国家司法考试辅导用书(第三卷)[M].北京:法律出版社.2015.

[10] 宁教铭,阳云其.我国现行仲裁规范的体系结构及其重构[J].理论界,2009(8).

[11] 韩心怡.民事诉讼法与仲裁制度攻略[M].4版.北京:中国财政经济出版社,2014.

[12] 谭柏平,马芸.云南省首例环境民事公益诉讼案件审结的现实意义[J].中国环境法治:2011(2).

[13] 江伟.民事诉讼法[M].2版.北京:中国人民大学出版社,2004.

[14] 江伟.民事诉讼法[M].5版.北京:中国人民大学出版社,2011.

[15] 郑绿峰.民事上诉权的保障[J].浙江理工大学学报,2012,29(5).

[16] 汤维建.论民事二审程序的审判范围[J].河南省政法管理干部学院学报,2010(6).

参考文献

教学支持说明

“全国高等学校应用型法学人才培养系列规划精品教材”系华中科技大学出版社“十二五”规划重点教材。

为了改善教学效果，提高教材的使用效率，满足高校授课教师的教学需求，本套教材备有与纸质教材配套的教学课件(PPT 电子教案)。

为保证本教学课件及相关教学资料仅为教材使用者所得，我们将向使用本套教材的高校授课教师和学生免费赠送教学课件或者相关教学资料，烦请授课教师和学生通过电话、邮件或加入法学图书出版新视野 QQ 群等方式与我们联系，获取“教学课件资源申请表”文档并认真准确填写后发给我们，我们的联系方式说明如下：

地址：湖北省武汉市东湖新技术开发区华工科技园华工园六路华中科技大学出版社

邮编：430223

电话：027-81321911

传真：027-81321917

E-mail：yingxiaoke2007@163.com

法学图书出版新视野 QQ 群号：368646121

華中科技大學出版社
http://www.hustp.com

教学课件资源申请表

填表时间：________年____月____日

1. 以下内容请教师按实际情况写，★为必填项。
2. 学生根据个人情况如实填写，相关内容可以酌情调整提交。

★姓名		★性别	□男 □女	出生年月		★职务	
						★职称	□教授 □副教授 □讲师 □助教
★学校				★院/系			
★教研室				★专业			
★办公电话		家庭电话				★移动电话	
★E-mail （请清晰填写）						★QQ号/微信号	
★联系地址						★邮编	

★现在主授课程情况		学生人数	教材所属出版社	教材满意度
课程一				□满意 □一般 □不满意
课程二				□满意 □一般 □不满意
课程三				□满意 □一般 □不满意
其　他				□满意 □一般 □不满意

教 材 出 版 信 息		
方向一		□准备写 □写作中 □已成稿 □已出版待修订 □有讲义
方向二		□准备写 □写作中 □已成稿 □已出版待修订 □有讲义
方向三		□准备写 □写作中 □已成稿 □已出版待修订 □有讲义

请教师认真填写表格下列内容，提供索取课件配套教材的相关信息，我社根据每位教师/学生填表信息的完整性、授课情况与索取课件的相关性，以及教材使用的情况赠送教材的配套课件及相关教学资源。

ISBN(书号)	书名	作者	索取课件简要说明	学生人数 （如选作教材）
			□教学 □参考	
			□教学 □参考	

★您对与课件配套的纸质教材的意见和建议，希望提供哪些配套教学资源：